»Die Wahrheit über mich gehört mir«
Marlene Dietrich

Zum Buch

Vamp, Rabenmutter, Vaterlandsverräterin, Femme fatale, Despotin und Göttin – die Dietrich ist alles und noch mehr. Eine Legende wie keine zweite, unerreicht bis heute. Ihre Schauspielkunst machte sie zum Mythos. Sie ist noch immer Deutschlands einziger wirklicher Weltstar.

Preußisch streng erzogen, weiß Marlene: Weinen ist nicht erlaubt. Wer Gefühle zeigt, hat schlechte Manieren, lernt sie von der Mutter und bekommt jedesmal eine Ohrfeige, aber Liebe und Anerkennung bekommt sie nicht. Sie sehnt sich ein ganzes Leben danach, will ausbrechen aus der Enge der Bürgerlichkeit und heiratet den erstbesten vielversprechenden Mann, bekommt eine Tochter, um die sie sich liebevoll kümmert. Sie liebt sie abgöttisch, wird sie aber auch ihr ganzes Leben lang benutzen.

Sie trifft Josef von Sternberg, und ihre Karriere beginnt. Auch die Nazis umgarnen den »Blauen Engel«, wollen ihn für ihre Ziele einspannen. Marlene haßt sie und verläßt ihr Vaterland, wofür die Deutschen sie lange Zeit verachten.

Marlene zieht stellvertretend für die neue Generation von Frauen Hosen an und gibt sich als Macho. Sie tut, was sie will, und nimmt sich jeden, den sie braucht: Lover, Freunde, Förderer. Alle Männer – von Gary Cooper bis Ernest Hemingway – liegen ihr zu Füßen. Und auch die Frauen.

Marlene ist unerreicht; ihr tragisches Ende, ihre Glamourkarriere, ihre Legende, die sie sich selbst erschafft, ihre Leidenschaften, aber auch ihre zärtliche Beziehung zu ihrem Publikum machen sie unsterblich. Der Mythos Marlene lebt.

Zum Autor

Steven Bach wurde in Pocatello, Idaho, geboren. Er studierte in den USA und an der Sorbonne und schrieb schon seine Doktorarbeit über Marlene Dietrich. Er produzierte Filme wie *Manhattan* von Woody Allen oder Scorseses *Raging Bull* und war Vizepräsident von United Artists. Über das Filmgeschäft schrieb er den Bestseller *Final Cut*. Bach lebt und arbeitet heute in den USA.

Steven Bach

*»Die Wahrheit über mich
gehört mir«*

Marlene Dietrich

Aus dem Amerikanischen
von Christine Strük,
Ursula Wulfekamp und Adelheid Zöfel

List Taschenbuch Verlag

List Taschenbuch Verlag 2000
Der List Taschenbuch Verlag ist ein Unternehmen
der Econ Ullstein List Verlag GmbH & Co. KG, München
© 2000 für die deutsche Ausgabe by Econ Ullstein List Verlag GmbH & Co. KG, München
© 1993 für die deutsche Ausgabe by ECON Verlag, Düsseldorf
© 1992 by Steven Bach
Titel der amerikanischen Originalausgabe: *Marlene Dietrich – Life and Legency*
(William Morrow, New York)
Übersetzung: Christine Strük, Ursula Wulfekamp und Adelheid Zöfel
(Collektiv Druck-Reif, München)
Umschlagkonzept: HildenDesign, München – Stefan Hilden
Titelkonzept und Umschlaggestaltung: Büro Meyer & Schmidt, München – Jorge Schmidt
(Tabea Dietrich, Costanza Puglisi)
Titelabbildung: AKG, Berlin
Satz: Dörlemann Satz, Lemförde
Druck und Bindearbeiten: Ebner Ulm
Printed in Germany
ISBN 3-612-65052-1

Für Else und Werner Röhr

INHALT

Prolog: Vorbemerkung des Autors 9
Ouvertüre: Ein Theaterbesuch: 1929 13

Teil I: *Berlin*

1. Die Anfänge: 1901–1918 23
2. Weimar und zurück: 1919–1921 43
3. Der Zauberlehrling: 1922–1923 59
4. Das perfekte Paar: 1923–1927 77
5. Der Durchbruch: 1928–1929 95
6. Der Blaue Engel: 1929 113

Teil II: *Hollywood*

7. Der Ruhm: 1930–1931 153
8. Beherrscherin der Begierde: 1931–1932 . . 174
9. Die Apotheose: 1933–1934 197
10. Tribut und Abschied: 1934–1935 223
11. Die Rettung der Dietrich: 1935–1936 . . . 238
12. Exil: 1937–1939 273
13. Phönix: 1939–1941 295
14. Heimatfront: 1942–1943 316
15. Lili Marlen: 1944–1945 337
16. Überlebenskünstlerin: 1946–1947 364
17. Profi: 1947–1950 380
18. Starqualität: 1950–1952 397

TEIL III: *Legende*

19. Solo: 1952–1954 417
20. Wieder im Geschäft: 1954–1958 434
21. Helena: 1959–1960 455
22. Odyssee: 1960–1967 477
23. »Königin der Welt«: 1967–1975 500
24. Monstre Sacré: 1976–1982 527

TEIL IV: *Abgangsmusik*

25. »Allein in einer großen Stadt«: 1983–1992 561

Prolog

VORBEMERKUNG
DES AUTORS

Während der Recherchen zu diesem Buch habe ich immer wieder ausführlich mit Marlene Dietrich gesprochen. Sie hat an diesem Projekt nicht »mitgewirkt« (sondern versuchte einmal sogar, es durch rechtliche Schritte zu unterbinden), doch da ich ihren großen Regisseur Josef von Sternberg gekannt und bei ihm studiert hatte, gab sie mir die Gelegenheit, sie als eine großzügige, intelligente, mitfühlende, kluge und geistreiche Frau kennenzulernen, die gelegentlich schwierig war, häufig sehr komisch, stets direkt, wenn auch nicht immer aufrichtig.

»Biographen« lehnte sie prinzipiell ab und setzte das Wort stets in indignierte Anführungszeichen. Zum Teil, weil es sie (wie viele andere) einfach ärgerte, daß diese Menschen sich dessen bemächtigten, was schließlich *ihr* – Marlene Dietrichs – eigenes Leben war. Eine gravierende Rolle spielte jedoch, daß Marlene Dietrich wußte, worum es bei einer Legende geht, und sie wollte die Welt nicht mit Tatsachen verwirren.

Aufgrund der »Tatsachen«, die in zahlreichen Dietrich-Biographien angeführt werden (einschließlich der kürzlich erschienenen), konnte ich ihre Ablehnung häufig nachempfinden, aber gleichzeitig auch die Probleme derjenigen, die versuchten, den Flug des »Blauen Engels« auf Papier zu bannen.

Nun, da sich der Kreis von Marlene Dietrichs Leben geschlossen hat, nach ingesamt siebzig Jahren künstlerischer Tätigkeit im Rampenlicht der Öffentlichkeit, ist sie noch immer verlockend präsent und vielleicht rätselhafter, als wir bislang angenommen haben. Der Kritiker und Biograph Alexander Walker brachte seine Frustration beim Schreiben über die Dietrich ehrlicher zum Ausruck als die meisten anderen. »Es ist schockierend festzustellen«, gestand er, »daß wir über die Dietrich weitaus weniger *mit Sicherheit* wissen als über ihre Zeitgenossin Greta Garbo, die ein weitaus zurückgezogeneres Leben führte.«

Eine der Hauptschuldigen an unseren vagen, falschen und lückenhaften Kenntnissen über sie war natürlich Miss Dietrich selbst. Selten ließ sie sich dazu herab, konkrete Behauptungen ihrer Biographen zu dementieren; denn auf diese Weise hätte sie Hinweise liefern können, die die Irrtümer ausgeräumt hätten – und Irrtümer sind einer Legende häufig äußerst dienlich. So gab sich Miss Dietrich beispielsweise alle Mühe, uns vorzugaukeln, sie sei 1930 in *Der Blaue Engel* einschließlich Zylinder und Seidenstrümpfen mit Josef von Sternbergs Hilfe vom Himmel gefallen.

Natürlich kann man Marlene Dietrich nicht die Märchengeschichten der Paramount-Publicity zur Last legen. Andererseits war Miss Dietrich, ob willentlich oder nicht, der Ursprung bestimmter falscher Informationen. Denn: Anders als eine erst kürzlich aufgestellte Behauptung uns glauben machen will, hieß sie nicht bis zu Beginn ihrer Theaterzeit »Marie«, sondern sie nannte sich bereits als Kind »Marlene« (wie mündliche und schriftliche Überlieferungen der Familie bestätigen). Recht früh schon besaß sie ein Gespür für ihre Möglichkeiten, und sie verwirklichte sie auch.

Ihre Entwicklung war weder leicht noch unbekümmert, selbst wenn sie uns heute mühelos erscheint. Der Werdegang beruhte, wie bei allen Kunstwerken, auf harter Arbeit und Erfahrung sowie dem gelegentlichen Quentchen Glück. Und die Aufrechterhaltung der Legende und des Kunstwerks »Marlene Dietrich« war eine der diszipliniertesten schöpferischen Leistungen des zwanzigsten Jahrhunderts.

Marlene Dietrichs »Kontrolle« über ihre Legende beschränkte sich nicht darauf, ihre Vergangenheit zu verschleiern, sondern ging soweit, daß sie bestimmte, was die Zukunft ans Licht bringen konnte. So überredete sie die Copyright-Besitzer gewisser Filme aus den zwanziger Jahren (die sie »nie gemacht« hatte), zu ihren Lebzeiten zahlreiche Filmrollen der Öffentlichkeit vorzuenthalten. Die ungeschnittenen Bänder ihrer Gespräche mit Maximilian Schell, aus denen 1983 die Tonspur seines Dokumentarfilms über Marlene Dietrich entstand, liegen unter Verschluß und sind neugierigen Ohren bis zum Jahr 2022 – dreißig Jahre nach ihrem Tod – entzogen (obwohl Biographen gewisse Schleichwege kennen).

Zeitliche und räumliche Entfernung erschweren es heute, Genaueres über Marlenes frühe Karriere in Erfahrung zu bringen, doch insgesamt betrachtet stellt ihre Laufbahn ein fast einzigartiges Paradigma des Showbusiness im zwanzigsten Jahrhundert dar. Dazu gehören das Geigenspiel im Orchestergraben, das Vagabundenleben des Varieté, das Kabarett, das klassische und das moderne Theater, die Musikkomödien, die Revuen, die Stummfilme, die Tonfilme, das Radio, die Schallplattenaufnahmen, das Fernsehen, die Nachtclubs, die Konzertsäle, der Broadway, die Shows für Truppen im Schein von Raketenfeuer und sogar der Zirkus und das Ballett. Miss Dietrichs Privatleben – jahrzehntelang ein Thema, um das aufgrund ihres Images immer Gerüchte und Phantasien kreisten – war vielschichtiger und unkonventioneller, als wir ahnten und als sie uns vermuten lassen wollte.

Andere Korrekturen zur Legende und zu der Erinnerung mögen in den folgenden Seiten weniger deutlich zutage treten, doch es wäre ungalant und pedantisch, sie jeweils eigens hervorzuheben. Weder die Legende noch die Frau Marlene Dietrich läßt sich auf eine Chronologie reduzieren oder auf eine Auflistung von Tatsachen, für die sich Miss Dietrich, wie sie einmal bekannte, nicht im geringsten interessierte.

Die Legende ist ebenso gewichtig, wie es die Tatsachen sind. Zu untersuchen und zu beschreiben, wie eine Legende entstanden ist, bedeutet weder, andächtig einen Schrein zu verehren noch eine Autopsie vorzunehmen: Es ist eine feierliche Handlung, häufig auch ein Vorgang des Staunens.

Dieses Gefühl des Staunens wurde uns erstmals auf unvergeßliche Art von Josef von Sternberg vermittelt. Ich hatte das Glück, seine Bekanntschaft zu machen, bei ihm zu studieren und fast zwei Jahre in seiner nicht immer unkomplizierten Gesellschaft zu verbringen. Ich durfte alle sieben Filme, die er mit Marlene Dietrich drehte, gemeinsam mit ihm ansehen, meist versehen mit der »Tonspur« seiner bitteren oder kryptischen Kommentare. Zu dieser Zeit schrieb ich an meiner Dissertation über Sternbergs Leben und Werk, und Erinnerungen daran werden hier anklingen.

Josef von Sternberg hat Marlene Dietrich nicht erfunden; er hat sie auch nicht »entdeckt«: Er hat sie *enthüllt*. Er besaß eine große schöpferische Kraft, deren Genialität von seinen Zeitgenosen kaum erkannt, von seinen Vorgesetzten häufig unterdrückt und von seinen persönlichen Dämonen schließlich zerstört wurde. Das Folgende ist zum Teil ein Tribut an ihn, und da dieses Buch mit der befangenen Ehrfurcht des damaligen Studenten gegenüber einem großen Regisseur seinen Anfang nahm, soll es auch mit ihm beginnen.

Ouvertüre

EIN THEATERBESUCH
1929

Im September 1929, im Berliner Hotel Esplanade, kleidete sich ein Hollywood-Regisseur und selbsternanntes Genie für einen Theaterbesuch an. Er war fünfunddreißig Jahre alt und hieß Josef von Sternberg.

Klein und dunkel, wirkte er in seinem schwarzen Anzug eher streng als gutaussehend. Dem oberflächlichen Betrachter wäre er ohne den Turban, die hochschaftigen Schnürstiefel und die Reithosen, die er beim Drehen trug, wahrscheinlich unbedeutend vorgekommen (weswegen er dieses Kostüm ja auch anzog). Aufgefallen wäre vielleicht lediglich der orientalische Schnurrbart, der die schmalen, zusammengepreßten Lippen umrahmte und dem Mann, wie er selbst gerne glaubte, ein »furchtbares« Aussehen verlieh. Wenn man furchtbar aussah, so dachte er, flößte man Angst ein, und durch Angst, so meinte er, verschaffe man sich Respekt. Wie gesagt, Josef von Sternberg kam aus Hollywood.

Als Accessoire besaß er einen Gehstock (den eine Reitgerte ersetzte, wenn auf seinen herrischen Befehl hin die Kameras zu surren begannen). Das Stöckchen war ein Requisit, das er den ganzen Weg von den Paramount Pictures bis nach Berlin geschwungen hatte, der Hauptstadt der Weimarer Republik, wo Reitgerten und herrische Befehle nichts Unbekanntes waren. Jetzt befestigte er mit peinlicher Sorgfalt Manschetten- und Kragenknöpfe und betrachtete im Spiegel das Gesicht, das er wenig später von dem Berliner Bildhauer Rudolf Belling einschließlich dem »furchtbaren« Schnurrbart in massiver Bronze verewigen ließ. (Kunst bedeutete Unsterblichkeit, ob man nun ein genialer Schöpfer oder eine geniale Schöpfung war.)

Im Spiegel konnte er auch die Damastwände hinter sich erkennen, die Gemälde in vergoldeten Rahmen, den Goldstuck an den Türen und

Decken seiner Hotelsuite. Und eine Frau. Sie beobachtete ihn aufmerksam – gelegentlich allzu aufmerksam –, wie er sich für den Theaterbesuch ankleidete. Es handelte sich dabei um die frühere englische Schauspielerin Riza Royce, die nun Mrs. Josef von Sternberg hieß, allerdings nicht zum erstenmal. Sie begleitete ihr »furchtbar« aussehendes Genie auf die zweiten Flitterwochen nach Berlin. Diese Hochzeitsreise fand statt, nachdem das Paar seine erste stürmische Ehe wieder gekittet hatte, welche in einem Augenblick großen häuslichen Unfriedens durch eine überstürzte mexikanische Scheidung gelöst worden war – ob gesetzlich oder nicht, sei dahingestellt.

Für Mrs. Josef von Sternberg bedeutete diese Wiederholung der Flitterwochen eine Abwechslung von Hollywood, einen Urlaub, bei dem sie sich neue Kleider schneidern lassen, in stilvollen Restaurants speisen und durch Galerien flanieren konnte, in denen die Art moderner Kunstwerke hing, die ihr Gatte sammelte. Für ihn bedeuteten die Flitterwochen Arbeit, ebenso wie dieser abendliche Theaterbesuch, den er ohne seine Frau unternahm. Hier ging es um *seine* Arbeit – seine Kunst –, nicht um ihre. Außerdem sprach sie kein Wort Deutsch. Was immer er an diesem Abend auf der Bühne sehen oder hören sollte, würde – darin stimmte das Paar überein – absolut keine Folgen für Mrs. von Sternberg haben.

Josef von Sternberg wandte sich von seinem Spiegelbild ab und entnahm dem messingverzierten Schrank sein Gehstöckchen und den Seidenschal. Sein gewelltes Haar hing ihm im richtigen Schwung in die Stirn. So etwas fiel ihm immer sofort ins Auge, wie alles, was auf der Leinwand schön wirken konnte. Vielleicht würde ihm auch an diesem Abend im Theater etwas ins Auge fallen.

Nicht, daß ihn die Aufführung im Berliner Theater (eine Revue mit dem Titel *Zwei Krawatten*) besonders interessierte – auch wenn das Stück in Berlin der Hit der Saison war, bei dem man weder Geld noch Kreativität gescheut hatte. Josef von Sternberg ging ins Theater, weil er Darsteller für einen Film suchte, einen Tonfilm, der gleichzeitig auf deutsch und auf englisch gedreht werden sollte – vorausgesetzt, der Regisseur konnte die richtigen Schauspieler finden.

Die männliche Hauptrolle in *Zwei Krawatten* spielte Hans Albers (der blonde Herzensbrecher), die führende Charakterdarstellerin war Rosa Valetti (eine Kabarettkünstlerin mittleren Alters, die einer rotköpfigen

Bulldogge ähnlich sah). Beide galten in Berlin als Stars, als Publikums-
lieblinge, und beide waren Sternberg vom Produzenten Erich Pommer
(den er im Theater treffen wollte) für Nebenrollen vorgeschlagen worden. Pommer galt als der angesehenste Filmproduzent der Welt. Dank
ihm waren so bedeutende Filme wie *Das Kabinett des Dr. Caligari*,
Metropolis und *Faust* entstanden. Das änderte jedoch nichts an der Tatsache, daß er ein *Produzent* war. Außerdem war Josef von Sternberg
Pommers zweite Wahl gewesen für den Film, an dem er augenblicklich
arbeitete, und das stimmte den Regisseur nicht eben freundlicher.

Josef von Sternberg war gerade in Berlin arbeitslos und auf Suche
nach einem Engagement. Er ließ seine Ehefrau in der mit Damast aus-
geschlagenen Einsamkeit des Hotel Esplanade zurück. Er nickte seiner
brünetten Gattin mit dem Schmollmund zum Abschied kurz zu und begab sich dann durch die Hotelkorridore voller Bronze und Kristall und
Rokokoputten auf den Weg ins Theater.

Nicht, um Darsteller für *Rasputin* zu finden, flüsterte er sich zufrieden
zu, während sein Stöckchen geräuschlos auf die Samtteppiche des Esplanade auftraf. Sicher, er hatte Pommer und die mächtigen Ufa-Studios
im Glauben gelassen, er sei wegen *Rasputin* nach Berlin gekommen.
Erst nach seiner Ankunft, bei der Pressekonferenz in eben diesem Hotel,
das einen Steinwurf vom Brandenburger Tor und der eleganten Allee
Unter den Linden entfernt lag, hatte er verkündet, er habe nicht die Absicht, *Rasputin* zu drehen. Der verrückte russische Mönch war im vergangenen Jahr bereits zweimal Gegenstand eines Stummfilms gewesen,
und ein derart abgegriffenes Sujet verlangte kein Genie. Oder umgekehrt.

Sternberg durchquerte das Marmorfoyer des Hotel Esplanade und
schritt durch die gläserne Drehtür zu der wartenden Limousine. Kristall-
lüster erzitterten unter den Klängen aus dem Ballsaal, wo Ettés Jazz-
Symphonie-Orchester (»dreißig Solisten!« verhieß das Plakat im Foyer)
billige amerikanische Jazzmelodien hämmerte. Genau diese Art Musik
stellte sich Josef von Sternberg für seinen Film vor, den er im Kopf bereits zu drehen begonnen hatte, ob er nun eine Kabarettsängerin gefunden hatte oder nicht.

Und, so dachte er, wenn die Kabarettsängerin, die er entdeckte, eher
unbekannt war, aber das Zeug dazu hatte, drüben in Hollywood, bei
der Paramount, ein großer Star zu werden (wie Greta Garbo bei der

MGM und unter der Regie von Sternbergs Freund und Kollegen Mauritz Stiller), würde das auch nicht schaden, weder ihm noch ihr. Damit konnte er möglicherweise seiner Nemesis, den besser bezahlten, einflußreicheren Ernst Lubitsch eine Arbeitspause verschaffen.

Doch leider schien ein solches Wesen nicht zu existieren, in ganz Berlin nicht. Hunderte von Photos hatte er sich angesehen, aber keine der Schauspielerinnen entsprach seinen Vorstellungen. Kurzfristig zog er Gloria Swanson in Erwägung, verwarf den Gedanken aber bald wieder – sie war weder für ihr Singen von Kabarettnummern noch für ihr Deutsch bekannt. Außerdem würde die Swanson kaum einwilligen, an zweiter Stelle nach Emil Jannings angekündigt zu werden, gleichgültig, ob Jannings einen Oscar gewonnen hatte oder nicht; denn vermutlich hielt sie ihn (wie der Großteil Hollywoods) lediglich für einen nicht des Englischen mächtigen, wurstfressenden, egomanischen und herrschsüchtigen Schmierenkomödianten.

Die Suche nach der Kabarettsängerin war für Josef von Sternberg derart zur Obsession geworden, daß er Hans Albers und Rosa Valetti an diesem Abend wohl nicht seine ungeteilte Aufmerksamkeit schenkte. Er hatte bereits beschlossen, den Film nicht *Professor Unrat* zu nennen, sondern *Der Blaue Engel*. Der Titel gefiel ihm, denn in dem Englischen »blue« schwang eine gewisse romantische Melancholie mit – völlig anders als im Deutschen »blau«. Ein himmlisches Geschöpf, trunken von Liebe oder *Selbst*liebe oder Liebe in ihrer handgreiflicheren Form, das englisch spielen und singen und sprechen und die Kamera bannen und Emil Jannings mit einem Lied in Verruf bringen konnte. Das war schwer zu finden, sogar im libertinären Berlin, wo es *alles* gab. Ganz bestimmt würde er dieses Wesen nicht im Hotel Esplanade finden, durch dessen Drehtür aus Bronze und Glas er nun schritt, auf den funkelnden Daimler-Benz und den Chauffeur zu, der darauf wartete, ihn durch die glitzernde Nacht der »schnellsten Stadt der Welt« zum Theater zu bringen.

Bei dem Fahrer warteten auch Sternbergs Mitarbeiter aus Hollywood, die Brüder Sam und Carl Winston, mit denen Sternberg in Queens zur Schule gegangen war und die ihn nach Berlin begleitet hatten. Sam war ein begabter Cutter, der den Film nach Sternbergs Anweisung schneiden würde; Carl zeigte Talent beim Schreiben von Drehbüchern und beim Besetzen von Rollen, und er konnte mit Pommer zusammenarbeiten, den sie alle aus Hollywood kannten. Dort war Pommer Pola Negris Produzent gewesen, bevor er von Babylon nach Berlin zurückgekehrt war.

Die Limousine glitt durch die Stadt, vorbei an den teuren Geschäften und den teuren Prostituierten, die alles anboten, was das Herz begehrte. Vorbei an den großen Hotels, den Opernhäusern und Kabaretts und Banken und Denkmälern, die baumbestandenen Straßen des Westends entlang zur Charlottenstraße und dem Berliner Theater. Das Foyer war erfüllt mit dem Geplauder mondäner Berliner in Smoking, Pelz, Juwelen und neuestem Großstadt-Schick.

Josef von Sternberg ignorierte sie alle und begrüßte Erich Pommer und dessen Gemahlin mit einem Kopfnicken. Gertrud Pommer hatte Sternberg schon öfter von einer jungen Schauspielerin erzählt, die sie mochte und als eine geeignete Kandidatin für die Kabarettsängerin seines Films ansah. Frau Pommer kannte diese Frau aus einem beliebten »Salon«, einem Treffpunkt für alle vielversprechenden jungen Talente. Doch Sternberg hatte das Bild dieser Schauspielerin bei seiner Suche in den Photoarchiven bereits zu Gesicht bekommen. Etwa seit Beginn des Jahrzehnts war sie auf der Bühne und der Leinwand zu sehen, und ihr Bild erschien Sternberg lediglich als eins von vielen verschwommenen Porträts in der Rubrik »Naive«. Kaum das richtige Material für seine Kabarettsängerin, für seinen »Blauen« Engel, auch wenn die Photographie Josef von Sternberg wenig mehr hatte erkennen lassen als die unbeholfene Hand des Retuscheurs. Außerdem, wer – *was* – war sie überhaupt? Gertrud Pommer beschrieb sie als »Ehefrau und Mutter«, aber Erich Pommer murmelte bei der Erwähnung ihres Namens angeblich: »Nicht diese Hure!« Produzentengattinnen, dachte Josef von Sternberg, sollten lieber zu Hause bleiben – wie Regisseursgattinnen.

Von der Charlottenstraße her betrat nun Dr. Karl Vollmoeller das Foyer, der ungemein kluge und erfolgreiche Verfasser von *Das Mirakel*. Das Stück, in dem es hauptsächlich um Nonnen ging, war von Max Reinhardt inszeniert worden und hatte sich als eine wahre Goldgrube herausgestellt. In aller Welt hatte es die Zuschauer zu wahren Begeisterungsstürmen hingerissen und war in Amerika volle fünf Jahre zu sehen gewesen. Dort war Josef von Sternberg Dr. Vollmoeller begegnet und mit ihm am Strand des Pazifiks entlanggeschlendert. Sie hatten über Gelehrtes und Sinnliches parliert und eine Verbindung aufgebaut, die Stern-

17

berg dazu veranlaßte, ihn »meinen besten Freund« und »Beichtvater« zu nennen, obwohl sich die beiden fünf Jahre lang nicht gesehen hatten. Jetzt schrieb Vollmoeller Heinrich Manns Roman für die Leinwand um. Sternberg bedeuteten freundschaftliche Bande sehr viel. Schließlich kam er aus Hollywood.

Sternberg blätterte im Programmheft und entdeckte zu seiner Überraschung einen kurzen Artikel über das verheerende Feuer, das 1871 einen großen Teil von Chicago in Schutt und Asche gelegt hatte. *Zwei Krawatten* spielte anscheinend zum Teil in dieser Stadt, die angeblich von einer Kuh in Brand gesteckt worden war. Auch die berüchtigten Alkoholschmuggler Chicagos von 1929 spielten in dem Musical eine Rolle, ebenso wie ein Ozeandampfer und Palm Beach.

Sternberg warf einen Blick auf die im Programm abgedruckten Karikaturen der Darsteller. Albers ... Valetti ... Bei der Skizze der Hauptdarstellerin, deren Reize Dr. Klein hervorgehoben hatte, hielt er inne. Es war die gleiche Schauspielerin, die Frau Pommer und Ruth Landshoff ihm aufdrängen wollten, doch hier sah sie frech und erdnah aus – weder »Naive« noch Ehefrau und Mutter, auch nicht »Hure« oder Mädchen von Welt. In ihren verhängten Augen lag ein ironischer, fast arroganter Blick, was darauf hindeutete, daß die zahlreichen Beschreibungen nicht die gleiche Frau meinen konnten. Im Programm war vermerkt, daß sie eine Jazz-Puppe aus Chicago, eine »Dollar-Prinzessin« namens Mabel, darstellte. Sie trat in fast jeder Szene auf, gab mehrere Songs zum besten und war selbst inmitten der fünfzig Sänger und Tänzer, die im Charleston-Schritt den Ozean Richtung Chicago und Palm Beach überquerten, nicht zu übersehen. Für den (äußerst unwahrscheinlichen) Fall, daß diese Frau mehr zu bieten hatte als emphatische Referenzen von irgendwelchen Wichtigtuern, würde Sternberg es herausbekommen. Ein »Genie« sah so etwas auch ohne die Hife einer Produzentengattin und einer Dramatikergeliebten – falls es überhaupt etwas zu sehen gab. Oder zu hören.

Die Ouvertüre begann. Die Musik war ebenso jazzig und schräg wie das Publikum. Das war nicht das klassische deutsche Theater von Goethe und Schiller und Kleist, sondern das von Kurt Weill und Bertolt Brecht mit einer Verbeugung vor George Gershwin und Jerome Kern und Paul Whiteman und anderen, die in Berlin zu Stars avanciert waren. Josef von Sternberg lehnte sich zurück, um sein Augenmerk voreingenommen auf die riesige Bühne zu richten. Langsam gab der Vorhang den Blick frei auf eine elegant-lässige, leicht gelangweilte junge Frau mit verhängten Augen, die alles zu sehen schienen. Und in diesem Moment, als sich der Vorhang hob, da mag Sternberg vergessen haben, daß seine Ehefrau im Hotel Esplanade auf ihn wartete.

Und als die junge Frau auf der Bühne zu sprechen anfing, versagte sein Gedächtnis vielleicht ganz. Mit ihrer melodiösen, heiseren Stimme verlas sie die Gewinnummer des großen Loses, das die Handlung des Stücks ins Rollen brachte:

»Three … three … and three!! Three cheers for the gentleman who has drawn the first prize!«

Ihr Englisch war perfekt.

Was folgte, war ungeheuer frech und elegant. Chicago und die Gangster; die goldbestäubten Uferpromenaden von Miami und Palm Beach; Atlantiküberquerungen in Luxusdampfern (die Wände des Schiffs waren vom Boden bis zur Decke verspiegelt, damit das Publikum sich selbst betrachten konnte); phantastische Kostüme einschließlich marionettenartiger Puppen als Meßdiener, die Tänzerinnen wie Cocktails auf Tabletts darboten; drei Stunden Musik, die Musicals parodierten, ein Medley aus Opernduetten, sentimentalen Kunstliedern, Volksweisen über die ewige Liebe und einfallsreiche Toneffekte, die die »Filmgeräusche« der neuen Tonfilme auf die Schippe nahmen.

Wäre Mrs. Josef von Sternberg dagewesen, hätte sie vielleicht ihren Gatten von der Bühne abgelenkt, denn sie war eine Frau, die Aufmerksamkeit forderte. Wenn sie also dagewesen wäre, hätte er vielleicht nicht das gesehen und gehört, was er sah und hörte, und dann wäre alles ganz anders gekommen. Aber sie war nicht da, und während Josef von Sternberg der Vorstellung zusah und zuhörte (bis ans Ende seiner Tage bezeichnete er das Stück als »Albernheit«), setzte er seiner Suche nach einem »Blauen« Engel ein Ende und veränderte sein Leben und die Filmgeschichte für immer.

Doch als sich Frau Pommer und Ruth Landshoff erwartungsvoll an ihn wandten, um seine Reaktion auf die Hauptdarstellerin mit den verhängten Augen und der heiseren, melodiösen Stimme zu hören, lautete Sternbergs Kommentar: »Was? Diese unbegabte Kuh?!«

Was Josef von Sternberg an jenem Abend aber sah und hörte und träumte, war Marlene Dietrich.

TEIL I
Berlin

1. Die Anfänge

1901–1918

Marie Magdalene Dietrich kam am 27. Dezember 1901 um Viertel nach neun Uhr abends zur Welt – und zwar nicht in Berlin, sondern in Schöneberg, in einer bescheidenen Wohnung in einem bescheidenen Haus in der Sedanstraße, einer baumlosen Straße, die ihren Namen nach der berühmten Schlacht trug.

Als Marie Magdalene geboren wurde, stand dort, wo später das berühmte rote Rathaus errichtet werden sollte, die letzte noch betriebene Mühle; das Armenhaus und die Entlausungsstation lagen direkt gegenüber. Die Straßenbahnwaggons wurden von Pferden gezogen, die bereits fürs Schlachthaus bestimmt waren. Die unbefestigten Straßen von Schöneberg verwandelten sich in Kopfsteinpflastermosaike, und die Bauernhöfe wichen vor dem anrückenden Beton immer weiter zurück. Auf ehemaligen Feldern zogen die Grundstückseigner Mietskasernen hoch – wie die, in der Marie Magdalene geboren wurde: billige, saubere Unterkünfte, mit denen man schneller und mehr Geld machen konnte als mit den altmodischen Kartoffeläckern und Pachthöfen.

Doch Schöneberg im Jahr 1901 war trotz allem ein angenehmes Plätzchen. Es gab Biergärten, wo man trank und fröhliche Lieder sang, und während die Truppen des Kaisers kamen und gingen, bot Schöneberg für ganz normale Leute Heim und Herd; ein Städtchen mit zwei Kirchen, vielen Geschäften, drei Wochenmärkten (darunter einer am Freitag, auf dem Heu, Stroh und Holz feilgeboten wurde), sieben Schulen, zwei Friedhöfen (auf einem lagen die Gebrüder Grimm), einem Heim für alleinstehende Damen und sechs Tageszeitungen, von denen allerdings keine den Zuzug des frischgebackenen Ehemannes Louis

Erich Otto Dietrich und seiner jungen Frau Wilhelmine Elisabeth Josephine, geborene Felsing, zur Kenntnis nahm.

Polizeileutnant Dietrich (geboren 1868) war damals dreißig Jahre alt und nach den Maßstäben der Jahrhundertwende ein gutaussehender Mann: stämmig und breitschultrig, vermittelte er den Eindruck großer Charakterstärke. Zwar hatte er nicht das kaiserliche Gardemaß und die schneidige Wespentaille; er war eher untersetzt, besaß ein hübsches breites Gesicht, eine gerade Nase und jene tiefliegenden Augen, die seine Tochter von ihm erbte. Über seinem seltsam melancholischen Mund zwirbelte sich der Kaiser-Wilhelm-Schnurrbart, und dank seiner aufrechten, militärischen Haltung saß die Uniform makellos und die Spitze seiner Pickelhaube kerzengerade, wie sich das gehörte.

Er wurde dem Polizeirevier Nummer 4 zugewiesen, dessen Wachräume im selben Gebäude lagen, in dem auch Marie Magdalene zur Welt kommen sollte. Auf dem Hof stellte man die Polizeiwagen und Zugpferde unter. Sicher war der Posten bei der kaiserlichen Polizei nichts Großartiges, doch in einer Zeit und einem Land, wo jeglicher Autorität größter Respekt gezollt wurde, genoß er unumstritten ein gewisses Ansehen. Selbst die eng geschnürten Damen unter ihren Sonnenschirmen traten beiseite, um einem Mann in einer schmucken Uniform auf der Straße Platz zu machen.

Jeder Polizeibeamte hatte fünf Jahre Dienst bei der Armee abzuleisten, und sogar gewöhnliche Streifenpolizisten wie Marlenes Großvater Erich mußten zwei Jahre beim Militär nachweisen, um ihre Laufbahn einschlagen zu dürfen. Louis Erich Otto Dietrich war in den neunziger Jahren des letzten Jahrhunderts bei der leichten Kavallerie des Ulanenregiments gewesen. Er tat sich nicht besonders hervor, dennoch wurde er mit einigen Orden und Medaillen ausgezeichnet, die später seine pflaumenblaue Polizistenuniform schmückten, darunter die Medaille vom japanischen Roten Kreuz, die wahrscheinlich aus den Jahren 1895–1897 stammte, als Kaiser Wilhelm im Fernen Osten heftig, aber erfolglos mit dem Säbel rasselte. Auf einer dieser unglückseligen Unternehmungen hat der junge Kavallerist vielleicht ein paar Gewehrschüsse gehört und womöglich auch einmal einem Kameraden das Leben gerettet – jedenfalls prangten bei seiner Rückkehr nach Berlin die Beweise von Pflichterfüllung, Disziplin und Ehre auf seiner Brust. Möglicherweise hat ihm die Umstellung zum Staatsbeamten mit Stehkragen die Flügel etwas gestutzt, doch der Säbel blieb an seiner Hüfte – allerdings stets in der Scheide.

Bei der kaiserlichen Polizei waren Männer mit Auszeichnungen sehr willkommen, ebenso wie Eheschließungen mit Frauen aus gutem Hause. So besessen war man dort von Status und Prestige, daß der Vorgesetzte jedes heiratswilligen Beamten die Mitgift der zukünftigen Angetrauten taxierte, als handle es sich dabei um eine Frage von größter strategischer Bedeutung.

Zwar war Josephine Felsings Mitgift in den Augen der kaiserlichen Polizei durchaus annehmbar, doch als gesellschaftlich vorteilhaft konnte die Partie nicht gelten, schon gar nicht für die Familie Felsing. Seit Generationen waren die Felsings angesehene Geschäftsleute, und wahrscheinlich kam ihnen ein Bräutigam, dessen ordinärer Nachname auch noch einen kriminellen Beigeschmack hatte, von vornherein ein wenig verdächtig vor – und die unvermeidliche militärische Großspurigkeit des Polizeibeamten Dietrich machte die Sache wohl nicht gerade besser.

Genau wie die Tochter, die sie bald zur Welt bringen würde, besaß auch Josephine einen eigenen Willen und einen eigenen Kopf. Charakter und eine gute Erziehung waren ihr wichtiger als die soziale Stellung.

Möglicherweise hat Josephines Vorliebe für bürgerliche Tugenden den Elan ihrer Verehrer gedämpft – bis der gutaussehende Leutnant Dietrich mit seiner ordengeschmückten Uniform auftauchte. Sie heirateten sicherlich aus Liebe, denn obwohl Josephine recht hübsch war, galt sie doch nicht als Schönheit. Und sie war auch schon zweiundzwanzig! Ihr gefiel das schneidige Auftreten des Leutnants, und auch seine Erbmasse sagte ihr zu. Er seinerseits mochte die Aura moralischer Überlegenheit, mit der sie sich umgab, und die anmutige Art, wie sie diese Personen, die gesellschaftlich unter ihr standen, vermittelte. Im Jahr 1898 heirateten die beiden und zogen in die Sedanstraße, die in der Nähe des Reviers lag. Immer wieder zitierte Josephine Goethes Ausspruch, daß die Pflicht des einzelnen in der Erfüllung der täglichen Aufgaben liegt. Damals war die Pflicht einer Frau klar umrissen und lautete: Kinder, Küche, Kirche.

Vielleicht kann man ihrer Familie verzeihen, daß sie Josephines Heirat als sozialen Abstieg betrachteten. Seit dem frühen neunzehnten Jahrhundert waren die Felsings wohlhabende Berliner Uhrmacher. Damals hatten sie auch ihren Namen von »Völtzing« in »Felsing« geändert, weil sich ein Name ohne Umlaut auf dem Zifferblatt der Uhren besser machte.

Im Jahr 1870 starb dann der alte Uhrmacher-Patriarch, kurz vor dem Deutsch-Französischen Krieg, in dessen Anschluß Bismarck Deutschland zur Nation und König Wilhelm I. zum Kaiser proklamierte (was die Franzosen als große Arroganz empfanden und den Deutschen nie verziehen). Der Sohn und Erbe der Felsings, getauft auf den Namen Albert Karl Julius, nannte sich ebenfalls »Conrad«, um sich dem Schriftzug auf dem Ladenschild und auf den Zifferblättern anzupassen. Mit Ehrgeiz und Fleiß steigerte man die Produktion und gründete bald neue Niederlassungen. Im Jahr 1877 wurde sogar eine Zweigstelle in der renommierten Prachtstraße Unter den Linden eröffnet, wo der Titel eines Hoflieferanten Seiner Majestät des Königs von Preußen (inzwischen Kaiser) und Ihrer Majestät der Königin (inzwischen Kaiserin) dem ganzen Ticktack einen aristokratischen Anstrich verlieh und außerdem geschäftsfördernd wirkte. So waren aus Schwarzwälder Handwerkern angesehene Berliner Kaufleute geworden – auf ganz ähnliche Weise, wie sich Könige in Kaiser verwandeln.

Im Januar 1901 starb der zweite »Conrad«, Sohn des Firmengründers, im Alter von dreiundsiebzig Jahren. Im Laufe seines Lebens war er dreimal verheiratet, und seine dritte Frau, Elisabeth Hering, die nicht einmal halb so alt war wie er, schenkte ihm endlich die gewünschten Kinder: als erstes, im November 1876, Josephine und zwei Jahre später Willibald Albert Conrad.

Obwohl Willibald jünger war als seine Schwester, übernahm er nach dem Tod des Vaters die Firma, denn nach dem Gesetz erbte der Sohn den Besitz, nicht die Tochter. Innerhalb der Familie nannte man ihn »Onkel Willi«, doch im Geschäftsleben hieß auch er »Conrad« Felsing. Er erweiterte das Sortiment und verkaufte nun auch Wecker, Stand- und Kaminuhren aus Marmor, aus Bronze oder sogar vergoldet, wie es dem damals populären Renaissancestil entsprach. Schließlich verkaufte er auch noch Schmuck, bot Umtauschgarantien an und warb damit, daß man bei ihm erstandene Geschenke »gratis« hübsch einpacken lassen konnte. Seine Anzeigen veröffentlichte er mit Vorliebe in den Theaterprogrammen, denn Onkel Willi liebte das Theater – und das Theatervolk.

Außerdem begeisterte er sich auch noch für eine höchst verwerfliche neue Errungenschaft: den Kinematographen. Da der Firma Felsing das Geschäftsgebäude Unter den Linden gehörte, konnte Onkel Willi bestimmte Räumlichkeiten vermieten – unter anderem auch das Dachgeschoß. Der Mieter des Dachgeschosses, ein ehemaliger Optiker namens Oskar Messter, eröffnete 1896 Berlins erstes ständiges Filmtheater in der Passage direkt neben Felsings Gebäude. »Messters Biophon« nannte er es; das Hinterzimmer verwandelte er in Berlins erstes Filmstudio. Bereits im Jahr 1903 stellte er dort Tonfilme her, richtiggehende kleine Musicals. Die Miete, die Onkel Willi für das Dach verlangte, war sehr bescheiden. Da es ein Flachdach war, hatte man einen guten Blick auf die Vorgänge unter den Blättern der Linden vom Brandenburger Tor bis zum Kaiserpalast: ein idealer Platz für eine Wochenschaukamera, was Messter weidlich ausnutzte. Josephine runzelte die Stirn über die frivolen Hobbys ihres kleinen Bruders, aber zum Glück passierten derlei Dinge nur in Berlin – und sie saß in ihrem sicheren Nest in Schöneberg, mit ihrem Polizisten und ihren Babys.

Am 5. Februar 1900, im letzten Jahr des alten Jahrhunderts (wenn man davon ausgeht, daß ein Jahrhundert mit Nullen endet), bekamen die Dietrichs ihr erstes Kind, Ottilie Josephine Elisabeth. Man nannte sie Elisabeth oder »Liesel«, nach der Großmutter mütterlicherseits. Als Marie Magdalene gerade noch rechtzeitig im ersten Jahr des neuen Jahrhunderts eintraf (wenn man annimmt, ein Jahrhundert beginnt mit einer Eins am Ende), gab man ihr anfangs den gängigen Kosenamen »Leni« oder »Lene«. Doch gleichgültig, nach wem sie getauft sein mochte – sie gab sich selbst ihren Namen und bestimmte damit von Anfang an ihre eigene Rolle. Aus *Mar*ie und Magda*lene* (diesem Doppelnamen mit der seltsamen Mischung aus der heiligen Madonna und der nicht so heiligen Magdalena) entstand ein kürzerer und romantischerer Name, der ihr ganz allein gehörte – damals hieß kein Mensch »Marlene« (was ihre Wahl mit Sicherheit beeinflußte), und auf diesem Namen bestand sie ihr Leben lang.

In ihrer eigenen Erinnerung war Marlene »dünn und blaß als Kind, mein Haar war rötlichblond. Dieses rötlichblonde Haar gab mir eine weiße Gesichtsfarbe, eine durchsichtige Haut, die den Rotblonden eigen ist. Ich sah ziemlich krank aus.« Doch Marlene hatte immer die Tendenz, sich selbst zu unterschätzen, weshalb es auch oft schwer war, sie

Marie Magdalene im Alter von drei Jahren.
(Foto: Deutsches Institut für Filmkunde, Frankfurt a. M.)

richtig zu beurteilen. In Wahrheit war sie ein schönes Kind, bildhübsch sozusagen, und die Bilder beweisen das auch.

Auf ihrem wahrscheinlich frühesten Baby-Photo ist sie etwa zwei oder drei Jahre alt und sieht weder dünn noch kränklich aus. Viel eher erinnert sie an einen Vanillepudding – in ihrem Spitzenröckchen mit der cremefarbenen Schärpe um die rundliche Taille (ihr Oberkörper war schon immer relativ kurz). Ganz entspannt steht sie auf einem Stuhl, leicht angelehnt, die pummeligen Hände auf die Armstütze gelegt, die Füße ordentlich in weiße hohe Stiefeletten verpackt. Allerdings werfen ihre Strümpfe Falten, was später wohl kaum mehr vorkam.

Dieses süße Etwas ist kein zerbrechliches Porzellanpüppchen, dafür wirkt es viel zu robust. Schon hier stellt Marlene ihre ausgeprägte Photogenität unter Beweis, obwohl sie damals doch nur ein preußisches Kind war, das seine Pflicht erfüllte. Später fand sie immer mehr Gefallen daran, vor der Kamera zu posieren, und ihre Leidenschaft wurde zur Familienlegende – eine Liebesbeziehung, die bis zu ihrem Lebensende von den Kameras erwidert wurde.

Dieses Gesicht hat etwas Besonderes an sich: Es ist symmetrisch. Solche Gesichter haben keine »Seite«; Licht kann sie formen und gestalten – oder aber flach wirken lassen, wenn sie keinen ausgeprägten Knochenbau und dementsprechend keine Struktur besitzen. Acht Jahrzehnte später sollte dieses kleine Mädchen darüber klagen, man habe sie »zu Tode photographiert«, aber es ist bereits auf diesem Bild deutlich zu erkennen, warum Marlene mehr als ein halbes Jahrhundert lang die Kameras der Welt fasziniert hat. Auch der Reiz, den das Posieren immer für sie besaß, ist unschwer zu verstehen: Die Kameras waren ihr Publikum, in dem sie sich »bildschön« spiegeln konnte.

Das Leben der Dietrichs in der Sedanstraße war bescheiden und wechselvoll, denn Leutnant Dietrich schien doch nicht für das Polizistenleben geschaffen zu sein; vielleicht fühlte er sich doch durch den Stehkragen eingeengt. Bei der Revierprüfung in Marlenes Geburtsjahr stufte man ihn als »recht gut« ein, nur eine eine Note schlechter als das Spitzenprädikat »sehr gut«. Aber nicht einmal zwei Jahre später rutschte er auf ein »ausreichend« ab, die schlechteste Beurteilung, und fand sich damit ganz am Ende der Liste wieder, auf der die Leistung von insgesamt zwölf Beamten beurteilt wurde.

Es ging bergab, und die Familie Dietrich mußte sich nach der Decke strecken. Als Marlene sechs Jahre alt wurde, hatte sie bereits drei Umzüge hinter sich. Darauf folgte rasch der vierte, und Josephine ließ sich als »Dietrich, Josephine, Ww.« in das immer umfangreicher werdende Berliner Telefonbuch eintragen – sie war Witwe geworden.

Nach Leutnant Dietrichs lediglich »ausreichender« Leistung schloß die Polizeibehörde seine Akte; über seinen Tod gibt es keinen offiziellen Vermerk. Die am häufigsten kolportierte Todesursache ist ein Sturz vom Pferd. Bereits ein Jahr bevor er starb, besaßen er und Josephine getrennte Adressen und getrennte Telefonnummern, ein deutlicher Hinweis darauf, daß es mit der Liebe (falls es sie tatsächlich gegeben haben sollte) vorbei war. Josephine nahm die Zügel der Familie fest in die Hand, wie immer, wenn das Schicksal es von ihr verlangte.

Später erinnerte sich Marlene an ihren Vater nur noch als »schattenhafte Silhouette« – was nicht besonders verwunderlich ist, da ihre Eltern sich bereits getrennt hatten, bevor sie zur Schule kam. In dieser seit jeher matriarchalischen Familie, in der Großmutter Felsing das Sagen hatte, fiel die Abwesenheit eines Vaters nicht besonders ins Gewicht. Marlene akzeptierte ihre Mutter als Beschützerin und auch als Vorbild und Autorität – bis ihr Unabhängigkeitsstreben die Oberhand gewann. Auch wenn sie sich nicht nach dem Vater sehnte, den sie ja kaum gekannt hatte, identifizierte sie sich doch stark mit dem romantisierten Bild des preußischen Offiziersstatus, das er für sie verkörperte. Sie fand zu Recht, daß sie ihm sehr ähnlich sah, und ließ sich manchmal von ihrer Mutter »Paul« nennen (französisch ausgesprochen) – ein Spiel, das Josephine mitmachte und sogar sehr genoß. Doch Marlene ging es nicht nur um Anerkennung, sondern um etwas viel Umfassenderes: Sie wollte, wie sie es später einmal ausdrückte, »den Platz meines Vaters einnehmen – gegen den Willen meiner Mutter«.

Marlenes Identifikation mit männlichen Rollen begann früh und sollte sich durch ihr ganzes Leben ziehen. Die Ähnlichkeit mit ihrem Vater schien ihr ein überzeugendes Argument dafür, daß »Paul« mehr zu den Dietrichs gehörte als zu den Felsings; andererseits bereitete ihr dies auch Kummer, denn ihrer Ansicht nach waren die Frauen der Felsings allesamt Schönheiten. Ihre Mutter war für Marlene immer »umwerfend schön« und die Großmutter Felsing »nicht nur die schönste aller Frauen, sondern auch die eleganteste, bezauberndste, die vollkommenste Dame,

Marlene 1907 mit Vater Wilhelm und Mutter Josephine.
(Foto: Deutsches Institut für Filmkunde, Frankfurt a. M.)

der je ein Mensch begegnet ist«. Auf beiden Seiten der Familie gab es Tanten und Cousinen, die beispielhaftes weibliches Benehmen und damenhafte Anmut an den Tag legten und einem jungen Mädchen Geschmack an den feinen Schmuckschatullen von Fabergé, an handgearbeiteten französischen Schuhen und Ketten aus rosaroten Perlen beibringen konnten. Zwar dämpfte Josephine Marlenes romantische

Neigungen mit wiederholten Ermahnungen zu Pflichterfüllung und Selbstkontrolle, aber auch sie wollte nicht auf den Trost verzichten, den ihr »Pauls« Bewunderung bedeutete.

Marlene brauchte keinen Polizeibeamten als Vater, um eine Offizierstochter zu bleiben. Sie hielt ihre Mutter für einen »guten General«, streng, aber wohlmeinend, und im Grunde war sie ihr ähnlicher, als sie glaubte. Hemingway sollte sich einmal ihrer Worte bedienen und eine von Marlene inspirierte Romanfigur mit einem »guten General« vergleichen. Hinter ihrem Rücken nannte man Josephine in der Familie »den Drachen«, und dann versteifte sich der Rücken, auf dem jetzt die Verantwortung für die ganze Familie lastete, noch ein Stück weiter. Marlene bekannte einmal: »Meine Mutter war nicht freundlich, nicht mitfühlend, sondern nachtragend und unerbittlich ... Die Regeln waren ... eisern, hart und unerschütterlich.«

Immer wieder schärfte Josephine ihrer Tochter ein, welche Bedeutung die Loyalität im Leben eines Menschen hat, und so wurde dies auch für ihre Tochter ein beherrschendes Thema – und blieb es, selbst als sie sich später in einer Welt bewegte, in der solche Werte nicht sehr viel galten. Auch Pflichterfüllung, Disziplin und strikte Gefühlskontrolle waren für Josephine Tugenden, nach denen man streben mußte. Sicher brachte dies für Marlene oft große Einschränkungen mit sich, aber so hielt sie ihre kindlichen Leidenschaften im Gleichgewicht und lernte *Selbstbeherrschung* – eine Eigenschaft, die sehr viel mit Schauspielkunst zu tun hat. Marlene entwickelte dadurch eine gewisse Distanziertheit, ein Gefühl ruhiger Selbstgenügsamkeit, hinter der sich immer mehr zu verbergen schien, als auf den ersten Blick sichtbar wurde.

Als ihr Vater starb, gingen Marlene und Elisabeth bereits zur Auguste-Victoria-Schule für Mädchen, einer umgebauten Villa in Charlottenburg, benannt nach der Kaiserin, deren Porträt jedes Klassenzimmer zierte.

Marlene wurde im Frühjahr 1907 eingeschult (damals begann das Schuljahr nach den Osterferien); Josephine hatte sie gut vorbereitet. Schon zu Hause hatte Marlene schreiben gelernt: Deutsch in der alten gotischen Schrift, die Grundlagen von Französisch, der Modesprache, und dazu ein wenig Englisch: die schwierige Sprache der schwierigen Mutter des Kaisers und seiner Großmutter, Queen Victoria.

Josephine brachte Marlene und Liesel bei, das in leuchtend bunten

Buchstaben geschriebene Gedicht von Ferdinand Freiligrath zu lesen, das hinter einem Glasrahmen im Wohnzimmer hing:

> O lieb, solang du lieben kannst!
> O lieb, solang du lieben magst!
> Die Stunde kommt, die Stunde kommt,
> Wo du an Gräbern stehst und klagst!

Solche Gefühle waren mehr als verwirrend für ein Kind, das den Tod seines Vater miterlebt hatte, und die Zeilen brachten Marlene ihr ganzes Leben lang unweigerlich zum Weinen. So lernte sie zusammen mit dem Alphabet den Weltschmerz und die Unbeständigkeit der Liebe kennen.

Leider reichte die Rente einer Polizistenwitwe hinten und vorne nicht, und daran änderte auch die Unterstützung von Onkel Willi und Großmutter Felsing wenig. Deshalb beschloß Josephine, ihre häuslichen Fähigkeiten in bare Münze umzusetzen, und ließ sich, wie es eine Schulkameradin Marlenes nannte, als »bessere Haushälterin« bei Eduard von Losch einstellen. Von Losch stammte aus einer wohlhabenden Dessauer Familie und war Oberleutnant bei den Grenadieren (möglicherweise sogar ein ehemaliger Kamerad von Marlenes Vater). Oft weilte er auf Manövern in Königsberg, Danzig oder anderen »Vorposten« des Kaiserreichs. In der Zwischenzeit kümmerte sich Josephine um sein Haus – und in den seltenen Fällen, wenn er zu Hause war, auch um den Oberleutnant selbst.

Mit ihrem Lohn bezahlte Josephine die »Gouvernanten«, meist rotbackige Mädchen vom Lande, die von ihren Eltern in die Stadt geschickt wurden – weniger, damit sie den Kindern dort etwas beibrachten, als um selbst Erfahrungen zu sammeln oder die Sitten und Gebräuche der Großstadt kennenzulernen. Dabei lernten diese Mädchen zwar nicht immer das, was sich die Eltern draußen in der Provinz erhofften, aber sie konnten trotzdem Haushaltsarbeiten erledigen oder beispielsweise den Dietrich-Mädchen Unterricht geben, während Josephine bei der Arbeit war.

Marlene lernte Rollschuhlaufen und spielte mit Murmeln (»Freude« nannte sie das Spiel: Die braunen Kugeln aus Ton waren die Jungen, die Kugeln aus vielfarbigem Glas die Mädchen). Außerdem bekam sie Lautenunterricht, schmückte ihr Instrument mit bunten Bändern, sang sentimentale Volkslieder und spielte ein wenig Klavier. Damals war Isadora Duncan der Schwarm von Berlin, und auch Marlene nahm Tanzstunden; sie ging ins Kino und ins Theater (die Hände der italienischen Schauspielerin Eleonora Duse wurden damals unablässig photographiert, und jedes Schulmädchen war außer sich vor Entzücken) – und sie aß zu viele Sahnetörtchen.

Im Sommer fuhr sie zu Onkel Willis Landhaus am Wandlitzer See, um zu baden oder Seesterne zu sammeln, und in den Wintermonaten besuchte sie den Onkel in seiner riesigen Wohnung in der Liechtensteiner Allee in Berlin, wo sich die Theaterleute trafen (die so gar nicht nach Josephines Geschmack waren). Stets waren die Räume erfüllt vom Geruch der hundertzwanzig russischen Zigaretten, die Onkel Willi täglich rauchte – bis sie ihn eines Tages umbrachten.

Aber die größte Freude ihrer Jugend war die Musik. Marlene liebte ihre Laute und die Volkslieder, doch erst die Geige brachte ihr musikalisches Talent richtig zum Vorschein. So erstaunlich begabt war sie, daß Josephine 2500 Reichsmark auf den Tisch legte und für ihre Tochter eine Geige erstand – eine beträchtliche Summe, selbst für ein Mädchen mit ernsthafter Begabung.

Mit immenser Geduld bemühte sie sich um die Klangreinheit, die beim Geigenspiel das A und O ist. Rhythmus, Modulation, Ausdruckskraft und das Vermitteln einer bestimmten Atmosphäre (vor allem jenes letzte, am schwersten faßbare Element) – all dies sollten immer Prüfsteine ihrer Kunst bleiben. Marlene ließ Jospehines Ermahnungen zur Disziplin in den Umgang mit Saite und Bogen einfließen und entdeckte die Schönheit der Musik – und zum erstenmal regte sich in ihr der Wunsch nach dem, was sie später den »Ruhm auf dem Podium« nannte.

Doch zuerst kam die Schule. Einer Klassenkameradin ist Marlene als ein schüchternes kleines Mädchen in Erinnerung geblieben, das in der letzten Bank kauerte wie ein »kleines graues Mäuschen«. Dieses Bild beruhte aber mehr auf einer bewußten Zurückhaltung als auf Marlenes tatsächlichem Charakter, denn das Mäuschen entwickelte schon bald eine romantische Schwärmerei für eine Lehrerin, eine gebürtige Französin namens Mademoiselle Breguand. Nun war die Schule kein Gefängnis mehr, und Mademoiselle Breguand wurde »meine geheime große Liebe … meine Sehnsucht und deren Erfüllung«, die eine lebenslange Zuneigung zu Frankreich begründete und Marlene außerdem ein etwas gütigeres Vorbild bot – so wohlmeinend der »gute General« mit all den strengen Regeln auch gewesen sein mag.

Rückblickend scheint eine andere Schwärmerei jedoch noch wesentlich größere Bedeutung gehabt zu haben. Wie alle Schulmädchen dieser Zeit war Marlene eine hingebungsvolle Verehrerin von Henny Porten, Deutschlands erstem echten Filmstar. Die Porten entsprach nicht dem klassischen Schönheitsideal, doch sie strahlte Wärme aus und eine romantische, mütterliche Unkompliziertheit, was die Zuschauer hinreißend fanden und sie zum vergötterten Idol der Schulmädchen werden ließ – und was bei Josephine kaum zu finden war.

Andächtig pilgerten Marlene und ihre Schulkameradinnen in Porten-Filme, die eigentlich für Erwachsene gedacht waren, wie *Mutter und Kind, Gefangene Seelen* und *Kuß des Fürsten* (zwischen 1910 und 1920 drehte die Porten ein Dutzend Filme pro Jahr und schlug alle Angebote Hollywoods aus). Die Mädchen zupften sich die Augenbrauen, um ihr ähnlich zu sehen, und sammelten Postkarten, auf denen Henny Porten in ihren berühmtesten Rollen abgebildet war. Mit großer Sorgfalt kolorierte Marlene Exemplare ihrer Sammlung und schickte sie ihrem Idol zum Geburtstag oder als Gruß zur Premiere. Marlene vergaß völlig, daß sie ein »kleines graues Mäuschen« war, und verfolgte die Porten durch die Straßen von Berlin.

Als Diva war Henny Porten daran gewöhnt, daß man ihr nachlief, aber normalerweise sagten die Fans einfach nur »Guten Tag« und machten sich dann wieder davon. Marlene jedoch legte sich auf die Lauer. Sie versteckte sich hinter den Zeitungskiosken bei Henny Portens Haus, um vielleicht einen Blick auf ihr Idol zu erhaschen, und als sie herausbekommen hatte, hinter welcher Haustür die Schauspielerin wohnte, erschien sie eines Tages mit ihrer Geige in der Hand, postierte sich in der Eingangshalle und fiedelte für die Angebetete eine sentimentale Weise namens »Engelslied«. »Nanu, wer brachte mir denn da ein Ständchen?« wunderte sich die Porten freundlich-nachsichtig, wie es sich für einen echten Filmstar gehört. Natürlich war es niemand anderes als »dasselbe kleine, niedliche Mädel mit den blonden Locken«, das ihr seit Tagen durch die Straßen folgte und sich hinter Laternenpfosten und Zeitungsständen verbarg.

Heldenverehrung ist für den Helden selbst angenehm und schmeichelhaft, aber Marlenes Nachstellungen nahmen eine gewisse aggressive

Zielstrebigkeit an, und sie schreckte nicht davor zurück, der Schauspielerin auch außerhalb Berlins ihre Aufwartung zu machen. Als Marlene nämlich mit ihrer Schulklasse einen Ausflug ins bayerische Geigenbauerstädtchen Mittenwald unternahm, hielt sich Henny Porten zusammen mit ihrem Mann, einem Psychiater, im nahe gelegenen Garmisch auf, um sich von den Strapazen neuer Vertragsverhandlungen zu erholen.

»Wie ich eines Morgens erwache«, erinnerte sich die Porten später, »klingt wieder Geigenspiel an mein Ohr. Ich trete ans Fenster, sehe auf die Straße hinaus, und da steht doch wirklich wieder unten die Kleine und bringt mir das zweite Ständchen.« Das war zwar äußerst schmeichelhaft, aber offensichtlich strapazierte es die freundliche Nachsicht des Filmstars doch ein wenig.

Henny Porten schlug das Fenster zu und gab sich allein ihrer »Freude und Rührung« hin, wie sie später erzählte. Marlene klemmte ihre Geige wieder unter den Arm, denn sie hatte ihr Ziel erreicht: Ihr Publikum hatte sie angehört. Zwar war ihr das Fenster vor der Nase zugeschlagen worden – aber immerhin von einem Filmstar.

Der August 1914 veränderte die Welt und mit ihr auch Marlene. Großspurig versprach der Kaiser, alles werde vorüber sein, »bevor die Blätter fallen«, doch diese Vorhersage entpuppte sich als genauso falsch wie viele andere seiner Prophezeiungen – eine lange Zeit des Leids und der Katastrophen brach an.

Marlene war damals erst zwölf Jahre alt. Leutnant von Losch, Josephines Arbeitgeber, befand sich zu dieser Zeit auf Manöver außerhalb Berlins, und damit er bei den bevorstehenden Siegen seinen Teil beitragen könne, beförderte man ihn eilig zum Hauptmann. Von soldatischem Instinkt geleitet, beschloß er, seinen Haushalt von der Hauptstadt auf seinen Familienbesitz in Dessau zu verlegen, und Josephine und ihre Töchter zogen mit. Eine letzte Kindheitserinnerung prägte sich Marlene ein, als sie Berlin verließen: der Anblick der »Soldaten, die durch die Straßen marschierten, Blumen in den Gewehrläufen, wie sie lachten und sangen, den umstehenden Frauen Kußhände zuwarfen, wie die Fahnen aus den Fenstern wehten ... Barbaren, die den Ausbruch des Krieges feierten.«

Marlene kam also mit ihrer Mutter nach Dessau, wo sie sich im Antonetten-Lyzeum einschrieb – einem weiteren »Gefängnis« mit Schulmädchen und Regeln und ohne eine Mademoiselle Breguand, auf die sie ihre jugendlichen Sehnsüchte hätte projizieren können. Es schien die richtige Zeit, sich mit dem Katechismus zu beschäftigen (»Gott mußte einfach zurückkommen ... Er mußte doch diejenigen belohnen, die in diesem Krieg litten, den er zugelassen hatte«, dachte sie). Mit fünfzehn wurde Marlene wie die meisten evangelischen Mädchen ihres Alters konfirmiert, was die katholische Köchin der Familie von Losch entsetzte: Ihrer Meinung nach war das viel zu spät! Mühevoll wurden die überlieferten Konventionen auch in diesen Zeiten aufrechterhalten, doch »die Tatsache, daß man mit unserer Erziehung genauso weitermachte wie in Friedenszeiten, ließ uns an der Vernunft der Erwachsenen zweifeln«.

Jede Schule war in dieser Zeit eine Garnison für zukünftige Soldaten des Kaiserreichs. Man schirmte die Kinder nicht etwa vom Krieg ab; ganz im Gegenteil: Er war ein heimtückisch verführerischer Bestandteil des täglichen Lebens.

Statt Henny Porten anzuhimmeln, mußten Marlene und ihre Schulkameradinnen jetzt in den Kinos Propagandafilme über sich ergehen lassen, die von einer neuen Produktionsgesellschaft namens Ufa (eine Abkürzung für Universum Film Aktiengesellschaft) hergestellt und hinter den Kulissen vom Kriegsministerium und General Ludendorff finanziert wurden. Zur Abwechslung gab es hin und wieder auch einen Henny-Porten-Film, aber selbst Henny verblaßte neben den alliierten Greueltaten, die im Vergleich zu den gloriosen Siegen und dem edlen Heldentod von Wilhelms treu ergebenen Soldaten so feige und niederträchtig wirkten.

Die Mädchen beteiligten sich an Sammelaktionen für Kartoffeln und Kohlen. Manche Abende verbrachten sie auf dem Bahnhof, wo sie für die Soldaten, die zur Front fuhren, Abschiedslieder schmetterten (mit jedem Mal waren es jüngere Männer, die in den Krieg geschickt wurden), oder sie sangen in den Lazaretten für die Verletzten und Sterbenden. Die Jungen zogen von Tür zu Tür, um Kriegsanleihen zu verkaufen (für einen Mindestbetrag von zwei Mark), und stellten dafür Quittungen aus, die nie eingelöst wurden. Oder sie arbeiteten als Straßenfeger: So ersetzten sie die Männer, die fürs Vaterland starben.

Die »Heimat« war eine Kriegsfront wie jede andere, und Marlene litt nach dem Umzug nach Dessau um so mehr darunter, denn hier gab es keine Murmelspiele mit Spielgefährten und kein Seesternesammeln am Strand von Onkel Willis Sommerhaus. Die Heimatfront war eine »Frauenwelt«, eine »Welt ohne Männer«, und Marlene wurde langsam erwachsen. Durch das Gedicht, das eingerahmt im Wohnzimmer hing, hatte sie zum erstenmal von Liebe und Tod erfahren, und nun spürte man mehr als deutlich, wie eng die beiden miteinander verknüpft sein konnten.

Es gab eine Geschichte, die Marlene später oft und gern erzählt hat; mal nannte sie den jungen Mann, um den es ging, »Jean«, dann wieder »Hans« oder »John«. Auf alle Fälle küßte er sie – weiter nichts. Doch seine Jugend und seine Lebenskraft öffneten ihr die Augen und verwandelten den abstrakten Begriff von kriegerischem Ruhm, den die Ufa so heftig beschwor, in lebendiges Fleisch und Blut, das mit erschreckender Selbstverständlichkeit den Kanonen des Feindes geopfert wurde. Zum erstenmal erlebte sich Marlene als junge Frau und kam in Kontakt mit einem Vertreter des anderen Geschlechts.

»Dieser Krieg, in dem ich lebte, erschloß sich mir erst damals in seiner vollen Bedeutung«, berichtete sie. »Der Soldat in unserem Haus, die Luft, die er mit sich brachte und die er uns hinterließ, das hallende Echo seiner Schritte auf den Fluren, seine Größe, die Gefahr, die er überstanden hatte, und die, der er entgegenging, als er uns verließ, der Kuß, den ich gespürt hatte, seine feldgrauen Hemden, das Bewußtsein, daß er nie zurückkommen würde ... das alles ließ mich diesen Krieg zum erstenmal mit klaren Augen sehen.«

Ebenso wie die Kinder an dem Krieg teilnahmen, der ihre Väter tötete, so leisteten auch die Frauen ihren Beitrag. Manche von ihnen übernahmen den Arbeitsplatz ihrer Männer in den Fabriken, andere vertauschten ihre Trauerkleidung gegen die Uniform des Roten Kreuzes. Manche fuhren zur Front, nach Osten und nach Westen.

So auch Josephine Felsing Dietrich. Als Eduard von Losch an der Ostfront verwundet wurde, fuhr sie zu ihm, und dort heirateten die beiden Ende 1916 oder Anfang 1917. Die mittlerweile vierzigjährige Josephine schwor ihrem Bräutigam an seiner Lazarettpritsche ewige Treue. Der Offizier schenkte ihr seinen Namen und erhielt von ihr dafür das Versprechen, bis zu seiner Rückkehr aus dem Krieg für seine Mutter zu sorgen.

Doch er kehrte nicht zurück. Wenige Tage später erlag er irgendwo in der Nähe der russischen Front seinen Verletzungen, und Josephines letzte – und vielleicht einzige – eheliche Pflicht bestand darin, seine Leiche abzuholen und sie nach Dessau zu bringen, damit er dort im Familiengrab beigesetzt werden konnte.

Zum zweitenmal verwitwet, war Josephine nun jeglicher Pflicht entbunden und kehrte nach Berlin zurück mit einem neuen Namen, der dazugehörigen Pension und natürlich mit ihren Töchtern. Die Felsings wußten, daß die Losch-Ehe nur auf dem Papier bestanden hatte, aber sie trösteten sich mit dem Gedanken: »Wenigstens ist es ein ›von‹ und kein ›Dietrich‹.«

Josephine mietete eine Wohnung in der Kaiserallee, und ab April 1917 besuchte Marlene die nahe gelegene Viktoria-Luisen-Schule, um ihr letztes Pflichtschuljahr zu absolvieren.

Das »kleine graue Mäuschen« hatte durch den Krieg und den Aufenthalt in Dessau eine bemerkenswerte Metamorphose durchgemacht und war eine erstaunlich selbstbewußte junge Dame geworden. Hatte sie zuvor in der letzten Bank gesessen, so besetzte sie jetzt die erste. Im Umgang mit den wenigen männlichen Lehrkräften, die der Front entronnen waren, brachte sie nun ihre »Schlafzimmeraugen« zur Geltung, wie es ihre Mitschülerinnen nannten. Ein junger Studienrat reagierte so offen auf ihre provozierenden Blicke, daß er entlassen wurde, was Marlenes Mitschülerinnen gleichzeitig mißbilligten, aber auch furchtbar aufregend fanden. Neugierig beobachteten sie, wie Marlene »ihre Wirkung ausprobierte« (so beschrieb die ehemalige Klassenkameradin Gertrud Kröger, geborene Seiler, sieben Jahrzehnte später Marlenes Experiment mit ihren Verführungskünsten und äußerte sich ausführlich über den Skandal des Jahres). Marlene, die Unheilstifterin, war damals kaum sechzehn Jahre alt.

Die Dietrich-Mädchen strickten, standen Schlange für ihre täglichen Essensrationen und teilten die tausend Kalorien, die ihnen zustanden, mit ihrer immer hinfälliger werdenden Großmutter Felsing. Marlene nahm weiter Geigenunterricht und trat im Juni 1917 bei einem Rot-Kreuz-Fest auf, das auf den fünfzigsten Jahrestag der Hinrichtung Kaiser Maximilians von Mexiko fiel und deshalb das mittelamerikanische Land zum Thema hatte. Zum erstenmal spielte Marlene ihre Geige in der Öffentlichkeit. Begleitet von Marlene, die »La Paloma« fiedelte, wirbelten ein paar Mädchen ihres Alters in volantbesetzten mexikanischen Rökken tamburinschlagend als Tänzerinnen umher. Marlene (oder war es »Paul«?) war wie ein Junge gekleidet, hatte die Violine unters Kinn geklemmt und die Locken unter dem breitkrempigen Sombrero versteckt. Auch Onkel Willi sah diesen Auftritt und amüsierte sich über ihre männliche Aufmachung, die ihm noch lange im Gedächtnis blieb. Allerdings wäre er bestimmt nie auf die Idee gekommen, daß ein ähnlich androgyner Aufzug viele Jahre später die Welt vor den Kopf stoßen und gleichzeitig einen Modetrend und eine neue Form der Sexualität ins Leben rufen würde.

Marlene legte kein Abitur ab, denn an einer akademischen Laufbahn hatte sie kein Interesse – sie wollte musizieren. Von ihrer Busenfreundin Hilde Sperling, die Marlene verehrte und ihr Benehmen und ihr Äußeres, ihre Frisur und ihre Kleidung nachahmte, mußte sie sich deshalb schon bald trennen.

Da es während des Krieges kein offizielles Jahrbuch gab, bat eine Mitschülerin Marlenes kurz vor dem Ende des letzten Schuljahrs an Ostern 1918 einen Photographen, ein Erinnerungsphoto der Klasse zu machen. So versammelten sich die Mädchen auf dem Hof des nahe gelegenen Feuerwehrhauses, manche noch in den Matrosenanzügen, die man im Gymnastikunterricht trug und die Marlene haßte, manche in der vorgeschriebenen Schuluniform. Dort stellten sie sich in Pose für ein letztes Andenken an ihre Schulzeit.

Marlene sitzt in der vordersten Reihe, ernst blickt sie direkt in die Kamera, Arm in Arm mit Hilde Sperling, die sich ziemlich besitzergreifend an sie klammert. Manche der Mädchen lachen oder sehen einander an, ganz entspannt in diesem Moment, der ihre alltägliche Routine unterbricht. Aber Marlene starrt in die Kamera, fast ein wenig trotzig und herausfordernd. Nichts ist zu sehen von den »Schlafzimmeraugen«, über die sich die anderen Mädchen den Mund zerrissen, und noch viel weniger von dem »kleinen grauen Mäuschen«. Melancholisch sind ihre Augen, auf der Suche nach einem Weg durch die Trümmer einer aus den Fugen geratenen Welt.

Marlenes Schwester Elisabeth, die rund zwei Jahre älter war als diese Mädchen in den Matrosenanzügen und Uniformen, ist nicht auf dem Photo. Sie war nicht nur älter, sondern auch ganz anders als Marlene: brav, diszipliniert und gehorsam (vielleicht auch deshalb, weil sie nie ein

Dieses Klassenfoto entstand 1918. Marlene ist die zweite von rechts in der ersten Reihe. Sie schaut schon kess direkt in die Kamera.
(Foto: Ullstein Bilderdienst, Berlin)

hübscher Vanillepudding gewesen war). Wie sich eine Klassenkameradin erinnerte, machte sie noch mit achtzehn einen Knicks vor ihren Lehrern, die teilweise kaum älter waren als sie selbst. Ihr Cousin hatte den Eindruck, sie liefe immer ein wenig geduckt umher, als krümmte sie sich unter der Last, die Tochter eines »Drachen« zu sein und nicht – wie Marlene – der unverwüstliche Sprößling eines »guten Generals«. Das einzige Podium, das Elisabeth je für sich in Anspruch nahm, war das Klassenzimmer, wo sie pflichtschuldig das überlieferte Wissen weitervermittelte, an dem sie auch verzweifelt festhielt, als viel später die zweite, noch schlimmere Katastrophe hereinbrach. In dieser Zeit schaffte sie es beinahe, eine gewisse traurige Berühmtheit zu erlangen, doch unter Umständen, die ihre jüngere Schwester Marlene zutiefst schockierte und erschreckte – und sie dazu veranlaßte, die Existenz Elisabeths fast ein halbes Jahrhundert zu leugnen.

Am Ende des Schuljahrs war es Sitte, daß sich die Mädchen gegenseitig etwas ins Poesiealbum schrieben. Sowohl Marlene als auch Elisabeth verewigten sich in dem Büchlein von Gertrud Seiler, die auch Marlenes Klassenphoto organisiert hatte. Während Elisabeth ein damals gebräuchliches Moralsprüchlein zu Papier brachte, schrieb Marlene auf ihre Seite eine ermutigende und doch sehr ernste Botschaft: »Glück hat auf die Dauer nur der Tüchtige.«

Hätte man sonst keine Hinweise darauf, wie unterschiedlich die beiden Schwestern waren, und wüßte man nicht, in welch gegenläufige Richtungen sich ihr Schicksal entwickelte, so könnte man es schon auf diesen vergilbten Seiten eines Poesiealbums erahnen. Elisabeths gestochene, altmodische Handschrift sieht folgendermaßen aus:

Elisabeth Dietrich.

Die von Marlene dagegen:

Marlene Dietrich

Marlene schrieb in der neuen, modernen Schrift (die unter Hitler verboten wurde) mit dem kühnen Schwung eines Mädchens, das sich selbst einen Namen gegeben hatte und für das die Violine (und der Gedanke, berühmt zu werden) viel süßer klang als die Hymnen, die im Krieg allzu rasch zu Klagegesängen wurden. Aber sie wußte nicht, wieviel Tüchtigkeit man brauchte, um glücklich zu werden.

2. WEIMAR UND ZURÜCK
1919–1921

Am 11. November 1918 wurde der Waffenstillstand unterzeichnet, mitten in dem nebligen Wald von Compiègne, in einem Eisenbahnwaggon, an dem weiße Flaggen hingen. Deutschland wurde von zivilen Kabinettsmitgliedern vertreten, um dem Militär die Schmach zu ersparen. Die Bedingungen der Alliierten waren knapp und hart. Der Krieg war vorüber – nicht aber das Blutvergießen.

Längst herrschte das Chaos; es gab Streiks, weil die Menschen nichts zu essen und nichts anzuziehen hatten. Schließlich hatte man sich auch im kaiserlichen Hauptquartier dazu bequemt, die harte Realität zur Kenntnis zu nehmen. Vier Jahre zu spät forderte Wilhelm einen Waffenstillstand.

Aber nun verweigerten nicht nur die Soldaten an der Front den Kampf bis zum letzten Blutstropfen; auch daheim, wo Frauen und Kinder hungerten, regte sich Widerstand. Meutereien, Streiks und Revolten brachen auf den Schiffen der kaiserlichen Marine – Wilhelms ehrgeizigstem Projekt – aus und griffen rasch über auf die Häfen, in denen die Flotte tatenlos lag, und auf die Dörfer und Städte im Umland. Der »einzige wahre Kaiser auf der ganzen Welt« sah jedoch keinen Grund abzudanken. Das mußten die Zeitungen (mit Hilfe des Prinzen Max von Baden, der in dieser letzten Phase des Krieges Kanzler geworden war) für ihn erledigen. So überraschte es Wilhelm mindestens so sehr wie die meisten Deutschen, als er eines Morgens die Schlagzeile las: »Der Kaiser dankt ab!«

Kurz nach der Unterzeichung des Waffenstillstandes wurde Marlene siebzehn, und ein paar Wochen später, am 29. Januar 1919, starb Großmutter Felsing. Ihren Anteil an der Felsing-Firma (die zwanzig Prozent, die noch nicht Onkel Willi gehörten) erbte Josephine. Zum erstenmal seit dem Anfang ihrer ersten Ehe in Schöneberg hätte sie jetzt so etwas wie materielle Sicherheit genießen können – wenn alles gutgegangen wäre.

Aber nichts ging gut. Viele Berliner, die bei Kriegsende nicht am Verhungern waren, fielen einem Grippevirus zum Opfer – um die tausend pro Tag. Nirgends gab es einen Orientierungspunkt: Wilhelm war zur Abdankung gezwungen worden, aber wer würde an seine Stelle treten? Kommunisten, Sozialisten, Republikaner, Anarchisten, Spekulanten und Profitgeier jeder Färbung – alle lauerten auf ihre Chance. Gleichzeitig stürzte die von den Alliierten verhängte Nachkriegsblockade die Menschen in eine derartige Not, wie sie sie nicht einmal in Kriegszeiten gekannt hatten.

Doch aus den Trümmern des Kaiserreiches gingen Maler wie George Grosz, Otto Dix, Max Beckmann hervor, Theaterleute wie Erwin Piscator und Max Reinhardt, Schriftsteller wie Thomas Mann mit dem *Zauberberg*, Erich Maria Remarque mit *Im Westen nichts Neues*, Filme wie *Das Kabinett des Dr. Caligari* und *Metropolis*, Stücke mit einer neuen, aggressiven Musik wie Weills und Brechts *Dreigroschenoper* oder *Aufstieg und Fall der Stadt Mahagonny* und Opern wie Alban Bergs *Lulu* und *Woyzeck*. Das »Bauhaus« machte alles stromlinienförmig, von Messern und Gabeln bis zur Park Avenue, und wurde – nur einige Jahre später – schon als »entartet« verboten. Im Jahrzehnt nach dem Krieg wurde Berlin zu dem, wofür es sich schon immer gehalten hatte: »die modernste, schnellste Stadt der Welt«. Die Metropole geriet in einen wahren Geschwindigkeitsrausch, und alteingesessene Berliner nennen diese kurze Zeit überschäumender Kreativität, an deren Anfang und Ende Grauen und Schrecken standen, noch immer »die goldenen Zwanziger«.

Für Josephine waren die zwanziger Jahre alles andere als golden. Ihre Erbschaft und ihre Rente schrumpften unter dem Einfluß der galoppierenden Inflation, die das Nachkriegsdeutschland fünf Jahre lang heimsuchte. Der Wert der Reichsmark fiel und fiel auf absolut unvorstellbare 4,2 Billionen pro Dollar. Bevor diese Talsohle schließlich erreicht wurde, hatte Elisabeth ihre Ausbildung zur Lehrerin abgeschlossen und Marlene große Fortschritte auf der Geige gemacht. Doch die brodelnde Großstadt, in der die Menschen abwechselnd aufeinander losgingen oder sich in die Suche nach den »schönsten Beinen von Berlin« flüchteten, war ein gefährliches Pflaster für ein Mädchen, das »seine Wirkung ausprobierte«.

Nach reiflicher Überlegung kam Josephine zu dem Schluß, daß Weimar die richtige Stadt für Marlene und ihre Geige war. Weimar, die Heimat von Schiller und Liszt, vor allem aber die des größten deutschen Klassikers: Goethe – Dichter, Maler, Dramatiker, Staatsmann, Naturwissenschaftler, Philosoph und der einzige wirkliche Gegenpol zu Marlenes leidenschaftlicher Hingabe an das Geigenspiel.

In Weimar konnte sie ihrer musikalischen Ausbildung in aller Ruhe nachgehen, weitab von der gewalttätigen, chaotischen Hauptstadt – so glaubte jedenfalls Josephine. Offensichtlich dachte die neugebildete Regierung ähnlich und wählte das geistige Zentrum Weimar als Ort der Republikgründung – gerade eine Woche nach dem Tod von Marlenes Großmutter. Genau wie Josephine hofften auch die Politiker, daß Weimar ihrer Republik eine Aura klassischer *Humanität* verleihen könnte, und so schrieben sie hier ihre Verfassung. In einem Theater.

Im Oktober 1919 kam Marlene also nach Weimar. Sie zog in eine Pension, in der im achtzehnten Jahrhundert Charlotte von Stein gewohnt hatte, Goethes »Seelenfreundin« und Modell einiger seiner Frauenfiguren. Dort teilte Marlene ein spartanisches Zimmer mit fünf anderen Mädchen. Aber nur sie nahm Privatunterricht als Ergänzung zu den Stunden an der Musikhochschule. Außerdem war sie inzwischen beinahe achtzehn und stellte durch ihr Verhalten sofort klar, daß sie sich durch den Einzug in die heiligen Hallen der Frau von Stein bestimmt nicht den Schneid abkaufen ließ.

»Die ›Neue‹ – Marlene – … stand da zwischen Tür und Angel in einer Pose, die mir unvergeßlich ist«, erinnert sich Gerde Noack, eine ihrer Zimmergenossinnen. »Sie faszinierte uns sofort. Sie war etwas Besonderes. Das war nicht gemacht, nicht aufgesetzt, das lag *in* ihr.«

Teilweise beruhte ihre Faszination auf ihrem Fleiß. »Täglich übte sie fünf Stunden«, berichtet ihre Zimmergenossin. »Als die Pensionschefin Geburtstag hatte, spielte sie die Serenade von Torelli« – anscheinend eine Art Visitenkarte für Marlene –, »und ich habe sie auf dem Klavier begleitet.«

Zu anderen festlichen Anlässen schrieb Marlene Gedichte. Gab es nichts zu reimen oder vorzuspielen, unterhielt sie ihre Freundinnen mit ihrer Darstellung einer chinesischen Pagode, wobei sie sich lediglich in

ein Laken hüllte – ein Talent, das sie, soweit wir wissen, nicht weiter aus-
gebildet hat. »Wenn wir lachen wollten, sagten wir: ›Marlene, mach mal
Pagode.‹« Und das tat sie dann. »Sie war eine prima Kameradin«, meinten die Mädchen, und eine von ihnen schrieb ihr zu Ehren ein Gedicht:

> Aus Berlin kam die Marlen'
> Und wir gerne hier sie sehn
> Lustig sein ist ihr Pläsier
> Und das ist die Hauptsach' hier.

»Marlen'« war die Anführerin der Mädchen, wenn es um verbotene Ge-
nüsse ging: Zum Beispiel kauften sie sich in der Stadt Süßigkeiten, die
sie dann mit Wonne in ihrem Zimmer verzehrten. Allerdings mußte ein
schwerer Schrank gegen die Zimmertür geschoben werden, damit sie
die Hausmutter Frau Arnoldi nicht ertappte, die bei Nacht völlig unbe-
rechenbare Kontrollgänge unternahm. Schon seit eh und je hatte Marlene eine Vorliebe für Sahnetörtchen gehabt, aber in der Nachkriegszeit
waren Süßigkeiten ein großer Luxus – und allemal in einer streng ge-
führten Pension! Doch die Kosequenzen der Nascherei blieben nicht
aus: Wenn Marlene die süßen Leckereien verschlungen hatte, verzichtete sie nicht wie manche der anderen Mädchen auf die Gerstensuppe
beim gemeinsamen Mahl, und sie wurde (was damals als beneidenswert
galt) »ganz schön vollschlank, ja, sogar üppig«, wie es Gerda Noack später beschrieb.

Marlene wurde in Weimar jedoch nicht nur üppiger, sondern auch
immer bekannter. Zu den privaten Musikstunden trug sie Chiffonkleider, die mehr oder weniger durchsichtig waren: »Geradezu obszön!«
stellte Gerda später fest. Schon bald galt sie – in den Worten ihrer
damaligen Zimmergenossin – als »kooperativ, wie man heute trocken
sagen würde«.

Alle Mädchen kannten Marlenes Privatlehrer, Professor Reitz (verheiratet und Vater), und konnten es sich natürlich nicht verkneifen, zu
kichern und zu tuscheln, wenn Marlene in ihrem dünnen Chiffonkleid
zum Unterricht stolzierte. »Marlene reizt Reitz«, witzelten sie und hatten
so viel Spaß an dem gelungenen Wortspiel, daß sie es unmöglich für sich
behalten konnten. Als sich das Bonmot genügend herumgesprochen
hatte, zeitigte es Folgen.

Zwar hielt sich die fleißige Tochter des »guten Generals«, der auch ein »Drache« sein konnte, an die Regel, daß man verführerische Reize nur sparsam und bei ganz bestimmten Anlässen spielen lassen sollte, aber ihre verlockenden »Schlafzimmeraugen« sahen sich auch in Weimar um und zogen ihrerseits so manchen sehnsüchtigen Blick auf sich.

Etwa zur selben Zeit wie Marlene kam auch das »Bauhaus« nach Weimar, die neue Avantgarde-Künstlergruppe, die Walter Gropius mit einer Anzahl von Malern, Graphikern und Architekten gründete, unter ihnen Paul Klee, Wassily Kandinsky, Lionel Feininger, Oskar Schlemmer, László Moholy-Nagy und (etwas später) auch Josef Albers, Marcel Breuer und Mies van der Rohe; allesamt Persönlichkeiten, deren revolutionäre Neuerungen noch heute einen maßgeblichen Einfluß auf die bildenden Künste ausüben. Marlene kannte viele von ihnen, denn auch den Künstlern gefiel Frau von Steins Haus – zum Wohnen, als Atelier und zum Essen. Mit dem gleichen Instinkt, der ihr bei der »Verfolgung« von Henny Porten gute Dienste geleistet hatte, schaffte sie es, eine Begegnung mit der berühmten Alma Mahler-Gropius, der damaligen Ehefrau von Walter Gropius, zu arrangieren.

Marlene hatte sich mit dem Graphiker und Bühnenbildner Lothar Schreyer und seiner Frau angefreundet, denen sie als »liebenswürdiges, stilles junges Mädchen« in Erinnerung blieb, »sehr musikalisch und immer freundlich«. Wenn Schreyers kleiner Sohn aus Dresden zu Besuch kam, spielte Marlene für ihn das Kindermädchen. Der Junge war hingerissen von ihr. Später erklärte sein Vater: »Niemand von uns oder sonst in Weimar konnte ahnen, daß sie in wenigen Jahren eine Weltberühmtheit sein würde.«

Eines Tages nun erfuhr Marlene beim Mittagessen, daß Frau Gropius aus Wien zu Besuch kommen sollte, und sofort bat sie Herrn Schreyer in aller Bescheidenheit, der Dame vorgestellt zu werden. Alma Mahler-Gropius war eine der faszinierendsten und einschüchterndsten Frauen ihrer Zeit, und in den zwanziger Jahren war sie so vital und aktiv wie nie. Sie war die Geliebte der Maler wie Gustav Klimt oder Oskar Kokoschka gewesen, und als Witwe von Gustav Mahler bestand sie nach wie vor darauf, daß sein Name dem ihres jetzigen Ehemannes vorangestellt wurde. Kurz darauf sollte sie diesen ohnehin verlassen, um Franz Werfel zu heiraten, von dem sie bereits ein Kind hatte. Zwar behauptete Gropius, nichts von den Eskapaden seiner Frau zu wissen, aber jeder andere – von Weimar über Wien bis Prag – wußte Bescheid. Ganz offensichtlich mußte Alma als Frau einem achtzehnjährigen Mädchen wie Marlene auffallen, das doch selbst darauf brannte, im Rampenlicht der Öffentlichkeit zu stehen.

Von den Schreyers bekam sie den Rat, sich wie zufällig und sehr diskret bei Almas Besuch blicken zu lassen, und Marlene wählte den besten Ort, den sie finden konnte: die Treppe, die zu Schreyers Haustür hinaufführte. Dort war sie nicht zu übersehen.

»Das Treppenhaus war schön erleuchtet«, erinnerte sich Schreyer später. »An dem weißgestrichenen Treppengeländer lehnte, die Geige in der Hand, Marlene Dietrich und blickte mit großen Augen herauf. Meine Frau stellte Marlene vor. Ich hätte es tun müssen. Aber ich war zu benommen von der Szene, die jetzt begann.

Marlene behielt die Geige in der linken Hand, sank fast in die Knie – es schien mir ein Hofknicks, wie er wohl vor langer Zeit, als es noch einen Kaiser Franz Joseph gab, am Wiener Hof geübt wurde. Es war eine tadellose Bewegung, unterstützt von dem ganz schlichten, *raffiniert* schlichten Kleidchen des jungen Mädchens.

Frau Gropius – auch sie spielte wunderbar. Da stand eine Herzogin in der Wiener Hofburg, die junge Hofdame zu empfangen. Und in diesem Augenblick wurde die Herzogin jung wie das Mädchen vor ihr, in strahlender Zurückhaltung, hob die rechte Hand etwas zögernd huldvoll, aber auch gebieterisch, und empfing den Handkuß des Mädchens.«

Hätte Marlene Regie studiert – diese Szene hätte sie nicht besser inszenieren können. Alles stimmte: die Naive und die *grande dame*, die gute Beleuchtung und die sorgfältig gewählte Umgebung, die schlichte, aber wirkungsvolle Kleidung, das ästhetische Requisit, der mädchenhafte Knicks: Das alles zeigte ein untrügliches Gespür für die angemessene Form von Ehrerbietung – und für das richtige Timing. Leider war keiner der Bauhaus-Photographen anwesend, was mit Sicherheit ein großer Verlust für die Nachwelt ist.

Als Alma Mahler-Gropius sich von dem Mädchen abwandte, das ihr die herzögliche Hand geküßt hatte, flüsterte sie ihrer Gastgeberin zu: »Was das Kind für Augen hat! *Welche Augen!*«

Marlene suchte Rollenvorbilder, wie wir es heute nennen würden, aber sie wußte nicht so recht, wo sie zu finden waren. Sie wußte nicht einmal genau, *wonach* sie suchte. Was hatten Henny Portens Sentimentalität und Alma Gropius-Mahlers Grandezza mit der Welt des Teenagers Marlene gemein? Eigentlich eigneten sich Porten und Mahler-Gropius am besten als Studie von Gegensätzen, aber die mütterlichen Qualitäten der einen und der verführerische Zauber der anderen schlossen sich in Marlenes Augen vielleicht gar nicht aus, denn sie schaffte es ja später auf ihre ganz eigene Art, diese Gegensätze zu vereinen. Beide Frauen hoben sich von der Masse ab, waren in ihrem Bereich öffentlich anerkannt, und dadurch wurden sie für Marlene zu großen Vorbildern. Die Tatsache, daß eine von ihnen ein Filmstar war, erweiterte nur Marlenes Vorstellung von dem »Podium«, auf dem man berühmt werden konnte; und daß die andere großen Künstlern als Muse und Quelle der Inspiration diente, eröffnete ungeahnte Möglichkeiten. Durch die Begegnung mit diesen unkonventionellen Frauen fand ein unkonventionelles junges Mädchen Bestärkung – in einer Zeit des Umbruchs, die ohnehin viele Konventionen hinwegfegte.

Für Marlene waren diese Vorbilder sehr wichtig. Jahre später, als sie bereits weltberühmt und ein Idol war, das den Vergleich mit Alma Mahler-Gropius-Werfel aufnehmen konnte, begegnete sie bei einem ihrer Besuche in Berlin zufällig Lothar Schreyer. Nachdem sie eine Weile nostalgische Erinnerungen an die Zeit in Weimar und das Boheme-Leben bei Frau von Stein ausgetauscht hatten, platzte Marlene mit ihrer Frage über die Besucherin aus Wien heraus:

»Was sagte sie doch von mir?«

Was die anderen Leute in Weimar von ihr sagten, war sehr unterschiedlich, aber doch etwas beunruhigend. Zu ihren Kommilitonen zählte Mahlers Neffe Wolfgang Rosé, der an der Musikhochschule Klavier studierte. Er glaubte, Marlene sei schüchtern, und hielt es für unwahrscheinlich, daß sie als Konzertviolinistin Erfolg haben würde. Außerdem war er der Meinung, sie wüßte nicht, wie schön sie war. Entweder zeigte Marlene bei diesem Thema außerordentliche Zurückhaltung, oder sie unterschätzte sich, denn ihre Schönheit verursachte – laut Rosé – eine »Sensation« und »verblüffte uns alle. Die jungen Männer standen Schlange, um mit ihr auszugehen«, erzählt er. Aber Marlene hatte keine Augen für junge Männer, die ihren ehrgeizigen musikalischen Zielen nicht förderlich waren, sondern konzentrierte sich auf Professor Reitz, der in diesem Punkt seinen Einfluß geltend machen konnte.

Rosé wußte das nicht – im Gegensatz zu Marlenes Zimmergenossinnen. Trotz seiner Vorbehalte hinsichtlich ihres musikalischen Talents räumte Rosé jedoch ein, daß ihr leidenschaftlicher Eifer sie möglicherweise weiter bringen würde, als er sich vorstellen konnte.

Doch zunächst brachte der Eifer sie zurück nach Berlin.

Marlene erinnerte sich später (ihr Gedächtnis war allerdings nicht immer hundertprozentig zuverlässig), daß Josephine alle drei Wochen mit dem Zug von Berlin nach Weimar reiste, um sich zu vergewissern, daß ihre Tochter gesund war und ordentlich übte, und um ihr gründlich die Locken zu waschen. Es ist ziemlich unwahrscheinlich, daß Marlene ihrer Mutter die »chinesische Pagode« oder die »Wiener Hofdame« vorführte. Aber während des Haarewaschens erzählte Marlene, wie die Lehrer sie für ihre »Triumphe« beim Geigenspielen lobten, und beim Abschied vergossen Mutter und Tochter stets bittere Tränen – vielleicht vor Erleichterung.

Möglicherweise war Josephine zu sehr von Frau von Steins heiligen Hallen beeindruckt, um zu merken, daß hier viel Freizügigkeit in der Luft lag. »Ich konnte spielen, solange ich Lust hatte oder solange ich mußte«, bekannte Marlene, »und ich konnte mir meine Zeit einteilen, wie ich es für richtig hielt.«

Sie teilte sich ihre Zeit sorgfältig und mit frühreifer Gerissenheit ein. Welche Vorzüge Professor Reitz als Marlenes erster Liebhaber auch gehabt haben mag, auf alle Fälle war er ein Lebemann (später verließ er wegen einer Geliebten Frau und Kinder), ein Musiker und einflußreich genug, um Marlene ihren ehrgeizigen Zielen näher zu bringen. Ihr Leben lang wählte Marlene – sei es intuitiv oder absichtlich – meist Freunde und Liebhaber, die ihre Karriere unterstützten und förderten. Der Instinkt, der sie dazu bewegte, sich Alma Mahler-Gropius vorstellen zu lassen und Henny Porten bis nach Bayern zu folgen, leistete ihr stets gute Dienste.

Besonders erstaunlich war es wohl nicht, daß Josephine die Freiheiten, die Marlene in Weimar genoß, aufs äußerste mißbilligte und daß deshalb auch schließlich eine »Katastrophe« (wie Marlene es nannte) hereinbrach. Ohne recht zu wissen, wie ihr geschah, saß sie plötzlich im Zug nach Berlin. Auch später behauptete sie steif und fest, die ganze Sache sei ihr völlig unerklärlich gewesen, aber man kann sich kaum vorstellen, daß Josephine nicht unmißverständlich Stellung bezogen hat zu den Geschichten, die Hausmutter Arnoldi dem haarewaschenden »General« voller Sorge hinterbracht hatte. Schließlich sprach ganz Weimar darüber.

Weimar war eine kleine Stadt, und die Bauhaus-Gruppe war wegen ihres freizügigen Lebenswandels so berühmt-berüchtigt, daß manche Eltern ihren unartigen Kindern drohten: »Wir schicken dich zum Bauhaus.« Jeder kannte Walter Gropius mit seinen neumodischen, profanen Ideen – wie zum Beispiel: »Die Form folgt der Funktion.« Das Bauhaus machte Schluß mit Putten und Rokoko-Firlefanz, denn »weniger« war in den Augen dieser Künstler »mehr«, und »der künstlerische Entwurf ist weiter nichts als ein integraler Bestandteil dessen, was Leben ausmacht«. Genauso dachte Marlene über die Musik.

In Weimar war Klatsch ein integraler Bestandteil des Lebens, doch oft genug entbehrte er jeder Grundlage.

Von Anfang an war auch über Marlene geklatscht worden – schon damals, als sie zwischen Tür und Angel stand, ausgestattet mit diesem gewissen Etwas, das ihre Zimmergenossinnen dazu veranlaßte, ihr fröhliche Gedichte zu widmen. Ihre »verblüffende« Schönheit und die hauchdünnen Chiffonkleider, in denen sie zum Geigenunterricht schwebte, gossen natürlich zusätzlich Öl ins Feuer. Vielleicht kamen die Gerüchte auch Marlene zu Ohren, daß »weniger« »mehr« wäre, aber sie ließ sich von ihnen nicht einschüchtern, so daß für die anderen Mädchen – und natürlich auch die allzeit herumschnüffelnde Hausmutter Arnoldi – der Eindruck entstand, Marlene wolle um jeden Preis auffallen.

Professor Reitz war empfänglich für Marlenes in Chiffon gehüllten Charme, und er machte sich weiter nichts aus dem Tratsch – vielleicht bemerkte er ihn gar nicht. Er blieb Marlenes Privatlehrer, bis Josephine Anfang Juni 1921 ihre vergnügungssüchtige Tochter auf dem schnellsten Weg zurück nach Berlin verfrachtete.

Marlene hatte vier Wochen Ferien und nahm nach ihrer Ankunft sofort Kontakt mit einem gewissen Dr. Julius Levin auf, einem mit Professor Reitz befreundeten Geigenbauer. Sie erkundigte sich, ob sie ihm ihre Geige zum Überholen vorbeibringen könnte, und Dr. Levin (den übrigens manche später fälschlicherweise für ihren Lehrer hielten) willigte ein. Bei ihrem Treffen gab er Marlene ein Buch mit dem prophetischen Titel *Die singende Dame*.

Das Buch gefiel Marlene, und daraufhin begann ein reger Briefwechsel zwischen ihr und Dr. Levin. Ende Juli verließ sie Berlin eine Weile, und als sie zurückkam, erkrankte sie an einer Angina, wie man Mandelentzündung damals nannte. Sie klagte über Kopfschmerzen und hatte hohes Fieber, so daß ihre Rückkehr nach Weimar um mehrere Wochen verschoben werden mußte.

Dr. Levin schickte Bücher zur Genesung, und die dankbare Marlene sandte ihm vom Krankenbett aus weiterhin Briefe, in denen sie ihm mitteilte, sie fühle sich so schlecht, daß sie ihrer Geige nicht einmal zuhören könne.

Einladungen wurden ausgesprochen und angenommen, dann aber wieder abgesagt. Wegen des Fiebers konnte Marlene noch immer nicht nach Weimar zurück, und Dr. Levin zeigte weiterhin väterliches Mitgefühl. Ende August jedoch war Marlene plötzlich wieder in Weimar. Zwar litt sie nach wie vor an Kopfschmerzen, war aber nicht zu krank, um Levin sofort nach ihrer Ankunft zu schreiben.

Während Marlenes Genesung wurde der Ton der Korrespondenz immer vertraulicher. Es ging darin vor allem um Gespräche (vermutlich am Telefon) und auch um eine Reise nach Hannover, die Marlene mit Professor Reitz plante. Den Professor bezeichnete sie unverblümt als »meinen Herrn und Meister«.

Immer wieder neckte Marlene Dr. Levin damit, daß er dreißig Jahre älter war als sie, doch mit der Zeit gewann sie offensichtlich das Gefühl, in ihm einen Vertrauten gefunden zu haben. Sofort nach ihrer Rückkehr nach Weimar schrieb sie ihm, daß »eine dumme Verleumdung und Klatscherei im Gange« sei, über die sie sich sehr ärgerte. Vor seinem bevorstehenden Besuch könne sie mit niemandem darüber reden. Selbst ihrem Vertrauten gegenüber zeigte sie eine gewisse Besorgnis. »Haben Sie mir vielleicht auch etwas Unangenehmes zu schreiben?« schloß sie den Brief. »Dann machen Sie es vorsichtig, gell!«

Zwei Tage später schüttete sie ihm noch einmal ihr Herz aus, und ihre Ausführungen lassen darauf schließen, daß die »dumme Klatscherei« die Frage von Eheschließungen aus niederen Beweggründen betraf. »*Unentbehrlich* wäre mir der Luxus nur in einer Ehe mit einem Mann, den ich nicht liebte, das sagte ich Ihnen schon!« Sie war froh, als Levin ihr daraufhin brieflich versicherte, selbst wenn der Klatsch wahr wäre, würde sie gewiß nicht in seiner Achtung sinken. Doch sie gab dennoch der Be-

fürchtung Ausdruck, Levin wäre ihr vielleicht nicht mehr ganz so wohl-
gesonnen, wenn er wüßte, »wie gemein die Menschen diesmal wieder
waren«. Außerdem galt ihre Sorge nicht so sehr ihrer eigenen Person,
sondern anderen (mutmaßlich Professor Reitz), die sie als »vollkommen
unschuldig« darstellte. Vor allem litt sie darunter, daß sie keine Beweise
hatte, mit denen sie sich selbst verteidigen konnte, und daß sie deshalb
natürlich auch nicht in der Lage war, für andere einzutreten. Sie fühlte
sich isoliert, und ihre einzige Freude war der bevorstehende Besuch von
Dr. Levin.

Jahre später, als Marlene in Hollywood einen Film mit Billy Wilder
drehte, gaben ihr die Probleme aus der Zeit in Weimar Stoff für zahlreiche Anekdoten, die sie im Kreis von vertrauenswürdigen Kollegen gern
zum besten gab. Wilder hatte großen Spaß daran, wenn Marlene seine
Gäste mit Einzelheiten aus ihrem Liebesleben faszinierte. Gerne erinnerte er sich dabei an »einen Pianisten, einen Geiger und einen Gei-
genlehrer ..., und [meinen Gästen] blieb der Mund offenstehen«. Bei
solchen Gelegenheiten taten sie sich zusammen, um die Hollywood-
Bourgeoisie zu verblüffen und zu schockieren – und als waschechte
Berliner verstanden beide etwas davon. Natürlich beschränkten sich die
Anekdoten nicht nur auf Marlenes männliche Eroberungen, und die
Darbietung endete für gewöhnlich damit, daß Marlene ihr erlesenes Publikum ganz nebenbei fragte: »Langweilen wir Sie?« Da blieb selbst so
blasierten New Yorkern wie Moss Hart und Kitty Carlisle, die eigentlich
glaubten, daß nichts mehr sie verblüffen könne, manchmal die Spucke
weg.

Mit Dr. Levin blieb Marlene noch viele Jahre freundschaftlich verbunden, selbst als sie schon längst verheiratet war und ein Kind hatte. Sie
gestand ihm, wie enttäuscht sie über die »treulose Gesellschaft« von
Weimar war und zog über ihren ehemaligen »Herrn und Meister« Professor Reitz her, für den sie zu dieser Zeit nur noch Verachtung übrig
hatte.

Ende 1921 war Marlene wieder in Berlin – es war eine beängstigende
Zeit und die Stadt ein beängstigender Ort. Aufruhr und Mord waren
an der Tagesordnung, Prostituierte und Bettler beherrschten das Stra-
ßenbild. Führende Linke wie Karl Liebknecht wurden von der Polizei
»auf der Flucht« erschossen, die Leiche von Rosa Luxemburg fand man

aufgeschwemmt in einem Berliner Kanal. Rechte und Monarchisten forderten die Ablehnung des Versailler Vertrags und behaupteten, die neuen Führer Deutschlands hätten den Kaiser durch hinterlistigen Verrat ins Exil gezwungen.

Keine vernünftige Mutter, nicht einmal ein »guter General«, hätte das Chaos in Berlin ernsthaft den Bohemiens von Weimar vorziehen können, aber Weimar war teuer, und die Inflation nahm allmählich unvorstellbare Dimensionen an. Schon bald mußte man Tausende, dann Millionen, Milliarden und Billionen Mark für einen Laib Brot bezahlen (wenn man überhaupt genug Weizen auftreiben konnte, um es zu backen).

In einer solchen Zeit schien das Studium klassischer Künste wenig angemessen, aber Marlene sagte, sie sei nach Berlin zurückgekommen, um ihr Geigenspiel zu vervollkommnen – ungeachtet der Inflation, der Revolution, der Morde, des ökonomischen und politischen Zusammenbruchs. Vielleicht besuchte sie tatsächlich die Hochschule für Musik in Berlin, doch in den Akten ist nichts über sie vermerkt, und niemand dort erinnert sich an sie. Falls sie eingeschrieben war, so sicher nur für kurze Zeit und ohne daß ihr »leidenschaftlicher Eifer« Früchte getragen hätte. Die Geige sollte »das Symbol eines zerbrochenen Traums« für sie werden, wie sie später immer wieder voller Nostalgie erzählte.

Allerdings gibt es zwei Versionen darüber, auf welche Art dieser Traum zerbrach. Die erste besagt, daß Marlene durch das hingebungsvolle Üben ihrer Solo-Sonaten die Bänder im Ringfinger der linken Hand überanstrengte und lange einen Gips tragen mußte, der die Beweglichkeit ihrer Finger von da an stark beeinträchtigte. Nach der anderen Version bekam sie ein schmerzhaftes Überbein am Handgelenk. Wahrscheinlich aber zwang die Wirtschaftskrise sie einfach dazu, sich einen Job zu suchen.

Und den bekam sie auch: Sie spielte Geige – in einem Kino. Es war noch die Zeit des Stummfilms. Hier fand nun Marlene Dietrich ihre erste Arbeitsstelle und tat damit indirekt ihren ersten Schritt in Richtung des ersehnten Ruhms.

Die junge Geigerin war das einzige weibliche Mitglied des Stummfilmorchesters – was nicht nur auf ihr Selbstvertrauen schließen läßt, sondern auch auf die fortschrittliche Einstellung der Berliner Musikwelt. Die Ufa beschäftigte eine Reihe von Musikern, die von einem Ufa-Kino zum anderen wanderten. Manchmal war die Musik aus alten Kompositionen zusammengestückelt, aber gelegentlich wurde sie eigens komponiert für einen aktuellen Film, von dem man sich einen durchschlagenden Erfolg erhoffte.

Marlene wurde von Dr. Giuseppe Becce engagiert, dem bekannten Komponisten und Vorsitzenden der Berliner Filmmusik-Dirigenten. Es war alles andere als ein Aushilfsjob, denn Becce fand Marlene ausgesprochen begabt und setzte sie sogar als Konzertmeisterin ein. Zwar machte das aus der Zwanzigjährigen nicht über Nacht eine Sensation, aber es war auch nichts Alltägliches, daß eine junge Frau in einem Orchester mit lauter erfahrenen Männern als Konzertmeisterin fungierte. Allerdings stets nur in der Anonymität des Orchestergrabens.

Laut Becce verdiente Marlene nicht allzuviel, aber es reichte, um sich in diesen unsicheren Zeiten einigermaßen über Wasser zu halten – wenigstens hatte sie Arbeit. Nebenbei nahm sie weiter Privatstunden bei Professor Carl Flesch, dem großen ungarischen Musiker, der auch ein Standardwerk über die Technik des Geigenspiels verfaßt hat. Er hatte sein eigenes Streichquartett und lehrte außerdem am Berliner Konservatorium.

Ihren alten Idolen blieb Marlene treu: Sie bestürmte Becce, er möge sie unbedingt bei den Henny-Porten-Filme spielen lassen, damit sie ihren Star auf der Leinwand bewundern könne. Durch das musikalische »Untermalen« der Stummfilme erweiterte sie ihre Fähigkeit, was Tempo, Betonung und Ausdruck betraf: Laut Becce gelang es ihr, ihr Spiel genau auf das abzustimmen, was sie vor sich auf der Leinwand sah. Im Gegensatz zu Bühnen- oder Varietéauftritten gab es bei dieser Art der musikalischen Darbietung jedoch gewisse Grenzen, die dem Musiker ein hohes Maß an Disziplin abverlangten: Jede Veränderung des Tempos konnte sich katastrophal auswirken, denn auf der Leinwand reihten sich die Bilder metronomisch genau im Rhythmus von Schnitt und Sequenzen aneinander. Nun wurde *Exaktheit* für Marlene endgültig zur zweiten Natur.

Jeder Filmstudent weiß, daß man vor allem durch Beobachtung lernt, und so eignete sich Marlene – bewußt oder unbewußt – allmählich eine Menge Fachkenntnisse an. Wenn man sich einen Film mehrmals ansieht, entdeckt man in den meisten Fällen seinen verborgenen Rhythmus und durchschaut mit der Zeit zumindest einen Teil der »Grammatik« des Filmemachens. Marlenes später oft gerühmtes Verständnis für die technischen Aspekte des Filmhandwerks entwickelte sich hier in der Dunkelheit des Orchestergrabens.

Maestro Becce war von Marlenes Arbeit sehr angetan, aber bereits nach vier Wochen sah er sich gezwungen, seine Konzertmeisterin wieder zu entlassen, denn Marlenes Beine erwiesen sich für die anderen Orchestermitglieder als allzu große Ablenkung. Möglicherweise hatte diese Entlassung auch ihre guten Seiten: Was bisher nur mit vierundzwanzig Bildern in der Sekunde an Marlene vorbeigeflimmert war, sollte sie bald vierundzwanzig Stunden am Tag beschäftigen.

Natürlich waren Marlenes Beine nicht die Hände der Duse, die sie als junges Mädchen so leidenschaftlich bewundert hatte, aber diese Beine konnten sie in eine neue Welt tragen, und genau das taten sie auch.

Die später oft wiederholte Anekdote, daß Marlene fast nebenbei das Theater als Podium für ihre Talente entdeckte, scheint recht fragwürdig, wenn man ihre Aktivitäten nach der Weimarer Zeit in Berlin betrachtet. Einerseits nahm sie weiter Geigenstunden, andererseits aber auch Gesangsunterricht bei Dr. Oskar Daniel, der in Italien bei Carusos Lehrer studiert hatte. Leider waren Dr. Daniels Aussichten auf eine erfolgreiche Opernkarriere ziemlich eingeschränkt durch die Tatsache, daß er klein, rund und kahlköpfig war, doch in Berlin avancierte er rasch zu einem der gefragtesten Gesangslehrer.

Nach den Berichten von Georg Will gab Marlene ihr Theaterdebüt in einem Kabarett, und zwar im Kellerclub des berühmten Theater des Westens. Zwar mußte man Wills Geschichten stets mit Vorsicht genießen, aber diese verdient insofern Erwähnung, weil Will für sich in Anspruch nimmt, Marlene »entdeckt« zu haben. Sie wurde allerdings so oft und von so vielen Leuten »entdeckt« wie kein anderer Star, und zu Anfang leider mit sehr wenig Erfolg.

Wills Zuverlässigkeit ist also nicht unumstritten, vor allem auch deshalb nicht, weil er ungefähr zur selben Zeit, als er Marlene »entdeckt« haben will, ihr Schwager wurde. Seine Heirat mit Marlenes Schwester Elisabeth war für die Felsings (und für Elisabeth) eine große Erleichterung, denn man hatte befürchtet, sie würde nie unter die Haube kommen. Auch Marlene war erleichtert, denn von ihr wurde nach alter Tradition erwartet, daß sie als die Jüngere erst nach ihrer Schwester vor den Traualtar trat. Was Josephine von einem Kabarettmanager als

Schwiegersohn hielt, ist nicht bekannt, aber es blieb ihr auch nicht mehr viel Zeit, Einwände geltend zu machen: Schließlich sollte es nicht mehr lang dauern, bis Marlene ihre Beine im Rampenlicht des Kabaretts schwang.

Kurz nachdem Professor Becce sie entlassen hatte, trat sie als Mitglied von »Guido Thielschers *Girl-Kabarett*« auf – einer Revue-Tanzgruppe, die mit Vaudeville und Steptanz in Hamburg und anderen, kleineren Städten gastierte.

Für hübsche Mädchen mit hübschen Beinen gab es solche Jobs zuhauf, und man brauchte dafür auch keine engere Bekanntschaft mit den Künsten der Terpsichore gemacht zu haben. Guido Thielscher war ein beliebter Schlagersänger und Komponist von Liedern, die meist sentimental und manchmal anzüglich waren und sich immer zum Mitsingen eigneten. In den besten Tagen seiner Karriere hatte Thielscher mit der großen Operettensängerin Fritzi Massary (die so berühmt war, daß man eine Zigarette nach ihr benannte) auf den Berliner Bühnen gestanden. Doch für die Mädchen im Kabarett war Berühmtheit kein Thema. Von ihnen verlangte man hauptsächlich, daß sie Federn trugen, ohne deshalb auszusehen wie Vögel, und sich im Takt zu Thielschers Gesang bewegten. Mochte dieser Aufgabe auch Stil und Glamour abgehen, so verdankte ein unerfahrenes Mädchen wie Marlene ihr doch erste grundlegende Bühnenerfahrung (chinesische Pagoden zählten nicht).

Wieder in Berlin, unternahm Marlene den nächsten Schritt und wurde als »Extra«-Mädchen für die flotteren, effektvolleren Revuen von Rudolf Nelson engagiert. Dort tanzte und sang sie zusammen mit anderen Anfängerinnen wie zum Beispiel Camilla Horn, die später an der Seite von Emil Jannings als Gretchen im Faust auftreten sollte und in Amerika zweimal neben John Barrymore die weibliche Hauptrolle in einem Film übernahm. Die Nelson-Revuen waren frech, drastisch, sehr aktuell und ähnelten stark den »Scandals« und »Gaieties« in New York und London. Allerdings war Nelson nicht nur der Impresario, sondern auch der Besitzer des Theaters am Kurfürstendamm, und er schrieb und komponierte seine Revuen zum größten Teil selbst. Einer seiner Songs hieß »Peter«. Möglicherweise hat Marlene auf Nelsons Bühne zu dem Schlager getanzt, der im Handumdrehen ein Renner wurde. Jahre später nahm sie mit »Peter« eine Platte auf, die den Song weit über Berlin hinaus berühmt machte.

Dies alles waren provisorische Jobs, ebenso wie ihre Versuche als Model. Inzwischen war Marlene zwanzig Jahre alt und wußte, daß sie hübsch und ihre Beine lang genug waren, um ihren Weg zu machen. Die Revuegirl-Periode dauerte kaum mehr als ein Jahr, doch auch in dieser Zeit ging Marlene ihre Arbeit mit großer Energie an. Wieder zeigte sie den gewohnten »leidenschaftlichen Eifer«. Ihre Begeisterung für die Theaterwelt und die damit verbundene Lebensart brachten ihr den einprägsamen Namen »das Girl vom Kurfürstendamm« ein, der für den Rest des Jahrzehnts ihr Image prägen sollte. Noch aber blieben ihre Auftritte aufs Varieté beschränkt und hatten vor allem den Effekt, daß sie Marlenes Ehrgeiz weiter anstachelten.

Sie war schön und begehrenswert; sie wußte und genoß es. Nun kam es darauf an, auch alle anderen davon zu überzeugen. Bestimmt war ihr klar, daß sie sich einem »gefährlichen Beruf« verschrieben hatte. Ohne auch nur einen Blick zurückzuwerfen (was sie auch später nie tat), stürzte sie sich mit ihrer ganzen Energie auf das Metier, das sie gewählt hatte. Mit dem Draufgängertum einer echten Generalstochter beschloß sie, ganz oben anzufangen.

3. Der Zauberlehrling

1922–1923

»Ganz oben« – das war Max Reinhardt. Nicht nur in Berlin, Wien oder Salzburg, sondern überall, wo seine faszinierenden Aufführungen zu sehen waren: von Moskau bis San Francisco, überall, wo es eine Bühne gab (oder einen Ort, der sich in eine Bühne verwandeln ließ) und ein Publikum, das er in Begeisterung versetzen konnte.

Bierschenken, Zirkuszelte, kaiserliche Ballsäle, Autofabriken und Kirchplätze funktionierte er zu Theaterräumen um und ließ dort auf magische Weise Wälder, Paläste oder dürre, mondbeschienene Heidelandschaften erstehen.

Reinhardt behauptete, er nähere sich der Bühne »nicht als Literat, sondern als Schauspieler«. Tatsächlich hatte er früher selbst auf der Bühne gestanden, aber diese Äußerung erklärt bei weitem nicht sein umfassendes Talent für alles, was mit dem Theater zusammenhängt. Fast alle, die je mit Reinhardt zusammengearbeitet haben (angefangen bei Frank Wedekind, dem Schöpfer der »Lulu«), nannten ihn einen »Zauberer« oder einen »Hexenmeister« – aber in Wirklichkeit war er einfach ein Allroundgenie. Wahrhaft leidenschaftlich schlug sein Herz in den zehn Theatern, die Reinhardt in Berlin, Salzburg und Wien leitete, bis die Nazis ihn verjagten. Und es schlug auch in einer der wichtigsten Schauspielschulen Europas, der Schauspielschule Max Reinhardts in Berlin, wo die junge Marlene Dietrich vorsprach – und abgewiesen wurde.

Viele Jahre später berichtete Josef von Sternberg über eine Begegnung von Max Reinhardt und Marlene Dietrich auf einer Hollywood-Party in den dreißiger Jahren. Reinhardt gehörte inzwischen auch zu den Emigranten, die aus Nazi-Deutschland geflohen waren, und Marlene erwähnte, daß sie in Berlin bei ihm studiert hatte. »Reinhardts Augenbrauen kamen erst ungefähr zwanzig Minuten später wieder in ihre normale Position«, erzählte Sternberg – wobei er gewiß der bissigen Pointe zuliebe ein wenig übertrieb.

Was Marlene zu ihrem Vorsprechtermin bei Reinhardts Schauspielschule mitbrachte, waren Hoffnung und eine gewisse Dreistigkeit. Wahrscheinlich erschien sie nicht mit den Straußenfedern von ihren Auftritten als Girl auf der Bühne, aber abgesehen von ihrer Leidenschaft und ihrem guten Gedächtnis besaß sie keinerlei Ausbildung, keine Vorbereitung, nicht die Spur eines Beweises, daß sie hierhergehörte – nur ihre eigene unerschütterliche Überzeugung, daß sie zur Schauspielerin berufen war.

Möglicherweise wirkte ihr Vorsprechen an diesem Tag jedoch weniger leidenschaftlich als übereifrig. Jedenfalls wissen wir, daß sie bei den Berliner Prüfern längst nicht so viel Anklang fand wie – fast gleichzeitig – eine junge Schwedin namens Greta Gustafsson bei *ihren* Prüfern an der Königlichen Theaterakademie von Stockholm. Doch die Schwedin war vier Jahre jünger, und vielleicht stand für sie nicht ganz soviel auf dem Spiel.

Marlene hatte ihren Text sorgfältig ausgewählt, denn sie war nicht die einzige, die sich Hoffnungen machte, und sie wußte auch, daß viele ihrer Konkurrentinnen die Praxis und Ausbildung vorweisen konnten, die ihr fehlten. So hatte sie eine Passage aus Hofmannsthals poetischem Versdrama *Der Tor und der Tod* einstudiert, das Reinhardt selbst inszeniert hatte. Immerhin konnte sie damit zeigen, daß sie sich auskannte und Geschmack besaß. Hofmannsthals romantische Lyrik gefiel der zwanzigjährigen Marlene, und man kann sich lebhaft vorstellen, wie sie die Passage des jungen Mädchens, das dem »Tor« seine Treulosigkeit in der Liebe vorwirft, interpretiert hat:

> Es war doch schön ... Denkst du nie mehr daran?
> Freilich, du hast mir weh getan, so weh ...

Melancholie und Weltschmerz waren wichtige Bestandteile des Stücks, und die Darstellung solcher Gefühle beherrschte Marlene schon immer besonders gut. Am nächsten Tag bekam sie einen Anruf. Sie wurde zur letzten Vorsprechrunde eingeladen, in der man den Text nicht mehr wählen konnte, sondern zugeteilt bekam. Im ersten Moment dachte Marlene sicher, die Theatergötter seien ihr hold, denn sie sollte eine Passage von ihrem geliebten Goethe interpretieren: Gretchens Gebet aus *Faust.*

Gretchens Gebet ist ein komplizierter Text, der mit großer Schlichtheit interpretiert werden muß, und es gibt für einen Schauspieler nichts Schwierigeres als das. Außerdem gehörte *Faust* zum Standardrepertoire von Reinhardts Theater, und das Gretchen war eine begehrte Rolle, welche erst vor kurzem von Helene Thimig gespielt worden war, einer jungen Schauspielerin, die bald Reinhardts zweite Frau werden sollte. Für ihre verhaltene Darstellung war sie sehr gelobt worden.

Als angehende Schauspielerin war Marlene alles andere als verhalten (das *Girl-Kabarett* verlangte andere Qualitäten), und diesmal kamen ihr nicht die Beine, sondern die Nerven in die Quere. Bevor sie die ersten Worte von Gretchens Gebet sprach, fiel sie mehrmals auf die Knie und erschrak fürchterlich, als aus dem Saal plötzlich ein Kissen auf sie zugeflogen kam. Diese vielleicht sogar nett gemeinte Geste brachte Marlene völlig aus der Fassung. Soweit sie wußte, hatte Gretchen zum Gebet vor dem Andachtsbild der Mater dolorosa kein Kissen mitgenommen! Wieder fiel sie auf die Knie und flehte das imaginäre Bild der Madonna an:

> Ach neige,
> Du Schmerzensreiche,
> Dein Antlitz gnädig meiner Not!
>
> Das Schwert im Herzen,
> Mit tausend Schmerzen
> Blickst auf zu deines Sohnes Tod.

Der Instinkt dafür, daß »weniger« oft »mehr« ist, von dem sich Marlene in Weimar so erfolgreich hatte leiten lassen, verließ sie in Berlin bei diesem schwierigen Text vollkommen. Vielleicht war sie einfach überwältigt von der romantischen Kombination aus Goethe, Reinhardts Theater und der Gegenwart der lebendigen, sie *beurteilenden* Zuhörerschaft. Ihr Eifer verriet den Mangel an Selbstdisziplin oder an Übung – ihr unbehagliches Gefühl wegen des fliegenden Kissens erwies sich als begründet. Offensichtlich hatte sie mit ihrem Gretchen zu dick aufgetragen.

Nicht Reinhardt selbst lehnte Marlene ab: Er war zu jener Zeit in Wien und erschien ohnehin nie zu den Vorsprechterminen seiner potentiellen Schüler. Diesen Umstand vergaß Marlene später, denn sie erzählte, Reinhardt habe ihr aus dem Saal zugerufen, es sei völlig unwichtig, ob sie auf der Bühne echte Tränen vergoß – denn sie habe es nicht geschafft, *ihn* zu Tränen zu rühren.

Zwar ist diese Geschichte ein Produkt der Phantasie, aber ihre Logik stimmt: Sie zeigt, in welchem Maße Reinhardts Prinzipien Marlene beeinflußten. Sicher wäre es interessant, darüber zu spekulieren, was Reinhardt wohl gesagt hätte, wäre er zugegen gewesen. Schließlich hatte er selbst einmal den Ausspruch getan, »die wichtigste Gabe der Menschheit« sei die »Persönlichkeit« – und daran mangelte es Marlene mit Sicherheit nicht. Vielleicht hätte er auch in Marlenes Kniefällen ihr künstlerisches Potential erkannt.

Als Reinhardt einige Jahre später tatsächlich auf Marlene aufmerksam wurde, warf sie sich nicht auf die Knie, sondern schwebte elegant durch eine modische Musikrevue in einem der Reinhardt-Theater. Dort sang sie Lieder, die wahrhaftig nicht zu Gretchen gepaßt hätten – sie priesen die Freuden der lesbischen Liebe und den sexuellen Kitzel der Kleptomanie. Dr. Vollmoeller, von dem jeder wußte, daß er ein gutes Auge für weibliche Reize besaß, hatte Reinhardt mitgenommen. Der »Zauberer« war von Marlene hingerissen; doch Vollmoeller teilte ihm trocken mit, daß diese »Entdeckung« bereits seit fünf Jahren sporadisch für ihn arbeitete – ohne daß Reinhardt es bemerkt hatte. Vollmoeller dagegen war wie immer auf dem laufenden, und er blieb auch in Zukunft am Ball. Und Marlene gefiel es, wenn sich jemand über sie auf dem laufenden hielt.

Die Ablehnung im Jahr 1922 verwehrte Marlene nur vorübergehend den Zugang zu dem Kreis um Reinhardt. Doch zunächst machte sie sich auf die Suche nach einem Sponsor.

Rosa Valetti war eine kleine rundliche Frau mit einem Mopsgesicht, krausen roten Haaren und einer großen, leidenschaftlichen Gemeinde von Verehrern. Später erinnerte sie sich noch gut daran, wie Marlene nach ihrem Scheitern mit Goethe eines Tages in der Garderobe des Kabaretts »Größenwahn« auftauchte – unter Berufung auf einen gemeinsamen Freund. Unwillig blickte die Valetti von ihrem Toilettentisch auf: Vor ihr stand eine blutjunge Anfängerin. »Großartig. Ein Naturtalent«, dachte sie spöttisch. »Mit viel Geduld kann man sie entwickeln. Aber die Stimme – *diese Stimme*!«

Alma Mahler-Gropius waren »diese Augen!« aufgefallen und den Herren von Dr. Becces Orchester »diese Beine«. Jetzt hieß es »diese Stimme«. Die Valetti wußte sofort, daß das nicht Gretchens Stimme war und auch nie sein würde (vielleicht war dies ja beim Vorsprechen das Hauptproblem gewesen), aber was sie hörte, schmeichelte ihrem Ohr wie Flaumfedern der Haut – und sie hatte die Elefantenhaut eines abgebrühten Profis. Also schickte sie das Naturtalent zurück zu Reinhardts Schauspielschule, aber diesmal zu Felix Hollaender, Max Reinhardts Chefdramaturg am Deutschen Theater und Onkel des Wunderkind-Komponisten Friedrich Hollaender.

Onkel Felix stand in dem Ruf, ein wenig zerstreut und geistesabwesend zu sein (er war unter anderem auch Romancier und Stückeschreiber), doch als Marlene, von der Valetti geschickt, mit »dieser« Stimme, »diesen« Augen und »diesen« Beinen bei ihm auftauchte, verwies er sie sogleich an Dr. Berthold Held, den Leiter von Reinhardts Schauspielschule. Damit war Marlene zwar keine »offizielle« Schülerin von Reinhardt, aber ihr Status als private Schauspielschülerin von Dr. Held brachte für sie sogar noch größere Vorteile mit sich: Sie hatte direkten Kontakt zum inneren Kreis der Theaterleitung, die für Zeitplanung und Rollenverteilung zuständig war.

Ihren Unterricht erhielt Marlene zusammen mit Grete Mosheim, die später eine bedeutende deutsche Theater- und Filmschauspielerin wurde. Auch die Gesangsstunden bei Dr. Daniel setzte sie fort, und ergänzt wurde die Ausbildung durch Tips von Rosa Valetti und anderen Kabarettisten: Künstlern, die das Leben kannten und sich ihren eigenen Lebensstil schufen.

Sowohl Marlene als auch Grete Mosheim hielten Dr. Held für »einen ziemlichen Trottel« und einen schlechten Lehrer. Aber sie akzeptierten seine pompöse Art als Preis dafür, daß sie zu den Auserwählten gehörten. Neben den bei Reinhardt üblichen Stunden in rhythmischer Bewegung, Fechten und Stimmbildung nahmen die beiden noch Privatunterricht in Englisch und schwedischer Gymnastik. Dann gab es noch die

»Stimmübertragung«: Man mußte Vokale in das leere Auditorium sprechen und dabei kräftig an einem Seil ziehen – ohne zu keuchen.

Vor allem aber lernte Marlene die Grundlagen ihres »gefährlichen Berufs«. Sie verbrachte Stunden über Stunden im Deutschen Theater, dessen Zuschauerraum mit seinen tausend Plätzen direkt unter der Reinhardt-Schule lag, oder auch nebenan in den kleineren Kammerspielen mit zweihundert Plätzen. Es gab Treffen in der Kellerkantine – genannt »D. T.« –, wo sich die Anfänger unter die Stars mischen konnten. Man verschlang Frikadellen, Hering und Bier, zusammen mit dem neuesten Klatsch und wohlgehüteten Berufsgeheimnissen, Techniken und Tricks. An den Wänden hingen Photos und Karikaturen von großen Schauspielern in großen Rollen, von Schriftstellern, deren Stücke brandneu waren, als Reinhardt noch selbst spielte. Die Arbeit war hart, aber sie lohnte sich. Das Geheimnis des Theaters ähnelte dem Prinzip des Bauhauses auf so überraschende Weise: Das Leben war Kunst, und die Kunst war Leben – wer konnte oder wollte da einen Unterschied feststellen? Obwohl Marlene eine zwanzigjährige Anfängerin war, begriff sie von Tag zu Tag besser, was der »Zauberer« meinte, wenn er erklärte, was einen Schauspieler zum Schauspieler macht: »Das Theater gehört den Schauspielern und niemandem sonst.«

Marlene ließ sich nicht lange bitten: Am 7. September 1922 trat sie in den kleinen, eleganten Kammerspielen auf, und zwar in Wedekinds berüchtigtem Stück *Die Büchse der Pandora*. Sie spielte die kleine Rolle der Ludmilla Steinherz; auch ihre Freundin Greta Mosheim gehörte zur Besetzung.

Im Reinhardt-Repertoire spielte jeder verschiedene Rollen in verschiedenen Stücken an verschiedenen Theatern; der Wechsel vollzog sich nach dem Rotationsprinzip. So bekam Marlene zwei Wochen später eine neue Rolle in *Der Widerspenstigen Zähmung* am Großen Schauspielhaus, dem ehemaligen Zirkus mit dreitausend Plätzen, den Reinhardt in ein Theater verwandelt hatte. Es war eine winzige Rolle.

Bis zum Januar 1923 konnte Marlene, die gerade einundzwanzig geworden war, noch zwei weitere Reinhardt-Inszenierungen verbuchen. Insgesamt spielte sie in nur sechs Monaten sieben Rollen (wenn man die drei verschiedenen in *Timotheus* mitzählt), und zwar in insgesamt zweiundneunzig Aufführungen von September 1922 bis April 1923. Nach den üblichen Kriterien war dies solide Gesellenarbeit, die ihr die Grundlagen der Schauspielerei vermittelten. Zugute kam ihr dabei auch, daß die einzelnen Produktionen in Anspruch und Stil so unterschiedlich waren und von verschiedenen Regisseuren in verschiedenen Theatern inszeniert wurden.

Als wäre das noch nicht genug, sprang Marlene auch noch gelegentlich für andere Kollegen ein. Wenn sie bei Reinhardt frei hatte, übernahm sie zum Beispiel den Part von Freundinnen wie Anni Mewes, die derweil ihrem ausschweifenden gesellschaftlichen Leben nachging oder vielleicht auch tiefsinnige Briefe an Rilke verfaßte – welche dieser sogar beantwortete, was Marlene mit großer Ehrfurcht erfüllte.

Heutzutage wäre man schockiert, wenn eine angehende Schauspielerin so häufig und in so unterschiedlichen Rollen eingesetzt würde. Am wichtigsten war für Marlene damals sicherlich das Gefühl »dazuzugehören«, das mit dem Kontakt zu den Reinhardt-Schauspielern und den Technikern (die für Marlene immer eine wichtige Rolle gespielt haben) entstand.

Allmählich entwickelte Marlene professionelle Verhaltensweisen, auf die sie die Erziehung ihrer Mutter gut vorbereitet hatte – die Tüchtigkeit, das Thema jenes Spruches, den sie einst ihrer Mitschülerin ins Poesiealbum geschrieben hatte, war für sie eben nicht nur ein Wort. Noch aber hatte sie nicht das dort erwähnte Glück gefunden, und es lag noch ein weiter Weg vor ihr.

Über das »Girl-Kabarett« dürfte ihre Mutter Josephine wahrscheinlich die Nase gerümpft haben, aber Reinhardt war eine unumstrittene kulturelle Größe. Marlene war auch viel zu sehr in Fahrt, um im Tosen ihres abenteuerlichen Lebens auf mütterliche Warnungen zu achten. Außerdem besaß sie in der Familie einen Verbündeten: Onkel Willi, der das Theater mehr denn je liebte. Ihm hatte der Pomp der kaiserlichen Operette gefallen, jetzt liebte er die Unverfrorenheit der republikanischen Revue. Er liebte die Musik, die Moderne, die Menschen. Noch immer veröffentlichte er seine Werbeanzeigen im Programm, um die Theaterleute anzulocken, und gab Partys für sie. In der anderen Hälfte seiner Villa in der Liechtensteiner Allee wohnte sogar einer von ihnen: Conrad Veidt, seit jüngstem weltberühmt als Schlafwandler César in *Das Kabinett des Dr. Caligari*. Zu allem Überfluß war Onkel Willi inzwischen eine neue, höchst exotische Verbindung eingegangen – und zwar ausgerechnet mit Hollywood. Onkel Willi hatte geheiratet.

Seine Frau war eine schöne Polin namens Marthe Hélène, die man »Jolly« nannte – ausgesprochen wie *jolie.*

Jolly Felsing war eine emanzipierte Frau, und da sie nur ein Jahr älter war als Marlene, sah diese in ihr eher eine Freundin als eine Tante. Polnisch war Jollys Muttersprache, doch sie sprach hervorragend Deutsch, ein amüsantes Hollywood-Amerikanisch und kein Wort Französisch. Fließend und sogar beredt drückte sie sich jedoch in der Sprache des Charmes aus. Kein Wunder, daß Marlene sie faszinierend fand – ganz im Gegensatz zu Josephine Felsing-Dietrich-von Losch. Aber die exotische junge Jolly konnte es sich erlauben, Josephines Mißbilligung einfach zu ignorieren, denn die schöne Unruhestifterin war durch ihre Heirat die ranghöchste Frau in der Familie Felsing.

Sämtliche Junker-Tugenden, die der »Drache« repräsentierte, wurden durch Jollys emanzipierte Eleganz in Frage gestellt. Sie verkörperte einen neuen Frauentyp, einen juwelengeschmückten Phönix, der aus der Asche des Weltkriegs erstanden war, kein Jazz-Baby, sondern eine Jazz-*Frau.* Es lag in ihrem Verhalten, ihrer Kleidung, ihrem Stil, ihrem unkonventionellen Leben. Marlene hatte zwar die Revolutionen und den Tumult der Nachkriegszeit nicht bewußt wahrgenommen, aber Jolly und ihr *jolie joie de vivre* beeindruckten sie tief. Kein Zweifel: Ihre Tante besaß die Ausstrahlung eines Stars.

Zwar gehörten Josephine zwanzig Prozent der Firma Felsing (deren Wert durch die Inflation tagtäglich sank), aber Jolly hatte Onkel Willi und die Juwelen. Den Schmuck, den sie nicht trug, ließ sie von ihren Freunden versetzen, damit sie in finanziellen Krisenzeiten ihre Schulden bezahlen konnte – eine sorglose Verschwendung, die Marlene später bei entsprechender Gelegenheit imitierte. Jolly trug Zobel- und Fuchspelze, juwelenbesetzte Turbane und lieh ihre Pelze auch Marlene, wenn diese ausging oder für einen Termin besonderen Glamour brauchte. Jolly war so modern wie Neon – und so alt wie Eva.

Auch Marlene fühlte sich durch ihre neue Karriere am Theater als emanzipierte Frau. Sie war von zu Hause ausgezogen und wohnte jetzt in einer Pension. Hier beobachteten die anderen jungen Schauspielerinnen ihr nächtliches Kommen und Gehen (und die geborgte Garderobe) voller Neid; vor allem fragten sie sich, woher Marlene die schicken Sachen hatte. Greta Keller (später eine bekannte Chansonniere) wohnte in einer wesentlich einfacheren Pension auf der gegenüberliegenden Straßenseite und sah häufig zu, wie Marlene von edlen Limousinen abgeholt oder gebracht wurde – in einer Aufmachung, die bestimmt nicht von den Kleiderhaken der Reinhardt-Garderobe stammte. Bewundernd registrierte auch Grete Mosheim, daß Marlene die »elegantesten Strümpfe und schönsten hochhackigen Pumps trug«, und stellte fest, daß sie »es fertigbrachte, schon morgens um sieben hinreißend auszusehen«. Marlenes Freundin fragte sich nicht nur, wie Marlene sich ihre Aufmachung leisten konnte, sondern auch, warum sie diese am frühen Morgen immer noch trug. Schon damals hatte Marlene einen ausgeprägten Sinn dafür, wie sie andere durch ihr Äußeres beeindrucken konnte, und sie achtete immer darauf, daß es dem modischsten, ausgefallensten Geschmack entsprach. Wie kaum eine andere Frau jener Zeit machte sie ihren Kleidungsstil zu einem Teil ihrer Persönlichkeit, und ihr fast grenzenloser Einfallsreichtumg wurde durch Jollys Kleiderschränke mit Pelzen und Turbanen erweitert.

Dazu kamen natürlich noch Jollys Juwelen – sie waren überall. Doch Jolly war nicht nur elegant, sie war auch praktisch. So bestellte sie Ketten und Armbänder aus Onkel Willis Geschäft, in denen jeder dritte Edelstein unecht war (was natürlich niemandem auffiel), und sparte dadurch einiges, ohne von ihrem Glanz Abstriche machen zu müssen. Marlene ließ sich wie Jolly die Fingernägel lang wachsen, um ihre eher kurzen Finger schlank wirken zu lassen, und imitierte die Spielarten des verführerischen Charmes, für den sie und ihre Beine bald auf dem ganzen Kurfürstendamm berühmt wurden. In Marlenes Augen war Jolly »die schönste Frau, die ich je gesehen habe«. Daß Jolly in Hollywood gelebt hatte und noch immer die Aura von Hollywoods Glamour verbreitete, verminderte ihre Anziehungskraft für die empfängliche junge Schauspielerin Marlene Dietrich keineswegs.

Daß Marlene »zum Film kam«, war keine schicksalhafte Fügung – es war einfach unvermeidlich. Finanzielle Erwägungen sprachen dafür, fast alle ihre Kollegen taten das gleiche, und Marlene war außerdem schon seit frühester Jugend eine begeisterte Kinogängerin. Es ist sehr gut möglich, daß sie sich schon beim Film beworben hat, bevor sie zum Theater ging; höchstwahrscheinlich hatte sie schon vor der Kamera gestanden, bevor sie zum Vorsprechen bei Reinhardt erschien.

Seit Jahren bestürmte Marlene Onkel Willi, sie mit seinen Freunden beim Film bekannt zu machen. Mit seiner Hilfe lud sie während des Krieges die entsprechenden Leute zu ihren Auftritten bei den Rotkreuz-Festen ein, wo sie auch »La Paloma« auf der Geige spielte. Nach Onkel Willis Aussage war Marlene »ganz verrückt aufs Filmen«, und es war auch fast zum Verrücktwerden, wie hartnäckig sie daran glaubte, daß ihr eine große Zukunft als Filmschauspielerin bevorstand. Schließlich gab Onkel Willi ihrem Drängen nach (damit sie endlich Ruhe gab, wie er sagte) und telefonierte mit einem gewissen Horstmann, den er kannte und der bei der Filmgesellschaft Decla angestellt war. Er bat ihn, für seine Nichte einen Termin für Probeaufnahmen zu arrangieren. Horstmann seinerseits drückte den Termin einem Kameramann auf, der damals für das Studio arbeitete: dem aus Ungarn stammenden Stefan Lorant, der später in England und Amerika als Journalist arbeiten sollte. Er nahm Horstmanns Auftrag nicht mit allzugroßer Begeisterung auf, denn dieser Freundschaftsdienst für »einen Freund der Familie« bedeutete, daß Lorant nach einem anstrengenden Arbeitstag (man drehte auf einem rundum verglasten Set, so daß durch das Sonnenlicht eine Luft wie im Gewächshaus entstand) noch Überstunden machen mußte. Zudem war das Mädchen, das nach einem solchen zermürbenden Tag bei Lorant auftauchte, »lebhaft wie Quecksilber, ein wahrer Wirbelwind!« Verschwitzt und müde, wie er war, versuchte er, sie von ihrem Vorhaben abzubringen, doch Marlene ließ sich nicht abwimmeln. »Sie haben versprochen, Aufnahmen von mir zu machen«, beharrte sie, und schließlich sah Lorant ein, daß sie »notfalls bis Mitternacht gewartet hätte«. Als er sie fragte, *warum* es so wichtig für sie sei, antwortete sie kühn: »Weil ich dafür geboren bin.«

Statt wieder in das verglaste, bruteiße Studio zurückzugehen, stellte Lorant seine Kamera lieber im Freien auf. Er fand, daß ein nahe gelegener Gartenzaun als Kulisse ausreiche, und wies Marlene an, sie solle darauf herumklettern. Begierig folgte die Tochter des »guten Generals« seinen Anweisungen.

»Marlene mußte bestimmt fünfzehnmal auf diesen Zaun klettern, wieder herunterspringen und dabei lachen, weinen, Gesichter schneiden, schreien, schluchzen«, erinnerte sich Lorant später. »Das machte ihr überhaupt nichts. Sie sprang vom Zaun herunter, hopste in den Graben, sie hüpfte und sprang und schrie vor Begeisterung ... Sie drehte den Kopf von rechts nach links, wie ein Mannequin auf einer Modenschau.

Wenn ihre Augen der Kamera begegneten, mußte sie lachen. Dann schürzte sie die Lippen und drehte den Kopf weiter ins Profil.«

Marlene war sicher auch deshalb so begeistert bei der Sache, weil sie ein Publikum hatte – ein Umstand, der jede echte Schauspielerin dazu anregt, ihr Bestes zu geben. Lorants Kollegen hatten sich versammelt, um zuzusehen, wie ungezwungen Marlene sich vor der Kamera bewegte.

Als die Probeaufnahmen entwickelt waren, lachten Lorant und seine Kollegen herzlich über den gelungenen Scherz. »In der Nahaufnahme sah das Mädchen, das in Wirklichkeit ziemlich hübsch war, ausgesprochen häßlich aus. Breites Gesicht, ausdruckslose Augen, unbeholfene Bewegungen. Einhellig waren wir der Meinung: Keine Spur von Talent.«

Doch diese Meinung war in Wirlichkeit keineswegs einhellig. Der Film, den Lorant damals gerade drehte, hieß *Der Kampf ums Ich*. Die Hauptrolle spielte Olga Tschechowa, damals ein großer Star; ihr Partner war ein junger Mann namens Wilhelm Dieterle, ein bekannter Reinhardt-Schauspieler. Im Jahr zuvor hatte er in Reinhardts Inszenierung von Shakespeares *Julius Cäsar* mitgewirkt, in der Emil Jannings ihm die Frage stellen mußte: »*Et tu, Brute?*«

An diesem heißen Sommertag hatte Dieterle Marlene bei ihren ersten Probeaufnahmen ebenfalls beobachtet und sich später das Filmmaterial angesehen. Filme faszinierten ihn, doch er war im großen und ganzen mit dem, was er zu sehen bekam (einschließlich seiner eigenen Person), nicht besonders zufrieden. Deshalb hatte er sich vorgenommen, es einmal besser zu machen, selbst Drehbücher zu verfassen und Regie zu führen. Genau zu der Zeit, als Marlene ihren Hüpfen-Springen-Stillstehen-Test vor Lorants Kamera absolvierte, versuchte Dieterle, das Geld für seinen ersten Film zusammenzukratzen, bei dem er als Autor, Regisseur und Hauptdarsteller mitzuwirken gedachte. Er sah in Marlene nicht die ungeschickte, komische Figur, über die Lorant sich so amüsierte, sondern die Idealbesetzung für die Rolle der Naiven in seinem ersten Film.

Vielleicht mußte man Schauspieler sein, um Marlenes Probeaufnahmen beurteilen zu können. »Marlene trug ihren Traum vor sich her«, erinnerte sich Dieterle, »und er umgab sie wie ein Heiligenschein.« Er vergaß diesen Heiligenschein nie mehr, diese Ausstrahlung, die Lorant mit seiner Kamera nicht hatte einfangen können.

Bis Dieterle sein Geld zusammenhatte, ließ Onkel Willi weiter seine

Beziehungen spielen – schließlich hatte er nicht nur *einen* Freund in der Filmbranche. Marlene war entschlossen, denjenigen zu finden, der wie sie daran glaubte, daß sie zum Filmstar »geboren« war. Während sie sich weiter mit Grete Mosheim heimlich über Dr. Held lustig machte und in Reinhardts Schauspielschule ihre Stunden absolvierte, lag sie Onkel Willi ständig in den Ohren, er solle sie einem Filmregisseur namens Georg Jacoby vorstellen, der damals an einer Komödie über Napoleons jüngeren Bruder, den König von Westfalen, arbeitete. Der Film sollte außerhalb von Berlin für eine neue Gesellschaft namens Efa (Europäische Film-Allianz) gedreht werden, die eigens gegründet worden war, um Filme für den amerikanischen Markt und den harten Dollar zu produzieren. Nach der amerikanischen Reaktion auf *Madame Dubary* zu urteilen, schien Napoleons Bruder ein vielversprechendes Projekt. Schließlich ging Onkel Willi tatsächlich zu Jacoby und bat ihn, Marlene eine Rolle zu geben – irgendeine –, in der stillen Hoffnung, damit ihrer Leidenschaft für den Film endlich den Wind aus den Segeln zu nehmen.

Da Georg Jacoby ohnehin eine Schwäche für junge Schauspielerinnen hatte (er neigte dazu, sie zu heiraten), bot er Marlene tatsächlich eine winzige Rolle an. Sie sollte die Zofe der Hauptdarstellerin Antonia Dietrich spielen, die übrigens weder eine Verwandte von Marlene noch ein großer Star war. Der eigentliche Star des Films war der Publikumsliebling Harry Liedtke, der als Don José in Lubitschs *Carmen* der Partner von Pola Negri (sie spielte die Titelrolle) gewesen war.

Der Film trug abwechselnd den Titel *So sind die Männer, Napoleons kleiner Bruder* und *Der kleine Napoleon*. Obwohl das Machwerk unter keinem Titel besonders bemerkenswert war, fand es ein Berliner Kritiker doch »sehr amüsant« und entdeckte »technische Raffinessen«. In Amerika tauchte der Streifen nie auf, und die Efa selbst löste sich im November 1922, kurz nach der Fertigstellung von *Der kleine Napoleon*, wieder auf. Dadurch verzögerte sich der Start des Films, und Marlene hatte erst ein ganzes Jahr später die Gelegenheit, sich auf der Leinwand zu sehen. Als »Bastard der Paarung zwischen *Madame Dubarry* und dem Wechselkurs«, wie ein anderer Kritiker scherzhaft meinte, verschwand der Film rasch wieder in der Versenkung.

Später bestritt Marlene immer wieder, jemals Filme wie *Der kleine Napoleon* gemacht zu haben. Und wenn sie es doch zugab, erzählte sie, sie habe nur winzige Rollen gespielt, in denen sie Tabletts herumtrug oder Botschaften wie »Der Kaffee ist serviert« übermittelte. Wenn man sich manche (sicher nicht alle!) ihrer damaligen Filme ansieht, kann man gut verstehen, warum sie sich nur ungern zu ihren ersten Leinwandauftritten bekennt. *Der kleine Napoleon* ist dafür ein Musterbeispiel – nicht zuletzt nach ihrem eigenen Urteil.

Als sie sich zum erstenmal auf der Leinwand sah, soll Marlene der Legende nach entsetzt ausgerufen haben: »Ich sehe aus wie eine Kartoffel mit Haaren!« – was sehr für ihren kritischen Scharfblick spricht. Eigentlich ähnelt sie aber eher einer energischen Schildkröte, deren Kopf aus einem Panzer von gestärktem Leinen hervorlugt und vor lauter Dankbarkeit, endlich vor der Kamera erscheinen zu dürfen, eifrig hin und her ruckt. Noch wußte Marlene nicht, wie das Licht ein Gesicht verflachen konnte, dessen Konturen noch vom Babyspeck überdeckt waren – wodurch es den Eindruck eines Knödels erweckte. Genausowenig war ihr bewußt, wie leicht die Kamera die Freude, gefilmt zu werden, überbetonen und ins Lächerliche verzerren konnte, so daß man albern und linkisch wirkte. Schon bald sollte sie all dies lernen, aber eines ist an dieser Anfängerin immerhin schon bemerkenswert: das Fehlen jeder Form von Angst.

Marlene sprüht vor Selbstbewußtsein, gleichgültig, wie wenig photogen es sein mag. Das Schlimmste (und Beste), was man über Marlenes Filmdebüt sagen kann, ist, daß sie sich zu sehr ins Zeug legt – und daß bei der Ausleuchtung von Filmen in den seltensten Fällen Rücksicht auf die Kammerzofe genommen wird. Auch nicht, wenn der Regisseur ein »Auge« für sie hat – oder zumindest ein Auge für ihre Schönheit oder ihr Auftreten. Einer ihrer Kollegen erinnerte sich später noch gut daran, daß die hübsche Kartoffel mit Haaren, »recht charmant mit ihrem Regisseur flirtete. Ich glaube, Jacoby war verliebt in sie, jedenfalls war sein Interesse ziemlich offensichtlich.«

Falls Onkel Willi beabsichtigt hatte, Marlene von ihrer Filmbesessenheit abzubringen, erwies sich sein Vorgehen als Schuß in den Ofen. Jetzt ging es vorwärts mit Marlene, und was tat es schon, daß sie nicht zuletzt durch Beziehungen und charmante Flirts ihre Ziele erreichte? Im Filmgeschäft ist jeder auf die Hilfe anderer angewiesen. Beziehungen sind immer wichtig, aber wenn man irgendwann einmal alle einflußreichen Persönlichkeiten in der Branche kennt, ist man wieder so allein wie zu Anfang, ganz auf sich selbst gestellt. Auch das mußte Marlene noch lernen.

Nach den Dreharbeiten von »*Der kleine Napoleon*« kehrte Marlene wieder zu den Reinhardt-Theatern zurück, wo Wilhelm Dieterle sie in ihren kleinen Rollen in großen Stücken wiedersah. Sie war ihm im Gedächtnis geblieben – nicht wegen ihres fachlichen Könnens, sondern weil sie schon seit frühester Jugend jenes Etwas besaß, das für Reinhardt eine Kardinaltugend darstellte: den »Heiligenschein« der Persönlichkeit, den Dieterle in ihren ersten Probeaufnahmen entdeckt hatte.

Inzwischen hatte Dieterle mit seinem Projekt Fortschritte gemacht: »Ich wählte eine dieser wunderbaren Erzählungen von Tolstoi, und dann setzten wir uns zusammen. Wir hatten kein Geld. Wir waren einfach vier oder fünf sehr junge, enthusiastische und revolutionäre Reinhardt-Leute, die etwas ganz anderes machen wollten. Wir brachten den Film heraus; er spielte kein Geld ein, aber er wurde gezeigt, und es war ein sehr interessantes Experiment.« Dieses Experiment erhielt den Titel *Der Mensch am Wege;* es handelte sich um eine Gute-Samariter-Geschichte. Marlene spielte eine hübsche Naive mit Zöpfen, die ihre Haare aus dem Gesicht hielten – also die Kartoffel sozusagen schälten –, so daß ihre hübschen gleichmäßigen Züge voll zur Geltung kamen. Es gefiel ihr, naive Rollen zu spielen, und sie fürchtete deshalb auch immer, sie hätte sich etwas zu lange mit diesem Rollenfach beschäftigt. Aber für Tolstoi und Dieterle waren Zöpfe und Dirndl durchaus angemessen.

Der Mensch am Wege fand nirgendwo große Beachtung, was Marlene allerdings wenig bekümmerte. Denn als der Film in die Kinos kam, hatte sie selbst eine Entdeckung gemacht. Ihr Name war Rudolf Sieber.

Als Marlene ihm zum erstenmal begegnete, ging ihm bereits ein gewisser Ruf voraus. Wahrscheinlich ließ sich das auch kaum vermeiden, denn »Rudi«, wie ihn seine Bekannten (das heißt der größte Teil der Filmwelt Berlins) riefen, war jung, gutaussehend, blond, braunäugig, charmant, klug und ehrgeizig. Die Gerüchte über seine Eskapaden als Frauenheld erregten das Interesse der weiblichen Welt und verliehen ihm eine romantische Aura – selbst in einer Zeit, in der die Beziehungen immer lockerer und exotischer wurden.

Bisher ist offenbar nie jemandem aufgefallen, daß Rudis Erfolg bei den Frauen mit seiner Stellung im Filmgeschäft zusammenhängen könnte (obwohl auch niemand das Gegenteil behauptet hat). Als der Regisseur Joe May beschloß, ein paar »neue Gesichter« für das Opus

Tragödie der Liebe anzuheuern, standen die »neuen Gesichter« der ganzen Stadt (einschließlich der Naiven vom Reinhardt-Theater) in den Startlöchern, um endlich aus dem Schatten zu treten.

Tragödie der Liebe sollte ein teurer, vierstündiger Prestigefilm werden. Für die Hauptrollen waren Emil Jannings und Mia May vorgesehen, die Frau des Produzenten und Regisseurs, deren Mitwirkung bei diesem und anderen Projekten May die Finanzierung seiner Filme erleichterte. Außer Rudolf Forster, Rudis bestem Freund, gehörten noch zahlreiche andere Größen der Berliner Theater- und Filmszene zur Besetzung; für die Dekoration war der große Paul Leni verantwortlich. In dem Film, der in zwei abendfüllenden Teilen herausgebracht werden sollte, gab es zahlreiche Massenszenen, für die jede Menge Statisten benötigt wurden.

Wenn man Rudi Sieber die Auswahl der Mädchen überließ, hatte das etwa die gleiche Wirkung, wie wenn man einen Hühnerstall schutzlos dem Fuchs ausliefert. So begannen denn auch Marlene und Grete Mosheim, zu gackern und sich zu putzen, um nur ja Rudis Aufmerksamkeit zu gewinnen. Marlene war besorgt, sie könne »zu unschuldig« wirken (was in Wirklichkeit auf Grete Mosheim zutraf), und mobilisierte ihren ganzen Erfindungsgeist, um ihre Unerfahrenheit zu kaschieren. Die Reinhardt-Mädchen standen mit den anderen Bewerberinnen vor Joe Mays Studio in Weißensee bei Berlin Schlange. Die erste Vorauswahl wurde nicht von Rudolf Sieber selbst getroffen, sondern ausgerechnet von dem Mitarbeiter an *Der kleine Napoleon*, dem Marlenes Flirt mit ihrem damaligen Regisseur aufgefallen war. Fritz Maurischat war sein Name, und er erinnerte sich später, »daß sich für *Tragödie der Liebe* eine Schlange bildete, die über den ganzen Korridor und die Treppe hinunter reichte. In dieser Schlange stand ein winziges, zartes Wesen, bekleidet mit einem weiten Gewand, fast so dünn wie ein Negligé. Trotz dieses offenherzigen Kleides hätte man sie leicht übersehen können, denn die meisten anderen Mädchen setzten alles daran, die Aufmerksamkeit auf sich zu lenken, indem sie ihre Brüste und Beine ins beste Licht rückten …, aber sie hatte einen jungen Hund an der Leine bei sich … Als sie zu meinem Schreibtisch kam, nahm Marlene den Hund auf den Arm, und während sie näher trat, war da irgend etwas an ihren Bewegungen, das mich leise zu mir selbst sagen ließ: ›Mein *Gott*! Wie attraktiv sie ist!‹«

Das »Negligé« maskierte ihre Unschuld, und das Hündchen erinnerte an die großäugige Hofdame in Weimar, die vor einer Wiener »Aristokratin« knickste. Als Rudolf Sieber dieses seltsame Mädchen erblickte, war er wie vom Blitz getroffen.

Ebenso ging es Mia May, der Hauptdarstellerin von *Tragödie der Liebe*, der die Anfängerin deutlich und auch recht vorteilhaft im Gedächtnis blieb – vor allem, wenn man bedenkt, daß sie in Rudi damals ihren zukünftigen Schwiegersohn sah.

»Marlene war sehr amüsant und unterhaltsam, attraktiv und originell«, berichtet sie. »Kein Mann konnte ihr widerstehen. Überall erschien sie mit einem Monokel und einer Boa, gelegentlich auch mit fünf roten Fuchspelzen. Bei anderen Anlässen trug sie ein Wolfsfell, eine Art Decke, wie man sie über ein Bett breitet. Auf den Straßen Berlins wurde sie ständig von Leuten verfolgt, die über sie lachten, aber dennoch von ihr fasziniert waren; sie lieferte ihnen Gesprächsstoff.«

Auch Rudi Sieber sollte über Marlene sprechen – mit Joe May. Schließlich wurde sie als Statistin eingesetzt, als Partygirl im Spielkasino: ein Exemplar der *jeunesse dorée*, das schon in etwas mattem Glanz erstrahlt. Doch Sieber verhalf ihr auch noch zu einer richtigen Rolle. Für den vierstündigen Streifen, dessen Handlung zwischen Paris, der Riviera und dem schneebedeckten Norden spielte, war sie unwichtig, aber Sieber hatte etwas an Marlene entdeckt. Nach Mia Mays Meinung sah er in ihr ein Mädchen, dessen Augen (»*diese Augen!*«) ihm sagten: »Du wirst der Vater meines Kindes.«

Mit einundzwanzig Jahren erlebte Marlene die Liebe ihres Lebens. Die Tatsache, daß Rudi während der Dreharbeiten über sachliche Anweisungen hinaus kaum ein Wort mit ihr wechselte, erklärte sie sich damit, daß sie ja kaum mehr als eine Statistin war und Sieber eine wichtige Persönlichkeit. Außerdem war er verlobt – eine Kleinigkeit, die sie ihm großzügig verzieh, denn immerhin hatte er ihr eine Rolle verschafft.

Der Teil der Dreharbeiten, bei dem Marlene mitwirkte, ging Ende 1922 über die Bühne. Gleichzeitig trat sie abends im Theater auf, so daß sie sich übergangslos von einer Rolle in die andere stürzen mußte. Mit der Energie, die ihre gesamte Karriere prägte, schaffte sie es, tagsüber zu drehen, abends auf der Bühne zu stehen und zwischendurch ihm nachzujagen – »dem Mann, den ich heiraten will«, wie sie Josephine eröffnete.

Sie war »hoffnungslos verliebt und voller Sehnsucht«. Abends, an den Tischen des Film-Spielkasinos, bemühte sie sich erfolgreich, ihrer Darstellung der Lucie eine gewisse boshafte Komponente zu verleihen. Lucie ist die Geliebte eines Rechtsanwalts. Am Telefon versucht sie ihn zu überreden, ihr einen Platz im Gerichtssaal zu verschaffen, in dem sich Emil Jannings als Mordverdächtiger zu verantworten hat. Zwar ist diese Szene nicht – wie oft behauptet wird – der Höhepunkt des Films, aber dennoch sehr bemerkenswert. Lucie war nur eine kleine Rolle, ein schmollmündiges Biest – doch eine Figur, die auffiel. Durch sie bekommt die Gerichtsszene ein gewisses Maß an frechem Sex-Appeal, denn bei dem Prozeß flirtet Lucie mit einem anderen Rechtsanwalt, um ihren Liebhaber zu ärgern. Dabei blitzt ihr Monokel, das sie auf Anraten von Sieber auch für diesen Film trug.

Als die Arbeit an *Tragödie der Liebe* beendet war, konzentrierte Marlene sich wieder auf ihre Arbeit am Theater – und auf Rudi. In ihren Memoiren beschreibt sie eine keusche und unschuldige erste Liebe, gefolgt von einer einjährigen Verlobungszeit und einer Hochzeit mit Myrtenkranz und Reis werfenden Gästen.

Doch die Wirklichkeit sah anders aus als im Film. Marlene und Rudi lernten sich Ende 1922 kennen und heirateten am 17. Mai 1923 auf dem Standesamt von Berlin-Friedenau, kurz nachdem die Dreharbeiten zu Dieterles *Der Mensch am Wege* abgeschlossen waren. Als Trauzeugen fungierten Marlenes Mutter (die ihr Alter mit einundvierzig angab, obwohl sie bereits sechsundvierzig war) und der Kaufmann Richard Neuhauser (fünfundvierzig), möglicherweise Josephines damaliger Verehrer. Marlene unterschrieb mit dem Namen »Marie Magdalene Dietrich«. Sie war einundzwanzig Jahre alt, und vielleicht war dieser Tag der glücklichste ihres Lebens.

Es war gewiß nicht unwichtig, daß Rudi beim Film arbeitete. Er bestätigte Marlene in ihrer Überzeugung, zum Filmstar geboren zu sein, und war auch in einer Position, ihr bei der Verwirklichung ihrer Ziele zu helfen, die er offen unterstützte und die – wenn sie realisiert werden konnten – auch seiner eigenen Karriere nutzten. Er entsprach genau dem männlichen Vorbild, das Marlene seit ihrer Kindheit gefehlt hatte – keine Vaterfigur, sondern ein leidenschaftlicher und sinnlicher junger Mann mit einer Ausgeglichenheit (eine Art von Zuverlässigkeit, die der Josephines sehr ähnelte), die sie ihr ganzes Leben lang schätzen sollte. Niemand, der die beiden je zusammen gesehen hat – auch noch ein halbes Jahrhundert später –, zweifelte daran, daß Marlene ihren Ehemann schätzte und ihm vertraute, daß er ihr Mentor, Ratgeber, Freund und Gleichgesinnter war, wenn auch – schon seit Jahrzehnten – nicht mehr ihr Liebhaber.

Seine Anziehungskraft für Marlene und sein Verhältnis zu Frauen im allgemeinen kann vielleicht folgende kurze Anekdote verdeutlichen: Eva May, Rudis ehemalige Verlobte, warf keinen Reis bei der Sieberschen Hochzeit – sie schnitt sich die Pulsadern auf. Zwar wurde sie gerettet, doch im folgenden Jahr beging sie Selbstmord, indem sie sich mitten ins Herz schoß, das gebrochen war, als Rudi sie verließ.

Später brachte Rudi Marlene in eine ähnliche Lage, doch da zeigte sich, daß sie aus härterem Holz geschnitzt war.

4. Das perfekte Paar

1923–1927

Sie waren ein Traumpaar: jung, schön und ehrgeizig. Krieg und Elend hatten ihnen die meisten Illusionen über die Zukunft geraubt, doch was ihre Beziehung betraf, gaben sie sich noch immer romantischen Hoffnungen hin.

Die Flitterwochen dauerten genausolange, wie Marlene brauchte, um vom Standesamt zum Besetzungsbüro zu gehen und einen Theatervertrag mit Carl Meinhard und Rudolf Bernauer zu unterschreiben. Zwar konnten diese beiden Produzenten in puncto Prestige und Qualität Reinhardt nicht das Wasser reichen, doch sie hatten Theater, die gefüllt werden mußten.

Marlene leistete ihren bescheidenen Beitrag dazu und trat im Juni in einer »Hintertreppen-Tragikomödie« mit dem Titel *Zwischen neun und neun* auf.

Die Siebers überstanden die Trennung, als Marlene im Juli ans Meer fuhr, wo sie in *Der Sprung ins Leben* ihre erste und letzte Rolle als Film-Badenixe spielte. Auf der Besetzungsliste wurde sie zwar lediglich als »Mädchen am Strand« aufgeführt, aber dann trat sie auch noch als »Mädchen im Zirkus« auf. So sicherte eine belanglose Manegen-und-Meer-Geschichte des Produzenten Erich Pommer Marlenes und Rudis Lebensunterhalt.

Im September stand sie wieder auf der Bühne, und zwar in der Farce *Mein Vetter Eduard*, einem Boulevardstück, das Berlin fast ein Jahr lang unterhielt. Doch Marlene verabschiedete sich wesentlich früher, um als Hippolyta (»die Amazone, die strotzende, hochaufgeschürzte Dame«, wie Shakespeare sie nennt) im *Sommernachtstraum* wieder ihre Rüstung anzulegen. Zwar war es nicht Reinhardts *Traum*, doch er trug Marlene die erste Theaterkritik ein. Sie stammte von dem gefürchtetsten aller Berliner Theaterrezensenten, Alfred Kerr, der seine Kolumnen mit römischen Ziffern versah, als wären sie in Stein gemeißelt. Marlene holte ihn von den Höhen des Olymp, und er sinnierte sehr erdverbunden über »das Fleisch der Hippolyta«.

Das Fleisch der Hippolyta wurde in jenem ersten Ehejahr häufig zur Schau gestellt. In *Frühlings Erwachen*, Wedekinds lange verbotenem Stück über jugendliche Sexualität, spielte sie ein verdorbenes, in Björnsons *Wenn der neue Wein wieder blüht* ein fleißiges Schulmädchen; in Molières *Der eingebildete Kranke* war sie ein Dienstmädchen – aber ein *französisches*, und die Berliner wußten, was *das* bedeutete.

Kein schlechtes Repertoire: vom Schulmädchen bis zur Amazonenkönigin, von Shakespeare bis Molière. Ihre Rollen verlangten Vitalität, Eleganz und schauspielerisches Können; sie hatte genug zu tun, genug Geld und blieb im Rampenlicht der Öffentlichkeit.

Ohne Arbeit war kein Überleben möglich. Als Marlene und Rudi heirateten, schien die Inflation ihren Höhepunkt erreicht zu haben, doch im November kletterte der Wechselkurs auf 4,2 Billionen Reichsmark pro Dollar; das Papiergeld wurde pfundweise gehandelt. Wirtschaftsexperten prophezeiten einen Kurs von astronomischen zwölf Billionen, und das war selbst den rachsüchtigen oder dollarschweren Alliierten zuviel.

Glücklicherweie ging das fünfjährige Inflationsfieber zurück, als mit dem amerikanischen Dawes-Plan einfach alle Nullen (ein Dutzend) weggestrichen wurden und der Wechselkurs nunmehr bei 4,20 Reichsmark pro Dollar lag. Jetzt stand den »Goldenen Zwanzigern« nichts mehr im Wege.

Und auch Marlene war nicht mehr aufzuhalten. Keine zwei Jahre nachdem sie sich als Gretchen auf die Knie geworfen hatte und damit gescheitert war, konnte sie auf ein Dutzend Bühnenproduktionen und vier Filme zurückblicken. Es wurde Zeit, selbst etwas zu produzieren.

Maria Elisabeth Sieber kam am 13. Dezember 1924 zur Welt, zwei Wochen vor Marlenes dreiundzwanzigstem Geburtstag. In der Familie wurde das Kind »Heidede« genannt, von ihrer Mutter »ein Wunder«.

Zu Hause erholte Marlene sich von der schweren Geburt. Mittlerweile wohnte die Familie Sieber in der Kaiserallee, unweit von Marlenes Mutter. Marlene stillte das Baby, doch da Vater und Mutter arbeiteten, brauchte Heidede bald einen Babysitter.

Das Kind war der ruhende Pol, um den sich alles andere drehte. Marlene überschüttete Heidede mit Liebe und ging ganz in ihrer Mutterrolle auf; sie war stolz, besitzergreifend und sentimental. Und auch pragmatisch. »Kleine Kinder, kleine Sorgen; große Kinder, große Sorgen«, pflegte sie zu sagen. Die großen Sorgen sollten noch kommen, und das Muttersein erweckte in ihr Gefühle, die später eng mit ihrem Image verbunden sein würden. Die einzige Filmrolle, die sie jemals für sich selbst entwarf, war eine aufopfernde Mutter (*Blonde Venus*), und in ihrem musikalischen Repertoire standen Liebeslieder neben Wiegenliedern. Nur Marlene gelang es, das Mütterliche und das Erotische bruchlos miteinander zu vereinen – die »Maria« mit der »Magdalena«.

Doch am Spülstein gelangt man nicht zu Ruhm. Hinzu kam, daß sich in Berlin wie ein Lauffeuer der Name einer jungen schwedischen Schauspielerin verbreitete, die hier einen Film drehte, während Marlene in den Wehen lag. Der Film hieß *Die freudlose Gasse*, und der Regisseur G. W. Pabst machte Greta Garbo zu einem neuen Berliner Star – nur um sie sich von einem Mann namens Louis B. Mayer nach Hollywood entführen zu lassen. Diese Nachrichten konnten selbst bei einer Frau, die »ein Wunder« stillte, den Ehrgeiz neu entfachen, und im März (Heidede war drei Monate alt) war Marlene wieder in Form und ging auf Arbeitssuche.

Fast ein Jahr hatte sie sich dem Blickfeld der Öffentlichkeit entzogen (was man von Rudi hingegen nicht behaupten konnte). In den Augen der Nachtschwärmer begannen die Siebers nun verlorene Zeit wettzumachen, jedoch nicht immer gemeinsam. Nach außen hin gaben sie nach wie vor das perfekte Paar ab, wirkten allerdings weniger wie Mutter und Vater oder Ehemann und Ehefrau, sondern eher wie Bruder und Schwester. Sie waren blond, schön und ehrgeizig wie eh und je, aber jetzt gaben sie sich dem süßen, tanzwütigen Leben im Jazz-verrückten Berlin so hemmungslos hin, wie es der neuen Zeit und der neuen Moral entsprach. Die »Goldenen Zwanziger« hatten begonnen, als das Jahrzehnt schon fast zur Hälfte vorüber war, doch die zweite Hälfte schwamm sich trotzig von den Konventionen der Vergangenheit frei.

In dieser »himmlischen Dekadenz« (wie Sally Bowles in *Cabaret* es nannte) entsprachen Marlene und Rudi genau dem Trend der Zeit mit ihren Streifzügen durch die ambisexuellen Clubs wie »Le Silhouette« oder »The White Rose« oder »El Dorado« (an deren Pforten Plakate mit tanzenden Paaren im Flutlicht erstrahlten: Mann/Frau, Mann/Mann, Frau/Frau, Mann/Pudel – für jeden etwas). Sie *verkörperten* den Trend.

Mochten sie nun zu zweit oder allein aufkreuzen, sie waren so attraktiv, daß sie sofort auffielen.

So dauerte es auch nicht lange, bis Marlene Aufmerksamkeit erregte – und zwar die des Regieassistenten von E. A. Dupont, der sich von »ihren Beinen! ihren göttlichen Beinen!« höchst beeindruckt zeigte. Dupont arbeitete damals an dem Film *Varieté* mit Emil Jannings und Lya de Putti. Die Handlung spielte vorwiegend im »Wintergarten«, der Berlin als Nachtclub, Theater und Zirkus in einem diente. Vielleicht konnte sich der Assistent Marlenes Beine gut auf einem Trapez vorstellen.

Doch Dupont winkte ab. Er war mit Marlenes Arbeit vertraut und meinte, die einzige Rolle, in der er möglicherweise Verwendung für sie hätte, spiele sie bereits bei Rudi.

Möglicherweise sei sie ja durchaus talentiert, habe aber »bisher keine Gelegenheit gehabt, es zu beweisen«. Herablassend meinte er zu seinem Assistenten: »Aber vielleicht können *Sie* ihr später mal 'ne Chance geben – wenn Sie für eine Nebenrolle einen Mini-Vamp mit schönen Beinen benötigen.«

Duponts Verachtung brachte auf den Punkt, mit welchem Problem sich Marlene die ganzen zwanziger Jahre hindurch herumschlagen mußte. Sie war einfach zu schön, zu lebensfroh, zu sehr »das Girl vom Kurfürstendamm«, um als Schauspielerin ernst genommen zu werden oder mehr hervorzurufen als Neid auf Rudi, dem das anscheinend nichts ausmachte. Marlene selbst hatte auch nichts dagegen einzuwenden.

Die Gerüchteküche arbeitete auf Hochtouren. »Charmante Flirts« und Marlenes Selbstdarstellung gaben reichlich Anlaß dazu. Diese Augen, diese Beine, diese Stimme – diese *Kleider* (und der von Jolly geborgte Schmuck) – forderten den Klatsch förmlich heraus. Eines Abends erblickte der Herausgeber der viel gelesenen *Berliner Zeitung* Marlene in einem Kabarett und war von ihr derart hingerissen, daß er einen Artikel über sie verfaßte. Er versteckte sich dabei hinter einem Pseudonym, das zu verwenden er sich später nie wieder hinreißen ließ. Der große Maler Max Liebermann, damals bereits über siebzig, sah sie wie eine Gestalt aus einem Gemälde von Otto Dix am »Romanischen Café« vorbeiflanieren. »Wenn ich fuffzich Jahr' jünger wär' ...«, sagte er seufzend zu seinen Begleitern.

Auf solche Reaktionen folgte selten die Frage nach Marlenes Talent. Bald nachdem sie ihre Heidede Josephines Fürsorge überlassen hatte, übergaben Meinhard und Bernauer ihre Theater der Fürsorge des Produzenten Viktor Barnowsky, der die gängige Meinung zusammenfaßte: Marlene sei »sehr jung, blendend frisch, elegant, außergewöhnlich hübsch und ... leicht geheimnisvoll ... Aber ... sie schien sich ihrer vielen Reize nicht bewußt zu sein – außer vielleicht ihrer Beine«. Sie war in seinen Worten einfach »allzu schön«. Elisabeth Bergner, die damals für Barnowsky arbeitete, meinte: »Wenn ich so schön wäre wie die Dietrich, wüßte ich mit meinem Talent nichts anzufangen.«

Vielleicht wäre sie zu diesem Zeitpunkt auch nach Hollywood gegangen, wenn jemand sie gefragt hätte. Oder überallhin, wo es sinnvolle Arbeit für sie gab, trotz Rudi und der Verlockungen von Berlin. Die gängige Meinung, Marlene sei damals nichts weiter als ein unbekümmertes Jazzpüppchen gewesen, läßt außer acht, wie ehrgeizig sie im Grunde war. Das zeigt auch ein Brief an denselben Dr. Levin, dem sie bereits in Weimar ihr Herz ausgeschüttet hatte, als der Klatsch sie noch belastete. Durch ihre Ausbildung bei Max Reinhardt war sie zwar kein Star geworden, doch eine professionelle Schauspielerin von weitaus höherem Niveau, als ihre Nachtschwärmerei und ihr Ruf als schönes, frivoles Wesen glauben machten – und ihrer Reputation war sie sich nur allzu bewußt. Erstaunlich ist, daß sie nach wie vor eine seriöse Schauspielerin werden wollte und glaubte, dieses Ziel auch erreichen zu können. Mit dieser Meinung stand sie nicht allein: Kurz vor Heidedes Geburt war ihr vom Schauspiel Frankfurt, einem angesehenen, ideenreichen Ensemble unter der Leitung Richard Weicherts, ein Engagement angeboten worden. Bei Dr. Levin beklagte sich Marlene, an Berlin gebunden zu sein, und bedauerte, daß sie hauptsächlich in Boulevardstücken auftreten mußte – gemäß dem Vertrag, den sie gleich nach der Hochzeit mit Meinhard und Bernauer unterzeichnet hatte.

Als Meinhard und Bernauer ihre Theater Barnowsky vermachten, entließen sie die »allzu schöne« Marlene »in die Freiheit«. Barnowsky hegte Ambitionen, ein zweiter Reinhardt zu werden. Zwar sah jeder, daß ihm Reinhardts Talent fehlte, aber immerhin standen ihm Reinhardts *Stars* zur Verfügung. Da der »Zauberer« Reinhardt gerade in Wien beschäftigt war, holte Barnowsky sich Elisabeth Bergner, Wilhelm Dieterle, Fritz Kortner und Rudis besten Freund (und Heidedes Paten) Rudolf Forster.

Möglicherweise hat Marlene es wieder mit einem »charmanten Flirt« versucht, aber es war Forsters Einfluß, der Wirkung zeitigte. Barnowsky räumte ein, daß Marlene sich »mit Leib und Seele in die Arbeit warf«; doch er war ziemlich erstaunt, daß sie sich selbst als Tragödin oder gar Naive sah. Keine dieser Rollen entsprach ihrem Verhalten, wenn sie auf Partys unverfroren tanzende Paare abklatschte und herumflanierte, als sei sie einem Porträt von Toulouse-Lautrec entsprungen. Trotzdem gab Barnowsky ihr eine Aufgabe, die Lautrec gewiß gefallen hätte.

Die Premiere von George Bernard Shaws *Zurück zu Methusalem* fand im September statt – mit Musik und Tanz. Teil eins von Shaws »Geschichte der Geschichte« wurde in einem Theater bereits aufgeführt, während die Proben zu Teil zwei im anderen noch in vollem Gang waren; er lief erst im November an. Marlene wirkte bei beiden Teilen mit. In Shaws Burleske waren Wilhelm Dieterle als Kain, Fritz Kortner als Konfuzius und Napoleon, die große Tilla Durieux als Lilith und Orakel von Delphi, und Marlene als Eva im hautengen Gymnastikanzug zu sehen. So sicherte sie sich die Aufmerksamkeit der Kritiker und holte sich einen Schnupfen.

Barnowsky behielt sie in seinem Ensemble, ignorierte aber ihre Bitten nach tragischen oder naiven Rollen. Im Februar 1926 versetzte er sie mit *Duell am Lido* vom Garten Eden nach Venedig, und zwar in einer Satire, in der Rudolf Forster, Fritz Kortner sowie eine junge Schauspielerin namens Lucie Mannheim – später eine ernst zu nehmende Rivalin für Marlene – die Hauptrollen übernahmen.

Zur Besetzung gehörte auch der Schauspieler Veit Harlan, der zuerst berühmt wurde und dann berüchtigt war als Lieblingsregisseur von Dr. Josef Goebbels: Harlans Verfilmung von Lion Feuchtwangers *Jud Süß* war der niederträchtigste (und erfolgreichste) antisemitische Film der Nazis. Nach dem Krieg behauptete Harlan zwar, er sei zu diesem Machwerk gezwungen worden, doch aus verschiedenen Dokumenten geht klar hervor, daß er sich mit der Inbrunst eines Herrenmenschen um den Auftrag bemühte. Als Vorlage für seinen Roman *Mephisto* wählte Klaus Mann den Schauspieler und späteren Intendanten Gustaf Gründgens, doch solche »Mephistos« kannte Marlene in der Berliner Theaterwelt zuhauf. Ihre spätere antinazistische Gesinnung beruhte wohl auf intimer Kenntnis des Menschenschlags, aus dem die Drahtzieher des Dritten Reichs hervorgingen – und seiner Opfer. (Die Besetzungsliste von *Duell am Lido* las sich stellenweise wie ein Paradigma der Zukunft: Der Dramatiker Hans Rehfisch arbeitete später im Exil als Lehrer an der New Yorker New School; der vielfach bewunderte Regisseur Leopold Jessner prüfte in Hollywood für Walter Wanger Drehbücher; sowohl Fritz Kortner als auch Lucie Mannheim flohen ins Exil; Rudolf Forster fühlte sein Talent in Hollywood und am Broadway nicht angemessen gewürdigt und kehrte nach Deutschland zurück, um sich von den neuen Herren in Berlin würdigen zu lassen; Veit Harlan wurde zum führenden Regisseur unter den »Mephistos«.)

Duell am Lido war eine sehr progressive Produktion, selbst für die Verhältnisse von 1926. Marlene wirbelte in einem seidenen Hosenanzug mit Slippern und Monokel als männermordende Französin über den Lido. Sie stellte den Typ einer *Garçonne* dar, einer draufgängerischen jungen Frau, die sich als androgyner junger Mann kleidet und verhält.

In Berlin wimmelte es derart von solchen Frauen, daß das führende Wochenblatt, die *Berliner Illustrirte Zeitung*, den Mädchen im Wolfspelz zurief: »Schon genug!« Dies sollte nicht Marlenes letzter Auftritt in Hosen sein.

Die Kritiker befanden, ihr Kostüm verhülle keineswegs ihre »angenehme Weiblichkeit«, und ihre Schlagfertigkeit verkörperte das »von Moralbegriffen unbeschwerte moderne Mädchen«.

Ein Rezensent schrieb, sie würde »nicht dämonisch-ekstatisch, sondern eisig« spielen.

Von dort wechselte sie direkt zur Wohnzimmerkomödie *Der Rubicon*, wieder für Barnowsky und den Starregisseur Ralph Arthur Roberts, mit dem sie bereits direkt nach ihrer Heirat bei *Zwischen neun und neun* zusammengearbeitet hatte. Ihre beste Kritik für *Der Rubicon* kam von Onkel Willi; es war sein Lieblingsstück. Zum achtenmal stellte sie eine Französin dar; sie hatte etwas Exotisches an sich – und nichts Naives oder Tragisches.

Da sich Joe May nach dem Selbstmord seiner Tochter von der Produktion (und von Rudi) zurückgezogen hatte, arbeitete Rudi in Berlin nun für den früheren Journalisten Alexander Korda, der inzwischen Produzent und Regisseur geworden war. Rudi folgte Kordas Beispiel, was den verschwenderischen Lebensstil betraf, und Marlene leistete finanzielle Schützenhilfe, indem sie neben ihrer Theaterarbeit auch Neben- und sogar Statistenrollen in Filmen übernahm, deren Dreharbeiten Rudi mit seinem umherschweifenden Blick überwachte. Sie bekam eine kleine Rolle in Kordas *Eine Dubarry von heute* mit Maria Corda (deren Name ihr Ehemann entlehnt hatte). Der Film war dermaßen »überproduziert«, daß er unterging wie ein Stein im Soufflé.

»Marlaine« hatte vier kurze Auftritte, in denen sie übertrieben munter agierte; trotzdem wirkte sie moderner als die Hauptdarstellerin und auch wesentlich hübscher, was sich für eine Komparsin nicht gehört. Vor allem nicht, wenn ein Artikel in der *Berliner Zeitung*, der eigentlich dem Star gewidmet sein sollte, mit den Worten begann: »Die schöne Marlene Dietrich eilt in einem Hermelincape zwischen den Tischen ...«

Urheber dieser Zeilen war der Kameramann, der für Marlenes erste (mißlungene) Probeaufnahme zuständig gewesen war: Stefan Lorant, mittlerweile Rezensent bei der führenden Tageszeitung Berlins. Als Maria Corda die Zeilen über »die schöne Marlene Dietrich« las, sorgte sie dafür, daß Lorant das Lächeln verging. Schuld sei nur der Druckfehlerteufel, protestierte er – was möglicherweise sogar der Wahrheit entsprach, denn mit der ihm offenbar eigenen Weitsicht sah er für Marlene nach wie vor keine Zukunft beim Film.

Alexander Korda erteilte Rudis Gattin den wohlmeinenden Rat, an den Herd zurückzukehren und Kuchen zu backen, wie es sich für eine brave Hausfrau gehört. Diesen Vorschlag sollte er später bedauern (und dafür büßen).

Der Tänzer meiner Frau war ein weiterer Korda-Streifen. Bei diesem Film arbeitete Marlene mit dem zukünftigen Pariser VIP-Fotografen Alexander Choura zusammen, der damals mit Marlene und Rudi befreundet war. Choura behielt diesen Film deshalb so gut im Gedächtnis, weil er Rudi, den Aufnahmeleiter, während der Dreharbeiten einer russischen Tänzerin vorstellte, die sich Tamara Matul nannte.

Auch Marlene kannte Tamara Matul. In Wirklichkeit hieß sie Nikolajewna, war einige Jahre jünger als Marlene, und möglicherweise hatten die beiden gemeinsam in Kabaretts und Revuen getanzt, bevor Marlene die Gruppenauftritte hinter sich ließ. Einige Zeit später sollten sie noch einmal zusammenarbeiten; doch diesmal spielte Marlene eine Hauptrolle in einem beliebten Musical – wohingegen Tamara nach wie vor als Showmädchen fungierte und genügend Zeit hatte, um hinter der Bühne mit Rudi zu plaudern, während Marlene auf der Bühne zum Star avancierte.

Es war unvermeidlich, daß Rudi irgendwie, irgendwann eine Tamara treffen würde. Aber eine offene Ehe ist nicht dasselbe wie keine Ehe. Allgemein sah man in Marlenes Extra-Rollen für Korda, die Rudi ihr zuschanzte, Akte der Verzweiflung, um den Champagner zu finanzieren, den sie in exklusiven Nachtclubs schlürften. Vielleicht entspricht das der Wahrheit, doch möglicherweise lag Marlenes Motivation eher darin, Heidedes Vater im Auge zu behalten, während ihr selbst immer mehr Geld, mehr Beachtung und mehr Anforderungen im Theater zuteil wurden – *und* in Filmen, mit denen Rudi *nichts* zu tun hatte. Marlene arbeitete Tag und Nacht; Rudi spornte sie als Ratgeber aus dem Schützengraben der Nachtclubs an.

Außer in den Komparsenrollen für Korda erschien Marlene in zwei weiteren Filmen, und diesmal nicht als Statistin. Beide Filme wurden für Ellen Richter gedreht, den Star der Filme ihres Ehemanns Dr. Willi Wolff, bei denen sie sich gleichzeitig als Produzentin betätigte. Der erste Film, *Kopf hoch, Charly*, war ein Lustspiel über doppelte Moral – weniger eine feministische Analyse als ein Einblick in das Sexualverhalten der Jazz-Ära, in der die sexuellen Normen sich so schnell veränderten wie die Tanzschritte von Zelda und Scott Fitzgerald. Marlene verkörperte wieder einmal eine schicke junge (französische) Circe inklusive Monokel; die Kritiker befanden alles für »mittelmäßig«, »nichts für anspruchsvolle Geister«.

Der zweite Film war eine Richter-Produktion ohne Richter. Marlene überzeugte Wolff in *Kopf hoch, Charly* genügend, um in *Der Juxbaron*, der in Anlehnung an eine beliebte Operette gedreht wurde, die weibliche Hauptrolle an der Seite von Reinhold Schünzel zu ergattern.

Marlene wurde an zweiter Stelle angekündigt – nach Schünzel, der in den kommenden Jahren die erste Fassung von *Viktor/Viktoria* drehen sollte sowie eine köstliche Verfilmung des *Amphitryon* (und zwar bevor die Lunts *oder* Cole Porter die Geschichte entdeckten). Im Hollywood-Exil verkörperte Schünzel in Filmen wie Hitchcocks *Weißes Gift* und *Golden Earrings* Deutsche, »wieder vereint« mit Marlene.

Der Juxbaron ist eine Farce, in der Sophie alias Marlene versucht, sich den reichen, rüden Baron von Kimmel zu angeln (»Ein Mann mit zehn Millionen kann sich schlechte Manieren leisten«). Der Baron macht sich davon, als Sophie gerade seine Millionen an Land ziehen will, und ein Landstreicher (nämlich Schünzel) wird angeheuert, um als Stellvertreter zu fungieren. Der Stoff, aus dem Operetten sind.

Marlene trägt wieder ihr Monokel, und obwohl ihre Haare dunkel und ihre Figur üppig wirken, erscheint sie auf der Leinwand als Inbegriff einer jungen, vielversprechenden Frau. Sie ist gutmütig und oberflächlich, fährt wie der Teufel, raucht wie ein Schlot, zeigt viel Bein und stellt sich reizend unbeholfen an, um den »Baron« mit ihrem Gesang und ihren Klavierkünsten zu beeindrucken. Mit Ton wäre die Szene wesentlich überzeugender.

Mit Ton wäre der *ganze Film* überzeugender. Schließlich war das eine Operette; dramaturgisch um keinen Deut alberner als *No, No, Nanette* oder *Lady, Be Good!* und ohne die Liednummern ähnlich blaß. Aber Marlenes bislang beste schauspielerische Leistung im Film fand bei den Kritikern wenig Anklang. Man kann sich nur fragen, wie das Ganze gewirkt haben muß, wenn Musik aus dem Orchestergraben heraufklang.

Nur selten kann man genau sagen, wann, warum und wie ein Schauspieler seinen persönlichen Stil findet, aber diese Beschreibung scheint Aufschluß über das »wann« zu geben. Viele in Berlin glaubten, das »warum« und das »wie« verdanke Marlene Claire Waldoff.

Mit zweiundvierzig war die Waldoff eine Institution, eine Ulknudel und außerdem eine offenherzige, fröhliche Lesbe, deren männliches Auftreten in Berlin niemanden schockierte. Sie hatte in England für den Impresario Charles Cochran gearbeitet und Tonaufnahmen gemacht, die noch heute sehr begehrt sind. Über ihre Lebensgeschichte wurde später der Film *Claire Berolina* gedreht, in dem sie als Symbol Berlins und Opfer des Dritten Reichs dargestellt wird. (Ihre satirische Nummer über einen gewissen »Hermann« wurde ihr von einem gewissen »Göring« sehr übelgenommen.)

Die langbeinige Entdeckung kam unter die Fittiche der berühmten Waldoff, und ganz Berlin imitierte ihr rauchiges »Wie wuuun-derrschööön das Kind ist!« Man sprach so offen darüber, was Marlene der Waldoff alles verdanke, wie sehr die Kabarettistin sich von ihr angezogen fühle, daß Janet Flanner vom *New Yorker* über ihre Pariser *Girlkultur* davon Wind bekam und dem ungewöhnlichen Paar einen Artikel widmete.

Die Veteranen der »Goldenen Zwanziger« nehmen es als gegeben hin, daß die Waldoff Marlenes Stil entwickelte und sie in die Kunst einwies, wie man ein Lied vorträgt, ohne eine einwandfreie Stimme zu besitzen. Curt Bois, der mit ihnen auf der Bühne stand, war allerdings ganz anderer Meinung.

»Marlenes Stil war *Marlene*«, meint Bois, der sie »außergewöhnlich sexy und schön« fand. »Was Claire Marlene beibrachte, fand *hinter* den Kulissen statt, und das machte sie nur noch sexyer und schöner.« Marlene bestätigte diese lesbische Initiation später in Erzählungen, mit denen sie Billy Wilders Dinnergäste in Hollywood schockierte. Claire Waldoff hatte sie mit einer Liebe bekannt gemacht, von der man im Berlin der zwanziger Jahre nicht nur sprach, sondern auch sang. Schon bald sollte Marlene ebenfalls singen – und damit berühmt werden.

Hinter den Kulissen lernte sie, daß sie auf Frauen genauso anziehend wirkte wie auf Männer. Kenneth Tynan nannte es später Sex ohne Geschlecht; doch im Grunde war es Sex mit jedem Geschlecht – je nachdem, wie der Zuschauer oder Marlene es wollten. Für jeden etwas.

Nur für Rudi nicht. Als Korda nach Hollywood abgewandert war, brauchte er Arbeit und wurde Assistent des Publikumslieblings Harry Piel, der sich wegen seiner gewagten Drehbücher als »deutscher Douglas Fairbanks« meinte aufspielen zu können. Er war sehr beliebt und führte in seinen Filmen selbst Regie; fünfzig hatte er bereits hinter sich und über fünfzig noch vor sich; sie sind heute allesamt vergessen, und das mit Recht.

Sein größter Bluff war eine weitere Brotarbeit Piels, in der er Lacher mit Spannung mischte. Er selbst stellte in dieser Gangsterklamotte ein Zwillingspärchen dar, die (man höre und staune!) ständig verwechselt werden. In dem Film kam auch eine wenig tugendhafte Pariser Dame mit einer Vorliebe für Juwelen vor, und das war Marlene.

Das Drehbuch war ebenso schlecht wie die Gage, und entsprechend schlecht war Marlenes Darstellung. Ihre Lässigkeit, die gelangweilte Ruhe, der lockere Charme – nichts davon übertrug sich von der Bühne auf die Leinwand. Es war ihre schlechteste Darbietung seit ihrem Debüt »Kartoffel mit Haaren« viereinhalb Jahre zuvor. Der Film brachte ihr lediglich einen Scheck ein und Kritiken, in denen sie als »ganz unmöglich«

bezeichnet wurde und das Machwerk selbst als »ein Harry-Piel-Film – das sagt alles«.

Das war das Ende der Doppelkarriere im Sieber-Haushalt. Marlene spielte nie wieder in einem »Rudi-Film«. Nach fast einem Dutzend Filmen und über einem Dutzend Bühnenstücken hatten sie es weder einzeln noch gemeinsam zu viel gebracht. Immer noch mußten sie nehmen, was sie kriegen konnten, und ständig wieder von vorne anfangen, ohne wirklich weiterzukommen. Das Engagement in Frankfurt, wo Marlene als seriöse Schauspielerin eine Chance gehabt hätte, war ihr entgangen; statt dessen spielte sie zweite Geige beim drittklassigen Harry Piel.

Da dies die ganze berufliche Unterstützung war, die Rudi ihr zuteil werden ließ, konnte sie von Glück reden, Betty Stern zu kennen. Betty Stern war eine Freundin der Schon- oder Noch-nicht-Berühmten. Sie lebte mit ihrem Mann, einem Einkäufer für eine Berliner Textilfirma, und ihrer Tochter Nora in einer bescheidenen Zwei-Zimmer-Wohnung in der Barbarossa-Straße, einen Katzensprung vom umtriebigen »Club El Dorada« entfernt.

So klein ihre Wohnung war, so groß war Betty Sterns Herz und so unersättlich ihr Bedürfnis nach Kontakten mit Revuestars. Sie bewahrte sogar ein Kostüm von Elisabeth Bergner in einer Glasvitrine auf. Stars waren ihre Leidenschaft. Sie genoß es, Stars oder zukünftige Stars mit all ihren Hoffnungen, ihren Ängsten, ihrem Liebesleben und ihren Geheimnissen zu kennen. Und es gefiel ihr, sie alle zusammenzubringen. In ihrem schlichten Heim rief sie einen Salon ins Leben, eine Zwischenstation für all jene, die dabei waren, die Karriereleiter in den Bereichen des Theaters, des Films, des Journalismus oder des Verlagswesens zu erklimmen.

In den etablierteren Berliner Salons ging es zu wie bei Rudolf Nelson: gepflegte Treffen am Sonntagnachmittag oder -abend, bei denen Heinrich Mann, Arnold Schönberg oder Max Reinhardt auftauchten, dazu eine Handvoll Künstler wie Josephine Baker, Mistinguette aus Paris oder die Operettendiva Fritzi Massary. Nelsons Sohn Herbert (später selbst Revue-Produzent und Songwriter) war jung genug, um den Ruhm der prominenten Käuze seines Vaters zu schätzen und doch die vielversprechenden Protégées von Betty Stern aufmerksam zu beobachten: »Wenn man den Durchbruch geschafft hatte, wurde man zu meinem Vater eingeladen. Aber wenn man nicht zu Betty Stern eingeladen wurde, konnte man es in Berlin nie zu etwas bringen. So einfach war das.«

Zugang zu ihr erhielt man aufgrund von Talent, Schönheit oder Charme und einiger Mitbringsel: Likör, Süßigkeiten, Käse, Kokain (das gab's in Berlin an jeder Straßenecke) – alles, womit die Speisekammer gefüllt und das Buffet beladen werden konnte.

Die Stern scharte reichlich Schnorrer von der Presse um sich, damit von ihren Lieblingen auch entsprechend Notiz genommen wurde, und ihr größter Liebling hieß Marlene. Sie war Betty Sterns »Busenfreundin«, wie die Filmhistorikerin Lotte Eisner es ausdrückte. Die Eisner mochte keine der beiden sonderlich (sie prahlte, ihre Beine seien besser als Marlenes, was ziemlich zweifelhaft erscheint), räumte allerdings ein: »Alle berühmten Schauspieler und Regisseure sind einmal durch [Betty Sterns] spießiges Wohnzimmer gelaufen ... Betty wußte durch ihre komische, ungehemmte Art die wichtigen Leute miteinander bekannt zu machen, so daß so mancher Film, so manches Engagement bei ihr den Anfang nahm.«

Betty Stern besaß einen fast prophetischen Instinkt für künftigen Ruhm. Sie mochte in der Vitrine ein Kleid der Bergner aufbewahren, doch auf ihrem Sofa saßen die Herausforderer der Bergner. Ihr Gespür für unentdecktes Talent war unverfälscht, ansteckend und treffsicher.

»Marlene, darf ich dir Herrn Soundso vorstellen? Marlene, kennst du eigentlich hier Fräulein Dingsda? Marlene ... Marlene ...« plauderte Betty Stern in Bühnenlautstärke, und jeder hörte sie. Zum Beispiel Erich Pommers Frau Gertrude, die später oft daran zurückdenken sollte.

Auch Willi Forst hörte sie, doch er dachte nicht lange nach, sondern handelte sofort. Marlene schickte ihre Koffer nach Wien und folgte ihnen.

Willi Forst *war* Wien – mit einem Spritzer Angostura bitter anstatt Schlagobers. Er stand am Beginn einer großen Karriere, in deren Verlauf er sich vom Frauenliebling zum Regisseur entwickelte, der in seinen Filmen mit geistreicher Leichtigkeit und viel Musik die Atmosphäre der Walzerhauptstadt einfing.

In Berlin durch die Revuen von Rudolf Nelson zum Publikumsliebling avanciert, wurde er von Sascha-Film, der einzigen bedeutenden österreichischen Filmgesellschaft, wieder nach Wien geholt, um in *Café Electric* die Hauptrolle zu übernehmen. Regie sollte Gustav Ucicky führen, der (so wurde gemunkelt) uneheliche Sohn Gustav Klimts.

Leiter der Gesellschaft war »Sascha«: Graf Alexander Joseph Kolowrat-Krakowsky. »Graf Kilowatt«, wie er von Bewunderern genannt wurde, besaß imposante Schlösser in Wien und Prag (und kleinere Burgen dazwischen) und war auch selbst eine imposante Erscheinung. Er brachte gut dreihundertfünfzig Pfund auf die Waage und konnte auf einen Sitz eine ganze Gans verdrücken. Sein Herzenswunsch war, in Österreich eine Filmindustrie ins Leben zu rufen, die es mit Berlin aufnehmen konnte, und er hatte bereits ein aufsehenerregendes *Sodom und Gomorrah* mit dem ungarischen Regisseur Mihály Kértèsz produziert. Letzterer nannte sich in Hollywood später Michael Curtiz und wurde mit Filmen wie *Casablanca* weltberühmt. Kolowrat war davon überzeugt, daß *Café Electric* etwas völlig Neues darstellen könnte, etwas, womit Wien als Filmstadt Schlagzeilen machen würde.

Nach Schlagzeilen sehnte sich auch »eine junge Schauspielerin mit wunderschönen Beinen«, die ihrem Glück nachzuhelfen versuchte, indem sie sich eine neue Adresse zulegte. Sie trat in Wien bereits mit dem beliebten Komiker Max Brod in der Revue *Wenn man zu dritt ...* auf, bevor sie mit den Proben zu dem sensationellen amerikanischen Bühnenerfolg *Broadway* begann. Kolowrat beäugte Marlene ebenso sehnsüchtig wie ein kaltes Buffet; Forst forderte sie für einen Film an – was niemanden überraschte –, während der Regisseur Ucicky (der später ein »Mephisto« werden sollte) Probeaufnahmen verlangte.

Karl Hartl, in der Folge Regisseur und Leiter der Sascha-Film, arbeitete damals als Assistent und erinnerte sich, wie »die Dietrich in rotem Kostüm und Kapotthut zu den Probeaufnahmen erschien ... Sie hatte das Gefühl, nicht photogen zu sein, und glaubte, sie sollte sich vielleicht lieber ganz dem Theater widmen. Die Probeaufnahmen mit ihr allein waren nicht sehr hilfreich, und deswegen machten wir andere für eine Liebesszene, zusammen mit Willi Forst. Angesichts ihrer Affäre war das nicht allzu schwierig ...«

Szene aus dem Film »Café Electric«. Bei den Dreharbeiten 1927
lernt Marlene die singende Säge spielen und zeigt Beine ohne Ende,
wenn sie Charleston oder Black Bottom tanzt.
(Foto: Cinetext Bild & Textarchiv, Frankfurt a. M.)

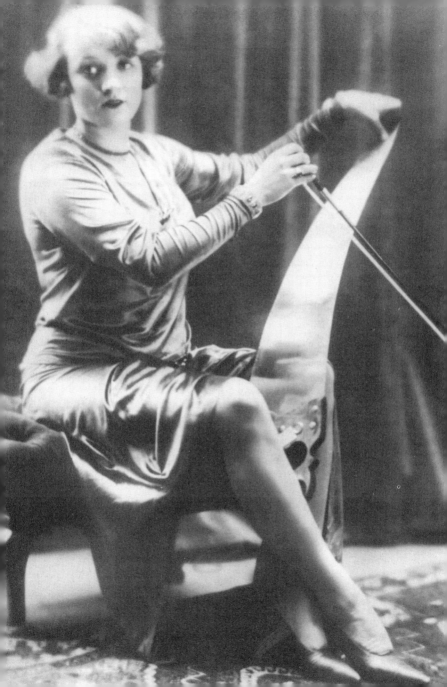

Als Tochter eines Großindustriellen gerät Marlene aus Liebe zu einem Gelegenheitsdieb und Zuhälter (Forst), der sich im zwielichten »Café Electric« herumtreibt, auf die schiefe Bahn. Beine ohne Ende sind zu sehen, wenn Marlene Charleston oder Black Bottom tanzt oder sich in Forsts Bett räkelt. Sie legt Jazzplatten auf und bedient sich unerlaubterweise aus Papas Safe, um ihre Leidenschaft unter Beweis zu stellen. Mit verführerischer Ungeduld zuckt sie die bloßen, breiten Schultern und hebt sich auch sonst in keiner Hinsicht von ihren früheren Filmrollen ab.

Die Kritiker sahen in ihr entweder »eine rassige und sehr begabte Darstellerin« oder meinten, sie sei »unverkennbar sehr talentvoll, aber eine Fehlbesetzung«, das Opfer einer Rolle, die »zu einseitig« angelegt sei.

Neben Forst trat in *Café Electric* noch ein Schauspieler namens Igo Sym auf, als Liebhaber des Mädchens, das – als Gegenstück zu Marlene – von der schiefen auf die »richtige« Bahn gerät. Sym sah gut aus, besaß bayerischen Charme und eine Vorliebe für junge Männer, für Musik und für Marlene. Bei den Dreharbeiten zu *Café Electric* brachte er ihr bei, die singende Säge zu spielen – ein Instrument mit eher bescheidener Ausdruckskraft, das sie später gar nicht bescheiden einsetzen sollte.

Café Electric konnte Graf Kolowrats Sehnsüchte nicht befriedigen. Während der Dreharbeiten fühlte er sich unwohl und suchte sein Heil in einer Kur in Karlsbad. Darauf folgten ein chirurgischer Eingriff und rapider Gewichtsverlust. Auf ein Drittel seines einstigen Umfangs geschrumpft, ließ er sich *Café Electric* im Krankenzimmer vorführen und äußerte einen letzten Wunsch: Marlenes Beine in natura zu sehen. Man sagt, dieser Wunsch sei ihm erfüllt worden, obwohl Willi Forst das Gegenteil behauptet – der Graf habe niemanden gesehen und wollte in seinem abgemagerten Zustand auch nicht gesehen werden. Aber möglicherweise weihte Marlene Forst auch nicht in alle Geheimnisse ein. »Graf Kilowatts« Licht erlosch endgültig im Dezember 1927 – gerade als *Café Electric* in Wien anlief –, und er wurde zu einer kuriosen Fußnote in der Geschichte des Films. Als Marlene für Josef von Sternberg in *Dishonoured* (Entehrt) ein Straßenmädchen spielte, das zur Spionin bekehrt worden war, hieß sie »X-27«, doch ihr bürgerlicher Name lautete »Witwe Kolowrat«. Nicht die Rollen in *Wenn man zu dritt ...* oder *Café Electric* hatten Marlene nach Wien gelockt, sondern Willi Forst, aber was sie dort hielt, waren ihr Ehrgeiz und die beruflichen Aufstiegschancen. Diese Motive verwiesen jede Sehnsucht nach Mann und Kind auf den zweiten Platz.

Rudi konnte sich selbst versorgen, und wenn er nicht dazu in der Lage war, sprangen Oberkellner ein. Die zweieinhalbjährige Heidede hatte ihre Großmutter Josephine, ihren Vetter Hasso, Onkel Willi und Tante Jolly sowie andere Verwandte; allerdings keine Mutter. Mit Sicherheit wurde sie nicht vernachlässigt, aber es dürfte nicht spurlos an ihr vorübergegangen sein, daß ihre Mutter in dieser prägenden Entwicklungsphase nicht bei ihr war. Das einzig Positive an Marlenes beruflicher und emotionaler Mobilität war vielleicht, daß Heidede dadurch auf ähnliche Umwälzungen in noch wichtigeren Lebensabschnitten vorbereitet wurde.

Es ist gut möglich, daß Marlene sich auf Josephine verließ, um ihrer Tochter die Disziplin zu vermitteln, die sie in ihrer eignen Erziehung so geschätzt hatte. Aber es war eben nur ein Ersatz, so wohlmeinend und sachkundig er gewesen sein mag. Vielleicht glaubte Marlene, daß ihre Arbeit – wo und mit wem auch immer – Rudis mangelnden beruflichen Erfolg wettmachte, vor allem, da sich seine Karriere zusehends darauf beschränkte, Marlenes Laufbahn zu fördern und zu bewundern. Wo und mit wem auch immer.

»Marlene als Mutter« (und später auch als Großmutter) sollte ein wichtiges und dauerhaftes Element ihrer künftigen Legende werden, und es gibt eigentlich keinen Grund zu bezweifeln, daß sie tiefe Muttergefühle nicht nur vorspielte. Aber man darf auch nicht übersehen, daß Marlene, als ihr Kind kaum den Windeln entwachsen war, fernab von zu Hause ihre Karriere verfolgte.

Broadway, ein Manhattan-Melodrama von Philip Dunning und Regisseur George Abbott, spielte hinter den Kulissen des Theaters. In New York und London hatte es eine Sensation hervorgerufen; in den Wiener Kammerspielen hatte es im September Premiere.

Broadway bedeutete Jazzmusik, pfiffige Dialoge, abgebrühte Typen, Alkoholschmuggel und Stepptanz zum Pfeifen der Pistolenkugeln. Gewehre sind »Knarren«, Gangster »Ratten«, und Mädchen sind als »Girlies« um keinen Deut besser als ihr Ruf. Sechs Tänzerinnen bevölkern den »Paradiesclub«, und zwar so leichtbekleidet, wie die *Girlkultur* und das Gesetz es gestatteten. Der Kellner servierte Gin in Teetassen und

wurde von einem pausbäckigen Schauspieler namens Peter Lorre dargestellt.

Marlene war »Ruby«, die Kesse, die Trinkfeste. Es gab bessere Rollen:
Die beste, zumindest die auffälligste, war »Billie«, der Unschuldsengel
der Truppe. Doch Marlenes Ruby war laut und vorwitzig, eine forsche,
moderne Göre, und sie hatte reichlich Gelegenheit, ihre Beine zu zeigen
sowie einen Teil der Technik, die sie sich in *Von Mund zu Mund* ange-
eignet hatte.

Broadway wurde ein Renner, und Marlene blieb in Wien.

Heidedes dritten Geburtstag, Weihnachten und ihren eigenen sechs-
undzwanzigsten Geburtstag verbrachte sie auf der Bühne. Am 28. Dezember 1927, während im Theater in der Josefstadt der Kronleuchter
hochging, geschah auf einer Leinwand in Los Angeles etwas Sensatio-
nelles: Al Jolson sank auf die Knie, breitete die Arme aus, öffnete den
Mund und veränderte mit einem Schlag die ganze Filmgeschichte: Er
begann zu singen.

5. DER DURCHBRUCH
1928–1929

Wien hatte zweifellos seine Reize, doch die österreichische Metropole war eindeutig hinter der Zeit zurückgeblieben und kaum der geeignete Ort für eine Revolution – und der Tonfilm *war* revolutionär. Der einzige, der mit dem Ton ohne Schwierigkeiten zurecht kam, war Rin Tin Tin, der Berliner Kassenstar Nummer eins. Aber auch Marlene hatte keinen Anlaß zur Sorge – nicht mit »dieser Stimme«. Nie äußerte sie Befürchtungen, den neuen Anforderungen des Tonfilms nicht gewachsen zu sein. Diese Anforderungen (und Vorteile) kamen langsam, aber sicher – trotz des heftigen Widerstands der Filmbosse, die Unsummen in die neue Technologie investieren mußten. Zumindest beim Film war das Reden teuer erkauft.

Auf der ganzen Welt gab es kein Studio, kein Filmtheater und kein Kopierwerk, das nicht vom Aufkommen des Tons betroffen wurde; auch für die Szenen-, Kostüm- und Maskenbildner, für die Kameraleute, Verleiher und Mitarbeiter in den Werbe-, Öffentlichkeits- oder Besetzungsabteilungen machte sich die Veränderung bemerkbar. Der Ton brachte technisches Durcheinander mit sich, kommerzielles Chaos und künstlerische Stagnation. Alles sprach dafür, die Entwicklung zu blockieren, zu hintertreiben oder einfach zu vergessen – bis auf eines: das Publikum liebte Sprechfilme. Es liebte Tonfilme genauso wie die neuen Radios und Grammophone, die noch in den Kinderschuhen steckten, doch diese Errungenschaften waren eine gute Einstimmung auf den blechernen Klang, der durch die mit winzigen Löchern versehene Leinwand drang.

Und die Vorreiterrolle Hollywoods in Sachen Filmkunst bedeutete natürlich auch von Anfang an die Vorherrschaft englischer und amerikanischer Produktionen.

Marlene sprach Amerikanisch. Zumindest die Ruby in *Broadway* tat das, und als im Januar in Wien zum letztenmal der Vorhang nach *Die Schule von Uznach* fiel, bewarb Marlene sich bereits für einen Part in Barnowskys Berliner *Broadway*-Produktion. Wieder wandte sie sich hilfesuchend an Rudolf Forster, um zu bekommen, was sie die ganze Zeit gewollt hatte: die Rolle der naiven Unschuld Billie.

Barnowsky zeigte sich »unentschlossen«, engagierte das »Porträt von Toulouse-Lautrec« allerdings – wenn auch als Ruby, wie zuvor in Wien. Bis auf Marlene und Harald Paulsen, der wieder Roy, den leicht vertrottelten Tänzer, darstellte, war die Berliner *Broadway*-Besetzung völlig neu. Und beide Schauspieler sollten dank dieser Produktion noch im gleichen Jahr den großen Hit landen: Paulsen als Mackie Messer in *Die Dreigroschenoper*, Marlene ihren großen Durchbruch zum Star.

Bei dem Berliner Stück begegnete sie ihrer früheren Kabarett-Lehrerin wieder, Rosa Valetti in der Rolle der Lil, einer *Chanteuse*, die nach Kräften das Piano traktiert und ihre besten Zeiten bereits hinter sich hat. Die Tänzerinnen waren allesamt Rivalinnen für Marlene, und nach dem süßen Leben in Wien mußte sie schleunigst dafür sorgen, wieder in Topform zu kommen.

Sie nahm Boxunterricht bei Sabri Mahir, dem »schrecklichen Türken« von Berlin, der Bankiers, Magnaten und unter anderem auch Vicki Baum, die Autorin von *Menschen im Hotel*, trainierte. Mahir, in den Augen der Schriftstellerin »ein brüllender Tiger, ein Sklaventreiber, ein Mann aus Stahl und Stein«, stammte in Wirklichkeit aus Köln und hieß Sally Mayer. Elisabeth Lennartz, eine weitere Tänzerin aus *Broadway*, erinnerte sich später: »Was er mit einem Körper nicht alles anstellen konnte! [Marlene und ich] waren seine ergebensten Anhängerinnen. Er war verrückt und scherte sich einen Teufel um unsere Nerven, aber [er] wußte, was ein Körper ist.« Er wußte so viel, daß Marlene Heidede zu ihm brachte, denn sie hatte O-Beine bekommen. Dank Sabri Mahir wurden sie wieder gerade.

Marlene ließ sich nach den Stunden beim »brüllenden Tiger« mit Massagen wiederaufrichten, und Mahirs Masseurin ließ sich zur Indiskretion hinreißen und gab in einem Interview Details über Marlenes perfekten Körper preis: »lange Beine, kurzer Oberkörper«.

Sportliche Betätigung gepaart mit der Enttäuschung, nicht Billie spielen zu dürfen, weckten in Marlene den Wunsch, den anderen die Show zu stehlen. Käthe Haack, eine Reinhardt-Schauspielerin, beobachtete sie dabei: »[Marlene] spielte vor der Nase des Publikums, sie stand immer ganz vorne auf der Bühne. Sie war sehr, sehr sexy. Sie lag auf dem Boden und schwang ihre atemberaubend schönen Beine … wir alle redeten … jeder redete … Marlenes Name war schon zum Inbegriff für Sex-Appeal, für Schönheit, geworden.«

Mit ihren gymnastischen Übungen schaffte sie es also, der Mittelpunkt der Show zu werden – und sich dabei den Arm zu brechen. Es war der erste Knochenbruch ihrer Laufbahn, aber leider nicht der letzte – eine Folge davon, daß sie in ihrer Kindheit viel zuwenig Milch bekommen hatte. Elisabeth Lennartz erfuhr erst später, daß der Arm gebrochen war, denn Marlene umhüllte ihn »sehr elegant mit einem Chiffontuch. Das sah wunderbar aus, und erst später gestand sie, welche Schmerzen sie dabei ausgestanden hatte. Wir haben nichts davon gewußt. Sie hat immer solche Chiffontücher getragen, oder Pelze, mit denen sie alles verbergen konnte.«

Die von Josephine ererbte Fähigkeit, Schmerzen zu überspielen, trug ihr großen Respekt ein. Ihre Kollegen und Kolleginnen schätzten ihre Arbeitsmoral, ihre Pünktlichkeit und ihre Professionalität. Manchmal war sie auch ziemlich »gewagt«, wie die Lennartz es ausdrückte. Marlene trug weder Slip noch Büstenhalter, ob auf der Bühne oder im Privatleben, und viele hielten das für »gar zu fortschrittlich«.

»Sie war sehr schön, sehr jung«, erinnert sich der damalige Assistent Barnowskys, der Dramatiker Felix Joachimssohn. »Bei den Proben saßen wir nebeneinander. Einmal zeigte sie mir ein Bild ihrer kleinen Tochter und sagte: ›Wissen Sie, eines Tages komme ich ganz groß raus.‹ Ich mußte lächeln.«

Später lächelte Felix Joachimssohn über die Ironie des Schicksals. Im Exil in Hollywood heiratete er Deanna Durbin, nannte sich fortan Felix Jackson und schrieb für Marlene ein Drehbuch mit dem Titel *Destry Rides Again* (Der große Bluff). Doch 1928 sah er lediglich eine entschlossene junge Frau, deren einziges Talent scheinbar in ihren Beinen lag und die ein Kinderbild herumreichte, als wollte sie damit rechtfertigen, daß sie sich nicht um Kinder, Küche und Kirche kümmerte.

Vielleicht glaubte Marlene, auf der Bühne etwas mehr riskieren zu können, weil der neue künstlerische Leiter der Reinhardt-Theater ihr einen Vertrag mit Reinhardt in Aussicht gestellt hatte. Robert Klein war eigens nach Wien gefahren, um sich eine der Schauspielerinnen in *Broadway* anzusehen (diejenige, die Marlenes ersehnte Billie spielte).

Er kaufte eine Eintrittskarte, sah Billie und wollte wieder gehen. Da fiel sein Blick auf eine der Tänzerinnen. Sie war »faszinierend«, meinte er später. »Ich beschloß zu bleiben. Nach der Aufführung bot ich ihr einen Vertrag für Berlin an.«

Es war ein Drei-Jahres-Vertrag an den angesehensten Bühnen Berlins, doch Marlene unterzeichnete nicht sofort. Möglicherweise dachte sie, Klein nutze seinen Kontakt zu Reinhardt nur aus, um ihre Beine etwas näher in Augenschein nehmen zu können – was ihm auch bald glückte.

Während sie auf der Berliner Bühne ihre Beine schwang, arbeitete Klein an einer Musikrevue. »Wir brauchten mehr Sex-Appeal auf der Bühne, und da fiel mir Marlene wieder ein. Wir riefen sie an und fragten, ob sie irgendwelche besonderen Fähigkeiten hätte, die sich für eine Revue eigneten. Sie sagte, daß sie Geige und Säge spielen konnte. Ich hatte nie jemanden die singende Säge spielen hören und bat Marlene, uns ihre Kunst am nächsten Tag vorzuführen ... Sie spreizte die Beine, steckte die Säge dazwischen und spielte.«

Und bekam den Job.

Die Revue wurde im wesentlichen von fünf Schauspielern und einer Jazzband bestritten und erwies sich als die große Attraktion des Frühsommers 1928. Sie wäre der Renner des Jahres geworden, wenn es nicht Brecht, Weill und Mackie Messer gegeben hätte, die ab August *Es liegt in der Luft* auf den zweiten Platz verwiesen.

Ort der Handlung war das Paradies der Nachinflationszeit: ein Warenhaus. Die Musik stammte von Mischa Spoliansky, Text und Buch von Marcellus Schiffer, einem Aubrey-Beardsley-Verschnitt, der totenweiß geschminkt und kokainsüchtig war und wenig später Selbstmord beging.

Es liegt in der Luft war für Schiffers Ehefrau entstanden, die hochstilisierte Margo Lion, dünn wie eine Bohnenstange und biegsam wie ein Turnschuh, Französin, exotisch und nicht von dieser Welt. Sie sprach und sang perfekt deutsch und war Männern angeblich ebensowenig zugetan wie ihr Gatte den Frauen.

Der frühere Kabarettist Robert Forster-Larrinaga führte Regie bei der Produktion, in der unter anderem die Lion, Oskar Karlweis, »Hubsie« von Meyerinck, Josephine Bakers einstiger Tanzpartner Louis Douglas, Marlene und zehn Tänzerinnen zu sehen waren sowie ein Grammophon, auf dem Platten von Whisperin' Jack Smith abgespielt wurden.

Schon bei der Premiere im Juni erregte die Show großes Aufsehen. Marlene hatte neun große Auftritte und sang zusammen mit Margo Lion den größten Hit Berlins – bis im August »Mackie Messer« auftauchte. »Meine beste Freundin« war ein lockeres lesbisches Duett. Margo Lion und Marlene spielten zwei auf schick getrimmte junge Damen, die Dessous kaufen gehen und sich gegenseitig mit ihrer Reizwäsche in Stimmung bringen. Die Nonchalance, mit der dies geschah, machte das Stück zum Skandal. Aus dem Duo wurde eine Ménage à trois, als Oskar Karlweis in den abschließenden Refrain einstimmte, in dem es um die erstaunlichen Dinge ging, die man am Spitzenwäschestand so erfährt.

Marlene behauptete später (sehr charmant), die Sache mit den beiden jungen Mädchen sei ein reines unschuldiges Mißverständnis, doch damals mißverstand sie niemand. Das Publikum war von Marlene hingerissen, ebenso wie von der singenden Säge (im »Einkaufsparadies« gab es auch eine Musikabteilung). Klein berichtete: »Die Kasse ließ mich wissen, daß manche älteren Herren sich die Show fünfundzwanzigmal ansahen. Sie bestanden auf Plätzen in der vordersten Reihe und vergewisserten sich, daß Fräulein Dietrich an dem betreffenden Abend auch tatsächlich spielte.«

»Meine beste Freundin« wurde auf Platte aufgenommen (Marlenes erste Einspielung) und avancierte zum Schlager, ebenso wie ein achtminütiges Melodienmedley, aufgeführt von der ursprünglichen Besetzung. Typisch für die Unverfrorenheit der Revue war das Lied »Kleptomanen«, in dem Marlene und ihr guter Freund »Hubsie« den therapeutischen Nutzen des Ladendiebstahls erläutern:

Wir haben einen kleinen Stich:
Wir stehlen wie die Raben,
trotzdem wir es ja eigentlich
gar nicht nötig haben.
Uns treibt nicht finanzielle Not,
nein, ein ganz andrer Grund:
Wir tun's aus sexueller Not –
aber sonst fühl'n wir uns gesund,
aber sonst fühl'n wir uns gesund!

Das war der Durchbruch. Herbert Ihering, der führende Theaterkritiker Berlins, der keine römischen Ziffern verwendete, kommentierte ihr »hinreißendes, herrlich musiziertes« Lied, die »delikate Haltung und müde Eleganz« kurz und bündig mit den Worten: »Dies war Vollendung. Dies war Ereignis.«

Herbert Nelson erinnert sich, daß »Marlene mit *Es liegt in der Luft* zum Berliner Girl par excellence wurde. Von da an konnte niemand in Berlin sie mehr übergehen.« Auch der Girlkultur-Experte Dr. Karl Vollmoeller nicht, der Max Reinhardt in die Show schleppte. Dieser machte eine »Entdeckung« und erfuhr zu seiner Überraschung, daß das skandalöse Geschöpf mit den Beinen, der Säge und der Reizwäsche ausgerechnet eine Reinhardt-Schauspielerin war.

Jetzt war sie ein Star, und während sie ihrer »besten Freundin« im Rampenlicht etwas vorsang, trällerte Rudi der seinen ein Lied hinter den Kulissen. Tamara Matul war eine der Tänzerinnen von *Es liegt in der Luft*. Marlene ließ sich davon nicht beirren und sang weiter.

Plötzlich waren sie und ihre Beine überall zu sehen. Die Seidenstrumpffabrik Etam warb mit ihnen für ihr Produkt im Theaterprogramm; Kenner vor Ort beendeten ihre ewige Suche und kamen zu der Erkenntnis, sie hätten »die schönsten Beine« der Stadt gefunden. Gerüchten zufolge waren sie bei Lloyd's in London für eine Million Mark versichert (was nicht stimmte, aber das war egal). Eine amerikanische Zeitschrift brachte die erste in den Staaten erscheinende Aufnahme von Marlene und führte in der Unterschrift erklärend an: »Fräulein Marceline [!] Dietrich, die hübsche, junge deutsche Film- und Bühnenschauspielerin, hat gegenwärtig ein Engagement in Berlin.«

Sie hatte sogar mehrere. Robert Land, ein Regisseur der Ufa, sah *Es liegt in der Luft* und bot Marlene die Titelrolle in *Prinzessin Olala* an, einem weiteren Operettenfilm. Die Stars Walter Rilla und Carmen Boni spielten einen Prinzen und eine Prinzessin, die eine arrangierte Ehe eingehen. In Liebesdingen sind sie völlig unbewandert – ganz im Gegensatz zu Chichotte (Marlene). Dem *nom de lit* dieser Liebeseinweiserin verdankt der Film seinen Titel – und ihren Reizen seinen ganzen Pfiff.

Prinzessin Olala war Marlenes dreizehnter Film. Erst jetzt, da sie als Bühnenstar von sich reden machte, wurde die Filmwelt auf die »neue Garbo« aufmerksam. Der *Film-Kurier* ging in seiner Besprechung des Films nur auf *sie* ein, verglich ihre körperlichen Vorzüge mit denen der Garbo und betonte, sie sei wie geschaffen für *Die Büchse der Pandora* von G. W. Pabst (dessen Suche nach einer Lulu Tagesgespräch in Filmkreisen war). »Man hole sie«, empfahl *Der Film-Kurier*, »schleunigst für einen neuen Film. (Ging Pabst an dieser Lulu vorbei –?) Was macht der Film aus dieser reizenden Katze! Was könnte er noch aus ihr machen? Die Dietrich hat hier ... ein fleißiges Kokottchen zu mimen. Sie macht ein Garbo-Ereignis daraus ... an dem der Künstler unendliche Ausdeutmöglichkeiten findet. (Er darf die Eigenheiten nur nicht vergröbern.) Und dann die Augen –! Olala.«

Eine andere Zeitung verkündete, der Film habe Marlene Dietrich »endlich ... zu ihrem ersten Filmerfolg [verholfen]. Da sind Garbo-Augen, eine Swanson-Nase, Bewegungen von einer selbstverständlichen erotischen Spannung und Fülle, wie wir sie sonst resigniert an manchen Amerikanerinnen bewundern. Eine ganze Generation leerlaufender Verführungsdamen kann durch diese Schauspielerin entthront werden.« Die *B. Z. am Mittwoch* bewunderte »Marlene Dietrich mit dem Augenaufschlag einer Garbo und mit überzeugender Körperlichkeit«.

G. W. Pabst las den *Film-Kurier* (das tat jeder), aber er wollte Louise Brooks als Lulu für seine *Die Büchse der Pandora*, obwohl sie (oder die Paramount, bei der sie unter Vertrag stand) auf seine Anfrage nicht reagiert hatte. Schweren Herzens beschloß Pabst, Marlene die Rolle zu geben; vielleicht wußte er, daß sie in diesem Stück ihr Bühnendebüt gemacht hatte. Aber im letzten Augenblick sagte die Brooks doch zu und schnappte Marlene diese scheinbar einmalige Chance vor der Nase weg.

Später behauptete die Brooks, Marlene sei bei Pabst im Büro gewesen, um den Vertrag zu unterzeichnen, als er erfuhr, daß sie – Louise – die Rolle doch übernehmen wollte. Pabst meinte (laut der Brooks), daß

»die Dietrich zu alt und zu aufdringlich war – ein verführerischer Augen-aufschlag, und der Film wäre zur Burleske verkommen«.

Marlene war sechsundzwanzig, die Brooks einundzwanzig. *Die Büchse der Pandora* ist ein Beweis dafür, daß Louise Brooks das Auf-dringliche fehlte; vielleicht hatte Pabst doch recht. Marlene kannte ihre Wirkung; Unschuld war nicht ihr Metier. Genau dieses Selbstbewußt-sein war es, das soviel andeutete und auf der Leinwand so provokant wirkte. Bei der Brooks bekam man, was man sah – unreflektierte sexu-elle Ursprünglichkeit, und das wollte Pabst. *Die Büchse der Pandora* war ein Flop, als der Film in die Kinos kam (die Kritiker lehnten den auslän-dischen Star ab), und brachte der Brooks nichts ein, bis der Film mit jah-relanger Verspätung zum Kultfilm wurde.

Marlene hielt sich nicht lange mit Selbstmitleid auf. Im September stand sie wieder auf der Bühne, und zwar als Hypatia, die Tochter des Unterwäsche-Magnaten Lord Tarleton, in George Bernard Shaws *Eltern und Kinder*. Die Mutter spielte Else Heims, Max Reinhardts erste Ehefrau, und die emanzipierte Pilotin gab die schöne Lili Darvas ab, die Frau von Ferenc Molnár, dem Verfasser von *Liliom*.

In Berlin stand Marlene jetzt im Mittelpunkt des Interesses. Sie trat mit einem Selbstvertrauen auf die Bühne, das wieder ihr Markenzeichen »matte Eleganz« unter Beweis stellte. Hypatia hält sich für ein »tolles Mädchen«, und Shaw verlangte »Bewegungen, die aus abwartender Stille herausbrechen, grenzenlose Energie und mühsam gezähmte Ver-wegenheit«. Endlich hatte Marlene eine Rolle, die ihr entsprach, durfte sie ihr Können einbringen: Lebhaftigkeit *und* Selbstbeherrschung. Ironi-scherweise paßten einige der Sätze, die sie zu sprechen hatte, sehr gut auf sie selbst. »Ich kann mir alle möglichen Männer vorstellen, in die ich mich verliebe«, erklärt sie ihrer Mutter, »aber anscheinend lerne ich sie nie kennen. Natürlich kann man sich auf jeden Mann kaprizieren, … aber wer riskiert es schon, einen Mann aus Liebe zu heiraten? Ich ganz bestimmt nicht.«

Nun hatte sie die Aufmerksamkeit der Kritiker erregt, doch sie blick-ten immer noch vorwiegend auf ihre Beine. Alfred Kerr schrieb eine rö-mische Ziffer über »Ein weithin ersichtliches Beinpaar fand seine Zu-ständigkeit bei Marlene Dietrich … Es ging über die Mittelklasse hinaus«. Ein anderer Rezensent meinte: »Marlene Dietrich … hat eine Art zu sitzen, die man nicht gerade als sehr dezent bezeichnen kann.

Wenn sie weniger zeigte, wär's auch noch genug.« Ein journalistischer Entzückensschrei entsprach wohl am ehesten dem, was das Publikum dachte und liebte:»Marlene Dietrich, die mehr noch als durch ihre Reize (Beine!) als durch ihr Geld den Herrn kapert ...«

Doch Lili Darvas spürte etwas, was den Kritikern entging und das nicht nur Marlenes Anziehungskraft, sondern auch ihre Star-Eigenschaften erklärte:»[Marlene] hatte eine sehr seltene Fähigkeit: Sie konnte völlig reglos auf der Bühne stehen und dennoch die gespannte Aufmerksamkeit des Publikums auf sich lenken ... Marlene stellte sich einfach auf die Bühne, rauchte eine Zigarette – sehr langsam und sexy –, und die Zuschauer vergaßen darüber die anderen Schauspieler. Ihre Pose war so natürlich, ihre Stimme so melodiös, ihre Gestik so knapp, daß sie das Publikum faszinierte wie ein Gemälde von Modigliani ... Sie besaß die Qualität, die einen Star ausmacht: Sie konnte großartig sein, ohne irgend etwas zu tun.«

Und während sie in *Eltern und Kinder* rein gar nichts tat, forderte der Regisseur Robert Land sie für einen weiteren Film an, nämlich *Ich küsse Ihre Hand, Madame*. Der Tonfilm hatte in Berlin Einzug gehalten, ohne jedoch zunächst die »melodiöse« Stimme von Marlene einzufangen.

Der Film war ein voller Erfolg. Er hatte Ton, einen Hit, zwei zugkräftige Namen (Liedtke und Tauber) und zeigte die »neue Entdeckung«. Louise Brooks sah den Film in Berlin und sagte:»Was Marlene nicht tragen konnte, trug sie vor sich her.« Des weiteren meinte die Brooks, Marlene sei »abwechselnd mit Perlen, Brokat, Straußenfedern, Chiffonrüschen und weißem Kaninchenfell ausstaffiert und [galoppiere] von einem wollüstigen Blick zum nächsten.« Das liest sich nett, paßt aber nicht für den Film. Die damaligen Kritiker sahen eine völlig andere Marlene, deren Talente in einem »banalen« Film vergeudet wurden.

Doch einer bemerkte:»Marlene Dietrich, deren große Filmeignung man endlich erkannt hat, spielt charmant und gut angezogen die Madame mit der viel besungenen Hand.« Über ihre Ähnlichkeit mit der Garbo wurde jetzt lamentiert:»Warum aber malt man [ihr] die Frisur der Schwedin an, warum steckt man sie in die Kleider der Garbo? ... Warum sucht man nicht die Persönlichkeit dieser Frau, anstatt ihr eine fremde aufzuzwingen?«

»Ich küsse Ihre Hand, Madame.« Dieser Film von 1928 war ein voller Erfolg: Er hatte Ton, einen Hit, zwei zugkräftige Namen, und er präsentierte die »neue Entdeckung« Marlene.
(Foto: Cinetext Bild & Textarchiv, Frankfurt a. M.)

Heute ist schwer verständlich, was damals so sehr an die Garbo erinnerte; doch selbst wenn der Vergleich hinkte, tat er Marlenes Karriere und Selbstwertgefühl gut. Berlin war die Stadt, die Greta Garbo nach Hollywood hatte gehen lassen, ohne ihr eine Träne nachzuweinen, während Marlene Heidede zur Welt brachte. Trotzdem war die Marlene auf dem Set von *Ich küsse Ihre Hand, Madame* völlig anders als die Einsiedlerin Garbo, und das war allgemein bekannt. Fred Zinnemann, der Kamera-Assistent bei diesem Film, behielt sie als ein Mädchen in Erinnerung, »das immer für Spaß zu haben war, vor allem mit dem Ensemble. Sie hatte einen Sinn für Humor, der bodenständig war, manchmal sogar, na ja, fast schlüpfrig. Sie war *sehr* beliebt.«

Am zugkräftigsten jedoch war ohnehin Richard Taubers Stimme. Marlene posierte mit ihm für das Titelblatt von *Film und Ton*, und Geschichten über die beiden waren in aller Munde. Eine ging folgendermaßen: Hinter den Kulissen von *Es liegt in der Luft* verballhornte Marlene die Aufnahme ihres damaligen Film-Liebhabers Max Hansen von »In Ulm und um Ulm und um Ulm herum« dermaßen, daß »Hubsie« sie anschrie: »Warum verliebst du dich nicht statt dessen in Tauber?!«, und das tat sie denn auch (laut »Hubsie«). Eine andere Anekdote lautete, daß Marlene bei einem Konzert Taubers einen Logenplatz einnahm, um leichter einen Handkuß entgegennehmen zu können; dabei fiel sie fast in den Orchestergraben und stahl dem großen Tenor mit ihrer Hommage die Show.

Sie war eine Berühmtheit, die mit der Swanson und der Garbo verglichen wurde. Vielleicht ärgerte sie das und veranlaßte sie dazu, die weitere Entwicklung zu forcieren. *Es liegt in der Luft* und *Eltern und Kinder* hatten ihr weitergeholfen, aber Robert Klein, der Produzent beider Aufführungen, verließ die Reinhardt-Theater, und Marlene wollte mit ihm gehen.

»Marlene schrieb mir, daß sie lieber unter mir arbeiten wollte, als bei Reinhardt zu bleiben«, erinnerte Klein sich später. »Am selben Abend noch suchte sie mich in dem berühmten Restaurant Horcher auf, und dort, in einem Chambre séparée, unterzeichnete sie einen Drei-Jahres-Vertrag mit mir.«

Dieser Vertrag führte zu Marlenes letztem Bühnenauftritt in Berlin und zu dem Mann und der Rolle, die ihr Leben verändern sollten. Der Vertrag sollte sie fast alles kosten.

Ich küsse Ihre Hand, Madame war etwas verspätet in die Filmtheater gekommen, mehr als ein Jahr nach *The Jazz Singer*. Obwohl er nur *eine* Gesangseinlage hatte, wurde deutlich, daß die Zukunft dem Ton gehörte. Außer Chaplin zählte von nun an nichts mehr, wenn es nicht gehört *und* gesehen werden konnte. Der Abgrund zwischen Ton- und Stummfilm, in den so viele Filme und Karrieren stürzten, weitete sich, und auch Marlenes Karriere, die endlich in die Gänge gekommen war, fiel dieser Entwicklung zum Opfer.

Man kann mit einigem Recht behaupten, daß die Dietrich ohne Ton nie den internationalen Ruhm erlangt hätte, den sie später genoß. Alle Vergleiche mit den großen Filmgöttinnen beruhten auf ihren Filmen, wurden aber vorwiegend von Kritikern angestellt, die sie vom Theater kannten, wo ihre »melodiöse« Stimme immer zu hören war. Angebote für neue Filme kamen selten aufgrund früherer Filme herein, sondern praktisch immer deshalb, weil sie auf der Bühne laufend »neu entdeckt« wurde. Ihre Stimme war ebenso wichtig wie ihr Aussehen, und sie wurde der erste Weltstar, den der *Ton* berühmt machte.

Ausgerechnet am Ende der Ära kam sie dem Ziel, eine Stummfilmdiva zu werden, so nah wie nie zuvor. Ihr nächster Streifen sollte der beste Film ihrer frühen Jahre werden, und auch wenn er hoffnungslos veraltet und cineastisch bedeutungslos war, stellte er doch unter Beweis, daß Marlene mehr besaß als nur Beine.

Die Frau, nach der man sich sehnt hieß ein populärer Roman von Max Brod – wobei es sich hierbei nicht um den Schauspieler handelte, mit dem Marlene in Wien gearbeitet hatte, sondern um den Schriftsteller, der zum Prager Literatenkreis um Franz Werfel gehörte. Brod war der literarische Nachlaßverwalter und Herausgeber der Werke Franz Kafkas. Das Thema von Brods Roman, der sich in Deutschland sehr gut verkauft hatte (in England und Amerika erschien er unter dem Titel *Three Loves*), war seine Besessenheit von dem ewigflüchtigen Weiblichen.

Marlene spielte die Titelheldin für die Terra-Film-Produktion. Ganz groß wurde sie neben Fritz Kortner angekündigt, mit dem sie bereits mehrmals auf der Bühne gestanden hatte.

Es war die tragischste Rolle, die Marlene je spielen würde, und in ihrer Darstellung zeigte sie echte Starqualitäten. Zu jeder anderen Zeit wäre das ihr endgültiger Durchbruch gewesen.

Der Regisseur Kurt Bernhardt nahm für sich in Anspruch, Marlene bei einem Bühnenauftritt »entdeckt« zu haben. »Sie war umwerfend schön«, berichtete er, »aber es war alles andere als leicht, sie den Direktoren dieser Firma, Terra Film, schmackhaft zu machen. Sie sagten: ›Wer ist denn diese Marlene Dietrich? Völlig unbekannt.‹ Ich habe mich für sie eingesetzt, und sie bekam schließlich den Part.«

Es war ungewöhnlich, einer Unbekannten die Titelrolle zu übertragen (allerdings war Marlene auch lediglich für Bernhardt und die Terra eine Unbekannte), doch Bernhardts Behauptung ist gar nicht so abwegig. Er war der erste, der die Dietrich, wie die Welt sie später kannte, auf der Leinwand zum Leben erweckte. Später würde Josef von Sternberg dies für sich in Anspruch nehmen, und die Tatsache, daß Marlene dann leugnete, jemals *solche* Filme gedreht zu haben, mag Bernhardt vielleicht zu der Äußerung veranlaßt haben, sie habe sich vom »guten Kumpel« in ein »echtes Scheusal« verwandelt.

»Marlene spann gern Intrigen – jeder gegen jeden, das war Marlenes Devise«, erinnerte er sich später und berichtete, sie habe Kortner gegen ihn aufgehetzt. Wahrscheinlich war ihm klar, daß dieses Verhalten genau ihrer Rolle entsprach. Es sollte nicht das letzte Mal sein, daß Marlene sich ihren Filmcharakter im Privatleben zu eigen machte – ihr legendärer Ruf beruhte sogar darauf, daß ihre Persönlichkeit und ihr Filmimage scheinbar nahtlos ineinander übergingen.

Bezeichnenderweise beschwerte sich Bernhardt, Marlene mißachte seine Regieanweisungen, sie suche ständig das Licht. Schon seit langem war sie unzufrieden darüber, wie sie photographiert wurde. Der Grund dafür war zum Teil technischer Natur: Die Filmemulsionen und die Glühfäden der Lampen arbeiteten nicht gleichmäßig und gaben Farben je nach Filmrolle und Lichtquelle unterschiedlich wieder. Auf rotempfindlichem Film erschien ihr Haar wegen der roten Strähnen dunkel, und häufig wirkte ihr Make-up grell. Fred Zinnemann erinnert sich, daß wegen des knappen Budgets bei *Ich küsse Ihre Hand, Madame* veraltete Lampen verwendet wurden und deswegen alles, was in natura lebendig wirkte, im Film hart und kalt erschien.

Außerdem bog sich Marlenes Nasenspitze ein wenig nach oben (die von Kritikern beschriebene »Swanson-Nase«), was ihr hinter den Kulissen den nicht eben schmeichelhaften Spitznamen »die Stupsnase« eintrug. Dieser kleine Schönheitsfehler war der Ursprung zu einer ganzen Reihe von Geschichten – Marlene wolle sich nicht im Profil photographieren lassen, sie habe sich einer kosmetischen Operation unterzogen –, doch nichts davon entspricht der Wahrheit. Die Stupsnase war von Anfang an sichtbar, und Marlene versuchte keineswegs – weder damals noch später –, Profilaufnahmen zu vermeiden (dafür gibt es zahlreiche Beispiele). Aber für die Schauspielerin war es genauso wichtig, auf Photos gut »rüberzukommen«, wie für die Geigerin, den richtigen Ton zu treffen.

Also stellte sie eigene technische Experimente an. Die Kameraleute von Hollywood behaupteten später, sie hätten »das Dietrich-Gesicht erfunden« – so als sei dies etwas, das in der Dunkelkammer entwickelt würde. Aber es war Marlene selbst, die entdeckte, in welcher Beleuchtung ihr Gesicht klar und ausdrucksstark wirkte.

Diese Entdeckung ging in einem Berliner Photoautomaten vonstatten, der billige Streifenaufnahmen ausspuckte. Marlene betrat den Automaten in der Absicht, einen »Look« zu finden, und stellte fest, daß im Licht einer einzigen Deckenlampe ihr Haar blond wirkte, die Wangenknochen hervortraten, ihre hellblauen Augen dunkel und die Stupsnase gerade wurden. Beim Filmen kamen dann noch Verfeinerungen wie Make-up und Technik hinzu; die Schwierigkeit bestand jedoch darin, die Kameraleute dazu zu bewegen, sie auf *ihre* Art auszuleuchten. Das kommt auch in Bernhardts Klage zum Ausdruck: »Immer stand sie mit dem Gesicht im Spotlight. Sie blieb stocksteif stehen und sprach nur indirekt mit ihrem Partner, wenn das Licht es so verlangte.« Indem Marlene sich direkt unter das Licht stellte, bekam sie das gewisse Etwas, die geheimnisvolle Aura. Glamour ist ohne Distanz nicht möglich, und hier erscheint sie zum erstenmal nicht nur arrogant oder verschlossen, sondern rätselhaft.

Bevor *Die Frau, nach der man sich sehnt* in die Kinos kam, beging die Terra Film (die mittlerweile mit der Universal in Hollywood liiert war) den Fehler, den Schriftsteller Max Brod um Pressereklame zu bitten. Brod reagierte mit einem wütenden Artikel: Er habe sowohl der Terra als auch Bernhardt seine Hilfe angeboten und nicht einmal eine Antwort erhalten. Bernhardt räumte (ebenfalls schriftlich) ein, dies entspreche der Wahrheit, schloß aber die arrogante Frage an, welchen Zweck eine Antwort gehabt hätte. Die hitzige Auseinandersetzung führte dazu, daß der Film völlig einseitige Kritiken erhielt, die sich allesamt mit künstlerischer Integrität befaßten und – wie nicht anders zu erwarten war – für den Freund und Herausgeber Kafkas Partei ergriffen.

Als die Presseschlacht begann, arbeitete Marlene bereits an einem neuen Film (wiederum ohne Ton) und war angesichts der Rezensionen mit Sicherheit verzweifelt. »… aber wir hören [die Antwort] nicht. Wir sehen nur [Hennings] Lippen, die sagend, sich bewegen.« Zu hören war lediglich die Filmmusik, komponiert und dirigiert von Dr. Giuseppe Becce – eben demjenigen, der Marlene fast zehn Jahre zuvor für den Orchestergraben engagiert hatte. Seine Lieder »Stascha« und »Bist du das Glück, nach dem ich mich gesehnt?« waren in Berlin bald in aller Munde und faszinierten viele Kritiker mehr als der Film oder Marlene.

Bernhardt sei »überschätzt«, Marlene enttäuschend nach dem vielversprechenden *Ich küsse Ihre Hand, Madame*. Die Vergleiche mit der Garbo gehörten der Vergangenheit an. Ein Journalist beklagte: »Wenn Marlene Dietrich je eine Hoffnung war, dann muß man sie nach dieser Leistung gründlich aufgeben. Temperaments- und Leidenschaftslosigkeit läßt sich hinter sklavischer Nachahmung großer Vorbilder nicht verbergen. Ausdruckslose Pose, jede Miene, jede Bewegung einstudiert und unpersönlich alles, wo eine volle Persönlichkeit einzusetzen war.«

Doch selbst den unfreundlichsten Kritikern konnte kaum entgehen, wie viele weibliche Fans bewundernd vor Photos von Marlene standen und »Die ist ja süüüß« schwärmten, oder wie viele Herren sich ins Kino schlichen, um ihre Garbo-Imitation zu sehen, die »noch in kleineren Dosen«, wie ein Kritiker einräumte, »betörend wirken kann«. Falls sie die Garbo nachahme, so stehe sie doch »jener anderen ohne Zweifel in einer ursprünglichen Wesensverwandtschaft nahe«.

Was die Kritiker 1929 bemängelten, war genau die kühle, laszive Erotik, die sie 1930 begeistern sollte – eben das, was »Hubsie« und Lili Darvas auf der Bühne ihr hinreißendes »Nichts« genannt hatten. Die Beherrschtheit bei der Darstellung der Stascha nimmt Marlenes spätere Leinwandpersönlichkeit vorweg. *Die Frau, nach der man sich sehnt* ist in keiner Hinsicht ein Klassiker (Bernhardt drehte keine Klassiker), doch der Reiz des Films liegt genau in dem, was die Rezensenten damals verspotteten. Marlene hatte »die Dietrich« – ihr Image – einfach zu früh gefunden. Bald würde C. H. Rand von der »Versuchung ohne Temperament« schwärmen, doch noch konnten die Rezensenten dies nicht erkennen. Was fehlte, war ihre »dritte Dimension«, wie Kenneth Tynan es nannte – »diese Stimme«.

Insgeheim litt Marlene sehr unter den schlechten Besprechungen. Nachdem ihr die einmalige Chance entgangen war, die Lulu zu spielen, und sie eine Reihe populärer, aber trivialer Filme abgedreht hatte, muß es äußerst entmutigend gewesen sein, für eine subtile und differenzierte schauspielerische Leistung verrissen zu werden. Kein Wunder, daß sie keine Mühe auf die nächsten zwei Filme verwendete und unbedingt wieder zum Theater zurückwollte, wo alles zusammenwirken konnte – ihre Augen, ihre Beine, ihre Stimme und ihre ganze Persönlichkeit.

Im März, kurz bevor *Die Frau, nach der man sich sehnt* anlief, stand sie wieder auf der Bühne. Es war eine einmalige mitternächtliche Aufführung von Wedekinds *Marquis von Keith*, Leopold Jessners Hommage an den soeben verstorbenen großen alten Theatermann Albert Steinrück.

Zur Besetzung gehörten so viele Berühmtheiten, daß es den Untergang des Berliner Theaters bedeutet hätte, wenn an diesem Abend eine Bombe hochgegangen wäre. Noch Jahrzehnte später sprach man von dem Ereignis nur als »der Steinrück-Abend«.

Die gesamte Theaterelite von Weimar-Deutschland kam zu diesem Anlaß zusammen, und dergleichen sollte – konnte – sich nie wiederholen. Denn die Bombe tickte bereits: Ein halbes Jahrzehnt später befand sich die *Mehrheit* dieser glanzvollen Elite im Exil, hatte Auftrittsverbot oder saß im Gefängnis. Aber auch die »Mephistos« waren anwesend: Veit Harlan stand an diesem Abend ebenfalls im Rampenlicht.

»Der Steinrück-Abend« war berauschend, und Marlene hatte es »geschafft« – einfach, indem sie dabei war. Nur wenige Tage zuvor hatten die Berliner Filmzeitschriften ganzseitige Anzeigen gedruckt mit der Ankündigung, es sei ein Film eigens für sie in Vorbereitung.

»Maurice Tourneur«, wurde da behauptet, drehe in Deutschland einen »Weltfilm« mit dem Titel *Das Schiff der verlorenen Menschen*, in Anlehnung an sein *Isle of Lost Ships* (Die Insel der verlorenen Schiffe), dem ersten großen amerikanischen Erfolg im Nachkriegsdeutschland. *Das Schiff der verlorenen Menschen* wurde für den internationalen Markt produziert und war ein letzter Versuch, sich optisch gegen den Ton zu behaupten.

Das Opus sollte ein Augenschmaus werden, und aus diesem Grund hatte man einen visuellen Stilisten wie Tourneur angeheuert. Doch das Publikum wollte natürlich auch etwas Action sehen, und einhundert Schurken, die einer einzigen Frau auf dem Achterdeck nachjagen, lassen nicht unbedingt die Spannung aufkommen, die man von einem »Weltfilm« erwartet.

Dem Filmhistoriker William K. Everson gefiel das »üppige Melodramatische« des Werks, und er bemerkte, Tourneur habe Marlene geführt, »als habe sie bereits ihr rätselhaftes Leinwand-Image aufgebaut«. Das stimmt genau und verwundert dennoch. Marlene hatte noch keine »Rätselhaftigkeit« auf die Leinwand gebracht, außer in *Die Frau, nach der man sich sehnt* – was Tourneur wohl nicht entgangen war. Doch es gelang ihm nicht, diese »Rätselhaftigkeit« in seinem Film wieder einzufangen (was vermutlich an der Geschichte lag).

Auch im nächsten Film ist von einem »Rätsel« nichts zu entdecken. Sinn und Zweck dieses Werks war auch lediglich, Marlene und ihren alten Wiener Liebhaber Willi Forst wieder zusammenzubringen. Das Projekt wurde im Lauf der Zeit mehrfach umbenannt (nie ein gutes Omen), wobei alle Titel darauf hinausliefen, daß Forst ein »Herr Casanova« war. Schließlich fiel die Wahl jedoch auf *Gefahren der Brautzeit*, um die zentrale Episode hervorzuheben, in der Marlene von Forst umworben und verführt wird. Der glühende Liebhaber hat allerdings keine Ahnung, daß er dabei ausgerechnet an die Verlobte seines Gastgebers, zu dessen Haus sie beide unterwegs sind, geraten ist.

Als Forst die Wahrheit erfährt, kommt es zu einem Wortwechsel; der Liebhaber wird von seinem Gastgeber erschossen und läßt (als guter Gast) seinen Tod wie Selbstmord aussehen. Marlene fällt in Ohnmacht, und der Film findet ein abruptes Ende.

Mit dem Titel-Mischmasch wird klar, daß keiner der Beteiligten so recht wußte, wovon der Film eigentlich handeln sollte. Es ist ein Streifen mit einem außerordentlich komischen Plot (auf den Lubitsch in *Angel* [Engel] zurückgreifen sollte), einem kitschigen Ende und jeder Menge Art-deco-Möbel, die nicht sprechen. *Jede* Schauspielerin würde leugnen, in einem solchen Machwerk mitgewirkt zu haben.

Trotz ihrer persönlichen Abneigung gegen Marlene (und trotz ihrer Überzeugung, die schöneren Beine zu besitzen) sah Lotte Eisner in *Gefahren der Brautzeit* etwas, das alle späten Stummfilme Marlenes auszeichnet: »... eine Frau, die geheimnisvoll traurig im Eisenbahncoupé auftaucht ..., reizvoll in ihrer Mischung von geheimnisvollem Tun und seltsamer Passivität, das schöne Gesicht von Trauer überschattet.« Eisner dachte, das sei alles auf die Kamera zurückzuführen, und erkannte nicht, daß die Passivität Darstellungskunst war. Mit den gleichen Worten hätte sie »Stascha« oder die »Shanghai Lily« beschreiben können.

Marlene beendete ihr letztes »stummes« Projekt und fuhr dann mit Heidede ans Meer. Rudi blieb zu Hause, in der Wohnung, die er noch mit Marlene teilte, obwohl er seiner Geliebten Tamara offensichtlich treuer war als jemals seiner Ehefrau. Die Mutter und ihre viereinhalbjährige Tochter genossen den Urlaub auf Sylt, denn beiden bot er Abwechslung – der einen von der Arbeit, der anderen von ihrer einsamen Kindheit. Es sollten die letzten gemeinsamen Ferien sein, bevor Marlene ihre Familie ganz verließ.

6. DER BLAUE ENGEL

1929

Am 5. September trat Marlene Dietrich auf die Bühne des Berliner Theaters und verlas die Nummer des Gewinnloses:

»Three … three … and three! Three cheers for the gentleman who has drawn the first prize!«

Zwei Krawatten war der erste große Musical-Erfolg der Saison, der sich durch zugkräftige Namen empfahl.

Doch all das war nicht wichtig. Wichtig war lediglich der Besucher aus Hollywood, der im Publikum saß und diese Produktion später immer »eine Farce« nannte; er bemerkte zu seinen Gastgebern, die schöne »Aparte« sei in seinen Augen eine »unbegabte Kuh«. Josef von Sternberg war festlichen Abenden in der Gesellschaft von Stars und Sternchen nicht abgeneigt. Zur Welt gekommen war er am 29. Mai 1894 als Jonas Sternberg, einen Steinwurf vom Wiener Prater entfernt, und das erste Licht, das er erblickte, war das Funkeln des Vergnügungsparks, der Glanz einer zwielichtigen Welt. Dieses Glitzern machte die Armut fast erträglich.

Als Kind war seine Mutter Serafin (geborene Singer) im Zirkus aufgetreten. Sein Vater Moses (»ein Löwe«, wie sein Sohn ihn nannte) war ein gewalttätiger und durchsetzungsfreudiger orthodoxer Jude, der gegen den Widerstand seiner Familie Serafin geheiratet und fünf Kinder mit ihr gezeugt hatte. Jonas war das erste. Die Familie schlug sich mehr schlecht als recht durch und hauste in einer kleinen Wohnung, in der der Lärm der Zimmerleute unter ihnen und der Waschfrauen über ihnen widerhallte. Diese Geräuschkulisse mag die Schläge übertönt haben, mit denen Jonas' Vater seinen Sohn züchtigte – oft nur, um seiner Wut über die Ungerechtigkeiten des Lebens Luft zu machen. Der Junge vergaß nie, daß er dabei »wie ein Tier brüllte«.

Jonas verbrachte seine Kindheit zum Großteil auf der Straße und streunte durch die bunte Welt des Praters, deren Bilder sich unauslöschlich in seine Erinnerung gruben. Das gigantische Riesenrad wurde zum Symbol des Rades der Fortuna, das in seinen Filmen immer wieder auftaucht – als Bagger, als Karussell, als Uhr, als Galgen.

Als der Junge gerade drei war, wollte Moses Sternberg sein Glück in Amerika versuchen und ließ seine Familie allein in Wien zurück. Die Aussichten im gelobten Land waren so vielversprechend (oder das Leben so einsam), daß Moses 1901, als Jonas sieben war, Frau und Sohn nachkommen ließ. Der Aufforderung, ihm Gesellschaft zu leisten, war kein Geld und auch kein Dampferbillett beigelegt, aber irgendwie schaffte es Serafin (die im Zirkus auch als Seiltänzerin gearbeitet hatte), alle nach Ellis Island zu bringen. Drei Jahre später, nach Scharlach- und Windpockenepidemien, trieb die Armut in der Neuen Welt die Familie vom deutschsprachigen Yorkville in Manhattan nach Wien zurück, ausgestattet lediglich mit demütigenden Erinnerungen, den Kleidern am Leib und den darin nistenden Läusen.

Bereits damals fühlte sich der Junge als Außenseiter. Nur widerwillig besuchte er im stark antisemitischen Wien die Hebräischschule, wo ihm die Sprache der Heiligen Tafeln und der Thora regelrecht eingebleut wurde. Doch es gab ja immer noch den Prater, zu dem er sich flüchten konnte und wo er sich mit Spießgesellen einließ. Er verdiente sich ein Taschengeld, indem er Zirkuspferde fütterte, und nahm die Bilder von Glanz und Elend in sich auf. Ungerechtigkeiten waren sein täglich Brot; immer mehr wuchs sein Haß gegen den Hebräisch-Lehrer, der um keinen Deut weniger tyrannisch war als sein Vater. Die beiden Patriarchen wurden später auf Zelluloid verewigt und ins Jenseits geschickt, denn Sternberg beendete die Geschichte über einen Professor auf seine eigene Art und ließ den (die) bärtigen Meister in der Schlußszene ins Gras beißen. Die Kunst sollte sich als süßeste Rache erweisen.

Mit vierzehn entfloh der Junge dem Ghetto und der Alten Welt. Er ließ Mutter und Geschwister zurück und machte sich auf in die Neue Welt, wo Verwandte sich seiner annahmen. Als »Jo« besuchte er ein Jahr lang die Schule in Queens und mühte sich redlich, Englisch zu lernen; doch mit fünfzehn setzte er seiner formalen Ausbildung ein Ende – er glaubte, sich selbst mehr als jede Schule und jeder Professor beibringen zu können. Tatsächlich eignete er sich als Autodidakt ein großes Wissen an, doch es blieben immer Lücken, was die Kenntnis ganz normaler menschlicher Verhaltensweisen betraf – sei es bei anderen Leuten oder bei ihm selbst.

Er führte ein Vagabundenleben und hielt sich mühsam über Wasser, indem er alle möglichen und unmöglichen Jobs annahm. Sein Englisch wurde besser, sein Deutsch immer schlechter; er besuchte Galerien, Museen und Büchereien und verschlang alles, was ihm in die Hände fiel. Er hielt sich für einen Künstler (und zwar zeit seines Lebens) und malte und zeichnete, sobald er Papier und Stifte in die Finger bekam. Begierig nahm er Bilder in sich auf und schützte sich durch seinen unersättlichen visuellen Hunger und sein Gedächtnis vor den eigenen Gefühlen: »Seltsamerweise kann ich mir jede Straße, die ich entlanggegangen bin, ins Gedächtnis rufen, jedes Haus und jedes Geschäft, das ich betreten habe. Auch hat kein einziges Gesicht in meinem Gedächtnis an Schärfe verloren. Aber von dem großen Teppich meiner Gefühle ist kein einziger Fetzen geblieben.« Er hatte sie zu gut hinter dem Panzer verborgen, den er zum Überleben brauchte.

Schließlich kehrte der wanderlustige Schüler nach New York zurück, um im Hinterzimmer eines Putzmachers in die Lehre zu gehen. Darauf folgte ein Job in einem Geschäft für Spitzen an der Fifth Avenue, wo all die Netzgardinen und Schleier hingen, durch die er später die Objekte seiner Begierde filtern sollte. Dann fand er einen Job, wo er zunächst Filme reinigte. Nach einer »Beförderung« durfte er Filme reparieren, und später erhielt er die Aufgabe, sie per Hand oder Karren zu den Lichtspieltheatern zu bringen. Nach einiger Zeit avancierte er zum Vorführer, und zu guter Letzt versah er die Filme mit Titeln und schnitt sie um – alles für William A. Bradys World Film Corporation im Filmzentrum von Fort Lee, New Jersey.

Der Erste Weltkrieg setzte seiner Karriere in dunklen Hinterzimmern ein Ende; er wurde gebraucht, um Lehrmaterial für Fernmeldetruppen zu filmen. Auf seinen Bildern zeigte sich das ganze Grauen des Schlachtfelds, und als seine Brötchengeber das Ergebnis betrachteten, schoben sie ihn rasch zu den Sanitätern ab. Durch den Krieg wurde die Welt, die er kannte, zerstört, doch beim Film hatte er eine neue Welt gefunden, und dorthin kehrte er nach Kriegsende zurück.

Zu jener Zeit produzierte William A. Brady in Fort Lee fünfzig Filme pro Jahr, und er verhalf Jo Sternberg nicht nur zu einem Job, sondern auch zu zwei wesentlichen Erkenntnissen über die Welt des Films, die er unbedingt erobern wollte. Zum einen war Brady Produzent *und* Verleiher. Zum anderen waren sowohl seine Ehefrau Grace George als auch seine Tochter Alica Brady Stars. (Letztere spielte die erste Lavinia in *Mourning Becomes Electra* [Trauer muß Elektra tragen] und wurde später mit einem Oscar ausgezeichnet.) Die Divas in der Familie halfen Brady, Geld zu sparen und Hits zu landen. Somit lernte der hoffnungsvolle angehende Regisseur gleich zu Beginn seiner Laufbahn zweierlei: Er erfuhr, was es mit dem Verleih und der Filmprojektion auf sich hat (und ohne dieses Wissen kann kein Regisseur etwas werden); und er erkannte den Nutzen des Star-Systems. Später sollte er beides mit beträchtlichen Erfolg einzusetzen wissen, bis Arroganz seinen künstlerischen Fähigkeiten in die Quere kam und es den Anschein hatte, als seien diese beiden Eigenschaften ein und dasselbe – vor allem in den Augen von Männern, die zwar weniger Talent, aber mehr Einfluß als er besaßen.

Während Sternberg 1919 für Brady in Fort Lee arbeitete, wurde er Regieassistent von Emile Chautard, der früher zusammen mit Sarah Bernhardt aufgetreten war. Chautard brachte ihm bei, mit der Kamera zu sehen und die Lichter und Schatten des Praters einzufangen, die in seinem Kopf herumgeisterten. Jo Sternberg war damals fünfundzwanzig und ein Anfänger.

Nach zwei Jahren ohne Beförderung verabschiedete er sich und ging zurück nach Wien, wo er sich mit dem Mut der Verzweiflung als »Filmregisseur« ausgab. In Wien zeigte man sich von seinem Talent ebenso unbeeindruckt wie in Fort Lee, New Jersey, und um Glaubwürdigkeit als Künstler zu erlangen, übertrug er einen obskuren österreichischen Roman ins Englische. Dieses Produkt erschien 1922 im Eigenverlag und wurde vom Übersetzer selbst wegen seiner Anstößigkeit gepriesen. *Daughters of Vienna* war »Jo Sternbergs freie Nachdichtung des Wiener Originals von Karl Adolph« (deutscher Titel: »Töchter«); möglicherweise war Adolph ein Freund aus Kindertagen. Sternberg nahm für sich in Anspruch, auch Schriftbild, Format und Umschlag gestaltet zu haben. Das entsprach zwar nicht der Wahrheit, doch es spielte keine Rolle, weil er sich damit ohnehin keine Lorbeeren verdiente.

Von Wien ging er nach England. Dort arbeitete er als Assistent für Regisseure, die ihm lediglich den Eindruck vermittelten, er könnte Besseres leisten. 1923 zog es ihn wieder nach Hollywood, wo er bei einem Film namens *By Divine Right* mitwirkte. Er »entdeckte« die hübsche junge Statistin Georgia Hale, die das Zeug zum Star zu haben schien.

Im Nachspann von *By Divine Right* wurde er als »Josef von Sternberg« angeführt. Seiner Aussage nach war das »von« ein Geistesblitz des Produzenten, doch er beschloß, es beizubehalten, denn der Name klang auf so verlockende Weise wie der eines anderen Ex-Wieners, des herrschsüchtigen Regisseurs und Schauspielers Erich von Stroheim (»der Mann, den man liebend gerne haßt«), den Sternberg über alles verehrte. Stroheim war gleichfalls in Hollywood »geadelt« worden, und sein »von« diente ebenso als Markenzeichen wie sein Monokel. Außerdem paßte »Josef von Sternberg« genau zu dem Bild, das der junge Regieassistent von sich selbst als Aristokrat der Künste hatte.

Ein Wunderkind war er nicht. Erst 1925, mit dreißig Jahren, machte er seinen ersten Film, *The Salvation Hunters*, finanziert mit den Notgroschen des Regisseurs und des Hauptdarstellers. Ihre Visitenkarte auf Zelluloid wurde in der Umgebung des Hafens San Pedro von Los Angeles gedreht; ein Film voll realistischem Elend und photogenen Ruinen, ganz im Stil Erich von Stroheims. »Das Mädchen« (wie es im Nachspann genannt wurde) war die frühere Statistin Georgia Hale. Zentrales, häufig wiederkehrendes Symbol ist ein Bagger, der das Flußbett aushebt; aber immer wieder stürzt die Uferbefestigung ein, so daß die Arbeit stets von neuem beginnen muß. Dieses Bild von der Sinnlosigkeit des Tuns war »der Versuch, einen Gedanken zu photographieren«, wie ein Zwischentitel von *The Salvation Hunters* erklärte, und das Ganze war so schäbig, so unterkühlt und (vor allem) so billig, daß es dem Hollywood des Jahres 1925 wie Kunst erschien. Heute kommt einem der Film maniert und statisch vor, doch die »poetische« Darstellung von Wracks, Entwürdigung und menschlichem Abschaum wirkte im Lande von Kurzlebigkeit, *Ben Hur* und Cecil B. DeMille als Verwirklichung hehrer Ziele mit geringen Mitteln.

Als Douglas Fairbanks und Charles Chaplin das rund 5000 Dollar teure Werk für die United Artists um 20000 Dollar erwarben, gelangten der Film und »Josef von Sternberg« über Nacht zu Ruhm. Ersteres wurde Kunst genannt, letzterer ein »Genie«.

Er schenkte dem Glauben und hatte das Gefühl, endlich eine Heimat gefunden zu haben. Diesen Fehler sollte er kein zweites Mal machen.

»Ach Hollywood, mein geliebtes Hollywood«, schwärmte er, auf der Anhöhe eines Hügels stehend, wobei er die Arme ausbreitete, als wolle er die unter ihm liegenden Zitronenhaine umfangen. So posierte der frischgekürte Star für einen Reporter, der Sternbergs Gefühlsduselei wortgetreu nachdruckte. Sein »geliebtes Hollywood« lachte. Eine Gesellschaft, die von niedrigster Habgier getrieben wurde, verspottete ihn wegen seiner Leidenschaft. Es war eine Sache, wenn sie ihn ein »Genie« nannten, aber etwas ganz anderes, wenn er sie – oder ihre Aussage – ernst nahm.

Der schützende Panzer wurde zur Pose, das »Genie« zum Poseur: Er kleidete sich in Reithosen und Turban und bewaffnete sich mit einem Stöckchen. Wenn Hollywood ihn nicht respektierte, dann sollte es ihn verachten; Schimpf und Schande waren ihm lieber als Mißachtung.

Er war klein, und er war eitel. Davon besessen, sich ein Image zu schaffen, ließ er sich den »furchtbaren« orientalischen Schnurrbart stehen und eignete sich einen schlangenartigen Blick an, mit dem er von nun an die Welt beäugte. »Die einzige Art, Erfolg zu haben, liegt darin, den Haß der Leute auf sich zu ziehen«, erzählte er einem Schauspieler und dachte dabei vielleicht an Stroheim. »Auf diese Weise bleibt man ihnen im Gedächtnis.« Sie behielten ihn sehr wohl in Gedächtnis, und als sie ihn schließlich haßten, scheuten sie nicht davor zurück, ihm zu schaden.

Eine berühmte, äußerst sarkastische Bemerkung könnte als Epitaph zu Sternbergs Karriere dienen: »Wenn ein Regisseur stirbt, wird er zum Kameramann«. Sie fiel allerdings nicht am Ende seiner Laufbahn, sondern ganz am Anfang. Nachdem Charles Chaplin *The Salvation Hunters* gekauft hatte, forderte er Sternberg auf, einen zweiten Film zu machen, und zwar mit seiner eigenen früheren Hauptdarstellerin Edna Purviance. Es sollte ein Abschiedsgeschenk an seine Exgeliebte und Kollegin sein, deren Karriere sich dem Ende zuneigte und die dem Alkohol verfallen war. Der Film hieß *A Woman of the Sea* und wurde von Chaplin finanziert, gesehen und gleich darauf vernichtet. Möglicherweise erwies er der Purviance damit einen Liebesdienst, dem »Genie« allerdings nicht. Nur eine Handvoll Cineasten bekamen das Werk zu Gesicht, und einer von ihnen (der Schöpfer von Sternbergs Epitaph) nannte es »den schönsten Film, der in Hollywood produziert wurde, und den unmenschlichsten«.

Möglicherweise peinlich berührt, streute Chaplin Salz in die Wunde und erklärte, er habe Sternbergs ersten Film nur aus Jux erworben. »Wissen Sie, ich habe lediglich einen Scherz gemacht«, sagte der Komiker gegenüber der Presse, als habe er der Filmmetropole Hollywood mit ihrem ganzen Getue um die Kunst und das »Genie« von Sternberg nur eins auswischen wollen. Dann gab Chaplin bekannt, daß die Hauptdarstellerin von *The Salvation Hunter*, Georgia Hale, in *The Gold Rush* (Goldrausch) nun *seine* Hauptdarstellerin würde. Vielleicht war dies ja Sinn und Zweck der ganzen Aktion gewesen.

Chaplin schickte den Regisseur, dessen Werk er vernichtet hatte, zu seiner United-Artists-Partnerin Mary Pickford – mit dem Auftrag, die Welt in der Vorstellung eines blinden Mädchens zu verfilmen. Der »Tramp« versprach, selbst eine kleine Rolle zu übernehmen. Sternberg wollte den Streifen in Pittsburgh spielen lassen und ihn *Backwash* nennen, was Miss Pickford jedoch nicht für »normal« hielt – aus dem Film wurde nichts. Jetzt brauchte Sternberg einen Job, und er fand ihn im Land der Träume.

Innerhalb kürzester Zeit war er wieder berühmt. Die MGM hatte ihn mit der Regie eines Films betraut, doch Sternberg wollte sein Genie nicht den Vorstellungen des *Merry Widow*-Stars Mae Murray (Die lustige Witwe) in einem Streifen namens *The Masked Bride* unterwerfen. Lieber richtete er die Kamera auf die Dachbalken, um einer der gefragtesten Filmdivas jener Zeit seine Verachtung zu zeigen. Nicht einmal Stroheim konnte sich bei der MGM Derartiges herausnehmen (wie *Greed* verdeutlicht). »Ich glaube nicht, daß [Sternberg] überhaupt irgendwo arbeitet«, machte Walter Winchell sich in der Zeitung lustig. »Ich glaube, er spielt wieder das reine Genie!« Sternberg ging zur Paramount und war wiederum nur Assistent.

1926 wurden bei der Paramount, wie bei anderen Studios, Entscheidungen am Konferenztisch oder im Bett getroffen, und es war bekannt, wo der Produktionsleiter B. P. Schulberg seine Entschlüsse hinsichtlich Clara Bow faßte. Ihm zu Gefallen drehte Sternberg einige Szenen von *Children of Divorce* (Scheidungskinder; mit der Bow und dem jungen Gary Cooper) nach, ohne im Nachspann erwähnt zu werden. Das gleiche tat er bei *It* (Es), in dem Clara Bow zum »It-Girl« und zum Markenzeichen der Zeit wurde. Er wollte sich bei Produktionsleuten einschmeicheln, nicht beim Publikum berühmt werden.

Als Sternberg es bei MGM vorzog, die Kamera auf die Dachbalken zu richten, anstatt Mae Murray zu filmen, hatte er blinden Gehorsam und keine Staralluren gefordert; doch nun kannte er nicht einmal Skrupel, das Werk eines anderen Genies umzuarbeiten, auch wenn es sich dabei um seinen verehrten Erich von Stroheim handelte. Für Schulberg und die Paramount schnitt er Stroheims *The Wedding March* (Der Hochzeitsmarsch) um; damit erntete er den Dank vom Studio und die ewige Verachtung von seinem Landsmann.

Daraufhin gab das Studio Sternberg eine hart Nuß zu knacken: *Underworld* (Unterwelt), nach einer Idee des Journalisten Ben Hecht. Zur allgemeinen Überraschung – die nur er selbst nicht teilte – verwandelte er die Story in einen internationalen Kassenschlager.

Sternberg nannte sein Werk »den ersten Gangsterfilm«, was zwar nicht stimmt, doch durch den Streifen kam der geschniegelte Gangster in Mode – ein Typus, der sich auch heute noch großer Beliebtheit erfreut. Hecht telegraphierte an Sternberg: »Sie armer Brotkünstler, nehmen Sie meinen Namen aus dem Vorspann«, behielt aber den Oscar, den er für seine Geschichte erhielt. Der Film machte den langweiligen und grobschlächtigen George Bancroft zum Star, daneben natürlich Sternberg (wieder einmal) sowie ein Mädchen namens Evelyn Brent.

Um diese Zeit kam Ernst Lubitsch zur Paramount, um ein Zarenepos mit Emil Jannigs zu verfilmen, nämlich *The Patriot* (Der Patriot). Danach drehte Jannings *The Last Command* (Sein letzter Befehl; mit Evelyn Brent als Hauptdarstellerin). Dieses erste Meisterwerk Sternbergs handelte von einem früheren General der Zarenarmee, der als Statist in Hollywood arbeitet und dem Wahnsinn verfällt, als er sich in einem Film über die Russische Revolution selbst spielen soll. Ursprung der Geschichte war ein Bericht Lubitschs über einen Statisten in Hollywood, der tatsächlich General der zaristischen Armee gewesen war. Jannings erhielt für diese Rolle (und für *The Way of All Flesh* [Der Weg allen Fleisches]) seinen ersten Oscar als bester Darsteller. Diesen Triumph kommentierte Sternberg lediglich mit den Worten: »Selbst wenn er der letzte Schauspieler auf Erden wäre, wollte ich nie mehr, unter keinen Umständen, das zweifelhafte Vergnügen haben, mit ihm Regie zu führen.«

Nun behauptete Sternberg, daß *The Last Command* der erste Film über Hollywood sei – was abermals nicht stimmt. Trotzdem: Er hatte wieder einen Namen und konnte weiterhin Filme für die Paramount drehen (weiterhin mit Evelyn Brent). Keiner der Streifen war durchschnittlich, und einer war sogar herausragend, nämlich der Stummfilm *Docks of New York* (Die Docks von New York), diesmal ohne Evelyn Brent. Das Unglück dieses Films war, daß er in der gleichen Woche anlief wie *The Jazz Singer* (Der Jazzsänger).

Also machte Sternberg einen Tonfilm. *Thunderbolt* (Blitzstrahl) war ein weiteres Gangsterepos mit dem langweiligen und grobschlächtigen George Bancroft. Die Rolle des Mädchens übernahm diesmal Fay Wray, die er kannte, weil er sie – als die Braut – *nicht* aus Stroheims *Wedding March* herausgeschnitten hatte. Sternberg hatte jetzt auch selbst eine Braut, die frühere Schauspielerin Riza Royce, die viel Zeit auf dem Set ihres Mannes verbrachte. Vielleicht war das der Grund, warum Fay Wray erst später in der Hand eines Gorillas zu Ruhm gelangte.

Thunderbolt hatte Erfolg, weil jeder Tonfilm erfolgreich war, doch im Grunde war er nicht mehr als ein Gangsterstreifen mit einem hübschen Mädchen. Sternbergs Ehe war auf ähnliche Art erfolgreich: Sie klang gut. Aber auf die Trauung folgten ein kurzer Trip nach Mexiko und eine Blitzscheidung, die sich im nachhinein als etwas überstürzt herausstellte; dann kam das Warten auf ein nächstes Projekt. Wieder war Sternberg in einer Schublade gelandet: der des »Gangster-Regisseurs«. Dieses Schubladendenken erleichterte es Hollywood, mit seinem »Genie« umzugehen, vor allem, wenn es arbeitslos war. Deswegen konnte es auch ohne weiteres nach Berlin fahren.

Die Tauschgeschäfte zwischen Berlin und Hollywood hatten immer auf Gegenseitigkeit beruht und betrafen Talente und Geld gleichermaßen. Während Emil Jannings und Lya de Putti nach Hollywood gegangen waren, kamen Louise Brooks und Lionel Barrymore nach Berlin. Ein Ungetüm namens »Parufamet« – zusammengestellt aus *Par*amount, *Ufa* und *Met*ro-Goldwyn-Mayer – sollte die Gegenleistung für Dollar-Darlehen und die Verbreitung von Ufa-Filmen in Amerika den Vertrieb von Paramount- und MGM-Filmen in Europa sicherstellen. Doch Theorie und Praxis klafften auseinander. Der amerikanische Verleih, mit dem die Ufa die Dollars einspielen sollte, um die gewährten Anleihen zurückzuzahlen, kam aus irgendeinem Grunde nie zustande; die amerikanischen Filme jedoch spielten die deutschen Filme in den eigenen Lichtspieltheatern der Ufa an die Wand.

Die Ufa mußte also vor den Klauen der Parufamet und habgieriger Amerikaner gerettet werden. Diese Aufgabe übernahm der deutsche Pressezar Alfred Hugenberg, »ein stockreaktionärer und politisch ehrgeiziger Magnat«, wie der Historiker Peter Gay zu berichten weiß, »durchdrungen von unersättlicher Machtgier und erfüllt von Haß, der im Gewand von politischen Überzeugungen daherkam«.

Mit der Hilfe von Partnern aus der Industrie- und Finanzwelt kaufte Hugenberg die Paramount und die MGM aus, und seine Ansichten schlugen sich sofort in den Produktionen der Ufa nieder, insbesondere in den Wochenschauen. Bald sollten politische Beweggründe Hugenberg und Co. dazu veranlassen, ihre gesamte Produktion Dr. Joseph Goebbels zu überantworten, und damit wurde die Ufa wieder zu dem Propagandaorgan, das sie 1917 bei ihrer Gründung durch General Ludendorff gewesen war.

Die Tauschgeschäfte zwischen Hollywood und Berlin wurden immer einseitiger. Löwen brüllten, Jazzsänger sangen, und die Ufa brauchte den amerikanischen Markt dringender als je zuvor. Die Verbindungen der Ufa zur elitären Paramount waren stets inniger gewesen als zur MGM (die noch immer der Herausforderer, nicht der Champion war). Die Paramount war »europäischer« und entsprach mehr den Vorstellungen von Künstlern wie Lubitsch, Pola Negri, Mauritz Stiller (einst der Mentor der Garbo, mittlerweile von der MGM geschaßt). Diese Produktionsgesellschaft war sogar die Heimat »des größten Schauspielers der Welt« gewesen.

Betrayal war Emil Jannings' Tonfilm-Debüt gewesen – eben der Film, den Adolph Zukor nur als Stummfilm in die Kinos hatte bringen können; aber wenige in Berlin wußten um dieses Fiasko oder kümmerten sich darum. Jannings hatte es in Hollywood sowieso nie gefallen, und er kehrte frohen Herzens nach Berlin zurück, zur Ufa, zu all der Wurst und schließlich zu Goebbels, Göring und ihren Spießgesellen.

Jetzt machte er das, was die Ufa sein »Tonfilmdebüt« nannte, und zwar mit dem bedeutendsten deutschen Produzenten, der allerdings nur mit Hilfe des amerikanischen Marktes seine Kosten decken konnte. Auch Erich Pommer hatte für die Paramount gearbeitet und wußte, daß es wesentlich leichter sein würde, dort einen Jannings-Tonfilm an den Mann zu bringen, wenn er von einem Paramount-Regisseur gedreht würde. Dieser müßte nicht nur des Deutschen mächtig sein, sondern sollte Jannings auch über die Klippen der englischsprachigen Version hinweghelfen können, und das verlangte einen zweisprachigen Regisseur. Natürlich kam da niemand anderer in Frage als Lubitsch, der unumstrittene Starregisseur der Paramount.

Lubitsch erklärte sich einverstanden und nannte seinen Preis: 60000 Dollar für die Regie. Das war fast ein Fünftel des gesamten Etats von 325000 Dollar und mehr, als Pommer zu zahlen bereit war. Jannings stellte plötzlich fest, daß er mit 50000 Dollar unterbezahlt war, und verlangte 75000 Dollar. Pommer griff zu einer List und schrieb den Vertrag um: Jannings würde sein übliches Honorar erhalten (in Dollar; Jannings kannte sich in Gelddingen aus) sowie eine zusätzliche Gage von 25000 Dollar für eine englische Version, zahlbar nach der amerikanischen Premiere – ein Anreiz, an seiner Aussprache zu feilen.

Da Lubitsch sich weigerte, von seinen Honorarvorstellungen herunterzugehen, und Pommer sich weigerte, seinen abschlägigen Bescheid zu überdenken, zogen sich die Verhandlungen bis Ende Juli hin. Pommer wußte, daß es bei der Paramount einen weiteren deutschsprachigen Regisseur gab, der bereits mit Jannings gearbeitet, einen Tonfilm gemacht hatte und vielleicht billiger zu haben war. Also bot der Produzent Josef von Sternberg 30000 Dollar an. Sternberg verlangte 40000, und Pommer willigte ein. Sternberg und Riza Royce machten ihre mexikanische Scheidung rückgängig und schlossen eilends einen neuen Bund fürs Leben, um sich mit gültigen Pässen auf den Weg nach Berlin zu machen. Dort wurde am 16. August ihre Ankunft am Bahnhof Zoo in der Presse bekannt.

Sternberg gab sich leutselig: »Ich habe mich in Amerika freigemacht, weil mich mein Herz hinzog, mit Emil zu arbeiten. Ich sehne mich auch danach, einen Film von künstlerischem Format zu machen. Der Sprechfilm ... hat mich wieder zum deutschen Film gebracht. Was ich von Amerika bringe? Eineinhalb Jahre Tonfilmerfahrung ... Was der Sprechfilm heute gewinnen muß – über das Technische hinaus – ist das Menschliche ... Es wird darauf ankommen, weniger darauf zu achten, wie etwas klingt, sondern was man zu sagen hat.«

Derlei Dinge pflegen Regisseure häufig von sich zu geben, und gelegentlich meinen sie es sogar ernst. Manche mögen überrascht gewesen sein, daß der eine Tonfilm Sternbergs eineinhalb Jahre Erfahrung darstellte. Mehr wunderten sich vielleicht über den Ausdruck »wieder zum deutschen Film«, denn Sternberg hatte in seinem ganzen Leben noch keinen einzigen Tag in Deutschland gearbeitet. Doch jeder zeigte sich höchst befriedigt angesichts der Behauptung, daß sein Herz Emil gehöre, nachdem die beiden sich bekanntermaßen bei *The Last Command* die Augen ausgekratzt hatten. Die große Überraschung stand erst noch bevor.

Das Begrüßungskomitee zog sich ins Hotel Esplanade zurück, wo Sternberg sich weiterhin in lyrischen Ergüssen erging: »Mir ist, als wär' ich in Hollywood gestorben, und nun bin ich im Himmel wieder aufgewacht«, sagte er und brachte sogar einige Artigkeiten über Erich Pommer hervor, für den er einen »Spitzenfilm, eine Weltmarke« machen würde, wobei er durchblicken ließ, daß Pommer so etwas dringend brauchte. Eine Zigeunerband unterhielt den Ehrengast mit Al Jolsons »Sonny Boy«.

In diesem glorreichen Augenblick ließ Sternberg die Bombe platzen. Er habe keine Ahnung gehabt, daß er für *Rasputin* engagiert worden sei, sagte er; er habe auch keinerlei Absicht, diesen Film zu machen. Sollte sich nicht etwas anderes finden, würde er stehenden Fußes vom Himmel nach Hollywood zurückkehren. Das war ein bescheidenes Machtspielchen, ein plötzlicher Gedächtnisschwund in Vertragsdingen, aber es lenkte die allgemeine Aufmerksamkeit von den gitarreklimpernden Musikanten auf ihn.

Im Augenblick wisse er nicht, zu welchem Film er sich bequemen würde, doch sein Herz gehöre Emil, der in *Varieté* so überzeugend gewesen sei. Etwas wie die Trapeznummer im »Wintergarten« wäre nett, mit der Atmosphäre von Gassenhauern und Tingeltangel, die Sternberg kannte und mochte. Mit einer Dame im Netz.

Pommer war verblüfft, erkannte jedoch mit Erleichterung, daß damit ein Ausweg aus den rechtlichen Problemen um *Rasputin* gefunden war. (Die Rechtslage war tatsächlich verzwickt: Die MGM drehte den Streifen mit den Barrymores und verlor dabei Geld und Prozesse.) Sogar Jannings erklärte sich einverstanden. Der gewichtige Star, der seit 1927 verkündete, er müsse unbedingt Rasputin spielen, hatten noch früher (gegenüber dem großen F. W. Murnau, der jetzt in Hollywood mit Janet Gaynor drehte) gemeint, er müsse unbedingt eine Gestalt aus einem relativ unbekannten Roman von Heinrich Mann darstellen, in dem zwar weder Trapez noch Netz, wohl aber Tingeltantel und Kabarett vorkamen. Das Buch hieß *Professor Unrat oder Das Ende eines Tyrannen.*

Bereits einige Monate zuvor hatten Jannings und Pommer über diesen Roman gesprochen. Daß sich ein leibhaftiger Gymnasialprofessor in eine billige Kabarettsängerin verliebt und durch die Beziehung mit ihr ruiniert wird, hatte Pommer außerordentlich angesprochen. Außerdem wußte er, daß Heinrich Mann Geld brauchte. Pommers Assistent teilte eine Wohnung mit der Tänzerin La Jana, die zu jener Zeit zusammen mit Manns Geliebter Trude Hesterberg in einer Erik-Charell-Show auftrat. Also bat Pommer seinen Assistenten, La Jana zu veranlassen, bei der Hesterberg nachzufragen. Die Antwort lautete, daß die Filmrechte für *Professor Unrat* – ein Werk, das seit Jahren auf dem Markt war – erhältlich seien.

Pommers indirekte Kontaktaufnahme erweckte unbeabsichtigterweise den Eindruck, er wolle die Geliebte Manns für die Rolle der Kabarettsängerin gewinnen – immerhin war sie eine. Doch Sternberg dachte eher an die Amerikanerinnen Gloria Swanson oder Phyllis Haver, bis ihm einfiel, daß deren Deutsch vielleicht nicht ganz lupenrein sein könnte. Außerdem interessierte ihn gerade der Kabarett-Hintergrund. Schon in *Thunderbolt* hatte er eine Gesangsnummer eingearbeitet, und Musicals waren damals in Amerika der letzte Schrei. Sogar Maurice Chevalier sang amerikanisch – für Lubitsch.

Genau eine Woche nach Sternbergs Ankunft in Berlin war *Professor Unrat* beschlossene Sache. Am gleichen Tag heuerte Pommer den Dramatiker Dr. Karl Vollmoeller an, der mit dem Drehbuchautor Robert Liebmann zusammenarbeiten sollte. Am nächsten Tag wurde noch ein dritter Autor verpflichtet, der Dramatiker Carl Zuckmayer.

Und am Tag darauf bekam der Pressezar Alfred Hugenberg, Beherrscher der Ufa, die Verträge zu Gesicht und tobte.

Hugenberg war bei diesem Projekt einem Mißverständnis aufgesessen. Er hatte angenommen, der Verfasser von *Professor Unrat* sei Thomas Mann, der soeben mit dem Nobelpreis für Literatur ausgezeichnet worden war, und nicht dessen Bruder Heinrich. Hugenberg drohte, er werde das Ganze wegen »Betrug« abblasen. Denn es ging ihm völlig gegen den Strich, daß ein Symbol deutscher Rechtschaffenheit ein derartig schmachvolles Schicksal erleiden sollte. Hugenberg und sein Hofstaat verlangten, Pommer solle die Geschichte »völlig umarbeiten«. Der Professor verkörpere, wenn schon nicht ihre Schicht, so doch ihr Selbstverständnis; »der Professor müsse menschlicher geschildert werden«, um keinen Anlaß zur Kritik zu liefern.

Das ließ eindeutig Schlimmeres befürchten. Doch im Augenblick gab es andere Sorgen: Heinrich Mann und Trude Hesterberg glaubten, daß *sie* die Tingeltangeltänzerin »Rosa Fröhlich« spielen würde. In dem (Irr-) Glauben, die Geliebte des Schriftstellers sei das Modell für die »Künstlerin« gewesen, stattete Sternberg den beiden einen Höflichkeitsbesuch ab. Er lehnte sie wegen ihrer »Reife« rundweg ab. Nun war auch Heinrich Mann verärgert.

Doch Sternberg konnte das verkraften. Hugenberg und die Hesterberg brachten ihn auf den zündenden Gedanken: Dieser Film sollte nicht vom Niedergang eines Professors handeln (das konnte Jannings im Schlaf spielen), sondern von der Frau, die diesen Ruin verursachte. »Ohne eine aufregende Frau, die alles elektrisiert«, erkannte Sternberg, »wäre [mein] Film nichts anderes als eine Übung über die Dummheit eines tyrannischen Schulmeisters geworden.«

Um den Schwerpunkt zu verlagern und alles »völlig umzuarbeiten«, beschloß er, den Film nicht *Professor Unrat* zu nennen, sondern ihm den Namen der Kneipe zu geben, in der der Professor die »Künstlerin« Rosa Fröhlich kennenlernt und ihr verfällt: die Hafenkaschemme »Der Blaue Engel«.

Pommer und Jannings stimmten ihm zu. Niemandem außer Sternberg war klar, daß durch den neuen Titel die Tingeltangelsängerin in den Mittelpunkt der Handlung rückte: Sie, und nicht das Lokal, sollte zum »Engel« werden. Aber ... er hatte keine »Künstlerin«.

Der Aristokrat der Künste kannte in Berlin keine Schauspielerinnen (seit einer Stippvisite 1925 hatte er die Stadt nicht wieder besucht), und für *Der Blaue Engel* brauchte er Darsteller, die *sprechen* konnten – wenn zum Großteil auch nicht englisch, selbst nicht für die englische Version. Nur der Professor, einige seiner Schüler, die Schauspielerin der »Rosa« und ein paar andere würden englisch reden: Der Professor, weil er die Sprache unterrichtete, und Rosa, weil sie eine Amerikanerin oder Cockney-Engländerin sein sollte. Ihr schlechtes Deutsch bedingte, daß andere sie auf englisch ansprechen mußten, wenn sie die Aufmerksamkeit »der Künstlerin« auf sich lenken wollten. Und das wollten sie alle. In der deutschsprachigen Version sollte jeder deutsch reden, einschließlich Rosa, die Sternberg in Anlehnung an Wedekinds »Lulu« in »Lola Lola« umbenannte.

Seit »Lulu« hatte es keinen so heftigen Wettbewerb um eine Rolle gegeben – und erst »Scarlett« sollte einen ähnlichen Ansturm auslösen. Praktisch jede deutsche Schauspielerin, die halbwegs als »Künstlerin Fröhlich« geeignet schien, war als mögliche Besetzung im Gespräch. Außer Marlene Dietrich … Namen flogen durch die Luft wie Konfetti bei einem Faschingsumzug, und ein ähnliches Bild bot sich damals auch im Besetzungsbüro für *Der Blaue Engel*, so viele Beine und Brüste wurden dort zur Schau gestellt. Die meisten Bewerberinnen waren in Deutschland bereits Stars oder sollten es noch werden. Eine Kandidatin, die zwar nicht öffentlich behauptete, die Rolle zu »haben«, war doch insgeheim davon überzeugt: Leni Riefenstahl. Die künftige Regisseurin der Nazi-»Dokumentarfilme« von *Triumph des Willens* und *Olympia* – zwei der eindrucksvollsten Propagandafilme, die je gemacht wurden – war eine frühere, mittlerweile arbeitslose Tänzerin und Schauspielerin. Sie bewunderte Sternberg und gab das auch unumwunden zu.

Die Riefenstahl sprach nicht vor; sie dinierte. Und war entsetzt, als Sternberg beim Rinderbraten im Hotel Bristol den Namen einer gewissen Schauspielerin erwähnte. Vorsichtig erwiderte die Riefenstahl:

»Marlene Dietrich, sagen Sie? Ich habe sie nur einmal gesehen, sie ist mir aufgefallen«, meinte sie. »[In] einem kleinen Künstlercafé … saß sie mit einigen jungen Schauspielerinnen zusammen. Mir fiel ihre tiefe und rauhe Stimme auf, [und sie] sagte: ›Warum muß man immer einen schönen Busen haben, der kann ja auch mal ein bißchen hängen.‹ Dabei hob sie ihren linken Busen etwas an und amüsierte sich über die verdutzten Gesichter der um sie sitzenden jungen Mädchen. Ich glaube, diese Frau wäre ein guter Typ für Sie.«

Die Riefenstahl kann nicht gewußt haben, wie treffend sie die Lola Lola mit diesen Worten beschrieb, oder daß sie damit Sternberg etwas ihm völlig Neues eröffnete. Er hatte nämlich beim Durchblättern von Schauspielerinnen-Alben bei einer Photographie der fast achtundzwanzigjährigen Marlene innegehalten, die sich damals noch unter der Rubrik »Naive« führen ließ. Ein Assistent hatte bemerkt: »Der Popo ist nicht schlecht, aber brauchen wir nicht auch ein Gesicht?«

Auch andere hatten von der Frau mit dem »Popo« und dem etwas hängenden Busen gesprochen. Zum Beispiel Gertrud Pommer; sie kannte sie von Betty Sterns Salon. Auch Dr. Karl Vollmoellers Geliebte Ruth Landshoff hatte Marlene erwähnt – die beiden waren gemeinsam in Wien in *Die Schule von Uznach* aufgetreten. Und Vollmoeller selbst hatte ebenfalls ihren Namen genannt. Doch Sternberg machte seine Entdeckungen lieber selbst, und so schwieg er und hielt weiterhin Ausschau, obwohl er etwas wußte, was den anderen nicht bekannt war.

Als er und seine Frau auf dem Weg nach Berlin kurz in New York haltmachten, war im 55th Street Playhouse gerade ein Film angelaufen. Es ist möglich, aber nicht sicher, daß Sternberg das Werk damals sah, doch er wußte, was die *New York Times* davon hielt, weil die Paramount es wußte, ebenso wie die Universal. Die *Times* hatte berichtet, daß in *Three Loves* (der amerikanische Titel von *Die Frau, nach der man sich sehnt*) »eine seltene Garbo-ähnliche Schönheit namens Marlene Dietrich« zu betrachten sei. Der Film im Kino an der 55th Street lief und lief.

Er lief immer noch, als ein Jazz-Püppchen, die »Dollar-Prinzessin«, von oben bis unten mit Juwelen geschmückt auf die Bühne des Berliner Theaters trat und auf Englisch verkündete, wer das große Los gezogen hatte.

In jener Nacht war Marlene selbst die glückliche Gewinnerin.

»Toulouse-Lautrec hätte sich überschlagen«, triumphierte Sternberg später, doch bis er die »unbegabte Kuh« selbst zu Gesicht bekam, hatte er sich mehr oder minder für Lucie Mannheim als Lola Lola entschieden. Die Mannheim hatte bereits einen Tonfilm gemacht, war jünger als die meisten anderen Bewerberinnen (Jannings bewunderte ihren Popo), und Sternberg hatte sie schon zum Vorsingen gebeten.

Das war jetzt überflüssig, denn Sternberg hatte schon lange beschlossen, Probeaufnahmen mit Marlene zu machen – noch bevor er sie auf der Bühne gesehen hatte.

Zwar ging er im Anschluß an *Zwei Krawatten* nicht hinter die Kulissen (es war nicht seine Art, Schauspieler zu hofieren), aber daß sein Interesse während der Aufführung einzig und allein Marlene galt, war völlig offensichtlich, und Hans Albers sagte später, er hätte Sternberg gerne auf den Kopf gepißt, wenn der Regisseur näher bei den Rampenlichtern gesessen hätte.

Mürrisch und gleichgültig suchte Marlene Sternberg in seinem Büro auf. Sie »bot eine Studie der Apathie«, sagte er, »sie versuchte, ihr Licht unter den Scheffel zu stellen, und unternahm … nicht den mindesten Versuch, mein Interesse zu erregen.« In ihrem heliotropfarbenen Kostüm mit passendem Hut, Handschuhen und Pelz tat sie wohl alles andere, als sich selbst unter den Scheffel zu stellen, und hinter ihrer Apathie verbarg sich vermutlich Unmut darüber, bei der viel beschrienen Talentsuche übergangen worden zu sein oder – schlimmer noch – nun mit einer kleinen Rollen abgespeist zu werden.

Sternberg, der Sohn »eines Löwen« und der früheren Seiltänzerin Serafin, glaubte, es liege »in der Natur einer Frau, passiv, rezeptiv, abhängig von männlicher Aggression und fähig zum Erdulden von Schmerzen zu sein«, und so fügte er sie ihnen selbst zu. Warum, fragte er, habe er über Marlene als Schauspielerin derart abfällige Bemerkungen gehört?

Marlene erwiderte, sie ließe sich nicht gut photographieren; sie bekäme schlechte Kritiken, habe drei Filme gemacht und sei in keinem gut gewesen.

Das war leichtsinnig oder verwegen oder beides. Sie wußte, daß er sie am Abend zuvor im größten Musicalerfolg Berlins gesehen hatte. Durch ihre Antwort forderte sie ihn als Kameramann heraus, schob alles Schlechte, das er über sie gehört haben mochte, auf die Presse, und belog ihn schlichtweg hinsichtlich ihrer Erfahrung.

Sternberg glaubte ihr nicht so ganz. Soweit er wußte, hatte sie neun Filme gemacht (es waren siebzehn). Die Show, in der er sie tags zuvor gesehen hatte, war ihre sechsundzwanzigste Bühnenproduktion, und von einigen hatten Vollmoeller und die Landshoff ihm erzählt. Als Sternberg sagte, er wolle Probeaufnahmen von ihr machen, konnte sie wohl nicht mehr annehmen, daß es sich um eine kleine Rolle handelte, aber sie willigte nur unter der Voraussetzung ein, daß er alle drei Filme ansehe, zu denen sie sich bekannte (*Ich küsse Ihre Hand, Madame, Schiff der verlorenen Menschen* und *Die Frau, nach der man sich sehnt*: allesamt Starrollen). Ungefragt fügte sie hinzu, sie habe seine Filme gesehen und glaube sowieso nicht, daß er wisse, wie man Frauen vor der Kamera führe.

Das war keineswegs apathisch, sondern atemberaubend; kein »charmanter Flirt«, sondern eine unverschämte Herausforderung. Marlene riskierte, hinausgeschmissen zu werden; sie war so provokant wie ein zerrissenes Strumpfband. Und raffiniert. Er würde sie in drei Hauptrollen sehen und ihre Schwächen eindeutig auf das geringe Talent drittklassiger Regisseure zurückführen. Überraschender als eine Schauspielerin, die solche Forderungen stellte, war lediglich ein Regisseur, der sie erfüllte – und das tat Sternberg. Marlenes Unverschämtheit war schlaue Intuition, war das, was Lola Lola ausmachte – Eros auf dem Drahtseil. »Das Theater lag ihr im Blut, und sie war mit jedem Parasiten darin vertraut«, meinte er später. »Ihre Energie, zu überleben und sich über ihre Umgebung zu erheben, muß phantastisch gewesen sein.« Und er fügte hinzu: »Ich hatte niemals eine so schöne Frau getroffen, die so völlig unterschätzt und unterbewertet wurde.«

Er sah ihre Filme und wußte warum. »Sie war in diesen Filmen eine schreckliche, unattraktive Frau, die man sich selbst überlassen hatte, und die Filme waren eine einzige peinliche Faselei. Mir war, als habe man mir eiskaltes Wasser über den Kopf geschüttet.« Wenn man sie aber *nicht* sich selbst oder diesen Stümpern überließ, dachte er, könnte sie sehr vieles sein, denn er sah ein Gesicht, das »alles verhieß«.

Die Probeaufnahmen mit Lucie Mannheim waren problemlos und ergiebig, denn die Mannheim brachte als Klavierbegleiter Friedrich Hollaender ins Studio mit. Das war, als würde man sich beim Vorsingen in Manhattan von George Gershwin begleiten lassen, und Sternberg wußte sofort, daß er seinen Komponisten für die Lieder in *Der Blaue Engel* gefunden hatte.

Noch standen die Probeaufnahmen mit der gleichgültigen Marlene bevor. Er selbst hatte sich längst für sie entschieden und brauchte die Tests nicht. Auch für die Ufa (auf die er verächtlich herabblickte) machte er sie nicht, ebenso wenig wie für Pommer (der Marlene sowieso wollte) oder für Jannings (der sie nicht wollte). Er machte sie für Jesse Lasky jun. im amerikanischen Paramount-Büro und für B. P. Schulberg, den Produktionsleiter der Paramount, der die Probeaufnahmen an Bord der *Ile de France* sehen sollte. Beide Männer würden mit Sicherheit Interesse zeigen an einer »seltenen Garbo-ähnlichen Schönheit«, deren Gesicht »alles verhieß« – und an dem Mann, der sie entdeckt hatte.

Marlene erschien, effektvoll unvorbereitet, ohne Material und ohne Pianisten; ihre Passivität war so provokant wie kurz zuvor ihre Unverschämtheit. Sternberg ließ einen Klavierspieler des Studios holen, steckte Marlene in ein Flitterkostüm und ließ ihr das Haar mit einer Brennschere wellen (»die Luft war voller Rauch«, berichtete sie später). Sie sang das deutsche Lied »Wer wird denn weinen?«. Als Sternberg dann um einen amerikanischen Song bat, bei dem er sie in Nahaufnahme filmen wollte, drängte sie den Pianisten vom Deckel des Klaviers, an dem sie lehnte: »Also, spiel was!« Dem Pianisten fiel nichts Amerikanisches ein, also stellte Marlene sich neben ihn und klimperte ihm auf den Tasten die Harmonien zu einem Lied vor: Dabei mußte sie sich selbst erst die Melodie zusammensuchen. Dann bezog sie für die Nahaufnahme wieder Position am Klavierdeckel und spielte mit einer Zigarette, während die Kamera bereits lief. Marlene ließ sich Zeit, bevor sie dem Pianisten – der nicht auf dem Take zu sehen ist – mit einem Kopfnicken bedeutete anzufangen. Zwei Einstellungen wurden aus technischen Gründen abgebrochen, aber Take drei war überwältigend – ein schicksalsschweres Dokument.

Später klang es immer wie eine schöne Erfindung, wenn die Dietrich ihren Zuhörern erzählte, sie habe »You're the Cream in my Coffee« gesungen, doch es ist wahr. Sie kannte das Lied lediglich durch eine amerikanische Aufnahme, die sie immer wieder auf ihrem tragbaren Grammophongerät abgespielt hatte. Als ein Klingeln verkündete, daß Bild und Ton synchron liefen, zog Marlene ein letztesmal an ihrer Zigarette und legte die immer noch brennende Kippe auf den Klavierdeckel. Sie entfernte einen Tabakbrösel von der Zunge und drehte dann unerwartet den Kopf nach links und rechts, als ob sie die Beleuchtung überprüfen oder nur ihre Halsmuskeln entspannen wollte. Schließlich wandte sie das Gesicht wieder zur Kamera und nickte dem Pianisten kurz zu. Kokett und charmant dichtete sie die erste Zeile irrtümlicherweise um in »You're the Cream *of* my Coffee«. Als der Klavierspieler sich arg in der Tonart vergriff (denn er kannte das Lied überhaupt nicht), hielt sie jedoch inne, fixierte ihn mit zusammengekniffenen Augen und meinte spöttisch: »Soll Musik sein, ja?« Um ihre Aussage zu unterstreichen, tippte sie die Zigarettenasche in Richtung auf die Tasten ab und sagte dann sanft: »No' mal.«

Doch der zweite Versuch des verwirrten Pianisten erwies sich als noch schlimmer. Nach zehn Takten verengten sich Marlenes Augen und blitzten gefährlich; sie hörte zu singen auf, beugte sich über das Klavier und fuhr ihn wutschnaubend an.

»Mensch! Was fällt dir eigentlich ein?« wies sie ihn zurecht. »Soll das Klavierspielen sein? Zu dem Dreck soll ich singen? Ja, auf dem Waschtrog, aber nicht hier! Vastehste?! Dussel!«

Marlene richtete sich auf, zog an ihrer Zigarette und behielt sie fest zwischen den Lippen, womit sie keck eine abgrundtiefe Verachtung zum Ausdruck brachte, die auf seltsame Weise majestätisch wirkte. Gleichzeitig war sie so vulgär, wie ein Regisseur sich eine Lola Lola nur wünschen konnte. In einer Minute und fünfundvierzig Sekunden Drehzeit wurde eine große Karriere lanciert und auf atemberaubende Art vorweggenommen.

Sternberg staunte. »Sie erwachte zum Leben und reagierte auf meine Anweisungen mit einer Leichtigkeit, der ich nie zuvor begegnet war«, meinte er, halb sich selbst lobend, obwohl er ihr überhaupt keine Anweisung gegeben hatte; und sie hatte ihn auch mit keinem Blick um Rat oder Billigung gebeten. Schweigend war er dabeigestanden, als sich die Glut von Marlenes Persönlichkeit in den Film und die Tonspur einbrannte – und das gleiche passiert heute, wenn man die Aufnahme sieht. »Ihre bemerkenswerte Vitalität war kanalisiert worden«, räumte Sternberg ein, doch diese Energie war nicht von einem Regisseur gelenkt worden, und auch weniger durch ein Kameraobjektiv als durch den leidenschaftlichen Wunsch einer Schauspielerin, es richtig zu machen. Und durch ihren Ehrgeiz.

Später berichteten Marlene und Sternberg übereinstimmend, daß Marlene nie darum gebeten hatte, die Probeaufnahmen zu sehen. In den knapp zwei Minuten Film *war* sie Lola Lola, und sie wußte es.

»Das werden Sie eines Tages noch bereuen«, orakelte Jannings und verkündete damit auch die Meinung der Ufa-Führung, obwohl er später versichern würde, er selbst habe Marlene vorgeschlagen. Pommer war froh, daß endlich eine Entscheidung gefallen war, gleichgültig, wer dafür das Lob einsteckte. »Jeder, der an dem Film mitwirkte, behauptet, Marlene entdeckt zu haben«, sagte er später, »und sie glaubten das tatsächlich. Sollen sie doch damit glücklich werden; es ist nicht so wichtig.«

Aber für Berlin war es wichtig, und die Entscheidung machte schnell die Runde. Hans Feld, der Redakteur des *Film-Kurier*, hörte es von Leni Riefenstahl, denn er war bei ihr, als sie telephonisch die Neuigkeit erfuhr. Sie war so enttäuscht, daß sie ihn und das Gulasch, das sie gerade zum Abendessen aufgewärmt hatte, stehenließ. Lucie Mannheim erfuhr es von der Ufa, und Friedrich Hollaender entnahm es der Mitteilung, er solle Lieder für Marlenes Stimme komponieren, nicht für Lucies.

Marlene Dietrich mit Josef von Sternberg. Er war es, der sie für seinen Film »Der Blaue Engel« entdeckte.
(Foto: Deutsches Institut für Filmkunde, Frankfurt a. M.)

Marlene erfuhr es von Hollaender. Den ganzen Abend war sie auf der Bühne gestanden und erholte sich gerade von der Arbeit in der Transvestitenbar »Le Silhouette«, wo Hollaender »zwei Fragezeichen in ihren verängstigten, weit aufgerissenen Augen« sah, deren Flehen er sich nicht entziehen konnte.

»Sie bestellte so viel Champagner, daß man darin hätte baden können«, erzählt er.

Songs sollten ein wesentlicher Bestandteil von *Der Blaue Engel* sein, und Hollaender machte sich ans Komponieren, noch bevor das Skript überhaupt geschrieben war. Sternberg behauptete später, daß nie »ein vollständiges Drehbuch erstellt wurde«, aber das stimmt nicht. Im September und Oktober nahm das Skript in Berlin und St. Moritz Gestalt an, wo Jannings sich einer Abmagerungskur unterzog (keine Wurst mehr). Sternberg, Pommer und die drei Autoren fuhren in die Alpen, um mit dem Star an seiner Rolle zu arbeiten. Vorbild für diese Gestalt war Heinrich Mann selbst – und Sternbergs verhaßter Hebräischlehrer.

Gegenüber der Romanhandlung wurden einige Veränderungen vorgenommen. Wesentlich war dabei die Demütigung des Professors in der Rolle des Clowns und der Schluß, denn er landet am Ende nicht im Gefängnis (wegen Betreibens einer Spielhölle, die das Bürgertum korrumpiert), sondern wird wahnsinnig und stirbt. Das Ganze sollte romantisch-pathetisch wirken und nicht mehr, wie bei Mann, ein bitterer Angriff auf die Scheinheiligkeit der Gesellschaft sein, was Alfred Hugenberg von der Ufa so echauffiert hatte. Das Drehbuch verkürzte – oder vertiefte – das »Ende eines Tyrannen« zu einer Geschichte von fataler sexueller Besessenheit.

Daß Sternberg selbst allmählich von einer Leidenschaft für seine Hauptdarstellerin besessen war, schlug sich in der Entwicklung von Lola Lola nieder: Er machte sie jünger und strich das Kind, das Rosa Fröhlich im Roman hatte. Sie wurde zu einem vulgären, aber reizvollen Tingeltangel-Flittchen, das darauf besteht, eine »Künstlerin« zu sein. Revolutionär an der Leinwandgestalt war ihre absolute Amoralität. Sie ist weder ein Vamp noch ein Backfisch, aber aufreizend, verführerisch und unsentimental. Mitleid ist ihr nicht fremd, aber sie empfindet absolut keine Reue, wenn sie die Reaktionen hervorruft, die sie ihrem Wesen und ihrem Beruf nach hervorrufen muß. Als der Professor fortgeht, um zu sterben, singt sie ihre Version der Wahrheit: Wenn Motten verbrennen, ist es nicht ihre Schuld.

Wir erleben sie fast ausschließlich durch ihre Lieder und so, wie Sternberg sie mit der Kamera sieht: Ihre Sinnlichkeit wirkt geradezu aufdringlich, als der Professor sie zum erstenmal auf der engen, chaotischen Bühne erblickt; und zum Schluß umschmeichelt und umwirbt die Kamera kühl und ruhig die selbstverliebte, sich selbst streichelnde Circe. Zwischen diesen zwei Einstellungen liegen vier Jahre und ein ganzes Leben. Rittlings setzt Lola Lola sich auf ihren Stuhl, und ihr Sirenengesang läßt uns wissen, daß sie sich immer wieder verlieben wird – Katalysator und Überlebenskünstlerin in einem. Es liegt ihr im Blut – was kann sie dafür?

Am 4. November 1929 begannen die Dreharbeiten auf dem Ufa-Gelände in Neu-Babelsberg. Der Börsenkrach Ende September hatte Druck von seiten Hugenbergs und Co. zur Folge gehabt, und da half es auch nicht, als am ersten Drehtag Buster Keatons Pokerface im Studio auftauchte. Er bekam nicht viel zu sehen. Sternberg drehte in chronologischer Folge und begann mit Mustern, um die Stadt und das Milieu einzufangen. Der einzige Ton kam von den Nebelhörnern, die die Melancholie des Meeres andeuteten.

Sternberg ging beim Ton nach ähnlichen Mustern vor wie bei Licht und Schatten. *Der Blaue Engel* war vielleicht der erste Tonfilm, der Kinobesuchern eine völlig neue Erfahrung vermittelte: die Ausdruckskraft des Schweigens. Viele Wesensmerkmale einer Gestalt können erst durch den Ton dargestellt werden: wie der Professor seinem toten Kanarienvogel zupfeift und keine Antwort erhält; wie er sich im Klassenzimmer trompetend schneuzt; die Stimmen eines nicht sichtbaren Chors, die plötzlich verstummen, als ein Fenster geschlossen wird; die hoffnungslosen Bemühungen der Schüler, das englische »th« zu meistern; das Kikeriki des wahnsinnigen Clown-Professors; ein Glockenspiel, das die Zeit verkündet und zugleich die Stunde des Schicksals einläutet. Nirgends wirkt der Ton eindrucksvoller und effektiver als hinter den Kulissen eines Kabaretts. Durch das Öffnen und Schließen von Türen erzeugte Sternberg ein zerrissenes, zerfahrenes Gewebe von Stille und Geräusch. Es erscheint naturalistisch, ist aber höchst präzise zusammengesetzt – was bei der damaligen primitiven Tontechnik, die weder Mischung noch eine eigene Tonspur kannte, äußerst schwierig war.

Jannings war umgänglicher als bei den Dreharbeiten zu *The Last Command*, weil das Mikrophon ihm Angst einjagte: Auf dem Filmset Text zu sprechen, gleicht einem Auftritt vor einem leeren Theater. Der Schauspieler überspielte seinen Schrecken, indem er sich hier, auf heimatlichem Boden, als Sprachexperte gebärdete; Sternberg mußte Kämpfe mit ihm ausfechten, damit er Deutsch wie ein normaler Mensch und nicht wie ein Demagoge oder ein Poet sprach.

Die Szenen wurden zuerst in deutsch und dann in englisch abgedreht, und gelegentlich sieht man, welche Anstrengung das für Jannings bedeutete. Sein Englisch klingt gepreßt und überkorrekt, während Marlene auf Englisch nonchalant ungezwungen wirkt mit ihrem umgangssprachlichen Dialog – obwohl nie ganz klar wird, ob sie aus London oder aus New York stammt.

Marlene bereitete es allgemein weniger Schwierigkeiten als Jannings, sich an die neue Technik zu gewöhnen – sie hatte bereits Tonaufnahmen gemacht und war durch die Schule der kleinen, intimen Theater gegangen. Ein Großteil ihrer Auftritte fand vor Zuschauern statt; Rosa Valetti war da, um ihr wieder die Feinheiten (oder Derbheiten) der Kabarettkunst ins Gedächtnis zu rufen; der Komponist saß im Orchestergraben und gab ihr rhythmische Unterstützung. Mit atemberaubender Sicherheit ergriff Marlene von der Leinwand Besitz; endlich konnte sie auf Zelluloid stimmlich zum Ausdruck bringen, was sie bislang nur durch Mimik und Gestik andeuten durfte.

Das bedeutet nicht, daß sie Lola Lola nicht auch physisch verkörpert. Sie erschuf das, was Kritiker »die neue Verkörperung der Sexualität« nennen sollten, und das wurde manchmal recht handgreiflich, wenn sich Besucher einstellten – wie es meistens der Fall war. Sternberg war ehrerbietigen Aufwartungen durchaus nicht abgeneigt.

Keatons Visite hatte ein Zeichen gesetzt: Bühne Fünf war *der* Ort; hier konnte man zuhören und lernen. Der Besucherstrom riß nicht ab, und es kamen nicht nur Filmleute wie der russische Regisseur Sergej Eisenstein und Sternbergs George Bancroft (immer noch langweilig und grobschlächtig – und in Berlin ein großer Star), sondern auch Personen, die nicht vom Fach waren, etwa der Maler und Graphiker George Grosz und sogar Max Reinhardt.

Leni Riefenstahl tauchte genau an dem Tag auf, als Lola Lola in Seidenstrümpfen und Zylinder auf dem Faß thronte und dem Professor etwas vorsang. Sternberg arrangierte die Beleuchtung für »Ich bin von Kopf bis Fuß«, und Marlene zeigte den Anwesenden ihre Beine: Kurt Bernhardt, ihrem Regisseur bei *Die Frau, nach der man sich sehnt*, Conrad Veidt, dem Nachbarn ihres Onkels Willi (die beiden drehten auf der Bühne nebenan), der Riefenstahl und dem Regisseur von Riefenstahls Alpenfilmen, Dr. Arnold Fanck.

Die Riefenstahl hatte Marlene im Theater nie so »gewagt« erlebt und glaubte, es sei *ihre* Gegenwart, deretwegen Marlene mehr als nur ihre Beine zur Schau stellte. Dr. Fanck, der vorwiegend Alpen und Gletscher filmte, fand Sternbergs Set angenehm lebendig. Unvergeßlich blieb ihm Sternbergs wütendes »Du alte Sau, zieh deine Hose rauf, man sieht ja schon die Haare!« (Leni Riefenstahl erinnert sich an ein freundlicheres »Marlene, benimm dich nicht wie ein Schwein!«)

Marlenes spielerische Art trug dazu bei, die Spannung zu vermindern, während Sternbergs Unbeherrschtheit das Gegenteil bewirkte. Nichts war bei *Der Blaue Engel* technisch so anspruchsvoll wie die Lieder, die alle »live« aufgenommen wurden. Weit mehr als jede Drehbuchszene vermittelten die Songs auch das laszive, unwiderstehliche Wesen der Lola Lola. Selbst sechs Jahrzehnte später haben sie nichts von ihrem Reiz verloren. Marlene, die auf dem Faß sitzt und dem Professor vorsingt, ist die Verlokkung in Person: Gesicht, Körper, Stimme, Persönlichkeit, alles wirkt zusammen. Die Art, wie Sternberg dieses Lied filmte, war (für ihn) erstaunlich einfach und effektiv. Von Anfang an wirkte Lola Lola elektrisierend und reizvoll; doch erst jetzt erlaubte der Regisseur Marlene, die tieferen Register ihrer Stimme, das ganze Feuer ihrer Persönlichkeit einzubringen. Seine Aufgabe bei ihren Gesangsnummern bestand hauptsächlich darin, die Kamera anzuschalten und sie singen zu lassen. Marlene wußte genau, was sie tat, und brauchte lediglich einen Rahmen – keine kunstvolle Kameraführung, keine tarnenden Filmschnitte. Ihre Lieder wurden immer in langen, ununterbrochenen Takes gefilmt und gehören zu den schlichtesten Sequenzen, die Sternberg jemals drehte. Manchmal besteht Genialität genau darin, nichts zu tun.

Alle ihre Songs knistern vor Erotik, und diese Szenen machten Jannings klar, daß nicht er der Star des Films sein würde. Sternberg verwandte unendlich viel Zeit und Mühe auf die Kabarettnummern, und immer häufiger schienen die Vorbereitungen für Marlenes Auftritte nicht mehr auf dem Set, sondern in privaten Tête-à-têtes stattzufinden. Von Anfang an hatte Erich Pommer an Sternberg eine Besessenheit bemerkt, die der Regisseur nur zum Teil hinter der »furchtbaren« Maske des Künstlers verbergen konnte. Als Marlene dann begann, Lunchpakete von zu Hause mitzubringen, die sie in ihrer Garderobe mit Sternberg teilte, wurde allmählich fast allen Beteiligten klar, daß sich hier eine Affäre entspann.

Jannings war zu eingebildet und egozentrisch, um das beginnende Liebesverhältnis zu bemerken, oder vielleicht tat er es auch als bloßen Flirt ab; doch ihm konnte nicht entgehen, welche zentrale Bedeutung die Musiknummern für den Film gewannen. Hollaender hörte zufällig, wie Jannings beim Ansehen der Bildmuster fluchte. »Die erwürge ich«, grollte er, und genau das versuchte er in seiner Szene als Wahnsinniger auch zu tun. Seine Eifersucht auf Marlene ist in die Filmgeschichte eingegangen. Mit ihrem Singen und ihren Beinen stahl sie ihm die Schau. Es ist eine Legende, daß sie seinetwegen ins Krankenhaus eingeliefert werden mußte, doch ging er in der Szene, in der er sie würgt, so heftig zu Werke, daß die Dreharbeiten unterbrochen werden mußten: Die blauen Flecke, die seine Finger auf Marlenes Hals hinterlassen hatten, mußten erst mit Make-up abgedeckt werden.

Fast von Anfang an hinkten die Dreharbeiten dem Plan zwei Wochen hinterher, und auch das Budget war überzogen. Die Tonaufnahmen und der Einsatz mehrerer Kameras ließen die Produktionskosten explodieren, und die hohen Tiere der Ufa, vom New Yorker Börsenkrach gebeutelt, gerieten in Panik. Sie bedrängten Pommer, Zeit und Kosten einzusparen – und das bedeutete unter anderem: Sternberg heimzuschicken. Seine Beurlaubung von der Paramount war zeitlich begrenzt: Nach dem 14. Januar 1930 mußte die Ufa für jede Woche, die Sternberg zusätzlich in Berlin blieb, eine Geldbuße an die Paramount zahlen. Das Budget stieg auf zwei Millionen Mark an, womit *Der Blaue Engel* der teuerste Film wurde, den Pommer je gemacht hatte, und der bislang kostspieligste Tonfilm überhaupt.

Sternberg und der Cutter Sam Winston hatten bereits während des Filmens zu schneiden begonnen, und als die Dreharbeiten Ende Januar mit zwei Wochen Verspätung beendet wurden, war der Film praktisch fertig. Seitdem Sternberg in Berlin angekommen war und *Rasputin* abgelehnt hatte, waren fünf Monate und eine Woche vergangen.

Auf Anordnung der Ufa mußte Sternberg also nach Amerika zurückkehren, damit die Produktionsfirma ihre Verzugszahlungen an die Paramount einstellen konnte. Er willigte ein, direkt nach dem Presseball abzureisen, einer prächtigen Veranstaltung, die jedes Jahr Ende Januar abgehalten wurde. Zuerst bat er Leni Riefenstahl, als seine Begleiterin zu fungieren, zog die Einladung aber im letzten Augenblick zurück. Marlene, so erklärte er der Riefenstahl, sei hysterisch geworden und habe mit Selbstmord gedroht, falls er den Ball mit einer anderen Frau als ihr besuche. Sternberg verhinderte das vorzeitige Ende von Marlenes Karriere und fügte sich ihrem Wunsch. Die Riefenstahl ging dennoch zum Ball und wurde dort zusammen mit Marlene und Anna May Wong fotografiert, die zu dieser Zeit in Berlin einen Film drehte. Marlene hätte nicht weniger selbstmordgefährdet aussehen können.

Andererseits hatte sie allen Grund, sich Sorgen zu machen. In zwei Tagen mußte Sternberg *Der Blaue Engel* an Pommer und Sam Winston (der in Berlin blieb) übergeben, die an dem Film letzte Hand anlegen sollten. Er selbst würde das fertige Werk erst beim Anlaufen in den Kinos sehen. (Die englische Version wurde später von Pommer und Sam Winstons Bruder Carl geschnitten und fertiggestellt.) Sternberg hatte Marlene gestattet, bei den Schneidearbeiten zuzusehen, und von November bis Januar hatte sie mehr über den Film im allgemeinen und über sich selbst als Filmschauspielerin gelernt, als in ihrer ganzen bisherigen Laufbahn. Sie war klug genug, um dankbar zu sein und weitere Lektionen zu verlangen.

Und jetzt fuhr Sternberg davon und überließ sie ihrem Schicksal, das sich an einem Wendepunkt befand. Einige ihrer Sorgen konnte sie mit Rudi teilen (der Sternberg kannte und nichts dagegen hatte, daß dieser von seiner Gattin fasziniert war), doch ihre Zukunft hing von den Launen bestimmter Leute ab, die Marlene weder sexuell noch anders in der Hand hatte und die sie vermutlich haßten.

Eindeutig die wichtigste aller Personen, die während der Dreharbeiten in Erscheinung getreten waren, war B. P. Schulberg von der Paramount. Schon bald nach seiner Ankunft in Berlin hatte Sternberg Jesse

Lasky ein Telegramm nach Amerika geschickt und ihm begeistert von Marlene berichtet. Lasky sandte daraufhin den Paramount-Verkaufsleiter Sidney Kent nach Deutschland, um in Erfahrung zu bringen, ob Sternberg wirklich eine Entdeckung gemacht oder nur sexuelle Erfüllung gefunden hatte. Kent telegraphierte an Lasky: »SIE IST SENSATIONELL – UNTER VERTRAG NEHMEN!«

In Berlin sah Schulberg Marlenes Probeaufnahmen und gab seine Zustimmung zu dem Vertrag. Die Zeit drängte, denn der Berliner Mann der Universal, der Ungar Joe Pasternak, wollte Marlene ebenfalls für Amerika verpflichten, und das schon seit der Produktion von *Die Frau, nach der man sich sehnt* für die Terra Films, die mit der Universal verbunden war. Pasternak hatte sogar ein Treffen mit Marlene arrangiert, um mit ihr darüber zu sprechen. »Lediglich in ein durchsichtiges Négligé gehüllt«, empfing sie ihn in ihrer Garderobe und dankte ihm huldvoll für sein Interesse. Sternberg wußte von dieser Begegnung (Pasternak hatte ihn um Erlaubnis bitten müssen), und das bestärkte diesen nur in seinem Gefühl, schnell handeln zu müssen.

Als die Paramount Marlene das Angebot unterbreitete, willigte sie nicht ein – sie durfte nicht. Ihr Vertrag mit der Ufa für *Der Blaue Engel* enthielt die Klausel, sie müsse der Produktionsfirma eventuell weiterhin zur Verfügung stehen. Eine Entscheidung hinsichtlich dieser Option würde getroffen werden, sobald die Ufa-Bosse den Film gesehen hatten, und das würde erst geschehen, nachdem Sternberg in die USA abgereist war.

Später erzählte Sternberg gerne, er habe Marlene fünf Minuten Zeit gelassen, um sich für oder gegen die Paramount und ihn zu entscheiden. Aber auch das ist eine Legende. Als er Berlin verließ, war er persönlich und beruflich ganz auf Marlene fixiert, und er konnte nur hoffen, daß die Ufa blind sein würde gegenüber dem, was er und sie auf Zelluloid geschaffen hatten.

Später hieß es immer wieder, Marlene habe unter der Ungewißheit wegen Amerika und der Paramount sehr gelitten, und zweifellos machte sie sich Sorgen wegen Heidede, die mittlerweile fünf war. Außerdem bedeutete Amerika keineswegs Sicherheit, denn ein Vertrag ist nur soviel wert wie das Papier, auf dem er steht. Möglicherweise würde aus ihr nur eine weitere Georgia Hale oder Evelyn Brent: die Zierde einiger Filme, die dann sang- und klanglos unterging. *Der Blaue Engel* war nicht mehr als ein deutscher Film, den noch niemand gesehen und der (bislang) keinen amerikanischen Verleiher hatte. Hätte Marlene auch nur einen Ton über das Angebot der Paramount verlauten lassen, dann hätte die Ufa zweifellos sofort von ihrer Option Gebrauch gemacht und vielleicht sogar Rudi bei der Produktion untergebracht. Auch *Rudi* hätte das Angebot ausplaudern können – gegenüber der Ufa oder der Terra oder sonst jemandem. Aber beide hielten dicht – und das in einer Branche, in der Verschwiegenheit Seltenheitswert besitzt. Nichts drang nach außen über die Frage, ob Marlene nun nach Amerika gehen sollte oder nicht, obwohl beide der Stunde entgegenfieberten, wenn die Ufa-Leute den Film sehen und über Marlenes Zukunft entscheiden würden.

Am 30. Januar, vier Tage nach dem Presseball, schiffte sich Sternberg auf der »Bremen« mit Ziel New York ein. Der Abschied muß schmerzlich gewesen sein für jemanden, der die Dinge so gerne unter seiner Kontrolle hatte: Sternberg reiste ab, ohne die endgültige Fassung seines Films gesehen zu haben und ohne zu wissen, wie seine Zukunft mit Marlene aussehen würde. Sein einziger Trost bestand in einem Strauß Mimosen, den sie ihm zusammen mit einem billigen Roman als Lektüre für die Überfahrt schenkte. Vielleicht hatte das Buch sie angesprochen, weil der Titel sie an die elegante, schöne Ehefrau von Onkel Willi erinnerte: *Amy Jolly, die Frau aus Marrakesch.*

Etwa eine Woche nach Sternbergs Abfahrt wurde *Der Blaue Engel* Hugenberg und seinen Mitarbeitern vorgeführt. Vielleicht durfte man von Männern, die nicht zwischen Heinrich und Thomas Mann unterscheiden konnten, keine andere Reaktion erwarten: Sie waren schokkiert angesichts dessen, was sie da zu sehen bekamen. Die für Februar geplante Premiere des Films wurde abgesagt – ein Mittel, um Druck auf Pommer auszuüben, die vom Konzern geforderten Veränderungen vorzunehmen: Andernfalls, so drohte man, würde der Film überhaupt nicht in die Kinos kommen. Die Forderung der Ufa, der Professor müsse »menschlich« sein, war in ihren Augen nicht erfüllt worden, weil er, wie sie meinten, nicht das einzig »Menschliche« tat und zum Schluß starb.

Diese Reaktion war nicht nur psychologisch aufschlußreich, sondern läßt auch vermuten, daß diese Männer überhaupt nicht erkannten, was sie eigentlich sahen. Nur zweimal im ganzen Film verwendet Sternberg Kameraschwenks, und zwar in identischen Situationen: einmal nach der ersten Hälfte, und dann wieder ganz am Ende des Films. Beide sind lange Takes, in denen die Kamera langsam vom Professor an seinem Pult zurückfährt. In der ersten Szene bricht er über dem Tisch zusammen, seiner Karriere nachtrauernd, die er für Lola Lola aufgibt. Am Schluß des Films wird diese Einstellung exakt wiederholt. Mitten in der Nacht sucht er das Pult auf, bricht zusammen und stirbt. Die Kamera fährt zurück – AUSBLENDEN.

Hugenberg und Co. verstanden diese Sequenz einfach nicht. War er nun gestorben oder was? Sie wollten, daß die »Menschlichkeit« des Professors stärker zum Ausdruck kam, und weigerten sich, den Film freizugeben, bis ihre Forderung erfüllt war. Pommer stand einem unbeugsamen Management gegenüber, hatte aber keinen Regisseur, um ein zweites, eindeutigeres Ende zu drehen. Er kämpfte auf verlorenem Posten. Den Sieg trug Beethoven davon.

Nicht die Stille, die Sternberg und sogar Friedrich Hollaender sich wünschten (wie im späteren Neuschnitt des Films zu sehen ist), sondern die Musik Beethovens verkündete nun den Lohn der Sünde und die Botschaft der »Menschlichkeit«.

In ihrer Bestürzung über die uneindeutige Moral der Geschichte übersah die Ufa-Elite die Frau auf der Leinwand und ließ die Option auf diese scheinbar unbedeutende Darstellerin fallen; dem Film stand ihrer Meinung nach sowieso ein Fiasko bevor. Wenige Stunden später unterschrieb Marlene im Büro des Berliner Paramount-Agenten Ike Blumenthal einen Vertrag für zwei Filme, der ihr 1750 Dollar die Woche einbrachte; Sidney Kent, Verkaufsleiter der Paramount, sollte das Dokument gegenzeichnen und garantieren, daß sie nur unter dem Regisseur Josef von Sternberg arbeiten würde.

Die Berliner Presse war verständlicherweise verwirrt, denn sie mußte gleichzeitig berichten, daß die Premiere von *Der Blaue Engel* abgesagt worden sei und daß Marlene mit der Paramount abgeschlossen hatte. Eine bayerische Zeitung berichtete, es entspräche *nicht* der Wahrheit, daß Marlene und Sternberg »verlobt« seien, und fügte hinzu, ihre nicht existente »Affäre« (dieses Thema mußten sie wegen des Klatsches aufgreifen, wollten das Gerücht aber heftig dementieren) stünde in keinem Zusammenhang mit ihrer Abreise in die USA. Leichtsinnigerweise erlaubte Marlene einem Wiener Journalisten, ihre Aussage zu zitieren, Riza Royce von Sternbergs vorzeitige und überstürzte Rückkehr in die Staaten während der Dreharbeiten habe nichts mit ihrer Person zu tun;

Sternberg habe seine Frau ohnehin loswerden wollen. Diese Bemerkung sollte im fernen Hollywood schnell die Runde machen.

Die Paramount gab keinerlei Kommentar zu *Der Blaue Engel* ab. Niemand dort hatte den Film gesehen, denn es war schließlich eine Produktion der Ufa. Allerdings war die Publicity-Abteilung der Paramount bereits vollauf beschäftigt mit »Adolph Zukors« neuem Star und verschickte Pressemitteilungen in alle Welt (allerdings ohne Aufnahmen, weil Sternberg dies zu jenem Zeitpunkt untersagte). Am 26. Februar verkündete die *Los Angeles Times*, »Malena Dietrich« sei in Hollywood eingetroffen.

Jetzt steckte sie in der Zwickmühle. Über all der Aufregung wegen der Option der Ufa und dem Paramount-Vertrag hatte Marlene vergessen – oder vergessen zu erwähnen –, daß sie eigentlich auch jetzt nicht in der Lage war, sich bei der Paramount zu verdingen. Im Jahr zuvor hatte sie in einem Chambre séparée einen Drei-Jahres-Vertrag mit Robert Klein unterschrieben, dem Produzenten von *Zwei Krawatten*, und dieser hatte durchaus nicht die Absicht, sie ohne weiteres gehen zu lassen.

Mit ihrem sicheren Gespür dafür, wo sie freundliche Hilfe finden würde, suchte Marlene den »Mann von Welt« auf, den Sternberg seinen »Beichtvater« nannte – Dr. Karl Vollmoeller, der ihr damals in aller Stille geholfen hatte, die Rolle der Lola Lola zu bekommen. Ihm erzählte sie von ihren Sorgen und bat ihn, sich bei Klein für eine Auflösung des Vertrags einzusetzen. Gleichzeitig führten die Anwälte der Paramount Verhandlungen mit Klein, wobei die Produktionsfirma sich fragte, was Sternberg sich und ihnen da eigentlich eingebrockt hatte. Vollmoeller tat, wie ihm geheißen, und Marlene schickte ihm ein Dankeschön-Kärtchen und lud ihn zum Essen ein.

Die Paramount und Klein wurden handelseinig: Er erhielt 20 000 Mark – genau soviel wie Marlene für *Der Blaue Engel*. Für die englische Fassung bekam sie zusätzlich 5000 Mark (unabhängig davon, ob es einen Vertrieb in Amerika geben würde) und erstand dafür einen Pelzmantel. Klein akzeptierte die Abfindung und bereute für den Rest seines Lebens, so wenig verlangt und nicht einmal einen Vorteil für sich herausgeschlagen zu haben.

Die Premiere von *Der Blaue Engel* wurde nun für den 1. April angesetzt, und so blieb genügend Zeit, Beethovens Musik einzufügen und einige nicht näher bekannte Veränderungen vorzunehmen, die von der Berliner Zensur verlangt und von Pommer durchgeführt wurden. Bis zur Erstaufführung ahnte vielleicht nur ein einziger Berliner, welchen Aufruhr Marlene hervorrufen würde, und das war ausgerechnet Heinrich Mann. Pommer hatte ihm den Film in Nizza vorgeführt, in der Hoffnung, er werde eine Pressereklame schreiben. Heinrich Mann tat ihm den Gefallen und bemerkte, die Nachwelt würde ihn nun vermutlich nur wegen »der nackten Oberschenkel von Fräulein Dietrich« in Erinnerung behalten.

Die Galapremiere am 1. April im Gloria-Palast am Kurfürstendamm schien der Abend von Emil Jannings zu werden. Noch bevor der Film anlief, hatte jede Berliner Zeitung ausführlich über ihn geschrieben und mit Artikeln von Vollmoeller, Zuckmayer und Heinrich Mann den Werdegang vom Roman zum Film verfolgt. Da es Jannings' »erster« Tonfilm und die bislang teuerste Produktion der Ufa war, erschien bei der Gala alles, was in Industrie und Wirtschaft, in Künstlerkreisen und der Theaterwelt Berlins Rang und Namen hatte; alle, die an dem Abend nicht anderweitig beschäftigt waren, gaben sich die Ehre – und dazu jede Menge Polizisten, die den Verkehr vor dem Lichtspielhaus regelten.

Im Publikum saß die Jungschauspielerin Dolly Haas neben Trude Hesterberg; noch sechzig Jahre später erinnerte sie sich daran, wie die Geliebte Manns im Brustton der Überzeugung versicherte, der Abend gehöre Emil. Jeder wissen doch, daß Marlene unbegabt sei. Erst kürzlich habe sie geklagt: »Aus mir wird nie was! Kein Mensch will etwas von mir wissen, nicht in Wien und jetzt auch nicht in Berlin. Ich gebe es auf und ergreife einen anderen Beruf!« Vielleicht hatte Heinrich ihr aus Nizza nichts über die Oberschenkel telegraphiert.

Am Nachmittag war der Film der Presse vorgeführt worden. Und erst da erkannte Jannings, wie nachlässig er beim Ansehen der Bildmuster gewesen war; jetzt bereute er seine Bequemlichkeit. Einige Abende zuvor hatte er mit Graf Harry Kessler zu Abend gegessen und lauthals verkündet, durch den Tonfilm würde das Theater überflüssig. An diesem Nachmittag im Kino sah er nun, daß etwas ganz anderes überflüssig würde. Jannings war tyrannisch, egomanisch und oft sogar grob, aber er war ein Profi und wußte, wann er einen Star vor sich hatte.

Von der ersten Szene an, in der Lola Lola auf der Bühne des Kabaretts steht, strahlt sie eine unwiderstehliche Spannung aus. Das erreicht sie nicht nur durch ihre Erscheinung, so erotisch und aggressiv diese auch wirkt, sondern vor allem durch ihre Stimme. Ihr erstes Lied – »Kinder, heut' abend such' ich mir was aus!« – ist die Arie einer Straßenkatze; ihre Stimme durchschneidet den Rauch im Kabarett wie ein Schiffshorn den Nebel.

Dies ist der einzige Augenblick im ganzen Film, in dem sie Sexualität so unverhüllt und lustvoll verkörpert – und Kritiker sollten sich noch jahrzehntelang darüber auslassen. So überwältigend ist dieser erste Moment, so schockierend die Reaktion des Professors, daß dieses Bild die späteren, eher romantischen und verführerischen Passagen fast überlagert. So zwang Marlene Berlin zur Kapitulation und zieht bis zum heutigen Tage jeden in ihren Bann, der Ohren und Augen im Kopf hat.

Den ganzen Abend standen Hugenberg und Co. gleichsam unter Schock, denn vor ihren Augen hatte sich das vulgäre Flittchen, das sie kaum wahrgenommen hatten, in einen Star verwandelt. Emil Jannings stand allein an der Bar. Eine Tasse Kaffee nach der anderen schüttete er in sich hinein, ertränkte seine Reue in Koffein und hörte, wie Marlenes Lieder aus dem Zuschauerraum drangen, um bald darauf um die Welt zu gehen. Und er wußte es. Er hatte schon recht gehabt, als er diese Frau erwürgen wollte, und vielleicht tat es ihm nun leid, daß er sich beherrscht hatte. Für alle, die sich für eine Gala der Schadenfreude herausgeputzt hatten, wie Trude Hesterberg, war dieses Ereignis eine Offenbarung, die sie weder vergessen noch vergeben würden.

Die Berliner Theaterwelt kannte Marlene vor allem aus Musicals, und die Kritiker wußten, daß sie auf der Leinwand nie so lebendig gewirkt hatte wie in *Es liegt in der Luft* oder *Zwei Krawatten* oder sogar *Eltern und Kinder*. Es war bekannt, daß Marlene schön war und irgendwie an die Garbo erinnerte, aber auch, daß sie im Film nicht »rüberkam« – und es vielleicht nie schaffen würde.

Der Tonfilm war noch zu jung, und deshalb konnten die Leute damals nicht vorhersehen, in welchem Maße Marlenes Erscheinung, gepaart mit ihrer Stimme, verstärkt und überlebensgroß, nicht nur »rüberkommen«, sondern überwältigen würde.

Nur wenige dachten im Tumult der Begeisterungsstürme jener Nacht daran, daß Lola Lola Marlenes erste Filmrolle war, in der sie das spielte, was sie war – eine singende Bühnendarstellerin, die Stimme und Körper einzusetzen wußte, um zu verlocken, zu provozieren, zu verführen und zu erregen. Durch das Mikrophon verschmolz der Klang ihrer Stimme mit ihrem Aussehen. Diese Stimme, diese Augen, diese Beine, dieser sinnliche Reiz, eingefangen in der feurigen, glühenden Intimität von Sternbergs Kameraführung, vereinten sich zu einem Ganzen, das größer war als die Summe der Einzelteile, die alle zu kennen glaubten.

Lola Lola ist eine der lebendigsten Gestalten der ganzen Filmgeschichte, ungemein präsent, nie wiederholbar, nicht einmal von den Beteiligten. Wenn man auf das sich verändernde Erscheinungsbild der Filmgestalt Marlene Dietrich zurückblickt, der Josef von Sternberg von nun an nachjagen sollte, müßte man sich eigentlich wundern.

Sternberg tat das nicht. Abgeklärt hing er sich das Svengali-Cape um, das die Presse ihm aufnötigte. »[Marlenes] Benehmen im Atelier grenzte ans Wunderbare«, erklärte er. »Ihre ganze Aufmerksamkeit galt nur mir. Kein Requisitenmeister hätte eifriger sein können. Sie benahm sich, als sei sie meine Dienerin, bemerkte stets als erste, daß ich etwas zum Schreiben suchte, und schaffte als erste einen Stuhl herbei, wenn ich mich setzen wollte. Gegen meine Regie leistete sie nicht den geringsten Widerstand. Selten mußte ich eine Szene mit ihr mehr als einmal aufnehmen.«

Er »steckte sie in den Schmelztiegel, bis ihre Erscheinung mit meinen Vorstellungen verschmolzen war, ließ sie ausleuchten, bis der alchemische Prozeß vollzogen war«, und gestattete ihr, »meine Idee zu verkörpern, nicht [ihre]«.

Also sprach Svengali über Trilby.

Doch wenn wir Marlene Dietrich in den Seidenstrümpfen der Lola Lola betrachten, fragen wir uns, was *sie* denn zur Ausformung des weiblichen Archetypus beitrug, den sie in seiner Umvermitteltheit so überzeugend und mühelos verkörpert. Sie berichtet lediglich: »Ich, das wohlerzogene, zurückhaltende, noch ganz unverdorbene Mädchen aus guter Familie, ich hatte, ohne es zu ahnen, eine einmalige Leistung vollbracht, die mir nie wieder gelingen sollte.«

Also sprach Trilby.

Die Filmfigur Lola Lola spricht für sich selbst. Wenn wir ihre souveräne, spöttische Sexualität sehen und hören, sind weder Svengali noch Trilby dabei. Wir sehen eine mit Straußenfedern bekleidete Tänzerin aus

Girl-Kabarett; wir sehen »Ruby« aus *Broadway*; wir sehen Shaws »tolles Mädchen«; wir sehen Shakespeares »strotzende Amazone«; wir sehen »das Girl vom Kurfürstendamm«; wir sehen Rosa Valettis Schülerin; den Lehrling des »Zauberers«; Eva im Gymnastikanzug, die sich auf einer zugigen Bühne einen Schnupfen holt. Wir sehen eine ehrgeizige Frau, die auf dem Podium ihre Erfüllung findet, nachdem sie demütigendes Vorsprechen und Ablehnungen überstanden hat, oder, wie Sternberg es ausdrückte, »jeden Parasiten« einer Welt, der Marlene sich ein Jahrzehnt lang hingebungsvoll gewidmet hatte.

Wir erleben auch die Geburt eines großen Stars und übersehen dabei häufig, daß dies gleichzeitig ein Ende bedeutet: Lola Lola war Marlene Dietrichs letzte Rolle, die nicht eigens für sie geschaffen, ihr nicht auf den Leib geschrieben wurde. Lola Lola stellte eine Herausforderung dar, die es nie wieder geben würde – die Arbeit, die sie *als Darstellerin* leisten mußte, um sich einer Rolle anzupassen. Von nun an mußten sich die Rollen *ihr* anpassen, und deshalb blieb etwas zurück, dort, auf der Bühne im »Blauen Engel«.

An jenem Abend im Gloria-Palast fehlte nichts. Immer wieder rief der donnernde Applaus die Mitwirkenden vor den Vorhang. Marlene in langem, weißem Abendkleid und Pelzmantel, verbeugte sich vor dem jubelnden Publikum und nahm einen Rosenstrauß entgegen, der fast so groß war wie das Bukett für Jannings. Ihr Co-Star sah schweigend und betäubt zu, wie die Fotografen Marlenes Triumph im Blitzlichtgewitter erstrahlen ließen. So laut waren die Begeisterungsstürme des Publikums, daß der Verkehr auf dem Kurfürstendamm ins Stocken geriet.

Auf Anordnung Sternbergs hatte Marlene etwas abgenommen und sah jetzt wesentlich eleganter aus als die etwas pausbäckige Lola Lola, nach der die Zuschauer stampften und schrien. Wie sich herausstellte, war Marlene reisefertig. Der Applaus dröhnte noch, als sie mitsamt Rosen das Theater verließ, um zur Villa von Onkel Willi und Jolly in der Liechtensteiner Allee zu fahren. Dort war eine rauschende Abschiedsparty im Gang, doch den Großteil der Zeit verbrachte Marlene damit, panisch nach ihrer Schiffsfahrkarte zu suchen, die sie in der Aufregung der Premiere verloren hatte.

Sie fuhr zu dem Zug, der sie zur »Bremen« bringen sollte – demselben Schiff, mit dem Josef von Sternberg zwei Monate zuvor nach Amerika

Filmplakat von »Der Blaue Engel«. Lola Lola ist eine der schillerndsten Gestalten der ganzen Filmgeschichte – bis heute.
(Foto: Cinetext Bild & Textarchiv, Frankfurt a. M.)

gereist war. Nach fast einem Jahrzehnt, nach über vierzig Film- und Büh-
nenrollen, war sie zu einem Cliché geworden, das man im Gegensatz zu
den meisten Clichés nur selten antrifft: über Nacht berühmt geworden,
ohne auch nur eine Nacht lang Zeit zu haben, den Ruhm zu genießen.

Sie ließ vieles zurück, aber das Vergangene spielte im fiebrigen
Triumph jenes Abends kaum eine Rolle. Und in keinem der zahllosen
Berichte über jene Nacht, mit all den ausführlichen Erinnerungen an die
Polizei und die Presse, an verdrossene Filmbosse, fassungslose Promi-
nenz und begeisterte Zuschauer, werden Rudi Sieber oder Heidede er-
wähnt. Von niemandem. Nicht einmal von Marlene.

Der Zug zum Hafen ging um Mitternacht.

TEIL II
Hollywood

7. DER RUHM

1930–1931

Das Schiffsdeck bebte, als die *Bremen* in der Dämmerung des 2. April 1930 die Anker lichtete. Es war ein kühler, windiger Frühlingsmorgen. Marlenes Reisegefährtin Resi (ihre Berliner Garderobiere, die Rudi als Begleitung mitgeschickt hatte) übergab beim ersten Schlingern ihr Frühstück den Wogen des Ozeans – zusammen mit ihrem Gebiß. Von da an hielt sie sich nur noch unten in den Kabinen auf, die der durchdringende Geruch der Rosen von der Premiere im Gloria-Palast erfüllte. Marlene blieb oben auf dem Deck, den Blick gen Westen gerichtet.

Heftiger Seegang sollte die Landung in New York um ganze vierundzwanzig Stunden verzögern, doch das aufgewühlte Meer entsprach genau der Stimmung der jungen Frau an Bord, die von einem enormen Ehrgeiz getrieben war und gleichzeitig den Fleiß und die Hartnäckigkeit besaß, die sie brauchte, um ihre Träume zu verwirklichen – oder mindestens zu überleben. Die Frau, die »über Nacht« zur Sensation geworden war, hatte lange genug in der Welt des Theaters gelebt, um auf den Füßen zu landen – mit oder ohne Rosen –, gleichgültig, wie sehr der Boden oder das Meer unter ihren Füßen schwankte.

Sie konnte nicht wissen, was sie jenseits des Ozeans erwartete. Aber in der frischen Meeresbrise schmeckte sie den *Ruhm*, nach dem sie sich seit ihrer Kindheit leidenschaftlich gesehnt hatte, und sie war bereit, ein Weltmeer zu überqueren, um diesen Ruhm zu erringen – obwohl ihr bewußt war, wie vieles sie zurücklassen mußte und daß Entfernungen nicht immer in Meilen gemessen werden können.

Teilweise unternahm sie diese Reise Rudi und Heidede zuliebe, davon war sie überzeugt. Rudi hatte sie dazu gedrängt und ihr Mut gemacht, und er war ohnehin glücklicher, wenn er allein war – oder genauer, mit

Marlene Dietrich 1930 an Bord des Schnelldampfers »Bremen« bei ihrer ersten Überfahrt in die USA.
(Foto: Bilderdienst Süddeutscher Verlag, München)

Tamara zusammen. Heidede war schon oft allein gewesen, ohne daß jemand irgendwelche negativen Auswirkungen bemerkt hätte. Marlenes *Ruhm* konnte für sie *alle* eine Zukunft bedeuten. Hier oder dort. Irgendwo. Obwohl die Umrisse dieser Zukunft genauso verschwommen waren wie der wolkenverhangene Horizont, der vor ihr lag.

Der größte Star Berlins sprach schließlich immer noch nicht, sondern bellte; der größte Komiker der Welt kam ohne Worte aus; die umworbenste Liebesgöttin der Welt blieb stumm und wollte allein gelassen werden. Aber das konnte nicht so bleiben. Filme wurden mittlerweile in zwei- oder dreisprachigen Versionen gedreht. Stars drehten in Berlin einen Film und redeten und sangen deutsch, englisch und französisch – wie Lilian Harvey in Pommers *Liebeswalzer* oder *Love Waltz* oder *Valse d'amour*. So etwas konnte Marlene auch.

Hollywoods unaufhaltsamer Aufstieg erinnerte an den Turmbau zu Babel, und vielleicht war die Sicht von dort oben klarer. Deutschsprachige Filme »made in Hollywood« waren schon in den Berliner Lichtspielhäusern zu sehen. Marlenes ehemaliger Regisseur Wilhelm Dieterle drehte jetzt sogar für Warner Brothers eine deutsche Version des alten arabischen Märchens aus Tausendundeiner Nacht mit dem Titel *Kismet*. Und wenn die amerikanischen Plakate endlich ankündigten: *»Garbo Talks!«*, dann würden die Plakate in Berlin verkünden: *»Garbo spricht deutsch!«*, und sie würde dann auch deutsch sprechen.

Die Macht, das Geld, der Traum – alles lag auf der anderen Seite des Atlantiks. Daß Josef von Sternberg dort war und auch dort bleiben würde, war nicht der einzige Grund – Lubitsch war ebenfalls dort, genauso wie Murnau und Eisenstein. Marlene wollte nur zwei Filme machen, ganz gleich, was passierte. Sie hatte eine Rückfahrkarte. Und dann war da ja immer noch Berlin ...

Ein Schiffssteward rief laut (und nicht das erste Mal) nach einer »Frau Sieber«. Er verbeugte sich und schlug kurz die Hacken zusammen, als sie endlich ihren Namen hörte und dem Steward zulächelte. Er trug ein kleines Silbertablett, auf dem ein Stapel Telegramme lag. Das nächste Mal würde er sie erkennen. Überhaupt würden bald alle wissen, wer sie war, denn diese Telegramme waren die ersten von vielen, die von Rudi und ganz Berlin angeschwirrt kamen.

Marlene riß eines der Fernschreiben auf und las, daß *Der Blaue Engel* in der *Berliner Zeitung* als »das erste Kunstwerk des Tonfilms« und sie selbst als »das Ereignis« gefeiert wurde. Eine andere Zeitung erklärte, Marlene sei so »faszinierend wie noch nie eine Frau im Film. Das stumme, narkotisierende Spiel des Gesichts und der Glieder, die dunkle, aufreizende Stimme läßt – von der Projektionswand herab – förmlich Körperwärme spüren.« Es folgten noch unendlich viele solcher Kritiken – aus Berlin, dann aus Wien, schließlich auch aus London. Der Ruhm verfolgte sie über den Ozean, und während das Schiff in Fahrt kam, öffnete Marlene ein Telegramm, in dem stand: »Marlene Dietrich ist nach Hollywood gegangen. Der deutsche Film ist um eine Künstlerin ärmer.«

Aber der deutsche Film hatte diese Künstlerin zurückgewiesen, selbst *nachdem* in der Darstellung der Lola Lola ihr künstlerisches Talent deutlich geworden war. Sie faltete die Telegramme sorgfältig zusammen, damit Resi sie in Ordner kleben konnte, steckte sie in die Tasche des Pelzmantels, den sie sich von ihrem Honorar für die englische Fassung von

Der Blaue Engel gekauft hatte, und wandte dem Land den Rücken zu, das ihr nun nicht mehr den Rücken zuwandte. Es sollte eine endlose Serie von kleinen Silbertabletts mit den gedruckten Echos des Vorabends folgen – eine verspätete Wiedergutmachung für die vielen Jahre, in denen sie ignoriert oder fehlbesetzt worden war.

Sie wandte ihren Blick wieder dem Horizont zu, der Zukunft, dem Mann, der diese Telegramme, diesen *Ruhm* möglich gemacht hatte. Gemeinsam mit ihm konnte sie noch mehr erreichen, und ihr Ruhm würde sich über alle Weltmeere hinweg verbreiten.

Allerdings waren dramatische Veränderungen unumgänglich, und während die *Bremen* über das Meer glitt, versuchte Josef von Sternberg festzulegen, wie diese Veränderungen aussehen sollten. Hinter den hohen, pseudomaurischen Toren in der Marathon Street in Hollywood begann er vor einem Auditorium tintenklecksender Mickerlinge, die große Veränderung der Paramount-Angestellten Nummer P-1167 zu skizzieren.

Zuerst erklärte er, wie man den Vornamen von P-1167 aussprach. Dann erzählte er, sie sei fünfundzwanzig oder dreiundzwanzig, in Berlin geboren – vielleicht auch in Weimar oder in Dresden. Sie habe ein Kind, das vier Jahre alt sei – oder auch zwei oder gerade geboren –, und einen Ehemann, von Beruf Produzent oder Regisseur oder Manager. Eigentlich heiße sie »von Losch« und mit Vornamen Maria oder Marie und Magdalena oder Magdalene, und ihr Vater sei ein Held des Deutsch-Französischen Krieges oder ein Major der Kaiserlichen Kavallerie – oder beides – und im Ersten Weltkrieg im Kampf gegen die Russen gefallen. Dietrich (für Amerikaner »Dietrick«) sei ihr Künstlername, den sie angenommen habe, um die Gefühle der aristokratischen Hofjuweliere zu schonen, von denen ihre Mutter abstammte, und auch die Gefühle der noch aristokratischeren Familie von Losch. Sie sei Konzertgeigerin gewesen, habe aber eine Verletzung am Handgelenk erlitten und geheiratet, ein Kind bekommen, sei als Schauspielerin in einer »Farce« aufgetreten, wo sie dann von ihm, Josef von Sternberg, entdeckt wurde.

Die Angestellte P-1167 wurde, genau wie die *Bremen*, vom Stapel gelassen.

Während der Überfahrt las Marlene ihre Kritiken immer und immer wieder durch. Ansonsten spielte sie Tischtennis und genoß es, berühmt zu sein. Sie lernte ein junges amerikanisches Paar namens Stroock kennen, das in New Yorker Theaterkreisen als »Jimmy und Bianca Brooks« bekannt war – dank »Brooks Costume Company«, die Jimmy leitete. Mit Hilfe der Lesbenmagazine, die sie in ihrem Gepäck verstaut hatte, versuchte Marlene, Bianca zu verführen. Bianca war erleichtert, weil sie schon befürchtet hatte, die schöne deutsche Schauspielerin, die diese vielen Telegramme erhielt, habe es auf *Jimmy* abgesehen.

Am 9. April kamen sie – mit dem besagten Tag Verspätung – in New York an. Auf ihren zwölf Gepäckstücken sitzend – darunter ihr tragbares Grammophon und zwei Geigenkästen (im einen war eine Singende Säge) –, wurde Marlene photographiert, und zwar (wie sie wußte) von Leuten, die keine Ahnung hatten, wer P-1167 war.

Sie wurde zu einer Frühstückspressekonferenz ins Ritz verfrachtet, wo der Mitbegründer der Paramount, Jesse Lasky, sie der Presse vorstellte, obwohl er selbst nicht so ganz genau wußte, über wen er redete. Er ließ niemanden sonst zu Wort kommen und verkündete, *Der Blaue Engel* werde ab Mai im Criterion gezeigt (was reine Erfindung war), und P-1167 werde vielleicht am Broadway auftreten – für den Produzenten Gilbert Miller (was ebenfalls ein Produkt der Phantasie war, aber Miller verdiente seine Brötchen bei der Paramount; er gehörte zur Geschäftsleitung). Das deutete zumindest darauf hin, daß »the Potsdam peacherino« (»der kleine Potsdamer Pfirsich«, wie die Presse sie taufte) Englisch sprach.

Das tat sie auch. Und sie teilte den Anwesenden mit, sie habe Heimweh nach ihrem »Baby«.

Das löste eine kleine Sensation aus, denn damals hatten »Peacherinos« noch keine Babys, oder sie gaben es jedenfalls nicht zu, in keiner Sprache der Welt.

Ihr Heimweh linderte sie umgehend, indem sie sich der Kamera des New Yorker Photographen Irving Chidnoff stellte und damit eine weitere Sensation auslöste, diesmal eine größere. Sternberg hatte von der Paramount eine vertragliche Garantie erzwungen, daß sie nur unter seiner Aufsicht photographiert werden dürfe. Er wollte nicht, daß die Welt eine andere Marlene Dietrich zu sehen bekam als die seine (also nicht einmal ihre eigene). Seine Wut ließ sämtliche Telephonleitungen heißlaufen, und er verlangte, alle Photos und Negative müßten vernichtet werden. Marlene schnappte sich einen Stapel Bilder, versah sie mit Autogrammen in grüner Tinte und schickte sie zurück über den Atlantik, wo sie in Berlin und Wien auf den Titelseiten der Illustrierten veröffentlicht wurden.

Marlene kam in New York keine Minute zur Ruhe. Sie überließ es Resi, sich ihre neuen Zähne am Zimmerservice im Algonquin Hotel auszubeißen, und ging mit Walter Wanger zuerst essen und anschließend tanzen. Wanger war Produktionschef der Paramount an der Ostküste und ein berüchtigter Frauenheld. Er machte Marlene mit illegal gebranntem Schnaps bekannt (direkt aus *Broadway*), und der Sänger Harry Richman gab für sie seinen berühmten Hit »On the Sunny Side of the Street« zum besten. Als Marlene Sternberg telefonisch über ihren Verbleib informierte, befahl ihr der Regisseur (der Wangers Methoden kannte), augenblicklich aus New York abzureisen. Also bestieg sie den Twentieth-Century-Limited.

Auch Sternberg erstand eine Zugfahrkarte. Er hatte sich diskret von dem Empfang in New York ferngehalten, aber Marlenes Phototermine und Flüsterkneipenbesuche zwangen ihn, alle Regeln der Diskretion zu mißachten – und auch Riza Royce von Sternberg. In New Mexico traf er sich mit Marlene, und am 13. April kamen die beiden gemeinsam in Pasadena an. »Drehbuchbesprechungen«, erklärte Sternberg der Presse – und Riza Royce von Sternberg. Er hatte ein Skript mitgenommen, das auf dem Roman basierte, den Marlene ihm gegeben hatte, als er zwei Monate zuvor aus Berlin abgereist war. Marlene erklärte, ihrer Meinung nach sei *Amy Jolly: Woman of Marrakesh* »schwache Limonade«, aber Sternberg fand, als Drehbuchvorlage für einen Film namens *Morocco* (Marokko) habe das Werk durchaus seine starken Seiten.

Die Paramount wollte nicht auf *Morocco* warten; man verlangte, daß P-1167 für ihre 1750 Dollar in der Woche *unverzüglich* zu arbeiten begann. *Paramount on Parade*, zum größten Teil schon abgedreht, war eine jener Produktionen unter der Leitung von Paramount-Regisseuren mit sämtlichen Extravaganzen, zu denen sich die Studios damals verpflichtet fühlten, mit allen Stars, die unter Vertrag standen – und teilweise bereits in Technicolor gefilmt. Aber es blieb noch genug Zeit, um eine Art Vorspann für den deutschen Markt zu drehen, und darin sollte Marlene einen neuen Song von Friedrich Hollaender singen. In Frack und Zylinder und unter der Regie von – Lubitsch.

Wieder eine Sensation, und zwar eine ziemlich große. Sternberg war laut Vertrag (ihrem Vertrag, nicht seinem) Marlenes ausschließlicher Regisseur und machte Vertragsbruch geltend, als Lubitsch Werbeaufnahmen von Marlene in Frack und Zylinder drehte. Friedrich Hollaenders Song ging irgendwo im Getümmel unter, was die ganze Idee song-los und damit auch sinn-los machte. Sternberg übernahm die bereits vorhandenen Produktionsutensilien, behielt den Zylinder und die weiße Krawatte bei und machte für die internationalen Vertreter der Paramount einen noch nie dagewesenen Trailer mit dem Titel »Introducing Marlene Dietrich«. Marlene in Männerkleidern schockierte die Vertreter, aber sie wußten, wer P-1167 war und wer das Sagen hatte.

Marlene riß sich derweil die Standphotos von *Paramount on Parade* unter den Nagel und schickte sie nach Berlin. Eines signierte sie, wie üblich in grüner Tinte, mit »*Vati* Marlene« – genau die Art frecher Eigenwerbung, die ihre lesbischen Freundinnen in Berlin amüsant fanden und die Sternberg ihr austreiben wollte. Er hatte vor, seinen weiblichen Archetypen auf seine – nicht ihre – Weise zu enthüllen, und zwar erst dann, wenn er die Zeit für gekommen hielt.

B. P. Schulberg, der Studioboß, hielt die Zeit für gekommen. Er hatte die Macht und die Möglichkeit, sie auszuüben. Schulbergs Assistent, David O. Selznick, war seit kurzem mit Irene Mayer, der Tochter von Louis B., verlobt, eine gesellschaftliche Verbindung zwischen der potenten Paramount und ihrer Rivalin MGM. Schulberg gab eine luxuriöse Verlobungsparty im Beverly Wilshire Hotel, zu der Hollywoods Crème de la crème geladen war. Man dinierte und tanzte, und als der Abend gerade seinen Höhepunkt erreicht hatte, verstummte auf einmal alles.

»Plötzlich herrschte Stille, eine gespannte Stille«, erinnert sich Irene Selznick, »nicht der helle Weckruf einer Fanfare, aber so ähnlich, nur eben ohne Ton. Dann öffnete sich die hohe Doppeltür am Ende des Ballsaals, und herein kam Marlene. Niemand hatte sie zuvor gesehen. Sie ging ein paar Schritte, in ihrer langsamen, faszinierenden Gangart, und nahm die Tanzfläche in Besitz, als wäre diese eine *Bühne*. Ich glaube, das war ihr stärkster Auftritt. Sie wirkte wie ein Traumbild und sah absolut sensationell aus.«

»Meine Damen und Herrn, der neue Star der Paramount, Marlene Dietrich«, verkündete Schulberg von seinem Platz auf dem Podium, neben der Verlobten seines Stellvertreters. »*Diese* Party konnte B. P. abschreiben!« erzählte Irene Selznick später. Hollywood und die Gefolgschaft der Garbo erlebten einen ersten Vorgeschmack der Dinge, die da kommen sollten.

Das galt auch für Riza Royce von Sternberg. Da ihr Ehemann seinen neuen Star unter Kontrolle haben wollte, hatte er für Marlene ein Apartment gemietet, gleich gegenüber der Wohnung, die er mit seiner Frau teilte. Marlene, eine Fremde in einem fremden Land, lud ihn zu allen Tages- und Nachtzeiten zu sich ein, weil sie ein Drehbuch besprechen wollte oder damit er sie tröstete, wenn sie Heimweh hatte. Riza Royce von Sternberg, die das ewige Hinundhergerenne verdroß, meinte schließlich: »Warum heiratest du sie nicht einfach? Vielleicht macht sie das ja glücklich.« Sternberg erwiderte nur: »Genausogut könnte ich mit einer aufgescheuchten Kobra eine Telefonzelle teilen.«

Doch er behielt die Kobra und warf die Ehefrau am 11. Mai »unter Gewaltanwendung« hinaus. Zwei Tage später erwirkte Riza die rechtliche Trennung, zu der ein Hinauswurf führen kann, und am 2. Juni reichte sie die Scheidung ein.

Sternberg schickte Marlene zu einem Stimmbildner, damit sie ihren teutonischen Akzent ablegte, durch den ihr Englisch oft abgehackt und schroff klang. Er verordnete ihr Diät und Gymnastik und schickte sie dafür in verschiedene Schönheitssalons, darunter auch zu »Sylvia of Hollywood«, wo man behauptete, man würde nicht nur Fett wegmassieren, sondern auch Knorpel. Sternberg beaufsichtigte auch das neue Make-up, das Dotty Ponedel von der Paramount gestaltete. Marlenes Augenbrauen wurden höher und geschwungener gezeichnet, die oberen Wimpern verlängert und dunkler gefärbt, und auf dem unteren Lid wurde ein weißer Strich aufgetragen, um die Augen zu »öffnen«, damit sie größer wirkten, und um die Aufmerksamkeit von der »Swanson-« oder »Entennase« abzulenken, die Marlene immer schon gestört hatte. Mit einem dünnen Silberstrich, der das Licht reflektierte, »begradigte« Ponedel die Nase.

Marlenes Backenknochen wirkten höher, als ihr Gesicht schmaler wurde, »skulptiert« durch die Beleuchtung, die Sternberg verwendete und die stark an die bewußte Berliner Photoautomatenkabine erinnerte. Die entscheidende Lichtquelle kam von oben, wodurch die Backenknochen betont wurden, die Wangen hohler wirkten und die Augen mit den schweren Lidern im Schatten lagen. Außerdem entstand so ein »Heiligenschein«, der das rotblonde Haar aufhellte.

Sternbergs Beleuchtung und sein Make-up schmolzen Lola Lolas Ungeschliffenheit weg, und die Symmetrie des Gesichts, das »alles versprach«, schien nun alles anzudeuten: Rätselhaftigkeit, Sehnsucht, Verführung, Wärme, Verwundbarkeit, Ironie, Überdruß – eine ganze Palette von Ausdrucksmöglichkeiten. Sternberg nutzte das Geschick der Paramount-Photographen Robert Richee und Don English, und Marlene widmete sich ihren Kameras mit dem gleichen Engagement, wie sie es als Baby in Schöneberg getan hatte. Sie betrachtete das Gesicht auf den Sternberg-Photos und sagte später zu einem Freund, es sei »das Schönste, was ich je in meinem Leben gesehen habe«. Sie wurde schmaler, blonder, schöner – und auch das Heimweh schwand.

Morocco wirkt heute wie hochromantischer Kitsch, aber die Struktur des Films war für die damalige Zeit ebenso kühn wie sein Schluß. Das erste Viertel des Streifens dient ausschließlich dazu, einen Star aufzubauen. Das Milieu, die Atmosphäre und die anderen Charaktere werden entwickelt, aber in der ersten halben Stunde des siebenundneunzigminütigen Films wird lediglich die Aura des Stars geschaffen. Sternbergs »Einführung« von Marlene Dietrich ist die vielleicht eindrucksvollste in der gesamten Filmgeschichte.

Wir begegnen Marlene zum erstenmal auf dem nebelverhangenen Deck eines Schiffs, als sie auf der Reise von Nirgendwo in Marokko landet. Die »Varietékünstlerin« lehnt das galante Hilfsangebot von La Bessière ab (»Ich brauche keine Hilfe«). Der Kapitän des Schiffs bezeichnet sie als einen der »Selbstmordpassagiere – sie haben keine Rückfahrkarte und kommen nie wieder«.

Doch diese Dame kommt wieder. Wir sehen sie in ihrer Garderobe, wie sie sich für einen Auftritt herrichtet, mit Frack und Zylinder. Ihre seltsame Kleidung wirkt noch mysteriöser, da sie ein französisches Lied vor sich hin singt, während sie sich in einem Handspiegel betrachtet. Dann läßt Sternberg sie vor ein feindseliges Publikum treten (das genausowenig wie die Zuschauer im Kino weiß, was es von ihrer Verkleidung halten soll). Gary Cooper, der spürt, daß er hier etwas völlig Neues vor sich hat, das weder er noch sonst jemand im Raum je gesehen hat, bringt die Buhrufer zum Schweigen. Sie wartet oben auf der Bühne, kühl, passiv, mit glimmender Zigarette.

Sternberg hatte längst begriffen, daß er Marlene am besten in Ruhe

Marlene Dietrich mit Gary Cooper in dem Film »Morocco« von 1930.
(Foto: Cinetext Bild & Textarchiv, Frankfurt a. M.)

ließ, wenn sie sang. Er drehte die Szene in zwei Grundeinstellungen: ganz und halbnah, dazwischengeschnitten die Reaktionen im Publikum, vor allem die von Gary Cooper. Marlene singt gegen den Text des Liedes an, der vom Tod der Liebe handelt (*»Quand l'amour meurt«*), indem sie die betonten Silben mit einer trotzigen Dynamik versieht. Um ihre Gleichgültigkeit zu unterstreichen, schnipst sie ihren Zylinder mit einem Finger nach hinten und schiebt ihn später wieder nach vorn – eine ironische Geste der Selbstkrönung. Sie legt hier erstaunliche Selbstsicherheit an den Tag und beherrscht die Bühne, als wäre sie der Ballsaal des Beverly Wilshire Hotels. Der Filmkritiker Richard Schickel nennt dies einen »Stardiskurs«: *Morocco* handelt nicht von Amy Jolly, sondern ausschließlich von Marlene Dietrich. Sie ist der Inhalt, der Stil, der Sinn und Zweck des Films.

Auf das Lied folgt die unvergeßlichste Darstellung sexueller Ambiguität in einem Film. Amy Jolly bekommt von einer Frau im Publikum eine

Blume überreicht, sie küßt die Frau auf den Mund und wirft dann die Blume dem Legionär Cooper zu. Sternberg nannte das »einen lesbischen Akzent«, aber es ist mehr als das, mehr als nur eine private Anspielung auf Marlene und Berlin. Es ist eine der großen Schlüsselszenen in der Geschichte des Films, und zeitgenössische Kritiker sahen darin nicht einen Hinweis auf »*Vati* Marlene« (wovon sie ohnehin nichts oder kaum etwas ahnten), sondern ein Signal dafür, daß diese Frau, die »keine Hilfe braucht«, gewillt ist, die Männerwelt in Männerkleidung und mit männlicher Kühnheit zu erobern.

Zylinder und Frack sind ihre Rüstung und eine Warnung; die Blume ist Angebot und Kampfansage zugleich. Die Dietrich wirkt desinteressiert, aber sie beherrscht die Lage souverän. Es ist nicht *ihr* Geschlecht, das sie sich unterwirft, sondern das Coopers. Als Beweis dafür steckt er sich die Blume hinters Ohr.

Sternberg erreicht eine weitere Steigerung der Kühnheit (und der Herausforderung), indem er sofort ein zweites Lied nachschiebt, das Marlene diesmal mit entblößten Beinen vorträgt: Eva in einer Federboa. »Was bietet man mir für meinen Apfel?« stand im Drehbuch, was dann zu einer öffentlichen Versteigerung von Amy Jollys Zimmerschlüssel führen sollte, aber die Zensur-Wachhunde des Hays Office waren auf dem Posten (der »lesbische Akzent« entging ihnen dagegen völlig). Amy Jolly gibt jetzt ihren Schlüssel dem Legionär, mit der spöttischen Bemerkung: »Sie sind ziemlich tapfer … bei Frauen.« Nach zwei Liedern, das eine in der Rüstung, das andere in einem sehr freizügigen Kostüm gesungen, weiß man: Dies ist eindeutig keine gewöhnliche Frau.

Andrew Sarris meint in seiner Monographie über Sternberg (Museum of Modern Art), wenn *Der Blaue Engel* davon handle, wie tief ein Mann aus Liebe sinken kann, so sei *Morocco* sozusagen das Gegenstück. Aber Professor Unrat geht an der Liebe zugrunde, während Amy Jolly durch die Liebe geleitet und erlöst wird. Sie braucht La Bressières Perlen und seine französischen Tischgespräche genausowenig wie früher die Zobelpelze; was sie braucht, ist, daß sie den Mann, den sie erwählt hat, bedingungslos, uneingeschränkt und klaglos liebt. Sie verzichtet auf die Welt der Reichen und Schönen und folgt dem Ruf ihres Herzens. Damit unterwirft sie sich nicht etwa (wie Feministinnen schlußfolgern mögen), sie bleibt vielmehr lediglich ihren Gefühlen treu. Als sie am Schluß des Films hinter einer Sanddüne verschwindet, begleitet nur von einer Ziege und dem Wehen des Windes (das noch zu hören ist, wenn das Paramount-Logo erscheint), weiß Tom Brown nicht einmal, daß sie kommt. Doch das spielt keine Rolle: Das wichtigste ist die Verschmelzung mit ihrem romantischen Selbst. In einer neueren Kritik heißt es, daß diese Schlußszene noch für heutige Zuschauer Marlene Dietrichs Format als Darstellerin großer Gefühle belegt. Es ist die Leidenschaft, die diese Szene rettet und die Dietrich so garbohaft erscheinen läßt – in einer Rolle, bei der man sich unmöglich vorstellen kann, daß die Garbo sich je an sie herangewagt hätte.

Die Dreharbeiten für *Morocco* begannen im Juli, und im August hatte man sich bei der Paramount die Standphotos angesehen und sich durch die Muster von Amy Jolly in Erstaunen versetzen lassen. Außerdem hatte man sich über die europäischen Einspielergebnisse von *Der Blaue Engel* kundig gemacht. Schulberg leitete nun die Verhandlungen über den amerikanischen Verleih des deutschen Films ein, die er bisher aufgrund der schlechten wirtschaftlichen Lage hinausgezögert hatte. Doch er wollte den Film zu diesem Zeitpunkt noch nicht auf den Markt bringen, sondern abwarten, bis *Morocco* angelaufen war.

»SIE IST SENSATIONELL – NEHMT SIE UNTER VERTRAG« wurde zu »VERKAUFT SIE«. Sternberg wählte das einladendste der Photos, die Eugene Roberts Richee unter seiner Aufsicht gemacht hatte. Das Bild wurde stark vergrößert und war bald überall auf der Welt auf einem Plakat mit der lakonischen Unterschrift »Der neue Star der Paramount – Marlene Dietrich« zu sehen. Aber das Photo prangte nicht nur auf Reklametafeln oder Häuserwänden, es erschien auch auf ganzseitigen Anzeigen in Zeitungen und Zeitschriften von Santiago bis Stockholm. Filmzeitschriften regten Fanclubs an – einzig und allein auf der Grundlage dieser Photos (die Bilder mit Frack und Zylinder waren nur für Berlin bestimmt). Die außereuropäische Welt, die noch fast ein Jahr auf den *Blauen Engel* warten sollte, »kannte« bereits eine sanftere, romantischere Marlene, ehe man sie auf der Filmleinwand zu Gesicht bekam. Selbst Louella Parsons, die sich eigentlich mit den Hollywood-Tricks auskannte, verfaßte Schlagzeilen über die »berühmte Schauspielerin«, die noch niemand gesehen hatte – außer auf Plakaten und in Anzeigen. Marlene Dietrich war vermutlich die erste Frau der Welt, die dafür berühmt war, daß sie berühmt war.

Die Besetzung der Rolle des Legionärs mit Gary Cooper blieb keineswegs folgenlos: Rasch »funkte« es. Zum erstenmal wurde Marlenes exotische Aura mit der ungeschliffenen elementaren Männlichkeit eines amerikanischen Prototyps konfrontiert, der sie in die Schranken verweist und sich von ihrer Ambiguität nicht beirren läßt. Die sexuelle Spannung springt von der Dietrich auf Cooper über, als sie sich das erste Mal ansehen – und dann sofort aufs Publikum.

Cooper hatte damals eine turbulente Liebesaffäre mit Lupe Velez. Der »mexikanische Vulkan« gab bei jeder Hollywood-Party eine bösartige Marlene-Imitation zum besten (die sie später, als die Affäre mit Cooper vorbei war, in ihr Programm am Broadway aufnahm). Sternberg war genausowenig wie die Velez entzückt über das, was da zwischen den beiden während der Arbeit und auch danach vor sich ging; er ließ Cooper sein Mißfallen spüren, indem er ihn ignorierte.

Sternberg sprach während der Dreharbeiten mit Marlene meistens deutsch, einerseits um die Umstehenden von ihrer Kommunikation auszuschließen, andererseits um die Arbeit für Marlene einfacher zu machen. Das reizte Cooper, der ohnehin verärgert darüber war, daß Sternberg »das ganze Ensemble zwang, andächtig schweigend um ihn herumzustehen, wenn er nachdachte«. Also packte er seinen Regisseur »einfach am Mantelkragen und hob ihn hoch«, berichtet der Drehbuchautor Jules Furthman. »Sie gottverdammter Kraut [sagte Cooper], wenn Sie in diesem Land arbeiten wollen, dann lernen Sie gefälligst die Sprache, die wir hier sprechen.«

Cooper wußte genau, daß Sternberg fast genauso »amerikanisch« war wie er selbst. Doch er erreichte sein Ziel: Sternberg verließ den Set und ward den Rest des Tages über nicht mehr gesehen. P-1167 blickte ihm »mit einem Mona-Lisa-Lächeln« nach, wie der Sternberg-Veteran Furthman schadenfroh beobachtete.

Je schroffer sich Sternberg verhielt, desto zuvorkommender wurde Cooper. Manchmal benahm sich Sternberg gegenüber Marlene richtiggehend brutal, während er sie gleichzeitig mit der Kamera hofierte. Als die Schlußszene gefilmt wurde, in der Marlene barfuß in die Wüste geht, erlitt sie einen Hitzschlag und wurde ohnmächtig. Kaum war sie wieder bei Bewußtsein, wollte sie von Sternberg wissen, ob er noch eine Nahaufnahme brauche. Und Sternberg hatte nichts Besseres zu tun, als einen Aussprachefehler bei dem Wort »Close-up« zu korrigieren. Marlene erzählte diese Geschichte in ganz Hollywood herum und gewann damit Sympathien, weil sie ihn immer zu loben schien. »Ist er nicht wunderbar?« parodierte Sternberg sie. »Er korrigiert mein Englisch sogar noch, wenn ich aus einer Ohnmacht erwache.«

Sternbergs Sorge um Marlenes englische Aussprache war berechtigt, aber übertrieben. Ihr erster Satz im Film war französisch (»*Merci, Monsieur*«), gefolgt von: »Thank you, I don't need any help.« Sternberg zufolge (Marlene erzählte später die gleiche Anekdote) schaffte sie es nicht, »help« richtig auszusprechen, so daß die Szene mehrmals nachgedreht werden mußte, bis ihm schließlich eine Idee kam. Er schlug vor, sie solle das Wort einfach so aussprechen, als wäre es ein deutsches. Sofort klappte es. Wenn er zu ihr gesagt hätte, sie solle es einfach machen wie in *Der Blaue Engel*, wo sie wiederholt und ohne jede Schwierigkeit »can't help it« gesungen hatte, hätte er eine hübsche Anekdote weniger zu erzählen gehabt, aber auch viel Zeit gespart.

Sternberg prahlte oft, seine Regiearbeit bestehe aus Anweisungen wie: »Dreh deine Schulter von mir weg, und richte dich auf … Sprich eine Oktave tiefer, und lisple nicht … Zähle bis sechs, und starre dann auf die Lampe, als könntest du nicht mehr ohne sie leben.« Der Marionettenspieler bei der Arbeit. Und Marlene brachte ihn zur Raserei, weil sie eine so gute und gehorsame Marionette war. »Sie war die bescheidene kleine deutsche Hausfrau und ich der Schurke, der ihr nicht gestattete, zu reden und in der Öffentlichkeit zu erscheinen«, beklagte er sich. Marlene wurde von allen Publicity-Leuten ferngehalten, und wenn sie sich beschwerten, konterte Sternberg, indem *er* sich darüber beschwerte, wie über *ihn* berichtet werde. »Seine Ego-Symphonie« war in aller Munde, aber dieses Ego war – schon immer – sein einziger Anker in einer Welt, in der es immer noch besser war, man wurde verunglimpft, als ignoriert. Also galten die Sympathien Marlene, und sie brachte ihm immer Verständnis entgegen, wodurch man sie nur noch sympathischer fand.

Alle wußten, daß Sternberg verliebt war und Marlene nicht. Sie gehorchte ihm, sie lobte ihn, sie verehrte ihn, aber Verehrung ist nicht Liebe. Die Tatsache, daß er der Mann war, den sie mehr als alle anderen zufriedenstellen wollte, bedeutet noch lange nicht, daß sie ihn zu sich ins Bett ließ: Er mußte hinter der Kamera bleiben und sie für Gary Cooper schön machen – und für jenen noch größeren Rivalen, die WELT.

Die Dreharbeiten für *Morocco* waren im August abgeschlossen, und die Endfertigung fand in der zweiten Septemberhälfte statt. Es heißt immer, *Morocco* sei ein Überraschungserfolg gewesen und habe die Paramount vor dem Ruin bewahrt, aber schließlich hatte das Studio Unmengen von Geld in »den neuen Star der Paramount« investiert, um ihn weltweit berühmt zu machen. Schulberg wußte genau, was er an Marlene hatte, denn Sid Grauman sagte es ihm. Noch nie hatte die Paramount Graumans »Chinese Theater« in Hollywood für eine ihrer Aufführungen bekommen. *Morocco* jedoch überzeugte Grauman auf Anhieb davon, daß es an der Zeit war, seine traditionell paramountfeindliche Einstellung zu revidieren. Er erklärte sich bereit, den Film nach der Uraufführung im November in seinem berühmten Kino auf dem Hollywood Boulevard zu zeigen.

Noch vor der Premiere im New Yorker »Rivoli« brachte die *New York Times* einen langen Artikel mit der Überschrift »Marlene Dietrich wird über Nacht ein großer Filmstar«. Die *Times* (die als Illustration des Artikels ironischerweise das Photo von Marlene hinter dem vereisten Zugfenster aus *Gefahren der Brautzeit* wählte) schrieb: »Wenn Miss Dietrich die Erwartungen erfüllt, dann ist es das erste Mal in der Geschichte des Tonfilms, daß eine ausländische Schauspielerin ›über Nacht‹ zu Starruhm gelangt.«

Morocco brach alle bisherigen Kassenrekorde im »Rivoli«. Der Film erhielt Kritiken, auf die sich die bombastische weltweite Werbekampagne zum Glück nicht negativ auswirkte. *Photoplay* meinte sehr treffend: »[Josef von Sternberg] hat den Film nicht nur Marlene geschenkt; sie hat ihn sich genommen.«

Die *Los Angeles Times* berichtete über lange Schlangen, die sich trotz der Depression vor den Kinokassen drängten, und urteilte: »Miss Dietrich zeichnet sich aus durch … provokative Gelassenheit und eine wunderbar sparsam eingesetzte Ausdruckskraft.« Die Rezension betonte, daß sich ihre Lieder angenehm von der gängigen Massenware abhoben: »Die Ballade über den Apfel ist ein Juwel, voller diskreter Anspielungen, wesentlich kühner in ihren Andeutungen als … alles, was mit schwingenden Hüften und schrillen Stimmen zum besten gegeben wird.«

Die Aufführung im »Chinese Theater« zehn Tage später (inklusive Bühnenshow) gehörte zu den spektakulärsten, die es in Hollywood bislang gegeben hatte. Gary Cooper erschien mit Lupe Velez. Die

Schulbergs kamen, ferner Adolph Zukor höchstpersönlich, Mr. und Mrs. Irving Thalberg höchstpersönlich, Douglas Fairbanks und Mary Pickford, der Neuling Joseph L. Mankiewicz mit Mary Brian, Lily Damita (eine alte Berliner Freundin von Marlene), Joan und Constance Bennett. Und nicht zu vergessen: Prinz Gabeshi Lall von Indien, bei dessen Maharadscha-Insignien nur noch der Elefant für den Ritt durch die Lobby fehlte.

Marlene erschien an der Seite Sternbergs. Zu ihrer Entourage gehörte auch Chaplin, ausgerechnet in Begleitung von Sternbergs früherer Entdeckung Georgia Hale. Marlene trug ein schwarzes Chiffonkleid, grüne Abendschuhe, eine grüne Perlenkette, alles eingehüllt in einen schwarzen Samtumhang mit Silberfuchsbesatz.

Die Kritiker feierten sie als einen Star. Louella Parsons gab ihrem Artikel die Überschrift »Berühmte Schauspielerin umjubelt bei ›Chinese‹-Aufführung«. Parsons meinte, sie habe ihr Urteil zurückgehalten, »um zu sehen, ob sie [Marlene] die erstaunliche Publicity-Kampagne tatsächlich verdient hat, die ihretwegen angestrengt wurde«. Sie hatte sie verdient. »Wir müssen zugeben, daß die Superlative der Paramount im Fall von Miss Dietrich nicht fehl am Platze sind. Ihre Souveränität, ihre Gelassenheit und ihr Raffinement sind faszinierend.« Nachdem Lonella Parsons Sternberg alle seine Sünden vorgehalten hatte (unter anderem fand sie, Menjous Rolle hätte etwas »normaler« sein können), erteilte sie ihm Generalabsolution, da der Film ohnehin hauptsächlich »die Dietrich« sei.

Das Unvermeidliche durfte natürlich nicht fehlen. »Die Ähnlichkeit mit Greta Garbo ist mehr als deutlich«, stellte Parsons fest, »aber Miss Dietrich ist hübscher.« Im *National Board of Review Magazine* schrieb Wilton A. Barret: »Vor allem aber leuchtet Marlene Dietrich, der neu entdeckte Star, eine wirkliche (und sehr ungewöhnliche) Persönlichkeit, wie sie auf der Leinwand noch nicht zu sehen war, eine Schauspielerin eben, Symbol filmischen Glamours; nur eine einzige Schauspielerin ist ihr in dieser Hinsicht ebenbürtig – wer *Morocco* sieht, wird wissen, wer gemeint ist.«

Der Vergleich mit der Garbo war in aller Munde. Nur die Garbo selbst wollte nichts davon hören. Nach ihrer Meinung befragt, antwortete sie angeblich nur: »Wer ist Marlene Dietrich?« – vielleicht ihre witzigste öffentliche Äußerung überhaupt.

Marlene erklärte, das Gerede breche ihr das Herz. »Wenn nur *Der Blaue Engel* hier zuerst gezeigt worden wäre, dann würden die Leute das alles nicht behaupten. [In dem Film] war ich kein braves Mädchen, sondern ein bißchen vulgär. Ich war nicht wie die Garbo«, erklärte sie, »ich war ich selbst. In *Morocco* ist das anders. Vielleicht sehe ich ihr tatsächlich ein wenig ähnlich, aber ich lege es nicht darauf an. ... Es [ist] herzlos, wenn die Leute solche Sachen sagen«, klagte sie, während das »Chinese Theater« und das »Rivoli« Tag und Nacht sämtliche Einspielrekorde brachen.

Ruhm lebt von Spekulationen und ruft seinerseits Spekulationen hervor. Die Mutmaßungen über Marlene ergaben sehr widersprüchliche Bilder, was durch die Widersprüchlichkeit ihrer Rolle in *Morocco* noch verstärkt wurde. Einerseits gab es Amy Jolly, die Künstlerin voller Gefühl und Leidenschaft, und Marlene, die Europäerin, die eine Gefahr für alle Hollywood-Ehen bedeutete. Andererseits gab es Amy Jolly, die um der Liebe willen irdischen Reichtum ausschlägt, und Marlene, die zu Hause blieb, ihr abwesendes Kind über alles liebte, Goethe und Kant las und Kuchen backte. (»Wenn man sich überlegt, wieviel sie angeblich gebacken hat«, bemerkt Irene Selznick, »sie muß irgendwo eine *Fabrik* gehabt haben.«)

Die einzige »Fabrik«, die sie hatte, war die Paramount. Diese sorgte dafür, daß »*Mutti* Marlene« photographiert wurde, wie sie mitten in der Nacht die kleine Heidede anruft; außerdem wurde behauptet, die Verführerin gebe nicht deswegen so selten Interviews, weil sie die Garbo nachahmen wolle, sondern weil sie den Zahn ihres Kindes im Mund trage. Diese Seiten ihrer Persönlichkeit wurden der Öffentlichkeit penetrant vorgeführt, um das Leinwand-Image ein wenig abzumildern und Skandale zu verhindern. Und um Sternbergs grollender Ehefrau den Wind aus den Segeln zu nehmen.

Die »Fabrik« war sich bewußt, daß sie mit P-1167 nur einen Vertrag über zwei Filme geschlossen hatte. Noch bevor die Dreharbeiten für *Morocco* abgeschlossen waren, registrierte man voller Entsetzen, daß P-1167 eine Rückfahrkarte nach Europa in der Tasche hatte. Also bot man ihr einen neuen Vertrag an. Ihr garantiertes Einkommen wurde annähernd verdreifacht: 125 000 Dollar pro Film bei zwei Streifen pro Jahr. Der zweite Film mußte also unbedingt noch unter dem alten Vertrag gedreht werden.

Marlene Dietrich mit ihrer Tochter Maria. Das Foto entstand 1930, als »Heidede« gerade fünf Jahre alt war.
(Foto: Bilderdienst Süddeutscher Verlag, München)

Sternberg wollte als Titel *X-27.* Am Ende hieß der Film *Dishonored* (Entehrt). Er wurde hastig konzipiert und ging schon Anfang Oktober in Produktion, nur wenige Wochen nach Abschluß der Dreharbeiten für *Morocco.* Der Film hat eine hektische Atmosphäre, was ihn zum unbedeutendsten der Dietrich-Sternberg-Werke macht, aber in gewisser Weise auch zum erträglichsten. Es geht um eine Wiener Prostituierte, die vom Chef des österreichischen Geheimdienstes als eine Art Liebesspionin (»X-27«) angeheuert wird, um den Tod ihres Ehemanns, eines Soldaten, zu rächen (das ist die »Witwe Kolowrat«). Eigentlich war das ein alter Hut – fast ein Remake von Garbos *Mysterious Lady.* Und ein Vorgriff auf *Mata Hari* vom folgenden Jahr, als die MGM begriff, wie heftig Marlene am Thron der Garbo rüttelte.

Dishonored zeigt Marlene vorrangig als dramatische Darstellerin (es gab keine Lieder, obwohl sie ihre konspirativen Botschaften am Klavier dekodiert!) und führt Sternbergs immer zeremonieller werdende Präsentation seines weiblichen Archetyps weiter, respektlos, aber galant. Der kadenzierte Dialog, die photographischen Effekte (Marlene bald in dieser, bald in jener Beleuchtung), die bösen Blicke – all das trägt dazu bei, daß man den Eindruck gewinnt, man befinde sich in einem Museum mit Marlene als dem einzigen Ausstellungsstück, dem sich der Kurator die Kamera zu widmen hat. Man vergißt, daß Victor McLaglen auch noch da ist, selbst wenn man ihn *sieht* (er beschwerte sich über »feminine Kamerawinkel«). Nach der Vitalität von Lola Lola und der schwelenden Leidenschaft von Amy Jolly bietet X-27 nur Arroganz und Ironie, was an sich schon ziemlich neu war. Und schöner denn je.

Die Dreharbeiten wurden Ende November abgeschlossen, kurz nach Thanksgiving. Marlene, die übrigen Schauspieler und die Crew feierten diesen Tag mit achtzehn Stunden Arbeit. *Morocco* wurde in ganz Amerika vor ausverkauften Kinos gespielt, und Resi packte die Koffer für Berlin. Zwei Tage später erschien Marlene »persönlich« bei einer Mitternachtsvorstellung von *Morocco* in Graumans »Chinese Theater«. Sie wurde mit großem Jubel empfangen, genau wie vor knapp einem Jahr im Gloria-Palast. Das Publikum war ekstatisch – Applaus und öffentliche Anerkennung als Aphrodisiakum nach der Quälerei durch Diäten und Gymnastik, nach der ganzen Plackerei, dem Fleiß und dem Perfektionismus und allem, was mit der Verwandlung von Lola Lola in »den neuen Star der Paramount« verbunden gewesen war. Und das alles für

Rechtzeitig zu Heidedes sechstem Geburtstag kehrt Marlene im Dezember 1930 nach Deutschland zurück. Im Bahnhof Zoo in Berlin wird sie von ihrem Gatten Rudolf Sieber und ihrer Mutter Josephine empfangen.
(Foto: Bilderdienst Süddeutscher Verlag, München)

ein Objektiv – ein Stück Glas, das Licht und Schatten filterte, und für einen Mann, der sie liebte, dessen Liebe sie aber nur annehmen konnte, wenn er hinter der Kamera stand.

Die Bewunderung der Zuschauer war der RUHM, den sie sich ersehnt hatte – das, was alle Darsteller gern als »Liebe« bezeichnen. Diese »Liebe« wärmte und tröstete sie und bestätigte ihr, daß sie mehr war als nur ein Schatten auf Zelluloid, mehr als eine Marionette, mehr als P-1167.

Am nächsten Tag fuhr Marlene nach New York, und nach einem kurzen Besuch bei Jimmy und Bianca Brooks ging sie an Bord.

Sechs Tage später wurde sie in Berlin von der Presse begeistert begrüßt – und auch von Josephine und Rudi. Sie kam gerade rechtzeitig zu Heidedes sechstem Geburtstag, und zwei Wochen später wurde sie selbst neunundzwanzig. Ein paar Wochen lang genoß sie den ersten und letzten öffentlichen Triumph, den sie je in der Stadt ihrer Geburt erleben sollte. Sie wurde gefeiert, photographiert, bedrängt und umschwärmt, wo immer sie auftauchte. Sie besuchte »Stammlokale« und verursachte Tumulte. Sie besuchte die neueste Revue von Friedrich Hollaender, aber die Vorstellung konnte erst beginnen, nachdem sie auf der Bühne »Ich bin von Kopf bis Fuß auf Liebe eingestellt« gesungen hatte. *Morocco* lief in den Kinos an und war in Berlin ebenso erfolgreich wie in Hollywood und New York – wie überall auf der Welt.

Sie besuchte den Salon von Betty Stern, in der Hoffnung, sich dort »wie daheim« zu fühlen. Es war unmöglich. Daß Leute, die sie früher ignoriert hatten, sie nun plötzlich alle kannten, empfand sie als beklemmend, nicht als nachträgliche Genugtuung. Ruhm schafft eine große Nähe zu den Menschen und isoliert doch gleichzeitig. Marlene flüchtete schließlich ins Treppenhaus, wo sich ein befreundeter Journalist aus »alten Zeiten« zu ihr gesellte.

»Nun, Marlene, wie schmeckt der Weltruhm?« fragte er. Nach einer Weile antwortete sie: »Ich hatte es in Berlin als kleine Schauspielerin sehr schwer. Vielleicht wissen Sie das. Es hätte mir viel, sehr viel erspart bleiben können. Vielleicht wissen Sie das nicht … So richtig glücklich macht mich das Berühmtsein nicht mehr. Komisch, nicht wahr? Natürlich ist es sehr schön, und ich bin nicht undankbar …«

Sie hielt kurz inne und fügte dann hinzu: »Wissen Sie, [der Ruhm] kam etwas zu spät.«

Aber das alles war erst der Anfang.

8. Beherrscherin der Begierde
1931–1932

Der Ruhm schlang sich als schwarzweißes Zelluloidband rund um die Welt. In gut vier Monaten war Marlene Dietrich eine der berühmtesten Frauen der Welt geworden – bewundert, begehrt und beneidet. *Morocco* brach noch immer alle Rekorde, als Paramount im Dezember die englischsprachige Version von *Der Blaue Engel* herausbrachte. Kurz darauf, im März, folgte *Dishonored*.

Die neugekrönte Königin war gerade in Berlin und bereitete Heidede auf ihren ersten Schultag gleich nach Ostern vor. Anschließend sollte Marlene – oder die »Dietrich«, wie man sie jetzt nannte – zur Paramount und zu Sternberg zurückkehren. Heidede ließ sie an einer deutschen Schule zurück, denn da (so teilte Marlene der deutschen Presse mit) gehörte ein deutsches Kind hin.

Ob sie nun tatsächlich glaubte, was sie den Reportern erzählte, oder nicht – auf jeden Fall wußte sie, was die Leute hören wollten. Nicht nur Marlene hatte sich in den acht Monaten ihrer Abwesenheit verändert, sondern auch Berlin. Nach ihrer Ankunft erfuhr Marlene, daß genau zu dem Zeitpunkt, als sie in New York an Bord gegangen war, eine politische Vereinigung, die sich Nationalsozialistische Deutsche Arbeiterpartei nannte, bei einem Treffen in Bayreuth den Film *Der Blaue Engel* als drittklassigen und verderblichen Kitsch bezeichnet und gefordert hatte, ihn aus deutschen Lichtspielhäusern zu verbannen.

Sie erfuhr, daß – nachdem die Zuschauer lautstark verlangt hatten, sie solle auf der Bühne »Ich bin von Kopf bis Fuß auf Liebe eingestellt« singen – der Star von Friedrich Hollaenders Revue (seine Exfrau) sie als Filmsternchen aus Hollywood beschimpft hatte, das am Theater nichts zu suchen habe.

Sie erfuhr, daß die Berliner Kritiker von ihr begeistert waren, aber *Morocco* als die »schwache Limonade« ansahen, für die sie es schon immer gehalten hatte; daß in der Presse empört darüber berichtet wurde, sie verdiene in Amerika eine viertel Million Dollar im Jahr, während zu Hause in Deutschland die Arbeitslosigkeit und das materielle Elend immer schlimmer wurden. Und überhaupt – warum spielte sie zuerst eine Französin und dann eine Österreicherin in diesen amerikanischen Filmen? Ziemte sich das für eine *deutsche* Schauspielerin?

Sie erfuhr, daß Jolly Felsing, die in ihrer Jugend für sie ein Vorbild an Eleganz und Schönheit gewesen war, Berlin und Onkel Willi verlassen hatte, um mit Ernst Udet, dem Starpiloten des Ersten Weltkriegs, der damals der berühmteste Stunt-Flieger der Welt war, nach Afrika zu fliegen. Ein resignierter Onkel Willi kümmerte sich um den Schmuck und die Uhren, die sich jetzt nicht mehr so gut verkauften, und rauchte immer noch die hundertzwanzig russischen Zigaretten am Tag, die ihn schließlich ins Grab bringen sollten. Hasso, sein Sohn, verbrachte viel Zeit mit Heidede und dem Kindermädchen, das Rudi für sie eingestellt hatte, und spielte mit Hans-Georg, dem Sohn von Marlenes Schwester Elisabeth. Nach Onkel Willis Tod würde Hasso, der Erbe all der Uhren, die sich immer schlechter verkauften, Josephines Mündel werden und unter der Fuchtel des »Drachen« leben müssen.

Und was war mit Rudi? Marlene hatte einen Vertrag, eine Karriere und ein Haus mit Swimmingpool in Beverly Hills, das Sternberg für sie gemietet hatte. Tamara hatte Rudi, obwohl sie noch immer getrennt lebten – ein Zugeständnis an die sensationslüsterne Presse. Und Rudi spielte in der Wohnung, die er mit dem Kindermädchen teilte, den liebevollen Vater für Heidede. Sie war erstaunlich dauerhaft, diese Liebelei mit Tamara, und das hatte durchaus seine guten Seiten. Rudi mußte sich inzwischen, mit Mitte Dreißig, vom Nachtleben zurückziehen, das aufgrund der Wirtschaftskrise ohnehin immer mehr an Attraktivität verlor. Es gab so gut wie keine Jobs, und für einen Mann mit Rudis Ehrgeiz war es angesichts von Marlenes Berühmtheit noch unerfreulicher, »freigesetzt« zu sein. Millionen weniger ehrgeiziger, weniger angenehm verheirateter Männer hatten ebenfalls keine Arbeit.

Marlene hatte sich immer auf Rudis Rat und Unterstützung verlassen. Wenn sie ihn anschaute, sah sie den blonden, braunäugigen Charmeur aus *Tragödie der Liebe*, und sie wußte, daß es immer so sein würde. Sie war bereit, mehr dafür zu zahlen als die Rechnungen, um das perfekte Paar – *diesen* Rudi und *diese* Marlene – jung und lebendig zu erhalten. Die Leidenschaft war längst dahin, aber die Bande gemeinsamer Elternschaft und liebevoller Freundschaft waren so unverwüstlich wie eh und je, gleichgültig, wie viele Nachtclubtische oder Liebhaber oder Ozeane sich zwischen sie schoben. Außerdem war die Ehe für Marlene eine ideale Ausrede, wenn sie andere Beziehungen beenden oder begrenzen wollte – vor allem die mit Sternberg.

Die Sorgen wegen Rudi und Tamara hinderten sie nicht daran, auch nach Paris und anschließend zu der Londoner Premiere von *Morocco* zu fahren, wo ihr trompetespielende Pagen in schmucken Uniformen ein Ständchen brachten. Von London ging es weiter nach Prag, Rudis Heimat, wo noch mehr Menschen und noch mehr Ruhm auf sie warteten.

Als sie wieder in Berlin war, stand sie für den Bildhauer Ernesto de Fiori Modell, der eine Büste von ihr anfertigte, welche im New Yorker Museum of Modern Art ausgestellt werden sollte. Sie traf sich mit Willi Forst und ging mit ihm auf den Presseball. Beide trugen Marlenes »Uniform«: Zylinder, weiße Krawatte und Frack, mit Chrysanthemen am Revers. In diesem Aufzug wurde sie von Alfred Eisenstaedt photographiert, der sie genau ein Jahr zuvor mit Leni Riefenstahl und Anna May Wong aufgenommen hatte. Diesmal wirkte sie nicht so überschäumend, sondern selbstsicher, distanziert, gelassen.

In Anknüpfung an ihre Hits aus *Der Blaue Engel* nahm sie eine Schallplatte mit ihren Liedern aus *Morocco* auf, die sie Rudi von morgens bis abends vorspielte. Er hatte die Verträge ausgehandelt und konnte nun aus vollem Herzen Beifall spenden. Als Chaplin auf seiner triumphalen Weltreise auch Berlin besuchte, wurde er von Marlene willkommen geheißen. Die Berliner Presse zog ausgesprochen gehässig über ihn her, denn er sah aus wie ein Abklatsch des großen Charlie. »Die schnellste Stadt der Welt« war durch die Wirtschaftskrise träge und verdrossen geworden, die Atmosphäre in der Metropole war alles andere als einladend. Aber wo war sie das schon?

Sternberg behauptete später, er habe vorgehabt, nur zwei Filme mit Marlene zu drehen, einen Star aus ihr zu machen und dann seine Schöpfung aus der Ferne zu bewundern. Zu der Zeit jedoch, als er ihr bei den Verhandlungen für einen neuen Vertrag zur Seite stand, arbeitete er bereits an *Dishonored*, ihrem dritten gemeinsamen Film; und er stieß sich auch nicht an dem Kleingedruckten im Vertrag, das Josef von Sternberg zu Marlenes alleinigem Regisseur erklärte. Das Ansehen, das er mit dem beispiellosen Dreifacherfolg von *Der Blaue Engel*, *Morocco* und *Dishonored* erworben hatte, konnte durch *An American Tragedy* kaum angekratzt werden. Er hatte diesen Film ohnehin nur gedreht, um Schulberg einen Gefallen zu tun. Aber ein Mißerfolg ist nie förderlich, und als erfahrener Einzelkämpfer wußte Sternberg nur zu genau, daß Bekanntheit und künstlerisches Talent nicht ausreichten, um unabhängig arbeiten zu können. Wenn das Studio glaubte, er sei für Marlene unentbehrlich, dann wußte er, daß Marlene für *ihn* unentbehrlich war.

Die wirtschaftliche Talfahrt nach dem New Yorker Börsenkrach im Oktober 1929 hatte zur Folge, daß die New Yorker Bosse der Paramount das Heft in die Hand nahmen. Die Filmgesellschaft dachte keineswegs daran, Sternberg nach seinen Erfolgen freie Hand zu lassen: Sie untersagte ihm, mit Marlene *A Farewell to Arms* zu drehen. Vermutlich ahnte man bei der Paramount, daß Svengali Jos Zynismus bei Ernest Hemingways außerordentlich erfolgreicher Liebesgeschichte fehl am Platze gewesen wäre. Statt dessen ging die Regie an Frank Borzage, der mit Gary Cooper und Helen Hayes einen derart sentimentalen Film drehte, daß *An American Tragedy* im Vergleich dazu so realistisch und sozialkritisch wirkte wie die endlosen Schlangen vor dem Arbeitsamt. Aber der Film wurde ein Erfolg und verschaffte der Paramount die Möglichkeit, ihre Gläubiger zufriedenzustellen. Jedenfalls eine Zeitlang.

Bei der Paramount war man nicht nur skeptisch gegenüber dem »Genie« Sternbergs – man kannte auch die amerikanischen Einspielzahlen von *Der Blaue Engel*, der (trotz allem ein ausländischer Film und selbst in der englischen Fassung immer noch sehr deutsch) in den Staaten längst nicht so erfolgreich war wie *Morocco*. Die Rezensenten feierten den Film begeistert, aber der Vergleich mit *Morocco* gab manchen auch Anlaß zu kritischen Betrachtungen über das »Genie«. Sternberg hatte Marlene über Nacht zu einem der größten weiblichen Stars der Welt gemacht, aber offenbar lähmte er sie auch in ihrer Entfaltung. In *Der Blaue Engel* wirkte Marlene frisch, dynamisch und temperamentvoll, und diese Seiten wurden von Sternberg in Hollywood unterdrückt.

Auch bei *Dishonored* lobten die Kritiker die Hauptdarstellerin, während sie Sternberg angriffen und ihm paradoxerweise vorwarfen, er dämpfe eben die Ausstrahlung des Stars, die er auf der Leinwand funkeln ließ. Louella Parsons fand Marlene »verführerisch, charmant, eine Frau, die jedem Mann gefährlich werden kann ... eine ausgezeichnete Schauspielerin«. Die *New York Times* vertrat die Ansicht, in *Der Blaue Engel* zeige sie ihre schauspielerischen Fähigkeiten sehr viel deutlicher als in *Morocco*, und als X-27 sei sie »intelligent und unwiderstehlich«. *Variety* meinte, in *Dishonored* emanzipiere sich Marlene von ihrem Regisseur, der sie in *Morocco* unterdrückt habe. »In *Dishonored* dominiert die Dietrich. Sie zeigt in diesem, ihrem bisher besten amerikanischen Film, daß sie sich ganz genau kontrolliert, daß sie immer weiß, worauf es ankommt. Man sollte dieser jungen Deutschen in einem großen Film eine große Chance geben, denn inzwischen dürfte klar sein, daß sie eine schöpferische Begabung ist.«

Auch Sternberg war – selbst wenn es manchmal nicht so aussah – nur ein Mensch. Er ärgerte sich über die Angriffe der Presse, schnitt jeden Artikel aus und legte ihn unter dem Oberbegriff »Ungerechtigkeit« in einer großen Mappe ab. Man wollte einen »großen Film« von ihm? Er hatte einen im Gepäck, als er nach Deutschland reiste. Oder jedenfalls im Kopf. Und er hatte noch mehr: Er hatte eine Perspektive. Persönlich für Frau Sieber; beruflich für »die Dietrich«; weit weniger für sich selbst.

Sternberg wußte, daß Marlene mit einer Loyalität zu Rudi hielt, die er nicht nachvollziehen konnte. Das tat ihm weh, obwohl es ihn gleichzeitig mit Bewunderung erfüllte. Marlene schob Rudi vor, um sich gegen Sternbergs Leidenschaft abzuschirmen, aber Rudi war nicht der wirkliche Feind; er und Sternberg verstanden sich sogar ausgezeichnet. Marlenes Ehe war einerseits offen und andererseits so stabil, daß der Marionettenspieler Sternberg sich die Zähne daran ausbeißen konnte.

Der sensible Punkt war Heidede, die für Marlenes Gefühlsleben und für ihre romantische Art, sich selbst zur liebenden Mutter zu stilisieren, unentbehrlich war. Diese Selbststilisierung erschien manchen fragwürdig, nicht weil Marlene *keine* liebevolle Mutter gewesen wäre, sondern weil Heidedes Abwesenheit und Marlenes etwas undurchschaubarer Lebenswandel Zweifel schürten. Das ganze Mutter-Gerede löste in Hollywood Argwohn und gleichzeitig Sympathie aus. Mindestens *ein* Zyniker schrieb, es enthülle einen »Mutterkomplex, der unsere klügsten Psychoanalytiker interessieren würde«. Amerikanische Frauenorganisationen (die meisten Mitglieder waren Mütter) hatten seit Marlenes Ankunft in Amerika einen Boykott ihrer Filme propagiert. Erstens, weil sie eine Teutonin war; zweitens, weil sie ihr Kind bei den »Hunnen« zurückließ, mit denen Amerika gerade erst Krieg geführt hatte; und drittens, weil sie nur Prostituierte spielte.

Marlene scherte sich nicht um die Kritik von Frauen, die sich ihrer Meinung nach sowieso nur für Schmuck und Cocktails interessierten und Essen aus der Dose kochten. Außerdem konnte sie sehr wohl andere Rollen als nur Prostituierte spielen. Sie hatte sogar ein Projekt zum Thema Mutterliebe im Auge, das von ihr selbst stammte und das sie noch im selben Jahr verwirklichen wollte. Sternberg versprach, sich darüber Gedanken zu machen. Alles gut und schön, aber wichtiger war die Mutterrolle im wirklichen Leben. Heidedes Wohlbefinden – da waren sich die Paramount, Sternberg und Rudi einig – bildete keinen Widerspruch zu Marlenes Karriere, in die der Dietrich-Sternberg-Sieber-Zirkel unter dem Eindruck der sich verschärfenden Wirtschaftskrise große Hoffnungen setzte.

Wenn Rudi und Tamara zusammenleben wollten (und das wollten sie), dann sollte Heidede bei Marlene in den Staaten sein und nicht in Berlin zur Schule gehen, wo nur ein Kindermädchen sich um sie kümmerte. Und wenn das Kind *da* war, würde die amerikanische Presse sich keine Gedanken mehr darüber machen müssen, warum sie ihr Kind vermißte. Ihr Ruf als Liebesgöttin und Mutter konnte eventuell Schaden nehmen, wenn ihr Ehemann offen mit einer anderen Frau zusammenlebte. Deshalb war es besser, wenn Rudi und Tamara nicht in einer Stadt blieben, in der es kaum Arbeit und dafür jede Menge Reporter gab. Als Alternative bot sich Paris an. Dort lebte man gut, und Rudi konnte die Synchronisierung der amerikanischen Paramount-Filme für den europäischen Markt übernehmen und die gelegentlichen europäischen Produktionen im Studio in Joinville beaufsichtigen. Dann hatte er einen Job, er und Tamara mußten nicht mehr getrennt wohnen, und die Gerüchte über diese seltsame Ehe würden verstummen.

Marlene fand das alles sehr vernünftig. Rudis Stolz würde nicht leiden, er bekam Tamara, *sie* bekam Heidede. Niemand würde leiden, auch nicht ihre Karriere und die Legende von der unwiderstehlichen Verführerin. Und dann war da ja immer noch Berlin.

Sternberg kehrte nach Berlin zurück, um den »großen Film« vorzubereiten (irgend etwas über »eine Frau in einem Zug«), während Marlene

Marlene Dietrich 1931 mit ihrer Tochter Maria und ihrem Ehemann Rudolf Sieber. Marlenes Ehe war zur allgemeinen Verwunderung zwar offen, in sich aber sehr stabil.
(Foto: Bilderdienst Süddeutscher Verlag, München)

Heidedes Schulpläne umwarf und der Presse mitteilte, die Entscheidung habe nichts mit Deutschland zu tun, sondern nur mit der Sehnsucht eines einsamen Mutterherzens. Am 16. April, kurz nach Mitternacht, ging ihr Zug. Auf dem Berliner Bahnhof hatten sich unzählige Fans, Presseleute und Freunde eingefunden. Willi Forst erschien mit Rudi, um ihr auf Wiedersehen zu sagen. Der Liederschreiber Peter Kreuder, der ihre Schallplattenaufnahmen geleitet hatte, brachte eine Blaskapelle mit, die Marlene eine Abschiedsserenade brachte, als sie einstieg. Sie trug einen Leopardenmantel, wie es sich für einen Filmstar gehörte, und hielt das Kind an der Hand.

Noch mehr Presseleute und Josef von Sternberg begrüßten Marlene und Heidede (die von nun an Maria hieß), als sie am 24. April in Kalifornien ankamen. Marlene, die sich jetzt als drei Jahre jünger ausgab, behauptete, die sechseinhalbjährige Maria sei vier, und Paramount lancierte ein Photo der beiden, das in Berlin durch die Presse gegangen war, als Maria tatsächlich vier war. Es erschien auf der ersten Seite der *Los Angeles Times*.

Sternberg brachte Marlene und Maria zu dem im spanischen Stil erbauten Haus mit Swimmingpool, das er in Beverly Hills für sie gemietet hatte – 822 North Roxbury. In der Einfahrt stand der Rolls, den La Bressière in *Morocco* gefahren hatte. Marlene stellte einen ehemaligen Boxer als Chauffeur ein. Als Lehrerin für Maria engagierte sie die Journalistin Gerda Huber, mit der sie während ihrer Zeit als »Girl vom Kurfürstendamm« in Berlin zusammengewohnt hatte.

Sie machte sich wieder an die Arbeit, diesmal als »Frau in einem Zug«. Wieder eine Prostituierte. *Plus ca change …*, wie Maurice Chevalier von der Garderobe nebenan bemerkt hätte.

Die Paramount war durch *Morocco* aus den roten Zahlen (der Film hatte zwei Millionen Dollar eingespielt, eine damals astronomische Summe, und war für vier Oscars nominiert, darunter einer für Marlene), aber das Studio hatte zuwenig Grundbesitz, zuwenig Publikum und zuwenig Kapital, um sich wirklich dankbar erweisen zu können. Die Wirtschaftskrise hatte in der New Yorker Zentrale, wo Jesse Laskys Assistent Emuanuel Cohen zunehmend an Einfluß gewann, Machtkämpfe ausgelöst. Schulberg informierte sowohl Lasky als auch Cohen über verschiedene Projekte, die er mit Marlene plante, aber immer war es Cohen, der dazu Stellung bezog.

»ES IST EINFACH NICHT ZU LEUGNEN«, telegraphierte er an Schulberg, daß »DIESE GANZE GEHEIMNISVOLLE AURA UND DER GANZE GLAMOUR DAS PUBLIKUM NICHT BEFRIEDIGT HABEN. ES STIMMT, DASS MOROCCO PROFIT GEMACHT HAT, ABER MIT DER GEHEIMNISVOLLEN AURA DIESER PERSÖNLICHKEIT HATTE IHR ERSTER FILM EIGENTLICH DIE MÖGLICHKEIT, NOCH VIEL ERFOLGREICHER ZU SEIN, ALS ER ES TATSÄCHLICH WAR, UND SIE IN WEIT HÖHEREM MASSE ALS STAR ZU ETABLIEREN ALS BIS JETZT GESCHEHEN.« Was *Dishonored* anginge, so sei es »EIN ZIEMLICHER FLOP«.

Irgendeine Geschichte über Mutterliebe war ausgeschlossen: zuwenig »geheimnisvolle Aura« und »Glamour«. Cohen wollte, daß die »Dietrich am Schluß ihren Mann bekommt«, was weder in *Morocco* noch in *Dishonored* der Fall gewesen war. Das würde mit Sicherheit zu »besseren Einspielergebnissen« führen und wäre nicht nur ein »künstlerischer Triumph«.

Die Telegramme, die fast stündlich aus New York in der Marathon Street eintrafen, enthielten implizite Warnungen an den Künstler Sternberg, und der Regisseur beherzigte sie. Seine »Frau in einem Zug« sollte sowohl ein Kassenerfolg als auch ein Kunstwerk werden. Sternberg behauptete, lediglich »eine einzige Seite« von Harry Hervey (in Wirklichkeit waren es zweiundzwanzig) habe ihn zu dem Projekt über die Entführung eines Zugs zwischen Peking und Shanghai während der Chinesischen Revolution inspiriert: *Shanghai Express.*

Jules Furthman machte aus den zweiundzwanzig Seiten ein Drehbuch, und Sternberg taufte seinen neuesten weiblichen Archetypen »Magdalen«. Währenddessen informierte sich Riza Royce von Sternberg aus der Presse über die jüngsten Entwicklungen, über Marlenes Rückkehr nach Hollywood, über Maria, den Rolls-Royce, das Haus in Beverly Hills – und schmiedete finstere Rachepläne in Long Beach.

Die Presse hatte ihren Exmann schon lange als »Fool for Femmes« tituliert, und immer wieder machten spöttische Bemerkungen über Marlenes Beine die Runde. »Ich wußte nicht, ob ich einen Spionagefilm oder eine Reklame für Strumpfwaren anschaute«, schrieb ein Kritiker über *Dishonored.* »Man kann vor lauter Beinen das Genie nicht sehen.«

Solche Witze konnte man ignorieren – nicht jedoch die wiederkehrenden Boykottaufrufe gegen Marlene, die allzugut in die moralisch rigide Stimmung der Depression paßten. Seltsamerweise schienen diese Drohungen immer von Long Beach auszugehen, wo Riza Royce nicht nur Rachepläne schmiedete, sondern auf die Unterhaltszahlungen wartete, die Sternberg nicht bezahlte. Er weigerte sich einfach – mit der aberwitzigen Begründung, seine Exgattin habe ihm schon genug Ärger gemacht. Dabei hatte sie erst damit begonnen.

Bei der Paramount befürchtete man schon seit längerer Zeit, Royce könnte irgend etwas im Schilde führen. Also griff man zu einer Vorsichtsmaßnahme: Für Ende Juli lud Marlene den Pariser Paramount-Angestellten Rudi Sieber zu einem Familientreffen ein. Die Paramount lud ihrerseits die Presse dazu ein. Die Familienzusammenführung begann am Bahnhof in Pasadena, wo Rudi von Marlene, Maria und einer Meute von Photographen empfangen wurde. *Und* von Sternberg. Sie lächelten in die Kameras, solidarisch wie die drei Musketiere, während Maria am Hals ihres Vaters hing.

Am 6. August schlug Riza Royce zurück. Die Presse begrüßte dieses »Erdbeben«, als hätte Riza Royce das Ende der Depression *und* der Prohibition angekündigt. Riza hängte Marlene zwei Verfahren an. Zum einen forderte sie 500 000 Dollar wegen »Entfremdung ehelicher Zuneigung«, zum anderen 100 000 Dollar wegen Verleumdung. Der Stein des Anstoßes war das Interview, das Marlene vor langer Zeit in Wien gegeben und laut dem sie gesagt haben soll, daß Sternberg Royce am liebsten schon den Laufpaß gegeben hätte, bevor sie zu ihren »zweiten Flitterwochen« nach Berlin reisten.

Riza Royce wandte sich heftig gegen die Behauptungen, die beiden hätten eine rein berufliche Beziehung: »Er ist wahnsinnig verliebt in sie, bis über beide Ohren!« Rudis Taktgefühl zeige, wie freundschaftlich *er* zu »Jo« stehe. Hatte Jo ihn nicht am Bahnhof abgeholt, in Anwesenheit all dieser Photographen, die es beweisen konnten? Die Paramount-Anwälte arbeiteten bis spät in die Nacht; Rudi nahm sein Taktgefühl leise und unauffällig wieder mit zurück nach Paris; Filmzeitschriften fragten: »*Ist Marlene eine Liebespiratin?*« Marlene versuchte, die Vorwürfe zu entkräften, indem sie bekanntgab, sie sei von dem Wiener Autor falsch zitiert worden – was aber noch lange nicht hieß, daß ihre Aussage nicht der Wahrheit entsprochen hatte.

Die Reaktionen in der Öffentlichkeit waren nicht durchweg negativ (was bei einem Skandal ohnehin selten der Fall ist). Bei der Paramount wußte man genau, daß Sensationen ihr Gutes haben – wie aus den Telegrammen ersichtlich wird, die Cohen an Schulberg schickte. Sein Telegramm mit der Forderung, daß die Dietrich »am Schluß ihren Mann« bekommen solle, wurde am Tag *nach* Riza Royce' Enthüllungen aufgegeben. Kaum jemand – außer Sternberg – registrierte allerdings, daß die Dietrich ihren Mann bereits *hatte*. Noch eine weitere Person bemerkte es; aber Madame Maurice Chevalier war in Paris. Wie Rudi.

Die Dreharbeiten zu *Shanghai Express* begannen Ende September. Die »Liebespiratin«, der Star des Films, sollte in diesem Film noch provozierender, noch geschmeidiger in ihrer erotischen Ausstrahlung wirken als bisher. Bald schon stimmte die ganze Welt der Kinogänger mit ein, wenn sie von der Leinwand herunter verkündete: »It took more than one man to change my name to Shanghai Lily« (»Mehr als ein Mann war nötig, um meinen Namen in Shanghai Lily umzuändern«). Dieser Satz ist die Krönung exzessiven Kitsches, aber er enthält auch eine gewisse Selbstironie. Und das in einem Film, der alle Klischees des Melodrams zu enthalten scheint, der aber gleichzeitig ein ironischer Diskurs ist über Betrug, Heuchelei und Erlösung durch Liebe – Sternbergs Standardthema.

Es war inzwischen üblich, darauf hinzuweisen, daß Marlene mit jedem Auftreten schöner wurde, und es stimmte jedesmal. Auch Harvey bemerkt das: »Du bist schöner denn je«, sagt er und fügt dann absurderweise hinzu: »Es war nett, dich wiederzusehen, Magdalen.« Sie antwortet: »Oh, ich weiß nicht«, und legt eine Jazzplatte auf ihrem Grammophon auf, um seine trockene, einsilbige Konversation zu übertönen. An *ihr* ist alles zweideutig – ihr Name, der Schleier und ihre Augen, die auf und ab wandern wie eine Spinne, die eine Fliege im Visier hat.

Dies ist die Vollendung der eleganten, gefährlichen Dietrich, der unwiderstehlich schönen Verführerin, die sich hinter ihren Schleiern verbirgt und nichts preisgibt als ihr spöttisches Lächeln. Der Designer Travis Banton entwarf ihre Kostüme, die in keine bestimmte Epoche gehören und die so berühmt werden sollten wie der Dialog: Oberteile aus schwarzen Reiherfedern, schwarze Schleier, schwarzer Chiffon, schwarze Marabuseide. Wie der Engel des Todes sieht sie aus. Erstaunlicherweise paßt ihre ganze Garderobe in ein einziges Zugabteil, in dem sogar noch Platz ist für Anna May Wong und Lilys Grammophon.

Marlene Dietrich 1932 in dem Film »Shanghai Express«. Als Star des Films sollte sie diesmal noch provozierender, noch geschmeidiger in ihrer erotischen Ausstrahlung wirken als bisher. Von den sieben Dietrich-Sternberg-Filmen war dieser der erfolgreichste und auch der umstrittenste.
(Foto: Cinetext Bild & Textarchiv, Frankfurt a. M.)

Shanghai Express ist ein Meisterwerk bildhafter Umsetzung. Der Zug ist ein ebenso wichtiger Darsteller wie die Schauspieler (Sternberg sagte später, es gehe eigentlich um den Zug). Die Verschiedenartigkeit der Reisenden schafft Atmosphäre in den Korridoren der Waggons – und das, obwohl Sternberg darauf beharrt, daß alle im Ratterrhythmus eines Zuges sprechen, was noch gekünstelter wirkt als die Kadenzen in *Morocco* und *Dishonored*. Außer bei Clive Brook, der ohnehin gekünstelt wirkt.

Dennoch ist *Shanghai Express* der unterhaltsamste der Dietrich-Sternberg-Filme, derjenige, bei dem formale Experimente mit Ton und Bild am wenigsten mit dem Erzählfluß in Konflikt geraten. Man kann den Film als Abenteuergeschichte sehen, als Liebesromanze oder als eine gegen den Strich erzählte Pilgergeschichte. Andrew Sarris meinte, wenn »*Shanghai Express* überhaupt erfolgreich war, dann lag das daran, daß er als simpler Abenteuerfilm mißverstanden wurde«. Aber der Film war genau deswegen so erfolgreich, weil er ein simpler Abenteuerfilm *ist*. Warner Oland als Revolutionär ist nichts als ein durchschnittlicher Schurke; ein chinesischer Mischling, der sich seines weißen Blutes schämt, sich aber nicht zu gut ist, die Orientalin Hui Fei zu vergewaltigen und die Weiße Shanghai Lily als Geliebte zu nehmen (was für eine Revolution ist das?). Die Darstellung Chinas wirkt packend, ist aber geprägt von kultureller Arroganz. In China selbst wurde der Film verboten. Zusammengehalten wird er von Marlene Dietrich, deren Rätselhaftigkeit von strategischer Bedeutung für die Dramaturgie ist. Es handelt sich hier also nicht bloß um eine statische Abfolge von Beleuchtungsexperimenten mit Selbstzweckcharakter. »Die Dinge haben einen Sinn«, sagt sie – und dieser Sinn ist sie selbst.

Sternberg benutzte immer Requisiten für symbolische Gesten. Als Lily Harvey verführt, nimmt sie ihm seine Uniformmütze ab und setzt sie sich auf. Nach der Ankunft in Shanghai kauft sie ihm auf dem Bahnhof eine Uhr (dieser Mann *muß* die Uhrzeit wissen). Sie umarmen sich. Wenn man sich fragt, warum der »Stellvertreter« des schnurrbärtigen Regisseurs hier fehlt, so erfährt man durch diese Umarmung mehr. Shanghai Lily schlingt die Arme um den Geliebten, den sein mangelndes Vertrauen fast das Augenlicht gekostet hätte, und nimmt ihm die Reitpeitsche ab. Die Hände, die beten, schwingen auch die Peitsche.

Marlenes Aufstieg zur »Dietrich«, zur gütigen Verführerin, die das Schicksal und ihren Mann in die Hand nimmt, hatte damit seine faszinierende Vollendung erreicht. Was erotische Ausstrahlung, Ironie und Humor betraf, konnte keine der Leinwandgöttinnen mit ihr konkurrieren. Nun war sie das, wozu nach Sarris' Aussage dieser Film sie machte: die unangefochtene »Beherrscherin der Begierde« des Films.

Shanghai Express wurde für drei Oscars nominiert – beste Kamera, bester Film und beste Regie – und erhielt die Auszeichnung für die beste Kamera, aber der eigentliche Sieg wurde beim Publikum errungen. Von den sieben Dietrich-Sternberg-Filmen war dieser der erfolgreichste und, wie das meistens so ist, auch der umstrittenste.

Die *New York Times* hielt *Shanghai Express* für Sternbergs besten Film. *Variety* dagegen urteilte, der Film habe nichts, »was wirklich die Aufmerksamkeit fesselt ... [nur] eine schlechte Story«. Laut dieser Zeitschrift mangelte es »Miss Dietrichs Rolle so sehr an Bewegung, daß sie gezwungen ist, nur ständig die Augen zu rollen – ein Trick, der das Publikum nie mitreißt. Aber das gilt auch für die Story.«

Eine krasse Fehleinschätzung.

John Grierson – der Mann, der seine eigene Theorie darüber hatte, was mit einem Regisseur passiert, wenn er stirbt – bemerkte säuerlich: »Die Szenen des chinesischen Lebens sind sehr dicht und in ihrer Detaildarstellung so exakt, daß es ans Geniale grenzt ... der Rest ist Dietrich. Sie wird in siebentausendundeiner Pose gezeigt, und jede ist hervorragend photographiert. Für mich sind siebentausend Dietrich-Posen (oder auch schon siebzig) ungeheuer anödend. Ihre mysteriöse Pose finde ich zu einstudiert, ihr Make-up zu künstlich, jede ihrer Gesten, jedes Wort viel zu überlegt, um irgendeine dramatische Aussage zu machen – außer die allertiefsinnigste.«

Die amerikanische Zeitschrift *Vanity Fair* reagierte regelrecht feindselig: »In der Anfangszeit seiner Laufbahn präsentierte Sternberg ... das ehrliche amerikanische Idiom des offenen Angriffs. Aber bald schon wurde er durch Kult kultiviert ... Er vertauschte seinen offenen Stil gegen schicke Spielerei, vor allem mit den seidenbestrumpften Beinen der Dietrich, mit Pobacken in Spitzen, und aus ihr selbst machte er die Krönung aller Nutten. Sternberg ist, wie er selbst sagt, ein Mann der Betrachtung und des Handelns, aber statt den Nabel Buddhas zu betrachten, ist er auf den Nabel der Venus fixiert.«

Im Dezember 1931 wurde die Venus dreißig und Maria sieben. Beide feierten Weihnachten das erste Mal fern der Heimat. *Ein* Geschenk wurde Marlene verweigert: der Oscar des Vorjahres für *Morocco*, der an Marie Dressler für ihre Rolle in *Min and Bill* ging – wie Sternberg vorausgesagt hatte.

Der Januar brachte unerfreuliche Neuigkeiten aus Berlin. Die Nationalsozialisten, die immer aggressiver auftraten, gaben den Boykott ihrer Partei gegen *Dishonored* bekannt, weil der Film die kaiserliche Kriegspolitik kritisiere. Das Reich, um den es in dem Streifen ging, war zwar Österreich und nicht Deutschland, aber der Führer der Nationalsozialisten kam von dort. Die Nazis bezeichneten *Dishonored* als einen »zweit-klassigen Remarque«, womit sie auf die Verfilmung von Erich Maria Remarques Antikriegsroman *Im Westen nichts Neues* anspielten. SA-Männer hatten die Berliner Premiere des Films sabotiert, indem sie Hunderte von weißen Mäusen im Kino losließen. Dr. Goebbels war anwesend – und Leni Riefenstahl, die sich als alte Freundin Remarques bezeichnete.

Der Boykott von *Dishonored* war eine politische Angelegenheit, gleichzeitig aber handelte es sich um einen neuerlichen Angriff gegen Marlene, der man ständig vorwarf, daß sie in Hollywood Karriere machte (wohin sie gerufen worden war) statt in Berlin (wo keiner sie gebeten hatte). Und daß sie Maria mitgenommen hatte. Ihr »Deutschtum« wurde in Frage gestellt, nicht nur von den Nazis, die bei den meisten vernünftigen Deutschen immer noch als eine Randgruppe galten, sondern auch von Josephine, die ihre Tochter und ihre Enkelin sehr vermißte. Die immer noch schwebenden Verfahren, die Riza Royce angestrengt hatte, und das damit verbundene unerfreuliche öffentliche Interesse zeigten sehr deutlich die negativen Seiten des Ruhms und hatten zur Folge, daß Marlene bis an ihr Lebensende ihre Privatsphäre fanatisch abschirmte, obwohl sie ihre Berühmtheit ansonsten sehr genoß. Angesichts der Ablehnung, die ihr von manchen Puritanern wegen ihres Lebenswandels entgegenschlug, stellte sie sich immer wieder die Frage, ob sie nicht doch zu »europäisch« war für die »amerikanischen Wertvorstellungen«.

Maurice Chevalier stellte sich ebenfalls Fragen. Er war Paramounts größter männlicher Star, drehte mit Lubitsch einen Hit nach dem anderen, und seine Garderobe lag direkt neben der des größten weiblichen Stars der Paramount. Und beide Stars waren so absolut »europäisch«. Als Marlene *Shanghai Express* für Sternberg machte, drehte Chevalier gerade unter der Regie von Rouben Mamoulian *Love Me Tonight* (Lieb mich heute nacht). Und während er die hinreißenden Lieder von Rodgers und Hart einübte, drangen Melodiefetzen aus »Isn't It Romantic« und »Lover« durch die Wand seiner Garderobe.

Der große französische Star hatte Marlene seit fast zwei Jahren immer wieder auf dem Studiogelände gesehen und fand sie »unwiderstehlich«. Der Einfluß von Svengali schien jedoch so stark, daß sie fast wie eine »Schlafwandlerin« auf ihn wirkte, »einfach nicht ganz da«. Lange Zeit kannten sie sich nur flüchtig und wechselten kaum ein Wort miteinander. Als es dann aber schließlich doch zu einem Gespräch kam, wußte er sogleich, daß sie »diesmal lange und ernsthaft miteinander reden« würden.

Chevalier war attraktiv, »europäisch«, musikalisch und ein erfahrener Liebhaber. Und er verstand, warum Marlene sich in Amerika nicht richtig wohl fühlen konnte. Endlich hatte sie im Studio einen Mann gefunden, der romantisch war und nicht besessen. Chevalier sah in ihr »eine wunderbare Kameradin, eine hochintelligente, sehr sensible Frau, einfühlsam, freundlich, auf amüsante und charmante Art unberechenbar«. Ganz zu schweigen von ihrem »bezaubernden Gesicht mit seinen feinen und doch sehr sinnlichen Zügen«. Chevalier plante, schon bald nach Europa zurückzukehren, und schlug Marlene vor, seinem Beispiel zu folgen. Er kannte in London einen Produzenten namens Clifford Whitley, der bestimmt gern bereit war, Marlene in die dortige Theaterwelt einzuführen. Clifford Whitley ließ verlauten, daß er in der Tat entzückt wäre – bis Madame Chevalier ihre Anwälte darauf hinwies, daß London sehr nahe bei Paris liegt. Dies beendete, so Chevalier, eine »Freundschaft, [die] keineswegs vorbei war, sie wurde einfach nur weggepackt, um in Augenblicken der Erinnerung wiederaufzuleben«. Er packte sie weg, aber nur oberflächlich.

Auf das Wort »Theater« reagierte man bei der Paramount äußerst nervös. Marlene hatte sich vom Theater innerlich nie ganz losgesagt, und Lubitsch, Chevaliers Lieblingsregisseur, meinte, er könnte eventuell mit ihr am Broadway arbeiten. Vielleicht bei einer Produktion von *Die lustige Witwe* im Herbst 1932 oder einem von Lubitsch inszenierten Musical des Komponisten Dmitri Tiomkin.

Aus all diesen Plänen wurde nichts (außer einem Remake von *Die lustige Witwe* für MGM, bei dem Lubitsch Regie führte und Chevalier die männliche Hauptrolle spielte). Das war eine Erleichterung für die Paramount, der Marlene immer noch mehrere Filme »schuldete«. Über das nächste Projekt war noch nicht entschieden; man sprach nur von einem »New-York-Film«, aber es ging in Wirklichkeit um Marlenes Mutterliebe-Projekt, und sie war fest entschlossen, es durchzuboxen.

Mit Mutterliebe hatte die Paramount nie besonders viel am Hut gehabt (das war Louis B. Mayers Terrain). Der Erfolg von *Shanghai Lily* hatte bestätigt, daß Marlene ein Kassenmagnet war, wenn sie am Schluß

»ihren Mann« kriegte – was die New Yorker Bosse ja schon immer gewußt hatten. »Wir können nicht sehen, wie dieser Typ einer rätselhaften und glamourösen Persönlichkeit das Wohlwollen des Publikums gewinnen soll, wenn sie die Mutter eines Kindes spielt und keine verführerische Geliebte«, hatte Cohen dekretiert. Diese Argumentationslinie wurde beibehalten – auch wenn das angesichts des Privatlebens ihres Stars etwas verwunderlich scheinen mußte.

Aber Marlene bestand auf »Mutterliebe«. Sie hatte einen Drehbuchentwurf verfaßt (ihr Name war in gegenseitigem Einverständnis nicht genannt worden) und für ihre literarischen Bemühungen 12000 Dollar erhalten (worüber man sich bei der Paramount sehr ärgerte). Möglicherweise würde ja die Drohung, nach Europa zurückzukehren, sie ihrem Ziele näher bringen.

Also ließ sie verlautbaren, sie arbeite sehr gern in Hollywood, aber »die Sehnsucht, unter meinen Landsleuten zu sein, ist stärker als der Wunsch hierzubleiben … Deutschland ist nicht zufrieden mit mir. Man will mich deutsch sprechen hören … Also werde ich wieder deutschsprachige Rollen spielen.«

Das war neu für Riza Royce, die Marlene auf englisch hören wollte. Noch lieber wollte sie ihre Worte schwarz auf weiß im *Daily Star-Spangled Banner* lesen. Günstigerweise hatte der Wiener Journalist der Paramount den gewünschten Widerruf geliefert – er erklärte, er habe Marlene falsch zitiert. Im Studio atmete man erleichtert auf, weil man den Streit zwischen Riza Royce und Marlene damit für beigelegt hielt: Die Verfahren würden eingestellt, ließ man verlauten. Royce hingegen ließ verlauten, für sie sei nichts erledigt, nichts würde eingestellt, bis der Widerruf veröffentlicht würde, zusammen mit einem Entschuldigungsbrief von Marlene, in dem sie klar und deutlich sagte, was sie damals gemeint hatte, *damit die ganze Welt es lesen konnte* (dieser letzte Punkt schien für sie sehr wichtig zu sein). Die Rechtsabteilung der Paramount arbeitete erneut auf Hochtouren, und der Paramount-Angestellte Rudi Sieber bestieg wieder ein Schiff nach Amerika.

Rudis Besuch war diesmal mehr als ein Zugeständnis an die Öffentlichkeit. Die Mutterliebe-Geschichte hätte im Februar in Produktion gehen sollen, und inzwischen war es bereits April. Marlene redete weiterhin davon, daß sie zum Theater und nach Deutschland zurückkehren werde, während Sternberg sich mit einer Verwaltung herumschlug, die den Film einfach nicht machen *wollte*. Rudis Ankunft verstärkte den Druck – aber anders, als man bei der Paramount erwartet hatte. Dort hatte man nämlich gehofft, Rudi würde als Friedensstifter auftreten. Daß er seine eigenen Absichten verfolgte, damit hatte man nicht gerechnet.

Von der Ufa kamen Angebote an *Rudi*, aber sie zielten darauf, Marlene wieder nach Berlin zu locken. Für die Paramount-Leute war Marlenes gedrückte Stimmung nichts anderes als eine der üblichen Starallüren, aber Rudi wußte, daß ihre Unzufriedenheit echt war. Riza Royce verklagte sie, Madame Chevalier drohte damit, die Scheidung einzureichen (was sie schließlich auch tat), das Studio weigerte sich, die Geschichte, die sie geschrieben hatte, zu verfilmen – kein Wunder also, daß Marlene für andere Angebote empfänglich war. Und das von der Ufa klang vielversprechend, wie auch Josef von Sternberg fand. Er hatte dort seinen besten Film gedreht, und die Paramount steuerte eindeutig in den Bankrott, obwohl Sternberg ihr mit *Shanghai Express* zu einem Profit von drei Millionen Dollar verholfen hatte.

Doch Marlenes Geschichte über Mutterliebe stellte die Zensoren vom Hays Office vor so viele Probleme, daß die Moralhüter der Filmindustrie ganz unverblümt ihrer Hoffnung Ausdruck verliehen, die Paramount würde die »ganze Geschichte vergessen«. Selbst Schulberg wollte das, obwohl er nach Ansicht des Hays Office dazu neigte, »Sexthemen in großem Umfang« zu favorisieren.

Die Mischung von Mutterliebe und »Sex« war das zentrale Problem: Wasser und Öl; Feuer und Eis. Ständige Änderungen des Titels weisen in der Regel darauf hin, daß der Schwerpunkt eines Films nicht klar ist, und so war es auch in diesem Fall: Aus *Deep Nights* wurde *East River*, dann *Song of Manhattan*, dann *Velvet* und schließlich *Blonde Venus* (Die blonde Venus). Dieser Titel stammte von einem alten Lieblingsprojekt Schulbergs, *Nana* (mit dem sich nun Goldwyn und Anna Sten befaßten).

Rührstücke über Mutterliebe waren zur Zeit der Wirtschaftskrise enorme Kassenschlager. Normalerweise wurde viel Elend gezeigt (es mußte schließlich etwas geben, worüber man weinen konnte), aber *Blonde Venus* war nicht elend, sondern düster. Paramount beauftragte Jules Furthman und einen jungen New Yorker Dramatiker namens S. K. Lauren damit, das Drehbuch zu retten, aber die erste Version sperrte sich gegen jede Verbesserung.

Kein Wunder, daß den Leuten vom Hays Office die Haare zu Berg standen. Selbst wenn man den Plot sehr liberal auslegte, schien er doch Ehebruch, Prostitution und Kindesentführung als läßliche Sünden zu behandeln, wenn nicht gar zu rechtfertigen. Immerhin bekam Helen als Belohnung für ihre Verfehlungen alles, was sie sich gewünscht hatte – und außerdem wurde sie auch noch ein Showstar!

Da es Rudi seltsamerweise nicht gelang, seine Frau und ihren Regisseur zur Vernunft zu bringen, stellte die Paramount Sternberg schließlich ein Ultimatum. Man verlangte von ihm, ein von allen anstößigen Stellen gereinigtes Drehbuch zu verfilmen, das keinerlei Sinn mehr ergab. Sternberg weigerte sich und setzte sich in den Zug nach New York. Das Studio suspendierte ihn postwendend und verklagte ihn auf 100 000 Dollar Schadenersatz – eine Summe, die er beleidigend niedrig fand, weshalb er mit einer Gegenklage drohte. Die Paramount übergab das Drehbuch dem Regisseur Richard Wallace. In Marlenes Vertrag stand Sternberg; sie lehnte es ab, mit Wallace zu arbeiten, also suspendierte die Paramount sie ebenfalls.

Dieses demonstrative Muskelspiel vor dem größten Star des Studios schien die Durchsetzungskraft der Studiobosse zu beweisen, und Schulberg, der selbst in Schwierigkeiten steckte, erhielt von Cohen und dem New Yorker Vorstand ein zeitweiliges Vertrauensvotum. Er kündigte gerichtliche Maßnahmen an, mit denen er verhindern werde, daß Sternberg (oder Marlene) anderswo arbeiten konnten, einschließlich Berlin (was für Schulberg ein böhmisches Dorf war). Rudi beschloß, doch noch den Friedensstifter zu spielen; Sternberg kapitulierte angesichts der juristischen Zwänge; Marlene wurde noch schöner als je zuvor; und Ende Mai ging ein noch immer unfertiges Drehbuch, das nun *keiner* mehr verfilmen wollte, in Produktion.

Mittlerweile residierte Franklin Delano Roosevelt im Weißen Haus, aber während der Vorbereitungsphase des Films war noch Herbert Hoover Präsident gewesen. Zehn Millionen Arbeitslose standen in Amerika Schlange, davon nicht wenige ehemalige Angestellte der Paramount, deren Profite im Vergleich zum Vorjahr um zwei Drittel zurückgegangen waren – trotz des Kassenerfolgs von *Shanghai Express*. Die Paramount-Aktien sanken von 70 $1/4$ im Jahr 1930 auf einen Tiefpunkt von 1 $1/2$ im Jahr 1932. Grund genug zur Panik.

In den frühen Drehbuchentwürfen für *Blonde Venus* war versucht worden, die Depression und die sozialen Bedingungen als zentralen Hintergrund der Geschichte einzubringen. Später fiel das alles weg, weil man die Mutter-Prostituierte-Sängerin sympathisch gestalten wollte. Daß die Figur nun nicht mehr glaubwürdig war, interessierte nicht – man wollte lediglich das Hays Office zufriedenstellen.

Weil der Film im Amerika der Gegenwart spielte, schien er keinen weiblichen Archetypen, sondern eine wirkliche Frau in einer wirklichen Welt zu zeigen. Die Dietrich-Legende baute teilweise darauf auf, daß das Publikum Marlene mit abstrakten Aspekten von Amy Jolly, X-27 und Shanghai Lily identifizierte. Für Leute, die zwischen der Darstellerin und einer Rolle, die scheinbar in der Alltagswirklichkeit wurzelte, Parallelen ziehen wollten, bot *Blonde Venus* jede Menge Anhaltspunkte. Helen Faraday war Deutsche; sie war Schauspielerin und Sängerin; sie verließ ihre Heimat, um nach Amerika zu gehen; sie ließ ihren Ehemann im Stich; sie nahm ihr Kind mit; sie zog mit einem anderen Mann zusammen, der ihr Ruhm und Luxus bot. Zum guten Schluß erwartete sie noch, wieder mit offenen Armen aufgenommen zu werden (was auch eintrat), und das einzige, was sie für ihre Sünden ertragen mußte, waren die phantastischen Kostüme von Travis Banton und eine phantastische Karriere. Diese Heldin signalisierte ihre sexuelle Ambiguität wieder mit einem von Sternbergs »lesbischen Akzenten« (in dem Pariser Club, in dem sie der Star ist), und ihre moralische Rechtfertigung war schlicht und einfach, daß sie zwei Männer gleichzeitig liebte. Nicht zu vergessen ihr Kind.

Maria behauptete später, daß das Kind im Film sehr wohl ihr nachempfunden sei und daß hier ganz offen eine Lebenssituation widergespiegelt wurde, in der die Liebe zwischen Mutter und Kind die Beziehungen zwischen Frau und Mann in und außerhalb der Ehe behinderten. Es gab keine Musketier-Solidarität mehr. Für Rudi und Sternberg und Chevalier und wen sonst noch alles gab es *Marlene*. Und für Marlene gab es *Maria*. Das Kind ist für alle ein Rivale – Maria war noch keine acht, als der Film gedreht wurde, und ihre Interpretation mag eine Projektion sein, von der sie aber noch mit fünfzig Jahren fest überzeugt war. Ob der Film tatsächlich das Leben derer widerspiegelt, die ihn machten – die entsprechenden Untertöne waren auf jeden Fall vorhanden.

Das war eine heikle Angelegenheit für einen Star, der immer wieder ins Zentrum der zunehmend heftiger werdenden Diskussion um eine »saubere« Leinwand geriet. Aber es gab noch ein weiteres Thema in

Blonde Venus, das bestenfalls zynisch, schlimmstenfalls gefühllos schien. Der Höhepunkt des Films war Helens Flucht mit ihrem Kind, und diese Flucht sah aus wie eine Entführung. Entführungen waren damals das zentrale Thema, das die Öffentlichkeit beschäftigte: Die tragische Lindbergh-Entführung war im März gewesen, als die Paramount sich noch weigerte, das Projekt überhaupt anzugehen. Der Fall Lindbergh löste in der Marathon Street keine moralischen Bedenken aus (das Thema war aktuell, also konnte es nur von Nutzen sein), aber auf der Leinwand wirkte es pervers, als sich zeigte, daß es noch eine weitere Verbindung zwischen dem Film und dem wirklichen Leben gab.

Bei Beginn der Dreharbeiten zu *Blonde Venus* war Marlene einem Nervenzusammenbruch nahe. Außer Rudi, Sternberg, Chevalier und Schulberg wußte kaum jemand davon. Am 2. Juni – die Arbeit hatte gerade begonnen – wurde bekannt, daß Marlene seit Mitte Mai Erpresserbriefe erhielt, in denen jemand drohte, Maria zu entführen. Rudi hatte trotz der Warnungen in den Briefen die zuständigen Behörden informiert – nicht aber die Öffentlichkeit. Daraufhin waren am Roxbury Drive und bei Marion Davies' Strandhaus in Santa Monica (das Marlene ebenfalls gemietet hatte) zur Verstärkung der privaten Leibwache Polizisten postiert worden.

Die Polizei versuchte den Erpresser in eine Falle zu locken. Mit Gewehren bewaffnet warteten Marlene, Rudi, Sternberg und Chevalier im Haus auf die Dinge, die da kommen würden; das Geld für den Erpresser war entsprechend den Anweisungen des Erpressers auf dem Trittbrett des Wagens deponiert worden. Aber niemand erschien, um es abzuholen. Statt dessen wurden die Drohungen kurz darauf in der Presse veröffentlicht.

Ein Brief mit aus Zeitungen und Zeitschriften ausgeschnittenen Buchstaben war fälschlicherweise im Briefkasten einer anderen Frau in Los Angeles gelandet, die ähnliche Drohungen erhielt, und sie übergab dieses Schreiben unerklärlicherweise den Medien. Der Inhalt des Briefes lautete: »Wenn Sie, Marlene Dietrich, Maria retten wollen, damit Ihr kleines Mädchen ein Filmstar werden kann, dann müssen Sie zahlen, und wenn Sie das nicht tun, dann wird sie bald nur noch eine Erinnerung für Sie sein.« Aus den geforderten 10 000 Dollar waren 20 000 geworden, und der Erpresser warnte nochmals ausdrücklich davor, die Polizei einzuschalten.

Die Schlagzeilen aus aller Welt bekundeten ihr Mitgefühl für Marlene. Nachdem die ganze Geschichte an die Öffentlichkeit gedrungen war, gab es keine weiteren Drohbriefe mehr. Die Polizei gab bekannt, es habe sich um Erpressung gehandelt und nicht um Kindesentführung. Die Aktion sei der Racheakt eines ehemaligen Paramount-Angestellten gewesen, dem bei der großen »Säuberung« im Frühjahr gekündigt worden war. Rudi nahm die ganze Sache erstaunlich gelassen und überließ der Polizei, Sternberg und Chevalier die Lösung des Problems: An dem Tag, als die Entführungsdrohungen international Schlagzeilen machten, reiste er aus Kalifornien ab.

Das einzig Bemerkenswerte an dem ursprünglichem Drehbuch zu *Blonde Venus* war, daß die Heldin zwei Männer gleichzeitig liebt. In der endgültigen Version darf sie ihren reichen Beschützer weder lieben noch heiraten, wodurch selbst die etwas fadenscheinige Rechtfertigung, daß sie eben ein unbeständiges Herz hat, wegfällt. Nun hatte man es einfach mit einer Frau zu tun, die aus Zuneigung oder für Geld oder einfach zum Zeitvertreib mit Männern ins Bett ging. – Daß ihr Motiv darin bestand, Geld für die Behandlung ihres Ehemannes zu bekommen, diente so offensichtlich der Beschwichtigung, daß kein Mensch darauf hereinfiel oder sich davon rühren ließ. *Blonde Venus* blieb eine Geschichte über Kidnapping, Ehebruch und Prostitution, und sowohl das Drehbuch als auch das Studio waren in einem so desolaten Zustand, daß die Logik der Handlung auf dem Niveau einer Seifenoper blieb. Das Unbehagen wurde noch verstärkt durch das Gefühl, daß alle Beteiligten sich irgendwie durchmogelten – man *spürte* ihre Langeweile.

Erpressungen, Suspendierungen, Prozeßandrohungen machten die Sache auch nicht besser. Der Film war Schulbergs letzte Heldentat als Boß eines Studios, das in den Bankrott schlitterte. Angesichts dieser Umstände ist es erstaunlich, daß der Film überhaupt zustande kam. Panik, nicht Vernunft, regierte die Stunde.

Wie sich herausstellte, waren die Musiknummern der Dietrich das einzig Sehenswerte an *Blonde Venus*. Sie sind so wunderbar inszeniert, daß sie eine Charakterisierung der Figur ersetzen. Diese einzigen befriedigenden Szenen des ganzen Films sind auch wesentlich überzeugender als Marlenes Darstellung von Mutterliebe.

Die Dreharbeiten für *Blonde Venus* waren Ende August abgeschlossen, und der Film kam sofort in die Kinos. Paramount konnte es sich finanziell nicht leisten, ein teures Negativ mit seinem größten Star in den Regalen verstauben zu lassen. Ohne offizielle Premiere wurde der Film zuerst im »Paramount Times Square Theater« gezeigt und von den Kritikern in der Luft zerrissen. Die *New York Times* sprach von einem »unausgegorenen, phantasielosen und insgesamt mißglückten Machwerk, ein bißchen aufgelockert durch das Talent und den Charme der deutschen Schauspielerin«. Die *Herald Tribune* urteilte nicht viel freundlicher: »Marlene Dietrich ist immer noch Marlene Dietrich, gleichgültig, wie die Handlung und der Dialog eines Films aussehen oder welche Absichten ihre Mentoren verfolgen«; ansonsten sei der Film »langatmig und schwerfällig … konventionell und banal«.

Dwight Macdonald ging zum Angriff über. »*Blonde Venus* ist der vielleicht schlechteste [Sternberg-Film]. Hier hat Sternberg mit all seinen Talenten einen Tiefpunkt erreicht. Die Aufnahmen sind entschieden maniert – eine widerliche Mischung aus diffusem Licht, gesofteten sowie über- und unterbelichteten Bildern, wobei jede Szene so offensichtlich ›komponiert‹ ist, daß es weh tut. Sternbergs Rhythmus ist zu sinnlosen hin- und herwogenden Strukturen verkommen … Der Film ist nur noch Tempo, sonst nichts.«

Die Kritiker wußten, daß Sternberg sich lieber hatte suspendieren lassen, als den Film so zu drehen, wie die Paramount ihn wünschte, und nahmen deshalb an, er habe nun *seine* Wünsche verwirklicht. Die lautesten Kritiker droschen auf den Regisseur ein, verschonten aber auch nicht seinen Star. Auch das war nicht anders zu erwarten gewesen. Marlenes Aufstieg war zu kometenhaft gewesen, zu sehr durch die Regie eines Mannes bestimmt, der sie anzubeten schien – da konnte die Kritik an ihm nicht vor ihr haltmachen. Wenn die Rezensenten gewußt hätten, daß die Geschichte von Marlene stammte, wären die Kritiken vermutlich noch bissiger ausgefallen.

Das Publikum lehnte den Film ab – wofür man ihm keinen Vorwurf machen kann. Wenn *Dishonored* ein »ziemlicher Flop« gewesen war, dann war *Blonde Venus* die endgültige Katastrophe. Für Sternberg und für Marlene.

Nach fünf Filmen in weniger als drei Jahren war jetzt die Zeit für Veränderungen gekommen.

9. Die Apotheose

1933–1934

Marlene strebte allerdings keine Veränderungen in ihrem Verhältnis zur Paramount an, wo aufgrund des drohenden Bankrotts ohnehin schon viel zuviel im Umbruch war. Die Mitglieder der Studioleitung, die Millionen ausgegeben und eingenommen hatten, indem sie Marlene nach Hollywood holten, schmorten nun entweder im Fegefeuer und warteten auf eine vertragliche Regelung (wie Schulberg), oder sie waren gekündigt worden (wie Sidney Kent, der ihren ersten Vertrag in Berlin gegengezeichnet hatte). Selbst Jesse Lasky, den Mitbegründer der Studios, hatte man hinausgeworfen. Die Filmgesellschaft war am Ende und wurde von den Gläubigern wie ein Fisch an Land gezogen, als das Defizit 1932 16000000 Dollar erreichte.

Zurückgehende Profite waren dabei ein Faktor, wie überall während der Depression. Ein wesentlich entscheidenderer war Paramounts riesige Filmtheater-Kette. Einst der Stolz des Studios und der Schlüssel zu seiner wirtschaftlichen Macht, waren diese Kinos inzwischen nur noch eine finanzielle Belastung. Beiläufige Investitionen (wie beispielsweise in einen eben flügge gewordenen Rundfunksender namens CBS) vergrößerten das Defizit. Und wie immer waren die wichtigsten Aktivposten diejenigen, die »abends nach Hause gingen«.

Paramounts Hauptaktivposten, die Angestellte P-1167, hatte einen Vertrag, der nur noch bis Februar 1933 lief. Aber Ende 1932 war noch genug Zeit, um einen weiteren Film zu drehen, der die Rechnungsbücher ausgleichen und P-1167 wieder zum Publikumsmagneten machen konnte, wenn erst einmal Gras über *Blonde Venus* gewachsen war. Sternbergs Vertrag endete allerdings schon drei Monate früher, nämlich im Dezember. Anfang Oktober drängte ihn das Studio, auf die Westindischen Inseln zu fahren und dort (mit Kameramann Paul Ivano) Hurrikan-Impressionen für einen Südsee-Abenteuerfilm zu drehen, für den Jules Furthman gerade das Drehbuch schrieb. Die Zeit war knapp, aber die allgemeine Panik im Studio forderte sofortiges Handeln.

Schulbergs Sturz nährte Spekulationen, daß sich Sternberg ohne seine Protektion vermutlich nicht mehr lange halten würde, was einige mit Bestürzung, aber viele mit Genugtuung erfüllte. Marlene, die seit Riza Royce' Klagen im vergangenen März gegenüber der Presse außerordentlich zurückhaltend gewesen war, brach nun ihr Schweigen und erklärte: »Ich werde mit niemand anderem in Amerika einen Film drehen als mit Mr. von Sternberg.«

Das Wetter auf den Westindischen Inseln war nervenaufreibend ruhig, und Sternberg kehrte ohne Material für *Hurricane* zu den Stürmen von Hollywood zurück (das Projekt wurde später für Dorothy Lamour wieder aufbereitet). Nach einigen Gesprächen mit Emanuel Cohen, dem neuen Boß der Paramount, verkündete Sternberg, die Filmerei hänge ihm zum Hals heraus, und er werde – mit achtunddreißig Jahren – in den Ruhestand gehen, um zu malen und zu lesen und um ein Haus aus rostfreiem Stahl zu bauen, mit Burggraben und allem, entworfen von dem Wiener Architekten Richard Neutra.

Marlene ihrerseits gab bekannt, unter diesen Umständen wolle sie nach Europa zurückkehren und in Paris und Berlin auf der Bühne arbeiten. »Das hat nichts mit irgendwelchen Svengali-und-Trilby-Geschichten zu tun«, erklärte sie, »sondern damit, daß er der beste Freund ist, den ich je auf der Welt hatte. Die Leute sagen, ich stünde in seinem Bann. Das ist lächerlich ... Können Sie sich vorstellen, daß irgend jemand mich in seinen Bann schlägt?«

Bei der Paramount konnte man sich das durchaus vorstellen. Marlenes Vertrag gestattete ihr nicht, einfach zu gehen, nur weil Sternberg ging – selbst wenn er gegangen *wurde*. Außerdem hing ihm die Filmerei offensichtlich doch nicht so sehr zum Hals heraus – immerhin führte er Gespräche mit Jesse Lasky, der jetzt bei der Fox war, und mit Charlie Chaplin bei United Artists. Und beide waren scharf darauf, Svengali zu finanzieren, zumal wenn er seine Trilby aus dem Hut zaubern konnte.

Sternberg hatte schon viele Hollywood-Schlachten geschlagen und wußte, daß man ihm vorwerfen würde, er habe Marlene zu Vertragsbruch verleitet. Und daß man ihn deswegen belangen konnte. Doch er redete weiterhin mit Fox und United Artists über einen großen spanischen Film, den er als »Capriccio« bezeichnete.

Rudi Sieber tauchte in Kalifornien auf, um einen guten Eindruck zu machen und um Weihnachten und die Geburtstage zu feiern (Marias achten, Marlenes einunddreißigsten). Tamara blieb zu Hause, allein, aber umgeben von dem Pariser Luxus, den Marlene finanzierte. In Rudis Sack mit Geschenken war ein Drehbuch von der Ufa nach einer Novelle von Carl Zuckmayer: *Liebesgeschichte*. Ein sehr allgemein gefaßter Titel, den die Paramount vierzig Jahre später aufgreifen sollte, als sie *Love Story* produzierte. Das Zuckmayer-Drehbuch war für Sternberg ein willkommener Anlaß, seine Koffer zu packen und nach Berlin zu reisen, um dort Urlaub zu machen.

Bei der Paramount setzte man alle Hebel in Bewegung, um den Aktivposten P-1167 zu »maximieren«, ehe der Vertrag auslief. Man erklärte sich bereit, Marlene viertausend Dollar in der Woche zu bezahlen, auch wenn sie nur am Swimmingpool saß und las. Gleichzeitig sichtete man die Projekte, für die man bereits die Rechte erworben hatte, und grub eines aus, das ein Jahr zuvor für Tallulah Bankhead vorgeschlagen worden war (von der man sich vergeblich erhofft hatte, sie könnte Marlene Konkurrenz machen, um sie so bei der Stange zu halten). Das Projekt hieß *The Song of Songs* (Lied der Lieder) und basierte auf Hermann Sudermanns Romanerzählung *Das Hohe Lied*. Der Stoff konnte drehfertig gemacht werden, ehe Marlenes Vertrag endete. Aber nicht unter Sternbergs Regie.

Marlene leistete Widerstand. Sie kannte den Stoff, den die Paramount schon zweimal verfilmt hatte (1918 mit Elsie Ferguson und 1924 mit Pola Negri). Erstaunlicherweise unterstützte Sternberg den Vorschlag der Paramount – niemand sollte ihm vorwerfen, er übe einen schlechten Einfluß auf Marlene aus. Außerdem gewann er so Zeit, um sein Leben zu überdenken. Falls er weiterhin mit Marlene zusammenarbeiten sollte, hatte er nichts zu verlieren, wenn sie mit einem anderen Regisseur drehte – das wußte er. Wenn *Song of Songs* ein Reinfall wurde, war das ein Beweis dafür, daß er, Sternberg, der Mann war, der seine Marionette am besten einsetzen konnte. War der Film erfolgreich, steigerte das den Wert der Marionette und machte sie zu einem noch wertvolleren Faustpfand bei seinen Verhandlungen mit Fox, United Artists oder der Ufa.

Bei Paramount überlegte man sich nach dem Fiasko mit Richard Wallace bei *Blonde Venus* sehr gründlich, welchen Regisseur man Marlene vorsetzen sollte. Schließlich entschied man sich für Rouben Mamoulian, im Vertrauen darauf, daß Sternberg Marlene raten würde, ihn zu akzeptieren. Klar war, daß Sternberg gegen Lubitsch Einspruch erheben würde, obwohl dieser vermutlich ideal gewesen wäre, da er, wie der Stoff, aus Deutschland stammte und mit seinem Stil fast alles aufpeppen konnte. Aber Sternberg sah in ihm einen Rivalen – was schon bald zu einer Katastrophe führen sollte.

Es war nicht zu übersehen, daß es in *The Song of Songs* um Kunst gehen sollte: Bildhauerei, Poesie, Musik. Marlene singt Goethe-Texte (in der Vertonung von Schubert), um die aristokratischen Gäste des sadistischen Barons zu unterhalten, und in ihren Prostituierten-Federn gibt sie Friedrich Hollaenders alten Song »Jonny« (von 1920) mit einem englischen Text von Edward Heyman zum besten.

Im Dezember – kurz nachdem Josef von Sternberg angekündigt hatte, er werde in den Ruhestand gehen – berief die Paramount ein Produktionsmeeting ein. Marlene erschien nicht. Sie wurde ein zweites Mal geladen und blieb wieder zu Hause, um mit Rudi, der gerade zu Besuch da war, Weihnachtsgeschenke einzupacken und um Chevalier, der zwischendurch auch vorbeikam, *Joyeux Noël* zu wünschen. (Der stets tolerante Rudi photographierte seine Frau und ihren Liebhaber fürs Familienalbum.) Daraufhin beschloß die Paramount, ihr die viertausend Dollar, die sie mitten in der Depression als wöchentliches Taschengeld bezog, zu streichen. Marlene befand, daß die Paramount den Vertrag gebrochen hatte und sie jetzt frei war, genau wie Sternberg.

Sofort hängte ihr die Paramount ein Verfahren an und forderte 182850,06 Dollar für Bilanzverluste bei *Song of Songs*. Das Studio erwirkte eine einstweilige Verfügung, daß Marlene nicht anderswo arbeiten durfte. Der Bundesrichter, der mit der Anhörung zu dem Fall betraut war, lehnte es ab, sofort einen Haftbefehl zu erlassen – was die Paramount eigentlich forderte, da man verhindern wollte, daß Marlene außer Landes ging. Aber der Richter tat dies »ohne Verbindlichkeit«, das heißt, Marlene stand vor der Alternative, ins Gefängnis zu wandern oder für eine Statue Modell zu stehen.

Die Paramount-Bosse mochten geldgierig, geschmacklos und verzweifelt sein, aber sie waren keine Idioten. Sie wußten, daß sich Rudi in

Marlene gibt eine Abschiedsfeier für ihren Mann Rudolf Sieber, der 1933 nach einem Besuch bei ihr in Amerika wieder nach Deutschland zurückkehrt. V.l.n.r.: Ruben Mamoulian, Maurice Chevalier, Marlene Dietrich, Tochter Maria Sieber und Rudolf Sieber.
(Foto: Bilderdienst Süddeutscher Verlag, München)

Los Angeles aufhielt und daß Sternberg unterwegs nach Berlin war, und sie konnten sich ausrechnen, warum. Überdies war Sternbergs Sekretärin Eleanor McGeary bereit zu bezeugen, sie habe gehört, wie Marlene und Sternberg – in der Marathon Street! – darüber sprachen, von der Paramount nach Berlin zu wechseln. Das Studio beschloß, die viertausend Dollar, die man Marlene pro Woche überwiesen hatte, als Honorarvorschuß zu deklarieren, der Marlene verpflichtete, für die Paramount zu arbeiten. Man hatte nicht vor, das Geld einfach abzuschreiben.

Marlene rief Sternberg an, der inzwischen in Berlin war und mit dem Pressezaren und Nazi-Finanzier Hugenberg von der Ufa dinierte. Svengali Jo riet ihr, den Film zu machen, und den gleichen Rat gaben ihr auch mehrere Rechtsanwälte. Zwei Tage später, gleich nach Silvester 1933, trat Marlene wieder bei der Paramount an und arbeitete unter »Hausarrest«, wie sie sagte. Sie würde tun, was man ihr befahl; Lily würde das Hohe Lied singen.

Möglicherweise hatte das Hays Office ein paar Filme gerettet, indem es ihre »Unsittlichkeit« anprangerte, aber *Song of Songs* gehörte nicht dazu. Was man hier auf Zelluloid sah (und in den Anzeigen), war nicht Lilys beziehungsweise Marlenes »moralische Wiedergeburt«, untermalt mit Bibelversen, sondern – eine Statue von ihr. Nackt. Anatomisch fast so vollkommen wie ... nun, wie Marlene selbst.

Der Film legt es nicht darauf an, die Sinnlichkeit anzusprechen – er drischt auf sie ein. Paramount ließ Tausende von Kopien der Statue anfertigen, um sie in den Eingangshallen der Kinos aufzustellen. Das rief die gleichen Frauenorganisationen auf den Plan, die zuvor dagegen demonstriert hatten, daß Fußknöchel und Waden gezeigt wurden. Ein Kino in Claremont, New Hampshire, beugte sich der Empörung und kleidete seine Werbestatue in Overalls, eine geistreiche Anspielung auf Marlene Dietrichs richtungweisende Vorliebe für Hosen.

Die Männer vom Hays Office waren der Frage ausgewichen, ob Marlenes Lily tatsächlich etwas von den Schmetterlingen und den Bienen wußte (oder von Peitschen und Zigarren), und hatten gestattet, daß sie fast während des ganzen Films im Evaskostüm zur Schau gestellt wurde. Sie waren schockiert und entsetzt darüber, wie die Kunst dann letztendlich aussah.

Marlene mochte Nacktheit, aber die Heuchelei ging ihr gegen den Strich. Wenn die Paramount sie in ihrer Loyalität gegenüber Sternberg und seiner offeneren Art von Exotik hätte bestärken wollen, hätte sie nicht geschickter vorgehen können. »Jo, Jo, warum hast du mich verlassen?« seufzte Marlene nach jedem Take ins Mikrophon (eine Botschaft für die Direktoren, die sich am nächsten Tag die Muster ansahen). Sie sagte es auf deutsch, wenn ein Gast auf dem Set war, der ihre Muttersprache verstand (wie die junge Ballerina Vera Zorina); sie sagte es auf englisch, wenn eine Person anwesend war, die es sonst nicht verstanden hätte (wie die Fliegerin Amelia Earhart).

Marlene tröstete sich mit Maurice Chevalier, den die Studioleitung in ein Projekt namens *The Way to Love* gedrängt hatte, das so schlecht war, daß es sein letzter Paramount-Film werden sollte und für viele Jahrzehnte auch sein letzter Film in Amerika. Sie ließ sich auf Bettgeflüster mit Mamoulian ein (selbstredend mit viel »Geschmack«). Außerdem suchte sie Zuspruch bei Brian Aherne, dem männlichen Hauptdarsteller von *Song of Songs*. Er war neu in Hollywood und hatte gerade Katherina Cornell und *The Barretts of Wimpole Street* hinter sich. Nach eigenen Aussagen hatte Aherne die Rolle des Bildhauers angenommen, weil er *Shanghai Express* gesehen hatte und völlig hingerissen war von Marlenes Schönheit. Als er jedoch das Drehbuch las, begriff er sofort, warum Fredric March abgelehnt hatte. Seine Stimmung sank rapide, und nur die Marlene konnte ihn aufheitern.

»Warum wollen Sie in diesem albernen Film mitspielen?« fragte sie ihn gleich bei der ersten Begegnung. »Ich bin dazu vertraglich verpflichtet, außerdem ist Herr von Sternberg gegangen, ich bin jetzt ganz ohne Protektion; aber Sie, der große Schauspieler aus New York, Sie können doch machen, was Sie wollen. Sind Sie verrückt?«

Sie backte ihm einen Kuchen und überzeugte ihn davon, daß die Dreharbeiten erträglich werden könnten, wenn er genügend Gelegenheiten fand, »Miss Dietrich zu backen«, wie er sich in seinen Lebenserinnerungen ausdrückte. Nicht einmal das Erdbeben von Long Beach konnte diese Hingabe an die Backkunst erschüttern. Alle anderen bei Paramount gingen nach Hause; Marlene und Aherne blieben in ihren Garderoben in der Marathon Street.

Wenn sie keine Kuchen zauberte, machte sich Marlene mit dem Rolls-Royce, den Sternberg ihr geschenkt hatte, aus dem Staub und fuhr nach Santa Barbara, um *Le ballet* und Vera Zorina aufzusuchen. Die Ballerina, noch ein Teenager, war jung genug, um Marlene »wunderschön«, »sinnlich-träge« und »bewunderswert« zu finden, aber alt genug, um ihre Avancen freundlich, aber bestimmt zurückzuweisen.

In Santa Barbara stellte sie Marlene dem Dirigenten Leopold Stokowski vor, der etwas ahnungslos fragte: »Und Sie, meine Liebe – sind Sie auch beim Ballett?«

»Natürlich«, antwortete Marlene, die glaubte, er müsse entweder ein Spaßvogel oder von einem anderen Stern sein.

»Und in welchem Ballett tanzen Sie?« erkundigte er sich dann mit ernstem Gesicht, während die Jungen und Mädchen des Balletts die Szene interessiert verfolgten.

»Union Pacific!« riefen sie im Chor. Marlene, bei der wieder einmal der Berliner Humor durchbrach, ließ sich, ganz in Schwarz gekleidet, am

Abend auf die Bühne schmuggeln – als Teil der Gleisanlage für die Union Pacific Railway. Vera Zorina, Léonide Massine und das *Ballets Russe de Monte Carlo* tanzten *Tours jetés* um sie herum, während sie das einzige Mal in ihrem Leben ein Bahngleis darstellte.

Inzwischen erhielt Sternberg auf der anderen Seite des großen Teichs eine verspätete Lektion in Sachen Politik. Im allgemeinen pflegte er sich damit zu brüsten, daß ihn politische Fragen herzlich wenig kümmerten. Nun aber befand er sich ausgerechnet in dem Augenblick in Berlin, als ein junger holländischer Anstreicher namens Marinus van der Lubbe tragische Berühmtheit erlangte. Der Holländer war amtlich als Blinder registriert, weil das Blei in der Farbe, mit der er arbeitete, als er noch nicht arbeitslos war, seine Augen angegriffen hatte. Jetzt hielt er sich in Berlin auf, ohne Job und unglücklich, was ihn dazu veranlaßte, öfter mit diffusen kommunistischen Parolen um sich zu werfen. Dieser unglückliche Anstreicher schaffte es irgendwie, ein Streichholz anzuzünden (so hieß es) und den Deutschen Reichstag in Brand zu setzen. Glücklicherweise waren ein paar Nazi-Offiziere zur Stelle, die ihn verhaften und der Gerichtsbarkeit übergeben konnten – wegen »kommunistischer Verschwörung«. Dies ereignete sich am 27. Februar 1933, gerade als Sternberg mit dem Taxi Richtung Flughafen fuhr, um sich von Berlin und von dem Großindustriellen Alfred Hugenberg zu verabschieden, mit dem er kreative Freiheit in Berlin auszuhandeln versucht hatte. Sternbergs Taxifahrer deutete auf das qualmende Reichstagsgebäude und äußerte ganz unverblümt die Ansicht, daß die Nazis selbst das Feuer gelegt und van der Lubbe nur vorgeschoben hätten, um einen Sündenbock zu haben. Und dies mit Erfolg. Am nächsten Tag setzte Reichspräsident Hindenburg mit einer Notverordnung Teile der Verfassung außer Kraft und räumte dem Reichskanzler Adolf Hitler Befugnisse ein, von denen man in der Marathon Street nicht einmal zu träumen wagte.

Sternberg begriff noch immer nicht ganz, was die Stunde geschlagen hatte, denn er hatte den größten Teil seines Berlin-Aufenthalts mit Leni Riefenstahl verbracht, wenn er nicht mit Hugenberg dinierte. Er hatte kein einziges Braunhemd gesehen und kein Vorbeben der Katastrophe gespürt, in die er Marlene und sich selbst durch seine Verhandlungen führen wollte. Er redete sich ein, Hugenberg stehe Hitler sehr kritisch gegenüber, obwohl er damals schon Wirtschaftsminister der Nazis war und noch lange nach Hitlers Machtergreifung diesen Posten innehaben würde. Der Fairneß halber muß man darauf hinweisen, daß Sternberg nicht als einziger schwer von Begriff war. Thomas Mann mit seinem rührenden, aber fatalen Glauben an die deutsche Kultur (die später zuließ, daß Millionen Menschen in Gaskammern ermordet wurden) meinte damals zu einem Freund, es sehe schlecht aus in Deutschland, aber doch nicht so schlecht, wie man auf den ersten Blick meinen konnte.

Weit gefehlt. Im Gegensatz zu Sternberg begriff Marlene sofort, daß es ein völlig abwegiger Gedanke war, zu diesem Zeitpunkt mit einem Wiener Juden in Deutschland Filme drehen zu wollen.

Die Bestätigung kam prompt und brutal: Im April 1933 begannen die Nazis, einigen der bedeutendsten Künstler die Staatsbürgerschaft zu entziehen. Manche waren Juden, wie Max Reinhardt, Kurt Weill, Lion Feuchtwanger, Fritz Lang, Billy Wilder; andere waren keine, wie Heinrich und Thomas Mann und das halbe Bauhaus. Manche waren schon fort, wie Bert Brecht, Arthur Koestler und Albert Einstein, andere waren dabei, die Koffer zu packen. Der Komponist Arnold Schönberg, der katholisch erzogen worden war, erfuhr in Paris von seiner Ausbürgerung und konvertierte prompt zum jüdischen Glauben. Andere, wie der Nobelpreisträger Gerhart Hauptmann, blieben zu Hause bei ihren arischen Freunden, um weiterhin ihre Pfründe zu genießen.

Am 10. Mai verbrannte man die Werke von Marx, Freud, Heine, Remarque, den Brüdern Mann, Stefan Zweig, Franz Werfel und Hunderten anderen. Darunter auch die Bücher von André Gide, der nicht einmal Deutscher war, aber »entartet« genug (im Nazivokabular), um das Feuer zu nähren, das die Mauern des Aulagebäudes der einst so angesehenen Berliner Humboldt-Universität erhellte und dessen Spuren noch heute zu sehen sind.

Mit diesem Fanal begann das größte Kulturschisma des zwanzigsten Jahrhunderts. Der verkrachte Kunstmaler Hitler und seine kriminellen Komplizen setzten die kulturellen Maßstäbe für ganz Deutschland fest und vertrieben oder ermordeten alle, die sich nicht ein- beziehungsweise unterordnen wollten. Das führte zu einer ungeheuren Bereicherung der amerikanischen Kultur: Bald erreichte eine Flut von Flüchtlingen die Küsten der USA, wo allerdings die meisten von ihnen wie lästiges Strandgut behandelt wurden.

Hollywood bot manchem Arbeit und Wohnung (nicht immer komfortabel). Es gab bereits eine deutsche Enklave, die bereit war, Türen und Scheckhefte zu öffnen. Leute wie Lubitsch, Salka Viertel und bald auch die Feuchtwangers retteten vielen das Leben. Marlene gehörte ebenfalls zu den Wohltätern; ihre bedingungslose Großzügigkeit trieb sie fast in den Ruin.

Es war jetzt wichtiger als je zuvor, daß sie ihren Status als Geldverdienerin absicherte – für die alten Freunde und Kollegen, die ihre Hilfe brauchten, vor allem aber für ihre Mutter, ihre Schwester, ihren Schwager, deren Sohn und den kleinen Cousin Hasso, die noch immer in Berlin lebten. Marlenes und Sternbergs Traum von einer gesicherten Position bei der Ufa hatte sich ein für allemal zerschlagen; neue Verhandlungen mit der Paramount waren unumgänglich. Marlenes zweiter Vertrag war ausgelaufen, und Sternberg hatte gar keinen mehr.

Hollywood schenkte den bösen Vorzeichen aus Berlin weniger Beachtung als dem Film *Song of Songs*. Er wurde im Juli uraufgeführt und von der Kritik erstaunlich positiv aufgenommen. Das Lob ging meistens in die gleiche Richtung. Nach Ansicht des *Hollywood Reporter* zeigte der Film, wie richtig es war, »daß La Dietrich sich von der Svengaliartigen Dominanz von Sternbergs löst«. Und der *Los Angeles Examiner* schrieb: »Noch nie hat eine Trilby ohne ihren Svengali eine derart großartige Leistung erbracht.«

Newsweek fand, Marlene Dietrich sei »so lebendig und mitreißend …, daß sie [den] Film in einen persönlichen Triumph ummünzt«. Und die *New York Times* urteilte impulsiv und begeistert: »Marlene Dietrich schwebt durch [*Song of Songs*] mit der lyrischen Grazie einer Erscheinung, die vom Himmel gesandt wurde, um einen Augenblick zu verschönen.«

Der einflußreiche Berliner Kritiker Alfred Kerr verfaßte eine seiner mit römischen Ziffern unterteilten Rezensionen, dreizehn polyglotte Paragraphen, in denen er sich der deutschen, französischen, englischen und italienischen Sprache bediente. Paragraph »VI« war ein kurzes »*Hm*«.

Kerr fragte sich, warum sie die »Unschuld vom Land«, das »arglose Mädchen« spielt, wenn »il y a telle autre artiste admirée qui, à l'écran, couchant avec un homme resterait toujours quelque chose comme une institutrice …« (»es doch keine andere so bewunderte Leinwandkünstlerin auf der Welt gibt, die immer, wenn sie mit einem Mann schläft, noch etwas von einer Lehrerin an sich hat«). Er setzt sich vor allem mit Szenen auseinander, in denen die Baronin zur Prostituierten wird, die »Zigarette schräg« im Mund, und für »Jonny« singt, was er zum Geburtstag bekommen wird. Er sah hier »etwas wie Ausgelassensein; eine witzigste Tragik; Verachtung liegt darin; Schmiß im Verzweifeln; die letzte Schönheit in der Trauer«. Das »Hm« bedeutet, daß Marlene ein »seltnes Geschöpf« ist: »Und man blieb von Schönheit erschüttert. Das ist es: von Schönheit erschüttert.«

Es war natürlich Absicht, daß der große Berliner Kritiker seine Rezension mehrsprachig schrieb. Er mußte sich *Song of Songs* in Paris ansehen, weil der Film von den Nazis verboten wurde. Die Nachrichten über Deutschlands größten Star kamen von nun an aus dem Ausland, gefiltert und aus zweiter Hand. Zu Hause zeichnete Dr. Goebbels' Propagandamaschine für die Urteile über Marlene verantwortlich; ihr Tenor war zuerst verächtlich, dann bösartig. Die Auswirkungen dieser Kampagne konnten nie ganz getilgt werden. Schon die fruchtlosen Gespräche zwischen der Ufa und Sternberg hatten zu einem hinterhältigen Herausgeberkommentar geführt: »Es dürfte zweifelhaft bleiben, ob das deutsche Publikum künftig noch Marlene-Dietrich-Filme zu sehen bekommen wird, solange sie sich für den Dollar entscheidet.«

Marlene hatte die Kritiker bei *Song of Songs* vor allem deswegen gewonnen, weil der Regisseur nicht von Sternberg hieß. Den Rezensenten, die den Film lobten, gefiel vor allem ihre konventionelle Art der Darstellung. Sie ist glaubwürdig als Lily und von berückender Schönheit. Sie unterspielt die Rolle mit Charme und Feingefühl: Lily ist eine der am wenigsten manierierten Darstellungen ihrer gesamten Laufbahn. Aber Lily ist langweilig. Es war die risikofreie Harmlosigkeit ihres Spiels, die für die Kritiker, längst der visuellen Extravaganz eines Sternberg überdrüssig, wie »lyrische Grazie« aussah. Es gab nur wenige, die merkten, daß die einzigen wirklich interessanten Momente des Films gegen Schluß kommen, wenn sie »Jonny« singt – und zwar als einen kompromißlosen Frontalangriff. Diese wenigen begriffen, daß Marlene Dietrich – die Frau, wie sie in der öffentlichen Phantasie existierte und die sie fast immer *war*, wenn sie sang – interessanter war als alle Charaktere, die darzustellen sie als Schauspielerin je die Fähigkeit oder die Möglichkeit hatte. Trotz oder wegen Mamoulians Geschmack wirkte der Film schon 1933 überholt – bis auf die Kühnheit und Hemmungslosigkeit von »Jonny«. Das Publikum reagierte lauwarm, nicht begeistert, wie man eigentlich hätte erwarten müssen angesichts all der lyrischen Grazie, die nun endlich von Sternbergs Einfluß befreit war. Falls das stimmte.

Marlene hatte dem Ende der Dreharbeiten zu *Song of Songs* entgegengefiebert. Sie wollte endlich nach Europa fahren, um selbst zu sehen, welche Veränderungen das Naziregime verursachte. Die beunruhigenden Nachrichten von Freunden und ehemaligen Kollegen, die nun in Paris, London, New York, Wien, Budapest oder Prag Unterschlupf suchten, waren inzwischen nach Kalifornien gelangt. Da aber weder Rudi noch Sternberg da waren, mit denen sie über ihre Ängste hätte sprechen können, hatte sich Marlene bei einem Konzert des Berliners Harald Kreutzberg umgedreht und Cecil Beaton, der hinter ihr saß, angelächelt. Danach wandte sie sich seiner Begleiterin zu, der Schriftstellerin Mercedes de Acosta, die damals gerade an einem Drehbuch für das Familientreffen der Barrymores bei der MGM arbeitete, nämlich für *Rasputin and the Empress*. Marlene lächelte scheu, und schon erwachte das literarische Interesse.

Am nächsten Tag tauchte Marlene bei de Acosta auf, in Hosen, ein Bukett weißer Rosen im Arm. Mercedes de Acosta beschäftigte sich viel mit Buddha, spirituellen Beziehungen und Gemüse. Jeder in Hollywood, der sich in solchen Dingen auskannte, wußte oder ahnte von ihrer Beziehung mit Greta Garbo. Sie zeigte sich erstaunt über die spontane Huldigung, die Marlene ihrem Talent und ihrer Person darbrachte.

»Als [Marlene] hereinkam«, schrieb de Acosta später, »zögerte sie kurz in der Tür und sah mich wieder so schüchtern an [wie am Abend zuvor]. Ich bat sie herein und gab ihr die Hand. Sie ergriff sie fast militärisch, beugte sich über sie und [erklärte]: ›Ich hoffe, Sie vergeben mir. Ich habe Sie gestern im Theater gesehen und wollte Sie gern kennenlernen. Ich kenne nicht viele Leute in Hollywood und vor allem niemanden, der uns miteinander bekannt machen könnte, also habe ich mich einfach erkundigt, wo Sie wohnen, und da bin ich nun.‹« Die Schriftstellerin fand das »charmant und unkonventionell« und wollte über Filme reden.

»›Ach, ich möchte eigentlich nicht über Filme reden‹, sagte Marlene. ›Ich würde Ihnen gerne etwas sagen – hoffentlich halten Sie mich nicht für verrückt … Sie wirken so schmal, und Ihr Gesicht ist so blaß. Irgendwie habe ich das Gefühl, es geht Ihnen nicht gut. Als ich Sie gestern abend angesehen habe, da habe ich gespürt, daß Sie sehr traurig sind. [Die Garbo war gerade nicht in Los Angeles.] Ich bin auch traurig. Ich bin traurig und einsam … Sie sind der erste Mensch hier, zu dem ich mich wirklich hingezogen fühle. Vielleicht ist es ja ein bißchen unüblich, aber ich bin hierhergekommen, weil ich einfach nicht anders konnte.‹«

Soweit de Acostas Darstellung. Die Atemlosigkeit, die Marlene vergessen ließ, daß ganz Hollywood zu ihren Füßen lag und sie berühmte Freunde wie Josef von Sternberg, Gary Cooper, Maurice Chevalier, Rouben Mamoulian und Brian Aherne hatte, mit denen sie ihre Einsamkeit vertreiben konnte (ganz zu schweigen von Maria), deutet entweder auf ein schlechtes Gedächtnis bei Marlene hin – oder aber auf dichterische Freiheit bei Mercedes. Weiter erzählt sie, sie habe zu Marlene gesagt, sie selbst sei nicht blaß *genug*, woraufhin diese ins Badezimmer rannte und ihr Make-up entfernte. Auf den Tag folgte der Abend, und de Acosta (die sich in Modefragen offenbar sowenig auskannte wie Stokowski bei Filmstars) schlug vor, Marlene solle doch in der Öffentlichkeit Hosen tragen. Später behauptete die Schriftstellerin sogar, sie sei für diesen Modetrend verantwortlich, der inzwischen längst alle Städte und ganze Kontinente ergriffen hatte.

Marlene fühlte sich nun nicht mehr so einsam. Sie kochte für Mercedes, »überschwemmte [ihr] Haus mit Blumen … oft zweimal am Tag, zehn Dutzend rote Rosen oder zwölf Dutzend Nelken … Wir hatten nie genug Vasen, und als ich das Marlene gegenüber erwähnte, um ihr zu verstehen zu geben, daß sie mir keine Blumen mehr schicken sollte, bekam ich statt dessen unzählige Lalique-Vasen und *noch* mehr Blumen. Das Haus wurde eine Art Blumenirrenhaus.« Marlene ging dann zu Nippsachen und Kunstgegenständen über. »Das Kaufhaus Bullock vom Wilshire Boulevard war in mein Haus eingezogen«, stellte Mercedes verzweifelt fest. Offenbar war sie zu taktvoll, um die Präsente einfach abzulehnen.

Sie begaben sich zu dem Strandhaus in Santa Monica, das Marlene von Marion Davies gemietet hatte. Maria spielte mit einer Kinderfrau am Strand, während Marlene und Mercedes mit dem Schauspieler Martin Kosleck und dessen neuem (Marlenes altem) Freund Hans Heinrich von Twardowski plauderten. Twardowski war einer der ersten Flüchtlinge aus Deutschland, den es an die Pazifikküste verschlagen hatte. Kosleck, dessen – eher unbedeutende – Karriere darin bestehen sollte, auf der Leinwand Nazis zu verkörpern, porträtierte Marlene (nicht sehr gut), während Twardowski eine Rolle in Marlenes nächstem Film bekam. Einem Film bei der Paramount. Und unter der Regie eines Mannes, von dem sich Marlene nach Meinung der Kritiker endgültig gelöst hatte: Josef von Sternberg.

Weniger als einen Monat nach seiner unglücklichen Ufa-Expedition hatte Sternberg wieder einen Vertrag mit der Paramount unterzeichnet. Er hatte versucht, *ohne* Marlene zu MGM zu gehen (wo man ihn zehn Jahre zuvor gefeuert hatte). Vergeblich. Nun sah er sich gezwungen, zu Marlene zurückzukehren, und handelte mit der Paramount einen Kontrakt aus, der ihn stärker als alle bisherigen an sie band. Der neue Vertrag garantierte ihm nahezu vollständige Autonomie, was ihm gleichzeitig die Abneigung der Studioleitung sicherte. Und dann begann er mit der Arbeit an den »privaten Tagebüchern Katharinas der Großen«, wie er sagte – einer Entdeckung, an der er sonst niemanden teilhaben ließ.

Marlene reiste mit Maria auf dem deutschen Schiff *Europa* nach Europa und zu Rudi. Nach einem zärtlichen Wiedersehen mit Chevalier in New York (er hatte der Paramount endgültig den Rücken gekehrt) schrieb sie Mercedes de Acosta vom Schiff einen Brief, in dem sie ihr vorjammerte, wie sehr sie sich nach Hollywood sehne.

Am 19. April kam sie in Paris am Gare St. Lazare an, wo sie von Rudi und einer Meute Photographen empfangen wurde. Sie trug einen Herrenmantel aus Kamelhaarstoff, einen perlgrauen Anzug, Krawatte, Baskenmütze und eine Sonnenbrille in Hollywoodgröße, deren Tönung zu dem Anzug paßte. Eine riesige Menschenmenge »belagerte den Bahnsteig«, schrieben die Zeitungen, und – »buhte sie aus«.

Das war nicht der Empfang, den Marlene erwartet hatte. Rudi geleitete sie eilig durch den Tumult und brachte sie zu dem ruhigen Hotel »Trianon« in Versailles. Dort quartierten sie sich in einer Louis-*quelque-chose*-Suite mit Klavieren ein. Außerdem war Josephine von Losch aus Berlin gekommen. Sie bewunderten die Titelphotos von Marlene in Männerkleidung und studierten die offiziellen Schreiben der aufgebrachten *Préfecture de Police*, laut denen Marlene in dieser Garderobe mit einer Verhaftung zu rechnen hatte. Transvestitentum war selbst in Paris strafbar, und die Polizei war nicht zu Scherzen aufgelegt. Man empörte sich nicht nur über Marlenes Kleidung, sondern auch über die Menschenmengen, die sie in diesem Aufzug anlockte.

In Paris besuchte Marlene Margo Lion, ihre beste Freundin von früher, die aus Berlin geflohen war und nun hier im Exil lebte. Die Lion hatte gerade einen französischen Film mit G. W. Pabst gemacht (der nur vorübergehend aus Deutschland emigriert war – er fand den Umgang mit den Nazis letztlich einfacher als mit Warner Brothers). In diesem Film spielten auch Marlenes alter Theaterkollege Peter Lorre, der ebenfalls im Exil lebte, und ein junger Franzose namens Jean Gabin mit.

Marlene wollte sich in Paris nach Liedern für eine Schallplattenaufnahme umsehen. Sie verbrachte zwei Tage mit dem Berliner Emigranten Kurt Weill, der zwei Stücke für sie komponierte, die sie nie sang. Es waren Lieder von ungeheurer tonaler Schönheit, aber so düster wie die Stimmung des verjagten Komponisten, und paßten nicht besonders gut zu Marlenes Stimme und Persönlichkeit. Weills Musik blieb ihr allerdings noch viele Jahre im Gedächtnis, genau wie ihm ihre Stimme.

Rudi fahndete währenddessen nach einem Song, den ein befreundeter Berliner Journalist Marlene nach Hollywood geschickt hatte. Zwar erinnerte sie sich noch an den Namen des Verfassers, aber der Brief war nicht mehr auffindbar. Schließlich gelang es Rudi mit Hilfe der Exil-Gerüchteküche, den Texter ausfindig zu machen, einen Flüchtling aus Berlin namens Max Colpet. Er wohnte im Hotel Ansonia, zusammen mit Billy Wilder, Peter Lorre und einem Komponisten ... In diesem Hotel drückte man, was Papiere und Pässe betraf, mehr als ein Auge zu, weshalb es unter den deutschen Exilanten in Paris ein heißer Tip war. Unter diesen Exilanten befand sich übrigens auch der Schriftsteller Erich Maria Remarque, der das Hotel später in seinem Roman *Arc de Triomphe* verewigte.

Rudi telephonierte mit Colpet und teilte ihm mit, Marlene Dietrich wolle sich in Versailles mit ihm treffen. Colpet legte auf, weil er dachte, jemand wolle ihn auf den Arm nehmen. Nach wiederholten Anrufen, bei denen Colpet jedesmal auflegte, hielt eines Tages Marlenes Cadillac mit seinen sechzehn Zylindern (sie hatte den Rolls in Zahlung gegeben) in der Rue de Saigon vor Colpets Unterschlupf. Der Chauffeur brachte den Liedtexter (und einen Freund) zum Trianon in Versailles, wo »auf der großen Treppe, die zum Hoteleingang führte ..., ein ›Blauer Engel‹«

erschien, »in einem phantastischen Chiffonkleid, in dessen Falten der Sommerwind spielte«.

Diese Erscheinung erklärte ihm nun, sie wolle ein Lied aufnehmen, für das Colpet den Text verfaßt hatte. Die Noten habe sie leider in Hollywood vergessen. Colpet, der dringend Arbeit suchte, meinte bedauernd, er könne sich an den Text nicht mehr erinnern – was nicht weiter schlimm war, da Marlene ihn auswendig wußte. Aber die Melodie …? Marlenes Dirigent Peter Kreuder brauchte sie für den Aufnahmetermin am 19. Juli. Unglücklicherweise aber hatte bislang niemand den Komponisten des Songs, Franz Wachsmann, ausfindig machen können, obwohl er sich angeblich gleichfalls irgendwo in Paris aufhielt …

Es war eine Szene wie aus einem Paramount-Film: Der Freund, der Colpet begleitet hatte, war Wachsmann, der sich nun sogleich an den Flügel setzte und »*Allein in einer großen Stadt*« spielte. Und Marlene sang.

Im Juli 1933 nahm Marlene den Song zusammen mit anderen Liedern auf, einige mit jazzig-klagendem Saxophon-Background. Es war das Lied von Colpet und Wachsmann (später Waxman), das den Berliner »Weltschmerz« einfing, die Einsamkeit in der Großstadt des zwanzigsten Jahrhunderts. Die Aufnahme gab »José d'Alba« als Komponisten und »Kurt Gerhardt« als Texter an: Schallplatten von den Juden Wachsmann und Colpet durften in Deutschland nicht verkauft werden (und man schrieb erst 1933). »Allein in einer großen Stadt« ist der schönste Song, den Marlene je sang und der ihr auch am meisten entsprach. Bis an ihr Lebensende gehörte er zu ihrem ständigen Repertoire.

Marlene schloß die Aufnahmen in Paris ab, während Brian Aherne auf der anderen Seite des Ärmelkanals sich vor Sehnsucht verzehrte und in Interviews diskrete Andeutungen darüber machte. London war nicht weit, aber Marlene reiste statt dessen mit Maria und Rudi nach Wien. Rudi ging mit Maria in den Prater und kaufte ihr Luftballons, und Marlene besuchte Willi Forst. Ihr ehemaliger Liebhaber startete mit dem Film *Leise flehen meine Lieder*, der das Leben von Franz Schubert behandelte, gerade eine erfolgreiche zweite Karriere als Filmregisseur. In Wien kursierte das Gerücht, Marlene finanziere das Projekt aus Freundschaft zu Forst (dieses Gerücht hielt sich hartnäckig; Marlene hat es immer geleugnet), aber es war der Darsteller von Schubert, der Marlenes Aufmerksamkeit erregte.

Hans Jaray war achtundzwanzig, hatte Wien mit seinem *Hamlet* kurz zuvor in Begeisterung versetzt und avancierte als der junge Kaiser in Fritz Kreislers *Sissy* zum Liebling der Frauen. Marlene und Jaray kamen sich näher, waren in Wien schließlich unzertrennlich und ließen sich auch gemeinsam mit dem toleranten Rudi oder dem verständnisvollen Willi Forst oder mit allen beiden in der Öffentlichkeit sehen. Wien war immer schon Marlenes Lieblingsstadt in Europa gewesen. Auch war die alte Sascha-Filmgesellschaft reorganisiert worden, und zwar unter Karl Hartl, der dort als Assistent gearbeitet hatte, als Marlene und Forst *Café Electric* drehten. Das Theater an der *Josefstadt* (wo Hans Jaray sich gerade als Star etablierte) schien – da die Ufa ausfiel – eine mögliche Alternative zur Paramount.

Marlene wurde in Wien vergöttert – ganz anders als in Berlin. Bevor sie wieder nach Paris abreiste, gab sie zweimal vom späten Abend bis in die frühen Morgenstunden Autogramme, während draußen die Menge »Mar-le-ne!« skandierte. Sie sagte Hans Jaray adieu und sah sich auf dem Weg nach Cape d'Antibes mit Maria und Rudi bei den Salzburger Festspielen den *Faust* an. (Und verfaßte weitere Briefe an Mercedes.)

Von Paris aus schrieb Marlene an Marias Patenonkel Rudolf Forster. In diesem Brief bezeichnete sie ihr glanzvolles Leben, in dem sie von so vielen Menschen umschmeichelt wurde, als bedeutungsleer. Sie gab zu, daß sie Heimweh hatte – nicht nur nach Berlin, sondern vor allem nach dem Theater. Die Affäre mit Hans Jaray hatte ihr Interesse an der Bühne wieder geweckt. Alles habe sie falsch angepackt, meinte sie. Hollywood sei nur in Ermangelung besserer Alternativen zu ihrer »Heimat« geworden. Nun wolle sie wieder *spielen*, als Schauspielerin arbeiten und nicht nur einfach passiv vor einem Mikrophon oder einer Kamera stehen oder Bahngleise verkörpern und Autogramme geben. Die Tatsache, daß sie ihre eigenen Schallplatten gemacht, das Material ausgesucht und im Grunde auch zum erstenmal selbst die Regie für alles übernommen hatte, hatte alte Ambitionen und die Sehnsucht nach neuen Herausforderungen wachgerufen.

Nicht, daß sie den Ruhm als solchen ablehnte. Marlene mochte den Ruhm und genoß ihn so exzessiv wie kaum ein anderer Star, aber sie hatte nun auch erlebt, wie stark er ihr Leben bestimmte und wie sehr er sie von anderen Menschen isolierte. Nichts, was sie tat, war je wirklich *privat*. Fans, Journalisten und Photographen verfolgten sie auf Schritt und Tritt. Traf sich Marlene in New York mit Chevalier oder mit Hans Jaray in Wien, dann las Brian Aherne in London darüber in der Zeitung. Und wenn Aherne nach Paris kam, wußte Mercedes de Acosta in Los Angeles binnen kurzem darüber Bescheid.

Viele Jahre später sollte Marlene den Ruhm als die »Hölle auf Erden« bezeichnen. Wie bitter es jedoch war, wenn der Ruhm dahinschwand, das spürte sie deutlich, als sie mit Maria nach New York zurückkehrte (auf einem Schiff, das unter französischer Flagge fuhr – was die amerikanische Presse »bedeutsam« fand). Zu ihrer »angeblichen Weigerung, nach Deutschland zurückzukehren«, wollte sie keinen Kommentar abgeben, vermerkte die *New York Times*. In persönlicher Hinsicht schien es allerdings bedeutsamer, daß sich die ehemals so berühmte Pola Negri an Bord befand: Sie war noch keine Vierzig, aber ihre Karriere war zu Ende. Die Negri hatte, wie Marlene, das Theater verlassen (Max Reinhardt, um genau zu sein), um Filmstar zu werden, und nun war sie nur noch eine Fußnote in den Presseberichten über Marlenes Reise. Das einzige, was schlimmer war als der Ruhm, war sein langsames Verblassen und die damit verbundene Vereinsamung.

Vielleicht hatten ja die Machtkämpfe bei der Paramount Sternberg auf die Idee gebracht, sich mit Katharina der Großen zu beschäftigen. Vielleicht lag es aber auch nur daran, daß Elisabeth Bergner gerade die gleiche Geschichte in England verfilmte (gemeinsam mit dem jungen Douglas Fairbanks jr.) und daß Sternberg wußte, er und Marlene konnten das besser. Sonderbarerweise verwandelten sich auf dem Höhepunkt der Depression alle großen weiblichen Stars plötzlich in Königinnen: Die Garbo spielte Königin Christina; Norma Shearer sollte Marie Antoinette verkörpern; Katherine Hepburn war für Königin Elizabeth I. von England vorgesehen, aber eigensinnig wie sie war, entschied sie sich statt dessen für die Rolle ihrer Kontrahentin Maria Stuart. Vermutlich schien es gerade damals wichtig zu zeigen, daß auch Menschen von königlichem Geblüt es manchmal schwer hatten. Aber *diese* Königinnen wurden (mit Ausnahme Elizabeths) ins Exil oder aufs Schafott geschickt, während Sternberg sich für eine Kaiserin entschieden hatte, die alle *anderen* dorthin schickte.

Nach dem neuen Vertrag mußte die Paramount ihre Zustimmung zu Sternbergs Projekt geben. Es ging, wie gesagt, um »private Tagebücher«, die er entdeckt hatte und in denen die Geschichte vom Aufstieg der preußischen Prinzessin Sophie Augusta Friederike zur Zarin Katharina der Großen erzählt wurde. Laut Drehbuch sollte sich Marlene von einem unschuldigen Porzellanpüppchen zu einer von Zügellosigkeit ausgebrannten Monarchin entwickeln, die ihre absolute Macht dadurch erwirbt, daß sie andere ermorden läßt und praktisch mit der gesamten russischen Armee ins Bett geht. Es sollte Sternbergs äußerlich ambitioniertester Film werden, in dem er eine wahnwitzige Verschwendungssucht zur Schau stellte, während Paramount so gut wie bankrott war. Selten hat sich die rachsüchtige Kraft der Kreativität so offen manifestiert. Sternberg prahlte gegenüber Marlene: »Wenn dieser Film ein Reinfall wird, dann ein grandioser.«

Er wollte ihn *Her Regiment of Lovers* (Ihr Regiment der Liebhaber) nennen, aber im Hays Office erblaßte man erwartungsgemäß, worauf der Film kurzfristig einfach *Catherine the Great* hieß, bis man sich schließlich auf den endgültigen Titel *The Scarlet Empress* (Die scharlachrote Kaiserin) einigte. Der Film wurde wirklich, wie Sternberg sich ausdrückte, eine »strenge Stilübung«. Und eine der großen Kuriositäten unter den Studioproduktionen Hollywoods.

Im Grunde seines Herzens war Sternberg ein Stummfilmregisseur. Er sah diesen Film als Präludium, Rondo, Scherzo usw. und griff persönlich zum Dirigentenstab, um die Stücke von Tschaikowsky, Mendelssohn und Wagner aufzunehmen, aus denen sich die Filmmusik zusammensetzen sollte. Er versuchte in *The Scarlet Empress*, die Geschichte über Bilder (teils mit Stummfilmtiteln) zu transportieren, was er auch schaffte (und weswegen manche Leute diesen Film lieben), aber die Gefühle oder den Intellekt konnte er damit nicht ansprechen (weshalb andere ihn hassen). Der Film läßt keine neutralen Reaktionen zu. Eine bewußt delirierende Produktion, wie sie die großen Studios kein zweites Mal drehten, und gleichzeitig eine der kältesten – an Distanziertheit nur noch übertroffen durch das nächste Dietrich-Sternberg-Projekt.

Es ist nicht anzunehmen, daß Sternberg sich sonderlich für Katharina die Große interessierte, aber er interessierte sich für Marlene, er kannte sie und wußte um die Probleme von Sexus und Herrschaft – das Thema dieses Films. Es gibt keine narrative Entwicklung, die nicht durch Sex oder Eifersucht motiviert wäre, alles großzügig mit Sadismus angereichert. Die Struktur ist episodisch und nicht eigentlich musikalisch, sondern einfach nur undramatisch. Es geht um Katharinas perversen

Kreuzweg (ihr Ehemann, der wahnsinnige Großfürst, wird hinter einer Kreuzwegstation erwürgt). Äußere historische Kräfte spielen keine Rolle: Irgendwo wird Krieg geführt – in Finnland? Völlig gleichgültig. Zurück zum eigentlichen Schlachtfeld – dem Schlafzimmer. Oder dem Stall.

Wenn wir Katharina – Prinzessin Sophia – das erste Mal zu Gesicht bekommen, ist sie noch ein Kind, gespielt von der neunjährigen Maria Sieber. Maria war ein hübsches Mädchen, aber gehemmt, und das merkt man auch. Sie bewegt sich steif und unnatürlich, vielleicht weil sie, wie sie Shirley Temple erzählte, glaubte: »Ich kann mich nicht photographieren lassen. Eine Seite ist nicht gut.« Sternberg hatte mehr als eine Szene für Maria geplant, aber er mußte sie wieder streichen, weil das Kind bereits Übergewicht hatte. Für kein Mädchen ist es leicht, im Schatten einer schönen Mutter aufzuwachsen, die immer auf ihre »Seiten« hinweist, und Maria kannte ihre Mängel nur zu genau. Photos von Mutter und Tochter zeigen fast immer ein sehr ernstes, verschüchtertes Kind. Schon früh begann Maria, sich durch übermäßiges Essen gegen den Schönheitsmythos zu wehren und vielleicht auch gegen Marlenes Ambitionen, aus ihr eine Schauspielerin zu machen. Die Arbeit ihrer Mutter und deren Beziehung zu Sternberg entsprach sicher nicht den Traumvorstellungen eines kleinen Mädchens.

Marias Erwachsenwerden deutet eine Überblendung an, in der sie zu Marlene wird. In keinem anderen Film setzt Sternberg die Beleuchtung so kühn ein, um eine Persönlichkeit zu definieren, er läßt Ströme von Licht über das Gesicht von Marlene fließen, die als vierzehnjährige Prinzessin mit dem Großfürsten Peter von Rußland verheiratet wird. Marlene versucht erst gar nicht, eine Vierzehnjährige zu spielen, sondern strahlt nur eine jungfräuliche Unschuld aus, die eindeutig ihren frühen »Waisenkindszenen« in *Song of Songs* verpflichtet ist. Wir wissen zu viel über Marlene Dietrich, um wirklich an diese Prinzessin Sophia zu glauben. Marlene setzte in diesem Alter schon oft ihren »Schlafzimmerblick« ein; für Sophia aber ist das Schlafzimmer der Raum, in dem sie schläft und ihre Puppen aufbewahrt. Marlenes Darstellung jedoch ist technisch perfekt, eine großartige schauspielerische Leistung.

Sternberg zeigt die Entwicklungsphasen von Sophias/Katharinas Korruption, indem er in wachsendem Maße Schatten und Konturen auf ihrem Gesicht erscheinen läßt, und demontiert so das Klischee einer simplifizierenden »Dietrich-Beleuchtung«. Marlene – und das Licht –

setzen die größte Spannbreite ihrer dramatischen Mittel ein: von der taufrischen Unschuld zur erwartungsvollen Jungfrau, die unbedingt defloriert werden möchte, zu sprachlosem Entsetzen, als sie erkennt, welches Schicksal ihr an der Seite des widerwärtigen Großfürsten bevorsteht. Nun setzt sie auf Provokation, Verführung und den Willen zur Macht, wobei Sex ein Mittel zum Zweck ist und Liebe, falls überhaupt vorhanden, nur Beiwerk. Marlene spielt das junge Mädchen als fragiles Püppchen, hellblond, voller Neugier auf die Welt außerhalb ihres Rokokokäfigs. »Ich wüßte gerne, wie er aussieht«, sagt sie, als man ihr mitteilt, daß sie heiraten wird.

Wie er aussieht, findet sie bald heraus, aber davor verliebt sie sich in Alexei mit der dunklen Löwenmähne (gespielt von John Lodge), der sie nach Rußland bringen soll. Lodge war kein Schauspieler (er stammte aus einer angesehenen Bostoner Familie und wurde später Gouverneur von Connecticut und Botschafter in Spanien), aber, ganz in Schwarz gekleidet, macht er eine gute Figur, und Marlene starrt ihn an, als wäre er ein Phallussymbol aus Obsidian.

Er reicht ihr einen Zobelpelz, damit sie nicht friert. Aber sie möchte, daß *er* sie wärmt. Man spürt richtig, wie schockiert sie ist, als sie entdeckt, daß ihr Ehemann, den man ihr als »gottähnlich« beschrieben hat (»*und* er kann lesen und schreiben«), kein anderer als Sam Jaffe ist, lüstern grinsend, verrückt, bucklig, widerlich sabbernd und mit einer weißen Spinnwebenperücke, die jeden an Harpo Marx erinnerte. Kaum ist die junge Prinzessin in St. Petersburg angekommen, da kriecht auch schon ein Hofarzt unter ihren Rock und nimmt eine gynäkologische Untersuchung vor, bei der die Zarin und ihr Gefolge zuschauen. Unter den Höflingen befindet sich auch Marlenes alter Freund Hans von Twardowski mit Schönheitsfleck, weißem Pelzmuff und Lorgnon.

Sternbergs Rußland ist eine barbarische Welt, was sich in den Dekorationen bis zum Exzeß zeigt. Der Film ist berühmt-berüchtigt für seine aufwendigen Szenenbilder, obwohl es sich hauptsächlich um Holzkulissen, groteske Gipsstatuen und im Studio gemalte Ikonen handelt. Kein Hollywood-Regisseur hat je derart pittoreske Effekte mit so geringem Kostenaufwand erzielt.

Während der Dreharbeiten stand Sternberg zumeist selbst hinter der Kamera. Von einem Kamerakran aus erteilte er Befehle über ein Lautsprechersystem, als wäre er ein General oder der Papst. Den Dialog nannte er immer »Titel«, was einmal mehr zeigte, wie sehr sein Herz dem Stummfilm gehörte. Die eindrucksvollste Sequenz des Films (eine der schönsten, die je gedreht wurden) ist die fünf Minuten und zwanzig Sekunden lange Hochzeitsszene, ohne jeden Dialog, nur mit Musik unterlegt. Sternberg bleibt mit der Kamera meist auf Marlenes Gesicht. Im Ausdruck ihrer Augen spiegelt sich die erdrückende Macht der russisch-orthodoxen Kirche und der alten Zarin, der Wahnsinn des Bräutigams, die gehässige Eifersucht seiner Geliebten, das Entsetzen der Braut, als sie (buchstäblich) an ihren irrwitzigen Gatten gebunden wird und gleichzeitig mit der sexuellen Anziehungskraft ringt, die Alexei auf sie ausübt. Eisenstein und nach ihm noch viele andere Regisseure machten Anleihen bei dieser Szene, und das ist nicht verwunderlich. In ihrer klaustrophobischen Schönheit und ihrem Gefühl für die korrumpierende Sinnlichkeit der Macht bleibt sie unerreicht.

Marlene hält während dieser Szene eine Kerze vor ihr Gesicht, die im Rhythmus ihres Atems flackert, der schneller wird, als sie Alexei ansieht – fast erlischt die Kerze, um dann wieder hell aufzuflammen. Nie war Marlene schöner auf der Leinwand, nie so ikonenhaft. Manchmal reduzieren die Nahaufnahmen ihr Gesicht auf Augen und Nase hinter dem Brautschleier – Einstellungen, die so meisterhaft photographiert sind, daß wir die einzelnen Fasern des Gewebes zählen können. Nie war eine Kamera so in eine Frau verliebt wie in dieser faszinierenden Sequenz, und keine Frau gab sich je der Kamera so bereitwillig hin. Die Szene endet mit einer Großaufnahme der triumphierenden alten Zarin.

Darauf folgt ein Titel: »Und so machte Katharina den ersten unschuldigen Schritt, um Rußlands mächtigste und finsterste Herrscherin zu werden ...«

Eine erstaunliche Szene folgt auf die nächste. Marlene wirft ein Medaillon aus dem Fenster, und wir sehen, wie es elegant zwischen den Zweigen eines Baums hindurchfällt – und bei dem Wachposten landet, dem sie sich kurz darauf hingibt. Dabei wird ein Kind gezeugt, das die Thronfolge sichert. Wir bekommen das Kind allerdings nie zu Gesicht. Dieser Film ist kein Drama über Mutterliebe.

Er enthält eine Bankett-Szene, in der ein Skelett am Tisch sitzt und Katharina mit ihrem Ehemann und seiner Geliebten kämpft. In einer anderen Szene, die im Stall spielt, bewegt sie einen Strohhalm so provozierend zwischen den Lippen hin und her, daß man das Gefühl hat, der Halm müßte demnächst in Flammen aufgehen.

Während sie sich immer mehr zur »Messalina des Nordens« entwikkelt (wie ein Zwischentitel sie nennt), spürt man gleichzeitig immer stärker ihre Sinnlichkeit. Katharina trägt Schwarz; ihren Augen unter den hohen, fein gezogenen Brauen entgeht nichts; sie ist spöttisch, respektlos, herrisch, sie genießt die Macht ihrer Waffen, ihres Geschlechts. Das ist absolut faszinierend, und man kann sich nicht vorstellen, daß eine andere Schauspielerin diese Skrupellosigkeit darstellen könnte, ohne abstoßend zu wirken. Die Dietrich wird nur noch begehrenswerter in ihrer immer überirdischer wirkenden Schönheit, und das scheinbar ganz beiläufig.

Schließlich hat sie die ganze Armee verführt und besteigt mit ihrer Unterstützung den Thron: Die Militärs ermorden Peter für sie und stürmen den Palast zu Pferde, galoppieren durch hölzerne Korridore, hölzerne Treppen hinauf, zum kaiserlichen Adlerthron, wo Marlene in einer weißen Husarenuniform steht. In ihrem wilden, siegestrunkenen Blick sieht man den Triumph der Macht – und den Wahnsinn.

Das war die Apotheose – Marlenes Apotheose. Venus *war* Rußland, alles-erobernd, alles-verschlingend, übermenschlich schön, ekstatisch in ihrer Selbstliebe. Aber Marlenes Apotheose als Star war Sternbergs Apotheose als Schöpfer dieses Stars. »Miss Dietrich ist ich«, sagte er, selbst einer Art Wahn verfallen. »Ich bin Miss Dietrich.«

Aber Sternberg war nicht Marlene, und sie war nicht Sternberg. Doch ihre Verbindung war schuld, daß das Publikum *ihn* als Grund nannte, weshalb es *sie* mied und dem Film *The Scarlet Empress* fernblieb. Jeder Sternberg-Forscher behauptet, die Paramount habe den Streifen so gehaßt, daß man ihn acht Monate lang in den Regalen verstauben ließ, weil man die Konkurrenz mit Elisabeth Bergner scheute. In Wirklichkeit wollte man den Film so schnell wie möglich loswerden.

Elisabeth Bergners *Catherine* (Katharina die Große) kam im Februar 1934 in die Kinos, gerade als Marlene zu drehen begann. Im Mai, also nur drei Monate später, erlebte Marlenes *Scarlet Empress* in London eine katastrophale Premiere.

Der Film war genauso »streng«, wie Sternberg angekündigt hatte, und mit der gleichen unbarmherzigen Strenge wurde er abgelehnt.

»Die Rollen, die ich in den Filmen gespielt habe, haben überhaupt nichts damit zu tun, wie ich wirklich bin«, versicherte Marlene immer wieder. »Mir gebührt nicht die geringste Anerkennung … Ich war nichts als gefügiges Material auf der unendlich reichhaltigen Palette seiner Ideen und seiner Vorstellungen.«

Diese indirekten Huldigungen an ihren Mentor verhinderten, daß Marlene mit Katharina gleichgesetzt wurde. Aber mit der Beziehung zwischen Marlene und Sternberg ging es bergab, während seine Autonomie – und ihre Macht – bei der Paramount wuchs.

Sam Jaffe, der Großfürst Peter spielte, gab während der nächsten vierzig Jahre immer wieder seine Horrorgeschichten über Sternberg zum besten. Besonders gern ließ er sich darüber aus, wie Sternberg jede menschliche Würde außer seiner eigenen mit Füßen trat. »Er wollte sämtliche Rollen spielen. Er schrieb jedem vor, [wie er es machen sollte]«, sagte Jaffe, »und das ist nicht die Aufgabe eines Regisseurs.« An seinem letzten Arbeitstag mußte Jaffe an der Bahre der toten Zarin Elisabeth stehen. »Ich sollte ihre Nachfolge antreten«, erklärte er. »Und ich mußte eine Rede halten, in der ich Gift und Galle über sie ergieße. Er [Sternberg] war nicht zufrieden. Ich wiederholte die Szene etwa siebenunddreißigmal … Er wollte es anders haben. Schließlich sagte er: ›Wenn Sie es nicht richtig hinkriegen, dann lasse ich Sie einfach ausspucken und weggehen.‹ Ich sagte: ›Wenn ich spucke, dann Ihnen ins Gesicht.‹ Ich riß meine Perücke herunter und sagte: ›Mir reicht's.‹ Er verließ mit mir den Set und meinte: ›Hören Sie, ich habe siebzig Millionen Jünger allein in Japan.‹ Ich erwiderte: ›Jesus hatte nur zwölf.‹

Aber ich war nicht der einzige. Miss Dietrich – sehr schön, sehr charmant, alle mochten sie – ging es genauso. Sie hat ihm zwar nicht ins Gesicht gespuckt, aber sie weigerte sich, zurückzukommen und weiterzuarbeiten, weil er sie zwang, Kerzen auszublasen, ununterbrochen Kerzen auszublasen … Also ging sie. Sie verkündete: ›Ich gehe.‹ Und er hatte seine liebe Not, sie zurückzuholen … Er sagte, er könne alles mit ihr machen … aber er könne sie nicht dazu bringen, ihn nicht mehr zu lieben.«

Mercedes de Acosta unterbrach ihre Arbeit mit der Garbo, um Marlene bei den Dreharbeiten zu besuchen. Sie sah in Sternberg einen Freund, »aber beim Drehen war er oft schwierig und reizbar. Eines Tages hatten er und Marlene einen schrecklichen Streit, und Jo weigerte sich, mit ihr zu sprechen, außer wenn er ihr vor der Kamera Anweisungen gab. Nachdem das drei Tage so gegangen war, fand Marlene schließlich eine Lösung.« Sie war in *Song of Songs* vom Pferd gefallen und wollte nun einen Sturz vortäuschen, und zwar in Anwesenheit von de Acostas Arzt, der dann eine schwere Verletzung diagnostizieren sollte.

»Der Augenblick kam«, berichtet de Acosta, »und da sah ich sie, jeder Zoll eine Herrscherin, hoch zu Pferd vor der Kamera ... Lautlos ließ sie sich vom Pferd fallen. Sie sank zu Boden, als würde sie so etwas jeden Tag machen. Die Kamera hörte auf zu surren, und alle, Hilfspersonal, Kulissenschieber, Regieassistenten und Jo selbst, eilten völlig aufgelöst zu ihr. Marlene lag da wie tot. Jo nahm sie in die Arme und rief nach einem Arzt, der dann ungewöhnlich schnell zur Stelle war. Zum Glück war Jo so aufgeregt, daß er das gar nicht registrierte. Er küßte Marlene die Hand und bat sie um Verzeihung, als ob sie im Sterben läge und er sich für immer von ihr verabschieden müßte.«

Fatalerweise war dem nicht so.

Nicht die *ganze* verschwenderische Extravaganz von *The Scarlet Empress* ging auf Sternbergs Konto. Um die Kosten niedrig zu halten, schnitt er einfach ein paar Massenszenen aus Lubitschs Film *The Patriot* ein, den dieser 1928 mit Emil Jannings über den verrückten Zar Paul gedreht hatte. Sternberg räumte später ein, es könnten »zweieinhalb Meter« Film gewesen sein, aber es waren sehr viel mehr, und die Schnittstellen sind nicht zu übersehen.

Die Paramount hatte eine neue Unternehmensstruktur, und da Emanuel »Manny« Cohen in künstlerischen Fragen völlig unbefleckt war, ging er immer mehr dazu über, bei solchen Fragen den führenden Regisseur der Paramount um Rat zu bitten: Ernst Lubitsch.

Lubitsch biß auf seine Zigarre, als er sich *The Scarlet Empress* in einem Vorführraum zu Gemüte führte. Er wußte, daß diese Art von »Künstlertum« potentiell das gesamte Unternehmen runinieren konnte. Er führte seine eigenen Massenszenen aus *The Patriot* als Beweis dafür an, wie unverschämt teuer Sternbergs Extravaganzen seien, ohne zu merken (das behauptete jedenfalls Sternberg), daß diese Sequenzen von ihm selbst stammten.

Lubitsch hatte Sternberg nie gemocht, und seine Ambitionen behagten ihm nicht. Schließlich wollte er selbst der erste Regisseur sein, der in einem der großen Studios zum Produktionsleiter aufstieg. Gleichzeitig war ihm klar, daß Sternberg und Marlene laut ihren vertraglichen Verpflichtungen noch einen Film machen mußten. Doch Lubitsch hegte eigene Pläne und führte insgeheim Verhandlungen mit Marlene und mit Harry Edington, ihrem neuen Agenten, der auch die Garbo vertrat. Dabei ging es um einen neuen Paramount-Vertrag.

Falls Marlene den Wunsch hatte, wieder auf der Bühne zu stehen, wie sie Rudolf Forster geschrieben hatte – gut. Lubitsch wußte, daß auch Sternberg nicht zufrieden war. Obwohl ihn sein Größenwahn dazu trieb, jeden Vorteil in den Dienst seiner Kunst zu stellen, wußte Sternberg doch, daß er, wenn er sich weiterhin so auf Marlene kaprizierte, künstlerisch verkümmern würde. Er war früher als Regisseur von Gangsterfilmen eingestuft worden; jetzt identifizierte man ihn fast ausschließlich mit Marlene. Sein Name war ein Begriff – seine Konkurrenten hatten nur Verachtung für ihn übrig, und Leute, die ihm bei weitem nicht das Wasser reichen konnten, verspotteten ihn. Er brauchte keine Feinde, aber trotzdem machte er sich dauernd welche. Seine Frustration darüber, daß der Star, den er selbst geschaffen hatte, sich weiterhin standhaft seinen amourösen Wünschen verweigerte, führte dazu, daß er Marlene als Rivalin sah – er mußte ein für allemal beweisen, wer der Künstler war und wer das Kunstwerk.

»Miss Dietrich ist ich – ich bin Miss Dietrich.«

Lubitsch legte die Schlinge aus, mit der Sternberg sich erhängen sollte, und Sternberg griff zu. Mit der für ihn typischen Selbstverachtung (oder auch Selbsttäuschung – oder beidem) legte sich Sternberg diese Schlinge aus Zelluloid um den Hals und nannte sein bevorstehendes Selbstopfer (vielleicht glaubte er ja tatsächlich, was er sagte) eine letzte Huldigung an die »Dame, die ich einst auf der Berliner Bühne gesehen hatte«.

10. Tribut und Abschied

1934–1935

»Ich rede nie über Politik«, sagte Marlene mit der klugen Zurückhaltung einer Ausländerin, die nur eine Aufenthaltsgenehmigung hat. Ihre Familie lebte noch immer in Berlin, wo Ende 1933 eine Verordnung erlassen wurde, die »arischen« Filmschaffenden, welche sich über ihre vertraglichen Pflichten hinaus im Ausland aufhielten oder in Zukunft ins Ausland gehen würden, vorwarf, sie sabotierten den Aufbau der neuen Kultur in Deutschland und seien Verräter. Deshalb sollten sie in Deutschland nicht mehr arbeiten dürfen.

Die Worte waren überdeutlich, und sie zeigten Wirkung. Marlene war ganz unauffällig im Frühjahr 1934 sofort nach Berlin zurückgekehrt, nachdem die Dreharbeiten zu *The Scarlet Empress* abgeschlossen waren. Es war ein letzter Versuch, den endgültigen Bruch zu verhindern. Sie hatte keine Besitztümer in Berlin außer den wertvollsten: ihre Familie und ihren guten Ruf, wobei letzterer zunehmend unter Beschuß geriet. Am 14. März gab der Leiter der nationalsozialistischen Filmkammer bekannt, Marlene habe eine »beträchtliche Summe« für den Wohltätigkeitsfonds der Organisation gespendet. Diese Spende wurde als Geste der »Versöhnung« apostrophiert; all jene jedoch, die ein Gespür für die Taktiken des Dr. Goebbels hatten, sprachen von einem Erpressungsversuch. Zwei Tage später verboten die Nazis *Song of Songs*, um zu demonstrieren, daß sie nicht käuflich waren. Marlene, so verkündeten sie, sei »eine deutsche Schauspielerin, die sich in Amerika mit Vorliebe in Dirnenrollen gefällt und in der ganzen Welt als Deutsche bekannt ist ...«, so daß die Welt ein völlig falsches und unsachliches Bild von Deutschland erhält«.

Bald darauf erschien ein Zeitungsbericht, in dem behauptet wurde,

Marlene sei gar keine Deutsche, sondern die Tochter eines russischen Armeeoffiziers aus St. Petersburg. Vor ihrer Berliner Zeit sei sie in einer Revue der Pariser Folies-Bergère aufgetreten. Vielleicht sei sie allerdings auch Polin …

Das änderte jedoch nichts an der Tatsache, daß Marlene, ihr Kind und ihr Ehemann alle deutsche Staatsbürger waren; ihre Mutter und ihre Schwester hatten noch immer ihren Wohnsitz in Deutschland. Goebbels ging nicht so weit, Marlene die deutsche Staatsbürgerschaft abzuerkennen, da sie keine Jüdin war und weil er insgeheim hoffte, sie würde nach Berlin zurückkehren. Ihr Propagandawert war enorm. Daß viele von Marlenes alten Freunden und Kollegen nicht nur emigrierten, sondern verschwanden – manche für immer –, war Teil einer politischen »Reinigung« und hatte eine Schauspielerin nicht zu interessieren. Marlene sah das anders und wollte unbedingt, daß Rudi Europa verließ. Ihr Beitrag zum Wohlfahrtsfonds der Filmkammer war eine Gegenleistung für Rudis Ausreisevisum nach Amerika und gleichzeitig eine Geste, mit der sie ihren »guten Willen« zeigen wollte, damit ihr eigener Ausweis und ihre Reisepapiere nicht plötzlich für ungültig erklärt wurden.

Nach diesem unerfreulichen Berlin-Besuch – dem letzten für mehr als ein Jahrzehnt – schloß sie während der Rückreise nach Amerika auf der »Ile de France« eine Freundschaft fürs Leben.

»Ich hatte eine billige Kabine auf der ›Ile‹«, erzählte Ernest Hemingway A. E. Hotcher, »aber ein Kumpel von mir, der Erster Klasse reiste, lieh mir seinen Ersatz-Smoking und schmuggelte mich zu den Mahlzeiten nach oben. Eines Abends speisen also mein Freund und ich gerade im Salon, da erscheint oben an der Treppe eine Vision, ganz in Weiß. *The Kraut* natürlich. Ein langes, eng anliegendes, mit weißen Perlen besetztes Gewand über *diesem* Körper; und was die sogenannten dramatischen Pausen angeht, kann von dieser Frau wirklich jeder was lernen. Also zelebriert sie da auf der Treppe ihre dramatische Pause, dann gleitet sie langsam die Stufen hinunter und durch den Raum, zu Jock Whitney, der eine elegante Dinner-Party gibt. Selbstverständlich hat kein Mensch im Speisesaal seit ihrem Auftritt einen einzigen Bissen zum Mund geführt. *The Kraut* tritt an den Tisch, alle Männer springen auf, ihr Stuhl wird zurechtgerückt, aber sie zählt. Zwölf. Da entschuldigt sie sich selbstverständlich und sagt, es tue ihr leid, aber sie sei sehr abergläubisch, was die Zahl dreizehn betrifft, und damit wendet sie sich zum

Gehen, aber ich nehme die Situation sofort in die Hand, versteht sich, und biete mich an, die Party zu retten, indem ich als vierzehnter Gast einspringe. So haben wir uns kennengelernt. Ganz schön romantisch, was?«

Marlene – »*the Kraut*« – und Hemingway erkannten sofort ihre Seelenverwandtschaft; ein Liebespaar waren sie nie. Hemingway meinte, sie seien »Opfer einer nicht synchronen Leidenschaft« gewesen, während Marlene immer behauptete, Hemingway habe sie nie auch nur darum *gebeten*, mit ihm ins Bett zu gehen. Außerdem hatte Hemingway schon viel über sie gehört und zog sie immer mit »ihren Mädchen« auf. Androgynie war ein Teil ihrer Anziehungskraft, und er zeigte das in seinen Werken. Marlene spielte nie eine Hemingway-Heldin im Film (obwohl sie gern Catherine Barkley in *A Farewell to Arms* verkörpert hätte), doch *er* verewigte *sie* in zweien seiner Bücher, in *Islands in the Stream* (als Thomas Hudsons Frau, der »gute General«) und (vermutlich) in *Garden of Eden*. In den fünfziger Jahren schrieb er einen Essay über sie, als die Kameradschaft längst in eine gegenseitige, manchmal recht militante Fürsorglichkeit übergegangen war.

Marlene suchte neue Freundschaften, denn die Beziehung zu Sternberg wurde immer schwieriger. Nicht lange nach ihrer Rückkehr sah sie in Hollywood den Paramount-Film *The Scoundrel* von Ben Hecht. Sie rief den Star des Films, Noël Coward, in seinem englischen Landhaus an, um sich ihm vorzustellen und um ihm zu sagen, wie sehr sie ihn bewunderte. Daraus entwickelte sich eine »*Amitié amoureuse*« (der Begriff stammt von Cole Lesley), »die nur sie selbst wirklich verstanden, ihre Freunde dagegen nicht immer«. Auch diese Freundschaft endete erst mit dem Tod. Marlene, Coward und Hemingway wußten, was »Anstand unter Druck« bedeutete, und nur Hemingway, der diesen Begriff geprägt hatte, schaffte es nicht, ihn bis zum Schluß zu beherzigen.

Die Presse verhielt sich Marlene gegenüber immer unfairer. »Garbo verliebt!« verkündete eine Kinozeitung. »Dietrich verliebt! … Sie sind verliebt in – sich selbst! Garbos GROSSE Liebe ist – die *Garbo*. Dietrichs GROSSE Liebe ist – die *Dietrich*!« Ein Journalist, der bei Marlenes Ankunft in Hollywood für die Öffentlichkeitsabteilung der Paramount gearbeitet hatte, schrieb in einem vernichtenden Kommentar über ihre »›Ja‹-und-›Nein‹«-Interviews:

»Der unterwürfige Autor saugt sich eine Geschichte aus den Fingern, in der er die Unhöflichkeit der Dietrich als Glamour ausgibt, ihre Unentschiedenheit als Rätselhaftigkeit und ihre Rücksichtslosigkeit gegenüber den Frauen und Männern, die sie nach oben gebracht haben, [als] pittoreske Exzentrik.«

Sternbergs Arroganz färbte auf Marlene ab, und Marlene wurde unvorsichtig. Sie verließ den Saal, als in *Take a Chance* am Broadway gerade Ethel Merman sang – ein schwerer Verstoß gegen die Schauspieler-Etikette. Vielleicht mußte sie ja nur zur Toilette. Aber natürlich wurde darüber geschrieben, wie über alles, was Marlene tat.

Die Journalisten, die für die Filmzeitungen arbeiteten, und von den Filmstars (und deren Studios) als notwendiges Übel betrachtet wurden (und werden), begriffen nicht, was Marlene in bezug auf Berlin so quälte oder was die zunehmend schwierige Entwicklung der inzwischen zehnjährigen Maria für sie bedeutete. Auch wußte keiner, daß sich Rudi schon bald nach Marlenes letztem Berlin-Besuch stillschweigend aus Paris abgesetzt hatte und nach Amerika gekommen war. Es war undiplomatisch, gegenüber einer sensationslüsternen Presse ihr wirkliches Verhältnis zu ihrem Ehemann zu enthüllen, statt nur Andeutungen zu machen, weil die Journalisten nämlich zu dem Schluß kommen konnten: »DIE DIETRICH BEKOMMT IHRE MÄNNER, ABER NICHT IHREN MANN.« Zumal solange die Nazis einen PR-Krieg führten, um sie nach Deutschland zurückzuholen oder um sie – falls das nicht klappen sollte – in ihrer Heimat derart übel zu diffamieren, daß der Schaden nie wiedergutzumachen war. Als Rudi nach Amerika ging, konnte es sich Goebbels jedoch nicht verkneifen, indirekte Vergeltung zu üben:

Die Titelseite der Neujahrsausgabe der *Berliner Illustrirten*, Deutschlands führender Wochenzeitschrift, zeigte eine Photomontage von Marlene, über die sich ein sabbernder John D. Rockefeller beugt (er war damals bereits über neunzig). Marlene lächelt ihr geheimnisvolles Lächeln, während der uralte Greis bettelt: »Wann endlich werden Sie mir Ihr Ja-Wort geben, Marlene?« Und sie erwidert: »Sparen Sie erst noch eine Milliarde, Mr. Rockefeller.«

Marlene mietete das etwas abgelegene Haus von Colleen Moore im Stadtteil Bel Air (sie sollte nie ein eigenes Haus besitzen). Nach der katastrophalen Reaktion auf *The Scarlet Empress* bei Kritik und Publikum hatte Svengali angekündigt, sein nächster Film mit Trilby werde auch ihr letzter gemeinsamer sein. Sternberg teilte der Presse mit, eine weitere Zusammenarbeit wäre weder für ihn noch für Marlene förderlich. »Wir würden in eine Routine verfallen, die uns beiden nur schadet.«

Sie las es in der Zeitung. Er wagte nicht, es ihr persönlich mitzuteilen – was weniger ein Zeichen von Schwäche als von Entschlossenheit gewesen sein dürfte. Sie begriff, auch wenn sie es nicht so ganz wahrhaben wollte. Er hatte sie zu »Marlene Dietrich« gemacht, zum berühmtesten erotischen Idol der Welt, aber ihn quälte es, daß die Frau, die dieses Idol verkörperte, eine Liebesaffäre nach der anderen hatte – mit Männern und Frauen. Und nicht auf der Leinwand, sondern in der Realität. Sie wußte, wenn er es ihr direkt gesagt hätte, dann hätte sie alle Hebel in Bewegung gesetzt, um seine Verwundbarkeit aufzudecken und seinen Rückzug zu verhindern. Aber hätte sie ihm damit letztlich einen Gefallen getan? Im Gegensatz zu vielen anderen glaubte sie an sein Genie. Vielleicht war es ja ein Zeichen größerer Loyalität, wenn sie ihn gehen ließ. Sein Tribut an sie konnte ihrer an ihn sein.

Bei der Paramount ging das Intrigenspiel weiter. Emanuel »Manny« Cohen hatte seinen Mentor Jesse Lasky, den Mitbegründer des Unternehmens, endgültig ausgeschaltet, besaß aber weder die Fähigkeit noch das Interesse, die Vorteile, die er sich zur Zeit des wirtschaftlichen Niedergangs gesichert hatte, auch sinnvoll zu nutzen. Seine einzige Tugend bestand darin (wie Herman Mankiewicz boshaft bemerkte), daß er so klein war, daß man den »kleinen Mistkerl« bei einer Projektbesprechung gar nicht zu Gesicht bekäme – es sei denn, man schaute unter den Schreibtisch.

Das hätte man allerdings tun sollen. Cohen delegierte alle künstlerischen Entscheidungen an Ernst Lubitsch, während er selbst sich auf die Verträge mit den Stars und ihre Laufzeit konzentrierte. Als die Verträge von Mae West, dem Neuling Bing Crosby oder dem bewährten Aktivposten Gary Cooper ausliefen, erneuerte sie Cohen bereitwillig … Aber ihr Vertragspartner war nun nicht mehr die Paramount, sondern – er selbst. Er hatte vor, diese Verträge dann wiederum an das Unternehmen zu verkaufen …

Sternberg – der wußte, daß seine Tage unter einer Leitung, die sämtliche künstlerischen Entscheidungen Lubitsch überließ, gezählt waren – beschloß, alles auf eine Karte zu setzen. Schon bei seinen Verhandlungen mit Fox und United Artists hatte er von einem »großen spanischen Film« gesprochen, einem »Capriccio Espagnol«. Nachdem er ein Drehbuch mit dem Titel *Red Pawn* abgelehnt hatte (über das nichts bekannt ist), verkündete er, seine »letzte Huldigung« an Marlene werde eine Verfilmung von Pierre Louys' Roman *La femme et le pantin* sein.

Daß Marlene zu einem weltberühmten Objekt der Begierde wurde, war weitgehend Sternbergs Werk, und dieses Image war etwas, wovon er sich nicht einfach lösen konnte. Es hatte dazu beigetragen, daß eine schlechte Ehe auseinanderbrach und daß Sternberg bei der Paramount Macht und Autonomie gewann, womit allerdings auch sehr viel Ablehnung verbunden war. Sternberg wollte sich im Abglanz von Marlenes kometenhaftem Ruhm sonnen, mit demselben Fatalismus wie seine Helden (oder »Stellvertreter«) – wobei seine Behauptung, daß Marlene seine Marionette sei, immer unglaubwürdiger wurde. Dieses Bild wurde in *The Woman and the Puppet* buchstäblich umgedreht. Sternberg wollte den Film großspurig *Capriccio Espagnol* nennen, ein Titel, der – wie die Filmmusik – von Rimski-Korsakoff stammte.

Sternberg und Marlene experimentierten mit dem »Look« einer spanischen Dietrich. Die uns erhaltenen Standphotos zeigen, wie das Gesicht immer glatter wird und das Make-up immer gestylter, bis die endgültige Version entsteht, maskenartig, mit harten Konturen, schön, funkelnd wie ein Diamant. Und mindestens ebenso kalt.

Marlene wußte, daß ihre Funktion in den Sternberg-Filmen darin bestand, das Image der Sehnsucht, des Begehrens, der erotischen Anziehung und Frustration zu verkörpern; »Befehl und Einladung zugleich«, sagte der Filmkritiker und -historiker Richard Schickel. Aber dieser Film sollte, wie selbst der Sternberg-Bewunderer John Baxter zugab, sein »bösartigstes« Porträt werden, »ein symbolischer Racheakt an der Frau, die sein Leben beherrscht hatte«.

Die weit verbreitete Vorstellung, daß Marlene Sternbergs Marionette war, wird gelegentlich benutzt, um sie herabzusetzen; manchmal aber auch, um *ihn* herabzusetzen. Doch beides ist eine Vereinfachung der Wirklichkeit, mit der man weder dem persönlichen Drama der beiden noch Marlenes eigenem Beitrag zu ihrem Leinwand-Image noch Sternbergs arroganter, aber rückhaltloser Besessenheit gerecht wird. Marjorie Rosen schreibt in *Popcorn Venus*, einer Analyse des Weiblichkeitswahns im Film, Sternberg habe »jeden Blick, jede Modulation [von Marlene] einstudiert«. Das ist eine naive Vorstellung, wie jeder Schauspieler und jeder Regisseur weiß. Die charakteristischen Eigenheiten der »Marionette« spielen immer mit, mag sie nun bereitwillig oder widerstrebend an ihren Fäden tanzen. Während die Schauspieler oft *gegen* Rollen anspielen, die sie als ihrem Selbstbildnis unzuträglich empfinden, eignet sich Marlene Concha an – in jedem Sinne. Nirgends ist sie so eindeutig Sternbergs Partnerin und Komplizin wie in ihrer Rolle als Concha Perez.

Mehr noch: Sie mochte den Streifen. Offensichtlich begriff sie nur vage, was Sternberg mit ihr in diesem Film anstellte. Offensichtlich waren ihre Eitelkeit und ihr Narzißmus so ausgeprägt und so lebensnotwendig für sie, daß sie selbst in diesem Sabotageakt eine Huldigung sehen konnte. Aber er *ist* ja auch eine Huldigung – so pervers sie auch sein mag –, *und Marlene wußte das.*

Die Dreharbeiten begannen am 10. Oktober 1934 und endeten Mitte Januar 1935. Der Emigrant Rudi Sieber arbeitete als Sternbergs Assistent, ohne jedoch später namentlich aufgeführt zu werden. Das Drehbuch war John Dos Passos zugeschrieben worden, vielleicht weil sein Name spanisch klang, aber von seinem Stil und seinen Anliegen ist wenig zu spüren – abgesehen vielleicht von den Anspielungen auf Arbeitskämpfe in einer Zigarettenfabrik à la *Carmen*. Der Rest ist Sternberg. (Er behauptete, Dos Passos leide an Maltafieber, aber sein Unwohlsein war auf den Whiskey in einem Hotel in Los Angeles zurückzuführen. Sternbergs Jugendfreund und langjähriger Assistent Sam Winston zeichnete im Abspann für die Bearbeitung verantwortlich.)

Für den Rest ihres Lebens blieb der Streifen Marlenes Lieblingsfilm, »weil ich darin am schönsten bin«. Aber sie ist darin mehr als nur schön. Concha ist eine höchst stilisierte Darstellung, die beste, die man von dieser Schauspielerin je gesehen hat. Sie steht nie still in ihrer *Caprice*; wie zum Takt von Kastagnetten flattert sie von Laune zu List, und ihre Stimme, ihre Gestik und Mimik (Schmollen, Achselzucken, plötzliche Wendungen, Aufstampfen mit dem Fuß, Neigen des Kopfes) sind genau abgezirkelt, makellos ausgeführt.

Concha ist diabolisch, und sie ist intelligent. Die riesigen Großaufnahmen von Pasqual (sie selbst wird nie so nah gezeigt) legen den Verdacht nahe, daß sie eine Schöpfung seiner Phantasie ist (schließlich ist er Sternbergs »Stellvertreter«), aber es gibt einige ruhige, absolut enigmatische Einstellungen, als Concha Pasquals Krankenzimmer verläßt, um mit Antonio abzureisen, bei denen ihr Gesicht eine Art von Berechnung zeigt, die aus tieferen Schichten ihrer Seele stammt als ihr ungeheuerlicher Narzißmus. Diese Concha hat so viele Schichten wie Kleider. Ein Teil ihrer Faszination liegt in der Frage, wie viele Schichten uns verborgen bleiben. Nicht der kryptische Schluß ist das große Rätsel des Film, sondern Concha.

Die Paramount hatte sich auf genauso viele Schwierigkeiten eingelassen wie Pasqual und Antonio. Im Studio meinte man, der mittlerweile in Ungnade gefallene unehrliche Makler Cohen müsse die Sache ausbaden (er war immer noch da, als »unabhängiger Produzent«: Solche Leute wissen zu genau, wo die Leichen im Keller versteckt sind – man kann sie nicht auf eine mißtrauische Welt loslassen). Aber keiner hatte erwartet, daß der Film selbst so viele Alarmsirenen auslösen würde.

Das Hays Office war von Anfang an argwöhnisch gewesen: Man hatte es mit der Dietrich zu tun, die wieder einmal auf einer Sternberg-Matratze ihr Unwesen trieb. Daß Lubitsch – gegen Sternbergs Willen – den Film in *The Devil is a Woman* (Der Teufel ist eine Frau/Die spanische Tänzerin) umbenannte, machte hellhörig. (Antonio murmelt irgendwann: »Was für ein Teufel von einer Frau!«) Das Hays Office wußte zwar nicht, was das alles bedeutete, erhob aber dennoch vorsichtshalber Einspruch. Nachdem man sich den Film angeschaut hatte, war man derart konsterniert, daß Will Hays sich »persönlich und offiziell« an Adolph Zukor, den Studioboß, wandte. Einer von Hays' Lakaien übernahm die ungewohnte Rolle eines Kritikers und sagte: »Die Dietrich ist lächerlich … sie hat sich an einer Rolle versucht, die sie nicht im entferntesten bewältigen kann … Ein grauenhaftes, kindisches, dilettantisches Machwerk.« Aber was Hays' Leute eigentlich störte, war, daß das Ganze ausgesprochen wirkungsvoll war.

Um den Film zu »verbessern«, schlug man unter anderem eine Szene für den Schluß vor, in der Concha sich selbst als »abgemagerte, verarmte Alte« im Spiegel betrachtet (man wollte, daß sie weder ihr Geld *noch* ihre Schönheit behielt). Eine andere Alternative war, daß Pasqual (blind?) aus seinem Bett springen und »sie zu Tode« würgen sollte. Das war keine Zensur, das war Wut.

Es ging auch nicht eigentlich um den Film, sondern um unabhängige Zensur-Organisationen wie die kurz davor entstandene Legion of Decency (Legion des Anstands). Die Leute vom Hays Office konnte ein solcher Film den Job kosten. Im Oktober hatte die Legion nicht nur Marlenes *The Devil is a Woman* verboten, sondern auch *The Scoundrel* mit Noël Coward, *Catherine the Great* mit Elisabeth Bergner, *The Private Life of Henry VIII* (Das Privatleben Heinrichs VIII.) mit Charles Laughton, *Anna Karenina* mit Greta Garbo, *The Informer* (Der Verräter) mit Victor McLaglen und viele andere Filme. Hays' Vize Joe Breen teilte seinem Vorgesetzten mit, der Film werfe Fragen auf, die über den »Code« hinausgingen, nämlich die der »Klassifizierung von Filmen, mit der die Filmindustrie momentan offenbar noch nicht fertig wird«, was auch Jahrzehnte später noch nicht der Fall sein sollte.

The Devil is a Woman wurde im Februar dem Hays Office und der Presse vorgeführt. Er war damals dreiundneunzig Minuten lang und enthielt noch Conchas zweiten Song, den ausschweifend-masochistischen »If It Isn't Pain (Then It Isn't Love)«, der letztlich herausgenommen und später von Carole Lombard in *Swing High, Swing Low* gesungen wurde, was ihn auch nicht lustiger machte. Bei den darauffolgenden Vorführungen war der Film zuerst fünfundachtzig Minuten lang, dann achtzig, und als er schließlich im Mai in die Kinos kam, hatte er gerade noch eine Länge von sechsundsiebzig Minuten, das heißt, er war siebzehn Minuten kürzer als das Original (den zweiten Song mit eingeschlossen). Fast zwei vollständige Filmrollen sind für immer verloren oder vermodern in irgendwelchen unzugänglichen Gewölben der Paramount. Sternberg hatte sein Recht auf den Endschnitt verloren, nachdem man bei der Paramount den Film angesehen hatte und völlig schockiert war. Lubitsch (seit dem 4. Februar Produktionsleiter) ging mit der Schere an das Negativ, so wie Sternberg es einst bei Stroheim gemacht hatte.

Das Schlimmste sollte noch kommen.

Am 3. März (Lubitsch vertrödelte keine Zeit) berichtete die *New York Times*: »Die Zukunft von Josef von Sternberg scheint beschlossene Sache. Nach der Voraufführung von *The Devil is a Woman* ... gab das Studio zu verstehen, man werde keinen Versuch machen, Mr. von Sternberg zu halten, und *trotz gewisser finanzieller Verluste* [Hervorhebungen des Autors] werde der Film in seiner gegenwärtigen Fassung in die Kinos kommen – es werde nicht nachgedreht. Die Stimmung der [Lubitsch-] Produktionsleitung wurde so beschrieben, daß man es vorzöge, der Regisseur würde sich sofort verabschieden und man könnte die ganze Angelegenheit ad acta legen.«

Die Rezensionen fielen auch nicht besser aus als die Kritik des Hays Office. Die *New York Sun* sprach vom »langweiligsten Film der Saison«, die *Herald Tribune* fand, daß ihm »fast jede dramatische Substanz« fehle; der *American* berichtete: »Die wunderbare Dietrich schmollt und posiert in einem langatmigen Streifen mit endlosen Wiederholungen, dessen absolut uninteressante Handlung ohne jeden Pfiff erzählt wird. Diese zusammengeschusterte Pfuscharbeit läßt selbst die großartige Marlene dilettantisch und fast lächerlich erscheinen.«

Nur in der *New York Times* fand der Film Gnade, aber das half nicht viel. »Filmlaien werden sich in *The Devil is a Woman* langweilen. Der Filmkenner wird angesichts der Raffinesse, die Mr. von Sternbergs Regie ausstrahlt, entzückt sein und die hinreißende Schönheit der Sets und der Kameraarbeit genießen.« Aber die Filmkenner suchten keine Raffinesse, sondern Jobs. *Variety* urteilte, die Dietrich habe »noch in keinem Film so gut ausgesehen« – ein Kommentar, der jedem schon wie ein unvermeidliches Ritual erschien. Ebenso wie die Bemerkung, ein Film brauche »mehr als gute Kameraarbeit«.

Es war eine fast genauso vernichtende Niederlage wie damals, als Chaplin Sternbergs *Woman of the Sea* (Eine Frau am Meer) aus dem Verkehr zog und verbrannte.

Das Schlimmste sollte noch kommen.

Der Film empörte nicht nur Zensoren, Kritiker und Zuschauer, sondern ganze Länder. Der spanische Botschafter war im Juli zu einer Galavorführung in Washington eingeladen worden (lange nach der offiziellen Premiere des Films), und drei Monate später reagierte Spanien mit einer Forderung, die wie ein Publicity-Trick der Paramount klang, aber keiner war. Um den 24. Oktober herum erhielt das Paramount-Büro in Madrid eine Erklärung des spanischen Innenministeriums, die lautete: »Wir setzen Sie hiermit davon in Kenntnis, daß die Regierung, für den Fall, daß Sie nicht innerhalb von drei (3) Tagen den Paramount-Film mit dem Titel *The Devil is a Woman* aus dem Verleih nehmen, sämtliche Filme des genannten Konzerns für das gesamte Gebiet der Spanischen Republik auf unbestimmte Zeit verbieten wird.«

Zukor sorgte unabsichtlich für einen großen Lacherfolg, als er in der *New York Times* bekanntgab: »Wir machen keine Filme mit der Intention, das wirkliche Leben darzustellen«, aber in Spanien sah man das anders. Das Land, dem ein Bürgerkrieg und eine Diktatur bevorstanden, fühlte sich diffamiert durch die Darstellung einer Guardia Civil, die säuft und billige Absteigen aufsucht.

Am 27. November drohte Spanien schließlich, die dortige Paramount-Niederlassung zu schließen. Joe Breen vom Hays Office schickte ein vertrauliches Schreiben an David Selznick, Walter Wanger, Sam Goldwyn, Jesse Lasky, Harry Cohn und an Vertreter von Warner Brothers, Twentieth Century-Fox, RKO und MGM. Er legte einen Brief des Paramount-Vertreters in Madrid bei, in dem stand: »Es gibt üble Auseinandersetzungen hier wegen des ... Films ... Die spanische Regierung hat angeordnet, daß die Paramount ihr Büro am Montag schließen muß, wenn der Film nicht weltweit aus dem Verkehr gezogen und das Originalnegativ verbrannt wird ...

Sie [die Spanier] nehmen ihre Guardia Civil ernster als die Franzosen ihre Fremdenlegion, und das will etwas heißen ... Die Guardia Civil hat alle Umwälzungen unbehelligt überstanden und ist die mächtigste Institution im Land, noch mächtiger als während der Monarchie ... Sie ist nicht nur die Polizei, sondern auch eine militärische Macht.«

Man kündigte eine Filmverbrennung an. Doch in jenen Novembertagen, als die kompromißlosen Forderungen aus Madrid kamen, war längst klar, daß der Film ohnehin kein Publikum fand. Also wurde er aus dem Verleih genommen, ein »verlorener Film«, ein *film maudit*.

Das Schlimmste sollte noch kommen.

Es kam in Etappen, quälend langsam. Josef von Sternberg machte in seinem Leben nie wieder einen bedeutenden oder auch nur guten Film. Die wenigen Streifen, die er noch drehte, entstanden langsam und verschwanden rasch wieder. Zehn Jahre später war er nur noch ein Symbol für arrogante Hybris. Er arbeitete, ohne im Nachspann namentlich genannt zu werden, als Regieassistent bei *Duel in the Sun* (Duell in der Sonne), einem Film, der in der Laufbahn des Produzenten David O. Selznick den Gipfel der Hybris darstellte. Selznick war Schulbergs Assistent gewesen, als Sternberg Marlene nach Amerika brachte, und hatte sich nun in *seinen* Star verliebt, in Jennifer Jones.

Sternberg war mit und durch *The Devil is a Woman* am Ende, im

Alter von nur einundvierzig Jahren, »liquidiert von Lubitsch«, wie er sich einredete. Aber so einfach war es nicht, und das wußte er auch. Erstaunlicherweise, *schockierenderweise* war seine große Karriere, eine der wenigen wirklich großen Filmkarrieren, bereits halb vorbei, als er im August 1929 nach Berlin kam. Kein anderer bedeutender Regisseur konnte die Freiheit für seine Kunst nur so kurz genießen – und war dabei so umstritten. Es gab noch ein letztes trotziges Aufbäumen, ausgerechnet in Japan, aber nicht weniger anmaßend und provokativ wie das erste Aufflammen seines Egos in Hollywood. Niemand kümmerte sich in den fünfziger Jahren um eine Provokation, die von einem Fossil kam, und jenes letzte Werk, *The Saga of Anatahan* (Die Sage von Anatahan), galt als der sonderbare Film eines vergessenen Regisseurs, dem nichts geblieben war als sein Trotz. »Mein bester Film«, sagte er, »weil … er mein erfolglosester ist.«

Dann wendete sich das Blatt noch einmal, aber es war zu spät. *The Devil is a Woman*, dieser »verlorene« Film, war offenbar gar nicht verbrannt worden: Bei den Filmfestspielen in Venedig wurde 1959 Sternbergs persönliche Kopie gezeigt. Ein Kritiker sprach von einem »Meisterwerk des amerikanischen Kinos«; andere zeigten sich hingerissen von seiner atemlosen Schönheit. Sternberg war wieder da – zumindest sein Geist – und machte bei Retrospektiven und in Vorlesungsräumen von sich reden. Lubitsch lebte schon lange nicht mehr, und dem Mann, den das Publikum im Grunde nie interessiert hatte, bedeutete der Beifall und die nachträgliche Anerkennung nur sehr wenig. Seine eigentliche Rache war der Film selbst gewesen – was danach kam, war nichts als ein bitterer Nachgeschmack. Er wurde in den Himmel gelobt, und es gab keine Arbeit für ihn. Daß er zum Kultklassiker erhoben wurde, war kein Ausgleich dafür, daß seine Laufbahn zu Ende war. Und er blieb genauso arrogant wie eh und je, genauso distanziert und unnahbar.

Das Schlimmste war eingetreten: Er verhöhnte sein Schicksal *und* nahm es gleichzeitig an. Der Hohn galt seinen Feinden, und die Heftigkeit dieses Hohns strafte seine Gleichgültigkeit Lügen; aber er akzeptierte seine Rolle als der dem Untergang geweihte Poet. Lieber Verdammnis als Vergessenheit.

Für Marlene war der Mißerfolg von *The Devil is a Woman* weit weniger wichtig als das Ende der Zusammenarbeit mit ihrem Mentor. Falls sie noch Hoffnungen gehegt hatte, es könnte doch weitergehen, zerschlugen sie sich spätestens, als Sternberg im März von Lubitsch und der Paramount öffentlich gedemütigt wurde. Aus Rücksicht auf Sternberg unterschrieb Marlene den neuen Vertrag mit der Paramount erst, als Sternberg endgültig in Acht und Bann getan war. Regisseur und Star hätten gemeinsam zur Fox, zu United Artists oder nach Wien gehen können, aber Sternberg stand zu seinem Entschluß und ging mit B. P. Schulberg, einem anderen blessierten Veteran der Paramount-Kriege, zur Columbia, um gemeinsam mit ihm schlechte Filme zu drehen, von denen Sternberg sich später zu distanzieren versuchte. Schließlich trennte er sich auch von Schulberg, der sich nun nicht mehr hinter Sternbergs Talent verstecken konnte.

Marlene veröffentlichte eine Stellungnahme, die sehr liebenswürdig klang, aber mit der Wahrheit wenig zu tun hatte: »Mr. von Sternberg möchte eine Zeitlang keine Filme mehr drehen. Er hat zahlreiche Interessen neben dem Film, vor allem die Malerei. Er möchte sich ausruhen und vertritt die Ansicht, daß für mich der Augenblick gekommen ist, meinen eigenen Weg zu gehen.«

Diesen Weg hatte er für sie geebnet, wo immer er auch hinführen mochte.

»Er hat mich gelehrt«, sagte Marlene später, »daß das Image einer Leinwandpersönlichkeit nicht nur durch ihr Spiel und ihre äußere Erscheinung entsteht, sondern durch *alles*, was in einem Film sichtbar ist. Er brachte mir bei, was Kameraeinstellungen, Beleuchtung, Kostüme, Make-up, Timing, das Abstimmen von Szenen und der Schnitt bedeuten. Er gab mir die Chance, die kreativsten Erfahrungen meines Lebens zu machen.«

Sternberg wies ihr Lob zurück – es war allzu anmaßend für eine Marionette. Marlenes Dankbarkeit und Bewunderung für ihn als Künstler konnten ihn nicht darüber hinwegtrösten, daß er nie tiefere Gefühle in ihr hatte wecken können. Also gab er stets nur seinen Standardsatz zum besten: »Alles, was ich über Miss Dietrich zu sagen habe, habe ich mit einer Kamera gesagt.« Was er wußte oder fühlte, stand auf einem anderen Blatt.

The Devil is a Woman ist nicht nur der Film, in dem die Dietrich am besten aussieht (wenn dem wirklich so ist), sondern er faßt zusammen, was die beiden zueinander, übereinander und füreinander sagen konnten. Genauso, wie sie – manchmal sehr heftig – gestritten hatten, die Kobra und der Mandarin, so hatten auch die Spannungen sexueller Anziehung ihre Beziehung geprägt, und das, was sie gemeinsam geschaffen haben, besitzt eine enigmatische Komplexität, die sich jeder Verallgemeinerung entzieht.

David Thomson vertritt die These, daß die Dietrich – oder ihr Image – nie mehr war als das, was Sternbergs Objektiv einfing. Er glaubt, daß sie in höherem Maße als alle anderen großen Stars eine filmische Erfindung war – »eine Botschaft, die vom Betrachter verstanden wurde, nicht aber von ihr selbst«. Ein großes Image muß sich nicht »verstehen«, um zu wirken. Schönheit, Persönlichkeit, Präsenz, Aura – das sind Phänomene, die zu weit jenseits menschlicher Erkenntnis liegen, und sie sperren sich deshalb gegen jede Form der Analyse. Wir unterwerfen uns ihnen, nicht umgekehrt.

Es war, wie John Russell Taylor bemerkt, »eine Art künstlerische *Folie à deux*«, völlig unabhängig von der Industrie der Filmkunst, die diese *Folie* als Forum benutzte und die sie mit solch einzigartiger, dauerhafter Schönheit schmückte. Vielleicht ist es so einfach (und so tiefsinnig), wie es der große Berliner Kritiker Alfred Kerr ausdrückt. Vielleicht war auch Sternberg einfach »von Schönheit erschüttert. Das ist es: *von Schönheit erschüttert.*« Das ist nichts Alltägliches für einen Menschen. Vielleicht rechtfertigte es alles – wie für Don Pasqual. Fast alles.

Sternberg las nicht nur seine eigenen Nachrufe, sondern auch die Autopsieberichte der Kritiker und archivierte sie trotzig in der als Arbeitszimmer umgebauten Garage seines kleinen Hauses im Stadtteil Westwood. Es war nicht weit von der University of California in Los Angeles, wo er Vorlesungen hielt – vor allem über seine Vergangenheit. Er überlebte viele seiner Feinde und Kritiker, bitter und schweigsam, und bis ans Ende seines Lebens empfand er Genugtuung darüber, daß nun *sie* der Verdammnis anheimfielen. Es bestätigte ihm, daß er im Gedächtnis der Kunst fortleben würde.

»Ich habe ihn enttäuscht«, sagte seine Marionette, als sie allein war. »Ich war nie das Ideal, das er suchte. Ich habe versucht zu tun, was er wollte, aber ohne Erfolg. Er war nie richtig zufrieden … Er erwartete … etwas, das wir nie erreicht haben.«

Für den Rest ihres Lebens bezeichnete sie ihn als den »Mann, den ich am meisten zufriedenstellen wollte«, aber in seinen Memoiren behandelte er sie alles andere als wohlwollend. Es gab keine Kamera mehr, mit der etwas gesagt werden konnte, sondern nur noch das Echo seiner Behauptung gegenüber Sam Jaffe, er könne mit Marlene alles tun, nur könne er sie nicht dazu bringen, ihn nicht mehr zu lieben. Vielleicht glaubte er das sogar. Wenn dem so war, dann gab es für ihn keine andere Möglichkeit, als sie zu verlassen, denn nur dann hatte er eine Chance, nicht ganz zu zerbrechen an etwas, das nie erwidert wurde und wo auch keine Hoffnung auf Erwiderung bestand – außer auf der Leinwand.

Sechs Jahre lang stellte sie ihn zufrieden – oder auch nicht. Diese Jahre vernichteten ihn und machten ihn für immer berühmt.

11. DIE RETTUNG DER DIETRICH
1935–1936

Jetzt war sie also »die Dietrich«. Auf den Plakaten für *The Devil is a Woman* stand nur »Dietrich«, und der Name war doppelt so groß wie der Titel des Films. Bei MGM kündigte man auf ähnliche Weise die Garbo an. Die Nennung dieses *einen* Namens – majestätisch, monumental, erhaben – war eine Verneigung Hollywoods, nicht vor dem Erfolg an der Kinokasse, nicht vor Auszeichnungen und Preisen, sondern schlicht vor einer Legende.

Die Dietrich nun war ein Symbol für Glamour (während die Garbo »göttlich« war, also eigentlich nicht von dieser Welt), doch für manche auch eine Zielscheibe des Spottes. Cecil Beaton und Edward Steichen photographierten sie, in New York schrieben Lorenz Hart und Cole Porter Gedichte über sie, in Paris widmete ihr Charles Koechlin eine Symphonie, wohingegen Groucho Marx, Lupe Velez und sogar Shirley Temple sie ziemlich bösartig parodierten. Nach den Sternberg-Filmen schwebte Marlene als Star in solchen Höhen, daß in der Broadway-Komödie *Boy Meets Girl* als stehender Witz den Hauptpersonen (die Drehbuchautoren waren) zweitausend Dollar pro Woche für die »Rettung der Dietrich« angeboten wurden.

Doch Drehbuchautoren allein konnten die Dietrich nicht »retten«. Ein Gigant hatte sie nach oben gebracht, und vielleicht konnte ein anderer Gigant sie retten: jedenfalls, wenn dieser Gigant Lubitsch hieß.

Lubitsch fand, daß Marlene weniger gerettet als vermenschlicht werden mußte – nach all der Vergötterung, die sie über sich hatte ergehen lassen. Seiner Meinung nach machte man viel zuviel Wind um »die Dietrich«, und achtete zu wenig auf »Marlene«. Eine Weile zog Lubitsch ein

Marlene hat schon früh gewußt und es stets genossen, daß sie hübsch war und ihre Beine lang genug waren, um ihren Karriereweg zu gehen.
(Foto: Bilderdienst Süddeutscher Verlag, München)

Napoleon-Josephine-Epos in Erwägung, aber das erinnerte zu sehr an Katharina die Große (und an »Napoleons kleinen Bruder«). Außerdem ist Josephine in Filmen über Napoleon nicht der Star. Marlene spielte mit dem Gedanken, im »Casino de Paris« aufzutreten, aber das war lediglich eine leere Drohung, die keinen bei Paramount auf neue Ideen brachte.

Vor dem Start von *The Devil is a Woman* suchte Paramount einen guten Werbegag für den Film und kam auf die Idee, Marlene solle ein paar Szenen drehen, in denen sie ihre Garderobe von Travis Banton vorführte. Auf diese Weise entstand ein Kurzfilm mit dem Titel »The Fashion Side of Hollywood« (Die modische Seite Hollywoods). Designer Banton wurde interviewt (seine Stimme hört sich an, als habe er mit Mint Juleps gegurgelt), und den Begleittext sprach Katherine Howard, die seit kurzem bei Harper's Bazaar arbeitete. Außerdem enthielt der Kurzfilm Ausschnitte aus anderen Paramount-Filmen mit Paramount-Stars wie Mae West, Claudette Colbert und Carole Lombard, alle in Kreationen von Banton. Doch der Film begann und endete mit Marlene, denn schließlich ging es ja um Werbung für *The Devil is a Woman*.

Es war »die Dietrich«, die Conchas Kleidung trug, aber sie hatte unverkennbar »Marlenes« Persönlichkeit. Sie ging auf die Kamera zu wie auf einen Liebhaber, wandte sich um, lächelte, während sie an einem Handschuh zupfte, lächelte unter einer breiten Hutkrempe hervor, lächelte abermals, drehte sich langsam im Kreis, um eine Kreation noch besser zur Geltung zu bringen, lächelte wieder … *Das war es*, was der Paramount die ganze Zeit über entgangen war: *Marlene* und »die Dietrich« – endlich wieder vereint! Freundlich, nicht bedrohlich, unglaublich schön (vielleicht sind es überhaupt die schönsten Filmaufnahmen, die je von ihr gemacht wurden), zugänglich und aufgeschlossen. Und voller Humor – es amüsierte sie köstlich, sich als Mannequin zu präsentieren. Vielleicht erinnerte sie das an die Zeit, als man sie noch nicht vergötterte und sie sich in Berlin als Modell Geld dazuverdiente.

Doch für Lubitsch bedurfte es nicht »The Fashion Side of Hollywood«, um zu merken, daß Marlene Esprit und Humor besaß: Diese Eigenschaften hatte sie ja bereits in ihrer Zeit als »Girl« zur Genüge ausgelebt. Dann hatten sie unter dem Tüll, den Federn, Schleiern und all dem anderem Dekor, mit dem Sternberg Marlene überhäufte, geschlummert. Lubitsch brauchte sie nur freizulegen, den Humor in etwas weniger anzügliche Bahnen zu lenken als in Berliner Zeiten, damit er dem durchschnittlichen Geschmack besser entsprach. Da fielen ihm die Champs Élysées ein.

Es dauerte nicht lange, bis Lubitsch in seinem riesigen Grabbelsack europäischer Projekte fündig geworden war. Erst vor kurzem war ein deutscher Film mit Brigitte Helm gedreht worden (von dem es auch eine französische Version mit dem jungen Jean Gabin als ihrem Partner gab). Er trug den Titel *Die schönen Tage von Aranjuez* und handelte von einer Schwindlerin, die durch die Macht der Liebe zur Ehrlichkeit bekehrt wird. Der Titel stammte zwar aus Schillers *Don Carlos*, aber es war eine Komödie, so romantisch und spritzig, daß man es sehr wohl riskieren konnte, sie in Hollywood nachzudrehen – ein großes Projekt für den ersten Film, den die Paramount im neuen, teuren Technicolor-Verfahren herstellte.

Lubitsch hatte vor, bei *The Pearl Necklace* (wie der Arbeitstitel seines Projekts lautete) selbst Regie zu führen, aber als Produktionschef der Paramount war er mit Verpflichtungen überhäuft und konnte sich deshalb diesen Wunsch nicht erfüllen. Also fungierte er als Produzent und übergab die Regie an Frank Borzage (*Seventh Heaven*/Der siebte Himmel und *A Farewell to Arms*/Ein Abschied von den Waffen). Borzage war Realist und gleichzeitig Romantiker – er besaß also das Zeug, um »die Dietrich zu retten«. Außerdem würde er sie bestimmt nicht mit Requisiten und Dekor erdrücken – lediglich mit Gary Cooper. Auch Frank Capra wollte Cooper damals für einen Film gewinnen, in dem es um einen verarmten Gentleman namens Mr. Deeds ging; aber er mußte sich einstweilen mit Geduld wappnen, während Cooper wieder mit Marlene zusammentraf – natürlich in Paris, wo sonst?

Aus *The Pearl Necklace* wurde rasch *Desire* (Sehnsucht), ein »heißerer« Titel, der besser zu dieser modernen, pikanten Geschichte paßte. Sie spielte in der realen Welt – sofern man die Welt, in der Menschen wie Marlene Dietrich und Gary Cooper lebten, als real bezeichnen will.

Eine schöne Juwelendiebin stiehlt in Paris eine Perlenkette und will sie so rasch wie möglich zu ihren Komplizen schaffen, die sich in Spanien versteckt halten. Unterwegs begegnet ihr ein Autoingenieur aus Detroit, der in Europa Urlaub macht. Am Zoll steckt sie ihm die Perlen unbemerkt in die Jackentasche und verbringt den Rest des Films damit, der Kette nachzujagen. Dabei verliebt sie sich in den Ingenieur und wird schließlich ehrlich und anständig.

Während Lubitsch, Borzage und ihre Autoren den Champagner noch spritziger machten, kümmerte sich Marlene um Maria oder engagierte die entsprechenden Hausmädchen und Köchinnen für diese Aufgabe (Marlene hatte damals sehr viele Köchinnen, und diese backten allzu viele Kuchen, die sich auf Marias jugendlichen Hüften hartnäckig als Speck ansetzten). Sie begleitete Rudi nach New York, um ihm *Bon voyage* zu wünschen; sein Schiff brachte ihn zurück nach Paris und zu Tamara. Nun war Marlene frei, sie konnte Interviews im luxuriösen Waldorf Tower geben, mit Elsa Maxwell ins Theater gehen, intime Briefchen an Katherine Cornell schreiben sowie die Massen (und *Vogue*) an der Rennbahn, in den Nachtclubs und bei Premieren mit dem unvergleichlichen Glanz ihrer Erscheinung blenden – die Smaragde und Rubine, die Marlene trug, funkelten heller als die elektrischen Glühbirnen.

Wieder in Hollywood, besuchte sie eine der berühmten Kostümpartys, zu der man als die Person erscheinen sollte, die man am meisten bewunderte. Sie verkörperte die Leda *samt* Schwan – möglicherweise ihr nachdrücklichstes Bekenntnis zur Bisexualität, zumindest für jene, die es »kapierten«. Falls sie selbst noch nicht genügend Aufsehen erregte, so tat es mit Sicherheit ihre »Begleitung«: An ihrem Arm schritt die junge englische Schauspielerin Elizabeth Allan (die vor kurzem in Selznicks *David Copperfield* aufgetreten war), verkleidet als Marlene im Frack und Zylinder aus *Morocco*.

Wenn sie nicht auf Partys war oder in ihrem Haus im Benedict Canyon (das sie von der Gräfin Dorothy di Frasso gemietet hatte) selbst Gäste bewirtete, ließ Marlene ihre »hausfrauliche«, mütterliche Fürsorge einem Menschen zukommen, von dem sie glaubte, daß er ihrer dringend bedurfte. Dieser Mann hatte wie Mercedes de Acosta vorher ein Verhältnis mit der Garbo gehabt: Sein Name war John Gilbert.

Seine Rettung war ein Projekt, dem Marlene sich mit Leidenschaft widmete. Sie führte ihn zum Essen und zum Tanzen aus, besorgte ihm einen Psychoanalytiker, sonnte sich mit ihm am Swimmingpool, kaufte Weihnachtsgeschenke ein und schmückte den Weihnachtsbaum mit kleinen deutschen Wachskerzen. Sie packte die Päckchen für seine Tochter Leatrice (benannt nach ihrer Mutter, der Schauspielerin Leatrice Joy). Sie stillte seinen Durst nach Alkohol mit Sonnenlicht, Schönheit, Anmut und mit einer Liebe, die wahrscheinlich platonisch blieb – über Gilberts alkoholbedingte Impotenz kursierten jede Menge Gerüchte. Marlene sorgte dafür, daß er trocken blieb, und sie verschaffte ihm einen Job. Zufällig hatte nämlich ein Produzent angefragt, ob die beiden nicht zusammen in England bei einem Remake von *The Garden of Allah* (Der Garten Allahs) mitwirken wollten. Zwar wurde wegen der unklaren Rechtslage nichts aus diesem Projekt, aber schließlich war da ja noch *Desire*. Im September 1935 sollten die Dreharbeiten beginnen. Auch für Gilbert gab es dabei eine Nebenrolle: ein pseudo-adliger Gangster, neben Marlene und Gary Cooper der Dritte im romantischen Dreieck. Damals wollte man den Film immer noch in Farbe drehen. Nachdem man Gilbert mit seinem Federhütchen in *Queen Christina* kaum zur Kenntnis genommen hatte, durfte er nun in einer romantischen Komödie nicht nur sprechen, sondern auch seine gesunde Sonnenbräune vorzeigen. Und Marlene konnte *ihn* vorzeigen.

Dank ihr war Gilbert soweit wiederhergestellt, daß er die Probeaufnahmen für *Desire* mühelos durchstand und von Juli bis August 1935 sogar eine Tournee plante. Louella Parsons berichtete: »Jack Gilbert, der mit seinem eigenwilligen Humor und seiner Respektlosigkeit gegenüber den Studiogrößen [sprich Mayer] fast seine Karriere ruiniert hätte, ist wieder ganz auf dem Damm.«

Doch ohne Marlene schien diese Genesung plötzlich sinnlos. Gilbert trank ein Gläschen, dann noch eines und erlitt ein paar kleine Herzattacken. So mußte man ihn in *Desire* aus gesundheitlichen Gründen durch John Halliday ersetzen, einen Adolphe Menjou ohne Charme. Hallidays Mitwirkung schadete dem Film, weil er – im Gegensatz zu Gilbert – keine glaubwürdige Alternative zu Gary Cooper darstellte. Aber mit Gilbert ging es immer weiter bergab. Die Herzattacken kamen immer regelmäßiger (wie die Drinks): Sie wurden stärker und heftiger, und schließlich erlitt Gilbert an Marlenes Swimmingpool einen schrecklichen Anfall. Zu Weihnachten gab es wieder einen Christbaum, Kerzen, buntes Geschenkpapier, einen diskreten Rückzug, als die kleine Leatrice kam – aber es war zu spät.

Am 9. Januar, mit nicht ganz siebenunddreißig Jahren, erstickte Gilbert im Rausch an seiner eigenen Zunge. Am nächsten Morgen fand man ihn tot in seiner Wohnung.

Das eigentlich Tragische an John Gilbert war nicht sein Tod, sondern sein Leben, und das war nun vorüber. Um einen Tumult wie bei Rodolfo Valentinos Beisetzung zu vermeiden, arrangierte man ein Begräbnis im engsten Kreise. Marlene kam mit Dolores del Rio und deren Mann Cedric Gibbons, aber auch Cooper war anwesend – und natürlich eine Menge Photographen. In der Kirche brach Marlene zusammen – es war das einzige Mal in ihrem Leben, daß sie in der Öffentlichkeit derart die Fassung verlor. Geschmackloserweise wurde dieser Vorfall auch noch gefilmt.

Irene Mayer Selznick, deren Vater das Seine zu Gilberts Untergang beigetragen hatte, meinte später betont sachlich: »... ihre Trauer war echt. Sie war am Boden zerstört, weil sie sich vorwarf, Jacks Herzanfälle verschuldet zu haben. Sie hat dafür gesorgt, daß Jack ›trocken‹ wurde, aber sie hat ihm ansonsten ziemlich zugesetzt. Hühnerbrühe ist eben kein Allheilmittel, genausowenig wie Apfelstrudel.« Natürlich war Irene Selznick keine ganz objektive Beobachterin. Sie erzählte ihre Geschichte auch Leatrice Joy Gilbert, als diese erwachsen war und andere Leute über ihren Vater befragte, den sie selbst nie wirklich gekannt hatte.

Durch Marlene erfuhr sie einiges über ihn: Wie Leatrice Gilbert sich erinnert, gab es nach Gilberts Tod niemanden, der so fürsorglich, so mütterlich und väterlich zugleich zu ihr war wie Marlene. Sie rannte den Rechtsanwälten die Tür ein und schwor, sie habe ein (niemals aufgefundenes) Testament gesehen, in dem Leatrice alles vermacht wurde und nicht Gilberts letzter Ehefrau, Virginia Bruce. Sie nahm Leatrice mit ins Kino und ins Theater, kaufte ihr Amulett-Armbänder und eine Miniatur ihres Vaters, sie schickte ihr Briefchen, die an »Tinker« adressiert waren, wie Gilbert sein einziges Kind immer genannt hatte.

Zufällig kannte »Tinker« Marlenes Tochter, und auch Maria kam hin und wieder mit ins Kino oder ins Theater. Maria war einen Kopf größer und ein gutes Stück breiter als Leatrice, die überzeugt war, daß Maria »mindestens zwei Jahre älter ist, als sie behauptet«. Das traf nicht zu (Marlenes Tochter war elf und »Tinker« zehn, aber Marias Altersangaben unterlagen öfter gewissen Schwankungen). In den Augen der anderen Mädchen war sie »viel reifer und betrachtete unser kindliches Verhalten immer ein bißchen von oben herab. Wenn wir zusammen waren, wurde ich jedesmal ganz nervös«, erinnerte sich Leatrice später, »aber ich denke, es war bestimmt nicht immer leicht, Marlenes Tochter zu sein.«

Für Leatrice waren Marlenes Freundlichkeit und Fürsorge ein großer Trost. Einmal schickte das Mädchen ihrer Gönnerin ein Geschenk: einen Ring, in dem – mit einem typischen kindlichen Schreibfehler – die Worte »Marlane, from Tinker« eingraviert waren. Nie bekam sie Vorwürfe zu hören. Später erfuhr sie, daß Marlenes Agent (der auch für Greta Garbo gearbeitet hatte) für sie »die gesamte Schlafzimmereinrichtung, die Teppiche, die Wandbehänge und Vorhänge« gekauft hatte, als Gilberts Besitz versteigert wurde. Nur das Bett landete in der Flitterwochen-Suite des Summit Hotel im romantischen Uniontown, Pennsylvania.

Am Ende war *Desire* doch nicht in Technicolor gedreht worden. Aber das war auch nicht notwendig: Alle Beteiligten waren sich einig, daß Schwarzweiß sexy genug wirkte. Also bekam Marlene ihre Tracht Prügel und ging nach Detroit – in ihrem bislang unterhaltsamsten amerikanischen Film, der so humorvoll und gleichzeitig so sinnlich war, wie es der Titel versprach.

Marlene hatte Glück: Cooper war nicht nur ihr erster amerikanischer Star-Partner, sondern auch der beste. Richard Schickel hebt Coopers »maskuline Anmut« hervor und bemerkt, daß er »der einzig wirklich schöne Schauspieler war, der die Wirkung seines Aussehens nicht dadurch verdarb, daß er eitel und egozentrisch wirkte«.

Aber Cooper war ohnehin viel zu sehr auf Marlene fixiert. Wenn sie »Awake in a Dream« singt (ein Lied von Friedrich Hollaender, der erst vor kurzem nach Hollywood gekommen war), fährt die Kamera ständig zwischen den beiden hin und her; Marlene gurrt, Cooper rollt die Augen und versucht, seine Erregung zu verbergen. Er bringt es fertig, in einem Schwarzweißfilm zu erröten, während er seine Hände in den Taschen vergräbt – diese Geste war, wie *Time* meinte, »sensationell eindeutig«, aber das Hays-Büro hätte das nicht begriffen. Doch es ist eher anzunehmen, daß die Szene sogar dem Hays Office einfach gut gefiel: der hundertprozentige Amerikaner Gary Cooper gegen die – wie Pauline Kael sie nennt – »eleganteste und amüsanteste internationale Juwelendiebin, die es je gegeben hat«. Weiter stellt Kael fest, Marlene sehe »einfach so unvergleichlich sexy aus und ist so bezaubernd und verführerisch, daß man fast Mitleid mit ihm [Cooper] bekommt«, wenn sie in ihrem engen weißen Seidenkleid und ihrem Pelz im Türrahmen lehne. Aber das ist nicht wahr. Man hat nicht das geringste Mitleid mit ihm; man möchte an seiner Stelle sein, und man möchte, daß Marlene so bleibt, wie sie ist. Es ist eine Seltenheit, daß es zwischen zwei Schauspielern auf der Leinwand derart knistert, aber es sind genau solche Szenen, die dem Star-System seinen Sinn geben.

Auch den Kritikern gefiel *Desire*, und die meisten waren wie Louella Parsons der Meinung, daß Marlene wie »ein ganz anderer Mensch« wirkte. Frank S. Nugent von der *New York Times* meinte, das sei Lubitsch zu verdanken, der »Marlene Dietrich aus Josef von Sternbergs künstlerischer Versklavung befreit und zu neuem Leben erweckt hat«. *Newsweek* verkündete das Ende ihrer »Dummchen-Filme« mit Sternberg, und *Time* nannte den neuen Film »eine romantische Komödie voller Raffinesse und Charme, in der Marlene Dietrich die beste Leistung zeigt, seit sie zu anständig geworden ist, um ihre Beine zu zeigen, die sie in den

Vereinigten Staaten berühmt gemacht haben«. *Film Daily* prophezeite einen »großen Erfolg an der Kinokasse«. Dieser trat auch ein, aber er war trotz allem nicht groß genug, um den Schatten der unheilvollen Schönheit von Concha Perez völlig zu vertreiben. Die wirklich großen Renner der Saison waren *San Francisco, Swing Time* und *Poor Little Rich Girl* mit Shirley Temple, neben Gary Coopers *Mr. Deeds Goes to Town*, dem aufgeschobenen Projekt für Capra.

So emanzipiert Marlene in ihrem Privatleben auch war, so hatte sie doch in Berlin genügend schlechte Erfahrungen gemacht, daß sie »die Dietrich« bei Paramount nicht einfach ihrem Schicksal überließ. In Lubitsch besaß sie zwar einen einflußreichen Fürsprecher, aber dieser hatte gerade selbst um seinen Posten als Produktionschef zu kämpfen. 1935 klingelten die Kinokassen, und 1936 versprach sogar ein noch besseres Jahr zu werden, doch Lubitsch hatte wenig Zeit, Marlenes Arbeit »persönlich zu überwachen« (wie es ihr Vertrag vorsah), da er zu dieser Zeit wegen »Publikums«-Filmen wie *The Big Broadcast of 1936* erbitterte Auseinandersetzungen mit dem Studio hatte. Derartige Projekte behinderten seine Arbeit an den Prestige-Produktionen, für die er eigentlich eingestellt worden war. Rasch zeigte sich, daß Lubitschs Genialität, sein Esprit und sein Gefühl für Studiopolitik noch lange keine Garantie dafür waren, daß er mit administrativen Problemen zurechtkam. Anscheinend hatte man sich geirrt, und ein Regisseur konnte ein Studio doch nicht besser leiten als sonst jemand – falls es überhaupt *irgend* jemand konnte.

Lubitsch wollte Marlene im nächsten Film unter seiner Ägide weiter »vermenschlichen« und stieß zu diesem Zwecke die knarrenden Türen des *Hotel Imperial* wieder auf, das Pola Negri 1927 bewohnt hatte. Im letzten Moment ersetzte man Lewis Milestone, der bei *All Quiet on the Western Front* (Im Westen nichts Neues) Regie geführt hatte, durch Henry Hathaway. Der Titel des Films lautete nun eine Zeitlang *Invitation to Happiness*, dann wieder *Hotel Imperial* und schließlich *I Loved a Soldier*. Das Karussell der wechselnden Titel erwies sich wie üblich als schlechtes Omen.

Henry Hathaway war ihr kein Unbekannter, denn er hatte bei *Morocco, Dishonored* und *Shanghai Express* als Sternbergs Assistent gearbeitet. Erst kürzlich war er in die Reihen der Regisseure aufgenommen worden, nämlich mit Gary Cooper und dem Film *Lives of a Bengal Lan-*

cer (Bengali). Hathaway war einer der wenigen, die sich nach wie vor offen zu Sternberg bekannten, was ihn natürlich noch lange nicht auf Sternbergs Niveau brachte.

Am 3. Januar (sechs Tage vor John Gilberts Tod) begannen die Dreharbeiten – mitten in einer Studiokrise. Lubitsch stritt sich mit den Bossen in New York, denn *The Big Broadcast of 1936* erwies sich als große Pleite. Als er daraufhin den Autoren und Produzenten Benjamin Glazer einsetzte, um die Arbeit bei *Hotel Imperial* zu überwachen, ging Marlene, die ihren Vertrag und das Skript von John van Druten gründlich durchgelesen hatte, auf die Barrikaden. Wie konnte Lubitsch Glazer von dem außer Kontrolle geratenen *Big Broadcast* zur disziplinierten Marlene versetzen? Wutschnaubend zog sich Glazer zurück: Auf gar keinen Fall wollte er »eine Produktion überwachen, bei der ein Star soviel Mitspracherecht hat«, ließ er verlauten.

Während Marlene um Gilbert trauerte, übernahm Lubitsch das Projekt, und das Drehbuch wurde einer Notoperation unterzogen. Was natürlich jede Minute Geld kostete.

Jahrzehnte später steuerte Henry Hathaway, ein meisterhafter Anekdotenerzähler der alten Hollywood-Schule, anschauliche Details zu der Geschichte bei: »Ich wollte [*I Loved a Soldier*] mit einer Einstellung auf einen langen, breiten Korridor beginnen, auf dem eine Frau den Boden schrubbt. Ihre Haare und ihre Kleider sind schmutzig; sie trägt ein Paar zerschlissene Hausschuhe, alles an ihr ist schlampig und häßlich. Als sie dann [Boyer] kennenlernt und sich in ihn verliebt, wird sie immer hübscher. Dann sieht man die Dietrich in ihrer ganzen Schönheit nach der Hochzeit aus der Kathedrale kommen, und die Ulanen stehen Spalier. Nun ist sie völlig verwandelt.«

Marlene fand, diese Verwandlung sollte nicht zu lange hinausgezögert werden. Mit Sicherheit hatte sie von innerer Schönheit mindestens soviel Ahnung wie Henry Hathaway, und sie hatte ihre eigenen Vorstellungen über den Werdegang ihrer Figur.

»Vor dem nächsten Donnerstag dürfen Sie keinesfalls schön werden«, ermahnte Hathaway sie immer wieder, wenn sie zum Drehort kam und aussah wie Marlene und nicht schlampig und kaputt. Doch Marlene erwiderte schlagfertig: »Bitte – könnte ich nicht wenigstens schon am *Mittwoch* damit anfangen?«

Leider aber überwogen bei diesem Projekt die unerfreulichen Seiten.

Die weiteren Vorgänge werfen ein bezeichnendes Licht auf die Realität der Traumfabrik in jener Zeit. Die Paramount hatte zwei »Dietrich-Filme« für das Jahr 1936 angekündigt, und nun begann man mit der Produktion – ohne Budget, ohne Drehplan, ohne Skript. Die zahlreichen Autoren, die dafür unter Vertrag genommen worden waren, gerieten in Streß und brachten nichts Vernünftiges zustande.

Marlene verfügte über unbeschränktes Mitspracherecht. Bisher hatte sie Lubitschs Versicherung akzeptiert, daß alles irgendwie klappen würde. Charles Boyer wurde seit Mitte November bezahlt, und bis Ende Januar hatte er erst drei Tage gearbeitet. Solange Lubitsch da war und dafür bürgte, daß Hathaway auch ohne Drehbuch zurechtkam, war Marlene bereit, ins Blaue hinein zu drehen. Am 7. Februar macht Lubitsch alles noch komplizierter, indem er Marlene zwei Tage für die Nachdreharbeiten zu *Desire* aus dem Verkehr zog (er führte bei diesen Szenen selbst Regie). Was zur Folge hatte, daß Hathaway in dieser Zeit lediglich hie und da eine Szene mit Boyer in den Kasten bringen konnte.

Zwar nahm der Regieassistent am Set die Drehbuchänderungen auf, die Lubitsch diktierte, aber es half nichts mehr – das Chaos war zu unüberschaubar geworden, und es waren zu viele Leute an dem Projekt beteiligt, die für zuviel Geld zuwenig leisteten. Am 11. Februar registrierte Paramount auf einmal, daß für achtundzwanzig Drehtage bereits 900 000 Dollar ausgegeben worden waren. Der »große Ernst Lubitsch« wurde gefeuert.

Nun wollte auch Marlene nichts mehr mit dem Film zu tun haben. Innerhalb eines Jahres hatte sie nicht nur John Gilbert verloren, sondern auch Sternberg *und* Lubitsch. Die Paramount versuchte, für alles, was man Lubitsch nicht anlasten konnte, Marlene die Schuld in die Schuhe zu schieben. Doch die Rechtsanwälte befanden, daß Lubitschs Entlassung vertragswidrig sei. Jetzt stand das Studio ohne großen weiblichen Star da – abgesehen von Mae West, die bei Manny Cohen persönlich unter Vertrag stand, doch dieser war fleißig dabei, auch *ihre* Karriere zu ruinieren, indem er Provisionen einstrich und die neuen Zensurbestimmungen ignorierte.

Marlene sah keinen Hoffnungsschimmer, daß ein Studio wie Paramount, das Sternberg und Lubitsch feuerte, während es Manny Cohen und Benjamin Glazer behielt, je wieder ein angenehmer Arbeitsplatz werden könnte. Also nahm auch sie ihren Hut.

Ihre nächste Station war Culver City, wo ein anderer Gigant der Filmindustrie residierte. Sie ging wieder in die Wüste, aber nicht nach *Morocco* – und diesmal würde sie ihre Schuhe anbehalten.

Im Jahr zuvor, als Marlene und John Gilbert von anderer Seite wegen *The Garden of Allah* kontaktiert worden waren, war David O. Selznick noch nicht der Besitzer dieses Gartens gewesen – und dies, obwohl er das Projekt der Garbo anbot und sie das Skript als »altmodisch« verwarf. Daraufhin schlug er den Film als Vehikel für Joan Crawford vor, wenngleich er noch immer nicht über die Rechte verfügte. MGM besaß nämlich damals die *Bildrechte*, aber – dank eines kuriosen juristischen Fehlers, der noch auf die Stummfilmzeit zurückging – nicht die *Dialogrechte*. Doch Selznick war wild entschlossen, den Film zu machen. Er befand sich auf dem Weg, der einzige große unabhängige Filmproduzent in der Zeit der Vorherrschaft der Studios zu werden, und er brauchte ein Projekt, das seinen Talenten entsprach. Zum Beispiel eines, das so groß war – wie die Sahara.

Wie gewöhnlich ließ Selznick sich viel Zeit für die Auswahl seiner Schauspieler, aber wenn ihn jemand überzeugte, dann griff er zu. In diesem Fall gab *Desire* den Ausschlag – und die »neue« Marlene. Er akzeptierte ihre »märchenhafte« Gagenforderung, entgegen seinen früheren Aussagen.

Mit 200 000 Dollar (20 000 pro Woche) war Marlene nun die »höchstbezahlte Frau der Welt«, wie *Time* berichtete, aber Selznick hatte wahrscheinlich dennoch das Gefühl, ein gutes Geschäft gemacht zu haben. Er wußte, daß Marlenes nächster Filmvertrag bereits über den doppelten Betrag abgeschlossen war, denn das Projekt wurde von Alexander Korda geleitet, dessen Geliebte, Merle Oberon, Selznick nun mit einer Abfindung aus *The Garden of Allah* entlassen mußte, um Platz für Marlene zu haben.

Selznick wollte auf Nummer Sicher gehen. Bevor er Merle Oberon mitteilte, daß sie die Rolle nicht bekam, machte er mitten in der Nacht mit Marlene und ihrem gelegentlichen Tennispartner Gilbert Roland geheime Probeaufnahmen in Technicolor.

Am 14. April verließ Marlene Hollywood und machte sich auf den Weg nach Yuma in Arizona, zu den Drehorten im Buttercup Valley, an denen sich die »Wüsten-Poesie« nun bewähren mußte. Sie nahm Maria mit, denn diese sollte eine kleine Rolle als Mädchen im Kloster spielen – ihr erster Auftritt vor der Kamera seit *The Scarlet Empress* und dem Beginn ihrer Freßsucht.

Das Team versammelte sich also in Yuma und in dem von Skorpionen heimgesuchten Zeltlager, das Selznick in der Wüste hatte errichten lassen. Die Temperaturen stiegen bis zum Mittag regelmäßig auf über fünfzig Grad Celsius. Deshalb begann der Arbeitstag auch schon um drei Uhr morgens, solange es noch einigermaßen kühl war, und endete, bevor die Sonne im Zenith stand und alle absolut erschöpft waren.

Selznick-International war nicht nur ein Name: Das Ensemble war wirklich international, mehr als bei jeder anderen amerikanischen Filmproduktion der dreißiger Jahre. Die Deutsche Marlene, der Franzose Boyer, der Engländer C. Aubrey Smith (als Priester), der Amerikaner John Carradine (als Wünschelrutengänger im Sand) und außerdem noch zwei Österreicher: Joseph Schildkraut (als komischer Algerier) und Tilly Losch (als feurige Tänzerin in einem Nachtclub, der sich an einem Verkehrsknotenpunkt für Karawanen mitten in der Sahara befindet).

In Selznicks Büro in Culver City traf Logan zum erstenmal mit Marlene zusammen und fand sie »sehr seltsam«, aber »das schönste Wesen, das ich je zu Gesicht bekommen hatte«. Sie behandelte ihn auf die übliche Dietrich-Manier und meinte (laut *Logan*, der ihre Schwierigkeit mit dem amerikanischen »r« imitierte): »Oh, Sie sind also unser Mann aus New York. Ich liebe die New Yorker. Sie sind so klug, so geschmackvoll. Sagen Sie, haben Sie das Skript gelesen? … Es ist Schrott, oder nicht?«

Logan wollte etwas antworten, aber »sie sprach so leise, daß ich sie kaum verstehen konnte, und ihre Augen verwirrten mich sehr«.

Doch Marlenes Augenaufschläge ließen nicht nach. »Es ist Schrott … Die Garbo hätte so etwas nie gespielt. Man hat es der Garbo angeboten, und sie meinte nur, sie könne nicht glauben, daß das Mädchen den Jungen ins Kloster zurückschickt. Eine *sehr kluge* Frau, die Garbo! Sie hat diesen untrüglichen Instinkt – das ist so bei Bauernmädchen, wissen Sie.«

Aber Drehbuchbesprechungen waren für Marlene nur Vorwand für ein viel wichtigeres Anliegen. Nachdem sie nicht von Lubitsch »gerettet« worden war, wollte sie keinen Boleslawski. Sie war »wütend, daß sie sich mit ihm begnügen sollte«, erkannte Logan schließlich.

»Sie wollte, daß von Sternberg Regie führte, aber das ließ [Selznick] nicht zu.«

Marlene blieb hartnäckig und verfocht ihre Sternberg-Kampagne auch noch in ihrem Wüstenzelt, dessen Inneres »über und über mit Bildern von [John Gilbert] behängt war«, erinnert sich Logan. »So unglaublich es auch erscheinen mag: Vor jedem Bild brannte eine Votivkerze. Marlene erklärte, sie habe die Kerzen aufgestellt, weil sie eine tiefe Verehrung für Gilbert empfinde.«

Für Boleslawski dagegen empfand sie wenig Respekt. »Er ist ein schrecklicher Mensch«, flötete sie in Logans Ohr, während sie ihn aufforderte, es sich auf ihrem Wüstenbett bequem zu machen. »Er ist ein Russe. Unsensibel. Er kann überhaupt nicht mit Frauen umgehen.« (In *The Painted Veil* hatte die Garbo unter seiner Regie gespielt; möglicherweise lag Marlene mit ihrem Urteil gar nicht so falsch.) Hypnotisiert von Marlenes Augen und ihrem goldbestäubten Haar, starrte Logan in das flackernde Licht der Kerzen vor den Porträts von Gilbert und wußte keinen anderen Ausweg, als in Ohnmacht zu fallen. Nachdem sie ihn wiederbelebt hatte, riet sie ihm: »Denk darüber nach, was ich dir gesagt habe, aber beeile dich.«

Wenn Marlene nicht gerade damit beschäftigt war, Logan zu bearbeiten, pflegte sie gern ein wenig Bettgeflüster mit dem Drehbuchautor und Regieassistenten Willis Goldbeck. Diesen bewegte nicht nur religiöse Verehrung dazu, in Marlenes Zelt mit der Andachtsstätte für Gilbert aus und ein zu gehen: Er fungierte als eine Art Doppelagent, der zwischen Marlene und Selznicks unermüdlichem Nachrichtendienst in Culver City die Botschaften hin und her trug.

Währenddessen wanderte der Drehbuchautor Lynn Riggs in einer Art Trance durch die Dünen. Er fand Marlene »hinreißend« und schrieb für sie Dialogzeilen im Stile von: »Niemand außer Gott und mir selbst weiß, was in meinem Herzen vor sich geht.« Wenn Marlene so etwas hörte, war sofort Schluß mit dem verführerischen Augenaufschlag, und sie wandte ihren Blick ungläubig und verzweifelt gen Himmel.

Nach Logans Überzeugung gehörte Marlenes Herz ohnehin nur Marlene. »Die Dietrich war vermutlich die egozentrischste Frau, der ich je begegnet bin«, erinnerte er sich später. »Sie war von sich selbst und von ihren Photos vollkommen fasziniert.« Auch ein paar »amüsante Seiten von ihr« blieben ihm im Gedächtnis, obwohl »sie ziemlich gemein über alle möglichen Leute herziehen konnte«. An einem Tag wurden mit der Tänzerin Tilly Losch Kostümtests gemacht. »Tilly hatte ein wirklich hinreißendes Kostüm. Sie saß neben mir, und plötzlich meinte die Dietrich zu ihr: ›Oh, Tilly, wie schade.‹ – ›Was denn?‹ erkundigte sich [Tilly] erstaunt, und [Marlene] antwortete: ›Man hat dir ein blaues Kleid gegeben, und du weißt doch, daß Blau auf Technicolor unsichtbar wird‹.« Wie sich herausstellte, verschwand das blaue Kleid keineswegs, wenn *Marlene* es trug, und so war es denn auch den halben Film über an ihr zu sehen.

Selznick war viel zu beschäftigt, um sich mit solchen kleinen Eifersüchteleien abzugeben. Auf Marlenes »märchenhafte« Gagenforderung war er eingegangen, dazu kam noch die Abfindung für die Oberon, aber was Sternberg anging, war er nicht bereit nachzugeben. Nicht umsonst hat ihn seine Liebe zum Detail berühmt gemacht, und so behielt er bei den Dreharbeiten die Zügel fest in der Hand. Am Tag vor Produktionsbeginn traf er sich mit Marlene und redete ihr noch einmal »gut zu« (wie er Boleslawski erzählte). »Ich wies sie darauf hin, daß das Budget astronomisch hoch ist [1,2 Millionen Dollar], und gab ihr mehr oder weniger deutlich zu verstehen, sie sei dafür verantwortlich, daß dieser Betrag nicht überschritten wird. Ganz offen sprach ich auch noch einmal an, was sie angeblich zwischen ihren Takes anstellt, mit ihrem Make-up, mit den Kostümen und so weiter – … ich glaube, daß sie ehrlich zu mir war, als sie sagte, das sei alles Unsinn. Ich glaube, ihre Einstellung ist sehr kooperativ und entspricht genau unseren Wünschen, und bis das Gegenteil erwiesen ist, brauchen wir meiner Meinung nach bei ihr keine Schwierigkeiten zu erwarten.«

Zu Beginn der Dreharbeiten kam eine Antwort von Boleslawski, die zwar in eher holprigem Englisch abgefaßt ist, aber seinem Star gegenüber eine positive Haltung einnimmt: »Marlena [sic] ist kein Problem«, schrieb er an Selznick. »Sie ist ein guter, disziplinierter Kamerad. Heute hat sie eine Menge Dinge für mich gemacht, die sie eigentlich nicht wollte, und zwar sehr gut. In einer kleinen Szene, die nicht so recht klappen wollte, versuchten wir, ihr den richtigen Tonfall beizubringen, indem wir ihr den Text vorlasen, und schließlich schaffte sie es ganz gut.« Kameramann Hal Rosson, der kein Blatt vor den Mund zu nehmen pflegte, meinte am selben Tag zu Logan (nachdem er Boleslawski, Boyer, Schildkraut und Marlene in ihrer Symphonie der Akzente gelauscht hatte): »Ich versteh' kein Wort von dem, was die da sagen.«

Über Boyer machte sich Boleslawski mindestens ebenso viele Gedanken wie Selznick über Marlene. Obwohl Boyer schon seit 1920 in Filmen spielte, war er erst vor kurzem, mit neununddreißig Jahren (nach
Mayerling und Fritz Langs *Liliom*) ein richtiger Star geworden. »Boley«
beklagte sich bei Selznick darüber, Boyer neige »zu Übertreibungen, was
auf der französischen Schauspielschule wohl üblich ist, und ich versuche, ihn im Zaum zu halten. Hoffentlich gefällt er Ihnen. Jedenfalls hat er
einen guten Einfluß auf Marlena [sic].«

Neben Sprachschwierigkeiten hatte Boyer noch ein weiteres Problem: sein Toupée, das vom zweiten Drehtag nichts als Ärger machte.
»Die beste Aufnahme des Tages ... war verdorben, weil Mr. Boyer ein
großer Schweißtropfen über die Stirn lief und Miss Dietrich direkt ins
Auge fiel«, berichtete Logan an Selznick.

Irgendwie war es einfacher, sich auf solche Banalitäten zu konzentrie-
ren als auf das verflixte Drehbuch. In einem Telegramm hatte Boley
Selznick daran erinnert: »ES IST IHNEN KLAR, DASS ICH OHNE
DREHBUCH ANFANGE, DABEI HABE ICH MIR GESCHWOREN, DASS
ICH DAS KEINEM MENSCHEN ZULIEBE TUN WÜRDE. DA KÖNNEN
SIE MAL SEHEN, SIE CHARMEUR.«

Es ist zweifelhaft, ob irgend jemand – inklusive Selznick – nach 1904
noch etwas aus der Geschichte von *The Garden of Allah* hätte machen
können. Niemand schien das zentrale Problem zu erfassen: daß die
Handlung den Mönch, die Produktion aber seine Braut in den Mittelpunkt stellte, die – trotz Rosen und Engelchen – in ihrer Naivität nie
auch nur ansatzweise glaubwürdig gewirkt hatte.

In einem frühen Drehbuchentwurf war Domini als ehemalige Klosterschülerin dargestellt worden, die das Leben etwas zu sehr genossen hat
und sich nun in die Wüste zurückzieht, um ihren Seelenfrieden wieder-
zufinden. Vielleicht hätte dieser Hintergrund der Handlung mehr Logik
verliehen, aber er fiel im Verlauf der Umarbeitungen gänzlich unter den
Tisch, und irgendwie wurde aus der Figur eine ehemalige Klosterschülerin, deren Vater gerade gestorben ist. Seit ihrem Schulabschluß hat sie
ihn gepflegt, und jetzt weiß sie nicht, was sie tun soll. »Ich reise«, teilt sie
der Oberin des Klosters (Lucile Watson) mit. »Paris. Wien, die Riviera.
Aber mitten unter all diesen Menschen bin ich einsam ... schrecklich
einsam.« Die wohlmeinende Mutter Oberin rät ihr, die Riviera zu vergessen und in die Wüste zu gehen. »In der Einsamkeit findest du viel-

leicht zu dir selbst. Im Angesicht der Unendlichkeit wird dein Kummer verschwinden ...« Unglücklicherweise besteigt Domini ausgerechnet den Zug, in dem auch der entlaufene Mönch Boris (mitsamt dem geheimen Schnapsrezept) sitzt.

Zwar hatte sich Selznick gegen die von Sternberg geschaffene »Dietrich« gewehrt, aber er selbst verwarf den erlösenden Humor und die rettende Ironie, indem er Marlene in die »Wüstenpoesie« verbannte. Zum Glück verstand er wenigstens etwas von Leinwandwirkung und ließ ihre Kostüme von dem berühmten Designer Ernst Dryden entwerfen (einem Wiener, der eigentlich Deutsch hieß – also noch ein Akzent im Sprachengewirr). Dryden hüllte Marlene in Chiffon und Silberlamé und blaue Madonna-Gewänder – so viel Stoff, daß man daraus Zelte für den gesamten Nahen Osten hätte aufbauen können. Inzwischen war Marlene zu dem Schluß gekommen, ohne Sternberg sei das ganze Projekt ohnehin eine »Pokerrunde«, und tröstete sich mit Willis Goldbeck.

Wenigstens lenkte er sie vom Drehbuch, von Boyers Toupé und auch von ihren eigenen Haaren ab, die sie größtenteils der Fürsorge ihrer Ex-Paramount-Friseuse und Freundin Nellie Manley überließ. Nellie schwang das Babyklistier mit dem Goldstaub und kümmerte sich um die Votivkerzen. Eigentlich keine große Sache – aber eines Tages wurde Marlenes Frisur zum Thema eines der berühmten Memos von Selznick. Es war an Boley adressiert und die Überschrift verhieß mehr Dramatik als der Film selbst: »Miss Dietrichs Haare«.

Die Nachricht lautete folgendermaßen: »Würden Sie *bitte* mit Marlene darüber sprechen, daß ihre Haare so viel Aufmerksamkeit bekommen und daß dermaßen viel an ihnen herumfrisiert wird, bis auch der letzte Anschein von Echtheit verlorengeht? Ihr Haar liegt so perfekt ..., daß es völlig starr bleibt, egal, was passiert, so perfekt, daß es im Grunde aussieht wie eine Perücke.

Vollkommen lächerlich ist die Bettszene. Keine Frau auf der Welt hat Haare, die in einer solchen Situation so aussehen wie die von Marlene. Die Szene ist praktisch unbrauchbar, denn Marlene ist derart makellos frisiert, daß nie der Eindruck einer gequälten, verstörten Frau entsteht ... Ein bißchen mehr Realitätsnähe kann einer großen Schönheit bestimmt nichts schaden.«

Dem ganzen Skript hätte ein wenig mehr Realitätsnähe gutgetan. Nachdem Marlene ihre Sternberg-Kampagne aufgegeben und mit dem verträumten Lynn Riggs keine Fortschritte gemacht hatte (er bezeichnete sie inzwischen als »Hexe«), fand sie nun in Boyer und Rathbone Verbündete beim Kampf um das Drehbuch. Rathbone war »aus unerfindlichen Gründen immer derselben Meinung wie Marlene«, beklagte sich Boley. »Die beiden sind wie zwei Turteltäubchen.« Doch Selznick hörte kein Turteln, sondern er witterte eine Meuterei und schickte sofort ein gepfeffertes Antworttelegramm.

»ICH BIN BALD AM ENDE MEINER GEDULD, WENN ICH KRITIK HÖRE, DIE ALS GEGEBEN VORAUSSETZT, DASS SCHAUSPIELER MEHR VON DREHBÜCHERN VERSTEHEN ALS ICH … ES WÄRE MIR SEHR RECHT, WENN SIE MIT MARLENE UND BOYER EIN ERNSTES WORT REDEN KÖNNTEN … MARLENES BISHERIGE FILME WAREN BERÜCHTIGT FÜR IHRE MIESEN DREHBÜCHER … CHARLES HAT NOCH IN KEINEM WIRKLICH HERAUSRAGENDEN AMERIKANISCHEN FILM GESPIELT, UND ALLE BEIDE HABEN NOCH KEINEN FILM GEMACHT, DER ES MIT EINER DER FÜNFZEHN PRODUKTIONEN AUFNEHMEN KÖNNTE, DIE ICH IN DEN LETZTEN PAAR JAHREN AUF DIE BEINE GESTELLT HABE …

ES IST HÖCHSTE ZEIT FÜR EINE KLÄRENDE AUSSPRACHE, UND ICH BIN JEDERZEIT DAZU BEREIT … SIE WERDEN IN MEINER ACHTUNG BETRÄCHTLICH STEIGEN, WENN SIE SICH IN EINE ART STERNBERG VERWANDELN, DER SICH VON KEINEM IN DIE ARBEIT PFUSCHEN LÄSST … MACHEN SIE DEN SCHAUSPIELERN KLAR, WENN SIE BELEIDIGT SEIN WOLLEN UND SCHLECHT SPIELEN, BIN ICH AUCH DARAUF VORBEREITET UND … BRINGE DEN FILM TROTZDEM HERAUS …

DIE ANSICHT, DASS SIE ETWAS VON DREHBÜCHERN VERSTEHEN, IST LÄCHERLICH. ES REICHT, WENN SIE IHRE ARBEIT MACHEN UND SPIELEN. DAS IST ES DOCH SCHLIESSLICH, WOFÜR MAN IHNEN UNSUMMEN GELD IN DEN RACHEN SCHMEISST.«

Leider beging Boleslawski den Fehler, Selznicks Brief Marlene fast wortwörtlich zu hinterbringen, was »ein ziemliches Chaos auslöste« – obwohl Willis Goldbeck ohnehin längst alles ausgeplaudert hatte. Marlene konterte, indem sie verlauten ließ, sie habe »immer ihre Meinung gesagt, wenn ihre Drehbücher … schlecht waren, aber es habe ihr ja nie jemand zugehört«. So wie auch *jetzt*.

Sie »änderte ihre Strategie gegenüber Goldbeck«, wie sie Boley anver traute. Am folgenden Abend wechselte sie mit ihm »kein Wort über den Film« – als wären Drehbuchbesprechungen für Goldbeck das wichtigste gewesen! »Es war die Rache einer Frau dafür, daß man ihr gesagt hatte, sie solle sich nicht einmischen«, meinte Boley, der nach wie vor fand, Marlene sei »sehr interessiert und eifrig bei der Arbeit«.

Auch ohne festes Drehbuch hatte Selznick die Dreharbeiten zu *The Garden of Allah* musterhaft unter Kontrolle – lediglich die Geburt seines Sohnes Daniel mochte ihn zwischendurch ein wenig abgelenkt haben. Er ließ sich von der Produktionsabteilung einen Bericht zusammenstellen, wie viele *Minuten* Drehzeit aufgrund von Starallüren verschenkt worden waren (nicht etwa Tage, Wochen oder gar Monate, wie es heutzutage üblich sein dürfte). Bei Boyer belief sich die Bilanz auf ganze sechzig Minuten, bei Marlene auf sieben Stunden und zehn Minuten. Für jeden, der auch nur die geringste Erfahrung mit den Allüren gewisser Stars besitzt, ist das eine wahre Rekorddisziplin, zumal bei einer als »schwierig« verschrienen Schauspielerin, die das Drehbuch haßte, ihren Regisseur nur wenig schätzte und den Produzenten »abstoßend« fand (»besonders seine Hände«); die Votivkerzen für einen Liebhaber anzündete, während sie sich mit einem anderen einließ; die unter der glühenden Hitze am Drehort, unter ihrem widerspenstigen Haar und einem Baby-Klistier voller Goldstaub zu leiden hatte – und deren Tochter zu allem Überfluß Pubertäts- und Gewichtsprobleme durchmachte.

Disziplin war Marlenes zweite Natur, aber auch sonst hatte sie allen Grund, ihren Boris rechtzeitig zurück ins Kloster zu bringen. Ende Juli mußte sie nämlich in England sein, weil dann die Dreharbeiten für ihren vierten Film seit Oktober des vorhergehenden Jahres begannen. Glücklicherweise wurde *The Garden of Allah* ohne weitere Zwischenfälle am 7. Juli abgeschlossen. Marlene und Maria machten sich sofort auf den Weg nach New York und von dort nach Europa, während Selznick und Technicolor der »Wüstenpoesie« den letzten Schliff gaben.

In London wartete Alexander Korda auf sie, mit dem dicksten Scheck, den sie bisher für ihre Arbeit bekommen hatte. Sie brauchte das Geld – weniger für ihren eigenen luxuriösen Lebensstil und für Maria, als vielmehr für Rudi und Tamara in Paris und für ihre Mutter, ihre Schwester, deren Mann und ihr Kind in Berlin. Außerdem brauchte sie es natürlich auch für die vielen Freunde und ehemaligen Kollegen und manchmal auch für völlig Fremde, die – wie Fritz Lang – nirgends mehr zu Hause waren. Genau wie sie selbst.

Auch Alexander Korda kannte keine Heimat. Von seiner Geburtsstadt Budapest war er nach Wien gegangen, von dort nach Berlin, dann nach Hollywood, wieder zurück nach Berlin, nach Paris – und nun arbeitete er in London, wo er mehr oder weniger mit der linken Hand dem englischen Film zu internationaler Bedeutung verhalf – durch Filme wie *The Private Life of Don Juan* (Das Privatleben Don Juans) mit Douglas Fairbanks sr., *Catherine the Great* (Katharina die Große) mit Elisabeth Bergner und Fairbanks jr. und *The Private Life of Henry VIII* (Das Privatleben Heinrichs VIII.) mit Charles Laughton und Merle Oberon.

Schon seit *Eine Dubarry von heute*, dem Film, in dem Marlene ihre winzige Rolle als »Kartoffel mit Haaren« gespielt hatte, kannte Korda sich aus mit dem Starkult und dem schönen Schein.

Um Marlene für die Hauptrolle zu gewinnen, hatte er ihr 450000 Dollar angeboten. Das war damals die höchste Gage, die je einer Schauspielerin für einen Film angeboten worden war (heute etwa vergleichbar mit sechs oder sieben Millionen Dollar) – das Doppelte der »märchenhaften Gage«, über die sich Selznick beschwert hatte. Daß Marlene unter Korda als Tanz-Statistin gearbeitet und er ihr den Rat gegeben hatte, sie solle nach Hause gehen und Kuchen backen, verlieh dem phänomenalen Betrag natürlich noch einen pikanten Beigeschmack.

Mitte Juli schifften sich Marlene und Maria auf der »Normandie« nach England ein. Marlene, der Inbegriff eines Stars, »brachte alle Regeln der Astronomie zum Stillstand – die Erde (und das Schiff) drehten sich um *sie*, nicht mehr um die Sonne«, wie *Vogue* berichtete. Für die Photographen posierte sie mit fast allen ihrer sechzig Gepäckstücke (die samt und sonders ihr Monogramm trugen) und außerdem am großen Flügel ihrer ganz in blauer Seide gehaltenen Vier-Zimmer-»Deauville«-Suite. Hingerissen betrachtete sie sich selbst in *Desire*, das ihr zu Ehren vorgeführt wurde. Insgesamt tätigte sie einundachtzig Telefongespräche über den Atlantik und erhielt zwanzig Telegramme. Ihre Friseuse und engste Vertraute Nellie Manley begleitete sie in ihren altmodischen Tennisschuhen überallhin, um gegebenenfalls Goldstaub aufzutragen. Jeden Tag stellte sich Marlene im Freizeitanzug auf ihrer Privatterrasse zur Schau. Normalsterbliche Schiffspassagiere durften glotzen – was sie auch ausgiebig taten. Zwar war diesmal kein Hemingway an Bord, doch Ham Fisher, der Erfinder der Comicfigur Joe Palooka, gewann eine Wette: Seine Freunde hatten ihm nicht geglaubt, daß er den »Blauen Engel« dazu bringen könnte, ihn privat zu einem Cocktail einzuladen – und nun konnte Fisher fünf Monate lang seine Drinks im »21« auf ihre Rechnung konsumieren. »Selbst die Meereswogen erlagen Marlenes Charme«, verkündete *Vogue.* »Am zweiten Tag benahm sich die See etwas daneben, und der Kapitän sagte zu Miss Dietrich: ›Ich bitte tausendmal um Vergebung. Ich werde dafür sorgen, daß so etwas nicht wieder vorkommt.‹« Und das Meer hielt sich daran.

In Le Havre gingen Marlene und Maria an Land und fuhren direkt nach Paris, denn Maria sollte zuerst Rudi besuchen, der in einem Mädcheninternat in Lausanne einen Platz für sie gefunden hatte. Für Maria, die soeben ihre (ohnehin schwierige) Pubertätszeit durchlebte, war Marlenes rasante Karriere eine zusätzliche Belastung. Möglicherweise war Maria, wie ihre Freunde fanden, tatsächlich ein wenig frühreif, vielleicht war ihr aber auch das turbulente Leben ihrer Mutter mit den ständig wechselnden Beziehungen und dem unsteten Arbeitsrhythmus einfach zuviel. Später erklärte Maria, die Zeit der Dreharbeiten von *The Garden of Allah* sei für sie die »Hölle« gewesen. Damals hatte Marlene der versammelten Crew verkündet, sie sollten sich nicht um die Launen ihrer Tochter kümmern: »Meine Tochter ist elf und hat ihre Menstruation.« Eine solche Bemerkung wäre in Berlin vielleicht hingenommen worden, aber in Buttercup Valley war sie eine schlimme Demütigung. Tief getroffen zog sich Maria immer weiter in ihr Schneckenhaus zurück. Bonita Granville, die ebenfalls eine Klosterschülerin darstellte, meinte, Maria spiele »die Tochter der Dietrich«: hochnäsig und distanziert. Dabei war Maria nur einsam – und stopfte sich mit Essen voll.

Marlene achtete ebensosehr auf Marias Aussehen wie auf ihr eigenes. Als sie bei den Dreharbeiten von *The Garden of Allah* die Schnellkopien mit den Aufnahmen ihrer Tochter zu Gesicht bekam, sah ihr professioneller Blick ein rothaariges, rundliches Mädchen, das sich verdrossen über seine Stickerei beugte. Sie bestand darauf, daß Marias Szene geschnitten wurde, und entfernte persönlich jede Einzelaufnahme aus den Kontaktabzügen, so gründlich, daß nur eine einzige erhalten blieb. Maria wurde daraufhin noch verschlossener und aß noch mehr.

Marlene Dietrich 1936 in dem Film »Der Garten Allahs«. Hier spielte Marlenes Tochter Maria Sieber ein Konventmädchen. Marlene schnitt die Szenen mit Maria persönlich, und letztendlich blieb nur eine einzige erhalten.
(Foto: Cinetext Bild & Textarchiv, Frankfurt a. M.)

Jetzt ließ Marlene ihre Tochter also in Rudis und Tamaras Obhut und überquerte auf der »Maid of Kent« den Ärmelkanal. Es war ihr erster Besuch in London seit der Premiere von *Morocco* im Jahr 1931, fünf Jahre zuvor. Als sie in der Victoria Station ankam, gab es ein riesiges Gedränge von Schaulustigen, und Marlene – ganz in Nerz und roten Samt gehüllt – sah »ihrer glitzernden Leinwandfigur so ähnlich, wie ich es noch bei keinem anderen Star erlebt habe«, berichtete ein Reporter, der sich einen Weg durch die von der Polizei mühsam in Schach gehaltene Menschenmenge gebahnt hatte.

Marlene erklärte, sie koche nicht gern und habe keine Lust, die Camille zu spielen. Außerdem schmeichelte sie dem Nationalstolz der Engländer, indem sie behauptete, sie werde Maria auf eine englische Schule schicken, wenn sie wieder in Hollywood sei – was nicht der Wahrheit entsprach. Ihre Begründung war reichlich kurios: Maria sei »daran gewöhnt, allein gelassen zu werden«.

In London hielt Marlene hauptsächlich Drehbuchbesprechungen mit Korda und dem belgischen Regisseur Jacques Feyder ab, der soeben mit *La Kermesse Héroique* (Die heroische Kirmes) einen riesigen Erfolg gelandet hatte. Robert Donat war Marlene auf den ersten Blick sympathisch, aber tabu, wie sie gegenüber dem Drehbuchautoren Frances Marion beteuerte – Donat war glücklich verheiratet. Bis zum Drehbeginn wußte niemand, ob er wirklich Marlenes Partner spielen konnte, denn er litt an schweren Asthmaanfällen. Wie damals bei John Gilbert weckte dies Marlenes mütterlichen Instinkt.

Als Korda Donat aus gesundheitlichen Gründen auswechseln oder wenigstens seinen Part erheblich kürzen wollte (in letzterem Fall wäre von der Handlung so gut wie nichts übriggeblieben), legte Marlene Widerspruch ein. Sie übte mit Donat eine Sprechtechnik ein, die ihm helfen sollte, den Film trotz des Asthmas zu bewältigen: Er holte einmal tief Luft und sprach seinen Text, während er langsam und kontrolliert ausatmete. Zwar entstanden auf diese Weise gelegentlich Pausen, aber sie wirkten so unauffällig, daß man hätte denken können, Donat mache sich einfach gerade tiefsinnige Gedanken über die Zukunft Englands.

Natürlich war diese Prozedur für Donat sehr anstrengend, und das übertriebene »literarische« Drehbuch machte die Sache nicht besser. Durch Marlenes Ruhe wurde das Zusammenspiel der beiden zu einer Art Duett, besonders deutlich in der Szene auf dem verlassenen Bahnhof, wo er Browning rezitiert und sie mit einem pessimistischen russischen Gedicht antwortet, während die Bolschewiken sie umzingeln.

Doch zwischen den beiden gab es kein erotisches Knistern, und als Paar waren sie letztlich nicht glaubwürdig. Wahrscheinlich strahlt Marlene von allen Schauspielerinnen der Welt am wenigsten Hilflosigkeit aus, und die Glaubwürdigkeit der Handlung hängt von den ritterlichen Qualitäten der männlichen Hauptfigur ab – nicht von denen *Marlenes*. Sie wirkt so enorm selbstbewußt, daß man das Gefühl hat, die Revolution könnte augenblicklich zum Stillstand kommen, wenn die Gräfin Alexandra persönlich mit Lenin sprechen würde. Als das Paar in die russischen Wälder flieht, fragt Donat, ob sie sich in diesem Wald auskennt. »Er *gehört* mir«, antwortet sie schlicht, und genau das könnte man über den ganzen Film sagen. Angesichts der berückenden Schönheit Marlenes wirkt Donat viel zu zurückhaltend, und ihr Charisma ist dem seinen so weit überlegen, daß die ganze Flucht eher wie eine unerwünschte Störung ihres Glamourlebens wirkt. So gut wie *nie* glaubt man, daß es in diesem Film um Leben und Tod gehen soll.

Dennoch hielt Donat mit Marlenes Hilfe durch. Sie nannte ihn »Ritter ohne Asthma«, und von ihrer Fürsorglichkeit sprach man überall in den Londoner Film- und Theaterkreisen. Das linderte die Ressentiments, die ihr sensationeller Hollywood-Glamour in England hervorrief und in denen sich Unterlegenheitsgefühle gegenüber dem Giganten Hollywood niederschlugen. Doch diese mütterliche Seite von Marlene ließ sich eben nicht filmisch nutzen, ebensowenig wie ihre Loyalität in Sachen Sternberg.

Zu den größten Bewunderern von Marlenes Einfühlsamkeit gehörte Donats Freund Douglas Fairbanks jr. Marlene lernte ihn als eine von Kordas glänzenden Errungenschaften kennen und verabschiedete sich nur für kurze Zeit von ihm, als sie London verließ, um Rudi und Maria in Wien zu besuchen. (Donats Gesundheitszustand hatte sich inzwischen sehr gebessert, und die letzten Vorbereitungen für die Dreharbeiten wurden getroffen.) In Wien merkte Marlene schnell, daß auch in Österreich der Antisemitismus auf dem Vormarsch war, und deshalb verließ sie die Stadt schon nach ein paar Tagen wieder.

Außerhalb von Salzburg mietete sie ein kleines Chalet, ganz in der Nähe von Max Reinhardts prächtigem Schloß Leopoldskron. Nachdem Maria glücklich auf der Brillamont-Schule in Lausanne untergebracht war, lud Marlene Fairbanks zu sich ein. Die beiden teilten sich das Landhaus mit Rudi und Tamara, doch wenn Marlene nach Salzburg fuhr, wo es von Photographen nur so wimmelte, zeigte sie sich grundsätzlich mit Rudi. In Salzburg traf sie sich auch mit ihrer alten Freundin Betty Stern, die im Exil in Paris lebte. Ihre Qualitäten als Gastgeberin, die ihren Salon im Berlin der Goldenen Zwanziger zu einer kulturellen Institution gemacht hatten, nutzte Betty inzwischen zu praktischeren Zwecken: Sie betrieb eine Schauspieleragentur.

Der sechsundzwanzigjährige Fairbanks (der kein Wort Deutsch sprach) war reichlich »verwirrt« darüber, wie nett Marlene und Rudi miteinander umgingen; sie benahmen sich nicht wie Mann und Frau, sondern wie »alte Freunde oder wie Geschwister«. Immer wieder sagte er sich, wie gut es war, daß er nicht in Marlene verliebt war, aber trotzdem gewann seine Beziehung zu ihr mehr und mehr eine »kultivierte Intensität«.

Marlene und Fairbanks waren sich schon in Hollywood begegnet, als er noch mit Joan Crawford verheiratet war und im Schatten von »Pickfair« lebte. Nun wurden die beiden ein Paar. Im Londoner Claridge Hotel, wo Korda ein ganzes Stockwerk gemietet hatte und Marlenes Suite noch immer im Glanz der Votivkerzen für John Gilbert erstrahlte, setzten sie ihre Beziehung fort.

Die Angestellten des Claridge fanden nichts dabei, wenn Fairbanks um fünf oder sechs Uhr morgens in einem etwas seltsamen Aufzug das Hotel verließ: den Kragen hochgeschlagen, damit man seine weiße Fliege nicht sah, die Frackschöße unter dem Mantel verborgen. Er vollführte wahre Akrobatenstückchen romantischer Diskretion, wenn er Feuerleitern hinunterkletterte – nur um, unten angekommen, vom nächstbesten Bobby mit: »Guten Morgen, Mr. Fairbanks!« begrüßt zu werden.

Fairbanks hatte John Gilbert gekannt und mit ihm gearbeitet, und die Kerzen machten ihm sehr zu schaffen – ebenso wie seine eigene »immer stärker werdende Verliebtheit«. Aber im Claridge gab es noch einen viel bedrohlicheren Rivalen für ihn als John Gilbert: Der junge William S. Paley, ein großes Tier bei CBS, der gerade von einem Jagdausflug aus Schottland zurückgekommen war und London einen Kurzbesuch abstattete, machte Marlene leidenschaftlich den Hof. Auch Paley und Fairbanks kannten sich, und Fairbanks machte es Spaß, weiterhin über Feuerleitern zu klettern und Paley auszutricksen – bis er eines Morgens auf dem Korridor über ihn stolperte.

Marlene Dietrich und Robert Donat 1936 im Londoner Hotel »Claridge«. Marlene verhielt sich während der Dreharbeiten gegenüber ihrem kranken Kollegen äußerst fürsorglich und einfühlsam.
(Foto: Bilderdienst Süddeutscher Verlag, München)

»Ich weiß, wo Sie gewesen sind!« schrie Paley wütend. Geistesgegenwärtig legte Fairbanks den Finger auf die Lippen und flüsterte: »Verraten Sie bitte Marlene nichts davon.«

Ein paar Monate zuvor hatte Joshua Logan Marlene als die »egozentrischste Frau, die mir je begegnet ist« bezeichnet, aber er hatte nur »die Dietrich« gesehen, die zum erstenmal versuchte, ihre eigene Erfahrung in eine Produktion einzubringen, die alles andere als gut organisiert war. Fairbanks dagegen sah »Marlene« in ihrer Freizeit, und seine Beschreibung sieht vollkommen anders aus.

»Sie war nicht gerade eine *Hausfrau*«, erinnerte er sich Jahre später, »aber ein gutes, warmherziges deutsches Mädchen, das gern schwimmen ging, sich gern bewegte, im Schatten lag und manchmal ziemlich unkonventionelle Ideen hatte.« Fairbanks bezeichnet sie bewußt als »Mädchen«, denn dies sei seine Art, zwischen »den beiden Gesichtern Evas« zu unterscheiden. »Sie wußte genau, welche Maske die Öffentlichkeit sehen wollte, und es gefiel ihr, die distanzierte und unberührbare Venus zu spielen, die die Männer verrückt machte, aber es gab auch die mütterliche Marlene, die Maria mit Liebe überschüttete – dieses arme Kind, das kaum wußte, wer sie war oder wohin sie gehörte. Außerdem gab es noch das ganz normale Mädchen Marlene, das gern kochte und Streiche spielte. Ein süßes, nettes Mädchen, sehr talentiert, sehr zuvorkommend, sehr intelligent und nur deshalb glamourös, weil Jo es so angeordnet hatte.«

Neben den Besuchen in Salzburg und im Hotel gab es bald auch Ausflüge aufs Land mit Fairbanks' Freunden, wie zum Beispiel mit der Roman- und Bühnenautorin Winifred Ashton (Clemence Dane), die Marlene »intellektuell bezaubernd« fand, oder mit den Kents – Prince George und seiner aus Griechenland stammenden Frau Princess Marina –, die oft amüsante Anekdoten über andere Mitglieder des Adels zum besten gaben. Hin und wieder verbrachten sie das Wochenende mit Constantine und Lady Morvyth Benson »in ihrem großen englischen Landhaus. Dann band sich Marlene die Schürze um und bekochte die ganze Gesellschaft. Sie war sehr beliebt, die *un*-glamouröse Marlene, die sozusagen hinter den Kulissen ihre Schürze trug.« Den Bensons gefiel Marlenes unkonventionelle, lockere Art, sie mochten ihre Omeletts und fanden nichts dabei, wenn sie nackt schwimmen ging – was Fairbanks sehr peinlich war. Später erklärte ihm Fritz Lang in Hollywood, daß Nacktbaden ein alter deutscher Brauch sei.

Vor jeder »innerlichen Billigung« des »Dietrich-Sieber-Lebensstils« hütete sich Fairbanks, aber er war doch davon fasziniert. Die lockere Einstellung zur Nacktheit schien sich für sein Hobby, die Bildhauerei, geradezu anzubieten, und so modellierte er Marlene – nackt. Das Original der Skulptur schenkte er ihr und behielt selbst eine Gipskopie. Seiner Meinung nach war die Statue »vielleicht ein wenig idealisiert«, aber Marlenes fünfunddreißigjähriger Körper war in Bronze gegossen ebenso reizvoll wie ein paar Jahre zuvor in Marmor für *Song of Songs*.

Die Londoner Presse berichtete natürlich in allen Einzelheiten über die »romantische Beziehung« zwischen Marlene und Fairbanks, vielleicht auch deshalb, weil sie über eine andere Romanze, in die eine gewisse Mrs. Simpson verwickelt war, nichts drucken durfte. Als die Dreharbeiten zu *Knight Without Armour* begannen, zogen sich Marlene und Fairbanks in dessen Penthouse-Wohnung am Grosvenor Square zurück, wo sie ungestörter waren als im Hotel. Kurz darauf wurde in dem Gebäude eine Wohnung frei, und Marlene stellte ihre sechzig Gepäckstücke und ihre Garderobe dort unter, schrieb für die aufdringlichen Reporter ihren Namen aufs Klingelschild und zog zu Fairbanks ein paar Treppen höher.

Wie Fairbanks sich erinnert, war Marlene eine »wunderbar unkonventionelle Geliebte, Philosophin und Freundin – und manchmal ziemlich frech.« Paley hatte sich noch immer nicht geschlagen gegeben und verfolgte Marlene weiterhin mit Telefonanrufen, bei denen er ihr erzählte, was für einen großen Fehler sie mache, weil sie mit Fairbanks zusammen war und nicht mit ihm. Manchmal nahm Marlene solche Anrufe im Bett entgegen und ließ Fairbanks mithören, der sich ein schadenfrohes Grinsen nicht verkneifen konnte.

Die Produktion von *Knight Without Armour* verlief ohne besondere Vorfälle – abgesehen von einem kleinen Zwischenfall: In einer Badewannenszene rutschte Marlene auf einem Stück Seife aus und fiel splitterfasernackt der Crew und ihren Kollegen vor die Füße. Lachend rappelte sie sich auf und machte weiter. Das Wort von der »Gräfin ohne Rüstung« machte die Runde.

Ansonsten entlockte Marlene Donat mühsam seine langen, schönen Sätze, trug eine Garderobe, die vom Stil des russischen Hofs bis zur revolutionären Soldatenuniform reichte, würzte ihre Rolle zwischendurch mit viel leidenschaftlichem Feuer und *noblesse oblige* – aber letztlich war es doch zuviel Gräfin Alexandra und zuwenig Marlene. Die Rolle war weit weniger interessant als ihre Darstellerin, und ihre schauspielerische Leistung bleib weitgehend unbemerkt.

Dabei spielt Marlene sehr sensibel und ausgewogen, nie kehrt sie den Star heraus. Im ganzen ist der Film aufwendig gemacht, doch er wirkt seltsam gedämpft, gedanklich überfrachtet und unterspielt. Zwar ist die Geschichte lebendiger und der Film insgesamt besser als *The Garden of Allah* (das visuelle Leitmotiv, das Handlung und Leinwand wie ein Sinnbild der alten und der neuen Ordnung durchzieht, ist der Zug), aber alles bleibt kühl und distanziert. Feyder polierte die Oberfläche, doch er erreichte keinen Tiefgang. Die Rechnung »Dietrich plus Donat« ging nicht auf, statt Kohle erntete man Gähnen. *Knight Without Armour* hatte alle Zutaten, die Korda kaufen konnte – nur keine innere Wärme.

Doch nicht auf dem »russischen« Set in Denham spielten sich emotionale Höhepunkte ab, sondern in und um London. Das Abdankungsdrama Edwards VIII. war weitaus faszinierender als jede Produktion von Korda. Schon immer hatte Marlene eine tiefe Sympathie für die Monarchie gehegt, und das Gefühl, daß sich hier ein historisches Drama ereignete, veranlaßte sie, zur Tat zu schreiten.

Sie befahl Briggs, dem Chauffeur, sie in dem 16-Zylinder-Cadillac zum Landsitz des Königs in Fort Belvedere zu fahren. Dort wollte sie Edward bitten, er möge seine Liebe der Krone opfern. Nervös wartete Fairbanks am Grosvenor Square auf ihre Rückkehr. Er fürchtete, die weitere historische Entwicklung in England könnte davon abhängen, ob der König Marlenes Verführungskünsten erlag oder nicht. Dabei war es doch sicher nicht zuviel verlangt, Mrs. Simpson aufzugeben, die Marlene ohnehin »furchtbar, gräßlich vulgär« fand.

Doch Marlenes Versuch, in den Lauf der Geschichte einzugreifen, endete bereits an den Toren von Fort Belvedere, wo die Wachen des Monarchen, zu dessen Rettung sie ausgezogen war, ihr den Weg versperrten. Briggs brachte Marlene wohlbehalten zum Grosvenor Square zurück. Hier hörte sie zusammen mit Fairbanks Edwards Abdankungsrede im Radio. Und weinte.

Etwa zur gleichen Zeit kam Selznicks *The Garden of Allah* in die Kinos. Die Premiere fand in der Radio City Music Hall von New York statt, während Marlene damit beschäftigt war, die englische Krone zu retten. Das renommierte Theater bot sich erst im letzten Moment an, denn die Fertigstellung von James Hiltons (und Frank Capras) *Lost Horizon* hatte sich verzögert, und deshalb gab es für die Music Hall an Thanksgiving außer *The Garden of Allah* keinen großen Film.

Marlenes Trauer über das Schicksal der Monarchie wurde etwas gelindert durch ein Telegramm, das Selznick ihr nach der Premiere schicken ließ: »JETZT KANN ICH IHNEN MIT HUNDERTPROZENTIGER SICHERHEIT MITTEILEN, DASS DER FILM EIN GROSSER ERFOLG IST ... ALLE SIND EINHELLIG DER MEINUNG, DASS NOCH NIEMAND AUF DER LEINWAND JE SO SCHÖN AUSGESEHEN HAT WIE SIE IN DIESEM FILM UND DASS ES IHRE BISHER BESTE DARSTELLERISCHE LEISTUNG IST.«

Dieses gute Omen bestätigte sich mit dem besucherreichsten Thanksgiving-Wochenende, das die Music Hall je erlebt hatte. Marlenes Bild zierte die Titelbilder von *Time* und *Newsweek* (was Henry Luce von *Time* furchtbar ärgerte, weil er davon ausgegangen war, daß er einen Exklusivbericht hatte – doch Selznicks Partner Jock Whitney besaß einen Teil von *Newsweek*). Marlenes Kurzbiographie in der *Time* war von Niven Busch verfaßt worden, der die Technicolor-Pracht des *Garden of Allah* und Marlene in den höchsten Tönen pries. Und das, obgleich eigentlich alle den Film für altmodisch hielten. Archer Winsten von der *New York Post* bewunderte »die Sahara, die algerischen Kostüme, die Beduinen und die kühle, raffinierte Schönheit von Marlene Dietrich, die nie zuvor so wunderbar photographiert worden ist«. Andererseits fand er Marlene aber so »passiv«, daß sie zu einer »schönen, lebendigen Wachspuppe« erstarre. *Variety* hielt das Werk für »den Höhepunkt des Farbfilms« und bemerkte, daß »Miss Dietrich und Charles Boyer mehr als geeignet für ihre Rollen sind, ... obwohl sie gelegentlich ihren Text verschlucken.« William Boehnel vom *World Telegram* bezeichnete Marlene zwar als »eindrucksvoll und wunderschön«, fand die Geschichte jedoch »hohl und unglaubwürdig«, während Whitneys *Newsweek* (welche Überraschung!) erklärte: »Dietrich und Boyer bieten die beste Leistung ihrer bisherigen Laufbahn.«

Auch die Titelgeschichte der *Time* stellte fest: »Wenn *The Garden of*

Allah einen Schwachpunkt hat, so ist es die Handlung; seine Stärke ist die weibliche Hauptdarstellerin. Und wenn es eine Schauspielerin gibt, die jeder Kinofan schon immer gern einmal in Fleisch und Blut gesehen hätte – und der Farbfilm kommt diesem Wunsch am nächsten –, dann ist das mit Sicherheit Marlene Dietrich.« Als *The Garden of Allah* Mitte Dezember in London Premiere hatte, erfüllte Marlene das Verlangen ihrer Fans und zeigte sich der begeisterten Menge. Selznick erhielt das folgende Telegramm: »SEIT VIELEN JAHREN DAS BRILLANTESTE PREMIERENPUBLIKUM BEI EINTRITTSPREISEN BIS ZU ZEHN DOLLAR STOP RIESIGE MENSCHENMENGE BLOCKIERTE DEN THEATEREINGANG STOP DIETRICH RISS DIE MENGE ZU BEGEISTERUNGSSTÜRMEN HIN STOP.

Doch kein Begeisterungssturm konnte die Feder des Schriftstellers Graham Greene aufhalten, der in London seine Rezension schrieb. Marlene und Korda lasen diese Kritik, als ihr eigener Film gerade abgeschlossen war. »... Miss Dietrich flüstert heiser, stilisiert, müde und eintönig große Abstraktionen, und das alles inmitten scheußlicher Technicolor-Blumen, einer gelben, mit Kratern übersäten Wüste, die einen an Schweizer Käse denken läßt, und beiger Gesichter.« Sogar die Tatsache, daß Boris am Schluß ins Kloster zurückkehrt, erntete beim Katholiken Greene nur Hohn und Spott: »O weh! Meine arme Kirche, so pittoresk, so edel, so übermenschlich fromm, so ungeheuer theatralisch.«

Solche Kritiken mochten Korda den Angstschweiß auf die Stirn treiben, aber eigentlich quälten ihn wesentlich wichtigere Sorgen. Inzwischen war *Knight Without Armour* fertig und damit die Auszahlung von Marlenes letzten 100 000 Dollar fällig. Und Korda hatte kein Geld.

Obwohl die Geduld der Prudential bereits weit über das für Korda übliche Maß strapaziert war, trieb er munter die Vorbereitungen für seinen nächsten Film voran, der noch viel mehr kosten sollte als das, was er Marlene schuldete. Kordas Beziehung mit Merle Oberon hing zum großen Teil davon ab, daß er sie zum Star machte, und das war durch Selznick, Marlene und *Allah* immer wieder hinausgezögert worden. Auch Charles Laughton, Kordas zweiter Hauptdarsteller, brauchte dringend einen Film, und Korda hatte in Robert Graves' Roman *I, Claudius* (Ich, Claudius, Kaiser und Gott) einen hervorragenden und anspruchsvollen Stoff für die beiden gefunden. Laughton in der Rolle des verkrüppelten römischen Kaisers und Oberon als die schöne, böse Messalina – das war für jeden ehrgeizigen Produzenten eine international anerkannte und erstklassige Besetzung, und Korda hatte vor, die Dekadenz des Alten Rom dem Szenenbildner William Cameron Menzies als erste Regiearbeit anzutragen. Durch die ausstehenden 100 000 Dollar, die er für *Knight Without Armour* noch an Marlene zu zahlen hatte, stand Korda wieder einmal vor dem finanziellen Ruin, der ihn seine gesamte Karriere hindurch immer wieder bedrohte. Diesmal wurde er nicht von Prudential gerettet, sondern von Marlene, die ihm das Angebot unterbreitete, sie würde auf ihre noch ausstehende Gage verzichten, wenn Korda das Geld dafür verwendete, statt Menzies Josef von Sternberg für *I, Claudius* zu gewinnen.

Seit ihrer Trennung hatte Sternberg zwei Filme gemacht: eine eher prosaische Version von *Crime and Punishment* (Schuld und Sühne) mit Peter Lorre und ein ziemlich katastrophales Musical über Kaiser Franz-Josef (*The King Steps Out* mit Grace Moore und Franchot Tone), ein Werk, dessen Existenz er später immer wieder zu leugnen suchte. In Hollywood hatte er seine besten Zeiten eindeutig hinter sich, und nachdem sein von Richard Neutra entworfenes Stahlhaus mit Burggraben und allem Drum und Dran fertig war (er verkaufte es an Ayn Rand: möglicherweise inspirierte es sie zu *The Fountainhead*/Die Quelle), ging er auf die Reise in den Fernen Osten. Irgendwie landete er in einem Londoner Krankenhaus, wahrscheinlich mit einer Blinddarmentzündung. Bereits wieder auf dem besten Weg zur Genesung, erhielt er im Krankenhaus das Angebot, bei *I, Claudius* Regie zu führen, und da Hollywood praktisch keine Alternative mehr für ihn war, geruhte er, sich die Sache durch den Kopf gehen zu lassen.

Ihn interessierte es, »zu zeigen, wie aus einem Niemand ein Gott werden kann und dann wieder ein Niemand«. Natürlich sprach er dabei über Claudius, aber er lieferte damit auch ein tragisches Selbstporträt. Korda dagegen machte sich mehr Gedanken über Messalina. Wenn jemand es schaffte, Merle Oberon ganz nach oben zu bringen, dann am ehesten Sternberg. Also akzeptierte Korda Marlenes Vorschlag – und Sternberg nahm Kordas Angebot an.

Gespannt verfolgte Douglas Fairbands jr. die Ereignisse. Er kannte Sternberg schon seit 1925, als sein Vater mit Chaplin *The Salvation Hunters* (Die nach Rettung jagen) gekauft hatte, und er hielt Marlenes 100000-Dollar-Geste für »übertrieben dramatisch«. Gleichzeitig bewunderte er sie dafür und war klug genug, den Mund zu halten. »In vieler Hinsicht war Marlene Jo haushoch überlegen«, meinte er später. »Aber sie hatte ihm gegenüber dieses ›Ding‹ mit der Dankbarkeit. Sie setzte Himmel und Hölle in Bewegung, um ihn zu verteidigen und zu unterstützen – entweder griff sie ihm selbst unter die Arme, oder sie überredete andere, ihm zu helfen, und sie verschaffte ihm *Arbeit*. Sie duldete keinerlei Kritik an ihm, selbst wenn er sie seinerseits sehr gemein behandelte. Immer nörgelte er an ihr herum, aber sie nahm das hin; sie lächelte nur ein bißchen ironisch und ließ das Geld fließen. Mit Sicherheit war sie seine treueste Freundin.«

Vielleicht hat in der Geschichte Hollywoods nie zuvor und nie danach jemand einen Freund so großzügig und bedingungslos unterstützt, nur führte Marlenes Hilfe leider zu nichts Gutem. Bei den Dreharbeiten zu *Claudius* benahm sich Sternberg genauso tyrannisch, wie er es bei Marlene getan hatte, aber Charles Laughton fehlten Marlenes Flexibilität und Stärke. Er war die ideale Zielscheibe für Sternberg und seine Schimpftiraden, und außerdem hatte er Schwierigkeiten mit einer Rolle, an die sich erst vierzig Jahre später wieder ein Schauspieler heranwagte, nämlich Derek Jacoby in der BBC-Produktion. Sternberg mit seinem Turban und seinem Offiziersstöckchen war kein Regisseur, der einem Schauspieler beim Erarbeiten seiner Rolle Tips gab oder ihn durch gutes Zureden motivierte, und so geriet Laughton immer mehr ins Schwimmen. Die Zeit verstrich, und die Kosten stiegen – in schwindelerregende Höhen. Doch da hatte Merle Oberon plötzlich einen seltsamen Autounfall, so daß Korda den Film mitten in der Produktion abblasen und die ganze Sache seiner Versicherung überschreiben konnte (die bekanntlich auch sein Geldgeber war).

Fast alle hegten den Verdacht, daß der Unfall inszeniert war, aber keiner wagte es offen auszusprechen, aus Angst, die »Pru« würde nicht zahlen. Merle Oberons »Gesichtsverletzungen«, die laut Presseberichten ihre exotische Schönheit beinahe zerstört hätten, machten Schlagzeilen, die es mit Marlenes Rutschpartie auf der Seife aufnehmen konnten – dabei handelte es sich lediglich um ein paar blaue Flecke und einen verstauchten Knöchel.

Damit war Sternbergs Karriere endgültig vorüber – beziehungsweise das, was nach *The Devil is a Woman* und den mittelmäßigen Machwerken für die Columbia davon noch übriggeblieben war. Um des guten Eindrucks willen versuchte Korda, Claudette Colbert als Ersatz für Merle Oberon zu gewinnen, obwohl er die ganze Zeit wußte, daß sie unabkömmlich war. Die Produktion wurde abgebrochen und Sternberg in aller Stille in die psychiatrische Abteilung des Charing Cross Hospitals eingeliefert, zu der Besucher keinen Zutritt hatten.

1965, fast dreißig Jahre später, fand man Filmmaterial von Sternbergs *I, Claudius*. Es wurde geschnitten und bildete das Herzstück einer BBC-Dokumentation von Bill Duncalf, die den Titel *The Epic that Never Was* trug. Auch hier behandelte man den »Unfall« mit äußerster Diskretion. In einem Interview wiederholte Merle Oberon die offizielle Version der Ereignisse. Nur Emlyn Williams (der den Caligula gespielt hatte) besaß die Boshaftigkeit – oder den Esprit – anzudeuten, daß in jener Nacht, die das Projekt beendete und den Produzenten vor dem finanziellen Ruin bewahrte, Korda wahrscheinlich höchstpersönlich am Steuer gesessen hatte.

Auch Sternberg erschien vor der Kamera und wirkte undurchschaubar wie immer. Er ließ das fragmentarische Filmmaterial für ihn sprechen, das sicher einen akzeptablen Ansatz zeigte, auch wenn es nicht den krönenden Höhepunkt seiner Karriere bedeutet hätte, für den manche es hielten. Sternberg warf Laughton vor, er sei eine sehr schlechte Marionette gewesen; ansonsten stellte er seine gekränkte Ehre zur Schau: ein Mann, dem sehr viel mehr Leid zugefügt wurde, als er anderen zufügte. Vielleicht entsprach das sogar der Wahrheit. Vielleicht aber war Sternberg inzwischen sogar der Gedanke unerträglich, daß Marlene ihm geholfen hatte. Weder zu diesem Zeitpunkt noch später gab er zu, daß Marlene es ihm überhaupt erst ermöglicht hatte, bei *Claudius* Regie zu führen. Und auch sie hat nie darüber gesprochen.

Als Marlene mit *Knight Without Armour* fertig war, erhielt Douglas Fairbanks jr. ein Angebot aus Hollywood, und sie drängte ihn, es anzunehmen. Es handelte sich um die Rolle des Rupert in einem Remake von *The Prisoner of Zenda* (Der Gefangene von Zenda), das von Hentzau verfilmt werden sollte. In der ursprünglichen Version war Ramon Novarro mit dieser Nebenrolle zum Star avanciert, und vielleicht konnte dieses Projekt mit Selznick als Produzenten und Ronald Colman nun Fairbanks denselben Dienst erweisen.

Auch Fairbanks sr. riet seinem Sohn, die Rolle anzunehmen, und schließlich willigte dieser auch ein – nicht zuletzt deshalb, weil Marlene ebenfalls nach Amerika zurückging (übrigens wieder zu Paramount) und er sich nicht von ihr trennen wollte. Nebenbei bemerkt, hätte *sie* sich auch nicht so einfach von *ihm* getrennt.

Über die Weihnachtsfeiertage blieb Marlene mit Maria in London; sie feierten ihre Geburtstage (Marias zwölften, Marlenes fünfunddreißigsten) und den Beginn des Jahres 1937. Falls Fairbanks Bedenken hatte, sie allein in London zurückzulassen, während er zu Selznick reiste, um in Hollywood seinen Degen zu schwingen, dann vertraute er zuwenig auf Marlenes Selbstbeherrschung, wenn es um männliche Besucher ging – und einen solchen gab es nämlich.

Dieser Besucher war ihr nicht willkommen, obwohl sie wußte, daß sie sich ihm auf die eine oder andere Art würde stellen müssen – so wie man sich der Geschichte stellen mußte. Als man ihn meldete, weigerte sie sich strikt, ihn zu empfangen, doch schließlich ließ sie sich von Maria erweichen: In der Weihnachtszeit konnte man niemanden tagaus, tagein allein in einer Eingangshalle herumsitzen lassen.

Nicht einmal einen Nazi.

12. EXIL

1937–1939

Es war nicht Marlenes erster Herrenbesuch, aber noch nie hatte ihr ein Mann für »morgen die ganze Welt« versprochen: Sie brauchte nur als Königin der Ufa nach Berlin zurückzukehren, wo sie ihre Gage, ihr Drehbuch, ihren Regisseur (einen Nichtjuden natürlich) bestimmen konnte – alles nach Wunsch. Einen mächtigen Beschützer hätte sie dann auch: Dr. Goebbels. In seinem »Berghof« bei Berchtesgaden sah sich Hitler gern Privatvorführungen von Marlenes Filmen an (Leni Riefenstahl erwischte ihn einmal dabei). Aber der Führer hatte mehr im Sinn als nur sein persönliches Vergnügen – ihm ging es um das Prestige des Reichs.

Angeblich soll der Besucher in der Weihnachtszeit Propagandaminister Goebbels höchstpersönlich gewesen sein. Der Nobelpreisträger Carl von Ossietzky hatte ihn einmal einen »klumpfüßigen Psychopathen« genannt – und diese Bemerkung sollte er mit dem Leben bezahlen. Goebbels' Anwesenheit in London hätte eigentlich auch in einer von Appeasement geprägten politischen Situation öffentliche Aufmerksamkeit erregen müssen; aber da es ihm stets ein Bedürfnis war, das nationalsozialistische Gedankengut in aller Welt zu verbreiten (und dabei möglichst viele schöne Schauspielerinnen kennenzulernen), ist es durchaus möglich, daß dieser Besuch wirklich stattgefunden hat.

Anderen Berichten zufolge handelte es sich bei dem Mann, der in der Eingangshalle wartete, bis Marias Weihnachtsstimmung Marlenes Widerstand besiegte, um Joachim von Ribbentrop, den eitlen, arroganten Weinvertreter, der zu jenem Zeitpunkt deutscher Botschafter in England war. Ribbentrop hatte in seinen eigenen Kreisen so viele Feinde, daß selbst unverbesserliche Nazis nicht übermäßig betroffen waren, als er in Nürnberg gehängt wurde.

Allerdings gibt es auch die Version, daß der Besucher eine Frau war, die mit Marlene (und mit Goebbels) befreundete Schauspielerin Maedy Soyka, deren Mann in Berlin als Marlenes Agent gearbeitet hatte. Zuerst ließ Marlene den Gerüchten freien Lauf; später jedoch vertraute sie einem Interviewer an, der Herrenbesuch sei Rudolf Heß gewesen, der fanatische Anhänger und Stellvertreter Hitlers, der 1923 im Gefängnis *Mein Kampf* in Kurzschrift zu Papier brachte. Nach Göring wurde Heß als der Mann mit den größten Chancen auf Hitlers Nachfolge gehandelt, obwohl er als »Schwarze Bertha« in den Berliner Schwulenkneipen wohlbekannt war. Von solchen Eskapaden hielt der Führer nicht viel, denn er selbst achtete auf Sittenstrenge und Selbstdisziplin: Er ernährte sich vegetarisch, rauchte nicht und trank keinen Alkohol.

Doch wer es auch gewesen sein mag – die Botschaft an Marlene war eindeutig: »Der Führer möchte, daß Sie nach Hause kommen.«

Doch Marlenes Antwort war nicht minder eindeutig: »Niemals.«

Ihr »Zuhause« lag für sie längst auf der anderen Seite des Atlantiks – sei es, weil es beruflich für sie keine Alternativen gab, oder weil es ihr dort besser gefiel. Am 6. März 1937 verlieh sie ihrer Antwort noch mehr Nachruck, indem sie im neuen Regierungsgebäude von Los Angeles die rechte Hand erhob und dem Sternenbanner ihre Treue schwor. Sie trug zu diesem Anlaß ein strenges Kostüm, einen Filzhut mit tiefer Krempe und rauchte ununterbrochen. Ihren Namen gab sie als Marie Magdalene Sieber an und frisierte ihr Geburtsdatum auf den 27. Dezember 1904. »Ich habe blaue Augen und blonde Haare«, erklärte sie dem vor Aufregung schwitzenden Beamten und fügte noch hinzu: »Ich wiege achtundfünfzig Kilo und bin einen Meter zweiundsiebzig groß.«

Die Reporter ließ sie wissen – ein Bein elegant auf das Trittbrett ihres 16-Zylinder-Cadillacs gestützt: »Ich lebe hier, ich arbeite hier«, und »Amerika war immer gut zu mir.« Die Hearst-Presse, die Hitler und seinen Kumpanen eine gewisse Sympathie entgegenbrachte, beschrieb ihren Antrag auf Staatsbürgerschaft (sie mußte zwei Jahre auf die Genehmigung warten) mit der platten Schlagzeile »Desertiert aus ihrem Vaterland«.

Die Reaktion der Nazi-Presse war natürlich sehr viel aggressiver. Julius Streicher, einer der widerlichsten Judenverfolger überhaupt, stieß in seinem berüchtigten Blatt *Der Stürmer* üble Beschimpfungen aus.

Marlene Dietrich habe so viele Jahre unter den »Filmjuden Hollywoods« verbracht, daß sie durch die »jüdischen Kontakte völlig undeutsch« geworden sei. Unter dem Photo, das Marlene zeigt, wie sie ihren Eid leistet, stand zu lesen: »Ein hemdsärmeliger Richter nimmt Dietrich den Schwur ab, damit sie ihr Vaterland verraten kann.«

Der Einwanderungsbeamte George Ruperich, der »hemdsärmelige Richter« auf dem Bild, ließ das nicht einfach auf sich sitzen: Er gab seine Identität bekannt und rollte nun für die Presse die Ärmel auf. Er war kein Richter, er war kein Jude – ihm war einfach heiß gewesen.

Doch Marlenes »Niemals!« und ihre Kontakte mit Hollywoods Juden waren für Dr. Goebbels noch lange kein Grund lockerzulassen. Er registrierte die Stationen von Marlenes Karriere weiterhin in seinem Tagebuch und den Protokollen der Ufa, weil er hoffte, sie könnte ihre Meinung doch noch ändern. Selbst als sie zur Paramount zurückkehrte, um mit dem ebenfalls in Berlin geborenen Hollywood-Juden Ernst Lubitsch einen weiteren Film zu drehen, gab er nicht auf.

Marlenes Rückkehr in die Marathon Street war für beide – Lubitsch und Marlene – eine Art Wiedergutmachung. Ein Jahr zuvor war Lubitsch im Chaos von *I Loved a Soldier* und *The Big Broadcast* entlassen worden; nun holte ihn die neue Geschäftsleitung zurück und gab ihm praktisch eine Blankovollmacht. Auch Marlenes Vertrag lag mit einer noch immer phänomenalen Gage von 250 000 Dollar pro Film plus lukrativen Zusatzvergünstigungen zwischen Selznicks und Kordas Gage; sie sollte zwei Filme pro Jahr drehen. Sogar ein Theaterstück erwarb Paramount für sie: *French Without Tears*. Dieser erste große Publikumserfolg von Terence Rattigan, den sie zusammen mit Douglas Fairbanks in London gesehen hatte, schien ein gutes Filmvehikel für die beiden Stars abzugeben, die jetzt diskret vom Grosvenor Square in Marlenes neuestes Haus in Beverly Hills übersiedelten. Hier gab es einen Swimmingpool, umgeben von Büschen, so daß niemand Marlene bei ihren Nacktbadevergnügungen beobachten konnte – mit Ausnahme ihres Nachbarn (Fairbanks) und der Gäste, die gelegentlich um das Becken herumsaßen, wie etwa Fritz Lang. Marlene schwamm, und Fairbanks wurde rot. Lang putzte sein Monokel und dozierte über mitteleuropäische Sitten und Gebräuche, die Fairbanks inzwischen zwar besser kannte, aber nie ganz akzeptierte.

Schon fast ein Jahr steckte Lubitsch in den Vorbereitungen zu Marlenes Comeback-Projekt *Angel* (Engel). Zur gleichen Zeit, als sie die amerikanische Staatsbürgerschaft beantragte, begannen dann die Dreharbeiten, und Fairbanks stürzte sich in die Degenkämpfe von *Prisoner of Zenda*. Auch Fritz Lang ließ sich auf eine Art Mantel- und Degenstück ein – wie das eben in Mitteleuropa so üblich ist. Aber dieser Kampf dauerte nicht lange: Lang gab auf, als Marlene im Bett von seinem eigenen Telefon aus eine Verabredung mit einem anderen Mann traf. Außerdem mußte sie ja arbeiten.

Das Drehbuch zu *Angel* basierte auf einem ungarischen Theaterstück (man munkelte damals, in Budapest würden Theaterstücke am Fließband produziert) von Melchior Lengyel, dem »Vater« von *Ninotchka*. Für das amerikanische Publikum hatte Guy Bolton, ein Librettist für musikalische Komödien, das Stück bearbeitet, zusammen mit Russell Medcraft, dessen Name ebenfalls für Schwung und gute Unterhaltung bürgte. Das Theaterstück erzählte von einem Paar, das durch einen wahren Marathon an Seitensprüngen neuen Schwung in seine Ehe bringen will. Die Taktik erweist sich jedoch als schlicht nervenaufreibend, so daß sich am Schluß das Ehebett doch als das ideale Plätzchen für Erholung und Entspannung herausstellt.

Angel ist ein endloses Vorspiel, das nie wirklich zur Sache kommt. Was den Film für akademische Kritiker so verführerisch macht, ist die Tatsache, daß sie sich nicht erklären können, warum dieses so subtile Kunstwerk (worum es sich mit Sicherheit handelt) gleichzeitig so fade ist. Mit einer Sensibilität, die selbst für sie einmalig ist, spielt Marlene die Rätselhafte (vielleicht hatte sie sich bei keiner anderen Darstellung so sehr unter Kontrolle), aber auch sie wirkt langweilig. Sie stritt sich mit Lubitsch über jede Seite des Drehbuchs und sagte später, sie habe keine der Figuren begriffen. Doch die Diskussionen verloren immer mehr an Niveau, und am Schluß zankte man sich über Nichtigkeiten.

Lawrence Langner von der New Yorker Theatergilde besuchte den Set und berichtete von einem Streit über einen Hut: Lubitsch wollte, daß Marlene ihn trug, Marlene wollte nicht. Schließlich redeten die beiden nicht mehr miteinander, und der Hut-Disput führte dazu, daß nachgedreht werden mußte – Kosten 95000 Dollar. Marlene stöhnte, sie würde am liebsten nur noch Rollen spielen, bei denen sie »lediglich einen kleinen schwarzen Schal und Arbeitskleidung anziehen« konnte – entworfen wahrscheinlich von Travis Banton. Vielleicht war der Zwischenfall mit dem Hut nicht ganz so teuer, wie behauptet wird, aber es gibt Szenenphotos, auf denen Marlene einen Hut trägt, der im Film nicht vorkommt. Ein Jahr später trug Greta Garbo in *Ninotchka* den Hut – oder jedenfalls ein täuschend echt wirkendes Duplikat.

Ganz offensichtlich verfolgten Star und Regisseur entgegengesetzte Ziele, was man dem Film auch anmerkt. Aufgrund ihres Konflikts überlegte sich Lubitsch gründlich, ob es wirklich so angenehm wäre, bei *French Without Tears* wieder mit Marlene zusammenzuarbeiten. Die Begeisterung für die romantische Komödie nahm weiter ab, als Fairbanks von den Degenkämpfen in *Prisoner of Zenda* nach Hause kam und versehentlich Marlenes private Korrespondenz durchblätterte. Zu seinem Entsetzen fand er einen Stapel »leidenschaftlicher Liebesbriefe« von jemandem, dessen Namen er noch nicht einmal *gehört* hatte. Er reagierte entrüstet und machte seine Indiskretion noch schlimmer, indem er sich wegen des »Dietrich-Sieber-Lebensstils« immer mehr in Wut und Eifersucht hineinsteigerte. Er verlangte von Marlene eine Erklärung, doch sie wies ihm die Tür. Rudi, der gerade auf Besuch in Kalifornien war, stellte sich ihm nicht in den Weg.

Doch Lubitschs Schwierigkeiten mit Marlene waren geringfügig im Vergleich zu den Problemen, die ihm die Paramount und die Zensur auftischten. Paramount hatte keine Ahnung, wie man mit soviel subtilem Raffinement umgehen sollte, und bereitete ganzseitige Anzeigen vor, in denen Marlenes »schlichtes Kleid, geschmückt mit Goldblättchen, Perlen, Diamanten, Rubinen und Zobel«, hervorgehoben wurde. In riesigen Lettern las man die Frage: »WAS TUT ANGEL?« und erhielt als Antwort: »Sie wagt es, zwei Männer gleichzeitig zu lieben!!!«

Was Marlenes Privatleben betraf, entsprach dies völlig der Wahrheit, doch auf der Leinwand tat Marlene nichts dergleichen. Man hat eher den Eindruck, daß dem Engel beide Männer gar nicht besonders gefallen. Die Puritaner bei der Zensurbehörde waren entsetzt über das Pariser Bordell, die Affäre mit Tony und auch über die subversive Vorstellung von Liebe zwischen gleichberechtigten Partnern. Die im Film gezeigte Ehe (die stark an den »Dietrich-Sieber-Lebensstil« erinnerte) war der Dreh- und Angelpunkt des Streifens, und genau den wollte die Zensur verbieten.

Marlene mit Rudolf Sieber 1937 in Hollywood. Rat und Hilfe fand sie in schweren Zeiten immer noch bei ihrem Rudi.
(Foto: Bilderdienst Süddeutscher Verlag, München)

Darauf war Lubitsch vorbereitet; er hatte sogar bereits offiziell darum ersucht, den Film in zwei Fassungen drehen zu dürfen: eine für das provinzielle Amerika und eine etwas gewagtere für Europa. Doch die Zensurbehörde hatte sich geweigert und bestand nun darauf, das Bordell (beziehungsweise der Salon) sollte mit der Aufnahme eines russischen Wappens verbunden werden, damit es aussah, als wäre das Etablissement Teil der russischen Botschaft. Auch die Affäre mit Tony wurde entschärft – was blieb, war ein Abendessen unter Aufsicht eines Stehgeigers. Kein Wunder, daß Marlene gelangweilt wirkt! Nachdem die Zensoren den Film bereits genehmigt hatten, überlegten sie es sich noch einmal anders, zogen die Genehmigung zurück und forderten, der Film müsse vollkommen neu geschnitten werden, obwohl bereits dreiundsechzig Kopien an die Filmtheater verschickt worden waren. Die Kosten waren »schwindelerregend«, wie die Paramount voller Entsetzen feststellte.

Während *Angel* also zusammengeschnippelt wurde und die Paramount an Schwindelanfällen litt, verbreitete sich in Hollywood die Nachricht, daß *The Garden of Allah* keine Chance hätte, die Produktionskosten von 1,4 Millionen Dollar einzuspielen. Anfang Juli fand die Premiere von *Knight Without Armour* statt, dessen Gleichung »Dietrich plus Donat« inzwischen »Desaster« ergab.

Konsterniert von den Einspielergebnissen ihrer Diva, brachte die Paramount die neugeschnittene, mit neuem Soundtrack versehene Fassung von *Angel* im Oktober in die Kinos. Noch immer hoffte man, daß von den Namen Marlenes und Lubitschs jene Anziehungskraft ausgehen würde, an der es dem »Schein um des schönen Scheins willen« mangelte.

Obwohl *Angel* den Ruf eines verkannten Meisterwerks genießt, waren die Kritiken damals doch größtenteils positiv. *The Hollywood Reporter* nannte den Film »eine äußerst kultivierte europäische Sittenkomödie« (ein sicheres Todesurteil für das Publikum von *The Great Ziegfeld* [Der große Ziegfeld] und *Lost Horizon* [In den Fesseln von Shangri-La], die im selben Jahr herauskamen). Für *Variety* war es »einer der besten Filme, die Lubitsch je gemacht hat … spannend und unterhaltsam«. Besondere Erwähnung fand, daß »Marlene klar und deutlich« sprach.

Die *New York Times* fragte sich, ob Lubitsch mit dem Film »Schopenhauers These unterstützen wollte, daß Frauen Sphinxe ohne Rätsel sind«, während *Literary Digest* das Ganze »sehr kultiviert, sehr subtil, sehr schick« fand, »genau die Art von Film, vor der die Produzenten in Los Angeles eine Höllenangst haben«.

Genauso erging es dem Publikum. *Angel* wurde als große Prestige-Produktion der Paramount für das Jahr 1937 angepriesen, doch *Waikiki Wedding* mit Bing Crosby, einer Ukulele und dem Hit »Sweet Leilani«, brachte die Kinokassen zum Klingeln. Die Demütigung erreichte ihren Höhepunkt, als die studio-unabhängigen Kinobesitzer Amerikas in den Branchenblättern Hollywoods ganzseitige Anzeigen veröffentlichten, die Marlene als »Kassengift« bezeichneten. In der Geschichte Hollywoods sind diese Anzeigen noch immer berühmt-berüchtigt, vor allem auch, weil sie den nicht immer untrüglichen Sinn der Kinobesitzer für Publikumswirksamkeit offenbarten. Marlene mochte ein Kassengift sein, aber das gleiche behaupteten die Kinobesitzer auch von Greta Garbo,

Joan Crawford, Fred Astaire und Katherine Hepburn. Daß diese Stars an den Kinokassen in aller Welt eine Menge Gewinn brachten, war ihnen offensichtlich nicht klar – oder aber angesichts der fortdauernden Depression völlig gleichgültig. Auf alle Fälle beschloß man bei der Paramount, daß *French Without Tears* ohne Marlene vielleicht amüsanter wäre und zahlte Marlene eine phantastische Abfindungssumme, die in der Studiogeschichte bisher einmalig war und in *Life* und *Look* für Schlagzeilen sorgte: Marlene erhielt 250000 Dollar, damit sie den Film *nicht* machte und auf Nimmerwiedersehen verschwand.

Mit einer makellos-subtilen Screwball-Comedy mitten in der Blütezeit solcher Komödien schafften Lubitsch und Marlene, was Josef von Sternbergs ganze Extravaganz mit sieben Filmen nicht fertiggebracht hatte: Marlene wurde gefeuert und hatte praktisch keine Aussicht auf ein neues Engagement. Die »bestbezahlte Frau der Welt« war arbeitslos.

Vielleicht glaubte man bei der Paramount, Marlene sei erledigt, doch andere Leute witterten ihre große Chance. Bei der Columbia kam Frank Capra auf die Idee, Marlene in Männerhosen sei doch die ideale George Sand in einem Film über Chopin (dargestellt von Spencer Tracy); und Warner Brothers boten ihr das Remake von Tay Garnetts altem Schiffs-Melodram *One Way Passage* (Reise ohne Wiederkehr) an. Nachdem Marlene beide Projekte unterschrieben hatte, entdeckten Harry Cohn und Jack Warner die Kassengift-Anzeigen und bliesen die Sache ab.

Daraufhin entließ Marlene ihren Agenten Harry Edington, der auch für Greta Garbo arbeitete, und bestieg ein Schiff nach Europa. Fairbanks war nicht mehr bei ihr, Maria war in ihrem Schweizer Internat, und so suchte sie Rat und Hilfe dort, wohin sie sich in solchen Fällen immer wandte: bei Rudi und bei Rilke. Rudi sorgte für Trost und Rilke für Romantik.

Im Sommer 1937 war Elsa Maxwell Werbeagentin des »Hotel des Bains« am Lido von Venedig. Ihr größter Erfolg war sicher der »Emigranten-Tisch« im Speisesaal: Dort saß Marlene, verstoßen von der Paramount und freiwillig aus Deutschland emigriert; dort fand man Rudi, der kurzzeitig ohne Tamara war und demnächst von der Paramount in Paris gefeuert werden sollte – seine dortige Beschäftigung hatte zu Marlenes »Vergünstigungen« gehört. Und auch der eben erst aus dem Charing Cross Hospital entlassene Josef von Sternberg tauchte hier auf, nachdem ihn Hollywood und die ganze Welt ins Exil geschickt hatte.

Sternberg hatte vor, mit einer Verfilmung von Zolas *Germinal*, die in Wien gedreht werden sollte, wieder ins Regiegeschäft einzusteigen; Rudi ließ seine Beziehungen spielen, um in Frankreich ein neues Projekt für Marlene zu finden, und Marlene bemühte sich zu verbergen, wie sehr sie der Urteilsspruch »Kassengift« getroffen hatte.

Doch dann forderte sie eines Tages ein anderer Flüchtling, der zum Essen ins »Hotel des Bains« kam, zum Tanz auf. Gebannt sahen Rudi und Sternberg zu, wie das Paar übers Parkett glitt, und die Geigen hätten Marlene zu Ehren eigentlich »Falling in Love Again« fiedeln müssen. Die bekannteste arbeitslose Frau der Welt sah ins Monokel des meistverkauften Romanschriftstellers der Welt, und sein Monokel blickte in die Augen der Sphinx und suchte nach der Lösung des Rätsels.

Bereits in den zwanziger Jahren war Marlene in Berlin dem Schriftsteller Erich Maria Remarque begegnet, wo er zu den Schnorrern am Buffet in Betty Sterns Salon gehörte. Marlene war damals der Liebling des Hauses, »das Girl vom Kurfürstendamm«, und Remarque führte ein ziemlich chaotisches Leben, hatte den entsprechenden Ruf – und eine Ehefrau. Hin und wieder schrieb er einen Artikel für die Berliner Zeitschrift *Die Dame* (das deutsche Pendant zu *Vogue*), verfaßte Werbesprüche für Reifenhersteller und emphatische Berichte über Rennautos für *Sport im Bild*. Im Ersten Weltkrieg war er kurze Zeit an der Front gewesen, außerdem hatte er als Lehrer gearbeitet und in einem Irrenhaus Orgel gespielt. Letzteres war allem Anschein nach eine ziemlich traumatische Erfahrung gewesen, und bald darauf (welch seltsame Parallele zu Marlene und ihrer Geige!) gab er das Orgelspiel auf; angeblich wegen einer Verletzung am Finger, die eine weitere musikalische Karriere vereitelte.

Geboren war er als Erich *Paul* Remarque. Die Nazis setzten das Gerücht in die Welt, »Remarque« sei nichts anderes als »Kramer« – verkehrt herum buchstabiert – und wahrscheinlich nicht ganz arisch. Als seine Mutter starb, übernahm er ihren Namen – Maria. »Paul« nannte er den Helden des Romans, an dem er in der Berliner Zeit arbeitete, wenn er nicht gerade melancholisch bei Betty Stern herumstand oder halsbrecherische Fahrten mit Rennautos unternahm. Den Roman stellte er tatsächlich fertig. Bei seiner Veröffentlichung gab ihn der Verlag irreführenderweise als Remarques Erstlingswerk aus, nachdem er in aller Eile die beiden ersten Machwerke (derer sich der Autor zugegebenermaßen schämte) aufgekauft und aus dem Verkehr gezogen hatte. Der Roman mit dem Titel *Im Westen nichts Neues* avancierte rasch zum absoluten Bestseller. Remarque wurde berühmt und reich und hatte selbst einen Maßstab gesetzt, dem er für den Rest seines Lebens gerecht zu werden versuchte.

1933 forderten die Nazis ihn auf, Deutschland zu verlassen (obwohl er weder Jude noch Kommunist war, sondern ein selbsternannter »militanter Pazifist«). Er verließ seine Heimat und seine untreue Frau, um fortan ein Luxusleben zu führen und sich von einem europäischen Vergnügungsort zum nächsten treiben zu lassen. Sein Bargeld und seinen Kunstbesitz hatte er als obligatorischen Preis für sein Ausreisevisum in Deutschland zurückgelassen – als »Flüchtlingssteuer«, wie die Nazis es nannten. Doch das stürzte ihn nicht in Geldnöte, da von *Im Westen nichts Neues* schon im ersten Jahr eine Million Exemplare in allen wichtigen Sprachen verkauft worden waren. Die meisten seiner Gemälde von Cézanne und Utrillo ließ er sich in die Schweiz schicken, wo seine Konten überquollen von dem Geldsegen für die Verfilmung des Romans, den Universal 1930 als Film zu einer weiteren Weltsensation hatte werden lassen. Trotzdem kompensierte der Reichtum nicht den Verlust der Heimat, der Staatsbürgerschaft und der Muttersprache. Remarque war ein Wanderer mit vergoldeten Absätzen an den Stiefeln; er schrieb weiter, war weiterhin schwermütig (das Monokel verlieh seiner Melancholie eine elegante preußische Note) und hatte noch immer eine gefährliche Schwäche für schnelle Autos, für Alkoholexzesse und aufregend schöne, unabhängige Frauen.

Berlin, alte Freunde und das Exil, das sie beide teilten, schufen zwischen dem Filmstar und dem Schriftsteller sofort eine Verbindung, aber sie brauchten noch mehr. Am nächsten Tag kam Marlene im Strandanzug die Promenade entlang, einen Band ihres geliebten Rilke unter dem Arm. Remarque zog die Augenbraue über dem Monokel nach oben und bemerkte mit unverhohlenem Sarkasmus: »Natürlich, *alle* Filmstars lesen Gedichte …«

Daraufhin drückte ihm Marlene das Buch in die Hand und sagte, er solle irgendeine Seite aufschlagen. Er tat es – es war »Der Panther«. Marlene rezitierte das Gedicht auswendig (bis ans Ende ihres Lebens behielt

Marlene suchte Erich Maria Remarque in Paris auf, und von dort folgte er ihr 1938 nach Amerika.
(Foto: Deutsches Institut für Filmkunde, Frankfurt a. M.)

sie ihr perfektes Gedächtnis für Gedichte). »Noch eins«, befahl Remarque, und so folgten »Leda«, »Die Gazelle«, danach kam »Der Abschied«. So ging es weiter, Seite um Seite, Gedicht um Gedicht – und dann folgte Marlene Remarque nach Paris, und von dort folgte *er* ihr nach Hollywood.

Rudi begleitete die beiden, aber nur bis Paris, wo er seinen »Lebensstil« mit Tamara wieder aufnahm. Marlenes Viertelmillion-Dollar-Abfindungssumme von Paramount war dafür äußerst hilfreich. Unterdessen bewies Josef von Sternberg ein unübertreffliches Talent für schlechtes Timing, denn er reiste genau in dem Moment nach Wien, um mit den Dreharbeiten seines neuen Films zu beginnen, als Hitler und seine Panzer unter dem Jubel der Bevölkerung auf den Heldenplatz vorrückten. Die Deutschen und die Österreicher nannten diesen Vorgang »Anschluß«, die übrige Welt bezeichnete ihn als Schande – die sie aber nichts anginge.

Die Mißerfolge von *Allah, Armour* und *Angel* waren belanglos angesichts der Mutlosigkeit und des moralischen Versagens in ganz Europa. Ende 1938 hatten England und Frankreich die Tschechoslowakei in München verraten, doch in Hollywood und dem übrigen Amerika sorgte man für eine noch größere Distanz zwischen sich und den überseeischen Verwicklungen, indem man sich in die Seiten von *Gone With the Wind* vertiefte oder gemütlich in den Kinosessel rutschen ließ, um auf der Leinwand *Snow White* (Schneewittchen) und die sieben Zwerge zu bewundern, die (»Heigh Ho, Heigh Ho, wir sind vergnügt und froh!«) optimistische Arbeitsmoral zelebrierten. Wie Schneewittchen vertraute Hollywood fest darauf, daß man nur zu warten brauchte, bis der Märchenprinz und der große Reichtum um die Ecke kamen.

Marlene hatte bereits in Remarque einen Prinzen gefunden, aber es gab noch einige Schwierigkeiten zu überwinden, bevor sie endgültig nach Hollywood aufbrechen konnten. In der deutschen Botschaft von Paris mußte sich Marlene mit Zwergen auseinandersetzen, die mit denen von Disney nicht viel gemeinsam hatten. Bis ihre amerikanische Staatsbürgerschaft offiziell anerkannt war, blieb sie Deutsche und brauchte demzufolge einen neuen Paß, um nach Amerika zurückkehren zu können.

Goebbels, »dieser groteske Zwerg«, wie Marlene ihn nannte, hatte seine Vorkehrungen getroffen. Als Marlene die Botschaft betrat, sah sie sich mit vier deutschen Prinzen und dem Botschafter konfrontiert. Sie hielten ihr den Einbürgerungsantrag und die undeutschen Erklärungen vor, die durch die Presse gegangen waren. Marlene konterte und verwies auf den verleumderischen »Klatsch«, den die deutschen Zeitungen über sie verbreiteten. Sie sei »durch und durch deutsch«, sagte sie und drohte mit rechtlichen Schritten gegen jeden, der es wagte, das Gegenteil zu behaupten. Vielleicht hätte der vornehmen Versammlung auffallen müssen, daß Marlenes Vorstellung von »durch und durch deutsch« nicht unbedingt die gleiche war wie ihre eigene, aber die Papiere wurden verlängert, zusammen mit denen von Maria und Rudi, die ja ebenfalls Angehörige des Reiches waren.

Goebbels vermerkte Marlenes Botschaftsbesuch in seinem Tagebuch und schickte noch einen Abgesandten zu ihr nach Paris, der das Band zur Heimat verstärken sollte. Diesmal war es ein Mann, den Marlene kannte und schätzte: Heinz Hilpert, der 1928 Shaws *Eltern und Kinder* inszeniert hatte. Ihm war inzwischen die Leitung der Reinhardt-Bühnen übertragen worden, da der »Zauberer« nun ja auch zu den Hollywood-Juden gehörte, die verzweifelt Arbeit suchten.

Hilpert traf sich mit Marlene und berichtete anschließend, sie habe sich bereit erklärt, nach Berlin und ans Deutsche Theater zurückzukehren, sobald ihre Verpflichtungen in Hollywood dies zuließen (sie hatte lukrative Verträge mit Columbia und Warner abgeschlossen, aber noch kein konkretes Filmprojekt); das werde in etwa einem Jahr der Fall sein. Triumphierend schrieb Goebbels in sein Tagebuch, jetzt werde er sie persönlich unter die Fittiche nehmen. Innerhalb weniger Tage drehte sich die Einstellung der deutschen Presse um 180 Grad, und die Schlagzeilen verkündeten – der Himmel weiß, woher sie das wußten –, daß an Marlene Dietrichs Un-deutschheit nichts Wahres sei, ebensowenig wie an Berichten – der Himmel weiß, wo sie veröffentlicht worden waren –, die behaupteten, sie habe die antifaschistische Seite im Spanischen Bürgerkrieg unterstützt.

Sobald ihre Visa gestempelt waren und das Schiff die Anker lichtete, ließen sich Marlene und Remarque ein Apartement im Beverly Hills Hotel reservieren. Diskret, aber vollkommen unnötigerweise reisten sie auf getrennten Schiffen – wohin die beiden auch gingen, auf den Titelseiten gab es bereits überall Photos von der Lady und dem Schriftsteller. Zu diesem Zeitpunkt lag Remarques Marktwert in Hollywood wesentlich höher als der von Marlene. Sie hatte keine Arbeit und galt überall als Gift für die Kinokassen – andererseits jedoch immer noch als großer Filmstar –, während MGM mit der Verfilmung von Remarques zweitem Roman *Drei Kameraden* am Universal-Erfolg mit *All Quiet at the Western Front* anknüpfen wollte. Am Drehbuch wirkte übrigens F. Scott Fitzgerald mit, was ihm seine einzige Erwähnung in einem Filmvorspann einbrachte.

Zwar war Marlene nun für die Filmstudios zur unerwünschten Person geworden, aber die Photographen und das Publikum waren nach wie vor fasziniert von ihr. Sie reagierten wesentlich beständiger auf die *Idee* des Starstatus und ihren fast mythischen Aspekt, während sie die banalen (und oft kurzlebigen) Realitäten an der Kinokasse weit weniger interessierten. Wo immer Marlene öffentlich auftrat, wurde darüber berichtet: beim Essen, beim Tanzen, bei Premieren, die sie mit Remarque oder mit Fairbanks oder mit beiden besuchte. Manchmal sah man sie auch mit Henry Fonda oder mit »Marlenes Nähkränzchen«, wie die Szene sich ausdrückte – einer Gruppe, zu der nur Frauen gehörten, unter anderem Dolores del Rio, die alte Berliner Freundin Lily Damita und Ann Warner (die Frau von J. L., dem »Jack« der Studio-Brüder). Stets trat Marlene juwelenbehängt und glitzernd in Erscheinung, und ihre verschiedenen Partner waren für Reporter und Leser gleichermaßen faszinierend – und selbst für den damaligen eher diskreten Journalismus.

Privat hatte Marlene sich mit Lubitsch wieder ausgesöhnt. Nach Lubitschs nächstem Film *Bluebeard's Eighth Wife* (Blaubarts achte Frau) mit Gary Cooper und Claudette Colbert hatte die Paramount auch ihn gefeuert. Es folgte *Ninotchka* mit Greta Garbo, die nicht weniger mit ihm stritt als Marlene bei *Angel*, aber wenigstens den gewünschten Hut trug. Zusammen mit Lubitsch unterstützte auch Marlene den immer größer werdenden Strom der Flüchtlinge aus Hitlers Europa, hauptsächlich durch den European Film Funds, wie man ihn später nannte, zu dessen Gründern Lubitsch, der Agent Paul Kohner und die Schriftstellerin Salka Viertel gehörten.

Inzwischen entwickelten die in der deutschen Presse beschimpften »Juden Hollywoods« – Mayer, Cohn, Warner, Goldwyn, Selznick – eine »verachtenswerte Furchtsamkeit« gegenüber den Vorgängen in Europa, wie es der zeitgenössische Beobachter Ian Hamilton bezeichnete. Die meisten von ihnen machten sich mehr Sorgen um den Absatzmarkt in den europäischen Ländern als über das, was sich täglich dort abspielte. Schon 1934 hatte Irving Thalberg nach einer Deutschlandreise ganz gelassen festgestellt: »Viele Juden werden ihr Leben lassen müssen.« Trotzdem war er der Meinung, Hollywood sollte sich heraushalten. Aber die »Arierin« Marlene konnte das nicht.

Zu den Armen und Unbekannten gehörte Erich Maria Remarque mit Sicherheit nicht, aber er fühlte sich in Hollywood nicht weniger als Emigrant als in Paris, Venedig oder Ascona. Sein Vaterland hielt ihn für einen Verräter, überall sonst war er ein Fremder – also ein Flüchtling. Marlenes Selbstgenügsamkeit wunderte ihn, er staunte darüber, daß sie sich in Beverly Hills zu Hause zu fühlen schien, daß sie es schaffte, sich, Maria, Rudi und Tamara über Wasser zu halten, und sogar noch Geld übrig hatte für Leute, die dank der braunen Flut nach Amerika gespült worden waren und die sie gar nicht persönlich kannte – und das alles, obwohl sie »arbeitslos« war! Wie eine »stählerne Orchidee« kam sie dem Mann vor, der sich selbst immer mehr in seine Arbeit verkroch.

Er entwarf einen Roman über seine Exilzeit in der »Stadt der Lichter« (die der Finsternis weichen sollten) und beschloß, ihm den Titel *Arc de Triomphe* zu geben. Der Großteil der Handlung spielte im Hotel Ansonia in der Rue de Saigon (das im Roman einen anderen Namen trägt), wo einst Billy Wilder, Friedrich Hollaender, Peter Lorre, Franz Wachsmann und auch Marlenes Textdichter Max Colpet Zuflucht gefunden hatten (Colpet hauste dort übrigens noch immer). Es sollte eine optimistische Liebesgeschichte werden, als Heldin schwebte ihm eine Sängerin und Schauspielerin vor, und zwar entweder eine »Madonna« oder eine »Madeleine« – Magdalena. Der Held war ein Selbstporträt Remarques, ein Arzt, der im Exil keine andere Arbeitsmöglichkeit hat als Frauen zu behandeln, bei denen eine Abtreibung zu Komplikationen geführt hat. Im ersten Teil trifft er die Heldin, die inzwischen den Namen »Joan Madou« erhalten hatte:

»Er sah ein blasses Gesicht mit hochliegenden Wangenknochen und weit auseinanderstehenden Augen. Das Gesicht war starr und maskenhaft … ein Gesicht, dessen Geheimnis seine Offenheit war. Er versteckte nichts und gab dadurch nichts preis.«

Diese Einleitung ist reichlich fatalistisch und hätte von Sternberg stammen können. Für *Arc de Triomphe* brauchte Remarque viele Jahre, und er wußte selbst erst, wie der Roman ausging, als er mit Marlene Schluß gemacht hatte – oder sie mit ihm. Doch die Intuition führte ihm auf geheimnisvolle Weise die Feder, und seine Widmung lautete: »Für M. D.«

In der Zwischenzeit brauchte (und wollte) MGM ihn nicht für *Three Comrades,* und niemand in ganz Hollywood brauchte (oder wollte) Marlene. Also beschlossen die beiden, nach Europa zu reisen, als das Jahr 1938 zu Ende ging und 1939 anbrach, das Jahr, das so viele Veränderungen und Katastrophen brachte: die Liquidierung der Tschechoslowakei, den Hitler-Stalin-Pakt, den Überfall auf Polen – den Beginn des Zweiten Weltkriegs.

Marlene war schon früher arbeitslos gewesen, aber damals ging sie noch nicht auf die Vierzig zu. Bevor Marlene mit einem Handstreich solche Vorurteile über den Haufen warf, war das vierzigste Lebensjahr für eine

Frau das Signal, die Zöpfe zu einem Knoten hochzustecken, auf vernünftiges Schuhwerk umzusteigen und sich nicht mehr allzuviel auf ihre Reize einzubilden. »Eine Frau in einem gewissen Alter« wurde nicht mehr auf einen Sockel gestellt, sondern setzte sich in einen Schaukelstuhl.

Auch Marlenes Mutter wurde nicht jünger, aber sie ging ihrer Tochter mit gutem Beispiel voran, indem sie sich vom Alter nicht unterkriegen ließ. Seit Onkel Willis Tod im Jahre 1934 war Josephine praktisch das Oberhaupt des Familienbetriebs Felsing, obwohl Hasso das meiste geerbt hatte. Als Marlene 1938 nach Europa zurückkam, war sie nicht nur auf der Suche nach Arbeit; sie wollte auch ihre Mutter und ihre Schwester überreden, Berlin zu verlassen, bevor es zu spät war.

Seit 1934 hatte Marlene Berlin gemieden. Jetzt rief sie ihre Familie in der Nähe von Marias Schweizer Internat zusammen. Berliner bekamen ohne Schwierigkeiten ein Visum für die neutrale Schweiz, und in Lausanne konnte man den Journalisten eher ausweichen als in Paris. Von Georg Will, Elisabeths Mann, der in Berlin ein paar kleine Kinos leitete, verlangten die Nazis allerdings als Gegenleistung, daß er bei dem Familientreffen noch einmal dem Wunsch des Führers nach einer Rückkehr Marlenes in die Heimat Ausdruck verlieh. Marlene tobte vor Wut, daß ihr Schwager bereit war, für Dr. Goebbels den Botenjungen zu spielen. Für sie war der Vorfall nur ein weiterer Beweis dafür, daß ihre Familie so schnell wie möglich das Land verlassen mußte.

Marlene benötigte keineswegs prophetische Gaben, um zu einer solchen Haltung zu gelangen. Überall auf der Welt wußte man, daß Hitler gegen oppositionelle Kräfte Bajonette und Kugeln einsetzte, und *Mein Kampf* war seit fünfzehn Jahren auf dem Markt. Die »Nacht der langen Messer« im Jahr 1934, die Münchner Ausstellung »Entartete Kunst« 1937, ihr musikalisches Gegenstück in Düsseldorf 1938 (bei dem auch Marlenes Aufnahmen von »jüdischen« Liedern, wie zum Beispiel »Falling in Love Again«, berücksichtigt wurden, und die »Reichskristallnacht« im November 1938 waren sorgfältig geplante, öffentliche Demonstrationen der Macht, die weltweit Schlagzeilen machten – was Propagandaminister Goebbels unendlich befriedigte. Die übrige Welt reagierte mit Bedauern, während in Deutschland Fensterscheiben jüdischer Geschäfte zertrümmert und unschuldige Menschen ermordet wurden.

Marlene, die ja selbst offen attackiert worden war, begriff schneller als die meisten und fand sich in ihrer Einstellung durch Remarques Exil bestätigt. Daher bestürmte sie ihre Familie, Deutschland zu verlassen. Falls sie nicht nach Amerika wollten, sollten sie doch wenigstens nach Frankreich gehen, wo Rudi gerade mehrere Filmprojekte für Marlene ausgehandelt hatte. In einem dieser Filme sollte sie neben dem großen französischen Schauspieler Raimu auftreten, der zweite war ein *Film noir* mit dem Titel *Dédé d'Anvers* (Schenke zum Vollmond) mit Jean Gabin, der dritte *L'Image* (Das Bild) unter der Regie von Julien Duvivier. Durch seine Spione erfuhr Dr. Goebbels von all diesen Plänen, und er war wild entschlossen, Marlenes »juden-freie« französische Filme auch in die deutschen Kinos zu bringen.

Trotz Marlenes eindringlicher Bitten war Josephine von Losch nicht bereit, das Land zu verlassen, in dem sie geboren war. Sie konnte oder wollte nicht weg von Berlin, von der Firma, in der jetzt sie die Entscheidungen traf, und nicht von ihrem Mündel Hasso. Beim Abschied in Lausanne wußte Marlene nicht, daß sie ihre Mutter und ihre Schwester erst ein knappes Jahrzehnt später wiedersehen würde – nachdem die Katastrophe, von der auch ihre Familie betroffen sein sollte, ihren Lauf genommen hatte.

Schweren Herzens kehrte Marlene nach Paris zurück, wo sie sich mit ihrem zukünftigen Filmpartner Jean Gabin anfreundete, der durch Jean Renoirs *La Grande Illusion* (Die große Illusion) berühmt geworden war. Mit ihm diskutierte sie über das Drehbuch von *Dédé d'Anvers*, aber die französischen Projekte erwiesen sich als unsicher, wurden verschoben und schließlich abgeblasen, so daß Marlene weiterhin arbeitslos blieb.

Ihre mühsam aufrechterhaltene Fassung wurde auf eine schwere Probe bestellt, als ein wütendes Pariser Konzertpublikum grundlos über sie herfiel. Bei einem Konzert ihres Ex-Liebhabers Maurice Chevalier im »Casino de Paris« warf ihr dieser nach einem Spottlied auf die Nazis eine Kußhand zu, ohne darauf zu achten, daß seine Entdeckerin – und frühere Geliebte – Mistinguett ebenfalls im Saal anwesend war. Darauf erhob sich ein ohrenbetäubendes Pfeifkonzert, so daß Chevalier gezwungen war, auch der großen alten Dame des Varietés, die inzwischen über sechzig war, seine Ehrerbietung zu erweisen. Bei diesem Vorfall mit der Mistinguett, die einst ebenfalls wegen ihrer schönen Beine berühmt gewesen war, dürfte Marlene sich ihre eigenen Gedanken über die Macht des Publikums, die Beständigkeit des Theaters und die Dauerhaftigkeit der Erinnerung gemacht haben. Nicht überall hatte man ein so kurzes Gedächtnis wie in Hollywood.

Noch eine andere gute Freundin traf Marlene in Paris: Mercedes de Acosta. Gemeinsam beklagten sie den Zustand der Welt, während Remarque weiter über *Arc de Triomphe* brütete. Im November fuhr Marlene auf der »Normandie« zurück nach Amerika, um ihre »Green Card« gegen die Staatsbürgerschaft der Vereinigten Staaten einzutauschen. Auf der Überfahrt amüsierte sie sich mit Cary Grant, den Warner-Brothers, der Baronesse Eugénie de Rothschild (die den Duke of Windsor in der Nähe von Wien versteckt hatte, bis er Mrs. Simpson heiraten konnte) und lauschte ihrem (wieder einmal) engsten Vertrauten auf dem Schiff, Ernest Hemingway, während dieser ihr ganz sachlich auseinandersetzte, wie »minderwertig« Remarque war. Nach dem Ende des spanischen Bürgerkriegs im März war Hemingway zutiefst niedergeschlagen, und außerdem gefiel ihm eigentlich sowieso kein (lebender) Schriftsteller. Großzügig und melancholisch stellte Remarque fest: »Gegen Hemingway bin ich nur ein kleiner Mann.«

Im Juni erhielt Marlene in Los Angeles die Staatsbürgerschaftsurkunde Nummer 4656928. Der Bundesrichter Harry Holzer teilte ihr und zweihundert weiteren neuen Bürgern mit, daß »wir auf der Hut vor jeder Art mündlicher und schriftlicher Propaganda sein müssen, die versucht, eine Klasse, Rasse oder religiöse Gemeinschaft gegen eine andere auszuspielen. Die Ereignisse im Ausland haben die tragischen Folgen der Haßpropaganda hinlänglich bewiesen.«

In Hollywood praktizierte man unterdessen die Propaganda des Mundhaltens, und die Filmbranche interessierte sich nur für den gesellschaftlichen Aspekt von Marlenes Rückkehr. Ansonsten war sie erledigt, überholt, nur noch gut für Partys – wo allerdings kaum jemand so beliebt war wie sie. Zu Marlenes Freunden gehörten Basil und Quida Rathbone, die Baronin Dorothy di Frasso und ihre Freunde (einschließlich Bugsy Siegel), der Tänzer Clifton Webb, seine Mutter Mabelle und der unverwüstliche Star, den man bei der Paramount nur als »Onkel Claude« bezeichnete.

Produzent Walter Wanger (der bei Sternberg Alarm ausgelöst hatte, als er 1930 mit Marlene durch die Flüsterkneipen gezogen war) lauschte unbehaglich Marlenes Plänen, nun doch *I Loved a Soldier* unter der Regie von Sternberg zu realisieren, und wischte dieses Projekt vom Tisch, indem er ein anderes unterbreitete. Er wollte Marlene wieder mit Gary Cooper zusammenbringen, und zwar ausgerechnet in einem Western. Doch Wangers Regisseur John Ford war dagegen und bestand auf der von ihm gewählten Besetzung: Ein praktisch unbekannter Cowboy namens John Wayne sollte die Rolle spielen, für die Wanger gern Cooper gehabt hätte. Die kaum bekanntere Claire Trevor bekam die Marlene-Rolle.

Die Idee, daß Marlene mit Sonnenhäubchen und Baumwollkleid anziehend wirken könnte, stammte von Charlie Feldman, der fand, daß die Dietrich einen Imagewechsel brauchte. Den Wilden Westen als Handlungsort für diese Metamorphose behielt er im Hinterkopf.

Inzwischen »durch und durch Amerikanerin« – jedenfalls aus Prinzip, wenn auch nicht unbedingt aus Zuneigung –, nahm Marlene das Schiff zurück nach Europa. Doch zuvor gab es eine »Abschiedsparty« auf dem Deck der »Normandie«. Das Finanzamt verzögerte die Abfahrt des Schiffs um fast eine Stunde, weil man Marlene eine unbezahlte Steuerrechnung präsentieren wollte – eine etwas seltsame Art zu demonstrieren, was es bedeutete, Amerikaner zu sein. Es ging um 142 193 Dollar für die Gage von *Knight Without Armour*, die Marlene gar nicht in den Vereinigten Staaten verdient hatte (und sowieso nie vollständig bekommen hatte, da sie ja für Sternberg und *I, Claudius* auf einen großen Teil davon verzichtet hatte). James S. McNamara, der verantwortliche Finanzbeamte, wollte sich nicht durch Tatsachen verwirren lassen und verkündete mit großem Pathos vor der versammelten Presse, er habe nur deshalb keinen Haftbefehl, weil er keinen Richter gefunden habe, der ihm einen solchen ausstellen konnte.

Jetzt, da sie ihren Paß in der Tasche hatte, reagierte Marlene »erstaunlich ruhig« und »verblüffte damit die Journalisten, die ja schon ihre übelsten Launen miterlebt haben«. Immerhin war Marlene schon eine ganze Woche Amerikanerin, und ihre Gelassenheit war so unerschütterlich wie der Mount Rushmore. Seelenruhig posierte sie für die Photographen, während die Finanzbeamten ihre vierunddreißig Gepäckstücke durchwühlten. Der Wert der Diamanten, Rubine, Saphire und Smaragde, gefaßt in Gold und Platin, wurde vom Finanzamt auf eine Summe zwischen 100 000 und 400 000 geschätzt. Nachdem das Geschmeide einem Treuhänder übergeben worden war, konnte das Schiff mit seinen gaffenden Passagieren endlich die Anker lichten.

In Paris scharte Marlene ihren Hofstaat um sich, bestehend aus Rudi und Tamara, Maria, Erich Remarque, Josef von Sternberg und Max Colpet. Mit ihnen fuhr sie an die Riviera, wo ihre Gegenwart für Photographen und Schaulustige auch ohne Juwelen aufregend genug war. Daß Jean Gabin ganz zufällig ein Haus in der Nähe besaß, war sehr günstig, falls man wieder einmal ein Drehbuch besprechen mußte.

In Cap d'Antibes waren die Tage sonniger als in Paris, wo die Atmosphäre immer bedrückender wurde, je näher der 1. September 1939 rückte. Unter dem Kennedy-Clan aus Bonston, der ebenfalls Ferien an der Riviera machte, fand Maria Spielkameraden, und Marlene tanzte mit dem Teenager John F. und seinem Vater, dem jungen Joseph F., der Botschafter in England war. Sie versuchte ihn von seiner berüchtigten Appeasement-Politik gegenüber den Nazis abzubringen und gewann sein Interesse für die Finanzierung ihres französischen Films mit Raimu. Die Affäre zwischen Botschafter Kennedy und Gloria Swanson war allgemein bekannt, und Kennedy spielte mit dem Gedanken, wieder einmal einen Film zu produzieren.

Remarque schrieb derweil an seinem Roman, trank Calvados (der zu einem Leitmotiv des Buches wurde) und raste jeden Abend betrunken mit selbstmörderischer Geschwindigkeit in seinem Zweisitzer durch die Gegend, um von Marlenes Bewunderern wegzukommen. Immer wieder mußte Marlene Max Colpet aussenden, um ihn in den kleinen Buchten und Schlupfwinkeln der Côte Azur aufzuspüren und wieder ins Hotel zu bringen, wo er dann seinen Rausch ausschlief. Gewöhnlich war Remarque zu betrunken, um überhaupt noch zu merken, wie er ganze Ströme von Apfelkorn in Cannes' lustigsten Schwulenkneipen in sich hineinkippte, deren Stammkunden seine angeheiterte Melancholie für eine gelungene Parodie der Verzweiflung hielten. Doch die Schwermut war für ihn nur allzu real und schlich sich auch immer mehr in seinen Roman ein.

Der Sommer verging, man saß träge in den Cafés, und Marlene hatte horrende Ausgaben, denn meist war sie es, die die Rechnungen beglich. Sie ließ sich in Kleidern von Schiaparelli photographieren, zusammen mit Rudi, mit Remarque, mit Sternberg oder mit allen dreien, nippte an ihrem Champagner und sah gelangweilt aus – vielleicht, weil man sie nie mit Jean Gabin ablichtete.

Als eine kanadische Whisky-Millionärin namens Jo Carstairs mit ihrer

Jacht bei Villefranche-sur-Mer vor Anker ging, besserte sich die Stimmung. Die Carstairs machte sich Sorgen wegen Marlenes Weltverdrossenheit und schlug vor, Marlene solle doch mit ihr auf ihre Privatinsel in den Bahamas kommen, wo sie Prinzessin eines Hofstaats werden könnte, der nur aus Zofen bestand – angeführt von der Carstairs mit Bürstenschnitt und langen Hosen.

Marlene verbrachte viel Zeit auf Jo Carstairs' Jacht, doch sie blieb vor Anker im »Hôtel du Cap«. »Frauen sind besser«, bemerkte sie oft gegenüber Freunden auf Billy Wilders Hollywood-Partys, »aber man kann nicht mit einer Frau *zusammenleben*.«

Schließlich war es schon schwer genug, mit den *Männern* zu leben, die sie umgaben: Rudi, Remarque, Jo, Max Colpet und der Botschafter mit den Sympathien für Nazi-Deutschland, dessen Sohn sich in ferner Zukunft als Bürger von Marlenes Heimatstadt bezeichnen sollte.

Seit Marlene das letzte Mal vor der Kamera gestanden hatte, waren inzwischen schon über zwei Jahre vergangen, und weder Filmfans noch Produzenten reagierten mit einem Aufschrei. Nur Charlie Feldman, der seine seltsame Idee von Marlene im Western-Milieu noch immer nicht aufgegeben hatte, schien es zu stören. Als Marlenes Geldreserven gefährlich knapp wurden, klingelte kurz vor Morgengrauen das Telefon im »Hôtel du Cap«. Es war ein Ferngespräch aus Hollywood – mit Joe Pasternak am Apparat.

Pasternak kannte Marlene schon lange. Weder ihre Berliner Auftritte in *Ich küsse Ihre Hand, Madame* oder in *Gefahren der Brautzeit* (dessen Produktion er für Terra-Universal überwacht hatte) noch die Bühnenmusicals *Es liegt in der Luft* und *Zwei Krawatten* hatte er vergessen, und schon gar nicht den Tag, als sie ihn während der Dreharbeiten für *Der Blaue Engel* in ihrer Garderobe empfing: »schimmernd wie der Mond in einer Wolkennacht« und in einem Negligé, das höchstens ihren Ehrgeiz verhüllte.

Jetzt arbeitete Pasternak in Hollywood für Universal und war der Spitzenproduzent des ganzen Studios. Mit der jungen Sängerin Deanna Durbin hatte er eine Reihe erfolgreicher Musikfilme gemacht. Die Drehbücher stammten zumeist von dem Berliner Felix Joachimssohn, aus dem inzwischen Felix Jackson geworden war. Auch Jackson war für Marlene seit der Berliner Produktion von *Broadway* im Jahre 1928 kein Unbekannter; übrigens schrieb er nicht nur Drehbücher für Deanna

Durbin, er hatte sie auch geheiratet. Doch jetzt war er dabei, für Pasternak (ausgerechnet!) einen Western zu konzipieren.

Nachdem Pasternak mit Feldman gesprochen hatte, eröffnete er nun Marlene am Telefon, sie sei bestimmt großartig als Saloon-Sängerin, obgleich eigentlich Paulette Goddard für den Part vorgesehen war. Die männliche Hauptrolle sollte der junge James Stewart übernehmen.

Marlene antwortete, Pasternak sei wohl nicht ganz bei Trost, und legte auf. Doch als sie sich wieder ihrem Champagner zuwandte, blickte Josef von Sternberg überraschenderweise von *seinem* Champagner auf und meinte, das Projekt sei eine gute Idee.

»Ich habe dich als unantastbare Göttin auf ein Podest gestellt«, sagte er. »Pasternak will dich in den Schlamm hinabzerren ... eine gütige Göttin zum Anfassen, mit Füßen aus Ton – eine ausgezeichnete Verkaufsstrategie.«

Marlene ließ sich nicht überzeugen – ganz im Gegensatz zu Joe Pasternak.

Aber da sie nichts zu tun hatte, als Rechnungen zu bezahlen und sich den Kopf darüber zu zerbrechen, was das Finanzamt wohl mit ihren Juwelen anstellte, sagte sie schließlich doch zu. Immerhin war sie amerikanische Staatsbürgerin, und Maria sollte jetzt eine Schule besuchen, die so weit wie möglich vom faschistischen Deutschland entfernt war. Auch Rudi brauchte dringend einen Job, und Universal und Pasternak waren bereit, ihn in der Auslandsabteilung einzustellen. Vielleicht konnte Remarque ein Drehbuch für Universal verfassen, während er an seinem Roman schrieb, dann war auch *er* untergebracht. Man schrieb inzwischen Mitte August 1939 – fünf Minuten vor zwölf in Europa.

Zehn Tage später fuhr Marlene auf der »Normandie« Richtung Amerika. Rudi, Maria und Remarque nahmen die »Queen Mary«.

Marlene und ihre Entourage befanden sich auf hoher See, als Hitlers Panzer nach Polen rollten. Die Welt, die sich mit weinerlichen Tönen weitergedreht hatte, schien auf einmal drauf und dran, mit einem Knall unterzugehen.

Glücklicherweise war Marlene auf alles gefaßt.

13. PHÖNIX
1939–1941

Die Befürchtungen Marlene Dietrichs bewahrheiteten sich auf schreckliche Weise: Deutsche Panzer rollten über die polnische Grenze. Der erste Akt des Holocaust hatte begonnen.

Marlene war niedergeschlagen, aber sie resignierte nicht. Keinen Moment zögerte sie, zu ihrer neuen Heimat zu stehen und sich von der alten abzuwenden – mit der gleichen Entschiedenheit, mit der sie den Führer dieser alten Heimat hatte abblitzen lassen. Was nicht heißt, daß sie kein Bedauern und keine Furcht empfand.

Einmal mehr bedurfte es »Tüchtigkeit« und Disziplin, um mit all diesen Gefühlen fertig zu werden – und einer Menge Glück, um sich aus der Asche einer Karriere zu erheben, die von mancher Kassandra schon totgesagt wurde. Im Angesicht der Katastrophe waren Mut und Entschlossenheit die besten Waffen für eine »stählerne Orchidee«. Und eine beträchtliche Menge Humor – oder auch Galgenhumor. Wenn man sie ausgerechnet für einen Western anheuern wollte – warum nicht? Wenigstens *brauchte* man sie wieder. Sie würde ihnen ihren Western geben!

Die Tatsache, daß ihr Name bei dem neuen Film *Destry Rides Again* (Der große Bluff) an erster Stelle erschien, war nur eine geringe Kompensation für die (im Vergleich zu früheren Zeiten) niedrige Gage von 50 000 Dollar (plus prozentuale Beteiligung an den Gesamteinnahmen). Trotzdem waren 50 000 Dollar besser als das, was sie in den letzten zwei Jahren verdient hatte (nämlich nichts), und das Finanzamt rasselte weiterhin drohend mit ihren Juwelen.

Als Marlene zusagte, die für sie völlig neuartige Rolle der Saloon-Sängerin »Frenchy« zu spielen (ursprünglich hieß sie übrigens »Angel«, was

Pasternak vielleicht noch früher als Feldman an Marlene denken ließ), gab es eine Menge Drehbuchentwürfe, aber kein *Drehbuch*. Statt dessen hatte Pasternak eine Inspiration.

Daß Marlene eine Saloon-Lady spielte, erscheint uns heute völlig einleuchtend – ganz im Gegensatz zu damals. Pasternak drückte Amy Jolly, Shanghai-Lily, Concha Perez, Madeleine de Beaupré und Lady Maria Barker einen Knüppel zum Kühetreiben in die Hand, brachte ihr bei, sich selbst Zigaretten zu drehen, beim Kartenspielen zu mogeln und sich mit Una Merkel den tollsten Frauenzweikampf der gesamten Filmgeschichte zu liefern, ohne dabei »Marlene« oder »die Dietrich« auch nur einen Moment aus den Augen zu verlieren, und dieses Wagnis, bei dem nicht nach dem Erfolg an der Kinokasse geschielt wurde, führte zu dem triumphalsten Leinwand-Comeback aller Zeiten.

Doch auch ein anderer Exberliner, Friedrich Hollaender, leistete einen unschätzbaren Beitrag zum Erfolg von *Destry* und Marlenes Wiederentdeckung. Zum erstenmal, seit sie Gary Cooper in *Desire* heiß gemacht hatte, sollte Marlene wieder in einem Film singen – was vor allem deshalb eine gute Idee war, weil sie in *Destry* ansonsten nicht viel zu tun hatte. Pasternak und Felix Jackson ließen sich leicht davon überzeugen, daß Hollaender genau der richtige war, denn sie kannten seine Vielseitigkeit schon aus der Zeit, bevor seine Songs aus *Der Blaue Engel* ihn weltberühmt gemacht hatten. Als Texter engagierte man Frank Loessner, der seit *Wehre's Charley?*, *Guys and Dolls* (Schwere Jungen, leichte Mädchen) und *The Most Happy Fella* ebenfalls kein Unbekannter mehr war. Gemeinsam lieferten die beiden Marlene einen populären Hit und dazu noch einen zweiten Song, der für den Rest ihres Lebens zu ihrem Repertoire gehören sollte: »See What the Boys in the Back Room Will Have.« Außerdem zwei weitere Titel, die fast so gut waren wie diese beiden.

Natürlich war es eine neue, reifere Marlene, die in Bottleneck die Beine schmiß. Verschwunden waren die schicksalsschwangeren Pausen, die legendären Posen und der extravagante Glamour, der die Paramount, Selznick und Korda so tief in die roten Zahlen gestürzt hatte. Mit einem kräftigen Schulterzucken entledigte sich dieses Barmädchen sogar der Roben von Travis Banton: Ihre Garderobe in *Destry* besteht lediglich aus Federboas und Cowboykostümen. Auch die Gerüchte, daß Marlene die Produktion aufhielt oder Starallüren an den Tag legte, gehörten ein für allemal der Vergangenheit an.

Am 4. September begann die Produktion von *Destry Rides Again* mit ganzen fünfundvierzig Seiten Drehbuch und ohne einen Pfennig Geld. Als Hitler in Polen einmarschierte, brach Marlene ins San Fernando Valley auf. Die Dreharbeiten gingen rasch vorwärts, nicht zuletzt weil der Regisseur George Marshall ein bescheidener, erfahrener Profi war, der Marlene ganz im Gegensatz zu ihrem Ruf »einfach wunderbar« fand: »Sie macht alles, was man von ihr verlangt … Eine großartige Frau.« Auch Kameramann Hal Mohr war begeistert von der Zusammenarbeit. Allerdings achtete er immer darauf, daß die Szene so ausgeleuchtet wurde, wie Marlene es wollte, denn er wußte, daß sie ohnehin darauf bestehen würde. Daher wurde er auch nie mahnend darauf hingewiesen, daß *Jo* alles anders gemacht hätte.

Noch immer gab es kein Skript und kein Budget. Einzeln, Zeile für Zeile, Tag für Tag, trafen neue Drehbuchseiten ein und lieferten Stewart die kleinen moralischen Anekdoten, die den Film durchziehen, und stets mit den Worten anfangen: »Hatte mal 'nen Freund, der …«

Bis Ende Oktober schritten die Dreharbeiten rasch voran. Nun sollte ein zweites Drehteam zusammengestellt werden, damit Tag und Nacht gefilmt werden konnte. Am letzten Tag bekam Marshall auch die letzte Skriptseite und konnte die Produktion in der Morgendämmerung des 11. November 1939 abschließen: am Jahrestag des Waffenstillstands, der dem ersten großen Weltbrand dieses Jahrhunderts ein Ende gesetzt hatte.

Im Rohschnitt war der Film hundertachtunddreißig Minuten lang. Eine Woche nach Drehschluß war der Endschnitt fertig, und nun waren es vierzehn Minuten weniger, also vierundneunzig Minuten. Innerhalb der sieben Tage, die für den Endschnitt angesetzt waren, wurde der Film außerdem mit Musik und Ton versehen und voraufgeführt; die Premiere fand am 29. November im New Yorker »Rivoli« statt. Seit George Marshall zum erstenmal »Action, Kamera läuft«, gerufen hatte, waren weniger als drei Monate vergangen, die Kosten lagen inklusive der Fünfundzwanzig-Prozent-Pauschale für Universal bei 768 000 Dollar.

Es war zwar nur ein kleiner Western, der da mit den anspruchvollsten Unterhaltungsfilmen in der Geschichte Hollywoods konkurrierte, aber er wurde ein absoluter Kassenknüller, kaum daß Marlene zum erstenmal ihren Cowboy-Schrei von sich gegeben hatte.

In fast keiner Veröffentlichung zu dem Film blieb die »neue Marlene«

unerwähnt, auch nicht im Werbematerial. Dies widerlegt eindeutig die Gerüchte, Universal (oder zumindest Pasternak) hätte einen Überraschungserfolg verbucht und gar nicht recht gewußt, was sie da für einen Film gemacht hatten. Wenn die Besprechungen sich nicht über die »neue« Marlene ausließen, feierten sie die »alte«, die zu der Energie und Lebenskraft der Lola Lola zurückgekehrt war.

Beides stimmt. Lola Lola war eine vulgäre kleine Nutte gewesen, aber Frenchy ist selbst mit zuviel Make-up und zu vielen Federboas noch immer die eleganteste Zweibeinerin der gesamten Prärie. Im Gegensatz zu Lola hat es Frenchy nicht nötig, darauf zu beharren, daß sie eine »Künstlerin« sei: Frenchy braucht nur auf die Bühne zu treten, ihren Rock zwei Zentimeter hochzuraffen, dem Publikum zuzuzwinkern und »You've got that look, that look, that leaves me weak ...« zu trällern. Natürlich weiß sie ganz genau, daß *sie* diesen »Look« hat – und das Publikum bekommt auf der Stelle weiche Knie.

Sie trällert, sie flötet, sie zwinkert, macht große Augen, sie lächelt und fährt sich mit der Zunge über die Lippen, um zu verdeutlichen, wie *köstlich* sie sich amüsiert; sie veralbert ihr Lied, das Publikum, ihren eigenen Überdruß an der Welt und ihren Wegwerf-Glamour und verwandelt den »Last Chance Saloon« in die letzte Bastion für freundlichen Sex und elegante Nonchalance, denn vor der Tür liegt der Wilde Westen.

Als Beweis, daß sie ein ganz normales Mädchen ist, hört man gleich zu Beginn des Films ihre Stimme, die von »Little Joe, the Wrangler« singt. Zunächst sieht man sie gar nicht hinter der Menschenmenge an der Bar, aber dann wendet sie sich der Kamera zu, dreht sich eine Zigarette und schmettert ihren Song aus voller Kehle über die Badlands hinweg: die Königin des Saloons.

In der besten Szene beherrscht Marlene die Kamera, den Saloon, das Städtchen Bottleneck – und den ganzen Film. »Wenn Marlene Dietrich in kurzem Rock auf dem Tresen stehend ›See What the Boys in the Back Room Will Have‹ singt, ist sie ein größeres Kunstwerk als die Venus von Milo« – diese nüchterne Feststellung wurde nicht etwa in einer ordinären Filmkritik getroffen, sondern auf der Titelseite der *New York Post*. Hier haben wir einen der umwerfendsten musikalischen Auftritte der Kinogeschichte vor uns, dargeboten von der »neuen« Marlene, die gleichzeitig die »alte« geblieben ist: jene Marlene nämlich, die zehn Jahre lang in Kabaretts und Musicals tingelte, bevor man außerhalb Berlins oder Wiens etwas von ihr hörte. Sie führt uns vor, was eine professionelle Künstlerin alles kann, sie leistet etwas, was kein noch so guter Regisseur, kein Drehbuchschreiber und kein Komponist schaffen kann, wenn es nicht *da* ist: Sie zeigt Persönlichkeit – die durch die richtige Technik in den Brennpunkt gerückt wird. Hinzu kommt natürlich noch eine ganze Menge Spaß daran, sich zu produzieren, und sehr viel narzißtischer Exhibitionismus (der allen großen darstellenden Künstlern eigen ist). Fast jede längere Musiknummer von Marlene wurde in einem oder höchstens zwei Takes abgedreht, denn sie brauchte keine Anweisungen; sie brauchte lediglich Raum, um sich und ihren Song zu verkaufen – was ihr hier mit Glanz und Gloria gelingt.

Die Einführung der »neuen« Marlene ist unvergeßlich: James Stewart sagt zu ihr, sie solle ihre »Kriegsbemalung« abwischen und ihr sicherlich »sehr hübsches Gesicht« darunter zeigen, ein Gesicht, das sie sozusagen als Vorbild für ihr Leben nehmen könnte. Hier hat man unwillkürlich das Gefühl, als wolle er ihr sagen, sie solle all die Jahre der von Paramount geforderten Künstlichkeit wegwischen und von dem Podest herabsteigen – nicht in den Schmutz, sondern in die normale, anständige Welt, die Stewart für uns repräsentiert. Am Ende des Films wird Frenchy von einer Kugel, die eigentlich für Tom (James) bestimmt war, in den Rücken getroffen, und er hält sie in den Armen. Sterbend wischt sie den letzten Rest der »Kriegsbemalung« mit dem Handrücken ab, ein Überbleibsel der »alten« Marlene. Dann küßt er sie. Der Film endet, wie er angefangen hat, mit dem Refrain von »Little Joe«, diesmal gesungen von einem Kinderchor. Destry will gerade wieder eine moralische Geschichte über einen »alten Freund« zum besten geben, da hält er inne und denkt an die Freundin, auf die er zählen konnte, als es darauf ankam – an Frenchy.

Zusammen mit *Mr. Smith* und *The Philadelphia Story* (Die Nacht vor der Hochzeit) machte *Destry* James Stewart endgültig zum Star, aber er meinte immer, der enorme Erfolg des Films sei in erster Linie Marlene zu verdanken. »Ich glaube, daß Marlene *Destry Rides Again* zum Hit gemacht hat«, sagte er später. »Nachdem wir eine Woche an dem Film gearbeitet hatten, habe ich mich in sie verliebt. Sie war schön, liebenswürdig, bezaubernd und kannte sich mit der Filmschauspielerei so gut aus wie kaum ein anderer. Dem Regisseur, dem Kameramann und der ganzen Besetzung ging es genau wie mir: Wir haben uns alle in sie verliebt.«

Natürlich sind das Showbusineß-Formulierungen, aber manche Leute waren dennoch davon beunruhigt. Erich Maria Remarque bekam einen solchen Schrecken, als er sah, wie der Funke zwischen Frenchy und Destry übersprang, daß er dem Schriftsteller Clifford Odets sein Leid klagte und ihn dringend davor warnte, »sich je in eine Schauspielerin zu verlieben«.

Doch damit sagte er Odets nichts Neues, denn dieser war mit der zweimaligen Oscar-Gewinnerin Luise Rainer verheiratet gewesen. Odets wußte auch, daß Remarque bei Universal als Mitglied von Marlenes »Verehrerzirkel« gehandelt wurde. Aber der deutsche Schriftsteller war nicht der einzige, den die erotischen Schwingungen auf dem Set eifersüchtig machte.

Inzwischen lebte Maria Sieber wieder in Hollywood. Sie war fünfzehn Jahre jung und fühlte sich sehr unbehaglich zwischen ihrem Vater, der seine Tamara hatte, und ihrer Mutter, die ihren »Verehrerzirkel« um sich scharte. Fünfzig Jahre später erzählte Maria allen, die es hören wollten, Marlene sei während der Dreharbeiten zu *Destry* von Stewart schwanger geworden, hätte ihn in einer Tanzbar mit dieser Tatsache konfrontiert, woraufhin der (unverheiratete) Schauspieler angeblich wortlos den Raum verließ und die (verheiratete) Schauspielerin das tat, was alle Frauen tun, die keine unerwarteten und bleibenden Erinnerungen an eine kurze Affäre wollen.

Ob diese Geschichte der Wahrheit entsprach oder auch nicht – man sieht an ihr den tiefen Groll eines übergewichtigen jungen Mädchens, das sich der Liebe ihrer Mutte (und anderer) so wenig gewiß war, daß sie über Jahrzehnte hinweg unter einer tiefen Verunsicherung litt. Maria hatte schon in jungen Jahren zuviel erlebt, und die Angst vor einem Geschwisterkind, einem weiteren Rivalen, war möglicherweise eine reine Projektion. Die Geschichte zeigt deutlich den Konflikt zwischen Mutter und Tochter, der sich noch weiter zuspitzen sollte.

Wenn sich Jimmy Stewart tatsächlich in Marlene verliebt hatte, so standen ihm die Kritiker in diesem Punkt in nichts nach. »Yippee-e-e-e!« jubelte Erskine Johnson einleitend in seiner Rezension und urteilte: »Nach zweijähriger Abwesenheit kehrt Marlene Dietrich auf die Leinwand zurück, wo sie wieder als einer der größten Filmstars aller Zeiten gefeiert wird.« In derselben Zeitung erschien sogar noch eine zweite Kritik, so begeistert war man: »Leute, hier haben wir den tollsten Über-Western, der seit langem die Leinwand erschüttert hat ... Hier wird uns eine Dietrich präsentiert, die hinter der Maske der Schönheit schon immer existiert hat und nun endlich mit der Explosivität eines Silvesterkrachers zum Vorschein kommt.«

Frank S. Nugent von der *New York Times* stellte fest, der Film habe »Marlene Dietrich von ihrem hohen Roß heruntergeholt und sie in einer Pferdeoper abgeladen ... Sie ist hart und abgebrüht und angemalt in allen Farben des Regenbogens.« Beiläufig bemerkte er: »Auch Mr. Stewart ist okay.«

Unabsichtlich gab Nugent den Anstoß zu einer kleinen Screw-ball-Komödie mit der Zensurbehörde. Er beschrieb Marlenes »tiefe Whisky-Stimme« und fuhr fort: »Sie beschummelt beim Poker ganz unverfroren einen ahnungslosen Anfänger, läßt den Gewinn in ihr Dekolleté gleiten und zuckt nicht mit der Wimper, als ein Cowboy vor sich hin murmelt: ›In den Hügeln dort steckt Gold.‹ (Und wo der Zensor steckte, als dieser Spruch fiel, das werden wir nie erfahren, und wir legen auch keinen Wert darauf).«

Wo immer die Zensurbeamten gewesen sein mochten, als die Genehmigung erteilt wurde – nachdem sie Nugents Artikel gelesen hatten, verlangten sie, Universal solle den anstößigen Satz streichen, obwohl der Film bereits mit riesigem Erfolg in den Kinos von East Hampton bis West Covina lief. Universal gab tatsächlich nach. Dadurch hatte Nugent eine zweite Gelegenheit – diesmal in der *Sunday Times* –, über den »flotten, lustigen Streifen« zu schwärmen, der »Miss Dietrich offensichtlich aus ihrer langen Sternberg-Trance wachgerüttelt hat«. Gleichzeitig konnte er auf diese Weise auch der Zensurbehörde noch einmal eins auswischen. »Wir hätten es besser wissen müssen«, schrieb er. »Es hätte uns klar sein müssen, daß man einen Zensoren nicht dafür beglückwünschen darf, daß er eine witzige, wenn auch anzügliche Bemerkung oder Szene durchgehen läßt.« Wie dem auch sei – »Dietrichs Rückkehr ins Land der Lebenden ist das Ereignis, das wir jetzt vor allem feiern.«

Am wichtigsten war natürlich die Besprechung in *Variety*, in der festgestellt wurde, daß *Destry* »mehr fertigbringt, als nur die Dietrich wieder in die obersten Ränge Hollywoods zu katapultieren. Sie erweist sich als eine Schauspielerin mit großem komischen Talent und viel Sinn für Charakterdarstellung. Ihre Leistung als hartgesottene Kneipen-Entertainerin dient dem Film sozusagen als Sprungbrett, von dem er sich weit über den normalen Western erhebt und zu einem erstklassigen Meisterwerk wird.«

Auf mehr als eine Weise hatte Marlene den Weg nach Hause gefunden. Mit ein paar gezielten schauspielerischen Kunststücken hatte sie sich erneut als eine der großen Leinwandpersönlichkeiten bestätigt. Jetzt mußte sie ihrer neubelebten Karriere gerecht werden und Frenchy auch wieder vergessen machen, die sie sonst verfolgen würde wie einst Lola Lola.

Im Showgeschäft gibt es keinen Stillstand. Ein Phönix baut sich kein Nest, er fliegt weiter.

Die bekannteste Hollywood-Maxime lautet »Du bist nur so gut wie dein letzter Film«, aber richtiger müßte es heißen: »Du bist nur so gut wie dein nächstes Geschäft.« In beiden Punkten war Marlene mustergültig.

Von Jo Sternberg hatte sie zu Joe Pasternak gewechselt, und obwohl man darüber streiten kann, ob man Filme wie *Destry Rides Again* in den Bereich der »Kunst« gehören – sein Erfolg als hervorragende Unterhaltung war nicht wegzudiskutieren. *Destry* gefiel allen, nicht zuletzt den Kinobesitzern, die feststellen mußten, daß sich ihr »Gift« plötzlich in ein Aphrodisiakum verwandelt hatte. Nun begannen auch Warner und Columbia, die ihre Verträge mit Marlene zurückgezogen hatten, ihre verstaubten Drehbücher aus den Regalen zu holen: aber Universal, die Marlenes Karriere wieder auf die Beine geholfen hatte, besaß dadurch einen gewissen moralischen Anspruch auf ihre Dienste – und hatte dank Pasternak und Charlie Feldman dafür auch ihre Unterschrift.

Marlene unterschrieb einen Vertrag für zwei weitere Filme mit Pasternak und widmete sich unterdessen in aller Stille der Flüchtlingshilfe, als wäre sie nie arbeitslos gewesen oder gar ein Gift für irgend etwas oder irgend jemanden. Jetzt spielte sie das Hollywood-Spiel wesentlich weniger distanziert als in den Anfängen bei Paramount; bei Universal herrschte auch ein grundlegend anderer Ton.

Diesmal ließ sie sich beispielsweise mit den schmerzenden Füßen in einem Bottich Eiswasser photographieren, während sie zum erstenmal als Amerikanerin auf dem Set von *Destry* ihre Wahlstimme abgab. Sie amüsierte sich großartig als Kapitän einer Baseball-Mannschaft namens

»The Leading Men«, die ein Wohltätigkeitsspiel gegen »The Comedians« veranstaltete (deren Kapitän übrigens Paulette Goddard hieß). Es gibt einen Schnappschuß von ihr mit Baseball-Mütze, wie sie gerade einen Homerun schlägt. Natürlich war das alles ein wenig albern, aber es war gut für das Mount Sinai Hospital und für Marlenes Image.

Sogar das Finanzamt kam zu dem Schluß, Marlene sei in Ordnung und man habe übereilt gehandelt. Sie bekam alle Juwelen zurück, die auf der »Normandie« konfisziert worden waren, und dazu noch 23 000 Dollar, die sie zuviel bezahlt hatte – Demokratie in Aktion.

In Hitlers Deutschland blieb Marlene natürlich weiterhin »Gift«: Erst 1960 bekam man *Destry* in Marlenes Heimat zu sehen. Hitler sah sich jetzt in Berchtesgaden Filme von Panzern an, die durch Polen, Belgien, Holland rollten und schließlich nach Frankreich kamen und Paris besetzten. Der »Waffenstillstand« mit Frankreich im Juni 1940 zerstörte alle Hoffnungen auf ein rasches Ende des faschistischen Vormarschs in Europa. Die Befürchtungen von Hollywoods Bossen waren eingetroffen: Der europäische Absatzmarkt für amerikanische Filme war weitgehend zerstört. Damit endete auch die Karriere von Greta Garbo, die immer von den ausländischen Einspielergebnissen abhängig gewesen war. Im Gegensatz zu Marlene hätte die Garbo keine »Frenchy« spielen können. Vielleicht brauchte sie das auch gar nicht. Sie war eine äußerst wohlhabende Pensionärin.

Maria und Rudi waren beide sicher in Amerika; Rudi hatte einen Job bei Universal, den Marlenes neuer Vertrag garantierte. Doch Maria, die inzwischen sechzehn Jahre alt war, lebte weder bei ihrer Mutter noch bei ihrem Vater, sondern bei der ehemaligen Sekretärin der kurzgeschorenen kanadischen Millionärin Jo Carstairs. Violla Rubber war jetzt Marlenes Sekretärin und eine recht seltsame Wahl als Aufsichtsperson für einen Teenager. Andererseits war Maria nie ein »normales junges Mädchen« gewesen und würde es aller Voraussicht nach auch nicht werden.

Marlene, die als berufstätige Mutter ihr Baby »Heidede« mit zu ihrem Boxtrainer geschleppt hatte, damit er ihr die Beine begradigte, wollte ihre Tochter nicht den Erniedrigungen durch Hollywood aussetzen. Die Boulevardblätter warfen Marlene vor, sie »verstecke« Maria, und versuchten, die übergewichtige Tochter einer immer schlanker und glamouröser werdenden Mutter vor die Kamera zu bekommen. Zwar

303

hatte Marlene Marias Szenen aus einem Selznick-Film entfernt, aber gegen die Paparazzi war auch sie machtlos.

Sie war immer davon ausgegangen, daß Maria Schauspielerin würde, hatte sie sogar dazu ermuntert, und sie kannte den Wert von Disziplin besser als die meisten anderen Menschen.

Für Maria war es gut, daß Max Reinhardt nach Hollywood kam – für ihn selbst weniger. Der große Theatermann wurde das Opfer der Vertreibung aus Kultur und Sprachraum (und das Opfer von Jack Warner, der Reinhardts Vertrag über fünf Filme einfach zerriß, als *A Midsummer Night's Dream* [Ein Sommernachtstraum] trotz der Besetzung mit James Cagney, Mickey Rooney und Olivia de Havilland ein Mißerfolg wurde). Reinhardt wurde bewundert, gelobt – und gemieden. Dennoch eröffnete er auf dem Sunset Boulevard ein Pendant seiner Berliner Schauspielschule, und als Reinhardt-Schülerin konnte aus Maria eine *echte* Reinhardt-Schauspielerin werden, die mit dem »Zauberer« persönlich arbeitete, was Marlene nie vergönnt gewesen war. Vielleicht war sie für immer dazu verurteilt, »Marlene Dietrichs Tochter« zu sein, doch Marlene gab sich alle Mühe zu vermeiden, daß Parallelen gezogen wurde, und ließ zu, daß Maria Sieber versuchte, sich selbst zu finden, indem sie »Maria Manton« wurde.

Marlenes erster Phönix-Flug nach *Destry* nannte sich *Seven Sinners* (Das Haus der Sieben Sünden), eine weitere Pasternak-Komödie, in der sie den Mann ihrer Träume wieder nicht bekam. (Seit *Morocco* hatte sie den nicht einmal in der Hälfte ihrer Filme bekommen.) Für *Seven Sinners* wurden einige Erfolgsrezepte aus *Destry* übernommen, unter anderem auch Songs von Hollaender und Loessner, mit dem langen, dünnen Mischa Auer und dem kleinen, dicken Billy Gilbert als komische Beigabe. Marlene sollte ihre Keilerei mit Una Merkel in Bottleneck und auch ihren Mordversuch an Jimmy Stewart wiederholen. (»Nennen Sie *mich* nicht Lady!« hätte gut der Filmtitel sein können). Eine Barschlägerei (im »Blue *Devil* Café«) war als Eröffnungsszene geplant, die vor dem Titelvorspann ablief (was damals eine große Neuerung darstellte), und als Finale gab es sogar eine noch deftigere Prügelei.

Möglicherweise kam man bei Warner deshalb auf die Idee, Tony Garnett als Regisseur zu engagieren, weil man mit dem Gedanken gespielt hatte, Marlene beim Remake seines 1932 entstandenen Hochsee-Melodrams *One Way Passage* mitwirken zu lassen. Jetzt war Marlenes Image zwar komödiantisch und nicht mehr melodramatisch, aber Pasternak grub noch ein paar ungarische »Quellen« aus, verlegte die Handlung in die Südsee und stellte Garnett ein.

Garnett war bekannt durch Filme, die im oder am Wasser spielten, wie *Trade Winds* und *China Sea* (Die chinesische See) mit Clark Gable und Jean Harlow. *Seven Sinners* war eigentlich kein Meeres-Film, aber Schiffe spielten eine wichtige Rolle, und diese Schiffe verkörperten die amerikanische Flotte, und die amerikanische Flotte wollte Marlene groß herausbringen.

Hauptsächlich spielt *Seven Sinners* auf der Insel Boni-Komba (Boni war Marlenes Kosename für Remarque), nicht weit von den Ufern, an denen noch vor kurzer Zeit eine gewisse Miss Sadie Thompson herumgetollt hatte. »Seven Sinners« ist (wie »Der Blaue Engel«) ein Nachtclub, in dem eine talentierte Chanteuse auftritt – diesmal eine Aufwieglerin, die für die pazifische Flotte eine Bedrohung darstellt. (»Die Navy hat schon genug Feinde«, bemerkt ein Spaßverderber.) »Bijou Blanche« nennt sich die blonde Verführerin, und in einem nostalgischen Moment gesteht sie, in Marseille eine Klosterschule besucht zu haben, bevor sie unglücklicherweise einem hinreißenden jungen Offizier aus Saigon über den Weg lief. Nach dieser *Crise du coeur* geht sie nun unerschrocken und frohgemut (ausgerüstet mit den guten Ratschlägen der Nonnen) ihrer Arbeit nach, unterhält ihr männliches Publikum und stiftet Chaos, wohin sie auch kommt. Schon beim ersten Takt eines erotisch angehauchten Songs weisen sie sämtliche Inselgouverneure aus, und als der Film beginnt, gibt es schon fast keine Insel mehr, auf der sie sich aufhalten kann. Doch Boni-Komba hat einen neuen Gouverneur, der ihre Geschichte noch nicht kennt, und außerdem gibt es in den »Seven Sinners« genügend Männer, vor denen sie singen kann.

Pasternak sah in *Seven Sinners* weniger »Sadie Thompson« als die Bearbeitung einer Puccini-Oper, die er immer »Arme Butterfly« nannte. Garnett war ein bodenständiger Mann, der mit Bildung nicht viel am Hut hatte, aber er fand, die »Arme Butterfly« sei eine gute Analogie. Pasternak wußte, daß man für den Darsteller des Lieutenant Pinkerton Marlenes Einwilligung brauchte, und beauftragte Garnett, einen »großen, robusten männlichen Typen mit kräftigen Fäusten plus Sex-Appeal« zu suchen. »Das wird bestimmt nicht einfach werden«, warnte

Filmplakat zu »Das Haus der sieben Sünden« von 1940. Der Unterhaltungsfilm ist der beschwingteste Film, den Marlene je gedreht hat.
(Foto: Cinetext Bild & Textarchiv, Frankfurt a. M.)

er noch, aber Garnett hatte, wie er in seinen Memoiren schreibt, sofort »eine Idee«.

Zunächst einmal traf er sich in der Kantine von Universal mit Marlene zum Essen. Garantiert würde auch John Wayne dort sein, irgendwo in der Tür lehnend, wo seine kräftigen Fäuste und sein Sex-Appeal nicht zu übersehen waren.

»Die Dietrich schwebte anmutig an Wayne vorbei, als wäre er Luft«, berichtete Garnett, »dann hielt sie plötzlich inne, machte eine halbe Drehung und musterte Wayne von der Schmalzlocke bis zu den Cowboystiefeln. Als sie weiterging, sagte sie zu mir in ihrem charakteristischen, heiseren Flüsterton: ›Daddy, *den* kauf mir.‹«

Mag sein, daß es wirklich so war. Andererseits demonstrierte Marlene vielleicht nur das Verschmelzen von Schauspielerin und Karriere, denn ihr Spruch stammt aus Somerset Maughams Stück *The Circle* (Der Kreis), in dem sie etwa zwanzig Jahre zuvor mit Elisabeth Bergner aufgetreten war. Nun hatte Marlene ihre Karriere aber nicht nur Pasternak anvertraut, sondern auch Charlie Feldman, der gerade eine neue Strategie erfunden hatte: das »Paket«. Feldman vertrat auch Tyrone Power, der eigentlich als Marlenes Partner in *Seven Sinners* vorgesehen war; doch Darryl Zanuck sah keinen Grund, weshalb sich der zugkräftigste Star der Twentieth Century Fox mit dem zweiten Platz auf dem Plakat bei Universal zufriedengeben sollte. Zum Glück gehörte auch der emporstrebende junge John Wayne (der noch bei der verstaubten Republic unter Vertrag stand), in Feldmans Grabbelsack, und schon hatte man ein »Paket« mit der Aufschrift:

»MARLENE DIETRICH in SEVEN SINNERS«

und für alle, die gute Augen hatten, stand darunter in unauffälliger Schrift zu lesen:

»mit John Wayne«.

Also bekam Wayne die Rolle des Lieutenant, den die »arme Butterfly« lieber an die Tochter des Gouverneurs abtritt, als seine Karriere zu ruinieren. (Er stammt allem Anschein nach von einer langen Reihe blaublütiger Admirale aus Texas ab.) Bevor sie sich zu dieser edlen Tat durchringt, singt sie »I Can't Give You Anything But Love, Baby« und zwei weitere neue Songs von Hollaender und Loessner. Bei der Darbietung des einen (»The Man's in the Navy«) trägt sie eine weiße Seemannsuniform, beim anderen (»I've Been in Love Before«) einen Feder-Kopfschmuck und ein

Outfit mit Goldpailletten, die auf nicht besonders viel Stoff verteilt sind – das erste der Gewänder, die sie immer als ihre »nackten Kleider« bezeichnete. Ein weiterer Song »I Fall Overboard« wurde vor der Premiere herausgeschnitten, wird im Nachspann aber noch erwähnt. Schließlich reichten drei Gesangsnummern für eine ganze Menge »Sünder«. Sie paßten auch gut zu der Musik, die Marlene und John Wayne hinter der Leinwand veranstalteten – und die war nicht von Puccini.

In den Biographien von John Wayne steht, er sei von Marlene fasziniert gewesen. Sie war nicht nur bereit, mit ihm jagen, fischen und trinken zu gehen, sondern versuchte außerdem, ihn in die verlockende Welt der Bücher einzuführen. Leider ohne viel Erfolg, und Marlene bemerkte später: »Wayne war nicht besonders gescheit oder gar aufregend und brillant, aber er war nicht übel.« Und das änderte sich auch nicht in den beiden Filmen, die er nach *Seven Sinners* noch mit Marlene drehte.

Der Showbusineß-Chronist Maurice Zolotow kam auf die interessante Idee, Marlene hielte Wayne für »ein Tier voller Ehrgefühl und Würde«. Was immer das hinter der Leinwand bedeutet haben mag, im Film jedenfalls brauchte sie seine Ledernacken-Männlichkeit als Hintergrund, gegen den sich ihr Glamour besonders vorteilhaft abhob. Ihre tiefen Blicke hatten bei ihm fast die gleiche Wirkung wie bei Stewart in *Destry* und bei Cooper in *Morocco* und *Desire*. Daß sie ihn am Ende von *Seven Sinners* aufgab, machte *ihm* zu schaffen, nicht ihr; sie konnte gut ohne ihn leben.

Marlenes Südseeabenteuer hatten keinen höheren Anspruch, als zu unterhalten, und so wurde daraus der beschwingteste, entspannteste Film, den sie je gedreht hat. Nie war ihr Glamour so greifbar, nie ihre Selbstparodie so locker. Bijou Blanche ist menschlich genug, um sentimental zu sein, und intelligent genug, ihre Gefühle auch ironisch betrachten zu können. Das Schicksal führt Wayne und Bijou Blanche zusammen, aber als es vorbei ist, ist es vorbei.

Auch den Kritikern gefiel der Film. In der *New York Times* schrieb Bosley Crowther, der Film sei ein »lautstarkes, handfestes Vergnügen« und Marlene eine »subtile Parodie auf alle Sadie Thompsons und Singapore Sals, die je das Blut ihrer kühlen Kunden in Wallung gebracht haben«. William Boehnel, ein kluger, oft kritischer Dietrich-Beobachter, fand sie »hinreißend und amüsant … eine wirklich begabte Schauspielerin, die endlich zu sich selbst gefunden zu haben scheint«.

Joe Pasternak war mit Sicherheit ein Opportunist, aber einer von der guten Sorte. Aus der Niederlage Frankreichs ließ sich Kapital schlagen, denn der größte französische Regisseur, René Clair, war unterwegs nach Hollywood, auf der Flucht vor den Nazis, die Paris besetzt hatten. Der Ruhm, der ihm vorauseilte, basierte auf Werken wie *The Ghost Goes West* (Ein Gespenst geht nach Amerika) und den frühen französischen Filmen wie *Le Million* (Die Million) und *A nous la Liberté* (Es lebe die Freiheit). Seltsamerweise wollte Clair unbedingt einen Film mit W. C. Fields und Deanna Durbin drehen, aber Pasternak schlug ihm statt dessen Marlene vor und hatte auch gleich ein Skript von Norman Krasna zur Hand: *The Flame of New Orleans* (Die Abenteuerin).

Als eleganter Phantast war Clair ein ungewöhnlicher Nachfolger von so pragmatischen, zugkräftigen Regisseuren wie George Marshall und Tony Garnett. Doch Marlene *wollte* Clair. Ihr ganzes Leben lang sollte sie Frankreich und die Franzosen lieben; und entsprechend schockiert und entsetzt war sie, als die Nazis Paris besetzten – jene Stadt, in welcher der Arc de Triomphe stand, den sie (dank Remarque) als »meinen Triumphbogen« bezeichnete. Erst kurze Zeit zuvor war die Comédie Française an Marlene herangetreten, um ihr in dem ersten von der Comédie produzierten Kinofilm die Hauptrolle anzubieten. Jetzt war das Projekt wegen der Nazis natürlich erst einmal abgeblasen, genau wie Marlenes andere französischen Filme.

Von René Clair und Norman Krasna, die bei diesem Skript eng zusammengearbeitet hatten, kamen recht unterschiedliche Erklärungen, was schiefgegangen war. Clair beharrte darauf, daß ihm »nichts aufgezwungen wurde. Norman und ich hatten völlige Freiheit.«

Doch Krasna, der Clair für »absolut brillant« und ihr gemeinsames Skript für »perfekt« hielt (die vier anderen Autoren, die außerdem noch an dem Drehbuch beteiligt waren, erwähnte er nicht), schob alle Schuld auf die Zensurbehörde, die wegen der »Sexthemen« wieder einmal Zustände bekam. Nachdem das Hays Office den Film für »schmutzig« befunden hatte, gab es ihn einfach nicht frei. Nach Krasnas Version ließ Universal daraufhin die beiden mittleren Akte weg, damit der Film nicht auf den Regalen verstaubte.

Man kann sich nicht so recht vorstellen, wie diese beiden Rollen den Film hätten retten können, denn die Fehlbesetzungen waren von Anfang an eklatant. Die größte von allen war René Clair selbst: Er zweifelte hartnäckig daran, ob Marlene wirklich seinen Vorstellungen entsprach (schließlich hatte er eigentlich W. C. Fields und Deanna Durbin gewollt). Und Marlene fand ihn kalt und tyrannisch, obwohl sie ganz Los Angeles nach französischem Brot und französischem Kaffee abgeklappert hatte, damit er sich zu Hause fühlen sollte. Ihrer Meinung nach war Clair »alles andere als freundlich«, und sie ärgerte sich darüber, wie er die Crew behandelte (die ihn haßte). Von seiten einer Schauspielerin, die bei Sternberg in die Schule gegangen war, mutet diese Beschwerde etwas seltsam an. Aber möglicherweise hielt sich Clair für zu gut dafür, bei einem Dietrich-Vehikel Regie zu führen, und Marlene war sowieso schon wütend, weil sie Bruce Cabot als Schiffskapitän akzeptieren mußte.

Sie fand Cabot »dumm« (damals versuchte sie noch immer, John Wayne für die Welt der Literatur zu gewinnen) und behauptete, sie hätte für ihn Schauspielstunden bezahlen müssen, damit er sich seinen Text merkte. Sogar Clair gab zu, daß Cabot ein Mißgriff (»ihm fehlte jede Subtilität«) und er selbst daran schuld war.

Krasna hatte an *allem* etwas auszusetzen. »Marlene Dietrich war nicht die Richtige für diesen Film« (er hatte ihn speziell für sie geschrieben). »Ich sagte zu Clair: ›Wenn Sie schon ein unbewegliches Gesicht nehmen [das von Marlene], dann versuchen Sie doch wenigstens, jemanden wie Cary Grant als Partner zu bekommen. Sonst kriegen Sie nicht einmal sprechende Köpfe, sondern bloß Köpfe, die gucken.‹ Statt dessen holte man Bruce Cabot – so weit weg von Cary Grant wie nur möglich … Er bewegt sich nicht; sie bewegt sich nicht. Aber es gibt auf der ganzen Welt nur einen einzigen Menschen, der sich noch weniger bewegt als die beiden. Für die dritte Hauptrolle schlug ich vor: ›Holt euch Menjou.‹ Und sie holten sich Roland Young – bei dem konnte man nicht mal erkennen, ob er seine Lippen bewegte. Er, Cabot und Dietrich – drei Leute, die sich nicht bewegten!«

In Wirklichkeit war *The Flame of New Orleans* nicht ganz so schlecht, wie die Kritiker ihn machten; er besaß Charme und Humor, und man kann sich heute kaum vorstellen, daß ein so elegantes Produkt von Universal kommen konnte. Aber der Film war irrelevant, er spielte einfach keine Rolle, und die Erwartungen waren viel zu hochgesteckt gewesen.

Sofort trat Charlie Feldman in Aktion, holte Marlene von Joe Pasternak weg und beförderte sie zu Warner Brothers, damit sie ihren bereits zwei Jahre alten Burbank-Vertrag erfüllen konnte. Es sollte eine *ganz* andere Arbeit sein, mit einem *ganz* anderen Regisseur, aber mit einem Hauptdarsteller, der nicht erkennbar weniger hölzern war als Bruce Cabot.

George Raft hat seinen Platz in der Filmgeschichte weniger wegen der Rollen, die er spielte, als wegen jener, die er ablehnte, und man wünscht sich, er hätte auch die in *Manpower* (Herzen in Flammen) nicht übernommen. Raft hat sowohl *The Maltese Falcon* (Der Malteser Falke) wie auch *High Sierra* als seiner unwürdig befunden, also jene beiden Filme, die Bogart endgültig zum Star machten. Auch *Manpower* hätte er nach eigener Aussage abgelehnt, wäre da nicht Marlene gewesen. Schon seit er als Teil von Mae Wests Gepäck bei der Paramount eingetroffen war, hatte Marlene ihn fasziniert. Mit Mae hatte man Spaß, fand er, aber Marlene war »die eleganteste Frau, die je gelebt hat«. Sehnsüchtig hatte er sie aus der Ferne angehimmelt, und er erinnerte sich später noch deutlich, wie er einmal zu Gary Cooper sagte: »O Gott, ist sie nicht wundervoll? O Gott, nur ein einziges Mal! Ich würde mein ganzes Jahresgehalt geben für eine Nacht mit ihr.«

Marlene fand ihn ganz in Ordnung (jedenfalls im Vergleich zu Bruce Cabot), und Rafts Biographen zufolge bekam er mehr als eine Nacht, denn Marlene zog mit ihm in den Coldwater Canyon und ließ John Wayne allein über der Literatur brüten und Erich Maria Remarque allein die Seiten vollschreiben. Leider sollte sich die idyllische Atmosphäre des Coldwater Canyon nicht auf Burbank oder den Drehort übertragen.

Manpower handelt von zwei Männern, die in einer Kolonne Hochspannungsleitungen reparieren. Täglich führen sie den Kampf gegen die Naturgewalten und gegeneinander, denn sie ringen beide um die Gunst der Barsängerin Fay Duval, die schon einmal »gesessen hat«. Bei Warner Brothers war man der Meinung, der Film brauche mehr Spannung als Marlene und Raft auf den Plakaten, deshalb bekam sie die höchste Gage (100000 Dollar), während man Edward G. Robinson ganz oben auf die Darstellerliste setzte und ihn dafür mit weniger Geld abspeiste (85000 Dollar). Zum erstenmal seit *Morocco* wurde Marlenes Name nicht an erster Stelle genannt, aber es schien ihr nichts auszumachen, solange man sie angemessen bezahlte, Raoul Walsh Regie führte und Hollaender und Loessner ihre Songs schrieben. Doch Raft, der an dritter

Stelle genannt wurde, kochte eine Weile vor sich hin und explodierte schließlich.

Erstaunlicherweise bekam *Manpower* positive Besprechungen, als der Film am 4. Juli landesweit anlief und auch gute Erfolge an den Kassen zu verbuchen hatte. Vielleicht amüsierten sich die Kritiker einfach – wie zum Beispiel der Rezensent vom *New Yorker*, der Marlene als »tragische Figur« ansah – »ein Typ, der den ganzen öffentlichen Versorgungsbetrieb durcheinanderbringt«. *Variety* fand Marlenes Darstellung »beinahe perfekt«, und dem Kritiker gefiel vor allem die »rasante Action und die pikanten Dialoge«. *Life* brachte die Schlagzeile »Dietrich bringt Störungssucher in Schwierigkeiten« und erklärte *Manpower* zum »Film der Woche«. Doch Howard Barnes von der *Herald Tribune* traf den Nagel auf den Kopf: »Das Problem bei *Manpower* ist sein wirklich schlechtes Drehbuch ... Robinson, Raft und Dietrich sind keine Neulinge, wenn es darum geht, konventionelle Szenen in den Griff zu bekommen und sie mit Vitalität zu erfüllen, aber gegen das alberne Geschwätz von *Manpower* sind selbst sie machtlos.«

An Marlenes Darstellung jedoch war nichts Albernes; sie war genauso vulgär, wie es dem Drehbuch entsprach, und sie war das Zentrum des ganzen Films – aber dazu hätte man nicht ausgerechnet Marlene gebraucht. (Ann Sheridan zum Beispiel, die damals bei Warner unter Vertrag stand, wäre für die Rolle eine Idealbesetzung gewesen.) Im Grunde war es zynisch, von der Dietrich, die gerade von ihrem hohen Roß gestiegen war, zu verlangen, daß sie jetzt in der »Gosse bleiben« wollte. Eine Frau, die nach Chicago fliehen will, weil sie mit den ganzen Verwicklungen nichts zu tun haben möchte, weiß doch genau, daß sie in den falschen Film geraten ist.

Zum Glück machte sich Charlie Feldman umgehend auf die Suche nach einer passenderen Rolle für Marlene – einer, die sie noch nie auf der Leinwand verkörpert hatte, obwohl es sich um die Essenz ihres Images handelte. Sie sollte einen *Star* spielen! Ihr Agent sorgte auch für einen neuen Produzenten: Charlie Feldman.

Columbias altes Capra/Marlene/George-Sand-Projekt verwandelte sich in eine »Charles K. Feldman Group Production« mit dem Titel *The Lady is Willing* (Die Lady ist geneigt). Die männliche Hauptrolle übernahm der Feldman-Klient Fred MacMurray, Regie führte der Feldman-

Klient Mitchell Leisen. Doch »Paket«-Produzenten produzieren Pakete und keine Filme, und so wurde aus *The Lady is Willing* lediglich ein Sammelsurium von Feldman-Klienten, die sich an einer Screwball-Komödie versuchten. Und dieser Screwball-Komödie ging überdies noch der geistreiche Dialog ab, der für das Genre (das ohnehin inzwischen schon überholt war) so lebenswichtig ist. Marlene war wieder einmal hyperelegant (mit Hüten von John-Frederics), und alles lief auf den alten Glamour hinaus, den sie längst im Schlaf verkörpern konnte. Es war keine Herausforderung für sie, den Snob zu spielen (all diese Hüte!), aber wenigstens war es auch nicht entwürdigend ... wie *Manpower*!

Der Musical-Star vom Broadway, Elizabeth (»Nenn mich Liza«) Madden, die eine Menge Geld für ihre Kopfbedeckungen ausgibt, findet eines Tages ein ausgesetzes Baby, das sie in einem Anfall mütterlicher Gefühle behält. Erstaunlicherweise benötigt sie die Hilfe eines Kinderarztes (MacMurray) um zu erfahren, daß das Kind ein Junge ist (die Zensur läßt grüßen!), aber sie benötigt MacMurray auch, damit er sie – nur auf dem Papier – heiratet, denn sonst kann sie das Findelkind nicht offiziell adoptieren. Zwar möchte MacMurray lieber ein Heilmittel gegen Lungenentzündung finden (er forscht mit Kaninchen), aber er ist von Marlene eingeschüchtert – vielleicht wegen ihrer Hüte. Auch er mag das Baby (dargestellt von den Zwillingen David und James »X«), das zudem noch krank wird. Zum Glück kann MacMurray eine Notoperation durchführen, die den Knaben rettet und damit verhindert, daß Marlenes großes Show-Finale in einem Tränenausbruch auf offener Bühne endet. Das Baby ist wieder in Ordnung, Miss Madden bekommt den Doktor, und der Doktor muß verrückterweise am Ende von Miss Maddens großer Show vor den Vorhang treten und den tosenden Beifall entgegennehmen.

Im August 1941 begannen die Dreharbeiten zu *The Lady is Willing*, und Marlene fragte sich bald, warum Fred MacMurray sich nicht in sie verliebte. Leisen predigte: »Hören Sie zu, Marlene, Fred liebt seine Frau Lilly so sehr, daß ihm andere Frauen vollkommen gleichgültig sind. Machen Sie einfach Ihre Arbeit.« Also wandte Marlene ihre Aufmerksamkeit dem Baby zu und sorgte wieder einmal für Schlagzeilen. Als sie nämlich mit dem Baby auf dem Arm über ein Spielzeug-Feuerwehrauto stolperte, drehte sie sich so geschickt, daß dem Kind nichts zustieß, sie selbst sich aber den Knöchel brach. Sie bekam einen Gips und einen

Artikel in *Life*, denn Columbia überließ der Zeitschrift das gesamte Filmmaterial des Unfalls. Schließlich standen die Kameras ja nicht still, als es passierte.

Den Rest der Dreharbeiten überstand Marlene mit ihrem Gipsverband oder einer Knöchelstütze, die mit weißer Seide oder Fuchspelz drapiert wurde, wenn das Publikum ihr in dieser (wie der Filmhistoriker Charles Silver meint) »gräßlichsten Musikkomödie der gesamten Broadway-Geschichte« zu Füßen lag. Ihr großer Song trug passenderweise den Titel »Strange Thing (and I Find Love)«, war aber leider nicht vom gleichen Kaliber wie »Boys in the Back Room«. (Hollaender und Loessner waren nicht verfügbar, denn sie gehörten nicht zu Feldmans Klientel; man vermißte sie schmerzlich.) Tatsächlich ist dieser Song der schlechteste, der je für Marlene geschrieben wurde, und sie muß ihn auch noch zweimal zum besten geben (einmal im großen Finale). Dabei trägt sie ein silbernes Kostüm mit einer Art Fledermausflügeln, gekrönt von einem Hut, der aussieht, als hätte man das Woolworth-Building mit Glasperlen behängt. Ein paar hundert Tänzer und Tänzerinnen mit Geigen und Gitarren sind mit ihr auf der Bühne, aber leider schaffen auch sie es nicht, den Zuschauer von dem Song und dem Hut abzulenken.

Regisseur Leisen war jedoch ganz in seinem Element. Für ihn war Marlene »die faszinierendste Frau der Welt«, obwohl er sich selbst gar nicht so sehr für Frauen interessierte. Bevor Lubitsch ihn als Regisseur zur Paramount holte (wo er sich dann weigerte, bei *French Without Tears*, ebenfalls mit der »faszinierendsten Frau der Welt«, Regie zu führen), war er Kostüm- und Setdesigner für Cecil B. DeMille gewesen. Sein Gespür für Dekor und Kostüme verlor Leisen nie völlig, vielleicht auch, weil er Miteigentümer eines berühmten Kleidergeschäfts in Hollywood war. Zuvor hatte er gefällige Filmchen wie *Midnight* mit Claudette Colbert und *Hold Back the Dawn* (Das goldene Tor) mit Charles Boyer gedreht, beide nach Drehbüchern von Charles Brackett und Billy Wilder. Letzterer haßte Leisens Regiestil so sehr, daß er schließlich Paramount seine eigenen Regieambitionen antrug – bekanntlich mit durchschlagendem Erfolg.

Leisen konnte man bestenfalls als kompetent und elegant beschreiben. Er schaffte es immer, einen Film besser aussehen zu lassen, als er war, aber er hatte einfach keinen Sinn für sein Material. *The Lady is Willing* war ein unbedeutender Film, und die »dramatischen« Momente sind zugleich die lächerlichsten: Im Finale hat Marlene während der Darbietung von »Strange Thing« Tränen in den Augen, bis MacMurray, der eigentlich im Krankenhaus sein sollte, ihr aus dem Publikum signalisiert, daß das Baby überleben wird. Sogleich ist ihre Traurigkeit wie weggeblasen, und es gibt ein großes Finish mit »Strange Thing« und brausendem Schlußchor.

Mit Sicherheit schadete ein derartiger Ausrutscher Marlenes Karriere nicht mehr als Filme wie *Manpower*, aber ihre Rollen gerieten hier weniger zu Ereignissen als zu Notbehelfen. Die Kritiker rümpften die Nase lieber über nerzverbrämte Mutterliebe als über die nationale Energieversorgung in Kriegszeiten. Manche von ihnen fanden den Film »erfrischend, einfallsreich, ungeheuer spaßig«, bis er sich dann »in Banalitäten verliert«. Rätselhafterweise meinte *Variety*: »Miss Dietrich schwingt sich zu neuen Höhen als dramatische Schauspielerin auf«, aber Bosley Crowther nannte die Dinge beim Namen: »ziemlich geschmacklose Effekthascherei«.

Natürlich konnten die Rezensenten nicht wissen, daß Marlene den Film gemacht hatte, um einer alten Verpflichtung nachzukommen. Danach konnte Feldman, der inzwischen nicht nur ihr Agent, sondern auch ihr Produzent war, neue Verträge für sie aushandeln und ihre Zukunft finanziell absichern. Doch diese Zukunft änderte sich unwiderruflich durch die Schlagzeilen, die sechs Wochen vor der Premiere des Films verkündeten, daß die Japaner Pearl Harbor bombardiert hatten. Drei Tage später erklärte Hitler Amerika den Krieg.

Nun konnte Marlenes Zukunft nicht mehr in Hollywood liegen. Wie Millionen anderer Menschen zog auch sie in den Krieg.

14. Heimatfront

1942–1943

Während die Japaner Pearl Harbor bombardierten und Deutschland den USA den Krieg erklärte, war noch völlig ungewiß, welche Rolle – ob überhaupt eine – Marlene bei den Kriegsbemühungen der Alliierten spielen konnte. Bis vor kurzem war sie noch deutsche Staatsbürgerin gewesen; ihre Mutter und Schwester lebten in der feindlichen Hauptstadt, und zwei ihrer Cousins kämpften auf der falschen Seite: Hasso Felsing und Jolly Felsings ältester Sohn Randolf, der immer noch amerikanischer Staatsangehöriger war und bei Stalingrad ums Leben kommen sollte.

Der Gedanke an die Sicherheit ihrer Mutter wäre Grund genug gewesen, sich diskret vom Krieg fernzuhalten und eskapistische Unterhaltung zu produzieren, was viele in Hollywood auch taten (darunter ein künftiger Präsident der Vereinigten Staaten). Doch Marlenes Liebe zu Deutschland und ihr Haß auf das Dritte Reich zwangen sie, weniger pragmatisch vorzugehen und mehr zu wagen: Um jeden Preis wollte sie dazu beitragen, dem Krieg und dem Reich so bald wie möglich ein Ende zu bereiten.

Als die ersten Bomben auf Pearl Harbor fielen, gab es keine USO (*United Service Organization*) und auch keine *Hollywood Canteen*, die den Soldaten an der Front Unterhaltung, Ablenkung und ein Gefühl von Heimat boten. Marlenes Werdegang – ihre Auftritte in Kabaretts und Musicals, ihre Lehrjahre mit Wedekind, Shakespeare und Shaw, ganz zu schweigen von der Geige und der singenden Säge – war vom Publicity-Apparat derart effektiv aus ihrer Vergangenheit getilgt worden, daß nur wenige – und nicht einmal die Ex-Berliner in Hollywood – in ihr eine Live-Entertainerin sahen. Wie Niven Busch in *Time* bemerkte, war sie »der Inbegriff einer Filmschauspielerin« und – zumindest in den Augen der Öffentlichkeit – kein Mitglied irgendeiner *Truppe*, mochte diese nun musikalischer oder militärischer Natur sein.

Doch genau das war sie. Sie hatte sich vom Orchestergraben hochgearbeitet, und diese Energie und Tatkraft sollten sie auch jetzt nicht im Stich lassen. Am gleichen Tag, als Hitler Amerika den Krieg erklärte, wurde das *Hollywood Victory Committee* ins Leben gerufen, »um die Hilfe der Filmindustrie bei der Unterhaltung der Truppen und zur Unterstützung der Kriegsbemühungen zu gewinnen«. Clark Gable wurde zum Vorsitzenden der Filmschauspieler-Abteilung in dem eilig gegründeten Komitee ernannt, und die erste Versammlung fand am 22. Dezember statt – in dem gleichen Ballsaal des Beverly Wilshire Hotel, in dem Marlene ein Dutzend Jahre zuvor ihr aufsehenerregendes Hollywood-Debüt gegeben hatte. Diesmal kam sie, um den Verkauf von Kriegsanleihen zu organisieren. Am folgenden Tag machten Marlene, Judy Garland und andere im Radio Werbung für diese Anleihen. Knapp einen Monat später wurde Gables Ehefrau, Carole Lombard, das erste Kriegsopfer, das Hollywood zu beklagen hatte: Sie kam bei einem Flugzeugunglück ums Leben, als sie von einer Verkaufsaktion für Anleihen in ihrem Heimatstaat Indiana nach Hause flog. Plötzlich schien der Krieg sehr real.

Als Hollywood endlich mobil machte, ging alles sehr schnell; es war jedoch auch überfällig. Zwei Jahre lang war Hitler im Stechschritt quer durch Europa marschiert, nach Frankreich im Westen und in die Sowjetunion im Osten; in dieser Zeit hatten Hollywood und der Kongreß lediglich patriotische Reden geschwungen und den Isolationisten sowie den Ängsten der Magnaten, die Märkte und Mörder nicht verschrecken wollten, das Wort geredet.

Noch wenige Wochen vor Pearl Harbor hatte das Komitee für Unamerikanische Aktivitäten (HUAC) in Hollywood verbissen Überschreitungen des Neutralitätsakts untersucht und Personen (oder Studios) aufs Korn genommen, denen man vorwarf, sie würden »zum Krieg aufrufen« oder seien »verfrühte Antifaschisten« – ein Ausdruck, der im Mund von Senator Joseph McCarthy zu Gift werden sollte, als er später eben dieses Komitee in Verruf brachte.

Man hatte versucht, Filme zu unterbinden oder zu entschärfen, etwa Alfred Hitchcocks *Foreign Correspondent* (Mord), der mit Joël McCreas beschwörendem Blackout-Aufruf im Rundfunk endet: »In Europa sind die Lichter ausgegangen! Halte an deinen Lichtern fest, Amerika – das einzige Licht, das noch brennt in der Welt!«

Doch in Hollywood waren die Lichter ebenfalls erloschen. 1938 überprüfte das HUAC Shirley Temple, weil sie als mögliche kommunistische Agentin galt; Bette Davis und Miriam Hopkins wurde zur Last gelegt, zu einer *League of Women Shoppers* zu gehören (von der keine der beiden je gehört hatte); Chaplin wurde beinahe daran gehindert, *The Great Dictator* (Der große Diktator) zu drehen. Selbst *That Hamilton Woman* führte zu hitzigen Debatten im Kongreß, da hier ein Heathcliff- und ein ScarlettO'Hara-Verschnitt in einem Alexander-Korda-Kitsch über Lord Nelson, Lady Hamilton und Trafalgar das Land Amerika scheinbar in die Arme der Alliierten treiben wollten.

Gleichzeitig wimmelte es in jeder Verpflegungsstelle in Hollywood (und jedem Café am Broadway) vor Flüchtlingen, die mit dem Leben davongekommen waren, nur um als »feindliche Ausländer« eingestuft zu werden. Ohne die zähen Bemühungen des *European Film Fund* hätten nur wenige der geflüchteten Schriftsteller (die am meisten litten, weil sie am meisten auf die Sprache angewiesen waren) eine Arbeit bekommen. Die Autorenbungalows der MGM und der Warner Brothers dienten jetzt als ungeliebte Unterkünfte für Schriftsteller von Weltrang, die das Exil in der Anonymität Hollywoods mit Hilfe von 100 Dollar die Woche überlebten – kümmerliche Wohlfahrts- oder Vertragszahlungen. Die meisten Verträge für Exilanten wurden von Lubitsch und dem Agenten Paul Kohner unter Ausnutzung des allgemeinen schlechten Gewissens ausgehandelt, mit Unterstützung von Salka Viertel, William Dieterle, Walter Reisch, Billy Wilder, dem Produzenten Gottfried Reinhardt (Sohn von Max) und anderen.

Während Marlene bei den Warner Brothers *Manpower* (Herzen in Flammen) drehte, war der mittlerweile siebzigjährige Heinrich Mann auf dem gleichen Gelände anzutreffen – er hielt sich mit 125 Dollar pro Woche mühsam über Wasser, während seine Frau sich zu Tode trank und sein Bruder Thomas Hollywood überhaupt mied und es vorzog, seinen *Doktor Faustus* in Santa Monica zu schreiben.

Seit ihrer Parisreise im Jahr 1933, seit ihren ersten Kontakten mit den deutschen Flüchtlingen, über die Remarque in *Arc de Triomphe* schrieb, hatte Marlene sich unauffällig an privaten Hilfsaktionen für die Flüchtlinge beteiligt. Die kürzlich verstorbene Carole Lombard war eine Freundin aus Paramount-Zeiten gewesen; Marlene hatte die meisten der französischen und deutschen Exilanten in Europa gekannt, und viele der Fahrkarten, mit denen sie nach Amerika kamen, hatte Marlene bezahlt; doch nicht jeder dankte ihr dafür.

Einer von ihnen war Rudis Freund und Marias Patenonkel Rudolf Forster, der mit Lubitschs und Marlenes Hilfe in die Staaten emigriert war. In der Broadway-Produktion von Clare Booth Luces *Margin for Error* wurde Forster von (dem aus Wien geflohenen) Otto Preminger als Nazi-Diplomat engagiert. Konsterniert darüber, an welcher Stelle sein Name auf dem Programm genannt wurde, zog er von dannen; er hinterließ Preminger einen Zettel, auf dem es hieß: »Ich gehe nach Hause, um mich wieder Adolf anzuschließen.« Preminger sprang als Ersatz ein und begründete damit seine zweite Laufbahn als Darsteller von Nazis. In Berlin stand Forsters Name wieder an erster Stelle; die Mutter seines Patenkindes vergab ihm nie.

Während Remarque über die Finsternis schrieb, die sich über Europa gesenkt hatte, schloß sich seine jüngste Schwester Elfriede in München – der »Hauptstadt der Bewegung«, wie Hitler sie gerne nannte – der studentischen Widerstandsgruppe »Die Weiße Rose« (»verfrühten Antifaschisten«!) an. Elfriede ließ später verlauten, daß sie einen deutschen Sieg weder für unvermeidlich noch für wünschenswert halte, und wurde deshalb von einem Gericht zum Tode verurteilt.

Noch vor der Mobilmachung Amerikas verkaufte Marlene über das Radio und auch persönlich Kriegsanleihen. Viermal reiste sie durch das ganze Land, wurde zur besten Anleihenverkäuferin Hollywoods und verwies Rosalind Russell und Linda Darnell auf den zweiten und dritten Platz. Vom Finanzamt erhielt sie dafür eine Auszeichnung, überreicht vom kalifornischen Gouverneur Olson. Sie nahm an unter der Bedingung, daß auch er eine Kriegsanleihe erwerbe. Er tat, wie ihm geheißen.

Sie verkaufte Anleihen bei Großveranstaltungen, an Straßenecken und in Bars von der Ost- bis zur Westküste, während Rudi und Remarque als feindliche Ausländer in Kalifornien ab 20 Uhr einer Ausgangssperre unterlagen. In Nachtclubs setzte sie sich betrunkenen Spendern auf den Schoß und hinderte sie am Fortgehen, während Finanzinspekteure eine rund um die Uhr besetzte Informationsstelle der Banken anriefen, um sich zu vergewissern, daß die Schecks auch gedeckt waren. Als diese nächtlichen Unternehmungen Franklin Delano Roosevelt zu

Ohren kamen, beorderte er sie zu später Stunde ins Weiße Haus und erteilte ihr eine Lektion über Anstand. »Ich habe gehört, was Sie alles tun, um Kriegsanleihen zu verkaufen«, sagte der Präsident. »Wir sind Ihnen dafür sehr dankbar, aber ich verbiete Ihnen diese Art von Prostitutionstaktik. Von jetzt an werden Sie nicht mehr in Nachtclubs erscheinen. Das ist ein Befehl.« Nun tat sie, wie ihr geheißen.

Doch die Finanzbeamten, die Marlene begleiteten, während sie Anleihen verkaufte, teilten ihr mit, sie müsse (wieder einmal) Rechnungen und überfällige Steuern bezahlen. Charlie Feldman kümmerte sich weniger um Anstand als Roosevelt und schickte sie zurück in die Bar.

Im August stand sie wieder mit John Wayne und Randolph Scott vor der Kamera, und zwar in *Pittsburgh*, einer patriotischen Saga über Männer, Minen und ein Mädchen. *Pittsburgh* ist nicht nur der Ort, wo sich alles abspielt, sondern auch der Spitzname des von John Wayne gespielten Helden. Scott heißt »Cash« und Marlene »Countess«, bis sie zu »Hunky« wird. John Wayne sagt fortwährend: »Ich liebe dich, Baby, ich liebe dich«, aber seinen Beteuerungen zum Trotz ist ihm nicht zu trauen. Er spielt nämlich den Bösewicht; doch zum Schluß verwandelt er sich dank Marlenes Bemühungen in einen wahren Patrioten.

Sie trägt viel Ruß in dieser Geschichte, die von Frank Craven mit Berichten über das Leben in Pittsburgh begleitet wird – ebenso, wie er kurz zuvor als Spielleiter das Broadway-Publikum über *Our Town* (Unsere kleine Stadt) informiert hatte. *Our Town* (oder auch *Citizen Kane*) mag zwar als Vorbild für die Kommentierung des Films gedient haben, aber damit haben die Gemeinsamkeiten auch schon ein Ende. Marlene umgibt sich mit Kohle, Stahl und Industriemagnaten und überredet letztere, die Keilereien um ihre schöne Gestalt einzustellen, damit »Pittsburgh« und »Cash« (bei der Universal mochte man Symbolik) den Feind und nicht sich gegenseitig bekriegen. Marlene singt zwar nicht, aber der Film ist auch ohne sie laut genug; die düsteren Jahrzehnte werden mit den Hits von gestern und (aus unerklärlichen Gründen) mit endlosem Chorgesang von »Garden in the Rain« untermalt.

Die Kritiker erwiesen dem Streifen die ihm gebührende Ehre. »Derb und gänzlich synthetisch« befand die *New York Times*, und *The New Yorker* faßte den Film so zusammen: »Mittlerweile weiß man, daß ein Auftritt der Marlene Dietrich stets eine Rauferei heraufbeschwört.«

Pittsburgh war patriotisch, aber Filme wie diesen konnte jeder machen (und machte auch jeder). Früher waren seitenlange Berichte über Marlenes Flops verfaßt worden; jetzt hatten ihre Hits nur noch Wert als Programm-Füllsel. Früher hatte das Reich ihr seine Schätze zu Füßen gelegt; jetzt war sie nur noch das Glamour-Girl vom San Fernando Valley, wo Abbott und Costello als Könige über die Studios herrschten, umgeben von ihren Hofnarren, den einstigen Erpressern Boris Karloff und Bela Lugosi.

Und die Jüngste war sie auch nicht mehr.

Kurz nach Pearl Harbor war sie vierzig geworden. Hollywood und alle, die den Lauf der Zeit und dessen bedrohliche Auswirkungen auf die großen Filmstars verfolgten, hielten sie zwar für fünf, vielleicht auch nur für drei Jahre jünger; aber selbst dann war sie noch älter als Bette Davis, Katherine Hepburn, Joan Crawford, Paulette Goddard, Joan und Constance Bennett, Ginger Rogers und die im Ruhestand lebende Garbo. Es gab eine neue Generation von Lana Turners, Rita Hayworths, Hedy Lamarrs, Betty Grables und Gene Tierneys, die in den Startlöchern saßen, um mit ihrer Frische und Reizen Marlene den Rang abzulaufen. Ein Film wie *Morocco*, einst als Sensation umjubelt, wäre ein knappes Jahrzehnt später mit einem Lachen von der Leinwand gefegt worden – und genau das geschah auch, in *Road to Morocco* (Der Weg nach Marokko) mit Bing Crosby, Bob Hope und Dorothy Lamour.

»Natürlich werde ich aufhören«, hatte Marlene einem Reporter vor Kriegsausbruch gesagt. »Bevor ich sterbe, möchte ich etwas vom Leben haben … Die Karriere eines Filmstars … dauert nur so lange wie die Jugend, und die Jugend verblüht auf der Leinwand viel schneller als auf der Bühne. Auf der Bühne kann man die Öffentlichkeit hinters Licht führen, aber nicht auf der Leinwand – und ich werde aufhören, solange ich noch ganz oben bin.«

Aber sie war nicht mehr oben, und der Hinweis auf die Bühne ließ sich kaum noch überhören. Erstaunlicherweise wurde Marlene bis *The Lady is Willing* nie für eine Musical-Darstellerin gehalten. Leuten, die nicht beim Film arbeiteten, ging dieser Gedanke jedoch schon seit Jahren durch den Kopf. Gerüchte über eine lustige Witwe am Broadway hatten kursiert, und Cole Porter, Irving Berlin, Mike Todd und die Shuberts hatten alle immer mal wieder deswegen bei ihr nachgefragt.

Für den Herbst 1942 wurde sie am Broadway sogar als die erpresserische Abenteurerin Mrs. Cheveley in Oscar Wildes *An Ideal Husband*

(Ein idealer Gatte) angekündigt, aber *Pittsburgh* und der Verkauf von Kriegsanleihen kamen dazwischen. Bijou in *Seven Sinners* brachte die Produzentin Cheryl Crawford und den Komponisten Vernon Duke auf den Gedanken, Marlene als Sadie Thompson im gleichnamigen Musical einzusetzen, doch sie lehnte ab. Kurt Weill, der in Paris Lieder für sie geschrieben hatte, die sie nie sang, erwähnte (inoffiziell), daß er mit Moss Hart ein Projekt für Marlenes gute Freundin Katharine Cornell ausarbeitete. Allmählich wurde klar, daß für dieses Projekt Glamour und Musical-Talent notwendig waren – Fähigkeiten, über die die üppige Diva des amerikanischen Theaters nicht gerade im Übermaß verfügte. Doch Marlene zeigte kein Interesse, und statt dessen machte Gertrude Lawrence mit *Lady in the Dark* Broadway-Geschichte.

In Weills Kopf spukte Marlenes Stimme (und mit ihr die Erinnerung an Berlin) herum, und es ärgerte ihn, daß er bislang nichts Passendes für sie geschrieben hatte. (Sie behauptete zwar, sein »Surabaya Johnny« sei ihr Lieblingslied, machte aber nie Aufnahmen davon.) Er schlug ihr eine Idee für ein neues Musical vor, bei dem wiederum Cheryl Crawford Produzentin sein würde. Und diesmal willigte Marlene ein. Das Musical beruhte auf der viktorianischen Novelle »The Tinted Venus«, und Weill wollte es *Love in a Mist* nennen. Das klang zu romantisch, weshalb die Librettisten Sam und Bella Spewack es in *One Touch of Venus* umtauften. Das klang mehr nach Broadway und mehr nach Marlene.

Weill begann also zu komponieren (zu Texten von Ogden Nash), und Mainbocher entwarf durchsichtige, fließende Gewänder für Marlene als Venusstatue, die in einem Warenhaus in Manhattan zu Leben erwacht und sich in einen Herrenfriseur verliebt. Von der Säulenheiligen zur Barbiersbraut …

In der Zwischenzeit machte Marlene für Geld und Vaterland einen weiteren Film für Feldman und Universal – noch einen jener Schinken mit Starbesetzung zur Hebung der Kriegsmoral. Er hieß *Follow the Boys* und handelte von einem egozentrischen Steptänzer (George Raft) und seiner Ehefrau (Vera Zorina), die ihm, gekränkt ob seiner Arroganz, ihre Schwangerschaft verheimlicht. Raft bricht auf, um die kämpfenden Soldaten zu unterhalten, lernt, was Demut ist, und fällt im Pazifik einem Torpedoangriff zum Opfer. Zorina wird zum Symbol der Mutterschaft für die USO – oder zumindest für den Teil, der bei der Universal oder Charlie Feldman unter Vertrag stand.

Sophie Tucker, die Andrew Sisters und Donald O'Connor gaben sich die Ehre. Jeanette MacDonald sang »Beyond the Blue Horizon«, Dinah Shore stellte das unsterbliche »I'll Walk Alone« vor, die Delta Rhythm Boys brachten »The House I Live In« ein, Artur Rubinstein entlockte den Tasten den »Liebestraum«, und W. C. Fields führte seine Poolzimmer-Nummer vor. Doch seinen Pfiff verdankt der Film Marlene und dem neuesten und lautesten Wunderkind von Hollywood, Orson Welles. Er spielt einen Zauberer und will Marlene (mit Hilfe einiger freiwilliger GIs) in zwei Stücke sägen, direkt durch den Bauch, den ihr Haremskostüm unbedeckt läßt. Marlene willigt ein, doch sobald sie im Kasten liegt, kommen ihr Bedenken:

Marlene: »Aber Orson, funktioniert dieser Trick denn auch wirklich?«

Welles: »Wart's nur ab, Marlene. Der ist todsicher.«

Nach vollbrachtem Zaubertrick spazieren Marlenes berühmteste Attribute von der Bühne und lassen den Rest allein auf der Bühne zurück. Ihr Oberkörper rächt sich, indem er Welles hypnotisiert; das Wunderkind fällt um – wie Charles Foster Kane, wenn er an »Rosebud« denkt.

Bosley Crowther zeigte sich nicht amüsiert und nannte den Streifen »billige Unterhaltung – und kaum ein Tribut an die beteiligten Spieler«, doch darum ging es nicht. Es war ein Tribut an die *Boys*, seicht, mal sentimental, mal umwerfend komisch.

Schon seit einiger Zeit führte Welles in einem Zelt am Cahuenga Boulevard in Hollywood seinen Zaubertrick für Soldaten auf. Ursprünglich hatte er geplant, seine aufsehenerregende neue Ehefrau Rita Hayworth entzweizusägen, aber Harry Cohn, der Welles weder Zuneigung noch Vertrauen entgegenbracht, wollte der Hayworth nicht gestatten, die Columbia zu verlassen, um die Kriegsbemühungen der Universal (oder Welles') zu unterstützen. Marlene schlüpfte in die Haremshosen der Hayworth, wie sie vorher in Welles' Leben geschlüpft war, um die Presse von seinem Verhältnis mit Marlenes noch verheirateter Freundin Dolores Del Rio abzulenken. Als Trio lieferten sie Stoff für verwirrende Gerüchte.

Marlene und Welles waren, ebenso wie Marlene und Hemingway, »Kumpel«. Sie hielt Welles für »ein Genie«, und er sah in ihr »den Inbegriff des guten Soldaten«. Selbst wenn Welles Blondinen bevorzugt hätte (was nicht der Fall war, wie man an Del Rio und Hayworth sieht), kam er zur falschen Zeit. Wie die Rumba-Rhythmen von George Raft und der schwerfällige Gang von John Wayne, obwohl keiner von beiden es wußte. Marlene hatte Raft verlassen und ihm zum Abschied ihr Photo mit der Aufforderung »Liebe mich!« geschenkt; das Bild hing für den Rest seines Lebens über seinem Bett. Auch John Wayne hatte die Prüfung nicht bestanden und durfte sich Paulette Goddard widmen.

Das gleiche tat Erich Remarque später (er sollte sie sogar heiraten), doch zuvor verfiel er endlich auf eine Lösung für die Liebesgeschichte in dem Paris-Roman, an dem er während der gesamten Ära Stewart, Wayne und Raft gearbeitet hatte. Für Remarques emigrierten Arzt und seine Schauspielerin und Sängerin kann es in einer Welt, die »so dunkel« war, »daß man auch den Arc de Triomphe nicht mehr sehen konnte« (die letzte Zeile des Romans), kein glückliches Ende geben. Marlene war Remarques Joan Madou eher im literarischen als im wörtlichen Sinn; aber sie war sein Modell und seine *idée fixe*. Das Ende des Werks läßt vermutlich auf Remarques damalige Seelenlage schließen.

»Verliebe dich nie in eine Schauspielerin«, hatte er Clifford Odets gewarnt. Odets berichtet über dieses Gespräch: »Er meinte, solche Frauen würden sich immer in Männer mit Verstand verlieben, sie lieben und bewundern und aufbauen, aber die einzigen Künstler, die sie wirklich verstehen könnten, seien Schauspieler.« Nach dieser Bemerkung habe Remarque gelacht und mit Galgenhumor hinzugefügt: »Sie ziehen dir eins über, und du fällst hin, bist betäubt – du weißt nicht mehr, wo dir der Kopf steht. Und dann sagen sie: ›Warum machst du so ein langes Gesicht? Schau dir den Mann da drüben an, wie charmant er zu mir ist.‹«

Ein »Mann da drüben« taucht im Roman auf, wird aber von Joan Madou ebenso wie ihre anderen Geliebten als »Unruhe« weg-erklärt. Sie glaubt, man sei nur alt, »wenn man nicht mehr liebt«. Aber das Alter ego des Autors erwidert: »Ich teile Frauen, die ich liebe, nicht mit anderen Männern«, auch wenn er weiß: »Du wirst nicht bei mir bleiben. Man kann den Wind nicht einsperren. Das Wasser auch nicht. Wenn man es tut, werden sie faul. … Du bist nicht gemacht für Dableiben.«

Als Autor mag Remarque toleranter gewesen denn als Mann. Im Roman legt er seiner Heldin folgende Worte in den Mund: »Ich brauche Enthusiasmus! Ich brauche jemand, der verrückt nach mir ist! Ich brauche jemand, der ohne mich nicht leben kann! … [Der andere Mann] wirft sich weg für mich, nichts ist ihm wichtig außer mir, er denkt nichts als mich, er will nichts als mich, er weiß nichts als mich, und das ist es, was ich brauche!«

Am Ende von Remarques Roman ist die Heldin tot, erschossen von einem rasend eifersüchtigen französischen Schauspieler, einem Objekt ihrer »Unruhe«. Remarque vermeidet es peinlich (oder trotzig), ihm einen Namen zu geben, doch der eifersüchtige französische Schauspieler, der Marlenes Leben bereits beherrschte, hatte einen berühmten Namen, den Remarque sehr wohl kannte: Jean Gabin.

Nach dem Einmarsch der Deutschen in Paris war Jean Gabin mit anderen französischen Flüchtlingen in die Staaten gekommen. Marlene, die fast perfekt Französisch sprach, fühlte sich wohl in der Gesellschaft dieser Exilanten. Ihre Antipathie gegen René Clair hinderte die Hausfrau in ihr nicht daran, Sauerkraut zu kochen und es dem liebenswürdigen, kultivierten Jean Renoir vorzusetzen, einem guten Freund von Gabin, mit dem er den unvergeßlichen Film *La Grande Illusion* (Die große Illusion) gedreht hatte.

Marlene kannte Gabin aus Paris, und sie hatten sich in jenem schicksalsträchtigen Sommer an der Riviera getroffen, als Remarque sich betrank und Marlene mit den Kennedys das Tanzbein schwang und mit Jo Carstairs segelte. Trotz seines Starruhms in Frankreich galt Gabin in Hollywood lediglich als ein heimatloser »Frog«. Marlene und er waren zusammen, seitdem sie *Manpower* gemacht hatte und George Raft (fälschlicherweise) Edward G. Robinson für seinen Rivalen hielt. Gabins Gefühl der Verlorenheit in Amerika (verstärkt durch Wut und ein schlechtes Gewissen darüber, daß er nicht an der Front gegen die Nazis kämpfte), weckte bei Marlene nicht nur mütterliche, sondern auch romantische Instinkte. Er erschien ihr als ein »ideales Wesen, so wie es in unseren Träumen vorkommt«, aber auch »hilflos«. Sie gestattete dem harten Kerl, »sich an mich [zu klammern] wie ein Waisenkind an eine Pflegemutter, und ich liebte es, ihn Tag und Nacht zu bemuttern«. Sie lud Gabin und die restlichen französischen Exilanten zu sich ein, ging für ihn und die anderen zum Einkaufen, kochte, brachte sein Englisch auf Vordermann und wurde, wie sie sagte, »seine Mutter, seine Schwester, seine Freundin – und mehr noch«.

Gemeinsam bezogen sie ein Haus, das Marlene in Brentwood gefunden hatte. Dort hängte Gabin seine Besitztümer auf, die er aus Paris hatte retten können und die ihm mehr bedeuteten als alles auf der Welt – außer Marlene und Frankreich –, nämlich drei Gemälde, die Frankreich *verkörperten*: ein Vlaminck, ein Sisley, ein Renoir (père).

Gleich nach Ende der Dreharbeiten zu *The Spoilers* war Gabin damit beschäftigt, einen schlechten Film namens *Moonfleet* (Das Schloß im Schatten) zu machen. Das gab Marlene Zeit, sich zu entspannen und von den Strapazen der Beziehung zu erholen. Die *New York Times* schrieb unter der Schlagzeile »Marlene Dietrich erkrankt«, sie habe »im Hotel La Quinta, einem Wüstenkurort südöstlich von Palm Springs, einen Genesungsurlaub eingelegt«. Klatschtanten und -onkel fragten sich, ob sie überarbeitet oder überreizt sei, während die *Times* ohne weitere Erklärung hinzufügte: »Sie hält sich bereits seit zehn Tagen dort auf und wird vermutlich noch zwei Wochen bleiben.«

Sie kam wieder zu Kräften, und Gabin machte einen weiteren schlechten amerikanischen Film *(The Imposter)* und keinerlei Eindruck auf Hollywood. Er fuhr mit dem Fahrrad durch Brentwood oder blieb zu Hause, spielte auf seinem Akkordeon und betrachtete den Vlaminck, den Sisley und den Renoir. Außerdem ging er der Nachbarin aus dem Weg, die jeden Nachmittag um vier mit breitkrempigem Strohhut und Sonnenbrille im Garten auftauchte. Sie entfaltete ein leidenschaftliches Interesse für die Hecke zwischen den beiden Grundstücken, schlich das Gebüsch entlang und lugte hindurch, um einen Blick auf das Gras zu erhaschen. Ihr leichter Schritt kam ihm seltsam vertraut vor, doch war die Gärtnerei eine bislang unentdeckte Passion der Voyeurin, die Gabin schließlich als Greta Garbo identifizierte.

Marlene legte keine Scheu an den Tag, nackt zu schwimmen und in der Sonne zu liegen, und ließ sich durch die Spionagetätigkeit der Garbo nicht stören – im Gegensatz zu Gabin. Er war eifersüchtig. Er war eifersüchtig auf Marlenes Arbeit, auf ihren »Verehrerzirkel«, auf die USO. Immer, wenn sie sich in Orson Welles' *Wonder Show* im Zelt am Cahuenga Boulevard im Gedankenlesen übte (bekleidet mit Pailletten auf hauchdünnem Nichts), arbeitete Gabin als Laufbursche »jeden Abend hinter den Kulissen«, wie Welles sich erinnerte. »Er hat die Karnickel und alles vorbereitet, um Marlene im Auge behalten zu können.«

Jemand, der sie beim Gedankenlesen beobachtete (»Ach, denken Sie doch bitte an etwas anderes; *darüber* kann ich doch nicht sprechen!«), meinte, Gabin hatte guten Grund, auf der Hut zu sein. »Wenn sie die

Bühne betrat, in *dem* Kleid – sie hat sich ja wirklich einiges getraut, wissen Sie –, und mit diesem wissenden Blick, da hat sie einfach jeden mitgerissen. Die Soldaten sind wild geworden.«

Auch Gabin wurde wild: Er schlug sie. Das Image des harten Kerls war nicht nur Pose: Er setzte die Fäuste ein, wenn die Eifersucht ihn überwältigte. Wenn Marlene Reizwäsche kaufte, wollte er wissen, »für wen«. Wenn sie Zutaten für ein Pot au Feu einholen ging, glaubte er, etwas anderes sei am Kochen. Ihre männlichen Freunde waren potentielle oder frühere »Verehrer«; ihre Freundinnen gehörten möglicherweise zum »Nähkränzchen«. Gabin war schlicht und ergreifend bis zum Wahnwitz eifersüchtig. Er war unglücklich – über seine amerikanischen Filme, über Amerika, über sich selbst. Er wollte sich unbedingt den Freien Französischen Truppen anschließen, und im Frühjahr 1943, im Alter von neununddreißig Jahren (Marlene hatte gerade *Pittsburgh* hinter sich gebracht) wurde er aufgefordert, sich zu melden.

Marlene brachte ihn nach Norfolk, Virginia, wo er sich vor der Einschiffung in Newport News einstellen sollte. Als Unterpfand der Treue und einer gemeinsamen Zukunft willigte Marlene ein, den Vlaminck, den Sisley und den Renoir zu behalten, ebenso wie das Fahrrad und das Akkordeon. Was sie damit tun würde, war ungewiß; schließlich hatte sie bei der USO nachgesucht, selbst in Übersee eingesetzt zu werden. Ihre Nummer hatte sich zu einer vollständigen Show entwickelt, bei der Musiker, Komiker und eine Sängerin mitwirkten (ursprünglich Kitty Carlisle, die die anspruchsvollen, ernsthaften Sachen übernahm), und sie wartete nur auf die Genehmigung der Regierung, die Front bereisen zu dürfen.

Um zwei Uhr morgens sagten sich Marlene und Gabin auf einem nebelverhangenen Dock adieu, und dann fuhr er auf einem Tanker nach Nordafrika. Er hoffte, daß die Gemälde Marlene an ihn binden würden und daß er sie und die Bilder bei seiner Rückkehr wiederhaben konnte – denn er wollte nicht Marlenes Kind sein, sondern sie heiraten und eines mit ihr haben.

Aus Marlenes Tochter war mittlerweile eine unabhängige, rebellische junge Frau geworden. Unter dem Namen »Maria Manton« hatte sie bei der Schauspielerin Helene Thimig, der zweiten Frau von Max Reinhardt, Unterricht genommen, gelegentlich auch bei Natasha Lytess, die später einer anderen »M. M.« – Marilyn Monroe – Stunden gab. Maria übernahm anspruchsvolle Rollen, auch wenn sie als »Manton« kaum weniger füllig war denn als Sieber. Sie spielte die Lavinia in Eugene O'Neills *Mourning Becomes Electra* (Trauer muß Elektra tragen), die Regina in Lillian Hellmans *The Little Foxes* (Die kleinen Füchse), außerdem Rollen in Werken von Schnitzler und von Marlenes »Kumpel« Noël Coward.

Langsam erwarb sich Maria einen Ruf als seriöse junge Schauspielerin. Sie bestand darauf, mehr als nur »die Tochter der Dietrich« zu sein. Sobald sie im Dezember 1942 achtzehn und damit volljährig wurde, gab sie ihre Verlobung mit dem britischen Schauspieler Richard Haydn bekannt.

In Amerika war Haydn in Noël Cowards Revue *Set to Music* mit seiner Verkörperung eines Fisches (neben Beatrice Lillie als Hauptdarstellerin) zu Ruhm gelangt. Vielleicht entsprach ihm ein Aquarium mehr als die Ehe; auf jeden Fall eignete er sich zum Ehemann ebensowenig wie Coward. Als Haydn und Maria ihre Verlobung verkündeten, war er siebenunddreißig, doppelt so alt wie Maria und gerade vier Jahre jünger als Marlene. Diese teilte der Presse unterkühlt mit, eine Hochzeit werde »fürs erste« nicht stattfinden.

Haydn verstand den Wink mit dem Zaunpfahl (vielleicht kam er ihm gelegen) und kehrte nach England zurück, während Marlene von der Universal zur MGM überwechselte, bei der Charlie Feldman einen Vertrag über zwei Filme für sie ausgehandelt hatte. Das große Geld verdiente sie damit zwar nicht – ganze 50000 Dollar pro Film –, doch diese Einkünfte und der Verkauf ihrer Smaragde würden ihre geplante USO-Tournee finanzieren.

Es war nicht die MGM, die ihr bei ihrem Einsatz für die »Jungs« Steine in den Weg legte, sondern eine alte Verpflichtung namens *One Touch of Venus*. Kurt Weill hatte den Großteil der Musik geschrieben, und Cheryl Crawford hatte S. J. Perelman engagiert, um den Text der Spewacks umzuschreiben, die gefeuert worden waren und sich an das Drehbuch von *Kiss Me, Kate* machten. Komponist und Produzentin fuhren nach Hollywood, um Marlene die Musik vorzuspielen. Diese hörte zu, steuerte ein paar Vorschläge bei und holte ihre singende Säge hervor. Cheryl Crawford war nicht wohl dabei, auch wenn Marlene den Vertrag unterzeichnet hatte. »Ich war bei Stars an einige Marotten gewöhnt«, sagte die Crawford, »aber ich muß sagen, als Marlene sich die riesige Säge zwischen die eleganten Beine steckte und zu spielen begann, war ich doch sehr verblüfft ... Wir redeten erst eine Zeitlang über die Show;

dann griff Marlene nach ihrer singenden Säge und begann zu spielen. Bald wurde uns klar, daß das Gespräch damit für den Rest des Abends beendet war.«

Marlene hatte das Recht, die Lieder, das Drehbuch, die Kostüme und sogar den Vertrag für einen eventuellen Film abzulehnen. »Speak Low«, der hinreißende Hit, muß ihr gefallen haben, doch das Skript von Perelman behagte ihr nicht. Sie fand es »zu sexy und profan« – ebenso wie Mainbochers Gewänder für die »Göttin«. Als Mutter einer Achtzehnjährigen könnte sie sich unmöglich in so offenherziger Garderobe zur Schau stellen. Sie verzichtete und ermöglichte es damit Mary Martin, als *Venus* den Broadway zu entzücken.

Allgemein nahm man an, ein »Touch« von Lampenfieber habe Marlene veranlaßt, *Venus* die kalte Schulter zu zeigen. Seit fast fünfzehn Jahren hatte sie – abgesehen von ihren Shows für die Soldaten – nicht mehr auf der Bühne gestanden. Um sich zu vergewissern, ob eine Rückkehr zum Theater überhaupt ratsam wäre, hatte sie auf der Bühne des New Yorker 46th Street Theater ihre Stimme für Weill ausprobiert. Sowohl die Sängerin als auch der Komponist zeigten sich zufrieden mit dem Gehörten. Welche Bedenken sie dem Broadway gegenüber auch haben mochte, ihr Wunsch, in Übersee aufzutreten, war stärker. Die unglaubwürdigen Einwände gegen Kostüme und Drehbuch waren ihr als Ausrede willkommen, um sich einer Aufgabe zu widmen, die ihr wichtiger war.

Und dann war da noch eine achtzehnjährige Tochter.

Nur wenige Monate, nachdem Marlene der Welt mitgeteilt hatte, eine Hochzeit mit Richard Haydn könne erst nach Kriegsende stattfinden, verlobte sich Maria trotzig mit einem anderen Mann und heiratete, ohne eine Minute Zeit zu verlieren.

Ihr Gatte war ein junger Schauspieler, den sie kennenlernte, während Marlene zusah, wie Jean Gabin in den nebelverhangenen Atlantik hinausfuhr. Die Mutter von Joan Fontaine und Olivia de Havilland hatte Maria mit Dean Goodman bekanntgemacht, einem angehenden Schauspieler und Angestellten in einem Herrenbekleidungsgeschäft. Mrs. Fontaine war mit ihm an der Schule aufgetreten, die von der russischen Charakterdarstellerin Maria Ouspenskaja geleitet wurde. Dort nahm der dreiundzwanzigjährige Goodman Unterricht und arbeitete gleichzeitig als Sekretär für die winzige, verwelkte »Madame«. Maria hatte Goodman auf der Bühne gesehen und lud ihn in Abwesenheit ihrer »Anstandsdame« in Marlenes Haus ein.

Goodman gehörte zu der Sorte Mann, die damals als »kongenitaler Junggeselle« bezeichnet wurde. Allerdings wußte er dies nicht und fand Maria »füllig, verloren und schön auf ihre eigene Art, die so gar nicht der Art ihrer Mutter entsprach«. Maria war »sehr aggressiv und sehr überzeugend, denn sie wollte unbedingt heiraten«. Am 23. August 1943 gelobten sich die beiden in der Congregational Church in Hollywood ewige Treue und verbrachten die Hochzeitsnacht in der Wohnung von Freunden, wobei sie sich die Zeit damit vertrieben, die Lichter im verdunkelten Los Angeles zu betrachten. Marlenes Stellungnahme gegenüber der Presse fiel knapp aus: »Ich wünsche ihnen alles Gute.« Zu Hause ließ sie ein Donnerwetter vom Stapel.

Maria hatte einen Seelenverwandten gefunden, keinen Geliebten, und Marlenes Informanten aus Hollywood berichteten, er sei entweder homosexuell oder mit der uralten »Madame« Ouspenskaja liiert. Wie dem auch sei, Marlene, die sich von niemandem ausnutzen lassen wollte, befürchtete nun, daß genau das mit Maria passiert sei. Ihr Hollywood-Anwalt bat den frischgebackenen Ehemann in seine Büroräume, wo er ihm mit sichtlichem Unbehagen die Fragen stellte, die Marlene ihm aufgetragen hatte.

Auf »Sind Sie homosexuell?« folgte »Sind Sie der Geliebte der Ouspenskaja?« Später erinnerte sich Goodman, er habe mit dem Anwalt ebensoviel Mitleid gehabt wie mit sich selbst. Er wies beide Gerüchte von sich. Außerdem, meinte er, schlössen sie sich wohl gegenseitig aus. Dann fügte er hinzu, er sei in Maria verliebt und eigne sich besser als »verwandte Seele« als Jo Carstairs frühere Sekretärin Violla Rubber. Der Anwalt entschuldigte sich und empfahl Goodman, seine neue Schwiegermutter anzurufen.

Marlene wohnte wieder in dem Haus in Brentwood, zusammen mit dem Vlaminck, dem Sisley, dem Renoir und einer Frau, die Goodman »Dorothea« nannte und die (wie er glaubte) den Klatsch über ihn in die Welt gesetzt hatte. Als er Marlene anrief, teilte sie ihm kurzangebunden mit, sie werde das Paar nicht unterstützen. Goodmans Frage, ob sie sich nicht vorstellen könne, daß Maria vielleicht auch aus anderen Gründen liebenswert sein könnte als wegen ihrer Mutter oder deren Geld, verblüffte Marlene, und sie schwieg eine Zeitlang. Aber Goodman war überzeugt, Marlene wollte, »daß Maria gar niemanden heiratete«.

Von Brentwood ließ Marlene Möbel in die billige Mietwohnung des Paars in Westwood schaffen. Heimlich schlich sie selbst dorthin, um zu putzen, zu schrubben und zu streichen. »Es machte Marlene Spaß, die Rolle der Matriarchin zu übernehmen«, bemerkte Goodman. »Sie wollte, daß alle Leute auf sie angewiesen waren.« Doch ohne jemals ihrem Schwiegersohn zu begegnen – weder damals noch später.

Maria nahm weiterhin Unterricht, während Goodman mit John Carradines Shakespeare-Ensemble auf Tournee ging. Bei seiner Rückkehr wohnte Maria wieder bei Marlene, und die Ehe war de facto vorüber. Gewisse Anzeichen ließen ihn vermuten, daß seine Frau eine Schwangerschaft abgebrochen hatte, und er verlangte die Scheidung. Maria weigerte sich. »Meine Mutter und mein Vater haben sich nie scheiden lassen«, sagte sie und meinte ziemlich wehmütig, wie Goodman fand: »Dann haben sie jemanden, wenn sie alt sind.« Goodman bezweifelte, daß die Ehe der Siebers das geeignete Vorbild für ihn war. Außerdem hatte er festgestellt, daß er Maria, trotz seiner Gefühle für sie, sexuell nicht anziehend fand, und beide wußten, daß sich daran nichts ändern würde.

Nach dem Krieg ließen sie sich schließlich doch scheiden. Goodman, der heute noch als Schauspieler arbeitet, glaubt, daß Marlenes Mißbilligung »mich zwar nicht zugrunde gerichtet hat, aber sie hat mich in meiner Arbeit als Schauspieler sicher um einige Jahre zurückgeworfen«. Mochte es sich bei dieser Heirat auch um einen unbeholfenen Akt der Rebellion gehandelt haben, so hatte Maria mit ihr doch ihre Unabhängigkeit eingeklagt. Und Marlene, ob es ihr nun paßte oder nicht, war eindeutig die Mutter einer erwachsenen Frau. Marias Eheschließung hatte verdeutlicht, daß diese Erwachsene Selbständigkeit verlangte – und daß die Jahre vergingen.

Bei der MGM gab es Arbeit, die Marlene von den Sorgen um Maria ablenkte und den Rest »ihres« Krieges finanzierte. Zusammen mit Ronald Colman spielte sie in einer üppig ausgestatteten Technicolor-Version von *Kismet*, jener alten, von Tausendundeiner Nacht inspirierten Phantasie, die 1911 zum erstenmal über die Leinwand geflimmert war. Auch das erinnerte daran, wie die Jahre vergingen. Als Regisseur zeichnete William Dieterle verantwortlich, der Ex-Reinhardt-Schauspieler, der (damals noch als Wilhelm) zwei Jahrzehnte zuvor Marlenes improvisierte

Probeaufnahmen bei der Ufa beobachtet hatte (jene, die von Stefan Loran mit so viel Spott bedacht worden war). Daraufhin hatte sie von Dieterle ihre erste Filmrolle in der finanziell minderbemittelten Tolstoi-Verfilmung *Der Mensch am Wege* bekommen.

Dieterle hatte Marlene immer gemocht und bewundert. Niemand in Hollywood kannte sie so lange wie er oder wußte, wie weit ihr Weg von der Ufa nach Bagdad gewesen war. Er wußte um den Traum, den die Anfängerin geträumt hatte, und sah ihn auch bei der Frau mittleren Alters, die noch immer »ihren Traum mit sich herumtrug und ihn als Heiligenschein einsetzte«.

In jenem Sommer mag er der Träumerin etwas matt erschienen sein. Marlene wußte: Wenn sie ihre Haremsnummer mit Orson Welles auf einen ganzen Film ausdehnte, würde sie das meilenweit von Tolstoi entfernen. Ihr Name würde nicht unter denen der Stars angekündigt werden. (Seit *Der Blaue Engel* war ihr Name nie mehr *nach* dem Filmtitel erschienen.) Ihre einzige Aufgabe in *Kismet* bestand darin, den Harem zu zieren (auch wenn die Zensur untersagte, ihn so zu nennen), ein paar »orientalische« Lieder von Harold Arlen und E. Y. Harburg (weit weg von *Oz*) zu trällern und viel Bein zu zeigen.

Mit dem ihr eigenen Überlebensinstinkt und mit ihrer Fähigkeit, Aufmerksamkeit auf sich zu lenken – Gaben, die sie seit ihrer Jugend an den Tag gelegt hatte –, sah sie der Realität ins Auge, nahm ihren ganzen Mut zusammen, raffte den Rock hoch und sagte zu Dieterle: »Wenn die Leute Beine haben wollen, dann kriegen sie Beine!«

»Kolossal – das ist *Kismet*!« verkündete die MGM, doch »lachhaft« oder »peinlich« wäre treffender gewesen. Für Marlene; für Ronald Colman; für Dieterle als Regisseur; für die künstlerische Leitung, die Sets, die zuckerwattigen Farbaufnahmen (alle für den Oscar nominiert, einschließlich der Tonaufnahmen). Am lachhaftesten waren die Einspielquoten – sie waren tatsächlich kolossal.

Zwar wurde Marlene selbst nicht groß angekündigt, doch es waren ihre Beine, die die Zuschauer in die Kinos lockten. Aufreizend und golden erstreckten sie sich von der 44th zur 45th Street auf einem Broadway-Plakat in der Größe einer B-52. Irgendwie stachen sie das steife Porträt Colmans aus, das klassisch, klar und klein über dem Titel zu sehen war.

Das einzig Gute an *Kismet* (außer den Einspielergebnissen) war wohl, daß Wright und Forrest erkannten, wieviel besser das Ganze sein könnte, wenn Harold Arlens wenig lyrische Lyra durch Borodin-Melodien ersetzt würde. Wie der Film bewies auch der Broadway-Musical-Dauerbrenner von 1953, daß *Kismet* unter Kritikerschutz steht.

Das *Film Daily* sah Marlene »als ein Geschenk für die Jungs«, aber *The Hollywood Reporter* büßte seinen Sinn für Humor ein: »Der Film schleppt sich nur in einer Sequenz, nämlich in dem überlangen Tanz, ausgeführt in Zeitlupe von Miss Dietrich, die vorwiegend in Goldfarbe gekleidet ist.« Ein nicht eben schmeichelhafter, doch ehrlicher Kritiker fand Marlene »ausgesprochen exotisch, auch wenn sich ihr Alter langsam bemerkbar macht.« Trotzdem: Das Publikum strömte in Scharen herbei, um einen der schlechtesten Hollywood-Filme zu sehen, den Marlene je gemacht hatte.

Die meisten Dietrich-Biographen entdecken eine gewisse Peinlichkeit in dieser goldenen Fußnote zu ihrer Karriere, doch damit liegen sie völlig falsch. Marlene hat offensichtlich Spaß an der Sache, und das einzig Peinliche daran war für sie, daß sie nicht groß angekündigt wurde. Der Film gefiel ihr tatsächlich; sie ließ ihn sogar ahnungslosen Besuchern vorführen. Vielleicht hatte es ihr einfach Vergnügen bereitet, wieder mit Dieterle zu arbeiten, oder sie war stolz darauf, in einem Kassenfüller mitzuwirken. Vielleicht erinnerte sie sich auch gerne daran zurück, daß sie das doppelte Honorar kassiert hatte: 50000 Dollar für *Kismet* und 50000 für einen zweiten MGM-Film, aus dem nie etwas wurde.

Die Nachwelt nimmt das dankbar zur Kenntnis. MGMs Version von Glamour war weniger anspruchsvoll als die der Paramount: Bei der MGM ging es im wesentlichen darum, alles so dick aufzutragen, bis es nichts mehr aufzutragen gab. Und bei Marlene wurde eindeutig dick aufgetragen; nie zuvor und nie wieder wirkte sie auf der Leinwand derart hart, derart … billig. Die Granatapfel-Lippen, die zum Flug abhebenden Augenbrauen, die hochaufgetürmten Filigranfrisuren – das alles ließ darauf schließen, daß sie ihr Alter unbedingt verbergen mußte, koste es, was es wolle.

Seit langem wußte man, welche abgöttische Verehrung sie ihrem eigenen Leinwand-Bild entgegenbrachte (sie war schließlich eine Film-diva). Außerdem sammelte sie nicht nur die Namensschilder, die an ihrer jeweiligen Garderobe hingen (an dieser Gewohnheit hielt sie ihr ganzes Berufsleben hindurch fest), sondern auch alles, was sich sonst in den Garderoben befand. Es war, als ob sie den Erfolg heraufbeschwören könnte, indem sie sich mit Talismanen früherer Triumphe umgab. Alles nahm sie von einem Film zum nächsten mit. Ihr Schminktisch war ein mit Glühbirnen und Spiegeln versehenes Messing-Ungetüm von *Destry*; ihr Sekretär ein Souvenir von Buttercup Valley, David O. Selznick und *The Garden of Allah* (jahrelang schrieb sie Bittbriefe, um ihn zu bekommen); das silberne Teeservice hatte sie zum Abschied vom Team bei *Seven Sinners* erhalten; der Drehspiegel neben der Kamera, in dem sie vor dem Auftritt ihr Aussehen unbarmherzig inspizierte, stammte von *The Flame of New Orleans*.

Professionalität war ein Ritual für sie, und *Kismet* deutete darauf hin, daß das Ritual zum Fetisch wurde. Zumindest war Ronald Colman dieser Meinung und erzählte später mit Begeisterung die Geschichte von ihrer ersten Begegnung bei der MGM:

»Hat Ihr Gesicht eine Seite?« fragte Marlene.

»Wie meinen Sie das?« antwortete er verblüfft.

»Läßt sich die linke oder die rechte Seite besser photographieren?«

»Na ja – das schon«, räumte er ein. Marlene seufzte: »Sie haben wirklich Glück, mein Lieber! Bei mir nicht. Ich muß direkt in die Kamera schauen.«

»Und wissen Sie«, fuhr Colman fort, »genau so war's. Bei jeder einzelnen Szene blickte sie stur geradeaus!«

Das stimmt zwar nicht, aber Colman selbst hatte sich monatelang den Kopf darüber zerbrochen, ob er sich für *A Tale of Two Cities* (Flucht aus Paris) den Schnurrbart abrasieren sollte oder nicht. Eitelkeit war ihm also nicht fremd.

Genausowenig wie Marlene, die zumindest die professionelle Variante kannte. Seit *Destry* »liftete« sie ihr Leinwand-Gesicht mit Klebeband, das sie unter Perücken verbarg. Ihr Make-up wurde immer förmlicher, um die nicht mehr taufrischen Wangen zu überdecken, und wirkte in *Kismet* wie eine Art Maske, wie ein Gesicht, das auf einen Hutständer aufgemalt wurde. Das lag zum Teil daran, daß sie auf Farbaufnahmen nicht gut zur Geltung kam – sie war zu blaß und brauchte kosmetische Nachhilfe, um ihrem Gesicht die Konturen zu geben, die auf Schwarzweiß durch ihre Wangenknochen von selbst entstanden. Solche Dinge überließ sie nie dem Zufall, weder im Beruf noch im Privatleben;

manchmal schien es wie Eitelkeit und manchmal wie extreme Nachlässigkeit. Viele Jahre später bemerkte Mike Nichols, Marlene sei die einzige Frau, mit der er einen Abend verbracht habe, ohne daß sie ein einziges Mal in den Spiegel geblickt habe: »Das war gar nicht nötig; sie hatte alles vorher genau richtig hingekriegt.«

Aber jetzt klangen die Glocken, die das sichtbar werdende Alter einläuteten, wie ein Abgesang. In *Kismet* war sie zwar ein voller Erfolg, aber der Film bedeutete eine Endstation, eine üppig ausgestattete Freak-Show. Wohin konnte, nach Bagdad, der Weg noch führen? Vielleicht dorthin, wo sie hin wollte, ohne den ganzen Filmdiva-Staat – nur mit dem ausgestattet, was sie immer bei sich hatte: ihre Beine und ihre Persönlichkeit. Für Regierungsaufträge war das mehr als genug.

Seit Monaten war sie allabendlich in der *Hollywood Canteen* erschienen, um etwas für die Jungs zu tun, nachdem sie tagsüber jede Menge für die MGM und Bagdad getan hatte. Kälteschock hin oder her, die goldene Schminke von *Kismet* blieb an den Beinen, die sonst gallegrün geschimmert hätten. Die Jungs hungerten nach etwas Abwechslung, und Marlene kam ihrem Wunsch gerne nach. Der kaum den Windeln entwachsene Roddy McDowall arbeitete damals als Hilfskellner in der *Canteen*. Marlenes Auftritt war für ihn »einfach umwerfend. Das Publikum war außer sich, und die Soldaten – und nicht nur sie – kriegten sich nicht mehr ein. Später dachte ich, daß niemand in der Geschichte des Showbiz so viel mit so wenig erreichen konnte. Ich weiß nicht, ob sie eine echte Blondine war, aber ihr Herz war aus purem Gold.«

Viele der Männer bei der USO waren nicht älter als Marlene, und wahrscheinlich hatte keiner – da es weder Fernsehen noch Videos und nicht einmal Werkstattkinos gab – sie in *Der Blaue Engel* oder *Morocco* oder *Shanghai Express* gesehen. Die meisten waren ihr erst in *Destry* oder *Seven Sinners* oder noch später begegnet und kannten sie vor allem wegen ihrer Bestseller-Platte »See What the Boys in the Backroom Will Have« oder von den unzähligen Seiten in *Life*, die jeden Zentimeter ihrer Beine erforschten.

Wenn Marlene in der *Hollywood Canteen* erschien, tat sie das nicht nur als goldene Filmgöttin. Häufig nahm sie einen Besen in die Hand, kochte Kaffee, machte Rührei und spülte Geschirr; dann wieder tanzte sie mit den GIs, die jung genug waren, um ihre Söhne zu sein, und alt genug, um es nicht sein zu wollen. Das heißt, sie leistete einen Beitrag, aber das genügte ihr nicht. Gabin war irgendwo in Nordafrika; Remarque beendete in New York seinen Roman und machte sich Sorgen, sie könnte seine Liebesbriefe verkaufen, um ihre Kriegsarbeit zu finanzieren (das tat sie nicht, sondern bewahrte sie zu späterer Verwendung auf); Josef von Sternberg hatte seine einundzwanzigjährige Sekretärin geheiratet, nachdem seine Karriere sich mittlerweile darauf beschränkte, für die Kriegsinformationsbehörde zwölfminütige Dokumentarfilme über die Stadt Madison, Indiana, zu drehen; Rudi war vor der kalifornischen »Behörde für feindliche Ausländer« (die ihn möglicherweise in ein Lager interniert hätte) nach New York geflohen, wo er Gerüchten zufolge als Taxifahrer arbeitete, in Wirklichkeit aber für die 20th Century-Fox synchronisierte; Maria war immer noch füllig, vor dem Gesetz weiterhin verheiratet und wie eh und je auf der Suche nach einer Person, die nicht »die Tochter der Dietrich« war.

Doch all diese persönlichen Schicksale beunruhigten Marlene längst nicht so sehr wie das Gefühl, daß Amerika gegenüber den Ereignissen, die ihr so nahegingen, relativ gleichgültig blieb. Trotz der *Hollywood Canteen* und Orson Welles' *Wonder Show*, trotz der patriotischen oder eskapistischen Filme und sogar trotz des Verkaufs von Kriegsanleihen registrierte sie mit einer Mischung von Enttäuschung und Wut, daß man in Amerika »kaum etwas vom Krieg merkte«.

Am letzten Tag des Jahres 1943, am letzten Drehtag von *Kismet*, stellte sie ihre Besitztümer zusammen, die ihr Leben seit Berlin ausmachten, und ließ sie versteigern: Geschirr, Silber, Kleider, Möbel, Schmuck sowie eine Sammlung von 150 Porzellanstücken aus Europa. »Ich brauche Geld, damit meine Familie während meiner Abwesenheit etwas zum Leben hatte«, meinte sie mit einem Achselzucken und packte nicht Dutzende von Lederkoffern und Hutschachteln, sondern ihren alten Seesack. Einige Klunker kamen nicht unter den Hammer (vorwiegend Rubine und Diamanten, die sie bis an ihr Lebensende in einem Genfer Safe vor Gläubigern verwahrte), ebensowenig wie das Unterpfand der Treue und der gemeinsamen Zukunft, das ihr ein Mitglied der Freien Französischen Truppen hinterlassen hatte: ein Fahrrad, ein Akkordeon und Gemälde mit den Signaturen von Vlaminck, Sisley und Renoir.

Sie verließ Hollywood und brach nach New York auf. Damit begann das, was sie später mit erstaunlicher Einsicht und Ehrlichkeit als »das einzig Wichtige, was ich je getan habe«, bezeichnete.

15. LILI MARLEN
1944–1945

Falls es der amerikanische Wohlstand war, der den Krieg in weite Ferne rücken ließ, so stellte er für Marlene einen krassen Gegensatz zu den Entbehrungen während des Ersten Weltkriegs dar, an die sie sich nur allzu gut erinnerte. Auf dem Sunset Boulevard und der Fifth Avenue herrschte geschäftiges Treiben, doch anderswo fielen Bomben. Ihre Mutter – falls sie überhaupt noch lebte –, ihre Schwester, ihr Schwager, ihr Neffe, ihre Vettern, die Freunde und Kollegen aus ihren ersten drei Lebensjahrzehnten waren das Ziel dieser Bomben – und auch das Ziel von Marlenes Bemühungen. Eine böse Ironie: Den Menschen, die sie liebte, konnte sie nur helfen, indem sie dazu beitrug, den Stahlgürtel zu zerstören, der diese Menschen schützend umgab. Diese Art von Dilemma, die schmerzliche Prinzipientreue, definiert das Gewissen, die moralischen Parameter eines Lebens.

»Ich werde nicht hier sitzen, still vor mich hin arbeiten und den Krieg an mir vorübergehen lassen«, ließ sie jeden wissen, der es hören wollte. Die USO und das *Office of Strategic Services* (der Vorläufer der CIA) schienen nicht zu wissen, daß ihr Vater Polizist und zuvor auch Soldat gewesen war, daß ihre Mutter in zweiter Ehe wieder einen Soldaten geheiratet hatte und selbst einen »guten General« abgegeben hatte. Und es war den Behörden vermutlich unbekannt, daß auch Marlene diese Funktion erfüllen konnte, wenn man sie nur ließ.

Ihr Geschichtsverständnis war ebenso ausgeprägt wie ihr Gefühl für den Platz, den sie auf der Welt innehatte, und nur selten verlor sie den Sinn für Verhältnismäßigkeiten. Daß sie den Rücktritt von Edward VIII. nicht hatte verhindern können, führte sie lediglich darauf zurück, daß sie weder die Gelegenheit noch das Publikum dazu gehabt hatte. Jetzt würde sie dafür sorgen, daß sie beides hatte. Vielleicht hätte sie es doch nicht ablehnen sollen, als »Königin der Ufa« oder sogar als »Königin des Reichs« zurückzukehren? Hatte sie eine seltene historische Chance verpaßt? Was, wenn sie wieder nach Deutschland gegangen wäre? Nicht nur zur Ufa, sondern auch nach Berchtesgaden? »Manchmal frage ich mich«, grübelte sie, »ob ich vielleicht als einziger Mensch auf der Welt den Krieg verhindern und Millionen von Leben hätte retten können?« So übertrieben das klingt, dieser Gedanke quälte sie bis an ihr Lebensende. »Das wird mich immer verfolgen«, sagte sie, und so war es auch.

Die USO ließ ihr reichlich Zeit zum Grübeln; ungezählte Stunden, Tage und Wochen im Wartezimmer von Park Avenue 1, wo Abe Lastfogel von der Agentur William Morris in aller Ruhe USO-Auftritte im In- und Ausland sondierte. Insgesamt wurden 7334 Entertainer in der Park Avenue gemustert, doch bis sie überprüft, zensiert und gebilligt waren, hieß es vorwiegend, »Beeile dich und warte«, wobei Befehlston und Disziplin an die Filmsets in Hollywood erinnerten.

Marlene tobte wegen der Verzögerungen, doch nutzte sie die Zeit und brachte in einem schäbigen Probenraum über Lindy's Restaurant, ein Steinwurf vom Broadway entfernt, ihre Show auf Vordermann. Zwanzig Jahre und Tausende von Meilen trennten sie vom Kurfürstendamm, doch der Schweiß, der kalte Kaffee, die blechernen Aschenbecher, die Atmosphäre von Chaos und Zielstrebigkeit beschworen Berlin herauf.

Ende Februar wurde die Show in Militärkasernen und bei Verkaufsveranstaltungen für Kriegsanleihen getestet – im Grunde handelte es sich um Generalproben für die Militärzensur, bei denen auch die Ecken und Kanten ausgeschliffen werden konnten. Am 20. März fand dann die Premiere am »Broadway des Kriegsministeriums« statt, nämlich in Fort Meade, Maryland. Dort glitten Marlenes »unbezahlbare Beine«, musikalisch begleitet von der 128th Army Band, anmutig über die Bühne von Theater No. 4 des Kriegsministeriums.

Marlene trug eine »langärmelige Robe aus hautfarbenem Netzstoff, der mit funkelnden Goldpailletten übersät war«, berichtete ein Zuschauer. Sie spielte »Pagan Love Song« auf ihrer singenden Säge und führte die telepathische Nummer vor, die Orson Welles ihr beigebracht hatte. Zwölfhundert GIs »pfiffen, johlten und stampften mit den Füßen«; die meisten drohten, am nächsten Tag wieder aufzutauchen, wenn Marlene das Militärlazarett besuchte. Die Armee hatte einen Hit.

Am 4. April schließlich forderte Park Avenue 1 Marlene auf, sich zum Dienst in Übersee zu melden. Zusammen mit den anderen Ensemblemitgliedern stieg sie in ein altes Militär-Transportflugzeug, das durch einen Hagelsturm über den Atlantik knatterte. Zweimal hatte sie im Film Pilotinnen gespielt, doch jetzt saß sie zum erstenmal in einem richtigen Flugzeug; das Fliegen war ihr bisher wegen der Versicherungspolicen für ihre Beine verboten gewesen. Erst in der schaukelnden Maschine erfuhren sie ihre Flug- und Einsatzroute: über Grönland und die Azoren nach Casablanca, das (trotz des Films der Warner Brothers) nie von den Nazis besetzt worden war; und von dort aus nach Oran.

Das war nicht die Front, wo sich die GIs für alles, was ihnen geboten wurde, dankbar zeigten. Dieses Publikum war schwieriger, nervös und angespannt. Nordafrika war eine Zwischenstation, ein Absprunghafen für die Invasion in Italien, die seit Januar durch den erbitterten deutschen Widerstand jenseits des Mittelmeers verzögert wurde. Am 11. April setzte Marlene im Opernhaus von Algier zu ihrer ersten Offensive gegen das Dritte Reich an.

Zuerst kam Danny Thomas auf die Bühne, um die Nummern anzusagen und die Zuhörer zu bändigen. Er wurde mit Schimpfkanonaden empfangen; zweitausend Stimmen wollten erbost wissen, warum er keine Uniform, keine Waffen trage. Er beruhigte die Gemüter mit einem Witz. »Wißt ihr Leute denn nicht, daß da draußen Krieg ist? Da könnte man ja verletzt werden!«

Dann ließ Thomas eine dramatische Ankündigung folgen: »Eigentlich hätte Marlene Dietrich heute vor euch erscheinen sollen« – was die GIs nicht wußten –, aber jetzt würde sie doch nicht auftreten. Ein ranghoher amerikanischer Offizier habe seinen Einfluß spielen lassen und nach ihren … Diensten verlangt. Schrille Pfiffe und Buhrufe ließen die Wände des Zuschauerraums erzittern. Dann rief eine Stimme aus dem Publikum: »Nein, nein, ich bin hier!«, und ein ranghoher amerikanischer Offizier – *Officer* Dietrich – bahnte sich in seiner Armeeuniform (maßgeschneidert in New York) den Weg zur vergoldeten Bühne.

Dort angekommen, öffnete *Officer* Dietrich ein kleines Köfferchen, entnahm ihm Pantoffeln und den Hauch von einem paillettenbesetzten Nichts (maßgeschneidert von Irene) und vertauschte die eine Uniform mit der anderen – vor den gebannten Blicken von zweitausend Augenpaaren. Hormonspiegel schossen in die Höhe. »Die Jungs brüllten«, erinnerte sich Danny Thomas später. Er zog Marlene hinter eine Spanische Wand, und Sekunden später tauchte sie wieder auf – als »der Inbegriff aller Frauen, nach denen sie sich sehnten«. Jack Snyder klimperte auf dem Klavier ein kleines Vorspiel, und Marlene stimmte »See What the Boys in the Backroom Will Have« an – rhetorischer ging's kaum. Jubel und Testosteron brandeten empor, Goldputten erröteten, als Marlene ihre singende Säge auspackte, sich hinsetzte, den glitzernden Fummel bis zu den Oberschenkeln hochschob, lächelte, die Säge zwischen ihre vollkommenen Beine nahm und den Jungs einen Blick auf »das Paradies« (wie Thomas es nannte) gestattete. Das Haus tobte. Sie kam, sägte und siegte.

Gegen Mitternacht, nachdem in der Oper wieder Ruhe eingekehrt war, fand ein Feuerwerk über Gibraltar statt. Marlene und die Soldaten blickten vom Ufer aus »auf die fernen Blitze. Wie sich herausstellte, handelte es sich um das Feuer von Beaufighters der Küstenluftwaffe, die drei deutsche Junker 88 und eine Dornier 217 abschossen«. Es war der letzte deutsche Versuch, die Invasion von Italien zu verhindern.

Marlene gab sich abgeklärt soldatisch: »Das war mein erster richtiger Luftangriff, auch wenn wir zu Hause Übungen gemacht hatten, aber ich empfand überhaupt keine Angst. Ich habe alles vom Balkon eines Freundes aus verfolgt.« Vielleicht war sie so ruhig, weil dieser Freund der Pressezar Lord Beaverbrook war (ein Fan von ihr, der angeblich Kopien aller ihrer Filme besaß) und sie auf dem Balkon mit einem Mitglied der Freien Französischen Truppen Händchen hielt: mit Panzerkommandant Jean Gabin. Das Wiedersehen verdankten die beiden der Tatsache, daß Gabin zufällig dem amerikanischen Offizier John Lodge begegnet war, Marlenes dunkelhaarigem Partner in *The Scarlet Empress*, der Gabin von Marlenes Ankunft in Algier erzählt hatte. Es schien ein gutes Omen für die Zukunft und war in seiner Romantik zweifellos filmreif. Amy Jolly, frisch aus *Morocco*, und *Pépé-le-Moko*, frisch von der Kasbah, blickten hinaus auf das nächtliche Mittelmeer, über dem Sterne und detonierende Bomben leuchteten.

Der Ablauf von Marlenes Show veränderte sich kaum, und das war auch nicht nötig. Ein weiterer Exkollege, Joshua Logan, sah zufällig eine ihrer Vorstellungen, als er für die Jeep-Shows, mit denen er auf Tournee ging, Aufführungsorte besichtigte. »Jemand sagte mir, ich müßte abends unbedingt die Show in der Oper sehen«, erinnerte er sich. »Dort drängten sich die GIs in voller Montur ... mit ihren Waffen, ihren Wasserflaschen, mit allem. Dann begann das Orchester zu spielen, und die Dietrich schlenderte auf die Bühne in ihrem sogenannten ›nackten Kleid‹. Es war mit Flitter besetzt, aber zwischen dem Flitter schimmerte es rosafarben – es sah aus, als wären die Pailletten auf den nackten Körper genäht. Dann breitete sie die Arme aus, und die Männer stießen ein animalisches Geschrei aus, fünf oder sechs Minuten lang. Sie brüllten und schrien a-a-a-a-h-h-h. Es war phantastisch, das zu sehen; die Jungs waren völlig weg. Und Marlene ging ganz darin auf. Sie stand nur da und ließ sich davon tragen.«

Kein Schauspieler ist gegen so etwas immun. Dieser Rausch ist die Sucht jedes Entertainers. Es gibt kein Medikament, keine Impfung dagegen, und wenn es sie gäbe, würde keiner sie nehmen: Nur *wegen* dieses Hochgefühls stehen sie dort oben. Das Brüllen und die A-a-a-h-h-hs sind Daseinsberechtigung, Bestätigung, Zuspruch. Die Sehnsucht des Publikums, die Marlene stillte, weckte in ihr einen Traum, der nach einem Jahrzehnt der Unentschlossenheit das große Finale ihres Berufslebens bestimmen würde. Jetzt gab ihr der Jubel die emotionale Kraft, um die Härten auf sich zu nehmen, gab ihr die Energie, die schweißtreibende Arbeit durchzustehen.

Unmittelbar darauf wurde ihre Show um ein neues altes Lied erweitert. Entstanden war es 1915, während des Ersten Weltkriegs, wurde aber in den dreißiger Jahren von einem überzeugten Nazi namens Norbert Schultze neu vertont. »Lili Marlen« hatte die deutschen Truppen begeistert, bis die melancholischen Strophen angesichts der Niederlage in Stalingrad eine neue Bedeutung erhielten und Goebbels das Lied verbot. Das allein hätte genügt, um es Marlene ans Herz zu legen (ebenso wie der Titel).

»Lili Marlen« war das Lied eines Mannes, eines Soldaten, über sein Mädchen »vor der Kaserne, vor dem roten Tor«. (John Steinbeck nannte es »das schönste Liebeslied aller Zeiten«). Es war ein Lied, das die Fronten überquerte, und nichts verdeutlichte eindringlicher, daß Marlenes Krieg die politischen Fronten transzendierte. Sie war Amerikanerin, aber sie war gleichzeitig Deutsche, und auf welcher Seite auch immer Blut vergossen wurde, es war stets eine Tragödie.

Wie ungemein komplex und tief ihr Engagement war, zeigte sich in

Nordafrika in einem dramatischen Augenblick, der völlig ohne Vorwarnung kam. Marlene machte eine Rundfunksendung für den Militärsender, bei der sie auch »Lili Marlen« singen sollte. Plötzlich rief sie ins Mikrophon: »Jungs! Opfert euch nicht! Der Krieg ist doch Scheiße, Hitler ist ein Idiot!« Verblüfft hörte der Armeesprecher, wie sie auf deutsch »Lili Marlen« anstimmte, riß ihr das Mikrophon aus der Hand und erinnerte sie mit scharfen Worten daran, daß dies eine englische Sendung für *amerikanische* Truppen war. Das stimmte zwar, aber die Funkfrequenzen kannten keine Grenzen, ebensowenig wie Marlenes Überzeugungen und Sympathien, und »Lili Marlen« sollte sie wie eine persönliche Hymne bis an ihr Lebensende begleiten.

Jetzt begleitete es sie auf Lazarettbesuchen an der Front. Sie beschrieb diese Erfahrung dem jungen Leo Lerman, der damals für *Vogue* arbeitete. »Ich betrete ein Zelt. Es ist ziemlich dunkel im Zelt, richtig finster, hier und da fällt ein Lichtstrahl herein, und durchschneidet die Dunkelheit … Entsetzliche Stille … Eine Krankenschwester sitzt reglos da, wartet, falls sie gebraucht wird … nichts bewegt sich. Und dann die Reihen von Betten. Darin liegen die Jungs, sie schlafen oder sind bewußtlos. Neben jedem Bett ragt eine Stange empor, und daran hängt ein Behälter – ein Behälter mit Blut. Die einzige Bewegung im ganzen Zelt … das einzige Geräusch im ganzen Zelt ist das Blut, das blubbert … die einzige Farbe im ganzen Zelt ist die Farbe des Bluts. Und du stehst da, und Leben rinnt von den Behältern in die Jungs. Du siehst, wie es in sie rinnt. Du hörst es … Die Tatsache, daß du Propaganda machen mußt, um es zu bekommen, daß du darum betteln mußt … das ist das Erstaunliche … Ich denke an die großen Dinge und an all die kleinen Dinge – was die verwundeten Jungen mit ihren Engelsgesichtern in den Krankenhäusern sagten: ›Da drüben liegen ein paar Nazis. Es geht ihnen schlecht. Bitte, gehen Sie zu ihnen rüber und sprechen Sie mit ihnen. Sie können doch deutsch.‹ Und ich gehe zu den Nazis, ganz jung sind sie. Mit ausdruckslosen Gesichtern sehen sie mich an und fragen: ›Sind Sie wirklich die Marlene Dietrich?‹«

Ja, das war sie.

Ende Mai drangen die Truppen der Alliierten immer weiter nach Italien vor. Marlene flog von Algier nach Neapel, wo sie und ihr Ensemble zweimal am Tag für die 12. und 15. Air Force auftraten; sie flogen zu den

Stützpunkten und verließen sie am selben Tag wieder. Dann ging es nach Sardinien, nach Korsika, nach Anzio. Dort schoß ihnen das Adrenalin durch den Körper, als sie im Jeep in die Stadt einfuhren, dicht hinter der 5. Armee, die am 22. Mai aus dem Brückenkopf zum Angriff überging und sich mit den Verteidigern vereinigte, welche seit Ende Januar dort festsaßen.

Sie war die erste Entertainerin, die bei den Alliierten in Anzio auftrat. Nachmittags um zwei sang sie auf einem von Granaten übersäten Strand, bevor sie auf einen Jeep sprang und den Soldaten bei ihrem triumphalen Einzug in Rom folgte. Die Befreiung der Ewigen Stadt, sagte sie, war »wie ein Osterparade ... Die Jungs warfen mit Zigaretten und Schokolade um sich.« Sie verlängerte ihre Tournee durch Italien um zwei Wochen und verbrachte einen Teil der Zeit in einem italienischen Krankenhaus in der Hafenstadt Bari. Aber nicht, um für die Verwundeten zu singen – sie war dort auf Anweisung der Militärärzte. Die ständigen Halsschmerzen, mit denen sie zwei- bis viermal am Tag auf die Bühne getreten war, hatten sich zu einer viralen Lungenentzündung ausgeweitet.

Sie erhielt eine Sonderzuweisung des 1943 neu entwickelten Penicillins, das ihr vermutlich das Leben rettete. Dem Erfinder des Medikaments, Sir Alexander Fleming, dankte sie überschwenglich und auf praktische Weise: Wann immer sie konnte, ließ sie ihm körbeweise Eier zukommen, um seine mageren Kriegsrationen aufzubessern, und legte ihm außerdem sein Horoskop bei. Fleming seinerseits überreichte Marlene eine Probe der, wie er sagte, ursprünglichen Pilzkultur, mit der er 1928 seine damals unbeachtet gebliebene Entdeckung gemacht hatte. Sie ließ die Kultur rahmen und hängte sie später an eine Wand in der Park Avenue.

Ihr erster Einsatz – Nordafrika, Sizilien, Korsika, Italien – fand ein dramatisches Ende. Während sie vor 20 000 alliierten Soldaten sang, wurde ihr ein Zettel überreicht. Mitten im Lied brach sie ab und verlas die Botschaft, auf die die halbe Welt wartete: Die Alliierten waren in der Normandie gelandet. Es war der 6. Juni 1944.

Sie weinte.

Marlene und ihr Ensemble wurden nach New York zurückbeordert. Noch während sie sich von der Lungenentzündung erholte, machte sie deutschsprachige Aufnahmen amerikanischer Popsongs, die über die feindlichen Linien hinweg ausgestrahlt werden sollten. Solche Programme waren ein übliches Propagandamittel auf beiden Seiten des »Westwalls«; und so trat Marlene in Konkurrenz zu Goebbels, der in die entgegengesetzte Richtung sendete. »Lili Marlene« erzählte von Liebe und Sehnsucht, während der Propagandaminister der Nazis mit einem bösartigen Repertoire aufwartete. In Deutschland selbst war Jazz als »entartet« verboten, doch Goebbels unterhielt seine eigene Jazzband, die bis Kriegsende Swing in die entlegensten Ecken der Welt trug. Nazilyriker dichteten amerikanische Hits wie Cole Porters »You're the Top« um:

> You're the Top
> You're a German flyer,
> You're the Top,
> You're machine gun fire ...

»You're Driving Me Crazy« erhielt einen gehässigen Dreh, der typisch war:

> Jews
> Were the ones who were near me,
> To cheer me
> When I needed Jews ...

Das Abhören feindlicher Kurzwellensender war im Reich ein Kapitalverbrechen, auf das die Todesstrafe stand. Nun sollten Marlenes Lieder im Radio ausgestrahlt und nachts mit Lautsprechern zu den feindlichen Linien gesendet werden. Hits wie »Taking a Chance on Love« und »Time on My Hands« sprachen mehr das Herz an als die Politik, und sie waren um so wirkungsvoller, weil sie keine rhetorischen Botschaften enthielten und weil Weltschmerz in Marlenes Stimme mitschwang: eine Deutsche, die die Deutschen auf deutsch umwarb.

Bis nach Kriegsende wurden diese Aufnahmen geheimgehalten. Doch auch in New York leistete Marlene Propaganda-Arbeit: Sie sprach sich gegen die amerikanische Gleichgültigkeit aus. Ihre sonst so einschmeichelnde Stimme konnte mahnend und sogar schneidend klingen.

»Die Menschen hier müssen erfahren, daß das, was wir hier tun, nicht genügt«, betonte sie in dem fünfzehnstündigen Interview, das sie Leo

Lerman für *Vogue* gewährte. Ihre Kleidung war ein politisches State-
ment: Sie trug zur Sonnenbräune von Anzio eine khakifarbene GI-Uniform und zündete ihre Zigaretten mit einem GI-Feuerzeug aus Flug-
zeugmetall an. Lerman fand sie »komisch, auf die Art der Komiker, die
ausgebeulte Hosen tragen, mit ihrem dröhnenden Lachen, das ihren
Freunden so gefällt«. Aber Marlenes Kampagne gegen Apathie war
keineswegs komisch. »Amerikanische Soldaten haben etwas, das man
nicht erklären kann«, sagte sie. »Sie sind so dankbar, so erschütternd
dankbar für alles, selbst für den Besuch einer Filmschauspielerin.«

Und Marlene war ebenfalls dankbar. Die GIs setzten immer Himmel
und Hölle für sie in Bewegung; sie schmückten Zelte mit frischen Rosen, die sie in Tarnnetze flochten, bemalten Straßenschilder mit Pfeilen
und der Ankündigung »Dietrich here today«, damit vorbeifahrende
Jeeps und Konvois von ihren Auftritten erfuhren – manchmal nur durch
einen Pfeil und die Konturen bestrumpfter Beine; das genügte. Wenn
der Strom ausfiel, funkelten Marlenes Pailletten im Taschenlampenlicht
der GIs, und eines Nachts fand sich exotischerweise eine Orchidee
für eine Show an der Front. »Wir waren damals glücklicher«, seufzte sie
ein halbes Jahrhundert später mit heiserer, zärtlicher Stimme, voller
Nostalgie.

»Von allen Soldaten, denen ich begegnet bin«, erzählte sie, »waren die
GIs die tapfersten. Tapferkeit fällt nicht schwer, wenn man seine Heimat verteidigt«, doch dies waren »einsame Männer, die in der Fremde
kämpften ... Weil es ihnen befohlen worden war, ließen sie sich die Augen und das Gehirn aus dem Kopf schießen, den Körper verstümmeln,
die Haut verbrennen. Sie ertrugen den Schmerz und die Verwundungen,
als würden sie für ihre eigene Heimat kämpfen und sterben. Daher waren sie die Tapfersten.«

Der Zweite Weltkrieg hatte tiefgreifendere Folgen für die Frau, als der
Erste für das Kind gehabt hatte. Die Göttin wurde zur leibhaftigen Geliebten, Mutter, Schwester, Lehrerin, Vertrauten, zum Gewissen: zum
Inbegriff der Frau. Sie sprach von »ihrem Krieg«, und da sie mehr Zeit
als jeder andere Entertainer – ob männlich oder weiblich – an der Front
verbrachte, ging sie in die Geschichte dieses Kriegs ein, ebenso wie der
Krieg ein wichtiger Teil ihrer eigenen Geschichte wurde: Er bedeutete
einen Wendepunkt, gleichzeitig Gipfel und Vorahnung auf Kommen-
des. Marlene konnte die Bilanz aus ihrer Vergangenheit ziehen und sich

gleichzeitig – ohne jede fremde Hilfe – eine Persönlichkeit für die Zukunft aufbauen, die zwar noch in weiter Ferne lag, sich aber gewiß nicht auf Hollywood beschränken würde.

Paris. Die Stadt des Lichts wurde am 25. August 1944 von de Gaulle und Leclerc befreit, während in New York die Albernheiten von *Kismet* Menschenmengen anlockten. Danny Thomas wurde durch Freddie Lightner ersetzt, und dann bestiegen Marlene und ihr Ensemble wieder ein Transportflugzeug, das sie über den Atlantik brachte. Sie führten ihre Show bei den Zwischenaufenthalten in Labrador, Grönland, Island und England vor und kamen Mitte September in Paris an, wo Marlene »ihren Triumphbogen« und einen alten Freund wiedersah. Generäle hatten Paris befreit; das Ritz hatte ein Schriftsteller befreit.

Ernest Hemingway war Kriegsberichterstatter für *Collier's*. Er war noch mit Martha Gellhorn verheiratet, aber die Gellhorn war, im Gegensatz zu Mary Welsh, weder in Paris noch im Ritz. Er und die *Time*-Korrespondentin begrüßten Marlene – »the Kraut« – in der Ritz-Bar in der Rue Cambon. Georges der Barkeeper mixte seine legendären Martinis und ließ Cognac und Champagner fließen, vor allem für »Papa« (wie Marlene Hemingway nannte), der auch die Weinkeller des Ritz befreit hatte.

Hemingway bezeichnete die kleine Mary Welsh als seine »Taschenvenus«, aber die »Blonde Venus« zeigte sich nicht beeindruckt. »Papa« hielt Remarque für »minderwertig«; »the Kraut« hielt die Schreiberin mit den kurzgeschnittenen Haaren für »steif, förmlich und nicht sehr begehrenswert«. Die Welsh war großzügiger und sagte, Marlene sei »in ihrer Khaki-Uniform und dem gestrickten khakifarbenen Helmpolster ebenso verführerisch ... wie in den durchsichtigen Paillettenkleidern«. Vielleicht war Mary Welsh erleichtert, an Marlene nichts zu entdecken, mit dem »sie ihre Umgebung beeindrucken« wollte. Sie »war eine Geschäftsfrau, die sich um jeden einzelnen Punkt ihres Programms kümmerte, vom Transport bis zur Unterbringung, mit der Größe der Bühnen und Säle, mit der Beleuchtung und den Mikrophonen. Das Showgeschäft schien ihre Religion.«

Doch Marlenes Religion war Hemingway. »Er war der Papst meiner persönlichen Kirche«, sagte sie, und daß dieses Kirchenoberhaupt seiner Venus nachstellte, konnte sie sich »nicht erklären« – und sie konnte es auch nicht billigen. Denn sie war sicher, daß die Welsh »Papa« nicht

liebte. Trotzdem gestattete sie ihm, ihr die Rolle des Amor vom Ritz zu-
zuweisen, und trug als päpstliche Abgesandte Bullen hin und her, als er
sich betrunken hatte und unpäpstlich geworden war und die Welsh
geschlagen hatte, die davonstürzte und ihn als »jämmerlichen, fetten,
hirnlosen Feigling« beschimpfte.

Marlene überbrachte nicht nur Hemingways Entschuldigung, sondern auch seinen Heiratsantrag. »An dem Tag habe ich ihm keinen
besonders guten Dienst erwiesen«, meinte sie später – vielleicht, weil
ihre diplomatische Mission so erfolgreich war. Als die drei abends im
Ritz dinierten, nahm die Welsh den Antrag an.

Marlene ging zurück in den Krieg, in das kürzlich befreite Belgien und
nach Holland, doch die deutsche Ardennenoffensive hinderte sie vorerst
daran, heimatlichen Boden zu betreten. Der Vormarsch der Alliierten
wurde unter immensen Verlusten aufgehalten. Remarque hatte einmal
zu Marlene gesagt: »Mut heißt, die Flucht nach vorne anzutreten«, aber
hier, an der blutigen Grenze zu ihrer Heimat, war ihr die Flucht nach
vorne verwehrt, und als öffentlich gebrandmarkte Feindin ihrer früheren
Landsleute empfand sie Angst – mehr als je zuvor in ihrem Leben.

Der Trost, den der Calvados spendete, war süß; weniger süß war es,
den Alkohol umgeben von Dieseldämpfen und Rauch sofort wieder von
sich zu geben. Darauf folgte mehr Calvados, um den Rest des ersten
Schlucks unten zu halten, um Kopf und Hände zu wärmen, um zu ölen,
was gerade geschmiert werden mußte, um weitermachen zu können.

Von der hart umkämpften Pattsituation an der Westfront wurde sie
nach Paris zurückgeschickt, wo sie wieder den schreibenden Turteltau-
ben begegnete. Marlenes Mißbilligung gegenüber dieser Affäre schwand
ein wenig, als sie erfuhr, daß Hemingways Sohn Jack im Oktober 1944
verwundet und von den Deutschen gefangengenommen worden war.
Sie reagierte mit Galgenhumor und beschwichtigte ihre und seine Ängste, indem sie ihr eigenes Begräbnis (das sie damals sehr beschäftigte) als
»Produktion« entwarf, die der MGM zur Ehre gereicht hätte.

Mary Welsh erinnerte sich später, »das Programm« sei »alles andere
als trübsinnig« gewesen.

»Notre-Dame am Spätnachmittag; flackernde Kerzen erleuchteten
die Szene. Eine Ecke der Kathedrale sollte durch einen Vorhang abgetrennt sein.

›Für deine Mädchen?‹ fragte Ernest …

›Was glaubst denn du, Papa?‹«

Rudi sollte Reiseführer, Conférencier, Platzanweiser, Majordomus und Bestattungsunternehmer sein; er würde die Freunde, die Geliebten und die Bewunderer begrüßen.

»Genug, um die ganze Kirche zu füllen?« fragte Mary Welsh.

»Wer weiß, Liebste? Die Kathedrale ist ziemlich groß, oder?« antwortete Marlene und zählte im Kopf die Sitzreihen.

Zu den Trauergästen gehörte Douglas Fairbanks jr., in Marineuniform mit einem Trauerkranz des englischen Königs unter dem Arm. Gary Cooper, James Stewart und John Wayne würden in Cowboystiefeln erscheinen, während Jean Gabin im Trenchcoat schmollend an der Kirchenpforte lehnte, eine Kippe zwischen den Lippen. Remarque, melancholisch und geistesabwesend, würde zur falschen Zeit in der falschen Kirche zur falschen Beerdigung eintreffen. Die Liste nahm kein Ende.

»Diese Show wird nie stattfinden«, meinte Hemingway. »Du bist unsterblich, Kraut.«

Das war sie nicht, und sie wußte es. Witze über den Tod halfen über die Angst hinweg. Oder wenn sie Hemingway etwas vorsang, während er sich im Ritz rasierte und sie auf dem Badewannenrand oder dem Toilettendeckel hockte, »Lili Marlen« oder eines der Lieder, die sie für die OSS aufgenommen hatte. Hemingway fiel ein und bemühte sich, seine Stimme höher und heller als ihre klingen zu lassen.

Marlenes Humor rettete eine verfrühte Weihnachtsfeier 1944, nach der Hemingway und sie sich trennten, um an die Front zu gehen. Ihr Geschenk für das schreibende Paar war von guten Wünschen begleitet. »Papa« fand es »ebenso nützlich wie schön« – es war das Doppelbett aus ihrem eigenen Zimmer im Ritz, das Mary Welshs Einzelbetten ersetzen sollte.

Das Möbelstück wurde von zwei Packern transportiert: einem Filmstar und einer Kriegsberichterstatterin. Sie schleppten die Matratzen und Sprungfedern von einem Zimmer zum anderen, während das empörte Ritz-Personal mit bebenden Nasenflügeln zusah. *Toujours l'amour* wünschen wir Ihnen, stimmten die beiden Damen an.

Hemingway fuhr an die Front, und Mary Welsh hatte das Bett für sich. Marlenes Geschenk war freundlich gemeint, hatte aber ein Eigenleben: Es war mit Krätze befallen, der man mit Benzylbezoat zu Leibe rücken mußte. Die »Taschenvenus« war allergisch dagegen – und fragte sich im stillen …

Marlene erzählte jahrelang gutgelaunt von ihren eigenen Erfahrungen mit Ungeziefer, verwandelte die Sache in eine ihrer derberen Nummern im Stil des »Beerdigungsprogramms« oder ihrer berühmt gewordenen trockenen Antwort auf die Frage, ob sie mit Eisenhower geschlafen habe: »Aber mein Lieber, Ike war doch nicht an der Front.« Diese Anekdoten baute und schmückte sie aus, ebenso wie die Geschichte mit dem jungen Soldaten, den sie nach einer Show in ihr Zelt bat. Statt einer Kostprobe der »Lili Marlen« erhielt er eine ernüchternde Lektion darüber, wie man Filzläuse loswird.

Filzläuse gehörten zur Realität, genauso wie die Ratten, die Kälte, die K-Rationen und Konfrontationen mit dem Feind aus der früheren Heimat. Das Weihnachtsfest nach ihrem dreiundvierzigsten Geburtstag verbrachte sie damit, die 99. Armee in der Nähe von Bastogne im Zentrum der Ardennenoffensive zu unterhalten. Hitler hatte Truppen von der zusammenbrechenden Front im Osten abgezogen, um die Alliierten zurückzuwerfen, die mittlerweile auf deutschem Boden standen. Die Zahl der Verwundeten stieg auf 60 000, von denen fast 7000 nie in ihre Heimat zurückkehren sollten.

Das waren harte Tage und Nächte: eisige Kälte und Frostbeulen, deretwegen ihre Hände später im Rampenlicht immer blau anliefen; Schlafsäcke auf steinhart gefrorenen Böden oder in rattenverseuchten Ruinen; ein vierwöchiger Anfall von »Durchmarsch«, so daß sie mitten in der Show von der Ladefläche des Lasters verschwinden mußte, um dem Ruf der Amöben zu folgen. Sie wusch Gesicht, Haare und Unterwäsche in Schnee, den sie im Helm schmelzen ließ; sie trank Calvados und erbrach ihn wieder. Sie riß Witze und sang und spielte die singende Säge, trug Pailletten auf Nichts bei Temperaturen unter dem Gefrierpunkt, lieferte Visionen des »Paradieses« und gab mit klappernden Zähnen vor, Gedanken zu lesen. (»Es ist nicht schwer, die Gedanken eines in Übersee stationierten GI zu lesen.«)

Als die 3. Armee immer weiter auf deutsches Gebiet vordrang, wuchs die Gefahr für ihre Person. »Ich habe keine Angst vorm Sterben«, erzählte sie den Generälen, »wohl aber davor, gefangengenommen zu werden.« Im Wald von Hürtgen erhielt sie von General Omar Bradley den Befehl zurückzubleiben. Sie umgarnte ihn, bis sie ihn umgestimmt hatte, allerdings unter der Bedingung, daß sie sich dem Schutz von zwei Leibwächtern anvertraute, wenn sie mit den vorrückenden Truppen deutschen Boden betrat. Vor Nancy überreichte General George Patton ihr nachts einen Revolver mit Perlmuttgriff. »Er ist klein, aber er tut seine Wirkung«, sagte er und ließ keinen Zweifel daran, daß sie sich mit der Waffe notfalls selbst erschießen konnte. Sollte sie gefangengenommen werden, würde ihr wegen ihres Propagandawerts und weil sie ein Offizier der amerikanischen Armee war, vermutlich Schreckliches bevorstehen. »Sie werden mich kahlscheren, steinigen, von Pferden durch die Straßen schleifen lassen« oder, schlimmer noch, »mich zwingen, im Radio zu sprechen«. Und Dinge zu sagen, die sie nicht sagen wollte.

Die Tage und Nächte waren erfüllt vom Schlamm und Dreck – und dem ständigen Versuch, die Flucht nach vorne anzutreten und selbst in dieser Situation reizvoll zu wirken. Die Gefahr für ihre eigene Person konnte sie ertragen, doch jeder Schritt brachte sie Berlin und ihrer Mutter ein Stück näher. Die ganze Zeit über hatte sie, um ihre Shows überhaupt fortsetzen zu können, nicht darüber nachgedacht, welche Konsequenzen ihr Handeln für ihre Familie in Berlin haben könnte. Mittlerweile wußte jeder von den KZs und den Vergeltungsmaßnahmen. Um die Fahnenflucht deutscher Soldaten zu unterbinden, hatte Himmler im November verkündet, daß es schlimmste Folgen für ihre Familien nach sich ziehen würde, wenn sie desertierten. Die nächsten Verwandten würden auf der Stelle erschossen – falls noch jemand da war, der erschossen werden konnte.

Marlene hatte keine Ahnung, wo sich ihre Mutter und ihre Schwester befanden, aber sie wußte, was in Berlin vor sich ging. Im Winter 1944/45 war die Hauptstadt ständig Bombenangriffen ausgesetzt gewesen und wartete auf das Ende. Hitler tobte in seinem Bunker unter der Wilhelmstraße und suchte wie ein Wahnsinniger astrologische Tabellen nach Hinweisen ab, wie der Zusammenbruch abgewendet werden konnte oder – falls dies nicht möglich war – wie er ihn am besten vorantreiben konnte.

Marlene wurde immer wieder in verschiedenen Frontabschnitten eingesetzt, einmal befand sie sich in Belgien, dann wieder in Frankreich. Oft wußte sie selbst nicht genau, wo sie gerade war; die Frontlinie rückte vor, wich zurück, zerfiel, sammelte sich wieder und rückte weiter vor. Und dann war Marlene in Deutschland. Zuerst in Stolberg, dann in Aachen, an der Grenze zu Frankreich, Belgien und Holland. Sie betrachtete die Ruinen eines Landes, das sie seit 1934 nicht mehr gesehen hatte, und sagte einem Berichterstatter mit eiserner Resignation, die ihr den Rest ihres Lebens vorgehalten werden würde: »Wahrscheinlich verdient Deutschland alles, was jetzt auf es zukommt.«

In Aachen spielte sie in einem zerbombten Lichtspielhaus vor Soldaten, die an den Offensiven bei Remagen und Orten weiter östlich und südlich teilnehmen sollten. Sie bekam Läuse, wurde sie wieder los, sang »Lili Marlen«, machte sich zwischen Trümmern, in Warteschlangen und in Krankenhäusern als Dolmetscherin nützlich und nahm mit Verachtung zur Kenntnis, wie apathisch die Deutschen die Niederlage hinnahmen und wie sie Marlenes Disziplin bewunderten. »Wenn sie einen Funken Ehre im Leib hätten«, sagte sie, »würden sie mich hassen.« Doch als gute Deutsche nahmen sie Befehle entgegen, starrten Marlene an und fragten sich, ob diese Kriegerin in Knobelbechern und Helm wirklich die Lola Lola mit den Seidenstrümpfen und Strumpfbändern sein konnte.

Im Spätwinter wurde sie nach Paris zurückbeordert, um die Frostbeulen und die Grippe auszukurieren, die sie sich in den Ardennen geholt hatte. Der *American Theater Wing* eröffnete im März seine Pariser Variante der *Stage Door Canteen* auf den gerade befreiten Champs-Élysées mit drei Gala-Abenden; diese Veranstaltungen beschworen das Paris der Vergangenheit herauf und ließen das Paris der Zukunft ahnen. Alle großen Namen waren vertreten: Molyneux, LeLong, Lanvin. Internationale Berühmtheiten, Generäle und Admirale und französische Filmstars versammelten sich zu diesem Ereignis.

Marlene und ihre Freunde Maurice Chevalier und Noël Coward traten bei allen drei Galas auf, ebenso wie die Sopranistin Grace Moore. Chevalier sang »Mimi« mit einer Baskenmütze und einem karierten Halstuch; Coward trug einen Anzug von Savile Row, sang von »Mad Dogs and Englishmen« und empfahl in einem sarkastischen Lied, den Deutschen gegenüber Nachsicht zu üben. Marlene schwärmte von »Boys in the Backroom« und Lili bei der Laterne, war mit einem Eisenhower-Jackett und einem Rock aus Silberlamé bekleidet und verblüffte sogar ihren alten Kumpel Coward mit ihrer Fähigkeit, sich auf der Bühne zu behaupten – neben ihm.

Das Publikum überschüttete sie mit Champagner und Blumen, während Grace Moore eher ignoriert wurde. Glamour-Girls gingen ihr gegen den Strich, und hinter Marlenes Rücken streckte sie ihr die Zunge heraus, auf der Bühne. Marlene war zu sehr damit beschäftigt, sich zu verbeugen, um zu bemerken, daß die Diva von der Bühne rauschte und sich hinter den Kulissen übergab.

Auf der Tanzfläche wurde Marlene von Soldaten bedrängt und schrie: »Aber was wollt ihr von mir?«, was laut *Life* »alle möglichen Antworten provozierte«. Um die erhitzten Gemüter zu besänftigen und »ihren internationalen Goodwill unter Beweis zu stellen«, willigte sie ein, für jede der alliierten Nationen einen Kuß entgegenzunehmen.

Es war beinahe vorüber. Später baute sie in ihre Legende ein, sie habe am 8. Mai 1945 schluchzend zugehört, wie de Gaulle im Radio das Ende des Kriegs verkündete, während Jean Gabin an ihrer Seite stand. Doch er besichtigte an diesem Tag die Ruinen von Hitlers Unterschlupf bei Berchtesgaden und suchte mit anderen französischen Soldaten vergeblich nach Reichsmarschall Göring, der sich einem Prozeßtermin in Nürnberg entziehen wollte.

Marlene war ebenfalls nicht in Paris. Amerikanische Besatzungstruppen säuberten den Süden und Westen Deutschlands, und Marlene war mit ihnen in Bayern. Sie hatte Offizieren der amerikanischen Armee, die sich in München mit Leclerc trafen, so lange zugesetzt, bis sie schließlich einige Tage vor Kriegsende erfuhr, daß Gabin ebenfalls in dieser Gegend stationiert war. Sie bat um Erlaubnis, mit französischen Soldaten »fraternisieren« zu dürfen – was man ihr gestattete. Dies wurde an Gabins Führungsoffizier Daniel Gélinet weitergeleitet, der als Franzose Sinn für Romantik hatte.

Während einer Truppenschau der 2. Französischen Panzerdivision in Landsberg am Lech, die de Gaulle persönlich vornahm, tauchte Marlene in ihrer Uniform und ihren Turnschuhen auf, lief die Panzerreihen entlang und schrie: »Jean! ... Jean!« Als die Männer eine weibliche Stimme den nicht eben seltenen französischen Vornamen rufen hörten, wandten sich viele Augenpaare von de Gaulle ab, doch selbst er muß die Identität dieses »Jean« gekannt haben. Marlene rannte zu Gabins Panzer »Souffleur II«, und ihr harter Kerl, ihr »Kind«, begrüßte sie mit einem »Verdammt noch mal, was machst *du* denn hier?«

»Ich will dir einen Kuß geben«, erklärte sie, und den Worten folgte die Tat. Es war reiner Zufall, daß mit diesem Kuß der Krieg zu Ende ging.

Eine erstaunliche Nachricht traf im Münchner Hauptquartier der US-Armee ein. Als die Alliierten immer weiter nach Osten vordrangen, wurden nach und nach die Konzentrationslager befreit, und das Grauen der »Endlösung«, die entsetzlichen Greueltaten kamen an den Tag. Als eines der ersten KZs wurde Mitte April Bergen-Belsen von britischen Soldaten befreit. Und dort war eine Frau, die sich als Marlenes Schwester ausgab.

Sieben Jahre waren vergangen seit Lausanne, als Marlenes Familie sich geweigert hatte, Nazi-Deutschland zu verlassen. In dieser Zeit hatte sich Belsen von einem »Erholungslager« der SS für Gefangene aus Holland und wohlhabende Juden, die sich möglicherweise freikaufen konnten, in ein Vernichtungslager für KZ-Häftlinge aus Auschwitz verwandelt. Fast einhunderttausend Männer, Frauen und Kinder wurden an diese Stätte des Todes gebracht; achtundzwanzigtausend von ihnen waren so entkräftet, daß sie noch *nach* der Befreiung des Lagers starben. Zwei Monate zuvor, im März, war ein junges jüdisches Mädchen namens Anne Frank hier ums Leben gekommen.

Die Nazis hatten aufgehört, die Inhaftierten mit Essen und Wasser zu versorgen, und Belsen einfach den Briten überlassen. Die Truppen entdeckten in dem Lager, in dem eine Typhusepidemie wütete, Anzeichen von Kannibalismus. Militärärzte errichteten Krankenhäuser und beschafften Tausende von Betten für die Opfer, die weiterhin starben, fünfhundert am Tag. Ein amerikanischer Fernmelde-Offizier betrachtete eine Grube, zehn Meter breit, achtzehn Meter lang, drei Meter tief, in der fünftausend Leichen verwesten. Er murmelte: »Guter Gott guter Gott guter Gott ... und das wiederholte ich immer wieder, weil ich nichts anderes denken konnte.«

Die Nachricht, daß Elisabeth in Belsen sein könne, war beunruhigend – und rätselhaft. General Omar Bradley ordnete an, Marlene mit einem Militärflugzeug sofort von München zu dem kleinen Fliegerhorst Faßberg zu bringen. Dort wurde sie am Tag nach Kriegsende mit einem Militärjeep achtzig Kilometer durch Ruinen nach Belsen gefahren.

Der stellvertretende Kommandant des Lagers, Captain Arnold Horwell von der britischen Armee, hatte sein Büro im früheren Wehrmacht-

Hauptquartier in Belsen eingerichtet. Horwell war ein Berliner Jude, der zur britischen Armee gegangen war, und trotz seiner persönlichen Erfahrungen gelang es ihm dank seines Humors, sich von dem Grauen nicht überwältigen zu lassen. Wenn jemand eine Bemerkung über seinen starken Berliner Akzent machte, erzählte er, wie er 1938 aus Nazideutschland nach England geflohen war und seinen Namen von Horwitz zu Horwell umgeändert hatte. »Ich ging nach England und verlor meinen ›Witz‹«, pflegte er zu sagen, »aber ›all's well that ends well‹.« (Ende gut, alles gut.) Der junge Doktor der Volkswirtschaft konnte lachen – trotz seiner persönlichen Tragik: Seine Eltern waren im Lager Theresienstadt umgekommen.

Jetzt kümmerte er sich um die Überlebenden, die in ihre Heimat zurückgeschickt werden sollten – auch in Länder, deren Regime versucht hatten, sie auszulöschen. Er machte es sich zur Aufgabe, diese Rückführungsbefehle aufheben zu lassen; und es gelang ihm.

Captain Horwell, der stellvertretende Kommandant des Lagers, wurde von einem Burschen bei der Arbeit unterbrochen, der ihm mürrisch mitteilte, ein amerikanischer Offizier, angeblich »General Omar Bradleys Fahrer«, wünsche ihn zu sprechen.

»Schicken Sie ihn rein«, sagte Captain Horwell.

»Es ist ein weiblicher Offizier«, grunzte der Bursche.

»Dann schicken Sie *sie* rein«, befahl der Captain.

Der Berliner Brite war verdutzt. Er kannte »General Omar Bradleys Fahrer« von der Leinwand, »das unverkennbare Gesicht«, wie er es später nannte, das jetzt von einem Militärhelm gekrönt wurde, unter dem blonde Locken hervorlugten. Marlene trug eine Felduniform und meldete sich knapp als »Captain Dietrich«.

Ihre Schwester und ihr Schwager seien in Bergen-Belsen entdeckt worden, erklärte sie, und sie wollte wissen, was sie für die beiden tun könne. Captain Horwell hörte sich ihre Nachfrage voll Mitleid und Sorge an, denn er kannte Elisabeth und Georg Will sehr wohl. Auf aggressive Art und Weise hatte Herr Will klargestellt, er habe Verbindungen zu jemandem im amerikanischen Heer; zu einer Person (wie Will betonte), die großen Propagandawert besitze. Niemand hatte vermutet, daß diese »Verbindung« bald angeflogen kommen würde.

Die Wills waren keine Häftlinge gewesen, sondern hatten zu einer Hilfstruppe gehört, die mit der Leitung des Schreckenslagers zusammengearbeitet hatte. Elisabeth und Georg Will wohnten mit ihrem Sohn in einer komfortablen Privatwohnung, besaßen eigene Möbel und eigene Lebensmittelvorräte. Georg Will war Truppenbetreuungsoffizier der Wehrmacht gewesen und hatte als solcher ironischerweise die deutschen Soldaten auf ähnliche Weise unterhalten, wie Marlene es nach wie vor für die Alliierten tat. Ihm hatten die Kantine, das Belsener Wehrmachtskino für die Lagerleitung sowie ein zweites kleines Kino für deutsche Truppen im nahe gelegenen Fallingbostel unterstanden.

Die Wills nahmen die Befreiung des Lagers durch die Briten mit gemischten Gefühlen auf. Einerseits bedeutete das, daß der Krieg beinahe vorüber war, doch als Angehörige einer Hilfstruppe der deutschen Wehrmacht waren sie Feinde. Bevor Belsen zum Vernichtungslager wurde und nachdem Wills Filmtheater und sein Kabarett in Berlin (wie alle zivilen Theater) im September 1944 auf Anordnung Goebbels' geschlossen worden waren, hatten sie eine Weile in Schutzhaft (und damit in Sicherheit) verbracht. Während der folgenden Zeit des Grauens hatten sie sich dann kooperativ und beflissen gezeigt.

Immerhin hatte Georg Will dem bekannten tschechoslowakischen Schauspieler Karel Stepanek geholfen, sich in Berlin vor den Nazis zu verstecken und 1943 nach London zu fliehen. Später behauptete Will, wegen der Luftangriffe sei es zu gefährlich gewesen, in der Hauptstadt zu bleiben; deswegen sei er mit Frau und Sohn weiter nach Norden gezogen. Doch die Wills waren Teil der mörderischen Maschinerie von Belsen gewesen. Ihr Schicksal als Deutsche, die von den Briten »gefangengenommen« worden waren, war »recht erträglich«, wie Horwell wußte, doch er war stets bestrebt, Härten jeder Art zu lindern oder zu beheben. Mitleid, das hatte er zusammen mit der englischen Sprache gelernt, sollte »grenzenlos« sein.

Horwell ließ die Wills in sein Büro bringen. Elisabeth war krank und mußte zwei Monate mit einer Brustfellentzündung im Krankenhaus in Celle verbringen. Am Tag nach Kriegsende kam Marlenes stets gehorsame ältere Schwester ins Büro des Captain. Ihr Gesicht war vor Aufregung gerötet; sie trug, wie der stellvertretende Kommandant sich später erinnerte, »einen unmöglichen Strohhut, der ihr ständig vom Kopf rutschte«. Horwell bot ihr eine Zigarette an, die sie annahm, doch Feuer wollte sie nicht – sie rauche nicht, erklärte sie. Scharf fragte Marlene, warum sie die Zigarette dann genommen habe. Elisabeth erwiderte daraufhin nicht etwa, daß Zigaretten die Währung der Kriegszeit darstellten, sondern meinte, daß man eine von einem Engländer angebotene Zigarette nicht ablehnen dürfe. »Das wäre unhöflich!«

»Was für eine Welt«, dachte Horwell, in der Höflichkeit wichtiger war als Politik. Er versprach Marlene, alles zu tun, was in seiner Macht stand. Doch das Schicksal der Wills, die zum Lagerpersonal gehört hatten, lag in den Händen der Militärregierung. Marlene war dankbar, und da sie nichts besaß, um sich erkenntlich zu zeigen, bot sie Horwell ein Autogramm an. Er erbat sich eine Zigarette, auf der ein Abdruck ihrer geschminkten Lippen zu sehen war – als Andenken an diese Begegnung, das er seiner Frau Susie mitbringen wollte, die ebenfalls aus Berlin stammte und Jüdin war.

Marlene begriff die entsetzliche Ironie dieses Wiedersehens in Belsen und war entschlossen, auch vor dem Schrecklichsten nicht zurückzuweichen. Sie wollte das Lager Nr. 1 sehen, das Vernichtungslager. Horwell ersparte ihr den Anblick, doch am Abend schrieb er seiner Frau voller Mitleid: »Ich habe ihr so viele Einzelheiten erzählt, daß sie sich fast übergab.«

Marlene verabschiedete sich, denn General Bradley brauchte das Flugzeug. Noch Monate danach blieb sie mit Captain Horwell in Verbindung und hoffte, daß die Presse nicht auf Elisabeth aufmerksam würde. Ihre Briefe unterzeichnete sie immer mit »Liebe Grüße, Marlene«, auch nachdem die Briten Georg Will seine Filmtheater und die Wohnung, die Möbel und die Vorräte weggenommen hatten. Horwell verwandte sich bei seinem Vorgesetzten für die Wills; nicht aufgrund von Wills lautstarken Beschwerden über »ungerechte Behandlung«, sondern wegen des unerschütterlichen Charmes der Frau, die er »die göttliche Marlene« nannte.

Nichts von all dem erschien in der Presse. Wäre darüber berichtet worden, hätte der Leser vermutlich nur erfahren, daß die Wills ihre Pflicht erfüllt hatten, wie so viele andere, die sich für »gute Deutsche« hielten. Marlene empfand für den Rest ihres Lebens erbitterten Haß auf das Dritte Reich; sie erwähnte den Vorfall nie, bezeichnete ihren Schwager im Kreis der Familie aber freimütig als »einen Nazi«. Was Elisabeth betraf, so sprach Marlene in der Öffentlichkeit nie wieder über sie, außer, um ihre Existenz zu leugnen.

Von Elisabeth erfuhr Marlene, daß ihre Mutter sich zuletzt in Berlin aufgehalten hatte und vielleicht immer noch dort war, falls sie die Deutschen und die Russen überlebt hatte. Doch die Wohnung in der Kaiserallee, wo sie seit den zwanziger Jahren gewohnt hatte, war bei den Bombenangriffen der Alliierten zerstört worden. Marlene mußte ihre Suche nach der Mutter aufschieben; noch unterstand sie der amerikanischen Armee und hatte offiziell in Bayern Dienst. Also unterhielt sie weiterhin Truppen in Orten, die sie an ihre Kindheit erinnerten, etwa Garmisch-Partenkirchen, wo sie an einem Wintermorgen, der Jahrhunderte zurücklag, in aller Herrgottsfrüh aus dem Mädchenpensionat ausgebrochen war, um ihrem Filmidol Henny Porten auf der Geige ein Ständchen zu bringen. Nun, im Juli, zog Marlene sich eine Kieferentzündung zu und wurde zur Behandlung nach New York zurückgeschickt. Es war ihr erster Fronturlaub nach fast einem Jahr.

Zusammen mit der Komikerin Lin Mayberry landete sie mit einer Militärtransportmaschine am New Yorker Flughafen Laguardia. Die anderen Passagiere waren GIs, von denen viele das Ende des Krieges in Europa nur überlebt hatten, um nun für das Ende des Krieges gegen Japan zu kämpfen. Am 13. Juli regnete es in Laguardia, und Marlenes Empfangskomitee bestand lediglich aus Rudi. Sie trug noch ihre GI-Uniform und Armeestiefel. Hilflos mußte Rudi zusehen, wie der amerikansiche Zoll den Revolver mit Perlmuttgriff konfiszierte, den General Patton ihr geschenkt hatte.

Mit dem Taxi fuhren sie zum Hotel St. Regis, wo Rudi sich verabschiedete. Marlene überredete den Angestellten an der Rezeption, den Taxifahrer zu bezahlen (und ihm »ein großzügiges Trinkgeld« zu geben), schrieb einen Blankoscheck aus, um Bargeld zu erhalten, und nahm sich eine Suite, wo sie die GIs bewirten konnte, die sie im Flugzeug kennengelernt hatte. Während ihre Gäste badeten, bestellte sie etwas zu essen und zu trinken. Frisch gewaschen und mit vollen Bäuchen zogen die Soldaten schließlich ab. Marlene kümmerte sich um ihren schmerzenden Kiefer und rief Charlie Feldman in Los Angeles an. Ihr Agent und Produzent begrüßte die Heldin und redete nicht um den heißen Brei herum: Er habe kein Geld für sie – weder für das Taxi noch für den Blankoscheck, den sie bei der Rezeption eingelöst hatte; auch nicht für die Hotelsuite oder das Essen und die Getränke. Er habe überhaupt kein Geld für sie und könne auch keines in Aussicht stellen. Ein Jahr hatte

357

Marlene auf dem Schlachtfeld verbracht und mit dem Sold eines Soldaten auf großem Fuß gelebt, war an Lungenentzündung erkrankt, an Frostbeulen, »Durchmarsch«, Grippe und jetzt an einer schweren Kieferentzündung. Sie war krank, und sie war pleite.

Hollywood war für sie erledigt. »Ich war völlig durcheinander«, gestand sie später. »Ich hatte mich bereits eingewöhnt, niedergelassen und war amerikanische Staatsbürgerin geworden. Nun mußte ich mich wieder umstellen, mich wieder eingliedern. ... Ich kam nach Amerika zurück, in ein Land, das nicht im Krieg gelitten hatte, ein Land, das nicht wußte, was seine Soldaten dort drüben auf fremdem Boden durchgemacht hatten. Mein Haß auf die ›sorglosen‹ Amerikaner stammt aus dieser Zeit.«

Sie identifizierte sich sehr stark mit den heimkehrenden GIs und zeigte sich ein Leben lang darüber erbost, daß Bars wie »El Morocco«, wo sie als Berühmtheit gefeiert wurde, GIs ohne Krawatten den Einlaß verweigerte. Medaillen zählten nicht. Sie entwickelte eine Vorliebe für Chronisten des Kriegs, etwa für Irwin Shaw, mit dem sie Freundschaft schloß; oder für den Cartoonisten Bill Mauldin, den sie bewunderte, weil Hemingway es tat; oder für den Photographen Robert Capa, dem sie in der Nacht, bevor er in den Ardennen ums Leben kam, ihre pelzgefütterte Mütze gegeben hatte. Wenn sie sagte, der Krieg »war das einzig Wichtige, was ich je getan habe«, dann meinte sie das auch. Der Krieg war so etwas wie ihr persönliches Eigentum und errichtete unsichtbare Mauern zwischen denen, die ihn miterlebt hatten, und den anderen: »Wenn du nicht dabeigewesen bist, dann sprich nicht drüber.«

Pflichtgemäß ließ sie in New York die Feiern für eine heimkehrende Heldin über sich ergehen; sie küßte Soldaten für Photos, die manchmal spontan entstanden, gelegentlich aber auch gestellt waren. Zu diesen gehörte eine Aufnahme, die ganzseitig in *Life* erschien: Soldaten hoben sie an den Beinen zu einem Bullauge hoch, damit sie den Jungs auf der *Monticello* einen Willkommenskuß geben konnte. Sie beantwortete Briefe von Frauen, die schrieben, ihre Söhne oder Männer hätten sie in Italien, in den Ardennen, in Deutschland gesehen. Zusammen mit Lin Mayberry gab sie der Zeitschrift *Yank* in ihren Zimmern im St. Regis Interviews und meinte, sie sei »so lange nur von Militärs umgeben gewesen, daß [sie] sich nicht normal fühlte, wenn [sie] mit Zivilisten sprach«. Ja, sie hoffe, in den Pazifik zu fahren, sobald ihr Kiefer in New York ausgeheilt sei. Hollywood? »Nicht jetzt«, sagte sie. »Ich bin nicht in der Stimmung. Ich kann mir nicht vorstellen, mich jetzt darauf zu konzentrieren, ob jede Wimper am richtigen Platz sitzt, wie sie das dort von einem verlangen.« Im Pazifik wurde sie gebraucht, und sie hatte ihren Sinn für Humor wiedergefunden. »Ich habe Verabredungen mit so vielen Divisionen, die dort stationiert sind«, witzelte sie.

Aus Gewohnheit fand Hollywood sich mit ihrer Abwesenheit ab. Sie war ohnehin auf dem Sprung nach Europa: Ihr Einsatz war noch nicht zu Ende, und außerdem gab es dort noch Gabin.

Als der Krieg in Japan zu Ende ging, stand sie in Paris auf der Bühne und führte vor Soldaten, die lieber zu Hause gewesen wären, im »Olympia« eine Version ihrer Front-Show auf. Sie nahm sich ein Zimmer im Hotel Magellan in der Nähe des »Trocadero«, das vom Women's Army Corps für weibliche Offiziere unterhalten wurde, verbrachte aber nur wenig Zeit dort. Gabin war im Juli von seinem Panzercorps ausgemustert worden, und so zog sie zu ihm ins Claridge.

In Paris traf sie Margo Lion wieder, die den Krieg unter dem Vichy-Regime in Marseilles überlebt hatte, und auch ihren treuen Freund Max Colpet, der von den Franzosen interniert worden war. Heimlich brachte Marlene Colpet in ihr Zimmer im Magellan, wo er sich nach der Sperrstunde verbarg und Höllenqualen litt: Er war ein Mann, der Frauen liebte, und verbrachte die Nächte damit, den Sirenenstimmen jenseits der Wand zu lauschen.

Marlene kehrte nach Deutschland zurück und besuchte die Militärlager im Osten und Süden Münchens, in Regensburg und Salzburg. Dort erfuhr sie, daß ihr Vetter Hasso in russischer Kriegsgefangenschaft gewesen und den westlichen Alliierten übergeben worden war. Bei Pilsen fuhr sie in die Tschechoslowakei und wurde dann nach Paris zurückbeordert, um in Chatou auf ihre Rückführung in die Staaten zu warten. Endlich sollte sie ausgemustert werden aus einer Armee, um die sich ihrer Meinung nach »zu Hause« niemand kümmerte.

Dann begann wieder das »Beeile dich und warte«, versüßt durch Besuche im Hotel Claridge bei Gabin. Mitte September kam eine Meldung aus Berlin: Die amerikanische Armee hatte ihre Mutter ausfindig gemacht. Sie lebte in einem möblierten Zimmer in der Fregestraße in Friedenau, nicht weit von Marlenes Geburtshaus. Mit einer Militärmaschine flog Marlene nach Berlin, in Armeeuniform, wegen der Photographen,

Marlene kehrt 1945 nach Kriegsende auf einen Besuch nach Deutschland zurück. Sie wurde beileibe nicht jubelnd empfangen. Viele nannten sie eine Vaterlandsverräterin.
(Foto: Cinetext Bild & Textarchiv, Frankfurt a. M.)

die sie in Tempelhof erwarteten. Dort schloß sie die spatzengleiche Josephine von Losch in die Arme. Die Mutter trug, wie die Tochter, ein strenges Kostüm mit Krawatte und griff fortwährend nach ihrem kleinen schwarzen Hut, den der Wind der Propeller fortzuwehen drohte.

Das Wiedersehen machte Schlagzeilen in aller Welt, nur nicht in Berlin. Endlich begriff die U.S. Army, was Marlene von Anfang an gewußt hatte: Durch ihre Kriegsarbeit war sie bei ihren Landsleuten zur Persona non grata geworden. Offen nannten sie Marlene eine »Verräterin«, und einige von ihnen, so stand zu befürchten, könnten versuchen, die alten Nazi-Drohungen gegen sie wahr zu machen. Die Gespenster von Hitler, Himmler und Goebbels waren noch sehr lebendig.

Marlene richtete sich im Zimmer ihrer Mutter häuslich ein und schickte ihrem alten Freund »Hubsie« von Meyerinck einen Zettel hinter die Kulissen. Er spielte gerade den Mackie Messer in einer von den Alliierten gebilligten Neuaufführung von *Die Dreigroschenoper*, die 1933 von den Nazis verboten worden war. Marlene gab ihm eine Liste mit den Namen alter Freunde, die sie wiedersehen und zu einem kleinen Treffen im Zimmer ihrer Mutter einladen wollte: Alexa von Porembsky, die mit ihr als Showmädchen gearbeitet hatte; Heinz Rühmann, mit dem sie in Shaws *Eltern und Kinder* aufgetreten war; und einige andere, alle aus der Zeit vor *Der Blaue Engel*, vor Hitler, vor *allem*.

Als die Gäste per Fahrrad bei Frau von Losch auftauchten, mußten sie feststellen, daß Marlene nicht in Berlin war. Sie hatte erfahren, daß Rudis Familie in der Tschechoslowakei lebte, und war gleich losgefahren, um sie an seiner Statt zu besuchen.

In Berlin wurde ein zweiter Termin vereinbart, und diesmal war Marlene zur Stelle. Sie überschüttete ihre Gäste mit Fragen zu Kollegen, die in Berlin oder Wien geblieben waren, und hielt auch mit ihrer eigenen Meinung nicht hinter dem Berg. Viele von ihnen waren zu reich, zu wohlgenährt, zu spät Antifaschisten geworden. Einigen konnte man vergeben, anderen nicht. Und dann gab es viele, denen man nichts mehr sagen konnte. Es war unmöglich, Blumen auf das Grab von Kurt Gerron oder von Karl Huszar-Puffy zu legen, mit denen sie in *Der Blaue Engel* und Filmen und Stücken davor aufgetreten war. In Auschwitz gibt es keine Einzelgräber.

Sie schenkte Ersatz-Kaffee ein, reichte amerikanische Zigaretten herum und teilte Ratschläge aus. Heinz Rühmann empfahl sie, sich rasch um Mary Chases *Harvey* zu bemühen, das damals am Broadway ein Renner war (er folgte ihrem Rat und machte das Stück in Berlin zum Renner). Und plötzlich, ganz irrational, sah sie sich wieder in Berlin, wieder auf der Bühne in einer Neuinszenierung von *Es liegt in der Luft*, wie sie mit Margo Lion das lesbische Duett sang, das das Publikum der Metropole einst so erregt hatte; wie sie wieder mit »Hubsie« ihren Schwank über schicke »Kleptomanen« sang. Alle, alle würden sie mitspielen, und dort, inmitten der Ruinen, würden sie den Glanz und die beißende Ironie des Berlins der Weimarer Republik wiederaufleben lassen.

Niemand sagte etwas. Was sollten sie dieser Frau in ihrer amerikanischen Uniform schon sagen, die jeden Abend auf der Bühne des Berliner Titania-Palastes für die Besatzer Deutschlands sang? Mehr als fünfzehn Jahre Nazipropaganda gegen eine »Verräterin« hinterließen einen bitteren Nachgeschmack im Kaffee. Plötzlich, dachte Hubsie, sah sie in ihrer Uniform schöner aus als je zuvor, aber auch müde, abgespannt. Zu viel lag in Trümmern, nicht nur Häuser.

Einige der Trümmer sollten bald ihr gehören. Die Felsing-Firma war nur noch ein Schutthaufen in der sowjetischen Besatzungszone; das in Stein gemeißelte »Conrad Felsing« prangte mit absurder Eleganz auf der Außenmauer des zerbombten Gebäudes Unter den Linden.

Als »politisch verdächtig« von der Gestapo überwacht, hatte Marlenes Mutter die Firma trotzig weitergeführt. Gelegentlich war sie zum Verhör vorgeladen worden, wobei es ihr gelang, selbst die Elite der Herrenrasse einzuschüchtern. Sie war nicht umsonst ein »Drache« und die Witwe von zwei Soldaten; außerdem war Hasso, ihr Neffe und Mündel, deutscher Offizier. Mehr als einmal mußte er eingreifen, um Josephines wutschnaubende Empörung zu dämpfen und ihr klarzumachen, daß er und sie als Eigentümer der Firma Felsing Hauptlieferanten von Verlobungsringen waren, wenn Wehrmachtsoffiziere Ringe brauchten, bevor sie an die Front gingen. Auch Gestapoleute hatten Geliebte und waren einem Handel nicht abgeneigt.

Marlene nahm Abschied von ihrer Mutter und meldete sich in Frankreich zurück. Die Armee schickte sie nach Biarritz, um einen Vortrag zu halten, und dort erhielt sie sechs Wochen später die Nachricht, die – wie sie glaubte – ihre letzte Verbindung zu Berlin löste. Es war ein Telegramm, in dem ihr mitgeteilt wurde, daß Josephine in der Nacht des 6. November 1945, fünf Tage vor ihrem neunundsechzigsten Geburtstag, an einem Herzschlag gestorben war.

Die Kapelle von Wilmersdorf war zerbombt, deswegen wurde der Gottesdienst auf dem Friedhof selbst abgehalten. »Hubsie« stand an Marlenes Seite, als Josephine Felsing Dietrich von Losch in einem Sarg, den GIs aus alten deutschen Pulten gezimmert hatten, ins Grab gesenkt wurde.

Dies war, wie Marlene später sagte, »die letzte Verbindung zu meiner Heimat«. Ihre Mutter hatte die Gründung des Deutschen Reichs erlebt, das Ende der Monarchie, den Zusammenbruch der Weimarer Republik und die Vernichtung des Dritten Reichs, doch sie war bis zuletzt guten Mutes geblieben und ein unabhängiger Geist. Nun war das Ende wirklich da. Regen und Erde fielen auf den Sarg, und Marlene erinnerte sich in ihren Memoiren, daß sie weinte und der Zeilen gedachte, die ihre Mutter unter Glas gerahmt hatte, um ihr das Lesen beizubringen:

O lieb, solang du lieben kannst!
O lieb, solang du lieben magst!
Die Stunde kommt, die Stunde kommt,
Wo du an Gräbern stehst und klagst!

Das waren Worte, mit denen man trauern konnte, und sie blieben Marlene bis zu ihrem Lebensende im Gedächtnis. Doch ihre Mutter hatte ihr auch Worte auf den Weg gegeben, mit denen man *leben* konnte. Knappe, lakonische Worte, ohne Selbstmitleid, ohne Sentimentalität.

»Tu was!« hatte sie immer gesagt.

16. ÜBERLEBENSKÜNSTLERIN

1946–1947

Eines stand fest: Sie war eine Überlebenskünstlerin. Eine Frau, die Hitler und Hollywood überstehen konnte, wurde auch mit allem anderen fertig, und sie war entschlossen, keinen Blick zurückzuwerfen. »Mit Hollywood habe ich abgeschlossen«, vertraute sie während der Ardennenoffensive einem Kriegsreporter an. »Es war sowieso nicht einfach, dort zu leben.«

Mittlerweile war Marlene Mitte Vierzig und meinte, was sie sagte. Doch sie mußte an die Menschen denken, die auf sie angewiesen waren; sie mußte ihren Lebensunterhalt verdienen. Vielleicht hätte sie aufhören, ihre Seidenstrümpfe und paillettenbesetzten Kleider einmotten können, aber der Verantwortung konnte sie sich nicht entziehen, ebensowenig wie ihrem Ehrgeiz, der Erregung, auf der Bühne zu stehen und »die Dietrich« zu sein.

Auch wenn sie sich damals zurückgezogen hätte, wäre ihr ein Platz in der Filmgeschichte sicher gewesen, schon allein dank *Der Blaue Engel* und *Destry Rides Again*. Aber dann gab es noch die vielen anderen Filme; sie hatte mit soviel angesehenen Regisseuren gearbeitet wie keine andere Schauspielerin: nicht nur mit Josef von Sternberg und seinen Vorgängern, sondern auch mit Rouben Mamoulian, Frank Borzage, Ernst Lubitsch, Richard Boleslawski, Jacques Feyder, George Marshall, Tay Garnett, René Clair, Raoul Walsh, Mitchell Leisen und William Dieterle. Als Göttin hatte sie nur eine einzige Rivalin (die im Ruhestand lebte), und während des Krieges hatte sie mit ihren live-Auftritten großes Aufsehen erregt – und nicht nur als Unterhaltungskünstlerin oder als erotisches Symbol (obwohl beides anscheinend immer mehr ineinander überging), sondern auch als Frau; und das lenkte paradoxerweise von ihrem Image als Schauspielerin ab.

Heute verblüfft es (und Marlene Dietrich hätte es damals sprachlos gemacht, wenn sie es gewußt hätte), daß ihre Karriere 1945, nach fünfundzwanzig arbeitsreichen Jahren, nach zwei Dutzend Bühnenstücken, drei Dutzend Filmen und drei Jahren, die sie in Lagern und Zelten, auf Lastern und Jeeps, in Krankenhäusern, in Paris, Berlin und Salzburg mit »Shows für den Sieg« zugebracht hatte, noch nicht einmal zur Hälfte vorüber war. Überall galt Marlene als »Legende« (auch wenn die Legende noch im Entstehen begriffen war), und mit den Erfolgen, die sie in diesem Vierteljahrhundert gefeiert hatte, wäre jeder andere zufrieden gewesen. Aber weder »Marlene« noch »die Dietrich« waren so leicht zufriedenzustellen.

Für Marlene gab es keinen Grund, nach Hollywood zurückzukehren, selbst wenn Hollywood sie gewollt hätte. Kein Mensch, kein Heim wartete dort auf sie. Maria war mit der USO in Italien und trat in die Fußstapfen ihrer Mutter; Rudi und Tamara waren in New York und versuchten, mit dem Älterwerden und mit Amerika zurechtzukommen; Josef von Sternberg arbeitete als ungenannter zweiter Aufnahmeleiter bei Selznicks *Duel in the Sun* (Duell in der Sonne). Remarque nahm in Marlenes Leben keinen wichtigen Platz mehr ein, doch er wollte Hollywood überreden, sie als Star für die Verfilmung seines Romans *Arc de Triomphe* zu engagieren, der sich weltweit mit großem Erfolg verkaufte. Der Autor hatte kein Glück: Ingrid Bergman spielte »die Dietrich«, und die Kritiker beklagten, daß nicht Marlene die Rolle bekommen hatte, wo sie doch weitaus überzeugender gewesen wäre.

Doch nicht nur Hollywood machte einen wenig gastfreundlichen Eindruck, sondern ganz Amerika. Trotz all der Briefe von dankbaren GIs oder deren Müttern, Ehefrauen und Geliebten hatte Marlene den Eindruck, daß Amerika »nicht an die Existenz des Krieges erinnert werden« wollte. Es war die Klage aller Soldaten auf der Welt, die aus dem Krieg heimkehren: tapfere Männer brachen zusammen, weil ihnen plötzlich Sinn und Zweck ihres Daseins abhanden gekommen war; Euphorie wich der Ernüchterung. Nachdem zwanzigtausend GIs ihr bei einem einzigen Auftritt tosenden Beifall gespendet hatten, wirkte das Schweigen Hollywoods wie Grabesstille.

Schlimmer noch: Nach all den Jahren, in denen Sternberg, die Paramount, Pasternak und Feldman ihr gesagt hatten, was sie tun sollte, nach der beruhigenden Sicherheit, die sie empfunden hatte, weil ein Präsident und eine Armee ihr Befehle gaben, fühlte sie sich plötzlich wie gelähmt. Und den obersten Befehlshaber – den »guten General« – gab es nun nicht mehr. »Ich konnte wirklich nicht mehr auftreten, ohne daß mir jemand sagte, was ich tun sollte«, gestand sie. Dann fiel ihr jemand ein.

Jean Gabin war in Paris – Jean Gabin *war* Paris. Die Stadt der Lichter triumphierte, aber sie war müde, und Persönlichkeiten wie Chevalier, Danielle Darrieux und andere standen (ob zu Recht oder zu Unrecht) im Geruch der Kollaboration. Marlenes politische Integrität war so unangreifbar wie die Gabins, doch Ende 1945 standen beide vor dem finanziellen Nichts.

Für Gabin war es eine »finstere« Zeit, und er konzentrierte sich ganz auf Marlene, die ihr »Kind« in den Arm nahm, ihr »kleines Baby, das sich am liebsten in den Schoß seiner Mutter verkriecht, das geliebt, gewiegt, verhätschelt werden möchte«, wie sie sagte. Die Liebe, die Fürsorge waren wunderbar, aber kein Ersatz für Arbeit. Die beiden wandten sich an Max Colpet und Margo Lion, die ihnen helfen sollten, ein Filmprojekt zu finden, damit sie zusammen arbeiten und Geld verdienen konnten.

Sie lasen, redeten, kuschelten und suchten nach Material. Doch sie fanden nichts, weder im Hotel Claridge noch in Gabins zerbombtem Bauernhaus in Sainte-Gemme, wo Marlene die Böden schrubbte. In Paris schrubbte sie wieder Fußböden (»Nichts geht über saubere Fußböden«, erklärte sie) und schleppte Gabin in elegante Cafés wie »Fouquets« oder in Filme und Theateraufführungen, in der Hoffnung, auf einen verfilmbaren Stoff zu stoßen. Oft gingen sie aus in Begleitung von Noël Coward oder Colpet oder der Lion oder mit neueren Freunden wie Jean Cocteau und Jean Marais. »Le tout Paris« wurde bei der Projektsuche eingespannt.

Cocteau hielt Marlene für »die aufregendste und furchterregendste Frau, der ich jemals begegnet bin« und meinte, sie wäre die ideale Besetzung für den »Tod«, die Muse des Dichters in seinem Film *Orphée,* aber Marlene fand die Idee morbid – sie hatte fürs erste genug vom Tod. Außerdem hätte Jean Marais dem einundvierzigjährigen, ergrauten Gabin kaum den Orpheus abgetreten.

Zehn Jahre zuvor hatte Gabin die Filmrechte für den Roman *Martin Roumagnac* von Pierre-René Wolf erworben, und seit 1937, als die drei erstmals zusammenarbeiteten, lag er Carné und Prévert mit diesem Projekt in den Ohren. *Martin Roumagnac* war eine abgedroschene Romanze (es geht um ein *crime passionnel* in der Provinz), und bisher war es bei allen, denen Gabin es angetragen hatte, auf Ablehnung gestoßen »Eine mißlungene Madame Bovary«, lautete das allgemeine Urteil. Trotzdem, für Gabin war es der »Traum seines Lebens«, wie selbst Carné einsehen mußte, nicht zuletzt deshalb, weil er bereits viel Geld in das Projekt gesteckt hatte. Wenn kein Film daraus entstand, hätte das mehr als nur eine herbe Enttäuschung für ihn bedeutet.

Der Film ist nicht schlechter als andere kommerzielle Arbeiten dieser Zeit, aber er zielt eben rein auf den Erfolg an der Kinokasse ab. Optisch interessant sind lediglich Marlenes rüschenverzierte Kleider, die die modebewußte französische Presse schnippisch als »den Traum jeder französischen Vogelhändlerin« bezeichnete.

Das wahre Verderben des Films besteht darin, daß es Gabins Film ist, die Titelsequenz (Marlenes Name wird zuerst genannt) aber vorgibt, es sei ihrer. In der ersten Hälfte ist nur ihre Person von Interesse, wie sie zwitschernd ihre Vögel in die Freiheit entläßt oder ihr Fahrrad (!) über den Marktplatz schiebt, während sich alle den Mund zerreißen. Ihre Invasion in der Normandie wirkt zwar sexy, aber sie ist und bleibt ›la Grande‹, und man fragt sich, warum niemand sie um ein Autogramm bittet. Als Gabin sie nach zwei Dritteln der Spieldauer umbringt, verliert er seine Blanche und die Handlung ihren Dreh- und Angelpunkt. Dann kommt nichts mehr, außer weiteren vierzig Filmminuten.

Faszinierend an *Martin Roumagnac* war eher das, was sich *hinter* der Kamera abspielte, wo die Ereignisse parallel zur Filmgeschichte verliefen. Gabin war nicht nur Marlenes verhätscheltes Kind, sondern auch (in ihren Worten) »stur, außerordentlich besitzergreifend und eifersüchtig«. Deswegen entsprach ihm seine Rolle so gut. Wenn er eine Frau umwarb, verließ er sich lieber auf seine Faust als auf schöne Worte. Sein Verhältnis mit einem weitgereisten Objekt der Begierde, das Verehrer auf jedem Kontinent hatte, stellte sein Vertrauen auf eine harte Probe: Vielleicht war der Teufel tatsächlich eine Frau.

Das Zusammenleben im Claridge wurde immer unerfreulicher; und wenn Gabin Marlene wieder mit Schlägen zusetzte, verbrachte sie die Nacht auf dem Sofa in ihrer Suite im Hotel Magellan, wo sie Max Colpet versteckt hatte. Dort verarztete sie ihre Wunden (»Er hat sie grün und blau geschlagen«, erinnerte sich Colpet) und trainierte die Boxtechniken, die Hemingway gegen Mary Welsh im Ritz eingesetzt hatte. Hemingway und Welsh ihrerseits konnten nun beobachten, wie Marlene auf Gabin losging, so daß er taumelnd im Schnee landete.

Damit ließen sich keine Wogen glätten. Wenn Marlene sich schick machte, um auszugehen, glaubte Gabin, sie habe sich aufgetakelt, um einen Liebhaber zu verführen. Wenn sie schlampig herumlief, war sie eben auf einen anderen Liebhaber aus. Wenn sie jemanden stumm bewunderte, wollte sie etwas verheimlichen. Wenn sie ihrer Bewunderung offen Ausdruck verlieh (etwa bei Gérard Philipe oder Edith Piaf), war das nur ein hinterhältiger Trick, um ihn zu verwirren und verrückt zu machen.

Nicht immer spielte sich das nur in Gabins Einbildung ab. Gérard Philipe mit seiner zarten Schönheit und seinem subtilen Stil als Schauspieler sprach Marlenes mütterliche Gefühle an. Die Piaf war, wie ihre Biographin Margaret Crosland bemerkte, für Marlene »mehr als nur eine liebevolle Freundin«. Zum Glück hielten die Bekannten in Paris, die über die Liebesbeziehung der beiden Frauen Bescheid wußten, Gabin gegenüber dicht.

General James Gavin, der adrette Fallschirmjäger, der während der Ardennenoffensive Marlene im wahrsten Sinn des Wortes zu Füßen gelegen hatte, ließ sich weniger leicht als »platonischer Freund« ausgeben. Marlene war ihm im Krieg begegnet, zu einer Zeit, als sie sich schutzlos fühlte, weil sie ihrer früheren Heimat, wo sie allgemein als »Verräterin« galt, so nahe war. Nun war Gavin ins Paris der Friedenszeit gekommen, und die beiden gaben sich ihren gemeinsamen Erinnerungen hin – eine Liebesaffäre von einer Unverfrorenheit, die Blanche aus Martin Roumagnac alle Ehre gemacht hätte.

Gavin war noch keine Vierzig und somit der jüngste (und attraktivste) General der amerikanischen Armee. Auf Marlenes Vorschlag hin trafen sie sich im »Monseigneur«, einer Bar im russischen Stil, wo Zigeuner mit schluchzenden Geigen aufwarteten (das Vorbild für die Bar in *Arc de Triomphe*, in der Joan Madou traurige russische Lieder singt). Marlene schmiedete mit Max Colpet ein Komplott: Er sollte von einem Nebentisch aus belauschen, was sie und Gavin sich zuflüsterten: Mit Publikum war es aufregender, »die Dietrich« oder »la Grande« zu sein.

Der General kam, ebenso wie »la Grande«, das »Publikum« und die Zigeuner, die Marlenes Filmschlager spielten und für die richtige Stimmung sorgten. Gavins schmales, schönes Gesicht erinnerte um die Augen herum ein wenig an Erich Remarque, und das amüsierte Marlene köstlich. Colpet war überzeugt, es sei nichts als »ein Flirt« gewesen, wenn auch, wie er einräumte, »ein sehr ausgiebiger«.

Auf jeden Fall ausgiebig genug, daß die damalige *Mrs.* General Gavin einen Scheidungsgrund darin sah, als sie von der Sache erfuhr. Marlenes Anwälten gelang es, ihren Namen aus dem Fall herauszuhalten, doch die Geschichte machte zusammen mit schlechten Witzen über die Ähnlichkeit von Gabins und Gavins Namen in Paris schnell die Runde. Marlene hielt das alles für Jux und Tollerei und erzählte später Mitchell Leisen eine umfangreiche, witzige Geschichte über einen gewissen »General« in Paris, mit dem sie zwei Wochen verbracht hatte. »Er will mich heiraten«, berichtete sie Leisen, »aber ich kann doch keine Soldatenfrau werden. Was sollte ich dann all den anderen Soldatenfrauen noch sagen?«

Die Antwort war weniger direkt als das, was sie Gabin gesagt haben dürfte, falls er von der Sache Wind bekommen hatte. Wenn die geigenden Zigeuner in einem gut besuchten Restaurant und Mrs. General Gavin über den Atlantik hinweg mitbekamen, was los war, ist es kaum vorstellbar, daß Gabin auf der anderen Seite des Arrondissements nichts davon erfuhr. Aber vielleicht war das ja der Sinn und Zweck der Übung.

Marlene zog vom Claridge ins Elysée Parc Hôtel. Selbst im kultivierten Paris war es gut für die Publicity, wenn man eine eigene Adresse hatte, und Marlene konnte dadurch wieder ihr eigenes Leben führen, Abstand gewinnen und sich eine Ruhepause von den Strapazen des Bemutterns gönnen.

Doch nun wurde ihr Leben endgültig eine Kopie des Drehbuchs von *Martin Roumagnac*, das bis zum bitteren Ende durchgezogen wurde – allerdings ohne Brand und Hinrichtung. Gabins Martin versuchte, seine Blanche zur Häuslichkeit zu zwingen, indem er sie in ein Landhaus steckte, und Gabin selbst tat etwas Ähnliches. Als Marlene ihn kurz vor seinem zweiundvierzigsten Geburtstag im Mai 1946 fragte, was er sich denn wünsche, bat er um das Unterpfand, das er ihr in Kalifornien hinterlassen hatte, kurz bevor er in den Krieg gezogen war: den Vlaminck, den Sisley und den Renoir.

Marlene war davon ausgegangen, er hätte ihr die Bilder damals *geschenkt*.

»Sie gehören ja dir«, versicherte er hastig, »natürlich!« Er wolle nur etwas, um das Apartment im Claridge, in dem sie ihn nun nicht mehr in ihren Armen hielt, wohnlicher zu machen. »Wir können sie doch an die Wand hängen, und an meinem Geburtstag könnte ich sie ansehen. Das wäre das schönste Geburtstagsgeschenk für mich«, sagte er.

Marlene telegraphierte, die Bilder trafen ein, und Gabin war zu Tränen gerührt. Dann kam ein Angebot von Mitchell Leisen und (ausgerechnet) der Paramount. Die häusliche Eintracht von Gabin, Marlene und den Herren Vlaminck, Sisley und Renoir war ernsthaft gefährdet, und Gabin drängte noch mehr auf Heim und Herd: Marlene müsse ihn heiraten.

Seit Jahrzehnten war sie dieser heiklen Frage erfolgreich aus dem Weg gegangen, indem sie sich nie von Rudi hatte scheiden lassen. Jeder, der Gabin kannte, wußte von seinem glühenden Wunsch, zu heiraten und Kinder in die Welt zu setzen. Doch mit fast fünfundvierzig Jahren lag Marlene der Gedanke an Mutterschaft fern; außerdem gab es andere Sorgen in einer Welt, in der man mit den vielen Folgen eines verheerenden Krieges zu kämpfen hatte. Dreiundzwanzig Jahre lang hatte die Ehe mit Rudi sie vor einer festen Beziehung bewahrt, aber in dieser neuen Welt banden sich die Liebesgöttinnen überall die Schürze um und stiegen zur Erde herab (wie Rita Hayworth in ihrem neuen Film *Down to Earth*). Um dieses Phänomen war es in *One Touch of Venus* gegangen, und mit einem »Touch« dieser Venus konnte ›la Grande‹ weiterhin ›groß‹ bleiben. Bei Gabin war es ihr möglich, auch weiterhin jung und lebendig zu sein – unter der Fuchtel seiner Eifersucht.

Ihr Verhältnis zu Gabin war einzigartig gewesen. Bei ihm konnte sie ihre Muttergefühle ausleben und gleichzeitig den Reiz genießen, mit einem dynamischen, attraktiven Mann zusammenzusein (»er hatte die schönsten Hüften der Welt«, schwärmte sie), der ihr sagte, was sie tun solle, ob sie sich nun daran hielt oder nicht. Niemand zweifelte daran, daß sie leidenschaftlich in ihn verliebt war. Ihm zuliebe hatte sie Hollywood die kalte Schulter gezeigt, hatte den Film gemacht, den *er* machen wollte. Seit 1941 hatte sie ihre Liebesaffäre über einen Ozean hinweg aufrechterhalten, trotz Krieg, Streit und Handgreiflichkeiten – auch wenn sie zwischendurch ein wenig »flirtete«. Es war die Erfüllung dessen, was sie sich immer schon gewünscht hatte, aber wollte sie mit ihrem Wunschtraum verheiratet sein?

Marlenes Verhältnis zu Jean Gabin war einzigartig gewesen. Bei ihm konnte sie ihre Muttergefühle ausleben und es gleichzeitig genießen, mit einem dynamischen, attraktiven Mann zusammenzusein.
(Foto: Deutsches Institut für Filmkunde, Frankfurt a. M.)

Ja.

Doch sie sah keinen zwingenden Grund dafür, warum seine Karriere Vorrang vor der ihren haben sollte – und das eben war die neueste »Bedingung« Gabins. Außerdem: Flirts mit Fallschirmjäger-Generälen oder erfolglosen jungen Schauspielern oder Spatzen von Paris oder wem sonst auch immer hatten kaum Platz im Salon einer Braut mittleren Alters, mochten dort auch noch so viele Vlamincks, Sisleys oder Renoirs an den Wänden hängen.

Also sagte sie Gabin, er solle warten, und folgte dem Ruf der Paramount und Mitchell Leisens. Diesmal schiffte *sie* sich ein, aber Gabin winkte ihr nicht zum Abschied vom Pier. Er verstieß sie mit einer Endgültigkeit, die nur knapp vor dem Mord haltmachte, doch fast ebenso tödlich war.

Der Legende nach nahm er ihren Namen nie mehr in den Mund. »La Grande« wurde zu »la Prussienne«. Marlenes heftigste Liebesbeziehung seit Rudi war zu Ende, ohne daß sie es wußte. Sie war daran gewöhnt, daß intensive Beziehungen in Freundschaften übergingen, bei denen beide Beteiligten Zuneigung füreinander empfanden, vielleicht auch warme Gefühle, die wieder entfacht werden konnten, wenn man in den »feuilles mortes« wühlte. Vielleicht, so dachte sie, würde es auch mit Gabin so sein. Aber Gabin war fest entschlossen, nicht mitzuspielen.

Wie um das düstere Schicksal zu besiegeln, entpuppte sich *Martin Roumagnac* bald als wahrhaft gigantischer Flop. »Insgesamt haben vielleicht drei Leute den Film gesehen«, meinte Marlene später, und alle drei fanden ihn entsetzlich. Die Kritiken waren abschätzig bis boshaft. »O Herr, nimm ihn von uns!« war keine untypische Bemerkung, und man munkelte, Gabin habe versucht, alle Kopien des Films aufzukaufen. Nicht wegen seiner offensichtlichen Mängel, sondern weil er Gabins letztes Andenken an Marlene war.

Ihre Liebesaffäre hatte Trennungen und einen Weltkrieg überstanden, Marlenes »Flirts« und Gabins Eifersucht, aber sie scheiterte an beruflichen Ambitionen. Als Gabin starb (Rudi war bereits tot), trauerte Marlene: »Jetzt bin ich zum zweitenmal Witwe geworden.« Die Freunde (die gemeinsamen oder seine) spekulierten darüber, ob Marlene ihn verließ oder Gabin sie hinauswarf, doch es lief auf das gleiche hinaus. Letztlich wollte oder konnte sie ihre Karriere nicht aufgeben, und auch nicht Rudi, ihren Beschützer und Schützling. Gabin seinerseits weigerte sich, eine Beziehung in getrennten Wohnungen oder auf zwei Kontinenten fortzusetzen, bei der nur drei Gemälde an der Wand als Verbindung dienten.

»Ich habe ihn verloren, wie man alle seine Ideale verliert«, sagte Marlene später ein wenig kryptisch. Ihre Tochter Maria teilte Freunden im Flüsterton mit, daß Marlenes Aufenthalt 1942 im Sanatorium von La Quinta bei Palm Springs damit zusammenhing, daß sie nicht vorhatte, mit vierzig noch einmal Mutter zu werden. Als Gabin das erfuhr, war seine Wut grenzenlos: Er kam nicht auf den Gedanken, daß sie zu alt sein könnte, um noch Kinder zu haben. Er kannte ihr Alter ebensowenig wie ihre Freunde, ihre Bücher, ihre Gedichte oder die Tatsache, daß ihre Karriere ihr alles bedeutete. Aber er wußte, daß er sie liebte und ihr gemeinsames Kind geliebt hätte – und das konnte er ihr nie verzeihen.

Im August, während *Martin Roumagnac* geschnitten, mit Musik unterlegt und für die katastrophale Premiere fertiggestellt wurde – bevor Marlene erkannte, daß die Beziehung mit Gabin endgültig vorüber war –, war sie wieder in Hollywood, wieder bei der Paramount, und ließ sich von Charlie Feldman im Cabana Beach Club feiern.

Dort gab es Palmen, keine »feuilles mortes«. Jene Blätter waren wirklich tot, als Marlene Paris verließ. Doch bevor sie fuhr, packte sie ein paar Erinnerungsstücke an ihre Liebe ein, und das war der Tropfen, der für Gabin das Faß zum Überlaufen brachte: Sie nahm den Vlaminck, den Sisley und den Renoir.

Schon bevor Marlene aus Paris abgereist war, hatten die Aufnahmen zu Mitchell Leisens romantischem Spionagefilm für die Paramount begonnen. Kamerateams drangen in zerklüftete Berglandschaften vor, um die Flucht des Helden an den Rhein zu filmen, wo er dem fürchterlichen Tod durch die Nazis entging. Dank seiner waghalsigen Tat durfte er nicht nur überleben, sondern auch den Alliierten zum Sieg verhelfen: In seinem Gepäck befand sich ein deutsches Rezept für Giftgas.

Was die Namensnennung auf den Plakaten betraf, mußte Marlene Ray Milland, der den englischen Meisterspion spielte, den Vortritt lassen, doch der Film gab ihr die Möglichkeit, Paris zu verlassen, nach Hollywood zu kommen und endlich ihre Freiheit (Freiheit!) wieder zu genießen. Leisen schanzte der frisch geschiedenen Maria (die seiner Ansicht nach »eine brillante Schauspielerin« war) einen Job als Dialogue-Coach ihrer Mutter zu. Vielleicht hatte Maria Ungarisch und Zigeunerdialekte an der Reinhardt-Schule gelernt, möglicherweise aber verdankte sie diese Sprachkenntnisse aber auch der temperamentvollen Zigeunerin Tallulah Bankhead, einer Freundin ihrer Mutter, mit der Maria unter dem Namen »Maria Manton« am Broadway eine kleine Rolle in Philip Barrys *Foolish Notion* gespielt hatte. Die Zusammenarbeit verbesserte Marlenes Akzent zwar wenig, aber sie tat der gespannten Mutter-Tochter-Beziehung gut und half, die Kosten für Marias Umzug nach New York zu decken, wo sie eine Arbeit als Schauspiel-Lehrerin an der Fordham University bekommen hatte.

Als Zigeunerin Lydia verkörperte Marlene die Diva ebensosehr (oder sowenig) wie als Frenchy in *Destry Rides Again*. Vielleicht konnte eine ausgefallene Charakterrolle ja ein zweites Comeback bewirken, und zumindest boten die Dreharbeiten Leisen die Gelegenheit, den neuesten Klatsch mit Marlene auszutauschen. Kaum war sie die Gangway der TWA-Maschine in Los Angeles herabgestiegen, als sie Leisen durch die Rosen, mit denen er sie überschüttete, »Geheimnisse« von Paris und General Gavin ins Ohr flüsterte. Außerdem lieferte sie der Publicity-Abteilung der Paramount Stoff für marktschreierische Plakate: »Die Dietrich ist wieder da! ... Warten wir ab, bis sie den Zigeuner in Milland entfacht!«

Bislang war es Ray Milland erfolgreich gelungen, alle Anzeichen zigeunerischen Temperaments zu verbergen. Seit 1931, als Marlene die Königin der Studios war, lebte er in Hollywood und hatte auf der Leinwand immer ein wenig blasiert gewirkt, so als denke er ununterbrochen daran, daß sein wirklicher Name Reginald Truscott-Jones lautete. Andererseits war er attraktiv und verbindlich und so amerikanisiert, daß nur wenige Kinozuschauer um seine englische Herkunft wußten – außer, wenn er sich zwischendurch anhörte, als hätte er sich an Toastkrümeln verschluckt (und das war leider häufig der Fall). Erst als Billy Wilder ihn ganz schlau als Alkoholiker auf Kneiptour in *The Lost Weekend* (Das verlorene Wochenende) einsetzte, verwandelte sich sein steifes, leisetreterisches Benehmen in eine Tugend: Jetzt war seine Gehemmtheit nicht mehr gezwungener Charme, sondern die raffinierte Maske eines verzweifelten Trinkers.

Milland gewann den Oscar nicht zuletzt deshalb, weil es keine ernst zu nehmende Konkurrenz gab: Bing Crosby in *The Bells of St. Mary's*

(Die Glocken von St. Marien), Gregory Peck in *The Keys of the Kingdom* (Schlüssel zum Himmelreich), Gene Kelly in *Anchors Aweigh* (Urlaub in Hollywood) und Cornel Wilde in *A Song to Remember* (Polonaise). Das also war inzwischen aus Hollywood geworden. Mädchenstars hatten Allerweltsnamen wie Betty (Hutton und Grable) oder Jane (Wyman, Powell und Russell). Millands Alkoholiker verwies zwei Priester, einen Matrosen und einen Komponisten auf den zweiten Platz; die Vorliebe der Academy für leidvolle Schicksale hatte sich wieder einmal durchgesetzt. Dadurch fühlte sich Milland als Superstar bestätigt, während der Glanz der ehemaligen Königin der Studios reichlich verblaßt schien.

Die Abneigung zwischen Milland und Marlene beruhte auf Gegenseitigkeit, obwohl Marlene klug genug war, ihre Gefühle nicht offen zu zeigen. Erst als der Film mit großem Erfolg anlief, hatte Milland wirklich Grund zur Klage (der Ruf »Die Dietrich ist wieder da!« hatte ihm mit Sicherheit nicht geschmeckt). Vielleicht ahnte er von Anfang an, daß keine Schauspielerin eine solche Rolle annehmen würde, ohne davon überzeugt zu sein, daß sich das Herumkriechen im Dreck bezahlt machen würde.

Erzählt wird die Geschichte von Generalmajor Ralph Denistoun (Milland), der zu Anfang des Films in seinem Club im London der Nachkriegszeit vor sich hindämmert, als ein Bote ihm ein kleines Päckchen mit goldenen Ohrringen überreicht. Schon sitzt er im Flugzeug, und zwar neben dem Kriebsberichterstatter Quentin Reynolds (der sich selbst darstellt; also war Authentizität für die Paramount doch kein Fremdwort). Dieser bemerkt, daß Millands Ohrläppchen durchstochen sind, und fragt nach dem Grund. Der Rest des Films ist eine abstruse Rückblende mit dem Zweck, die Löcher im Ohr des Generalmajors zu erklären.

Vor dem Krieg arbeitet Denistoun für den britischen Geheimdienst und wird dank eigener Unvorsichtigkeit von der Gestapo in Deutschland gefangengenommen. Dadurch ist seine Mission gefährdet, die darin besteht, das neue Giftgasrezept von dem guten deutschen Professor Krosigk (Reinhold Schünzel) abzuholen. Denistoun und ein Adjutant überwältigen die Nazis, schlüpfen in deren Gestapo-Uniformen und machen sich getrennt auf den Weg zu dem Professor und seinem Rezept.

Auf sich selbst gestellt, zieht Denistoun durch den Schwarzwald, bis er eine Stimme den Hit »Golden Earrings« singen hört. Auf ungarisch. Sehr überzeugend. Er entdeckt die Sängerin, wie sie einen Topf voller Fischköpfe umrührt. Das ist Lydia, die außergewöhnliche Zigeunerin (Dietrich), eine Witwe, die in schmutzigen Unterröcken und barfuß mit ihrem Wagen durch den Wald zieht.

Lydia erweist sich als hinreißende Gastgeberin, die sich freut, ihre Fischköpfe mit jemandem teilen zu können. Als sie die Wahrheit über ihren Besucher erfährt (die Wassergeister hatten sie bereits vorgewarnt), verkleidet sie Denistoun als Zigeuner, übertüncht seine Großstadt-Blässe mit Walnußöl und durchsticht ihm die Ohrläppchen für den im Titel erwähnten Schmuck. Dann bringt sie ihm die wohlbekannte Spionagetechnik des Wahrsagens bei sowie einige andere Dinge, die in Eton nicht auf dem Lehrplan standen, zum Beispiel den Unterschied zwischen einem jungen Burschen und der Mutter Erde.

Schließlich erreichen die beiden das Zigeunerlager. Dort muß Denistoun den Anführer Zoltan (Murvyn Vye, gerade aus *Oklahoma* im Schwarzwald eingetroffen) bezwingen, weil die kleptomanisch veranlagte Lydia diesem seine Jacke entwendet hat. Dieser Kampf – der mit seinem Lärm sämtliche Zithern und Fiedeln übertönt – entscheidet, wem das Recht der ersten Nacht gebührt (eine Sitte, mit der die Zensur scheinbar nicht vertraut war).

Denistoun stellt seine Männlichkeit unter Beweis, wird von den Zigeunern angenommen und darf neben der Jacke auch Lydia für sich behalten. Nun singt Zoltan den Hit, hat ihn aber auf Englisch gelernt.

Denistoun wird feurig (der viele Paprika hat's in sich); er macht Fortschritte beim Wahrsagen und verkürzt mit Hilfe einer Luger die Lebensspanne einiger Nazis. Schließlich kommen er und Lydia in das Haus des guten Professors Krosigk, wo eine Cocktail-Party für einige Herrenmenschen in vollem Gang ist. Mit seinen glitzernden Ohrringen versucht Denistoun zu erkennen zu geben, daß sich unter dem Walnußöl niemand anderer als Krosigks britische Kontaktperson verbirgt. Er und Lydia geben als Wahrsager alle möglichen Geheimzeichen von sich, gewinnen aber nicht das Vertrauen des Wissenschaftlers. Plötzlich stürmt die Gestapo herein, um den guten Professor zu entlarven und den Ausbruch des Kriegs zu feiern. Krosigk, dem schließlich ein Licht aufgeht, entlohnt die Wahrsager mit einem Fünf-Mark-Schein, auf den er das Geheimrezept notiert hat.

Dann führt Lydia Denistoun durch Feld und Wald zur Grenze und zum Rhein, wobei sie gelegentlich über die Stöckelschuhe (ihres Doubles) stolpert, und dort trennen sich die beiden.

Soweit die Rückblende. Denistouns Flug mit Quentin Reynolds bringt ihn an eben jene Stelle in den Bergen, an der er Lydia verlassen hat. Diese hat die Kriegszeit damit zugebracht, den Namen seines Londoner Clubs zu erraten, um ihm seine Ohrringe per Post zukommen zu lassen. Dann fahren sie in Lydias Wagen dem Sonnenuntergang entgegen; Töpfe klappern, Zithern erklingen.

Eine solche Handlung ist über jede Kritik erhaben. Während des Faschismus wurden Zigeuner zusammen mit Juden und anderen Nicht-Ariern von echten Nazis verschleppt, und Spionage wegen Giftgas hatte eigentlich 1931 mit Marlenes *Dishonored* ein Ende gefunden. Doch Leisen scheint dies entgangen zu sein, oder vielleicht hatte er keine Zeit, sich Gedanken darüber zu machen.

Während der Dreharbeiten kam es zu Schwierigkeiten. Abgesehen davon, daß die Stars sich nicht ausstehen konnten, gab es einen Gewerkschaftskampf, so daß Leisen, Milland, Marlene, Murvyn Vye (oder Marlene *und* Murvyn Vye) und alle anderen, für die Pritschen aufgetrieben werden konnten, wochenlang in ihren Garderoben übernachteten, um nicht an den Streikposten vorbeigehen zu müssen.

Marlene übte das Zitherspielen und trieb alle auf die Palme mit ihrem Perfektionismus, der sich jedoch bezahlt macht, wenn man sie das Instrument im Film spielen sieht. Auf dem Set traf sie Reinhold Schünzel (Professor Krosigk) wieder, mit dem sie als »Naive« zwanzig Jahre zuvor in dem Stummfilm *Der Juxbaron* zu sehen gewesen war. Nachdem Schünzel die ursprüngliche Fassung von *Viktor/Viktoria* gedreht hatte, war er aus Berlin geflohen und als Regisseur bei der MGM gelandet, wo er mit Joan Crawford als Sonja Henie *Ice Follies of 1939* machte. Der Film war ein Fiasko, so daß Schünzel fortan wieder als Schauspieler arbeitete, unter anderem in Hitchcocks *Notorious* (Weißes Gift) und in Filmen wie *Golden Earrings*, in denen ein authentischer deutscher Akzent verlangt wurde.

Auf dem Gelände trieb sich noch ein weiterer Ex-Berliner herum: Billy Wilder. Doch er war damit beschäftigt, Bing Crosby in *The Empe-*

ror Waltz (Ich küsse Ihre Hand, Madame, Version zwei) ein paar Walzerschritte beizubringen (»der süßeste Film, den man je zu Gesicht bekommen hat«, meinte ein Kritiker). Allerdings muß Wilder an Marlene gedacht haben, denn ihre alte Erkennungsmelodie »Ich küsse Ihre Hand, Madame« wurde hier von Crosby gesungen und erwies sich wiederum als Hit, obwohl kein Amerikaner die kußbereite Hand der Madame mit Marlene in Verbindung brachte.

Leisen seinerseits betätigte sich als Schiedsrichter. »[Milland] verhielt sich am Anfang wie ein Schuft«, erinnerte er sich später. »Gegen Ende beruhigte er sich ein bißchen, aber er und Marlene stritten die ganze Zeit. Die erste Szene, in der sie den Fisch-Eintopf ißt und er ihr zum erstenmal begegnet, mußten wir hundertmal wiederholen. Immer wieder steckte Marlene sich einen Fischkopf in den Mund, lutschte das Auge heraus und zog dann den abgenagten Kopf heraus. Sobald ich ›Schnitt‹ geschrien hatte, steckte sie sich den Finger in den Hals und übergab sich. Ray wurde schlecht, wenn er das sah.«

Auf der Leinwand ist von solchem Fischaugen-Genuß nichts zu sehen – vielleicht dank Leisen, der auch sonst alle Hände voll zu tun hatte. »Unter dem Topf brannte zwar ein kleines Feuer, aber … wir gaben Trockeneis in den Topf, damit richtig Dampf aufstieg. Als wir Mittagspause machten, wurde dummerweise vergessen, das Feuer zu löschen. Dann kamen wir zurück, das Wasser kochte fröhlich vor sich hin, aber Marlene dachte, es sei nur das Eis. Also steckte sie die Hand in den Topf – und stieß einen markerschütternden Schrei aus. Sie hatte eine Verbrennung zweiten Grades. Ich meinte dann, wir sollten die Dreharbeiten abbrechen, doch sie war entschieden dagegen … Das Wasser wurde abgekühlt, und Marlene steckte den ganzen Nachmittag lang ihre verbrannte Hand in den Topf mit dem Trockeneis.«

Aufgrund solcher Probleme (und des Gewerkschaftskampfes) zogen sich die Dreharbeiten bis ins Jahr 1947 hin, so daß Leisen doch seine Verzugszahlungen erhielt. Aber Marlene war schon fertig und reiste über New York wieder nach Europa.

Spielverderber und humorlose Zeitgenossen verrissen *Golden Earrings*. Bosley Crowther stöhnte in der *New York Times:* »Ein seltsam selbstmörderischer Hang hat das Studio offenbar dazu getrieben, die positiven Eigenschaften von Miss Dietrich um jeden Preis zu verbergen und sie in eine schmutzige Vogelscheuche zu verwandeln … Es ist weder reizvoll, noch hat es etwas mit Kunst zu tun, mitansehen zu müssen, wie die Dietrich, der Inbegriff graziler Eleganz, mit einer öligen dunklen Salbe beschmiert in verdreckten Lumpen herumspringt.«

Aber das Publikum war begeistert, und *Golden Earrings* wurde ein Riesenerfolg. Bei der wackligen Mischung aus Komödie und Drama überwiegt für uns Heutige eindeutig die Komik, die die Darsteller und Victor Youngs schnulzige Musik vermitteln. Solange Leisen behutsam vorgeht, ist der Film amüsant, wie auch Marlenes diebische Lydia mit ihren Zigeunerallüren und Scherzen. Wie in *The Lady is Willing* gestattete Leisen Marlene, sich selbst auszuleuchten und zu schminken, und indem sie die Beleuchtung bestimmte, hatte sie auch die Kamera unter Kontrolle. Der Film gehörte ihr und ihren bloßen Füßen.

Mit Sicherheit zeigt Marlene in *Golden Earrings* keine überragende schauspielerische Leistung – oder auch nur etwas von »Marlene«. Es ist eine Auftragsarbeit, aber sie hat ihren Spaß dabei, bringt das Publikum zum Lachen und verliert dabei nie die Balance zwischen absurder Komik und der Lust am glamourös-abergläubischen Zigeunerwesen aus den Augen. Indem sie ihre Reize verhüllt, ruft sie den Zuschauern nur um so mehr die Reize der »echten« Marlene ins Gedächtnis.

Bei all diesem Mumpitz waren ihr doch der Krieg, Deutschland, Antifaschismus stets gegenwärtig; und als Billy Wilder gelegentlich von den Dreharbeiten zu *The Emperor Waltz* herüberkam, um Bing Crosby und den erhitzten Gemütern zu entkommen, dachte er nicht etwa an Marlenes altes »Ich küsse Ihre Hand, Madame« (das er von Berlin her kannte) oder an das pseudo-ungarische »Golden Earrings« (was in jeder amerikanischen Musikbox dudelte), sondern an etwas Ernsteres … etwas mehr wie – der Kurfürstendamm.

Es war nur eine Idee. Er nahm sich vor, in den kleinen Club am Sunset Boulevard – oder war er in Santa Monica? – hineinzuschauen. In »The Tingeltangel«, den Friedrich Hollaender vor kurzem eröffnet hatte und der nicht besonders gut lief. Dort würde er sich ein paar von Hollaenders neuen Songs anhören und ein bißchen nachdenken.

17. Profi

1947–1950

Anfang Januar 1947 benötigte die »Queen Elizabeth« von New York nach Southampton und Le Havre vier Tage, elf Stunden und vierundzwanzig Minuten. »Es gibt keinen besseren Ort auf der Welt, um einen Mann auf die Probe zu stellen«, meinte Marlene spöttisch, »denn man hat jede Menge Zeit.« Dabei war dies die schnellste Atlantiküberquerung des Ozeanriesen – selbst eine »Queen« paßte sich dem Tempo der modernen Zeit an.

Mit ihrem Ausspruch neckte Marlene an Bord keinen anderen als Rudi, der, zumindest was Diskretion betraf, schon so viele Proben bestanden hatte, in all den Jahren, die er dank Marlenes Großzügigkeit mit Tamara (die in New York geblieben war) hatte verbringen können. Mit fünfzig wollte der Ehemann, der nie ein Interview über seine Frau gab, noch eine Karriere als Filmproduzent auf die Beine stellen. Die beiden waren unterwegs nach Paris zur Premiere von *Martin Roumagnac*, doch Rudi plante, einen Film über Europa vor dem Zweiten Weltkrieg zu drehen, über die Welt, wie sie damals gewesen war. Er wollte all die deutschen Schauspieler einsetzen, die den Gaskammern, den Krematorien und den Mephistos in ihrer Mitte entronnen waren. Star des Films sollte natürlich die Frau des Produzenten sein.

Doch der Traum kam zu spät; Rudis Zukunft war zusammen mit der Welt von damals untergegangen. Wenn die Presse ihn spöttisch »Mr. Dietrich« oder »Phantom-Ehemann« titulierte, war das abwertend gemeint, doch es entsprach den Tatsachen. Vielleicht war die Idee mit dem Film auch nur ein Vorwand, um ein amerikanisches Einreisevisum nach Berlin zu bekommen, damit er ein letztes Mal seine Familie besuchen konnte. Von der Pariser Botschaft wurde sein Antrag an das

Kriegsministerium in Washington weitergeleitet und dort abgelehnt. Weder Marlenes eindringliche Bitten noch ein Hinweis auf ihre Verdienste für Amerika während des Krieges halfen weiter – die Grenzen der Vorkriegswelt wurden neu gezogen, und schon bald fielen die Vorhänge.

Für Marlene war diese kurze Seereise eine willkommene Erholung nach den Weihnachtsfeiertagen in New York, ihrem fünfundvierzigsten und Marias zweiundzwanzigsten Geburtstag. Seit ihrer Scheidung arbeitete Maria als Schauspiellehrerin in Fordham. Ihre Eltern dankten Gott im stillen für den jungen Mann, den sie dort kennenlernte, einen Bühnenbildner namens William Riva, talentiert, ledig, ehrlich und mehr an Maria interessiert als daran, wessen Tochter sie war. Als sie sich endlich entschloß, lieber Maria Riva zu sein als ein fast zwei Zentner schwerer wandelnder Vorwurf an ihre Eltern, verwandelte sie sich in eine schöne junge Frau – wie es sich ihre Mutter schon die ganze Zeit gewünscht hatte. (Sie aber schaffte es nun, weil Bill Riva es wünschte.) Am 4. Juli, dem amerikanischen Unabhängigkeitstag, heirateten die beiden.

Marlene glaubte fest daran, daß ihre Zukunft als Filmschauspielerin in Europa lag, und als die »Queen Elizabeth« vor Anker ging, nutzte Marlene gleich die ersten Pressekonferenzen, um ein Loblied auf die europäische Filmindustrie zu singen. Kritisch äußerte sie sich über die Vorherrschaft der Technik in Hollywood: *Golden Earrings* sei lediglich ein albernes, eskapistisches Phantasieprodukt, dominiert von Technikern. »Man muß sich immer vor Augen halten«, erklärte sie, »daß das amerikanische Publikum zu fünfundsiebzig Prozent aus Kindern besteht, und nach deren Maßstäben muß man sich richten.« Bei der Ankunft in Le Havre rühmte sie Diors »New Look« und »die Atmosphäre der französischen Filmstudios ... Filmemachen in Frankreich ist superb, und zwar – so paradox das auch klingen mag – aufgrund der ... altmodischen technischen Einrichtungen. Die Franzosen sind so einfallsreich, daß sie die Schwierigkeiten mühelos in Vorteile umwandeln. Licht und Ton sind viel realistischer als mit einer hochmodernen Studioausrüstung.« Das klang, als habe *Martin Roumagnac* mehr mit der Realität zu tun als *Golden Earrings*.

Der französische Reporter, der über Marlenes Begeisterung für altmodische technische Einrichtungen berichtete, ließ auch verlauten, sie habe gerade erfahren, daß sie bald Großmutter werde – eine voreilige, wenn auch sehr hellsichtige Nachricht. Niemand schenkte ihr viel Beachtung, denn wer hatte je von einem Glamour-Girl gehört, das Großmutter wurde?

Martin Roumagnac lief an und fiel umgehend durch. »O Herr, nimm ihn von uns«, war der Stoßseufzer eines Kritikers gewesen, aber die Kinobesitzer entledigten sich des Films auch ohne Gottes Hilfe, indem sie ihn aus dem Programm nahmen. Mit der Kopie, die man nach Amerika schickte, mühte sich Ilya Lopert fast zwei Jahre lang ab, um das Machwerk so zu schneiden, daß es für die Zensur akzeptabel war. Dreißig Minuten Film landeten auf dem Boden des Schneideraums. Man bereitete die Geschichte als Rückblende bei einem langweiligen Gerichtsprozeß auf, was den amerikanischen Titel *The Room Upstairs* völlig unsinnig machte. Zwar war das, was übrigblieb, nun »anständig« – aber immer noch ein Desaster.

Leider galt das auch für Marlenes Beziehung zu Gabin. Bei der Premiere begegneten sich die beiden, aber Marlene hatte Rudi mitgebracht und somit für klare Verhältnisse gesorgt. Die Freundschaft mit Gabin war tot, aber die Gerüchteküche brodelte munter weiter. Es hieß beispielsweise, Marlene sei Gabin jahrelang durch Paris gefolgt und sie habe die Wohnung in der Avenue Montaigne nur deshalb bis an ihr Lebensende behalten, weil sie in der Nähe von Gabins Haus lag. Vielleicht behielt sie die Wohnung aber auch, weil sie es von dort nicht weit zu Dior hatte … Zu Gabins Hochzeit eilte Marlene stehenden Fußes nach Paris. Aber er weigerte sich, sie zu empfangen. Als er sich eine Grabstelle nahe bei seinem Geburtsort in der Normandie kaufte, erwarb sie den Platz neben ihm. Daraufhin verkaufte er, und sie grämte sich.

Im Jahr 1949, als die Wunden der Trennung noch ganz frisch waren, fragte ein Reporter Gabin, was denn aus den Plänen geworden sei, nach *Martin Roumagnac* ein weiteres Projekt namens *Première Mondiale* mit Marlene zu verwirklichen. Da versetzte Gabin ihr den letzten verbalen Schlag ins Gesicht: »Die Alte ist viel zu unbeständig«, meinte er. Von Marlene kam darauf keine Reaktion.

Weil sie sich über ihre eigene Zukunft noch nicht im klaren war, begann Marlene, sich verstärkt um andere zu kümmern. Auch im Filmgeschäft gab es, wie in der Mode, einen »New Look«. In Paris hatte Roberto Rossellinis *Roma, città aperta* (Rom, offene Stadt) Premiere, und Marlene konvertierte auf der Stelle zum Neorealismus. Sie schleppte ihre Freunde in den Film, danach in *Paisà*, und als Rossellini mit Anna Magnani nach Paris kam, um Cocteaus Ein-Frau-Stück *La voix humaine* aufzuführen, drängte Marlene alle ihre Bekannten dazu, den beiden Künstlern ihre Ehrerbietung zu beweisen: Cocteau persönlich, Jean Marais, Edith Piaf, Max Colpet. *Città aperta* und *Paisà* gehören zu Rosselinis Nachkriegstrilogie, deren dritter Teil im Berlin des Jahres 1945 spielen sollte. Marlene kannte dafür genau den richtigen Drehbuchautor.

Mit seinen französischen Filmskripts war Max Colpet wenig erfolgreich gewesen; nun sollte er für Erich von Stroheim Strindbergs *Dödsdansen* (Totentanz) als Drehbuch umarbeiten. Doch Rossellini erlöste ihn von dieser unangenehmen Aufgabe, denn er brauchte einen deutschen Autor für *Germania, Anno Zero* (Deutschland im Jahre Null), wie der dritte Teil der Trilogie heißen sollte. Colpet fand eine Sekretärin, die bereit war, umsonst für ihn zu arbeiten: Marlene. Verbissen hämmerte sie auf eine klapprige Reiseschreibmaschine ein, und ihre abgebrochenen Fingernägel vermittelten ihr ein ausgesprochen neorealistisches Gefühl. Als die Seiten so fehlerfrei waren, wie eine autodidaktische Tippse es eben schaffen konnte, rannte sie los, um für den Maestro Espresso zu kaufen und fachmännisch zuzubereiten.

Rossellini lud Colpet nach Berlin ein, aber Colpets Familie war in den deutschen Konzentrationslagern ermordet worden (ihn selbst hatten die Franzosen interniert), und er hatte geschworen, nie wieder nach Deutschland zurückzukehren. Doch Marlene überredete ihn, um des Films und seiner Karriere willen seine Prinzipien aufzugeben. Außerdem wußte sie, daß Colpets ältester Freund, der ebenfalls eine Zeitlang im Pariser Exil gelebt hatte, in Berlin war: Billy Wilder.

Nach dem Sieg der Alliierten am 8. Mai 1945 war Wilder als Offizier der amerikanischen Armee in Berlin stationiert. Seine Aufgabe war es gewesen, für alle Arten öffentlicher Vorführungen Genehmigungen zu erteilen beziehungsweise zu verweigern. Jede deutsche Produktion mußte damals von den Alliierten überprüft werden. Als er den Antrag der ehrwürdigen Oberammergauer Pasionsspiele begutachtete, fiel ihm auf, daß fast alle »Jünger« ehemalige SA-Leute waren und Jesus selbst ein ehemaliger SS-Mann. Okay, meinte Wilder, sie könnten mitspielen, aber »unter einer Bedingung – sie verwenden echte Nägel«.

Wilder war Österreicher und stammte aus Galizien. Seine Autoren-Karriere begann in Berlin, wo er sich als Kriminalreporter und gelegentlicher »Eintänzer« durchgeschlagen hatte (in den wilden zwanziger Jahren eine Art Gigolo für Damen, die niemanden hatten, mit dem sie den Tango aufs Parkett legen konnten). 1932 fiel ihm *Mein Kampf* in die Hände, und da er das Buch nicht besonders erheiternd fand, verließ er Berlin nach dem Reichstagsbrand. Zuerst ging er nach Paris und von dort nach Hollywood.

Bereits Ende der zwanziger Jahre hatte sich Wilder einen Namen gemacht als einer der Schöpfer von *Menschen am Sonntag*, dem berühmten halbdokumentarischen Filmwerk über das Leben in Berlin, an dem übrigens auch Fred Zinnemann mitwirkte. Jetzt war Wilder mit zwei Oscars nach Berlin zurückgekehrt (für Drehbuch und Regie in *The Lost Weekend* / Das verlorene Wochenende) und stieß dort auf reichhaltiges Drehmaterial: Menschen – und Ruinen – am Morgen nach der finsteren Nacht des Faschismus.

Bei manchen Deutschen stieß er auf heftigen Widerspruch, weil er, wie sie meinten, Hollywood an die Spree verlegen wollte. Doch Wilder ließ sie mit bissigen Bemerkungen in seinem österreichischen Akzent abblitzen. Die Vorbereitungen galten einem Projekt, das die Magenschmerzen nach dem überreichlich süßen und sahnigen *The Emperor Waltz* (Ich küsse Ihre Hand, Madame – mit Bing Crosby) vergessen machen sollte. Die schreckliche Verwüstung in Berlin war ernüchternd, aber sie brachte ihn auch auf neue Ideen.

Schließlich verließ er Deutschland mit Tausenden von Metern Filmmaterial im Gepäck, Aufnahmen von Trümmern und Ruinen als Hintergrund für eine Komödie (ausgerechnet!), die wie Rossellinis neorealistisches Werk im Deutschland der Stunde Null spielen sollte.

Als Titel hatte man *A Foreign Affair* (Eine auswärtige Affäre) gewählt, und Jean Arthur sollte die Hauptrolle der Phoebe Frost übernehmen: eine Art amerikanische Ninotchka, eine biedere Kongreßabgeordnete aus Iowa, die im besetzten Berlin die Moral der GIs (im doppelten Sinn des Wortes) inspizieren soll. Als sie sich dort in einen charmanten, aber zwielichtigen Offizier verliebt, gerät ihre brave Gretchen-Frisur ziemlich durcheinander. Der amerikanische Offizier unterhält seinerseits ein Verhältnis mit der Nachtclubsängering und Exnazisse Erika von Schlütow, einer »entzückenden Zeitbombe« und ehemaligen Geliebten eines hohen Gestapomannes. Für Jean Arthur war es der erste Film nach drei Jahren erzwungener Leinwandabstinenz, denn als sie für die Columbia

und Harry Cohn in Frank Capras Trio *You Can't Take it With You,
Mr. Smith Goes to Washington* und *Mr. Deeds Goes to Town* mitgewirkt
hatte, war es zwischen ihr und dem Produzenten zu schwerwiegenden
Differenzen gekommen. Die Arthur arbeitete bereits seit 1923 im Filmgeschäft, hatte alles vom Baby-Star bis zur Calamity Jane gespielt und
war mit Sicherheit das klügste und netteste »Mädchen von nebenan«,
das man finden konnte. Wilders Film hätte für sie ein triumphales
Comeback werden können, wenn er die Rolle der nazistischen Nacht-
club-Sängerin nicht mit einer Schauspielerin besetzt hätte, von der man
sich am allerwenigsten vorstellen konnte, daß sie eine Nazisse spielte.
Andererseits kannte er keine Darstellerin mit so einwandfreier Anti-
Nazi-Vergangenheit wie Marlene.

Schließlich besaß sie sogar eine Medaille, mit der sie es beweisen
konnte – was sie so oft tat, daß alte Freunde wie Lubitsch erklärten, zu
Partys mit Marlene kämen sie nur noch unter der Bedingung, daß sie
ihre Medaille zu Hause ließ.

Aber Marlene hatte allen Grund, stolz zu sein. Sie war die erste Frau
in der Geschichte der Vereinigten Staaten, die mit der »Medal of Freedom« geehrt wurde (die Generäle Bradley, Patton und Gavin hatten ein
gutes Gedächtnis für derlei Dinge). Damals war der Orden durchaus
noch keine Routine-Auszeichnung für Showbusineß-Politik, zu der ihn
später ein Showbusineß-Präsident verkommen ließ. Vielmehr galt er
noch als Äquivalent zur »Congressional Medal of Honor«, die für Mut
und Tapferkeit verliehen wurde, und war überhaupt die höchste Auszeichnung, die einem Zivilisten verliehen werden konnte. Der naturali-
sierten Staatsbürgerin Dietrich überreichte man ihren Orden bei einem
feierlichen Akt in West Point. Major General Maxwell Taylor heftete ihn
auf die Jacke ihres schlichten schwarzen Kostüms (von Dior – es gab
schließlich keinen Grund, unelegant zu wirken), und in der Begleit-
urkunde stand zu lesen:

»Für höchst verdienstvollen Einsatz ... bei unzähligen Auftritten unter Kampfbedingungen, bei schlechtem Wetter und in aktuer Lebensge-
fahr. Obwohl ihr Gesundheitszustand kritisch war, sorgte Miss Dietrich
für den Erhalt der Moral von über 500 000 amerikanischen Soldaten.
Mit bewundernswerter Energie leistete sie einen unschätzbaren Beitrag
zum Wohlergehen der Truppen.«

Eine ordensdekorierte Kriegsheldin konnte in *A Foreign Affair* genauso unangefochten eine Nazisse darstellen wie zum Beispiel eine Großmutter – und Marlene nahm auch diese Aufgabe in Angriff. Beziehungsweise tat es ihre Tochter für sie. Nachdem Maria und William Riva am 4. Juli in New York geheiratet hatten, zogen sie in eine Wohnung in der Third Avenue. Damit ihr niemand vorwerfen konnte, sie wolle der Braut bei der Hochzeit die Show stehlen, blieb Marlene in Paris, aber anschließend konnte sie dem Ruf eines Küchenfußbodens nicht widerstehen. Sie schrubbte und murmelte Hausfrauen- (oder Zigeunerinnen-)Sprüche, um sicherzustellen, daß die beiden jungen Leute auch wirklich die Ehe vollzogen. Es funktionierte, und während Marlene ihre Medaille in ganz Bel Air und Beverly Hills spazierentrug, war sie bereits auf dem besten Weg »die glamouröseste Großmutter der Welt« zu werden. Übrigens mochte sie diese Bezeichnung zunächst sehr, aber die Journalisten verwendeten den Ausdruck auf so inflationäre Weise, daß er Marlene als permanente Erinnerung an das Älterwerden schließlich doch auf die Nerven ging.

Im Dezember begannen die Dreharbeiten zu *A Foreign Affair*. Marlene zog zu Billy Wilder, und zusammen schmiedeten sie Pläne, wie sie die gesamte Filmkolonie für alle Zeit und Ewigkeit mit Marlenes Geschichten zu den Themen »Verführungskünste in der Schulzeit« und »Frauen sind einfach besser« in Erstaunen versetzen könnten. Sie amüsierten sich köstlich, aber es gab auch traurige Ereignisse in jener Zeit: Ende November starb Ernst Lubitsch. Wilder verehrte ihn als den »Meister«, und Marlene zählte ihn trotz der Konflikte bei *Angel* nach wie vor zu den Freunden, an deren Urteil ihr am meisten lag. Auch für Gérard Philipe, ihre Entdeckung aus Paris, hätte sie gern seine Unterstützung gehabt, denn sie hoffte bis zum Schluß, Lubitsch würde ihm in einer Verfilmung von *Der Rosenkavalier* die Hauptrolle geben. Lubitsch erlag einer Herzattacke – entweder unter der Dusche oder im Bett mit einer schönen Frau, je nach dem, welcher Version man Glauben schenken wollte. Als Marlene im Haus des Drehbuchautors Walter Reisch, der oft für Lubitsch gearbeitet hatte, von seinem Tod hörte, eilte sie sofort zu Lubitschs Haus, um den Ärzten und Sanitätern zu sagen, was sie tun sollten. Vielleicht konnte sie nicht glauben, daß Lubitsch wirklich tot war, denn sie nahm die Aufnahme ihrer Lieder aus *A Foreign Affair* für alle Fälle mit. Ganz bestimmt hätte Lubitsch Spaß an ihnen gehabt.

Marlene 1948 in dem Film »Eine auswärtige Angelegenheit«.
(Foto: Cinetext Bild & Textarchiv, Frankfurt a. M.)

Ähnlich wie Lubitschs *To Be or Not To Be* (Sein oder Nichtsein) erregte auch *A Foreign Affair* sehr viel Aufruhr wegen angeblicher Geschmacksverirrungen. Bei der Erstaufführung im Jahr 1942 verdammte man *To Be or Not To Be* als »unsensibel« und »geschmacklos«, weil der Film Witze über die Nazis machte, während sich Hollywood nach langen Jahren verharmlosenden Geschwafels endlich entschlossen hatte, den Faschismus ernst zu nehmen. Die moralische Entrüstung bezog sich vor allem auf den berühmten Satz über Jack Bennys melodramatischen (polnischen) Schauspieler: »Was der mit Shakespeare gemacht hat, machen wir jetzt mit Polen.« Lubitsch (der selbst im Zweiten Weltkrieg Luftschutzwart gewesen war) weigerte sich standhaft, den Satz herauszuschneiden. Heute ist die Aufregung, die der Scherz verursachte, längst vergessen, doch das Zitat ist nicht totzukriegen.

Fragen des Geschmacks wurden im Zusammenhang mit Lubitschs Filmen des öfteren erörtert; bei Wilder ging es überhaupt um nichts anderes. Ihn des Zynismus zu bezichtigen, läuft auf das gleiche hinaus, als wollte man den sieben Zwergen einen Vorwurf daraus machen, daß sie so klein sind. Von sentimentalen Zeitgenossen wird ihm ständig vorgehalten, er sei vulgär und grausam. Bissige Bonmots über Hollywood sprudeln förmlich aus ihm heraus, und er ist berühmt für seinen »bitteren Witz«. Andrew Sarris nannte ihn »zu zynisch, um an seinen eigenen Zynismus zu glauben«, und viele fanden, *A Foreign Affair* kranke genau an dieser Einstellung. Doch es ist nicht der Zynismus, der einen verwirrt, es sind Wilders Gefühle für Berlin, die so ambivalent aufeinanderprallen, daß Paramount den Film mit folgendem Slogan ankündigte: »Allen ERNSTES! Das ist die LUSTIGSTE Komödie seit Jahren.«

Auf der Tour durch die Ruinen der Metropole, die (in Wilders tangotanzender Jugend) als die »schönste« und »schnellste der Welt« galt, begegnen wir einer Menge Schadenfreude über das Schicksal der Herrenrasse. Diese Stadt formte Marlene und übte auch auf Wilder ihre Anziehungskraft aus. Er hätte genausogut in Wien bleiben können, als Sammy Wilder, Gerichtsdiener, für immer und ewig. Unter der Oberfläche der witzigen Bemerkungen (»Das Tausendjährige Reich ... das hat allen Buchmachern das Herz gebrochen«) findet sich viel nostalgische Sehnsucht nach dem Berlin, wie es einmal *war*, Trauer inmitten der Ruinen, die noch rauchten; und das ergab eine so extreme Doppelbödigkeit, daß es manchen Zuschauer abstieß.

A Foreign Affair erhitzt auch heute noch die Gemüter mancher unserer besten Kritiker, für die Themen wie Fraternisieren und Schwarzmarktkorruption längst kein heißes Eisen mehr sind. Sowohl Andrew Sarris als auch Richard Corliss regen sich weiterhin über Wilders Umgang mit Jean Arthur auf (er behandle sie »brutal«), dabei ist Phoebe Frost einfach nur ein bißchen dusselig. Aber ihr *gehört* der Film eben nicht.

Marlenes Erika von Schlütow stahl tatsächlich allen die Show; Phoebe Frosts Zöpfe hatten nie eine Chance. Marlene hatte ihre Songs und ihre »nackten Kleider« (Edith Head bemerkte später: »Man entwirft keine Kleider *für* die Dietrich, man entwirft sie *mit* ihr). Marlene hatte eben alles, was zur »Dietrich« gehörte.

Am Ende gewinnt das brave amerikanische Mädchen vom Lande, aber wenn wir das Kino verlassen, denken wir an Marlenes Erika. Sie mag zwar das korrupte Herz der Geschichte sein, aber sie verkörpert die Vernunft inmitten eines Trümmerhaufens; ihr Galgenhumor verwünscht und feiert die zerbrochenen Ideale. Eine großartige darstellerische Leistung.

Trotz aller Einwände wurden Drehbuch und Kamera von *A Foreign Affair* für den Oscar nominiert, aber der Kassenerfolg war eher mittelmäßig, und die Dreharbeiten gestalteten sich ziemlich problematisch. Jean Arthur ging es auf die Nerven, daß Marlene und Wilder dauernd mit Hollaender auf deutsch herumalberten (sie war ohnehin dafür bekannt, daß sie leicht hysterisch wurde), außerdem hatte sie Angst, daß Marlene mit ihr dasselbe machen würde wie mit Ray Milland und Richard Colman: ihr den Film aus der Hand nehmen. Natürlich wurde ihre Sorge nicht geringer durch Marlenes entspannte, lockere Art und die offen zur Schau getragene Verliebtheit in ihren eigenen Glamour. Während sich die Arthur mit ihrem »Gesicht wie ein geschrubbter Küchenboden« in ihre Garderobe zurückzog, schäkerte Marlene mit Lund und der ganzen übrigen Crew.

Wilder war hin- und hergerissen: Einerseits bewunderte er die Arthur, andererseits machte ihn ihre Unsicherheit und Hektik nervös; einerseits gefiel ihm Marlenes Glamour, andererseits ging es ihm auf die Nerven, daß sie sich permanent mit sich selbst und ihrem Aussehen beschäftigte. »Was für ein Film«, seufzte er einmal in einem Gespräch mit John Lund. »Die eine Frau hat Angst davor, in den Spiegel zu sehen, und die andere kann gar nicht genug davon kriegen.«

Marlene lebte ihre Rolle in vollen Zügen aus, produzierte sich, wo sie nur konnte, und flirtete aus Leibeskräften. Auch Wilders Assistent Gerd Oswald (er hatte Marlene als Teenager in Berlin kennengelernt; sein Vater war ein berühmter Produzent) erinnert sich noch gut an die Atmosphäre bei den Dreharbeiten. »Marlene saß immer vor ihrer Garderobe und beobachtete, was vor sich ging – wie in einem Straßencafé. Wenn man den Gerüchten Glauben schenken wollte, hatte sie mit ungefähr jedem, der vorbeispazierte, eine Affäre. Ich erinnere mich an ein paar muskulöse Stuntmen – die hat sie einfach *verschlungen*.« John Lund, der Marlene als »eine Mischung aus Sirene und Hausfrau, ungeheuer professionell und lustig« bezeichnete, berichtete, wie Randolph Churchill den Set besuchte und Marlene so aufdringlich den Hof machte, daß Wilders Frau ihm schließlich angeekelt ein Glas Wein ins Gesicht schüttete.

»Churchill kann man ruhig vergessen«, grinste Lund. »Auf dem Set hatte man das Gefühl, daß Marlene sich mit *allen* einließ.«

Aber alle wußten auch, daß es einen neuen Mann in Marlenes Leben gab.

Nach John Michael Rivas Geburt am 19. Juli, direkt vor Drehbeginn von *A Foreign Affair*, blickten aller Augen natürlich voll Interesse auf seine Großmutter – im Film und auch privat. Allgemein war man der Ansicht, daß das Baby mehr von Marias – Marlenes – Seite der Familie mitbekommen hatte, und viele entdeckten eine ausgeprägte Ähnlichkeit mit Rudi.

Von Anfang an stellte Marlene klar, daß sie nicht gewillt war, als Großmutter ihre Freiheit in irgendeiner Weise einschränken zu lassen (genausowenig wie durch Ehe, Mutterschaft oder Karriere), und sie wurde damit ein Vorbild für so manche Frau »in einem gewissen Alter«.

Praktisch über Nacht veränderte sich die Vorstellung, wie eine reife Frau auszusehen und sich zu verhalten hatte – für Millionen von Frauen, aber auch für viele Männer. Als Marlenes Bild im August auf der Titelseite von *Life* erschien, bekam man in Großaufnahme (von Arnold Newman) eine Frau zu sehen, die es, obwohl sie als Make-up nur Lippenstift, Augenbrauenstift und ein wenig Vaseline auf den Lidern trug (damit sie glänzten), an Frische und Lebendigkeit durchaus mit den Lilien aufnehmen konnte, welche im Vordergrund des Photos zu sehen waren. Ihre klassische Schönheit wirkte wie ein krasser Widerspruch zu der Bildunterschrift »Grandmother Dietrich«.

Eine Weile wirkte Marlene jedoch regelrecht soigniert, aber das paßte schließlich zu dem »New Look«, den sie seit Paris favorisierte. Ihre feinen Haare steckte sie zu einem Knoten auf, den die Mode inzwischen allerdings als *Chignon* titulierte, und wenn sie sich von Horst oder Irving Penn oder Richard Avedon photographieren ließ, sah sie moderner aus denn je. Zwar zeigte sie weniger Bein als früher (der New Look schloß das praktisch aus), aber die schweren Augenlider blieben, das einladende Lächeln und die symmetrischen Gesichtszüge, die durch die Beleuchtung zur Skulptur modelliert wurden. Sie war Inbegriff eines Mode-Ideals und zugleich über jede Mode erhaben.

Wenn sie in ihrem hermelinbesetzten Herrenmantel zu einer Premierenfeier erschien, übertraf ihr Glamour noch immer den Glanz der

Scheinwerfer. Doch tagsüber zog sie sich eine Krankenschwester-uniform von Bloomingdale über und schob John Michael im Kinder-wagen durch den Central Park, unauffällig und anonym wie alle Kinder-frauen. Mit einem Teil der Gage für *A Foreign Affair* (genauer gesagt für 40000 Dollar) kaufte Marlene ihrer Tochter und ihrem Schwiegersohn ein Haus auf der östlichen 95th Street und zog selbst in das Plaza Hotel, bis sie eine Wohnung in der Park Avenue fand – ganz in der Nähe von Marias Haus (das heute etliche Millionen Dollar wert ist), so daß sie ba-bysitten konnte.

Nicht weit entfernt wohnten die aus Deutschland stammende Schau-spielerin Dolly Haas und ihr Mann, der Karikaturist Al Hirschfeld, die sich bald mit dem Dietrich-Riva-Clan anfreundeten. Zwar kannte Dolly Haas Marlene nicht aus Berlin, aber sie hatte bei der Premiere von *Der Blaue Engel* im Gloria-Palast neben Trude Hesterberg gesessen. Kurz bevor die Lichter ausgingen, sagte die Hesterberg zu ihr: »Emil Jannings ist ein *großer* Schauspieler, aber die Dietrich, na ja …« Jetzt war Emil Jan-nings ein ehemaliger Nazi-Senator, den niemand mehr engagieren wollte und dessen Ruf hauptsächlich auf dem Film beruhte, den er mit der »Dietrich, na ja …« gemacht hatte.

Von Dolly Haas' Mann stammte das Werbeplakat für *A Foreign Affair*, das Marlene auf dem Klavier sitzend zeigt. In den darauffolgen-den Jahren hat er sie noch oft porträtiert, und aus seinen Skizzen könnte man einen ganzen Bildband zusammenstellen. Soweit wir wissen, hat er sie aber leider nie in ihrer Schwesterntracht oder beim Windelwechseln gezeichnet.

Da Dolly Haas mitbekam, mit wieviel Liebe Marlene John Michael und später auch John Peter, John Paul und John David (ihr »Jonny-Quar-tett«) überschüttete, verteidigt sie die Dietrich noch heute leidenschaft-lich gegen alle Angriffe. Die Kinder nannten ihre Großmutter »Missy«, und Marlene rief sie immer beim zweiten Namen, den sie manchmal auch deutsch aussprach. Auch die Haas erinnert sich noch gut daran, wie Marlene »in ihrer Schwesterntracht herumlief und wie ein Wirbel-wind hinter den Nachbarskindern herrannte, wenn sie das Baby zu ärgern versuchten. Manchmal kam sie in ihrer Uniform aus dem Park nach Hause und warf die neueste Ausgabe von *Vogue* oder *Harper's Bazar*, auf der sie in irgendeinem glamurösen supermodernen Fummel zu sehen war, gleichgültig in die Ecke. Aber ihre Wangen waren vor

Stolz gerötet, wenn sie erzählte: ›Da hab' ich ein paar von diesen Gören mal wieder eine ordentliche Tracht Prügel verpaßt‹, weil sie den Kleinen belästigt hatten. *Das* ist die echte Marlene«, sagt Haas noch heute im Brustton der Überzeugung. »*Das* ist die Marlene, über die niemand schreibt.«

Doch man schrieb sehr wohl darüber – und sogar sehr viel. Anfangs kultivierte Marlene ihre Großmutterrolle und blieb eigens in New York, um das Baby verwöhnen zu können, doch schließlich hatte sie genug davon. Allerdings hatte die veränderte Situation noch einen weiteren Vorteil: John Michael Riva gab auch Maria eine neue Rolle, und damit entstand auch ein Berühungspunkt zwischen Maria und Marlene, so daß die beiden manches aus der Vergangenheit wiedergutmachen und eine Ausgangsbasis für die Zukunft schaffen konnten.

Rudi brachte seine Großvaterfreuden voll Liebe, doch eher zurückhaltend zum Ausdruck. Er bewohnte mit Tamara ein kleines New Yorker Apartment. Leider gestaltete sich Tamaras psychische Verfassung zunehmend labil, woran Rudi nicht unschuldig war: Da er keine Kinder mit Tamara wollte, hatte er sie mehrmals gedrängt abzutreiben. Als Marlenes Affäre mit Jean Gabin zu Ende ging, starb auch Tamaras letzte Hoffnung, daß Rudi sie heiraten würde – oder auch *ihr* erlauben würde, Mutter zu werden.

Lange blieb Marlene nicht ohne männlichen Begleiter. Daß sie häufig von großen Modemagazinen abgebildet wurde, verdankte sie einem einflußreichen Gönner: I.V.A. Patcevitch, Herausgeber von *Vogue*, ein eleganter, kultivierter Mann, der sich als Patenonkel wesentlich zuverlässiger um John Michael Riva kümmerte, als Rudolf Forster (der zu »Adolf« zurückging) es je für seine Mutter getan hatte.

Modebewußte Großmutter oder nicht – Marlene war immer noch eine berufstätige Frau und brauchte ihre Arbeit jetzt mehr denn je. Um in New York bei Maria, dem Baby und »Pat« Patcevitch bleiben zu können, beschloß sie, hier ihre berühmte Stimme einzusetzen. Seit den dreißiger Jahren hatte sie immer wieder für den Rundfunk gearbeitet. 1936 hatten sie und Clark Gable gemeinsam das »Lux Theater of the Air«, eine Sendereihe aus Hollywood, aus der Taufe gehoben (moderiert von Cecil B. DeMille) – mit einer Hörspielfassung von *Morocco* unter dem Titel »The Legionnaire and the Lady« (Der Legionär und die Lady). Marlene machte von eigenen und fremden Filmen Rundfunkaufnahmen und wirkte bei Radioshows mit Bing Crosby, Orson Welles, später mit Tallulah Bankhead, Perry Como und vielen anderen mit. Beim Rundfunk konnte sie mit Leichtigkeit genügend Geld für sich und die Rivas verdienen, und es reichte sogar noch für Max Colpet, der mittlerweile ebenfalls nach Amerika gekommen war (Marlene hatte ihm ein Visum und einen Arbeitsvertrag besorgt). Ende 1948 hörte man Marlene als *Madame Bovary* neben Van Heflin und Claude Rains in einer Rundfunkbearbeitung der CBS. Die Aufnahme fand vor geladenem Starpublikum statt, für das anschließend ein Gala-Dinner gegeben wurde. Zwar war Marlenes Emma Bovary nicht gerade eine Landpomeranze, aber bestimmt auch kein Glamourkätzchen.

Regie bei *Madame Bovary* führte Fletcher Markle, der Ehemann von Mercedes McCambridge, die bald für ihre Rolle in *All the King's Men* (Der Mann, der herrschen wollte) einen Oscar gewinnen sollte. Markle wollte eigentlich Filmregisseur werden, und Marlene erklärte sich bereit, in *Jigsaw* (Die nackte Tote) eine Komparsenrolle zu übernehmen (natürlich im New Yorker »Blue Angel«-Nachtclub). *Jigsaw* wurde größtenteils von Franchot Tone finanziert (der auch die Hauptrolle spielte) und sollte ein Gangsterfilm mit entschieden antifaschistischer, antirassistischer Tendenz werden – Grund genug für Marlene, dafür ihren Namen und ihre Zeit herzugeben. Nicht nur Marlene, auch Henry Fonda, John Garfield, Everett Sloane, Marsha Hunt und Burgess Meredith hatten einen – unerwähnten – Kurzauftritt. Leider machte man zu wenig aus dem Staraufgebot, um dem Film zu einem Erfolg an der Kinokasse zu verhelfen. In *Variety* stand zu lesen, der Film sei »gut gemeint, aber allzu leichtgewichtig«. Offenbar jedoch nicht leichtgewichtig genug, um ihn davor zu bewahren, daß er unterging wie ein Mühlstein.

Unglücklicherweise reichte das Rundfunkgeld nicht, um Marlene und ihre immer größer werdende Familie in dem Stil zu unterhalten, den sich Marlene für ihre Angehörigen wünschte. Manche ihrer Freunde glaubten, Pat Patcevitch wolle sie heiraten, doch einer von ihnen meinte: »Er war sehr in sie verliebt, aber sie gab ihm das Gefühl, daß sie ihn an einem Nasenring mit sich herumschleppte.«

Als Marlene Anfang 1949 einen Drehbuchentwurf von Alfred Hitchcock zugeschickt bekam, akzeptierte sie das Angebot sofort. Zwar befand sich Hitchcock gerade in einer eher schwierigen Phase, aber er hatte bei Warner Brothers einen Vertrag über sechs Filme, der ihm völlig freie Hand zusicherte. Sein Projekt beruhte auf einem Roman mit dem Titel *Mad Running*, den er *Stage Fright* (Die rote Lola) umtaufte. Es war ein Thriller, der am Theater spielt: Mord und Betrügereien, verübt von zwielichtigen, aber interessanten Zeitgenossen. Am interessantesten (und am zwielichtigsten) war die Musical-Diva Charlotte Inwood – Marlene.

Als Hauptdarstellerin verpflichtete Hitchcock Jane Wyman, die gerade für *Johnny Belinda* (Schweigende Lippen) einen Oscar gewonnen hatte und darauf brannte, von Hollywood und einer gescheiterten Ehe wegzukommen.

»Ich hatte große Schwierigkeiten mit Jane«, berichtete Hitchcock. »In ihrer Verkleidung als Zimmermädchen mußte sie sich häßlich machen lassen, denn immerhin sollte sie glaubhaft die Rolle einer unansehnlichen Zimmerfrau spielen. Aber bei den Mustervorführungen verglich sie sich jedesmal mit Marlene Dietrich, und dann brach sie in Tränen aus. Sie konnte sich einfach nicht damit abfinden, wie sie diese Rolle spielen sollte, während die Dietrich so wunderbar aussah. Also putzte sie sich von Tag zu Tag mehr heraus, und schon deshalb schaffte sie es nicht, der Rolle gerecht zu werden.«

So ähnlich hatte sich auch Marlene vor einem guten Jahrzehnt bei den Dreharbeiten zu *I Loved a Soldier* geäußert, aber daran erinnerte sich längst niemand mehr. Berichte über die Probleme Jane Wymans sickerten natürlich bald nach Hollywood durch, wo Hedda Hopper schrieb: »Jane Wymans Londoner Projekt wird gerade zum achtundvierzigstenmal nachgedreht. Marlene Dietrich sieht in den Nahaufnahmen einfach zu gut aus – was natürlich nichts über unsere kleine Janie aussagt«, stichelte sie.

Erwartungsgemäß stritt die Wyman alles ab und behauptete mit der leutseligen Würde einer Oscar-Preisträgerin, sie habe gleich zu Anfang erklärt: »Nun, Marlene, ich überlasse Ihnen den Glamour.« Damit das nicht allzu herablassend klang, fügte sie hinzu, Marlene sei »der faszinierendste Mensch, der mir je begegnet ist. Wenn sie keinen Drehtermin hatte, kam sie trotzdem auf den Set. Dann richtete sie mein Kostüm her, machte Vorschläge für meine Frisur und half mir überhaupt in jeder Hinsicht.«

Auch ohne einen Michael Wilding, für den sie sich zurechtmachen mußte, war Marlenes Pünktlichkeit am Set sprichwörtlich (ihr ganzes

Leben lang). Richard Todd, der einen als Killer Jonathan das Gruseln lehrt, berichtete später, daß Marlene immer schon da war, wenn die Crew ankam. Sie brachte kleine Kuchen zum Tee mit und »drehte unglaublich auf, wenn Wilding in der Nähe war, aber sie war uns allen gegenüber sehr aufmerksam und half uns in ein paar schrecklich schwierigen Szenen, die Mr. Hitchcock eher zu langweilen schienen. Er war zwar immer anwesend, aber sein Regiestil war distanziert und schematisch, als interessierte er sich eigentlich gar nicht besonders für den Film. Wir drehten eine Szene, und dann nahm er sein Diagramm und sprach mit dem Kameramann und den Technikern und ignorierte uns, als wären wir eine Herde Schafe. Vielleicht blökten wir nicht laut genug, aber Marlene spürte, was uns fehlte, nämlich, daß jemand uns sagte, wo es langging. Wenn Sie mich fragen, wer in *Stage Fright* Regie geführt hat, dann müßte ich antworten: die Dietrich, jedenfalls was die schauspielerische Seite betrifft. Sie hatte Erfahrung und gab uns jede Menge Tips.

Als wir im Scala Theater in der Charlotte Street ›The Laziest Gal in Town‹ aufnahmen, war der Saal gerappelt voll mit Komparsen, die Marlene zusahen, wie sie probte – ich glaube, es dauerte mindestens zwei Wochen. In meiner Rolle als ihr vernachlässigter Liebhaber trieb ich mich schmollend in den Kulissen herum und konnte beobachten, wie sie ihre Nummer täglich immer mehr perfektionierte. Die meisten Stars hätten den Saal räumen lassen, aber sie hatte es gern, wenn möglichst viele Leute da waren, sie brauchte das Publikum. Tag für Tag. Dann gab sie ihre Vorstellung für die Kameras. Sie wußte immer ganz genau, wo die Scheinwerfer standen, aber sie spielte mindestens so sehr für das Publikum wie für die Kamera. Als sie fertig war, erhoben sich die Komparsen, die jeden Tag zugeschaut hatten, alle gleichzeitig und spendeten ihr stehend Beifall. Natürlich kam das nicht in den Film, aber es war einer der bewegendsten Momente, die ich je erlebt habe. Diese Frau, die ›nur‹ eine Filmschauspielerin war, hatte den Applaus mehr als verdient. Und sie *genoß es*.«

Auch Marlene fand den Kontakt zu Hitchcock ungenügend. »Ich habe ihn nie richtig kennengelernt«, stellte sie fest und erzählte John Russell Taylor: »Er hat mir immer eine Höllenangst eingejagt. Er wußte ganz genau, was er von uns wollte, aber ich war nie sicher, ob ich es richtig machte. Nach der Arbeit lud er uns oft ins Restaurant ›Caprice‹ ein und ließ uns allen Steaks servieren, die er eigens aus New York hatte einfliegen lassen, weil er meinte, die seien besser als das Fleisch, das man in England bekam. Ich hatte immer das Gefühl, er wollte uns damit zeigen, daß er von unserer Arbeit doch nicht nur angeekelt war.«

Wahrscheinlich war er das tatsächlich nicht. Seine Unzufriedenheit mit Jane Wyman war eindeutig (sie war als Tochter des wundervollen Alistair Sim und der versponnenen Dame Sybil Thorndyke schlicht und einfach fehlbesetzt). Über Marlene formulierte er ein ebenso berühmtes wie treffendes Urteil: »Miss Dietrich ist ein Profi. Eine erfahrene Schauspielerin, ein erfahrener Kameramann, eine erfahrene Kostümbildnerin.« Manche mögen diese Bemerkung boshaft finden, aber Hitchcocks Biograph Taylor sah darin ein Zeichen von »Zuneigung«, die aus dem »tiefen gegenseitigen Respekt vor den Fähigkeiten des anderen« erwuchs.

Für Hitchcock war *Stage Fright* sicherlich kein Ruhmesblatt, für Marlene jedoch ein unumstrittenes Bravourstück. Ihre Darstellung ist aus einem Guß und dennoch vielschichtig, kalkuliert und doch locker, so subtil moduliert, als spiele sie auf ihrer Geige.

Als der Film Anfang 1950 anlief, zog Marlene die Kritiker erwartungsgemäß in ihren Bann. New Yorks *Sunday Mirror* stellte fest: »Miss Dietrich sieht wie immer phantastisch aus und heimst wie üblich die Lorbeeren ein.« Im *Journal American* stand zu lesen: »Großmama Dietrich verströmt so viel Sex-Appeal, daß Jane Wyman neben ihr wie eine Pfadfinderin wirkt«, und Louella Parsons jubelte: »Marlenes unverwüstliche Schönheit reicht aus, um das Publikum in Atem zu halten.« Auch die *Los Angeles Times* fand sie »verführerischer als in irgendeinem ihrer Filme seit ihrer Entdeckung durch Josef von Sternberg«.

Miss Dietrich war, wie Hitchcock so richtig bemerkt hatte, ein Profi.

Und jetzt war – Michael Wilding hin oder her – die Zeit gekommen, nach Hollywood zurückzugehen und es ihnen zu zeigen.

18. STARQUALITÄT

1950–1952

Kenneth Tynan fragte Noël Coward einmal, was unter »Starqualität« eigentlich zu verstehen sei, und Coward antwortete: »Ich weiß nicht, was das ist, aber ich weiß, daß ich es besitze.« Ungefähr um die gleiche Zeit versuchte auch André Malraux auf etwas weniger schnoddrige Art, den Begriff zu definieren, und zwar am Beispiel der Dietrich. »Ein Star«, schrieb er, »ist nicht unbedingt eine Schauspielerin, die in einem Film eine bestimmte Rolle spielt. Ein Star ist vielmehr ein Wesen, das ein erforderliches Minimum an schauspielerischem Talent besitzt, dessen Gesicht aber irgendeinen Masseninstinkt ausdrückt, symbolisiert und verkörpert. Marlene Dietrich etwa ist keine Schauspielerin wie Sarah Bernhardt, sie ist eine mythische Figur wie (die Hetäre) Phryne.«

Ob die Academy of Motion Picture Arts and Sciences nun über Phryne so genau Bescheid wußte oder nicht – auf jeden Fall verstand man dort etwas von Starqualität. Dennoch hatte man Marlene nie allzuviel Beachtung geschenkt; nur ein einziges Mal wurde sie für den Oscar nominiert (als Hauptdarstellerin in *Morocco*). Der Grund dafür war weniger, daß die Academy Marlenes darstellerische Leistungen zugunsten verdienstvollerer Konkurrentinnen überginge, vielmehr hatten die wahlberechtigten Mitglieder überhaupt nicht an Marlene *gedacht*. Jedenfalls nicht als *Schauspielerin*. Lola Lola hatte nie zur Debatte gestanden, weil ausländische Filme damals nicht vorgeschlagen werden durften; und die Academy hielt anscheinend all die vielen so verschiedenen Frauen, die dem »Blauen Engel« folgten, für ein und dieselbe: Shanghai Lily und Frenchy, Domini Enfilden und Lydia, die Zigeunerin, Katharina die Große und Bijou Blanche oder auch Concha Perez und Lady Maria Barker, die Königin der Baghdad Dancers und Charlotte Inwood oder

Fay Duval und Erika von Schlütow und X-27 und Helen Faraday und Gräfin Alexandra … Offenbar sah man in all diesen Rollen lediglich eine Abfolge von mühelos wiederholten Auftritten, für die man nichts weiter benötigte als eine gewisse Persönlichkeit und eventuell neue künstliche Wimpern und eine andere Kostümierung.

Marlene war immer »die Dietrich«; darüber war man sich einig, als man Ginger Rogers für *Kitty Foyle* auszeichnete, Joan Crawford für *Mildred Pierce* (Solange ein Herz schlägt), Loretta Young für *The Farmer's Daughter* (Die Farmerstochter), Joan Fontaine für *Suspicion* (Verdacht) und Marie Dressler für *Min and Bill*. Letztere schlug Marlene bei ihrer einzigen Nominierung aus dem Feld.

Im Endeffekt blieb »Marlene Dietrich« immer viel lebendiger im Gedächtnis als die Figuren, die sie verkörperte (obgleich beides paradoxerweise schwer zu trennen ist). Weil sie nie hochgestochene Reden über Kunst schwang, gingen selbst jene im Publikum, die es eigentlich hätten besser wissen müssen, davon aus, daß es sich auch bei ihren schauspielerischen Leistungen nicht um Kunst handelte. Allem Anschein nach kümmerte das Marlene wenig, obwohl sie sich im Alter gerne sarkastisch über die Academy äußerte. Schon Josef von Sternberg (der selbst zu den Nicht-Gewinnern gehörte) hatte ihr geraten, den Oscar-Rummel zu ignorieren, und war selbst aus der Academy ausgetreten, als die Preise immer wieder an andere gingen. Marlene spielte nie eine Alkoholikern, keine Nymphomanin, keine beilschwingende Mörderin und kein Opfer irgendeiner unsagbaren, aber nicht entstellenden Krankheit. Auch an sogenannten großen literarischen Rollen, die die Aufmerksamkeit der Academy hätten erregen können, versuchte sie sich nicht. In gewisser Weise war dies das größte Lob, das ihr gezollt werden konnte: Sie ließ es wie ein Kinderspiel erscheinen, Marlene Dietrich zu sein, und deshalb kam niemand auf die Idee, es könnte vielleicht manchmal anstrengend sein. Aber wenn Marlene die Academy zu keinem Kniefall bewegen konnte, dann mußte sie sie wenigstens dazu bringen, ihr zu Füßen zu liegen – was ihr im Jahr 1950 mit der für sie üblichen Professionalität auch gelang.

Damals wurde die Oscar-Verleihung noch nicht vom Fernsehen übertragen, und der ganze Rummel fand im Pantages Theater am Hollywood Boulevard statt. Marlene wurde geladen, den damals völlig unbedeutenden Oscar für den besten ausländischen Film zu überreichen, und bereitete sich auf ihre Weise darauf vor: Sie zog bei den Couturiers überall in der Stadt Erkundigungen ein, was denn die anderen Damen, die Preise überreichten, tragen würden. Meterweise aufgebauschte Organdy-Baumwolle und ausladende Ballkleider standen ganz oben auf der Wunschliste. »Dann wird Mama wohl am besten hauteng erscheinen«, beschloß Marlene, »hübsch anliegend und schwarz.« Das hautenge Schwarze würde sich an ihren Körper schmiegen und ihre Figur voll zur Geltung bringen, die jetzt noch vollendeter war als seinerzeit in *Morocco*, und ein kleines Dekolleté durfte natürlich auch nicht fehlen. Sie würde aussehen wie ein schlanker Pfeil aus Obsidian, der mitten ins Herz dieses Gartens voller Organdy-verhüllter Stockröschen zielte. Marlene bestimmte auch, von welcher Seite sie die Bühne betreten würde – wegen des Schlitzes in ihrem Rock, durch den das Bein wirkungsvoll zur Geltung kommen sollte, wenn sie mit ihrem weltberühmten »Dietrich-Gang« zum Rednerpult schwebte.

Mit dem Ergebnis, daß der ganze Saal ihr zu Füßen lag. Zwar bekam sie keinen Oscar, aber stehende Ovationen dafür, daß sie die Zuschauer daran erinnerte, was Starqualität tatsächlich bedeutet. Wenn es nach dem Applaus ging, dann war Marlene wohl einfach ihr eigener Oscar.

Ein paar Wochen darauf schenkte Maria Riva der Sensation der Oscar-Verleihung den zweiten Enkel. Lediglich der erneute Presserummel über die »glamouröseste Großmutter der Welt« trübte Marlenes Freude ein wenig. »Wenn man die Zeitungen liest, könnte man meinen, ich sei die einzige Großmutter auf der ganzen Welt«, hörte man sie schimpfen. Vielleicht dachte sie dabei daran, daß auch Michael Wilding, der zwölf Jahre jünger war als sie, diese Zeitungen zu Gesicht bekam. Doch nicht einmal ihr neuestes Liebesobjekt konnte Marlene von New York und dem kleinen John Peter Riva weglocken.

Schließlich *brauchte* Maria einen Babysitter, denn sie nahm ihre Karriere wieder auf, die sie nach einem völlig unbemerkt gebliebenen Broadway-Debüt mit Tallulah Bankhead in *Foolish Notion* (»Eine alberne Idee« [!]) unterbrochen hatte. Sie hoffte, Ehe, Mutterschaft und Arbeit unter einen Hut zu bringen, ohne daß eines davon zu kurz kam, genauso, wie es ihrer Überzeugung nach ihre Mutter immer praktiziert hatte. Nach der Geburt des Babys (es hatte mehr von der dunkleren »Riva-Seite«) konnte Maria wieder an die Arbeit gehen, mit ihrem hübschen Gesicht, einer nach der Schwangerschaft frisch in Form gebrachten Figur und einem Namen, der eigentlich zu schön klang, um kein Pseudonym zu sein: Maria Riva.

Gleich nach ihrer Heirat 1947 hatte William Riva seine eigene New Yorker Karriere als Beleuchter und Szenenbildner aufgenommen, und zwar bei einem ziemlich kurzlebigen Projekt namens *Trial by Fire*. 1948 folgte dann die Wiederaufführung von Eugene O'Neills *Lazarus Laughed* (Lazarus lachte), und während Maria mit John Peter schwanger war, wirkte er bei der Aufführung von Gian Carlo Menottis Kurzopern *The Medium* (Das Medium) und *The Telephone* (Das Telefon) mit. Außerdem fing er an, Spielzeug und Möbel für die kleinen Rivas herzustellen, eine Tätigkeit, mit der er später seinen Lebensunterhalt verdiente, als es am Theater keine Arbeit mehr für ihn gab. Er bemalte das Kinderzimmer wie ein Bühnenbild, mit Wolken und Phantasiebäumen, die auf ganzseitigen Farbphotos in *Living for Young Homemakers* erschienen, einem Einrichtungs-Magazin aus dem Konzern von Condé Nast (und von Patenonkel »Pat« Patcevitch).

Bevor Marlene nach Europa und zu Michael Wilding zurückkehrte, sorgte sie dafür, daß die Babys frisch gewickelt und im Central Park ausgefahren wurden und daß Marias Karriere wieder auf die Beine kam. Bald war Maria ein wohlbekanntes Gesicht für die Zuschauer von *Studio One* bei CBS, einer Sendung, die von Fletcher Markle (*Jigsaw*) und dem alten Berliner Felix Jackson (*Destry Rides Again*) produziert wurde. Davor trat sie noch in einer halbstündigen Serie namens *Sure As Fate* auf, moderiert von dem beredten, rundlichen Francis L. Sullivan (dessen Rundlichkeit und Beredsamkeit schon bald in einem Thriller mit dem Titel *Witness for the Prosecution* [Zeugin der Anklage] auf dem Broadway zu sehen sein sollte). Am dritten Hochzeitstag der Rivas, dem 4. Juli 1950, feierte das Stück Premiere; Regie führte ein Gelegenheitsschauspieler und -sänger, dessen exotischer Charme und schwarze Lockenpracht Marlene nicht von ihrer Sehnsucht nach Wilding ablenken konnten. Kurze Zeit später rasierte sich der Fernsehregisseur den Kopf, sagte dem Fernsehen Lebewohl und eroberte die Welt mit einer Rolle, die Marlenes Freund Noël Coward abgelehnt hatte. Wenn Coward sich nicht gegen *The King and I* (Der König und ich) entschieden hätte, wäre uns der Name Yul Brynner vielleicht nie zu Ohren gekommen – aber Marlene hatte von ihm gehört und sollte ihn nicht vergessen.

Doch vorerst behielt Brynner noch seinen Lockenkopf, es gab Arbeit für Maria, und Marlene reiste nach Paris, um sich die Garderobe für ihren nächsten Film auszusuchen, mit dem sie nach London, zu Wilding und in die Denham-Studios zurückkehren sollte, in denen sie als höchstbezahlte Schauspielerin der Welt vor fünfzehn Jahren *Knight Without Armour* gedreht hatte.

Diesmal mußte Marlene – »der Inbegriff einer Filmschauspielerin« – auch auf der Leinwand einen Glamour-Star darstellen, zum ersten- und einzigenmal. Damit sie ihrer Rolle gerecht wurde, eilte sie in Paris sofort zu Balmain, um sich entsprechend auszustatten. Eines Morgens um zehn Uhr erblickte Balmains Directrice Ginette Spanier zu ihrer Verblüffung Marlene vor dem großen Spiegel, in dem sie sich »blond, bleich, unbeschreiblich schön und ohne das kleinste Lächeln auf den Lippen« begutachtete. Die Spanier war eine gewitzte und charmante Berühmtheiten-Sammlerin, die wußte, wie man mit Glamour umgeht. Sie wußte auch, daß Marlene zu den ganz großen Raritäten auf diesem Gebiet gehörte, die »wissen, wie man die Legende aufrechterhält«. Dennoch war sie ziemlich vor den Kopf gestoßen, als die Legende in einem Nerzcape für 4000 Pfund ihr Spiegelbild musterte und es ganz kühl als »eher armselig« aburteilte. Sofort schnippte die Spanier mit den Fingern und ließ die längste und teuerste Nerzstola bringen, die je zu Pierre Balmains Jagdbeute gehört hatte. »Die nehme ich«, beschloß die Legende und ließ die Nerzfarm auf Daryl Zanucks Rechnung schreiben. Marlene freundete sich mit der überschwenglich liebenswürdigen, in England geborenen Spanier und ihrem französischen Ehemann Doktor Paul Emile Seidmann an (übrigens gehörte auch Noël Coward zu ihrem Bekanntenkreis). Gelegentlich übernachtete Marlene bei ihnen auf dem Sofa und putzte auch hin und wieder die Wohnung, bis Jahre später eine kleine Auseinandersetzung über Rührei zu einem Kampf mit gezückten Krallen eskalierte und Marlene sich einmal mehr in ihrer Überzeugung bestärkt sah, daß man mit Frauen, so wunderbar sie sein mögen, einfach »nicht *zusammenleben* kann«.

Zu der Stola und dem Cape gesellte sich noch ein Nerzhut, und nachdem Marlene alles mit ein paar Dior-Kleidern und einigen Diamanten von ihrem Toilettentisch zusammengepackt hatte (sie war bekannt dafür, daß sie ihren Schmuck überall herumliegen ließ wie andere Leute ihre gebrauchten Papiertaschentücher), machte sie sich auf den Weg nach London und zu Michael Wilding. Außerdem erwarteten sie dort Jimmy Stewart und *No Highway in the Sky* (Die Reise ins Ungewisse).

Der Film war eine Art Vorläufer von Arthur Hailys *Airport* und basierte auf einem Roman von Nevil Shute, einem schreibenden Luftfahrtingenieur, der unter anderem auch *On the Beach* (Das letzte Ufer) verfaßt hat. Heutzutage erscheint *No Highway* gleichzeitig ungeheuer prophetisch und hoffnungslos veraltet. Der Film erzählt die Geschichte von Theodore Honey (Stewart), einem Wissenschaftler, der zu ziemlich erschreckenden Erkenntnissen hinsichtlich Materialermüdung bei Metallen gelangt, jedoch von seinen Kollegen nur ausgelacht wird.

No Highway ist ein kleiner Film mit sehr viel Charme; aus unerfindlichen Gründen ist er heute völlig in Vergessenheit geraten. Als Regisseur fungierte Henry Koster, der mit Stewart bereits bei *Harvey* (Mein Freund Harvey) zusammengearbeitet hatte. Als er noch unter dem Namen Hermann Kosterlitz in Berlin lebte, hatte Koster Marlene flüchtig kennengelernt. Dann brachte Joe Pasternak ihn zur Universal, wo er seinen Namen änderte und bei den Deanna-Durbin-Musicals Regie führte. *No Highway* sollte Stewarts Film werden, aber Koster wollte auch Marlene: »Wenn irgend jemand einen Filmstar spielen kann, dann Marlene«, erklärte er Zanuck bei der Fox. »Sie ist ohne jeden Zweifel ein großer Filmstar und außerdem eine faszinierende Persönlichkeit und eine wunderschöne Frau.« Zanuck ließ sich nur zu gern überzeugen. Auch er mochte Marlene und hatte ihr die Rolle der Margo Channing in *All About Eve* (Alles über Eva) zugedacht. (*Das* redete Joe Mankiewicz ihm aus.) Koster berichtete später: »Persönlich ist Marlene Dietrich eine der bezauberndsten Frauen, die ich kenne. Einmal kochte sie für uns. Sie ist eine großartige Köchin ... Aber auf dem Set war sie sehr nervös.«

Sie war nervös, weil Michael Wilding nicht da war, dafür aber Glynis Johns. Jimmy Stewart war kein Thema mehr für sie, denn er war inzwischen verheiratet, und seine Frau erwartete Zwillinge. Auch Elizabeth Allan war für sie als Liebesobjekt uninteressant geworden (die englische Schauspielerin, die als Marlene verkleidet mit ihr zu der Hollywood-Party gegangen war, bei der Marlene als Leda *und* der Schwan aufgetaucht war). Aber ehemalige Liebschaften machten die Dreharbeiten nicht unbedingt einfacher.

Wie immer gab Stewart freundliche Interviews über Marlenes »Schönheit, unter der sich eine Menge Wärme und Herzlichkeit verbirgt; sie hat die Art von Sex-Appeal, die einen von der Leinwand herunter einfach überrollt«. Zustimmend äußerte er sich über Marlenes »reife Lebenseinstellung« (in Erinnerung an ihre gemeinsame Vergangenheit) und bemerkt zu ihrem schauspielerischen Können: »Jede noch so winzige Mimik hat ihren Sinn.«

Wilding unterdessen verhielt sich äußerst zuvorkommend, war die Aufmerksamkeit in Person und vergötterte Marlene. Gemeinsame Stunden verbrachten die beiden in Marlenes Suite im Claridge, doch Marlene arbeitete, und Wilding, der damals als ein Inbegriff eines Charmeurs galt, traf sich gern mit alten Freunden und Freundinnen wie Margaret Leighton oder auch mit neuen Bekanntschaften – unter anderem mit der Schauspielerin, die in MGMs *Ivanhoe* die Rolle der Rebecca übernehmen sollte: Mrs. Nicky Hilton, in den Intervallen zwischen ihren Ehen besser bekannt unter dem Namen Elizabeth Taylor.

Am Ende der Dreharbeiten zu *No Highway* war Marlene neunundvierzig Jahre alt (die Taylor war kaum neunzehn). Jeden Morgen erschien sie bereits in der Dämmerung am Set, um sich mit Haftstreifen, Perücke und Kleidern entsprechend herzurichten, bevor die Chefgarderobiere auch nur das Streichholz unter den Teekessel gehalten hatte. Marlene hielt immer einen Vorrat frisch geschnittener Zitronenscheiben bereit, auf die sie vor jedem Take biß – nicht etwa wegen ihres Raucheratems (ein neuer Zigarettenhalter für jede Zigarette), sondern weil die Zitronensäure astringierend wirkte, ihre Mund- und Wangenmuskeln zusammenzog und ihr zu einer klaren und deutlichen Aussprache verhalf.

Sämtliche Kritiker lobten Marlene in *No Highway in the Sky*, doch die Figur, die sie darstellte, wurde meist als nebensächlich abgetan. In der *Herald Tribune* bemerkte Otis Guernsey: »Miss Dietrich erscheint in einer jener Glamour-Rollen, in der sie am meisten Erfahrung hat, und es ist gut, sie wieder auf der Leinwand zu sehen.« *Time and Tide* fand: »Dietrichs philosophisch-gelassener Filmstar … ist ein wenig glaubwürdiges Geschöpf. Doch wen ficht das an, wenn die wunderbare Marlene, mit leisem Spott, dafür den einzig wahrhaften Glanz mitbringt, der Hollywood noch geblieben ist?«

Im *Daily Telegraph* lobte Campbell Dixon die darstellerische Leistung, die mit der Schauspielerin identisch zu sein schien: »Marlene Dietrich spielt ganz hervorragend, und es gibt nicht das kleinste Anzeichen – kein Fältchen, kein Makel in den aufrichtigen, wundervollen Augen, nicht die kleinste Veränderung in dem schön geformten Gesicht –, daß zweiundzwanzig Jahre vergangen sind, seit eine unbekannte Schauspielerin – doch keineswegs ein Kind – uns in *Der Blaue Engel* gefesselt hat.«

Genau wie Marlene besaß auch Yul Brynner Starqualität, was er jeden Abend auf der Bühne des St. James Theater als König von Siam unter Beweis stellte. Vor allem brachte er es fertig, Marlene über Michael Wildings unerklärliches Interesse an Elisabeth Taylor hinwegzutrösten. Beim Lunch mit Wildings ehemaligem Produzenten Herbert Wilcox in New York erkundigte sich Marlene: »Was hat die Taylor, das ich nicht habe?« Wilcox fand Marlene »sinnlich und aufregend ... die weiblichste Frau, die ich je getroffen habe«, und er war viel zu galant, um den offenkundigen Altersunterschied zwischen den beiden Frauen anzusprechen.

Doch Yul vertrieb Marlenes Kummer. Inzwischen war er am Broadway die Sensation des Tages, und es machte ihm keinerlei Probleme, »eine Frau zu lieben, die er seit seiner Kindheit bewundert hatte«, wie sein Sohn Rock es ausdrückte, der manchmal in der Garderobe saß, wenn Marlene hereinschwebte. »Sie war die zielbewußteste, leidenschaftlichste und besitzergreifendste Liebhaberin, die [Yul] je kennenlernte«, berichtete der junge Brynner weiter. »Diskretion war für sie ein Fremdwort ... dafür war Yul zuständig, [also] mietete er heimlich eine Wohnung, nur für seine romantischen Tête-à-Têtes – und vor allem für seine Nächte mit Marlene.«

Inzwischen war Marlene in ihr Zwei-Zimmer-Apartment in der Park Avenue gezogen. Überall an den Wänden hängte sie Spiegel auf – damit es »größer aussah« und damit sie sich Yul besser ansehen konnte. Wenn ihre Freunde vorsichtig bemerkten, das wäre doch allzu »hollywoodmäßig«, entgegnete sie kühl: »Und was gibt es an Hollywood auszusetzen?« Außer den Spiegeln hängte sie aber auch den Vlaminck, den Sisley, den Renoir und ein paar Cézannes auf, so daß sie auch etwas zum Anschauen hatte, wenn der König von Siam gerade nicht anwesend war. Dazu kam noch die Penizillin-Kultur von Sir Arthur Fleming und die Einladung zur Verleihung ihrer Medal of Honor. Auf ein kleines Tischchen stellte sie eine silber-gerahmte Photographie von Hemingway mit der Unterschrift »With Love, Papa«. Ansonsten lag der Tisch voller Bücher, von denen man annehmen mußte, daß Marlene sie tatsächlich gelesen hatte.

Die Öffentlichkeit erfuhr jedoch nichts von den Kurzgeschichten, die sie geschrieben hatte; lediglich Dorothy Parker bekam sie zu Gesicht, die sich »zitternd« bereit erklärt hatte, sie zu lesen. Später berichtete sie John O'Hara ganz erleichtert, daß die Geschichten wirklich gut waren. Auch die Sammlung von Garderoben-Namensschildchen, die Marlene ihr Leben lang mit sich herumschleppte, waren sicher verwahrt; möglicherweise lagen sie im indirekt beleuchteten Schlafzimmer unter dem Bett, das auch ein bißchen nach »Hollywood« aussah, aber für eine Frau im fünfzigsten Lebensjahr sehr schmeichelhaft.

Die Filmindustrie hatte eine einfache Definition für das Wort »Starqualität«: Eine Person besaß sie, wenn allein ihretwegen ein Projekt auf die Beine gestellt wurde. Ein Star war eine Art himmlisches Wesen, das bei Drehbuchautoren, Regisseuren, Produzenten und Bankiers bisher schlummernde ästhetische Impulse erweckte, welche sie dazu veranlaßten, Bilder auf Zelluloid zu bannen, die die Kinos füllten. Dreißig Jahre nachdem Marlene in der Schürze pantomimisch verkündet hatte: »Der Kaffee ist serviert«, rief sie immer noch diese Art kreativer Unruhe hervor. 1951 begannen die Vorbereitungen zu einem Film, der sich als ihr letztes wirkliches Starvehikel erwies – und ein Flop wurde.

Zwischen Marlene und ihrem alten Freund und Regisseur Fritz Lang gab es von Anfang an Meinungsverschiedenheiten darüber, wer der eigentliche Star von *Rancho Notorious* (Engel der Gejagten) war, obgleich Lang später Peter Bogdanovich erklärte, der Film sei »ursprünglich für Marlene Dietrich konzipiert« gewesen, und er habe sie »einmal sehr gern gehabt«.

Lang und Marlene kannten sich nicht aus Berliner Zeiten; damals war Lang bereits ein angesehener Regisseur, während Marlene noch im Orchestergraben Geige spielte. Erst als Lang 1933 in Paris *Liliom* (mit Charles Boyer) verfilmte, lernten sich die beiden kennen. In Hollywood hatten sie eine kurze Affäre, die (wie bereits erwähnt) abrupt endete, als sich Marlene vom Telefon neben Langs Bett aus mit einem anderen Mann verabredete. Dennoch blieben sie Freunde, nicht zuletzt, weil Lang außer Billy Wilder der einzige »alter Berliner« war, mit dem Marlene deutsch reden konnte: Sie liebte seine unübersetzbaren Scherze.

Nach dem Krieg unterbrach Marlene seinetwegen die Dreharbeiten von *Golden Earrings*, um ihn auf die faschistischen Verleumdungen aufmerksam zu machen, die in der Pariser Presse über ihn kursierten. Sofort strengte Lang einen Prozeß wegen dieser Machenschaften an und schickte Marlene als Dank für ihre Fürsorglichkeit ein Dankestelegramm, das mit den Worten schloß: »In alter Liebe, Fritz.«

Aber eben diese gemeinsame Vergangenheit war es, die bei den Dreharbeiten von *Rancho Notorious* zu Schwierigkeiten führte. Das Projekt war ein Western nach einem Skript, das Lang in Zusammenarbeit mit Daniel Taradash verfaßt hatte, handelte von »Haß, Mord und Rache«, was der folkloristische Titelsong »The Legend of Chuck-a-Luck« bis zum Überdruß breittrat (ein Jahr zuvor hatte man in *High Noon* [Zwölf Uhr mittags] das gleiche Prinzip mit einem besseren Song angewendet). Doch im Grund dreht sich der Film hauptsächlich um Marlene, eine nicht mehr ganz taufrische Bardame, die aber noch längst nicht zu alt ist, um auszusehen wir Marlene, der man ihre fünfzig Jahre nie abnehmen würde. Im »Mord-und-Rache«-Teil geht es um den anständigen Bürger und Viehzüchter Vern (Arthur Kennedy), der sich auf die Suche nach dem Mörder seiner Verlobten begibt. Der Verbrecher hat sie nicht nur vergewaltigt und getötet, sondern ihr auch noch eine Brosche gestohlen, welche Vern ihr geschenkt hat. Schließlich findet Vern das Schmuckstück bei Marlene, der Besitzerin einer Farm, die als Unterschlupf für eine Bande zwielichtiger Gesellen dient. Howard Hughes bestand als Geldgeber der Produktion darauf, den ursprünglichen Titel *Chuck-a-Luck* in *Rancho Notorios* umzuändern; damit enthielt er keine Anspielung mehr auf das Schicksal (Luck!) und korrespondierte auch nicht mehr mit dem Titelsong.

Überall gilt Fritz Lang als einer der ganz großen Filmregisseure, vor allem dank seiner frühen Werke in Deutschland: *Die Nibelungen, Metropolis*, die *Dr. Mabuse*-Filme und sein meisterhafter erster Tonfilm *M* mit Peter Lorre als zwanghaftem Kindermörder. Zwei Dinge kann man von Langs Filmen allerdings nicht behaupten: Sie sind weder gefällig noch zurückhaltend. Wo *ein* Gegenschuß genügen würde, verwendete Lang fünf (stets in hervorragender Bildkomposition); er war unfehlbar präzise, exakt und kalt. Obwohl gebürtiger Wiener, schien er von allen Regisseuren der preußischste – ein Eindruck, der sich durch sein Monokel noch verstärkte (später mußte er eine Augenklappe tragen). Unter der

Ägide von Lotte Eisner, der ebenfalls aus Deutschland emigrierten Leiterin in der Cinémathèque Française, entstand ein intensiver Kult um Langs Person; die Eisner verehrte Lang sehr und konnte Marlene schon seit den Berliner Tagen bei Betty Stern nicht leiden.

In Amerika gewann Lang nie so ganz den beinahe göttergleichen Kultstatus zurück, den er in Berlin genossen hatte, aber er drehte gute Genre-Filme, zum Beispiel *Scarlet Street* (Straße der Versuchung) und *The Woman in the Window* (Die Frau im Fenster/Gefährliche Begegnung), beide mit Edward G. Robinson, Joan Bennet und Dan Duryea. Seine späteren Melodramen wie *The Big Heat* (Heißes Eisen) und *Human Desire* (Lebensgier) (beide mit Glenn Ford und Gloria Grahame) sind straff durchkomponiert und völlig unlebendig, haben aber begeisterte Anhänger. Außerdem machte Lang ein paar effektive, glasklare und kalte Western. Überhaupt war er von allen Hollywood-Regisseuren am ehesten ein echter Intellektueller: Man betrachtet ihn als den Vater des psychologischen Western. Außerdem war er arrogant, selbstherrlich und ein Tyrann.

Die Tatsache, daß Marlenes Name bei *Rancho Notorious* an zweiter Stelle erschien, ließ auf eine unterhaltsame Fortsetzung von *Destry Rides Again* schließen, in der man vielleicht erfuhr, wohin es Frenchy verschlagen hätte, wäre sie nicht in Bottleneck vor über zehn Jahren einer verräterischen Kugel zum Opfer gefallen. Auf *Rancho Notorious* folgte sogar eine regelrechte Westernwelle mit Star-Schauspielerinnen, die wegen ihres Alters schwer Rollen fanden: Joan Crawford drehte *Johnny Guitar* (Wenn Frauen hassen), Barbara Stanwyck *Cattle Queen of Montana*. Denn die Gables und Coopers wurden *reifer*, die weiblichen Stars schlicht und einfach *älter*. Und so steckte man die Dietrich, die Crawford und die Stanwyck in Cowboy-Stiefel und filmte sie in Technicolor.

Rancho Notorious beginnt mit einer Reihe von Rückblenden über Marlene (genannt Altar Keane), die deutlich Bezug nehmen auf *Destry*. Doch Lang hatte eine Frenchy im Kopf, die ihre Jugend hinter sich hat und mit einem ebenfalls nicht mehr ganz taufrischen Revolverhelden liiert ist (ganz in Schwarz gespielt von einem fehlbesetzten Mel Ferrer – jetzt heißt *er* übrigens Frenchy). Die Langzeit-Romanze des Pärchens wird durcheinandergewirbelt von dem jungen Vern, der »Haß, Mord und Rache« mit sich bringt, im Grunde aber ein guter Mensch ist, den nur das Schicksal zum Gewalttäter gemacht hat.

Marlene stellt die Heilige Jungfrau der Gesetzlosen dar, eine Art blonder Dr. Mabuse mit einem Syndikat von Western-Gangstern, die sie kraft ihrer Legende kommandiert. Als Gegenleistung für ihren Schutz verlangt sie einen Anteil an der Beute des jeweiligen Verbrechens (etwa die erwähnte Brosche), damit sie geschäftsfähig bleibt und die alten Jeans sowie die gelegentlichen Chiffongewänder bezahlen kann, in denen sie dann und wann ein Liedchen trällert.

Als Vern auftaucht, den Kopf voller »Haß, Mordlust und Rache«, verliebt sie sich Hals über Kopf in ihn – doch ihre Jugend ist eben leider dahin. »Ich wollte, du würdest weggehen und vor zehn Jahren wiederkommen«, seufzt sie. Anscheinend dachte sie über Lang das gleiche.

»Marlene wollte nichts wissen von einem allmählichen Übergang in eine auch nur ganz geringfügig ältere Kategorie«, meinte Lang. »Mit jedem Film wurde sie jünger, bis sie sich schließlich unmöglich machte.« Trotz der Erinnerung an alte Zeiten begannen Marlene und Lang einander zu hassen, bis sie irgendwann kein Wort mehr miteinander redeten. Zwei alter Berliner Egomanen prallten mit Macht aufeinander: Marlene beschwor permanent die Triumphe des Josef von Sternberg, worauf Lang konterte: »Aber ich heiße Lang«.

»Er war ein Terrorist«, erzählte Marlene später und bezog sich damit auf Langs Gewohnheit, den Set mit Klebebandstreifen zu markieren und den Schauspielern jede Bewegung genau vorzuschreiben. Dabei nahm er grundsätzlich seine eigene Schrittlänge als Maßstab, ohne je die unterschiedliche Beinlänge in Betracht zu ziehen. »›Noch mal von vorn!‹ schrie er uns an«, erinnerte sich Marlene, »mit einem sadistischen Perfektionismus, auf den selbst Hitler stolz gewesen wäre.« Seine »teutonische Überheblichkeit« wirkte auf sie wie der »reine Dilettantismus«, was doch ziemlich seltsam klang aus dem Mund einer Frau, die durch Sternbergs Schule gegangen war. Aber auch andere am Set fanden Lang arrogant.

Der Kameramann Hal Mohr zum Beispiel, der auch *Destry* photographiert hatte, machte immer wieder Anstalten, aus *Rancho Notorious* auszusteigen, weil Lang sich so »beleidigend« verhielt. Wie Mohr erklärte, hatte er selbst »eine Menge Respekt vor Marlene, als Darstellerin, als Profi«. Wenn er nicht gerade seine Mitarbeit aufkündigte, wollte Lang ihn feuern, bis die beiden irgendwann »nicht mehr miteinander sprachen …, sondern einfach nur unsere Arbeit erledigten.« (Mohr hatte viel Sinn für Humor. Als Marlene ihn fragte, weshalb sie in *Rancho Notorious* nicht so vorteilhaft aussah wie in *Destry*, antwortete er: »Aber Marlene, du scheinst vergessen zu haben, daß ich damals mehr als zehn Jahre jünger war!«)

Auch Arthur Kennedy äußerte die wenig schmeichelhafte Ansicht, Lang lege das anmutige Verhalten eines »dekadenten Aristokraten« an den Tag. Der Schauspieler hatte bereits mehrmals vor der Kamera gestanden und kehrte eigens vom Broadway und Arthur Millers *All My Sons* (Alle meine Söhne) und *Death of a Salesman* (Tod eines Handlungsreisenden) zum Film zurück, weil er mit dem Schöpfer von *M* und *Metropolis* zusammenarbeiten wollte. Doch er traf auf einen »alternden, eifersüchtigen Mann, der wie ein abgewiesener Liebhaber wirkte«. Dagegen hielt er Marlene für »eine bemerkenswerte Frau und eine Kennerin der guten Seiten des Lebens, einschließlich des Sex«, und über dieses Thema sprachen sie offen und humorvoll. Als ausgebildetem Bühnenschauspieler fiel Kennedy auf, daß Marlene zwar »technisch äußerst versiert war, aber keine Spontaneität besaß. Das gipfelte eines Tages in einer Szene, die für uns Umstehende aussah wie ein bewußter Versuch [von Lang], sie zu demütigen.

Marlene lachte, sie sollte ihren weltgewandten Humor zeigen oder etwas Ähnliches, in diesem Schlupfwinkel der Gesetzlosen, in dem wir alle steckten; und ich starrte auf ihr Dekolleté und ihren wunderbaren Busen. Wie es ihre Rolle verlangte. Marlene lachte also, und Fritz Lang saß einfach da, schweigend und eiskalt, gab ein Zeichen, und die Kameraleute machten sich fertig zur Wiederholung des Take. Schauspieler und Statisten nahmen anhand dieser idiotischen Markierungen ihre Plätze wieder ein – die ganzen Klebebandstreifen sahen aus wie ein Bild von Mondrian, sagte mal jemand –, und Lang rief wieder ›Action!‹. Und Marlene lachte. Jedenfalls versuchte sie es.

Das Lachen kam nicht von Herzen und war auch nicht schallend oder trillernd oder musikalisch oder irgend so etwas. Ihr Lachen war angespannt und irgendwie verbissen. Es war einfach *nicht echt.* Die Crew und die Schauspieler und Statisten und der große Regisseur – vielleicht hörte sogar Howard Hughes heimlich auf seiner Gegensprechanlage mit –, sie alle warteten darauf, daß Marlene richtig lachte.

Also versuchte sie es noch einmal. Jetzt klang es schrill, wie eine Art Quietschen. Fritz Lang starrte sie nur an, dann fing alles wieder von vorne an. Lachen ist nicht einfach«, erläuterte Kennedy. »Es ist eins der schwierigsten Dinge für einen Schauspieler, denn man muß dafür all die ›unbewußten‹ Muskeln und die Psychologie einsetzen, die man eben sonst *nicht* verwendet, wenn man schauspielert. Ein Lachen braucht Spontaneität, und die hatte Marlene eben nicht. Ein Lachen braucht Ruhe und Entspanntheit und absolutes Selbstvertrauen, und Marlene, die vielleicht die selbstbewußteste Frau war, der ich je begegnet bin, war in Langs Gegenwart weder entspannt noch selbstbewußt. Sie war gefangen in diesem Lachen, das klang wie ein Krächzen, und Lang saß da mit seiner gelackten Frisur und seinem imperialen Gesichtsausdruck und den hochgezogenen Augenbrauen – mein Gott, es wurde immer peinlicher! Alle starrten bloß noch auf die Markierungen am Boden – es gab *Hunderte* davon –, und dann schwang der Mikro-Galgen wieder herum, und Hal Mohr an der Kamera wechselte einen Blick mit seinem Assistenten und vermied es, Lang und Marlene anzusehen. Dann ging Marlene wieder zu ihrer Markierung und versuchte noch einmal zu lachen, aber Fritz Lang saß nur da und wartete, als wollte er die ganze Nacht so weitermachen, und als sei es ihm ganz gleichgültig, wie lang es dauern würde und wie peinlich es allen war. Ich dachte: ›Wie soll man denn lachen, nur weil es einem jemand befiehlt, wenn man dabei über die eigene Erniedrigung lachen mußte?‹ Die Zeit verstrich, der Film ratterte durch die Kamera, der Produzent schwitzte Blut und Wasser und hoffte inständig, daß Marlene endlich richtig lachte, und ich starrte weiter auf ihren wunderschönen Busen, auf den sie so stolz war, und dachte, vielleicht könnte ich ihr dabei helfen, aus diesem Dekolleté ein echtes Lachen herauszuholen. Aber ihr Zwerchfell war wie gelähmt. *Sie* war wie gelähmt. Und Lang saß da und sah aus wie eine Schlange. Welchen Grund hatte Marlene, wie gelähmt dazustehen, diese schöne, anziehende, professionelle Frau? Der Grund war *Fritz Lang*. Es war so beschämend, so beschämend und absichtlich entwürdigend.«

Im Film macht sich die Spannung nicht bemerkbar, man sieht aber, wie billig er produziert wurde. Fritz Lang hatte die Kosten zusammen mit dem Produzenten Howard Welsch von der 20th Century-Fox veranschlagt, die jedoch in letzter Minute einen Rückzieher machte, so daß das Projekt bei Hughes' Gesellschaft RKO landete. Es war von vornherein ein Film, bei dem jeder Pfennig zweimal umgedreht werden mußte, und Marlene bekam eine Gage von 40 000 Dollar, die niedrigste, die sie seit *Der Blaue Engel* je für eine Hauptrolle erhalten hatte. Eigentlich standen ihr noch eine Abschlagszahlung von 70 000 Dollar plus zwanzig Prozent des Gewinns zu, aber die Finanzierung war so kompliziert, daß niemand etwas von einem Gewinn zu sehen bekam, weil es nämlich gar keinen gab.

Dieser billige Eindruck schadete dem Film sehr. Kritiker und Publikum hatten den Eindruck, er sei auf einem Hinterhof gedreht worden (für die Außenaufnahmen ging man zur Universal), und fast jeder mokierte sich über die gemalten Kulissen, die echte Landschaft darstellen sollten, aber diesem Anspruch nicht einmal ansatzweise gerecht wurden. In einem anspruchsvoll-unsinnigen Aufsatz rationalisierte Lotte Eisner die Kostenersparnis als »Mittel, um die moralische Situation hervorzuheben«, aber hervorgehoben wurde lediglich, wie schäbig das Ganze war. Gegenüber dem Drehbuchautoren Taradash brüstete sich Produzent Welsch damit, daß der Film durch den Schnitt »gerettet« worden sei. Als Taradash sich erkundigte, was denn herausgeschnitten worden sei, erwiderte der Produzent gelassen: »die miese Stimmung«.

Trotzdem erschien Marlenes Bild auf der Titelseite von *Look* und von *Life* (wieder einmal), und es gab tatsächlich auch ein paar positive Kritiken. Natürlich hielt die Eisner den Film für »einmalig unter den Western«, voller »Unwägbarkeiten« und »dunkler Untertöne«; *Variety* fand »Miss Dietrich genauso erotisch und bezaubernd wie immer – das Ganze ist nette Unterhaltung mit guten Chancen an der Kinokasse«. Andererseits faßte *New York World Telegram and Sun* Langs Regiestil zusammen mit den Worten: »Das nennt man mit einem Dampfhammer Ameisen zerquetschen.«

Nach Abschluß der Dreharbeiten wurde von den Beteiligten noch mehr Bitterkeit laut, und weder Lang noch Marlene nahmen dabei ein Blatt vor den Mund. Fritz Lang ging kurz darauf zurück nach Deutschland, und in späteren Jahren enthielt er sich jeder Kritik an Marlene. Vielleicht empfand er doch eine gewisse Sympathie für ihre einstige Schönheit, die sich nicht den gängigen Diktaten von Zeit und Alter beugen wollte – schließlich hatte er sich selbst einmal stark zu ihr hingezogen gefühlt.

Als Lotte Eisner ihr Buch über Lang schrieb (er wußte, daß sie Marlene nicht mochte), bat er sie eindringlich: »Bitte, wiederum bitte, bitte, laß doch den Seitenhieb auf Marlene weg. Er ist doch nicht notwendig und gehört nicht in ein so ernstes Buch, wie du es schreibst. Also wozu? Wenn ich sie nicht ›bändigen‹ konnte, dann bin ich ein äußerst schlechter Regisseur. Laß doch alles auch, was sie über Sternberg sagt, weg. Es ist ja doch nur blöder gossip. Bitte, bitte, bitte!«

Es war seltsam, wie Langs Herz immer weicher wurde, und Marlene hat vielleicht nie etwas davon erfahren. Den Rest ihres Lebens zog sie über den Regisseur her, wo sie nur konnte.

Als *Rancho Notorious* in die Kinos kam, hatte es durchaus nicht den Anschein, als bedeute er das Ende von Marlenes großer Zeit als Kinogöttin – als Star, für den Projekte auf die Beine gestellt wurden. Selbst als sich *Rancho* an der Kinokasse als Flop entpuppte, würdigte *Life* Marlene in einer Schlagzeile als »Die Dietrich und ihr Mythos«. Auch Hemingway trug mit seinem vielzitierten Aufsatz »Ein Tribut an Mama von Papa Hemingway« viel zu der Legende bei. Doch es dauerte vier Jahre, bis jemand Marlene einen neuen Film anbot. Vielleicht beruhte ihre Antipathie gegenüber Lang zum Teil auch darauf, daß er sie (als einziger von all den Leuten, mit denen sie zusammenarbeitete) für eine »tragische Figur« hielt.

»Marlene hat mir einmal gesagt«, berichtete Lang, »daß sie immer ein klein wenig unglücklich sein wollte, wie in der Zeile aus einem ihrer Lieder. Sie ist keine besonders gute Schauspielerin, das wissen alle Filmleute. Aber sie spielt. Inzwischen kennt sie sich selbst gar nicht mehr richtig. Wenn sie allein in einem Zimmer sitzt und eine Katze schleicht herein – schon fängt Marlene an zu spielen. Wenn sie mit ihrem Enkel im Central Park spazierengeht und jemand sie unerwarteterweise erkennt, dann veranstaltet sie gleich ein großes ›Theater‹. Früher hat sie die gute Mutter gespielt, jetzt spielt sie die gute Großmutter.

Ihr ganzes Leben beruht auf einer großen Illusion. Sie glaubt, daß sie die schönste und glamouröseste Frau der Welt ist – und sie hat der Öffentlichkeit ihr eigenes Bild von sich verkauft. Das macht sie zu einer tragischen Figur. Nach den vielen Liebesaffären, die sie gehabt hat, ist sie trotzdem allein … Vielleicht liegt es daran, daß sie nie mit dem zufrieden war, was sie hatte. Wenn sie einen Mann liebte, dann gab sie sich ihm ganz hin, aber gleichzeitig hielt sie ständig Ausschau nach einem anderen. Das ist die große Tragödie ihres Lebens. Vielleicht muß sie sich, wenn ein Mann sie liebt, immer beweisen, daß auch noch ein anderer sie lieben wird. Ich glaube, auf ihre Art war sie ihren Liebhabern immer treu. Wahrscheinlich war Sternberg der einzige Mann, den sie je betrogen hat: Sternberg hat sie erschaffen, und dann hat die Schöpfung den Schöpfer zerstört.«

Hier scheint der Blick hinter dem Monokel ziemlich persönlich gefärbt. Keine Erkenntnis über Marlene – wenn es denn eine solche war – konnte mit solcher Zielsicherheit ihre Feindschaft erwecken, und Lang hat vielleicht nie verstanden, wie sehr er sich irrte – zumindest in einem Aspekt.

Marlene war nicht allein. Liebhaber wie Brynner und Wilding – und wie auch Lang selbst – kamen und gingen, aber Rudi und Maria und ihre Enkelkinder waren ihre Familie, und ihre Familie blieb. Möglicherweise war diese Familie nicht ideal, wahrscheinlich gab es oft genug Ärger, Vernachlässigung und Bitterkeit, aber sie überdauerte alles. Lang konnte oder wollte die Person Marlene Dietrich nicht von dem Star »Marlene Dietrich« trennen und vermutete, sie selbst könne es auch nicht. Für ihn waren die beiden zu ein und derselben Person verschmolzen.

Rancho Notorious hatte vor allem *eine* erfreuliche Konsequenz. Als der Film im Frühsommer 1952 in den Kinos anlief, erklärte sich Marlene bereit, für ihn auf Werbetour zu gehen. Sie trat bei den Vorführungen persönlich auf und bekam 5000 Dollar pro Tag dafür, daß sie sich im Abendkleid oder in Shorts auf die Bühne stellte und »Get Away, Young Man« sang, das Lied, das Ken Darby für sie und den Film komponiert hatte. Als Moderator begleitete sie Mel Ferrer, und Marlene spürte das gleiche Lampenfieber wie vor dreißig Jahren in Berlin. »Wenn sie nicht pfeifen, bin ich verloren«, sagte sie zu Ferrer.

Aber die Zuschauer pfiffen. Und jetzt konnte Marlene auch lachen, ganz entspannt. Das Publikum wollte nicht den Film sehen, sondern *Marlene*. Wenn sie Chicago erobern konnte, dann war ihre Karriere vielleicht doch mehr als »ein paar Rollen Zelluloid, die eines Tages in irgendeiner Ecke verstauben«. Vielleicht war sie ja überhaupt keine »tragische Figur«.

TEIL III
Legende

19. Solo

1952–1954

Hemingway dagegen konnte nichts Tragisches an der Dietrich entdekken. In seinem Essay in *Life* schrieb er, sie wisse »mehr über die Liebe als jeder andere«. Diese Aussage berührte zahlreiche Facetten von Marlenes Persönlichkeit: das Kind der Weimarer Republik, die Mutter, die Großmutter, die treue Gefährtin von Größen in der Literatur, im Theater, in Kinoträumen, die tapfere Kameradin von Generälen und Soldaten und sogar von einem Baseballspieler – Joe DiMaggio. »Papa« Hemingway meinte auch, sie sei nicht nur »mutig, schön, loyal, freundlich und großzügig«, sondern sie richte sich bei ihrem Handeln nach »ihren eigenen Normen [mit] Verhaltens- und Anstandsregeln ... die nicht weniger streng sind als die zehn Gebote«. Dann huldigte er ihrem »schönen Körper«, »dem zeitlosen Reiz ihres Gesichts« und fügte hinzu: »Auch wenn sie nichts anderes besäße als ihre Stimme, könnte sie einem noch damit das Herz brechen.«

Diese Stimme, die Kenneth Tynan später ihre »dritte Dimension« nannte, war nun seit über zwanzig Jahren eine der aufreizendsten und faszinierendsten der Welt. In ihrer sonderbaren Mehrdeutigkeit vereinte sie alle Widersprüche Marlenes: die Stimme war warm und feminin, kühl und maskulin, auffordernd auf eine Art, die einem Wiegenlied ebenso angemessen war wie einem Kriegsschrei. Sie war anpassungsfähig, aber nie zu glatt und klang deswegen um so individueller; sie wurde laufend imitiert und war doch einmalig. Es war eine Stimme mit einer Vergangenheit, die um die Zukunft zu wissen schien. Und schließlich ließ Marlene sie für sich allein wirken.

Arbeit war Mangelware. Nicht nur Großmütter über fünfzig hatten Schwierigkeiten beim Film; der Film selbst steckte in Schwierigkeiten.

Gerichtsentscheidungen hatten die Studios gezwungen, sich von ihren Kinoketten zu trennen, und das war zum großen Teil auf die Praxis des Blockbuchens zurückzuführen. Die Paramount hatte dieses Verfahren zu einer Zeit eingeführt, als Marlene ihr größter Star war: Marlenes Filme wurden damals als Druckmittel eingesetzt, um Unbedeutenderes in den Filmtheatern unterzubringen, die nicht dem Studio gehörten. »Ihr wollt die Dietrich? Dann müßt ihr auch Sylvia Sidney nehmen.« Auf diese Weise setzten alle großen Firmen unabhängigen Kinobesitzern die Pistole auf die Brust und erzwangen längere Laufzeiten. Zur Strafe dafür nahm der Oberste Gerichtshof den Studios ihre eigenen Kinoketten weg, und damit verloren sie einen der Stützpfeiler in der Trinität aus Produktion, Verleih und Vorführung, mit der sie zu Macht und Reichtum gekommen waren. Gleichzeitig eroberte das Fernsehen langsam, aber sicher die Gunst des Publikums, dessen Gewohnheiten und Vorlieben sich in der Nachkriegszeit veränderten. Die Studios mußten sich von ihren wichtigsten »Aktivposten« trennen (von denen die meisten nachts sowieso nach Hause gingen, wie gewitzelt wurde) und einen immensen Fundus von Talenten an den Bildschirm abgeben; das ermöglichte das Entstehen unabhängiger Produktionen, die nicht mehr von den alten Tycoons beherrscht wurden. Würdevoll (oder wütend) setzten diese sich in Palm Springs zur Ruhe, während sich in Babylon die Bürohengste breitmachten.

Marlene war noch nicht bereit, sich dem Fernsehen zu ergeben. »Ich muß meinen Titel verteidigen«, sagte sie. Außerdem war das Fernsehen sowieso Marias Terrain, während sich für Marlenes berühmte Stimme das Radio anbot. Technisch stellte es keine großen Anforderungen, und die Sender befanden sich vorwiegend in New York, so daß Marlene in der Nähe von Maria, ihren Enkeln, Rudi und Yul Brynner sein konnte.

Der Rundfunk war auch einer der Gründe gewesen, warum Marlene Henry Koster in England so gedrängt hatte, *No Highway* fertigzustellen; sie wollte nach New York zurückkehren und im Januar 1952 ihre erste Serie im Radio vorstellen. Es war eine halbstündige, halbseidene Sendung namens *Café Istanbul* für die ABC. Jeden Sonntagabend spielte Marlene unter dem Namen »Mademoiselle Madou« aus *Arc de Triomphe* Szenen, die vorwiegend aus *Casablanca* entlehnt waren. Das war unvermeidlich, denn als Regisseur von *Café Istanbul* zeichnete Murray Burnett verantwortlich, der damit sein nie aufgeführtes Stück *Everyone*

Comes to Rick's aufbereitete, das als Grundlage für das Drehbuch zu *Casablanca* gedient hatte.

Meist sang Marlene einige Takte aus »La vie en rose« oder einem anderen europäischen Schlager und plauderte sich durch Anekdoten, die soviel Romantik und Intrige boten, wie es bei dreißig Minuten pro Woche und der damaligen Tonqualität möglich war. Nach knapp einem Jahr fanden Marlene und die ABC, *Café Instanbul* brauche eine Generalüberholung und eine neue Adresse. »Mademoiselle Madou« packte ihre Koffer (in denen Murray Burnett sicher verstaut war), nannte sich »Diane La Volta« und siedelte von Istanbul zur CBS über, wo die Show einen neuen Namen erhielt sowie ein Erkennungslied, das Marlene auf Schallplatte aufnahm, nämlich *Time For Love*.

Bei beiden Serien war Marlene federführend; sie schrieb die letzte Version des Drehbuchs um (das meist von Burnett stammte), und zwar mit Hilfe von Max Colpet, der seinen Namen auf dem Titelblatt ständig veränderte, damit die Funkanstalt nicht herausfand, daß so viele Drehbücher von so wenigen Autoren stammten. Dabei fanden all seine bisherigen Namen Verwendung: der ursprünglichen »Kolpenitski«, der Berliner »Kolpe«, der Pariser »Colpet« und auch der amerikanische »Max Colby« – unter diesem Pseudonym war er nämlich amerikanischer Staatsbürger geworden, nachdem Marlene ihn gewarnt hatte, die Amerikaner könnten »Colpet« garantiert nicht richtig aussprechen.

Im Laufe der Jahre war Marlenes Stimme etwas tiefer geworden und klang jetzt reif und gefestigt. Singen war stets Teil ihrer Leinwandpersönlichkeit gewesen; sie hatte nur eine Handvoll Filme ohne Gesangsnummern gemacht, und die meisten davon, wie *Angel, Garden of Allah* und *Knight Without Armour*, enthielten ursprünglich Songs, die von Komponisten wie Friedrich Hollaender, Max Steiner oder Miklos Rosza geschrieben, dann aber herausgeschnitten oder erst gar nicht verwendet worden waren. Seit Ende der zwanziger Jahre machte Marlene Tonaufnahmen; ihre Lieder aus *Der Blaue Engel* waren auf deutsch und auf englisch Hits geworden, und ihre französischen Aufnahmen aus den frühen Dreißigern galten schon lange als Liebhaberstücke. Für Decca waren amerikanische Einspielungen entstanden, und das neue Medium der Langspielplatte ließ es naheliegend erscheinen, all diese alten Nummern für den Nostalgiemarkt wieder zu veröffentlichen. Nichts aber hatte die Marlene der Nachkriegszeit so ins Bewußtsein der neuen Generation gebracht und ihre Stimme so bekannt gemacht wie die amerikanischen Lieder, die sie während des Kriegs auf deutsch für die OSS gesungen hatte. Marlene spielte Mitch Miller, dem künstlerischen Leiter von der Columbia, ihre eigenen Matrizen dieser Songs vor und meinte, wegen deren »historischem Wert« würde es sich vielleicht lohnen, sie wieder neu aufzulegen. Clever wie Miller war, erkannte er deren kommerziellen Wert, bestand allerdings darauf, daß die Songs mit dem Stand der damaligen Aufnahmetechniken neu eingespielt und als LP auf den Markt gebracht wurden.

»Das ist *unmöglich*«, wandte Marlene ein. »Das Gefühl von damals kann ich nie wieder heraufbeschwören«, doch der Aufnahmeleiter blieb beharrlich. Er wußte, daß die Stimme, die während des Kriegs auf Ultrakurzwelle annehmbar geklungen hatte, noch viel besser wirken würde, wenn man ein paarmal geprobt hatte und sie in einem modernen Tonstudio aufnahm. »Ich sprach mit ihr über Atemtechnik«, erinnerte sich Miller später, »und erzählte ihr, was man durch bewußte Atmung erreichen kann. Wir machten die Aufnahmen auf einspurigen HiFi-Bändern, die man nur schlecht schneiden und kleben kann, und wenn Marlene sich auf den künstlerischen und nicht den ›historischen‹ Wert dessen, was sie tat, konzentrierte, dann konnte sie sich absolut auf ihr Gehör verlassen. Das war eine echte Liveaufnahme mit nur einer Tonspur, wir haben nichts geklebt. Marlene hatte Geschick, und wenn das vorhanden ist, kommt ein Talent immer zum Tragen.«

Die 78er-Platte (»Miss Otis Regrets«, »The Surrey With the Fringe on Top«, »Time on my Hands« und andere) wurde zu einem großen Erfolg. Amerikanische Songs, auf deutsch gesungen, waren in den Plattenläden etwas völlig Neues, und als die 33er-Platte zum Standard wurde, erschien eine Neuauflage mit weiteren Liedern. Möglicherweise war dies das beste Album, das Marlene je gemacht hat. Ihre Phrasierung und Stimmkontrolle waren nie wieder so exakt und nuanciert. Vielleicht konnte Marlene auch deshalb soviel emotionale Tiefe und einen solchen Humor vermitteln, weil sie in ihrer Muttersprache sang; diese Mischung gelang ihr nie wieder. Dabei brauchten die Zuhörer kein Wort deutsch zu verstehen, damit die Lieder ihre Wirkung taten: Ihre Botschaften kamen von Herzen; Übersetzungen waren überflüssig.

Das Album fand so großen Anklang, daß Miller auf die Idee verfiel,

Marlene mit der jungen Sängerin Rosemary Clooney zusammenzubringen, die gerade mit »Come-On-A-My-House« einen Hit gelandet hatte. Die beiden nahmen eine Reihe von Honkytonk-Duetten auf, in denen Marlene die Kultuvierte spielte und Clooney die Naive, eine Art Mutter-Tochter-Gespann, wie es bei Marlene und Maria nicht klappte. Das Lied »Too Old to Cut the Mustard«, in dem die Laschheit der Männer beklagt wird, gelangte in die Hitparade der Top Forty, und es folgten rasch weitere. Zuerst erschienen sie als Singles, dann auf einem Album und machten so eine weitere Generation mit Marlene und ihrem Image vertraut. Außerdem dienten die Aufnahmen als Vorbereitung für bedeutendere Einspielungen – und Einnahmen.

Aber nicht nur im Rundfunk und auf Platten machte Marlene von sich reden, sondern auch in der Presse. Der Boulevardjournalismus entdeckte seine Sensationslust, und Skandalblättchen schossen wie Pilze aus dem Boden. Marlenes bisexuelles Liebesleben bot sich als ideale Zielscheibe für die Pseudomoralisten von *Confidential* an, doch es war ausgerechnet der schicke, gepflegte *New Yorker*, der mit einem Artikel über Hemingway Marlenes Wut entfachte. Marlene war Lillian Ross, der Verfasserin des Artikels, in der Suite der Hemingways im Sherry-Netherlands Hotel begegnet, hatte sie jedoch für eine Sekretärin gehalten, die ein paar Aufzeichnungen machte. Hemingway stellte die beiden Frauen einander mit seiner häufig zitierten Bemerkung vor: »›The Kraut‹ ist das Beste, was je den Ring betreten hat.«

»The Kraut« nippte Champagner, naschte Kaviar auf Toast und seufzte: »Alles was man macht, tut man den Kinder zuliebe.« Und wie Großmütter es zu tun pflegen, begann sie Babyphotos herumzuzeigen.

»Ich bin der Babysitter«, berichtete sie Hemingway zwischen Champagnerschlückchen. »Ich gehe durchs Haus, schaue in alle Ecken und räume richtig auf. Ich kann es nicht ausstehen, wenn Wohnungen nicht sauber und ordentlich sind. Ich bringe Lappen aus dem Plaza mit [wo sie damals lebte] und mache alle Winkel sauber, bis die ganze Wohnung blinkt und blitzt. Um ein oder zwei Uhr morgens kommen sie nach Hause, und dann packe ich die dreckigen Lappen und ein paar Babysachen ein, die gewaschen werden müssen, und mit diesem Bündel unter dem Arm gehe ich und suche mir ein Taxi. Dann denkt der Taxifahrer, ich sei ein altes Waschweib von der Third Avenue, und spricht ganz mitleidig mit mir, und dann will ich nicht, daß er mich zum Plaza fährt. Also steige ich einen Block vor dem Plaza aus und gehe mit dem Bündel nach Hause, wasche die Babysachen und lege mich schlafen.«

Lillian Ross' Porträt von Hemingway im *New Yorker* stellte einen Mann dar, der fast ständig unter Alkohol stand, irgendeinen Kauderwelsch redete und bei seinem ewigen Wettbewerb mit Turgenjew, Stendhal und deren Kollegen Metaphern aus der Sportsprache gebrauchte. Das »Waschweib« Marlene fand ebenfalls Erwähnung. Sie erzählte Hemingways Freund und Biographen A. E. Hotchner, sie sei »absolut wütend«, und zwar nicht nur auf Lillian Ross. Ihrer Meinung nach hatte Hemingway sie hintergangen, weil er sie nicht über die Identität der »Sekretärin« aufgeklärt und – aus Rücksichtslosigkeit oder weil er betrunken war – zugelassen hatte, daß jemand in ihre Privatsphäre eindringen konnte.

Hemingway war gekränkt, aber auch amüsiert, und sein Essay über Marlene in *Life* (der *nach* dem Ross-Artikel erschien) mag eine versöhnliche Geste gewesen sein. Philosophisch meinte er, Marlene und er hätten noch Glück gehabt. »Kannst du dir vorstellen«, sagte er zu Hotchner, »daß Lillian, nachdem sie die ganze Nacht mit mir und ›the Kraut‹ verbracht und gehört hatte, worüber wir sprachen, nichts Besseres schreiben konnte, als daß ›the Kraut‹ ab und zu die Wohnung ihrer Tochter mit Lappen aus dem Plaza sauber macht?«

Die wachsende Aggressivität der Presse bei der Berichterstattung über VIPs ließ Marlene selbst zur Feder greifen. Da sie »mehr über die Liebe wußte als jeder andere«, verfiel *The Ladies' Home Journal* auf die Idee, einen Artikel mit dem Titel »How To Be Loved« unter Marlenes Namen zu veröffentlichen. Das *Journal* verkündete, besagter Artikel enthalte Marlenes Ansichten über die »phantasievolle, freigebige« Liebe, doch letztlich beschränkten sich die Ausführungen auf hausfrauliche Ratschläge, wie man am Abend eines langen Tages ein Omelett mit Champignons zubereitet, damit der Ehemann oder Liebhaber genug Kraft hat, um der Köchin das lilafarbene Samtkleid (das Marlene ebenfalls empfahl) vom Leib zu reißen und seine Männlichkeit unter Beweis zu stellen. Marlenes Weisheiten stießen auf großes Leserecho, überwiegend ironischer Natur, zusammengefaßt unter der Überschrift: »Listen, Marlene!« Eine Hausfrau aus Paramus, New Jersey, meinte pragmatisch: »Marlene Dietrich ist zweifellos ein hervorragendes Beispiel dafür, wie eine Frau mit fünfzig aussehen kann, wenn sie mit fünfundzwanzig wie Marlene Dietrich aussah.«

Doubleday schloß mit Marlene einen Vertrag ab über eine Autobiographie namens *Beauty is an Illusion*, die sich als derartige Illusion erwies, daß ein Vierteljahrhundert verstrich (und zahlreiche Verleger und Anwälte beschäftigt werden mußten), ehe das Buch in Druck ging.

Da Hollywood die Legende anscheinend nicht nutzen wollte, versuchte es der Broadway. Marlene lehnte eine Mitwirkung in *Carnival in Flanders* ab, aus Angst, ihre Stimme sei nicht »stark genug«. Dann gab es da noch das Musical *After My Fashion* von Frank Loesser und ein französisches Stück von Jacques (*Towaritsch*) Deval mit dem Titel *Samarkand;* aber aus Frankreich akzeptierte Marlene lediglich eine Medaille und eine Rosette der französischen Regierung, mit denen sie in Anerkennung ihrer Arbeit im Krieg zum »Ritter der Ehrenlegion« ernannt wurde. Marlene war die erste Deutsche, der nach dem Krieg diese Ehre zuteil wurde (und die Deutschen und Frauen generell selten verliehen wurde). Gegenüber dem französischen Botschafter Bonnet, der ihr die Medaille ans Dior-Kleid heftete, bemerkte Marlene, daß ihr erster Landsmann, der in diesen illustren Kreis aufgenommen wurde, ihr Kindheitsidol Johann Wolfgang von Goethe gewesen war.

Auch etliche Filmprojekte waren im Gespräch, doch alle verliefen im Sande. Eines dieser Projekte hätte Marlene ein weiteres Mal mit Billy Wilder zusammengebracht, und das wäre wahrscheinlich die aufsehenerregendste Rolle ihrer Laufbahn geworden: eine Bardame mit Holzbein. Marlenes alter Kumpel Clifton Webb, der mit seinen *Mr. Belvedere*-Filmen ein neues Publikum gefunden hatte, wollte mit ihr bei der Fox einen Streifen namens *Dreamboat* drehen, doch dann übernahm Ginger Rogers den Part der Stummfilmdiva, den Marlene abgelehnt hatte. Elia Kazan sprach mit ihr über die Rolle einer Jahrmarktdarstellerin (eine Mischung aus Lola Lola und Mutter Courage) in seinem und Robert E. Sherwoods Drama *Man on a Tightrope* (Ein Mann auf dem Drahtseil), das hinter dem Eisernen Vorhang spielt, doch schließlich erhielt Gloria Grahame den Part. Trotz ihrer Freundschaft mit Orson Welles lehnte Marlene die Rolle einer dubiosen Aristokratin in seinem Filmprojekt *Mr. Arkadin* ab. Daraufhin versuchte Welles, sie als Lady Brett Ashley in Hemingways *The Sun Also Rises* (Zwischen Madrid und Paris) zu gewinnen, doch auch daraus wurde nichts.

Während Hollywood die Breitwand und Sterophonie erfand, hatte Marlene Zeit, ein paar Lieder von Harold Arlen aufzunehmen, den sie anhimmelte und der zurückhimmelte. Sie fungierte als Hausmutter und Zugehfrau für das Ensemble bei Arlens und Truman Capotes Musical *House of Flowers*, das außerhalb von New York nicht besonders gut lief, und beriet Pearl Baily in Sachen Kostümschmuck (große Bergkristalle, nicht kleine Diamanten). Als Arlen in New York im Krankenhaus lag, eilte sie an sein Krankenbett, wobei sie das Polizeirevier überzeugte, daß sie für ihre Besuche bei dem Mann, der »Stormy Weather« geschrieben hatte, eine Eskorte einschließlich heulender Sirenen benötigte. Das erwies sich als günstig, denn die Sirenen dienten den Krankenschwestern als Signal, die Sängerin Lisa Kirk aus Arlens Zimmer zu bitten, bevor Marlene auftauchte. Marlene wußte von Lisa Kirks Rolle in Arlens Leben genausowenig, wie Mrs. Arlen von Marlene wußte.

Die Sendereihe *Time for Love* bei CBS ging zu Ende, und Marlenes Zukunftsängste verstärkten sich. Im Mai 1953 mußte Rudi der halbe Magen entfernt werden, und es wurde klar, daß er und Tamara Marlenes finanzielle Unterstützung dringender brauchten als je zuvor, auch wenn das Geld immer schwerer zu verdienen war. Seit Marlene Berlin verlassen hatte, war Rudis bescheidene Laufbahn kaum mehr als ein Anhängsel von Marlenes Karriere gewesen. Und jetzt konnte er überhaupt nicht mehr arbeiten. Tamaras psychischer Verfall schritt immer rascher voran, und lediglich der Ehering, den sie trug, hielt sie aufrecht, aber abgesehen von seinem emotionalen Wert besaß er keinerlei (rechtliche) Bedeutung. Freunde fanden für Rudi im San Fernando Valley in der Nähe von Sylmar ein vernachlässigtes Haus mit einem halben Hektar Land, und ein befreundeter Bankier namens Hans Kohn lieh ihm 10 000 Dollar für die Anzahlung. Rudi und Tamara ließen sich dort nieder, um Hühner zu züchten – 4000 an der Zahl. Mittlerweile war Marlene zweiundfünfzig, aber der Ruhestand, von dem sie zehn Jahre zuvor so hoffnungsvoll gesprochen hatte, schien in weitere Ferne gerückt als je zuvor – und es gab nach wie vor keine sinnvolle Arbeit. Dafür mußte Marlene jetzt auch noch einspringen, wenn die Hühner Rudi und Tamara im Stich ließen.

Fast zur gleichen Zeit, als Rudis Operation stattfand, wurde Maria mit einigen anderen Persönlichkeiten aus Fernsehen und Theater aufgefordert, an einer Wohltätigkeitsveranstaltung für zerebral Gelähmte teilzunehmen, organisiert von den Ringling Brothers und dem Barnum & Bailey Circus im Madison Square Garden. Maria hatte sich seit einiger

Zeit für diese Sache eingesetzt (ebenso wie Yul Brynner) und sollte bei dem von Gloria Vanderbilt Stokowski finanzierten Ereignis als Clown auftreten. »Little Gloria« engagierte Fernsehstars wie Maria, Mary Sinclair, Rita Gam, Buff Cobb, Faye Emerson und den Komiker Herb Shriner. Patrice Munsel holte sie von der Oper; vom Broadway Mel Ferrer und Audrey Hepburn (die zu der Zeit in *Ondine* auftrat); und der Zirkus steuerte den Clown Emmett Kelly und »Dynamite« bei, das rückwärts galoppierende Pferd.

Die meisten Gaststars stellten Clowns dar oder ritten auf Elefanten durch den Madison Square Garden. Marlene sagte ihr Teilnahme zu, aber nur unter der Bedingung, daß John Ringling North sie als Direktorin des ganzen Zaubers einsetzte. North (ein Freund Hemingways) willigte ein. Marlene stattete sich mit schwarzen Shorts und Zylinder aus, einem scharlachroten Frack mit diamantenen (oder bergkristallenen) Knöpfen, schwarzen Strümpfen, goldgesäumten schwarzen Stiefeln und einer Peitsche. In dieser Aufmachung stahl sie sogar den Elefanten die Show.

Marlene die Zirkusdirektorin erregte Aufsehen in der Presse (von der *Daily News* bis zu *Vogue*) und bei möglichen Auftraggebern. Der Produzent Paul Gregory hatte in Anschluß an ihre live-Auftritte im Jahr zuvor bei *Rancho Notorious* vergeblich versucht, sie für eine Tournee mit einem kleinen Orchester und einem Zehn-Mann-Chor zu gewinnen. Nun, nach dem Auftritt im Zirkus unterbreitete Bill Miller vom Sahara Hotel in Las Vegas ihr ein verlockendes Angebot, das sich als wegweisend für Marlenes Leben und ihre weitere Laufbahn erweisen sollte.

Maurice Chevalier bat sie inständig abzulehnen, und Noël Coward riet zur Vorsicht. Aus jahrzehntelanger harter Erfahrung mit wankelmütigen Zuschauern wußten die beiden, daß das, was die Welt nun »Kabarett« nannte, im Grund nichts weiter als Singen in Saloons war – insbesondere in der mittlerweile vergoldeten Wüste von Nevada. Ein Soloauftritt in einem Spielkasino ist der Versuch, die Aufmerksamkeit übersättigter, alkoholisierter, überspannter Menschen zu gewinnen. Chevalier hatte sich in dieser Welt seine Sporen verdient, Coward hatte sich ihr seit den zwanziger Jahren in London hin und wieder ausgesetzt, und beide legten Marlene nun ans Herz, ihr Glück dort nicht zu versuchen.

Doch Marlene kümmerte sich nicht darum. Sie ging nach Las Vegas, um Eddie Fisher »Oh, mein Papa« singen zu hören und eine Affäre mit einem weiteren zukünftigen Mr. Elizabeth Taylor anzufangen, auch wenn es ihr dabei möglicherweise eher um Tips für Nachtclubauftritte ging als um romantische Liebe. Sie erlebte Tallulah Bankhead, die mit ihrer heiseren Stimme im Sands Hotel sang. Wenn Tallulah das mit wenig mehr als Bourbon und Bravade schaffte, gab es wohl keinen Grund, Las Vegas den Zauber von Marlene vorzuenthalten. Innerhalb von sechs Monaten wurde sie die bestbezahlte und berühmteste Nachtclub-Entertainerin der Welt.

Rückblickend war ihr Debüt im »Congo Room« des Sahara Hotel am 15. Dezember 1953 lediglich eine Generalprobe für das, was später kommen sollte. Die Hotel- und Kasinoleitung verlangte von ihr nur, sie solle zwanzig Minuten lang Lieder aus ihren Filmen singen und den Gästen ein wenig Glamour bieten, bevor diese sich wieder an die Spieltische begaben. Die Show bot zunächst wenig Aufsehenerregendes. Der Komiker Dick Shawn machte die einleitenden Scherze, dann folgten ein paar Ponys und Jongleure. Und zum Schluß kam der hinreißende, völlig unerwartete Hauptgewinn, der alle vergessen ließ, warum sie eigentlich in Las Vegas waren.

Die Dietrich betrat die Bühne in einem Kleid, das sie mit Jean Louis von den Columbia Pictures entworfen hatte. »Ich will etwas in der Art der Folies Bergère«, hatte sie angeordnet, »aber elegant.« Das Gewand bestand aus fast hautengem schwarzen Netzstoff; der Rock war mit hautfarbener Seide unterlegt, das Oberteil hingegen ungefüttert – der Höhepunkt ihrer »nackten Kleider«, die sie seit *Seven Sinners* und den ganzen Krieg hindurch getragen hatte. Doch dieses Kleid war wirklich durchsichtig, lediglich ein paar strategisch angeordnete Blätter aus Pailletten und Bergkristallen bedeckten ihre Brüste und lenkten so die Aufmerksamkeit auf sie (»der wunderschöne Busen, auf den sie so stolz war«, sagte Arthur Kennedy einmal). Das durchsichtige Kleid ging am Hals in ein glitzerndes Collier über (dieselben Bergkristalle, die sie Pearl Bailey geliehen hatte). Um ihre Schultern hing ein Cape aus schwarzem Chiffon, eingefaßt mit schwarzem Fuchspelz, das sie am Boden schleppen ließ, als sie ans Mikrophon trat. Dann legte sie die Hände auf die Hüften und ließ das Cape nach hinten gleiten, so daß das Gewand und sie in all ihrer Pracht sichtbar wurden. Das Blitzlichtgewitter stellte die Beleuchtung am Broadway in den Schatten.

Als die Blitze erloschen waren, dehnte Marlene das Wort »Hello« zu den längsten zwei Silben in der Geschichte der Nachtclubs und begann zu singen. Der Jubel des Publikums war so laut, daß man Marlene kaum hörte, aber das war gleichgültig. Die erste »oben ohne«-Großmutter des Showgeschäfts erhielt eine fünfminütige standing ovation. Unter denen, die begeistert aufsprangen, befand sich auch die Kolumnistin Hedda Hopper, deren moralische Ergüsse um ein Haar Marilyn Monroes Karriere zerstört hätten – wegen eines Kalenders mit Aktaufnahmen. Jetzt erklärte die Hopper die fast entblößten Brüste der Dietrich zu einem Geschenk des Nikolaus: »Dieses Jahr fand Weihnachten in Las Vegas ein paar Tage früher statt«, schrieb sie.

Das Orchester ließ einen festlichen Trommelwirbel erklingen, Marlene verschwand hinter den Kulissen, legte das Kleid ab und erschien sechzig Sekunden später in dem scharlachroten Frack und den Seidenstrümpfen, die sie als Zirkusdirektorin getragen hatte. Sie knallte mit der Peitsche, und bei den Presseagenturen liefen die Telefondrähte heiß.

Für den nächsten Abend hatte Marlene eine neue Überraschung parat, und ihr zweiter Auftritt – das Publikum erwartete gebannt schwarzen Netzstoff auf nichts – übertraf den ersten. Diesmal erschien sie in einer weißen Version des schwarzen Kleids, und wieder setzten das Blitzlichtgewitter und der Jubel ein. Die Artikel und Bilder vom ersten Abend, die in aller Welt Schlagzeilen gemacht hatten, wurden mit *neuen* Aufnahmen von Marlenes weißem Duplikat wiederholt (es gab noch ein drittes Kleid, hautfarben mit Gold). Kein Reporter ließ es sich entgehen, Spekulationen über den Preis der Kleider anzustellen (die Schätzungen gingen von 3000 bis 8000 Dollar) oder zu berichten, daß Marlenes Gage mit 30000 Dollar pro Woche die höchste in der Geschichte der Nachtclubs war – die höchste der Welt.

Coward, »der Meister«, hatte sich bei der Beurteilung von Marlenes Chancen geirrt (was ihm selten passierte) und spielte nun mit dem Gedanken, ebenfalls in Las Vegas aufzutreten. Tallulah Bankhead witzelte: »Ich traf Marlene kurz vor dem ersten Abend, und sie sagte mir, sie hätte nichts anzuziehen! Und stellen Sie sich vor – ich habe ihr nicht geglaubt!« Ed Sullivan rümpfte die Nase und nannte Marlenes Aufzug »geschmacklos«. Marlene meinte zu *Newsweek*: »Wenn man [das Kleid] *hier* nicht tragen kann, kann man es nirgends tragen.« Jean Louis vertraute der *Time* an, er sei »untröstlich«, denn er habe »den Rock durchsichtig machen wollen, damit man ihre Beine sah, aber das wollte sie nicht.« *Das* hob sie sich für später auf.

Beinahe hätte es die Kleider gar nicht gegeben – und damit vielleicht auch nicht die Show. Jean Louis, ein kleiner, schrulliger Franzose, war Marlene von seinem Chef, Harry Cohn bei den Columbia Pictures, empfohlen worden. Cohn war ausgesprochen hilfsbereit, weil er Marlene für die Rolle der älteren Frau in *Pal Joey* gewinnen wollte. Vielleicht wäre es ein guter Part für sie gewesen (sie hätte »Bewitched, Bothered, and Bewildered« singen können), und so willigte sie ein unter der Bedingung, daß ihr Gelegenheitsfreund Frank Sinatra die Rolle des »Joey« bekäme, mit der Gene Kelly am Broadway berühmt wurde. Doch Cohn schlug statt dessen einen neuen Vertragsschauspieler der Columbia vor, Jack Lemmon, den Marlene für einen »Niemand« hielt. Sie weigerte sich entschieden, mit ihm den Film zu machen, worauf Cohn ausfallend wurde und Jean Louis untersagte, für Marlene zu arbeiten.

Louis war »verzweifelt«, aber Marlene, die er für eine »wunderbare, kluge Frau« hielt, versicherte ihm, sie würde einen Ausweg finden. Sie rief Cohns Gattin an, dann das Sahara Hotel; dann telefonierte jemand nach Chicago, und in Chicago unterbreitete ein Mann namens Frank Costello Harry Cohn ein Angebot, das dieser nicht ablehnen konnte (Costello erinnerte ihn daran, daß er heranwachsende Kinder hatte). Cohn kapitulierte, verbot Marlene aber, den Vordereingang zu benutzen, so daß sie Louis' Arbeitszimmer bei der Columbia durch den Requisitenraum betreten mußte. (Schließlich bekam Frank Sinatra doch die Rolle in *Pal Joey*; seine Partnerinnen waren Rita Hayworth, die Königin der Columbia, und ihre Nachfolgerin Kim Novak. Es wurde ein entsetzlicher Film.)

Jedes zweite Wochenende pendelte Marlene von New York nach Hollywood zu den Anproben, für die die Näherinnen nächtelang Überstunden einlegten; zu diesen Kosten kamen noch das Honorar für Louis selbst und eine Pauschale von 7500 Dollar für die Columbia.

»Wir konnten mit ganz dünnen Stoffen arbeiten«, erinnerte sich Louis später, »und Miss Dietrich brauchte kein Futter in den Kleidern. Damals war alles Dietrich natur, *alles*. Direkt vom Flugzeug kam sie durch den Requisietenraum zu uns und stand bewegungslos acht oder neun Stunden am Tag vor den Spiegeln, während wir die Kleider *an* ihr nähten.

Man benötigt Energie und Disziplin, so zu stehen, und sie ist *so* diszipliniert. Manchmal sagte sie: ›Symmetrie mag ich nicht. Die Paillette muß woanders hin‹, und wir versetzten sie, aber dadurch entstand eine Symmetrie mit einem Bergkristall, also versetzten wir den, und das ging dann den ganzen Tag, das ganze Wochenende so weiter. Ich hatte wahnsinnig Angst, daß der dünne Stoff von ihren Zigaretten Feuer fangen könnte. Zwei Wochen später flog sie wieder zu uns, um das Ganze zu wiederholen. Sie wurde nie ungeduldig, denn sie war eine Perfektionistin, die genau wußte, was sie wollte. Sie hätte einen guten Couturier abgegeben – sie konnte nähen, konnte mit Nadel und Faden umgehen, und unterwegs flickte sie ihre Kleider immer selbst.

Ihr Umgang mit den Näherinnen war wunderbar; sie brachte Essen und Kuchen mit, Sachen, die sie selbst gebacken hatte. Vielleicht hat sie die auf dem Flugzeug von New York gebacken – ich weiß es nicht. Nur ein einziges Mal war die Stimmung etwas gereizt, nämlich, als einer meiner Zuschneider zu ihr sagte: ›Oh, Miss Dietrich, ich habe Sie schon als *Kind* bewundert!‹

Immer wieder hat sie mich gewarnt: ›Paß auf, Jean, diese Jungs klauen dir noch deine Schnitte‹, und Anfang der neunziger Jahre, als sie Cher im Fernsehen in einem Kleid von Bob Mackie sah, rief sie mich aus Paris an und sagte: ›Siehst du! Dieser Mackie, der für dich gearbeitet hat, hat schon wieder unser Kleid kopiert!‹ Und es stimmte. Diese Kleider waren *alle* die Kleider der Dietrich. Cher müßte uns eigentlich Tantiemen zahlen!«

Das Arbeiten am Wochenende war schwierig, und Marlene hatte gewöhnlich noch einen anderen Termin, denn wenn Tamara stabil genug war, um ihre Gegenwart zu ertragen, besuchte sie Rudi im San Fernando Valley. Am Tag der Show in Las Vegas verkündete sie: »Um fünf müssen wir fertig sein, damit ich mein Flugzeug erreiche.« Es wurde fünf, und »wir nähten immer noch Pailletten und Bergkristalle von Hand an«, berichtete Louis. »Dann sagte Marlene, sie habe einen Platz in der Maschine um sechs Uhr reserviert, dann das gleiche um sieben und um acht. Wir wußten, daß das letzte Flugzeug in die Wüste um neun Uhr ging – sie *mußte* aufbrechen. Sie betrachtete jede Paillette, jeden Bergkristall, und dann ließ sie diese wunderbaren, zarten Kleider von ihren Schultern einfach auf den Boden fallen, *wusch*, packte sie in Seidenpapier, warf sie in eine Schachtel, als wären es die Windeln ihrer Enkel, und machte sich auf den Weg nach Las Vegas. Es war ein Alptraum, und eine reine Freude, weil die Dietrich wußte, was sie wollte, und das Ergebnis sah umwerfend aus!«

Über Nacht wurde Marlene zur größten Show-Attraktion der Welt, auch wenn ihr Auftritt noch weit von seiner endgültigen Form entfernt war. Marlene unterzeichnete einen mehrjährigen Vertrag mit dem »Sahara« und einen mit dem legendären Londoner Nachtclub »Café de Paris«. Noël Coward willigte ein, sie am ersten Abend dort zu präsentieren, und wollte eigens für diesen Anlaß ein Gedicht verfassen.

Mit dem Auftritt in London begann Marlene an ihrer Show zu feilen, ein Prozeß, der ein Dutzend Jahre in Anspruch nehmen sollte (Spaßvögel nannten ihn »die längste Generalprobe aller Zeiten«), bis Marlene schließlich das Gefühl hatte, ihre Darbietung sei perfekt und könne »eingefroren« werden. Peter Matz, ihr Arrangeur und Begleiter in Las Vegas, fuhr nicht mit nach London, und Marlene machte sich Sorgen wegen der dortigen Musiker und auch wegen der Beleuchtung. Coward stellte sie dem dritten »Joe« in ihrem Leben (nach Sternberg und Pasternak) vor, dem Beleuchter Joe Davis, der bald ebenso selbstverständlich zu ihrem Repertoire gehörte wie ihre Lieder. Für den Rest seines Lebens kümmerte er sich um ihre Bühnenbeleuchtung. Aus Gründen des Anstands wurde Marlenes Kleid für London mit Futter aus reiner Seide unterlegt (Mitglieder des Königshauses wollten sich die Ehre geben), und Marlene begann, Autobiographisches (oder »Legendenhaftes«) in die Show einzuflechten. Sie erzählte dem Publikum kleine Anekdoten über die Stadt, in der sie gerade auftrat; so berichtete sie etwa, daß sie »The Laziest Gal in Town« gesungen hatte, als sie »für Hitchcock« in London drehte (ohne zu erwähnen, wie sehr sie sich zuvor gegen dieses Lied gesträubt hatte). Sie sang »Frag nicht, warum ich gehe« als Huldigung an ihren »guten Freund«, den Tenor Richard Tauber, der vor den Nazis von Berlin nach London geflüchtet war und in Großbritannien bis an sein Lebensende sehr populär war. Als Marlene »Lili Marlen« ankündigte, meinte sie charmanterweise, das Lied verdanke seine Entdeckung »den britischen Soldaten«, die es während des Kriegs »zu ihrem eigenen gemacht hatten«.

Seit der Krönung Elizabeths II. hatte sich die Presse nicht mehr so überschlagen. »Es war wie ein Staatsbesuch«, schrieb ein Kritiker. Noch bevor Marlene in der Stadt eintraf, war der Publicityrummel in vollem

Gang, mit atemberaubenden Schilderungen von der vergoldeten »Oliver-Messel«-Suite im Dorchester Hotel, in der Marlene proben und sich erholen sollte – falls sie das vorhatte.

Weit mehr Menschen als die Feuerschutzbestimmungen erlaubten drängten sich drei Stunden vor Marlenes mitternächtlichem Auftritt ins »Café de Paris«. Sondereinheiten der Polizei bemühten sich, die Menschenmenge unter Kontrolle zu halten, die sich im Piccadilly versammelte in der Hoffnung, einen Blick auf die Stars oder auf die Königsfamilie zu erhaschen – oder vielleicht sogar auf die Göttin selbst. Coward erschien in Begleitung von Sir Laurence Olivier und Vivien Leigh, und kurz nach Mitternacht rezitierte er auf seine typische unterkühlt-prahlerische Art sein Gedicht:

> Vergnügt schuf Gott Blumen
> Und die Bienen, die summen,
> Und auch Seen für die Fische zum Schwimmen.
> Wir wissen zudem
> Es war ihm angenehm
> *Außergewöhnliche* Frauen zu schaffen.
> Ohne Zweifel wär's schön
> Die reizende Helena zu sehen
> Als heitere Kabarettistin.
> Doch ich glaube kaum
> Sie war so gut anzuschau'n
> Wie uns're liebliche Legende
> Marlene!

»›Außergewöhnlich‹ ist das einzig zutreffende Wort für Miss Dietrich«, schrieben die Kritiker. *Variety* berichtete, daß die Show ganze fünfunddreißig Minuten dauerte, doch Marlene »hätte das Publikum weitaus länger fesseln können«. Natürlich ließ kein Journalist ihr Gewand unerwähnt. »Sie trug ein Kleid, das man nur als Meisterwerk der Illusion beschreiben kann. Es war durchsichtig genug, um einen glauben zu machen, man sähe alles, und undurchsichtig genug, um einen erkennen zu lassen, daß man nichts sah. Houdini muß dabei Pate gestanden sein.«

Der junge Kenneth Tynan verstieg sich zu Anspielungen auf Sacher-Masoch: »Die Venus im Pelz, mit schwarzem Leder in der Stimme, über die der Applaus wie ein Wolkenbruch über die Sphinx hereinbrach. Sie war die reine Energie und Disziplin ... Doch insgesamt weich, so nachgiebig wie Treibsand, und ebenso gefährlich. Noch nie hat London unter einer derart mitfühlenden Mörderin gelitten. Mögen wir in Frieden ruhen.«

An den folgenden Abenden wurde Coward als Conférencier von Robert Morley, Alec Guinness und anderen abgelöst, doch eins veränderte sich nie. Marlene kündigte »Falling in Love Again« als »letztes und unvermeidliches« Lied an, und wenn sie es gesungen hatte, war der Abend unwiderruflich zu Ende. Sie tadelte das Publikum, wenn es nach Zugaben verlangte: »Ich sagte Ihnen doch, es ist das letzte.« Und dabei blieb es.

Seine Zugaben bekam das Publikum erst, als Goddard Lieberson, einem der klügsten Köpfe, wenn es darum ging, den Erfolg einer musikalischen Darbietung vorherzusagen (für *My Fair Lady* legte er beispielsweise seine Hand ins Feuer), Marlenes ersten Auftritt in London in der angesehenen »Masterwork«-Reihe von Columbia Records auf den Markt brachte. Das Album, das Cowards einleitende Worte zur Premiere enthielt, hatte ein aufklappbares Cover, und auf der Innenseite waren Hemingways Essay sowie die enthusiastischsten Londoner Kritiken abgedruckt. Außen war lediglich ein Porträt von Marlene zu sehen, ohne erklärende Bildunterschrift. Das Gesicht allein genügte – zusammen mit dem Duft von »Arpège«, mit dem die ersten tausend Exemplare getränkt waren. Das Album hielt einen bedeutsamen Augenblick von Marlenes Karriere fest; ihm sollte im Laufe des nächsten Jahrzehnts eine ganze Reihe von live-Platten folgen. Später waren die Alben musikalisch und technisch ausgereifter, doch die erste Londoner Platte fing eine sorglose, zarte Frische ein und brachte Marlene für ihre neue Laufbahn ebenso viele Bewunderer ein wie die Erinnerung an ihre alten Filme.

Am meisten überraschte alle, die nichts von Marlenes Bühnenerfahrung wußten, ihre unglaubliche Selbstsicherheit. Sie hatte alles fest in der Hand und wirkte doch völlig entspannt. Der Schauspieler, Sänger und Schauspiellehrer David Craig fragte sie kurz nach diesem ersten Abend in London, ob sie Lampenfieber gehabt hätte. »Sie sah mich erstaunt an und fragte, warum sie das hätte haben sollen ... Ich sagte ihr, ich hätte mein Leben lang Schauspieler unterrichtet, und die meisten hätten entsetzliche Angst vor Clubs, weil sich das Publikum dort nur schwer mitreißen läßt … und als ich andere stichhaltige Gründe anführte, sagte sie: ›Ach so.‹ Dann dachte sie kurz nach, starrte ins Leere und … sagte schließlich: ›Ach, ich weiß warum! Die Leute zahlen, um die glamouröseste Frau der Welt zu sehen, und das bin ich!‹ Und sie sagte das ohne jegliche Überheblichkeit. Quod erat demonstrandum.«

Anwesend waren auch Nancy Walker (Mrs. Craig), Roddy McDowall und Montgomery Clift, der Marlene zu den Auftritten von Eddie Fisher und Tallulah Bankhead in Vegas begleitet hatte und in dessen Film *Hamlet* Marlene gerne die Getrude (die Mutter des Dänenprinzen) gespielt hätte. Nachdem Marlene und Coward gegangen waren, saßen die jungen Schauspieler allein beisammen, und Roddy McDowall (der sich aus der Hollywood Canteen der Kriegszeit an Marlenes goldenen Beine erinnerte) erklärte Craig und den anderen das Phänomen Marlene:

»Da sitzt sie in ihrer Garderobe. Es klopft an der Tür. Der Inspizient ruft: ›Ihr Auftritt, Miss Dietrich.‹ Sie steht auf und geht zum Spiegel, um noch einmal zu überprüfen, was sowieso schon perfekt ist. Und ratet mal, wer sie aus dem Spiegel ansieht?

Marlene Dietrich!«

20. WIEDER IM GESCHÄFT
1954–1958

Im Nachtclub »Café de Paris« wurde an einer Säule eine goldene Plakette angebracht: »Hier lehnte Marlene Dietrich und half, das Londoner Nachtleben zu retten.« Von dort wirbelte sie weiter zur »Night of a Hundred Stars« im Londoner »Palladium« mit Noël Coward. Die glamourösen »Kumpel« legten zu dem Song »Knocked 'Em In the Old Kent Road« eine Nummer aufs Parkett, die sie zwar beide nicht richtig beherrschten, aber das störte niemanden, denn sie brachten 10000 Pfund für das Schauspieler-Waisenhaus zusammen. Das war kaum mehr als die Gage, die Marlene pro Woche im Kabarett verdiente.

Im August nahm sie an einer Wohltätigkeitsveranstaltung zugunsten von Poliokranken teil, und zwar dem *Bal de Mer* in Monte Carlo. Dort stellte sie der Schauspieler Jean Marais mit einem Text von Jean Cocteau vor: »Marlene Dietrich! ... Dein Name, der anfangs so zärtlich klingt, wird zum Peitschenhieb.« Was aber dann folgte, hatte nichts mit Dressur zu tun: »... das Geheimnis deiner Schönheit liegt in der Fürsorglichkeit deines liebenden, warmen Herzens, [das] dich mehr adelt als Eleganz, Mode oder Stil – mehr selbst als dein Ruhm, dein Mut, deine Haltung, deine Filme, deine Songs«. Danach wurde er allerdings wieder hyperbolisch und nannte sie »eine Fregatte, eine Kühlerfigur, einen chinesischen Fisch, einen Leiervogel, eine Legende, ein Wunder ...!«

Fünf Tage später vertauschte Marlene die Schuppen und Federn, in die Cocteau sie gehüllt hatte, mit Trenchcoat und Armeemütze und marschierte anläßlich des zehnten Jahrestags der Befreiung von Paris mit früheren Mitgliedern der Résistance und der American Legion durch den Arc de Triomphe. Ihr einziger Schmuck waren die Medal of Freedom von der amerikanischen und die Medaille der Légion d'honneur von der französischen Regierung. In diesem schlichten Aufzug sah sie ebenso schön aus wie in den mythologischen Gewändern des Showbusineß.

Im Oktober kehrte sie nach Las Vegas zurück, doch nicht ohne vorher ihre Enkel in New York zu besuchen. Einer von ihnen sah Bilder von ihr in ihrem Nachtclub-Kostüm und meinte: »Du siehst ja aus wie ein Weinachtsbaum!« Marlene tröstete Maria über ihr Broadway-Fiasko *The Burning Glass* hinweg, das selbst die anderen Darsteller (Sir Cedric Hardwicke, Isobel Elsom und Walter Matthau) nicht hatten retten können. Kritiker nannten Maria »übernervös«, »nie entspannt« und ihre schauspielerische Leistung »mehr Pose als Porträt«. Zwar trat Maria regelmäßig im Fernsehen auf, doch die Sendungen sollten bald eingestellt werden; und es brachte keine Tantiemen ein, »die Tochter der Dietrich« zu sein. Letztlich hatte Marias größter Erfolg darin bestanden, 1952 mit Marlene auf dem Titelblatt von *Life* zu erscheinen. Auf ihre eigene Art war sie schön, doch es war eine befangene Schönheit, behindert durch den wiederbelebten Ruhm ihrer Mutter und die Vergleiche, die unweigerlich gezogen wurden.

Gleichgültig, ob Maria tatsächlich eine eigene Karriere anstrebte oder nicht – ihrem ersten Ehemann hatte sie gesagt, Marlene und Rudi würden erwarten, daß ihre Tochter sie im Alter unterstütze. Das wurde jedoch immer weniger wahrscheinlich, da Maria Kinder hatte und man bei ihr (wie auch bei ihrem Mann) nicht gerade von einer steilen Karriere sprechen konnte. Marlene, die sich des »Alters« kaum bewußt schien, beglich alle größeren Rechnungen. Vielleicht lagen ihrer Großzügigkeit Schuldgefühle zugrunde, weil sie Maria als Kind entweder vernachlässigt oder förmlich mit Liebe überschüttet hatte; doch in Marlenes Freundeskreis konnte eigentlich niemand Anzeichen von Gewissensbissen feststellen. Marlene war einfach die freigebige Matriarchin, die sich (wie jemand bemerkte) der »Illusion« hingab, »daß man 100 000 Dollar verdient, um dann auch 100 000 Dollar auszugeben«. Anfang des Herbstes war sie wieder in Kalifornien, um noch mehr zu verdienen, arbeitete mit Jean Louis an neuen Kleidern und opferte Zeit, Geld und sich selbst für Rudi und Tamara.

Im San Fernando Valley besuchte sie Rudis »heruntergekommenes Farmhaus«, umgeben von Mauern, Bäumen und Kakteen. Abgelegte Kleider reichte sie an Tamara weiter (welche die milden Gaben bald in einem Heim für psychisch Kranke tragen sollte), kochte, spielte Florence Nightingale für Rudi und ging, mit Kopftuch und Sonnenbrille verkleidet, zum Einkaufen. Gelegentlich entsannen sich Journalisten des »Mr. Dietrich«, der irgendwo mit Tausenden von Hühnern im Valley lebte und angeblich über beide Ohren in seine berühmte Frau verliebt war. Tamara kannten sie nicht. Rudi war der Presse gegenüber äußerst zurückhaltend, was Marlene betraf. Wenn ihn irgendwelche aufdringliche Schreiberlinge inmitten seiner Hühnerschar aufstöberten (was selten genug vorkam), ließ er sich höchstens zu Bemerkungen wie »Im Grunde ist sie ein netter Kerl« erweichen. Mit seinen Hühnern, so meinte ein Reporter, sprach er »wie mit Kindern«. Bitterkeit brachte er nur indirekt zum Ausdruck, als er über seine gefiederten Freunde meinte: »Mir sind Tiere lieber als Menschen. Sie sind dankbarer.«

Ihre zweite Spielzeit im »Sahara« begann Marlene damit, daß sie bei ihren Kleidern das Unterste zuoberst kehrte. 1953 war das Oberteil durchsichtig gewesen, 1954 das Unterteil. Sie trug nun weißen (oder schwarzen) Chiffon, der im Luftzug einer Windmaschine wogte und flatterte und ihre Beine enthüllte. Nach wie vor gelang ihr der schnelle Kostümwechsel mitten in der Show, bei dem sie keine sechzig Sekunden Zeit hatte, ihre Blöße mit Zylinder und Frack direkt aus *Morocco* zu bedecken.

Als sie im Juli 1955 ins »Café de Paris« zurückkehrte, reiste Art Buchwald eigens aus Paris an, um seine Leser zu informieren, wie »Miss Dietrich langsam die Treppe herabsteigt. Ein Luftzug verfängt sich in ihrem Kleid und bläst den Stoff in alle Richtungen ... Man hat das Gefühl, daß keine Sängerin so wenigen Metern Gewebe so viel verdankt ... Miss Dietrich gleitet zur Bühne hinauf. Sie atmet ins Mikrophon. Wir halten den Atem an. Dann beginnt sie zu singen. Ihre Stimme ist fast so verheißungsvoll wie ihr Kleid ... Sie singt für uns auf Französisch und auf Deutsch. Manche Leute im Publikum verstehen vielleicht den Text nicht, doch der Sinn ist klar. Mehrere blasse Zuhörer versuchen, sich auf Cocktailquirlern aufzuspießen, werden aber rechtzeitig daran gehindert ... Miss Dietrich singt weiter ... Der Raum wird immer heißer, das Keuchen immer lauter. Wir verkrallen uns in die Speisekarten ... Aus unseren Gläsern steigt Dampf auf ... Wir [gehen hinaus und beginnen] an einer Palme im Foyer zu knabbern.«

Die Prominenz vor Ort riß sich darum, Marlene jeden Abend dem Publikum vorzustellen. In diesem Jahr zog unter anderem Bessie Braddock das große Los, die Labour-Abgeordnete für Liverpool, die knapp zwei Zentner auf die Waage brachte und in einem Bus vorfuhr. Miss Braddock erklärte, sie gedenke »Miss Dietrich im Gegenzug ins House of Commons« einzuladen. Marlene nahm das Angebot an, und mehrere aufmerksame Parlamentarier zeigten sich erfreut ob dieser überraschenden Stippvisite von Greta Garbo.

Marlenes neue Karriere färbte positiv auf ihre alte ab. Noël Coward machte sich daran, ein Musical mit dem Namen *Later Than Spring* für sich und Marlene zu schreiben. Laut Coward handelte es »von einer faszinierenden Frau von Welt (Marlene) und einem gleichermaßen faszinierenden Mann von Welt (ich) … einem wortgewandten Begleiter und einer Sekretärin (Graham [Payn] und Marti Stevens).« Das klang ganz nach einem Familientreffen, denn Payn war ein alter Freund Cowards und Marti Stevens eine neue Freundin Marlenes. Coward nannte die Stevens »das blonde Biest«, nicht wegen ihrer schauspielerischen Leistungen oder ihres Gesangs, sondern weil sie die Tochter von Nick Schenck war, dem früheren Chef von Louis B. Mayer bei der MGM. Keiner der vier machte die Show, doch einige Jahre später kam sie mit Elaine Stritch unter dem Titel *Sail Away* an den Broadway.

Hollywood nahm Marlenes Abwesenheit schweigend hin, auch wenn man zu gerne gewußt hätte, wie sie auf der Leinwand aussehen würde. Furchtlosigkeit und Überzeugungskraft waren nötig, um sie, die Mittfünfzigerin, wieder zum Film zu bringen, wo Damen wie Mrs. Michael Wilding und Mrs. Arthur Miller das Sagen hatten. Doch Avrom Goldenbogen besaß Furchtlosigkeit und Überzeugungskraft im Überfluß.

Goldenbogen nannte sich Mike Todd, hielt sich gerne für den größten Showmann der Welt und bezeichnete Marlene mit Vorliebe als die größte Showfrau der Welt, und so verbrachten die beiden viel Zeit miteinander. Bevor Todd (wie Michael Wilding und Eddie Fisher) Elizabeth Taylor (die Marlene immer mehr verabscheute) »entdeckte«, eröffnete er Marlene, er und sie dürften sich nicht mehr treffen, weil »ich Angst habe, mich in dich zu verlieben«. Marlene beruhigte ihn mit den Worten: »Kein Mann verliebt sich in mich, den ich nicht in mich verliebt machen will.« Statt dessen drehten sie zusammen einen Film.

Seit Ende der dreißiger Jahre hatte Todd sich bemüht, Marlene auf die Bühne zu holen. In der Zwischenzeit hatte er einige große Erfolge produziert, etwa Maurice Evans *GI Hamlet* und Gypsy Rose Lees *Something for the Boys* sowie einige noch größere Fiaskos, einschließlich des katastrophalen Musicals von Orson Welles und Cole Porter, das auf Jules Vernes *Around the World in 80 Days* (In achtzig Tagen um die Welt) beruhte. Todd verabschiedete sich elegant von dieser Produktion, bevor alles zusammenbrach.

Doch der Stoff von Verne gefiel ihm nach wie vor, und er wollte ihn mit Hilfe des Breitwandbild-Verfahrens verfilmen, zu dem er gemeinsam mit der American Optical Company das Patent besaß (er hatte es in aller Bescheidenheit »Todd-AO« getauft). Auch *Oklahoma!* war mit Breitwand-Bildern gedreht worden. Nun machte Mike Todd *Around the World in 80 Days* (In 80 Tagen um die Welt) mit Todd-AO, produzierte damit ein kommerzielles Filmwunder und brachte Marlene nicht nur zur Leindwand, sondern auch ins Filmgeschäft zurück.

Zum erstenmal seit knapp vier Jahren wurde ihr eine Filmrolle angeboten, wenn auch nur als Komparsin; doch in diesem Streifen hatte praktisch jeder eine Komparsenrolle, einschließlich Charles Boyer, Ronald Colman, Noël Coward, John Gielgud, Fernandel, José Greco, Buster Keaton, Beatrice Lillie, Peter Lorre und sogar Edward R. Murrow (als Sprecher des Prologs). Eine der größten Attraktionen lag darin, »die Stars zu entdecken«, während Philas Fogg alias David Niven um die Erde reist. Todd behauptete, bei keinem der Stars habe er sich so ins Zeug legen müssen wie bei Marlene, bis sie endlich einwilligte.

»Die Leute sagten: ›Die ist unmöglich zu kriegen‹«, vertraute er Ezra Goodman an. Also habe er ihr versichert: »Ich drehe die Szene und zeige sie dir, Kosten Nebensache. Wenn's dir nicht gefällt, verbrenne ich die Negative.« Todd behauptete, die Szene habe ihn um 150000 Dollar ärmer gemacht, doch sie gab ihm »ein Motto: ›Häng dich ans Geld‹. Sie war das Geld.« Marlene war keine Spielverderberin und meinte: »Ich habe mich blind in den Film hineinbegeben. Es gab keine Probeaufnahmen, weder für das Make-up, noch für die Frisur. Und es hätte nicht besser sein können, selbst wenn wir einen Monat lang daran gearbeitet hätten.« Marlene begab sich natürlich nie blind in etwas hinein und wurde für ihre Mühe mit Zobelpelzen entschädigt. Ihr Auftritt als Barkönigin der Berberküste eröffnete die zweite Filmhälfte (nach der Pause) mit so vielen

Reizen, daß die Weltumrundung fast abgebrochen worden wäre. Als ihr alter Freund David Niven alias Fogg bei der Suche nach seinem Diener Passepartout (Cantinflas) sie anspricht, entspinnt sich folgender Dialog:

Fogg: Ich suche einen Mann.

Marlene (Augenaufschlag): Ich auch.

Marlene wirkte, wie sie ihrer Meinung nach vier Jahre zuvor in *Rancho Notorious* hätte wirken sollen. Hier taucht Frenchy aus *Destry* auf, mit platinblonder Perücke und Wespentaille, und räkelt sich mit ihren 20-Meter-Beinen auf der riesigen Breitleinwand. Um die Gefahren der Berberküste von Marlenes Bardame abzuwenden (oder deren Gefahen von der Küste), begleitet sie ihr Ex-Liebhaber George Raft als Rausschmeißer. Der Klavierspieler, der letzte Star dieser Szene, ist ein weiteres Miglied des »Verehrerzirkels«: Frank Sinatra.

Around the World in 80 Days erhielt den Oscar für den besten Film (und vier weitere), und auf dem Deckblatt des Jules-Vernes-Romans, der als »Buch zum Film« neu verlegt wurde, prangte Marlene. Der enorme Erfolg des Films machte aus Avrom Goldenbogen die Legende, die zu sein er stets behauptet hatte, und setzte allein Zweifeln ein Ende, wie Marlene auf der Leinwand aussah. Die United Artists übernahmen den Verleih und verpflichteten Marlene als Star für einen weiteren Film, der mit italienischen Geldern finanziert wurde, nämlich *The Monte Carlo Story* (Die Monte-Carlo-Story).

Diese Story handelt von zwei Spielernaturen, der schönen, aber bankrotten Marquise von Crèvecoeur (zu deutsch »Herzensbrecher«) und dem schmucken, aber bankrotten Conte Dino, die einander am Roulettetisch ausnehmen wollen. Sie flanieren durch Monte Carlo und geben vor, ungeheuer reich zu sein; sie flirten; sie verlieben sich; sie erfahren die nüchterne Wahrheit übereinander. Daraufhin beschließen sie, »Geschwister« zu werden, und machen sich an ein steinreiches Vater/Tochter-Gespann aus Amerika heran, das auf der Jacht »The Hoosier« (von König Farouk geborgt, einschließlich des pornographischen Frieses im Prunkraum) nach Monte Carlo einsegelt.

Die Marquise betört den Vater, der Conte die Tochter. Doch schließlich verzichten die Glücksritter darauf, ihre Opfer abzukassieren, und setzen alles auf die Liebe. In Conte Dinos Minijacht tuckern sie aufs Meer hinaus, wo Marlene Rühreier vequirlt und ein Papagai »Faîtes vos jeux!« kreischt.

1956 war Monte Carlo in den Schlagzeilen (ein amerikanisches Mädchen hatte einen Fürsten geheiratet), doch das Publikum für Erwachsenenmärchen war geschrumpft, gestorben oder zu altersschwach, um sich ins Kino zu schleppen. Der Film war Samuel A. Taylors Debüt als Regisseur; früher hatte er sich als Drehbuchautor betätigt (*The Happy Time* [Mein Sohn entdeckt die Liebe], *Sabrina Fair* [Sabrina]), *The Pleasure of His Company* [In angenehmer Gesellschaft], und deswegen nahm man allgemein (irrtümlich) an, die Story stamme von ihm. Und da Marlene an erster Stelle genannt wurde, hinreißende Kleider trug und während der Produktion ein Presserummel um sie gemacht wurde, glaubte man (ebenso irrtümlich), es sei ein Marlene-Film.

Der Monaco-Cocktail war von den Produzenten Marcello Girosi und Dino Risi als Vehikel für Vittorio de Sica aus Motiven alter Lubitsch-Filme zusammengebraut worden. Seit 1918 spielte der große italienische Regisseur in Filmen mit und galt lange vor seinen neorealistischen Meisterwerken *Ladri die Biciclette* (Fahrraddiebe) und *Umberto D* als Herzensbrecher der Leinwand. Außerdem war er ein begeisterter Zocker und verpflichtete sich häufig als Schauspieler, um Geld für die Filme, bei denen er Regie führte, zu bekommen oder um Schulden zu begleichen, die er in Spielcasinos gemacht hat.

Einen Zocker seine Spielschulden in Monte Carlo abarbeiten zu lassen, bedeutet das gleiche, wie Casanova als Aufsichtsperson in einem Mädchenpensionat einzustellen. Sam Taylor war als Drehbuchautor verpflichtet worden, als man noch davon ausging, de Sica würde als Schauspieler *und* als Regisseur mitwirken. Dieser stellte schockiert – schockiert! – fest, daß es in Monaco Casinos gab. Außerdem bemerkte er, daß seine Schauspielgage auf den Roulettetischen dahinschwand, noch ehe die Produktion begonnen hatte. De Sica verzichtete auf die Regie, um an den Croupiers Rache zu üben, und Taylor sprang für ihn ein. (»Die Produzenten wollten kein Geld für jemanden mit Erfahrung lockermachen«, erinnerte sich Taylor später.) De Sica versprach, mit Ratschlägen auszuhelfen; Giuseppe Rotunno postierte sich hinter der Kamera, bereit, alle mit Weichzeichner zu filmen. Jetzt brauchten sie nur noch eine Hauptdarstellerin, und zwar eine zugkräftige, nachdem aus dem Film *von* de Sica ein Film *mit* de Sica geworden war.

Marlene war gerade in Amerika und willigte ein, die Rolle der Marquise zu übernehmen – wegen des Drehbuchs und wegen Billy Wilder,

der Taylors *Sabrina Fair* mit Audrey Hepburn verfilmt hatte und ihn mit freundlichen Worten empfahl. Mitsamt ihrer von Jean Louis entworfenen Garderobe kam sie in Monte Carlo an. Sie kannte niemanden, außer Mischa Auer aus *Destry*-Zeiten, der einen Oberkellner spielte und sich prompt den Arm brach. Vielleicht war das ein Omen.

»Marlene war unglaublich professionell«, berichtet Taylor. »Sie machte nie Schwierigkeiten, war immer vorbereitet und tat genau das, was man ihr sagte. Die Presse dichtete ihr ein Verhältnis mit de Sica an, aber sie interessierte sich überhaupt nicht für ihn. Nach der Arbeit redeten die beiden kaum ein Wort miteinander. Außerdem hatte de Sica eine Vorliebe für Siebzehnjährige und sprach nur drei Worte englisch, was bei den Szenen mit ihm und Marlene nicht gerade hilfreich war.«

Es war auch wenig hilfreich, daß de Sica unvorbereitet und verkatert zur Arbeit erschien, wie sich ein weiterer Beobachter erinnert. »De Sica tauchte auf, grün im Gesicht von seinen alkoholischen Exzessen, und Marlene saß schon auf Farouks Jacht, ebenfalls grün im Gesicht – seekrank. Ihre einzige Gemeinsamkeit war die Gesichtsfarbe.

Taylor erinnert sich, wie »Marlene sich die Zeit vertrieb und mit Arthur O'Connell [der den reichen Amerikaner spielte] flirtete, der total in sie verliebt war. Ständig sprang sie an ihm hoch, umschlang ihn mit den Beinen und biß ihn ins Ohr, um ihn zum Wahnsinn zu treiben.

Während der Dreharbeiten bat sie nur ein einziges Mal um einen Gefallen: Sie wollte für ein Wochenende nach Paris fahren. Sie sagte mir, ihr sei die Rolle der Mrs. Begbick in einer Aufnahme von *Mahagonny* angeboten worden und sie müsse mit den Produzenten sprechen. Ob sie wohl am Montag ausnahmsweise später kommen könne? Aber natürlich: Brecht, Weill, *Mahagonny*! Also änderten wir den Drehplan. Montag mittag war sie wieder da und strahlte. Wir filmten weiter, doch sie verlor kein Wort über *Mahagonny*. Ich wollte unbedingt wissen, wie es gelaufen war, und schließlich fragte ich sie. Sie sah mich an, als hätte ich den Verstand verloren. Dann lachte sie und sagte: ›Sam, du hast die Geschichte doch nicht geglaubt?! Yul war in Paris, und ich wollte ins Bett mit ihm!‹

Sie war absolut ehrlich«, fährt Taylor fort. »Sie war verrückt nach Brynner, machte aber keinen Hehl daraus, daß er sie schlecht behandelte. Alle ihre Freunde waren wütend, daß sie ihm so nachrannte. Sie erzählte, daß sie ihn einmal zufällig im Flugzeug traf, nachdem er ihr

Marlene Dietrich 1954 in Monaco, während einer Drehpause zu »Die Monte Carlo Story« – ein Film mit Vittorio de Sica.
(Foto: Bilderdienst Süddeutscher Verlag, München)

irgendein Märchen erzählt hatte, was er am Wochenende vorhabe. Er war in Begleitung einer jungen Schauspielerin, dem neuesten Liebling der Saison. Brynner betrank sich, wurde sentimental und versuchte, im Angesicht Gottes, der Pan Am und der kleinen Miss Broadway zu Marlene in die Koje zu kriechen – indiskreter, beleidigender und geschmackloser geht es wohl nicht. Marlene erzählte die Geschichte nicht, um Yul anzuprangern, sondern ganz nüchtern, als ob sie aus *Psychopathia Sexualis* zitieren würde.

Marlene schien völlig von Sex besessen«, meint Taylor weiter, »aber nur von der *Theorie*. Ihr war klar, daß Sexualität die Kraft ist, die das Leben des Menschen am meisten beherrscht, aber ich glaube nicht, daß sie selbst eine sexuell sehr aktive Frau war. Möglicherweise war Sexualität die treibende Kraft für sie, aber auf einer intellektuellen Ebene. Sex faszinierte sie, alle Arten von Sex, mit allen Menschen. Sie hätte ein Buch schreiben können, das Krafft-Ebing zur Ehre gereicht hätte, wenn sie nur ihr ganzes Wissen jemandem diktiert hätte. Genau das meinte Hemingway mit seiner berühmten Bemerkung, daß sie alles über die Liebe wisse. Er meinte *Sex*.«

Manchmal hatte es den Anschein, als sei für Marlene der Wunsch nach Kameradschaft und Gesellschaft das wichtigste an einer Affäre. Mitte der fünfziger Jahre lernte sie in New York eine Frau kennen, die mittlerweile eine sehr bekannte Hollywood-Gattin ist. Damals war diese jüngere Frau noch eine gescheiterte Schauspielerin, die keinerlei Erfahrung mit Frauen hatte, aber sie fühlte sich von Marlenes Zärtlichkeit und »Weiblichkeit«, wie sie es nannte, angezogen. Die beiden hatten eine kurze, unkomplizierte Affäre, die »eine starke sexuelle Komponente« hatte, wie die Frau später bemerkte, aber »Zuneigung und Freundschaft schienen immer wichtiger als Sex, so geübt und einfühlsam sie dabei war«.

Nach einem besonders leidenschaftlichen Wochenende »schlug Marlene einmal vor, wir sollten mit einem bekannten Hollywood-Produzenten zu Abend essen. ›Ich glaube, er wird dir gefallen‹, sagte Marlene.« Der Produzent und die junge Schauspielerin fühlten sich zueinander hingezogen, und während der Liebschaft, die sich daraus entspann, lieh Marlene der jüngeren Frau ihren Schmuck, um sich schön zu machen. »*Und* damit ich nicht wie eine Frau aussah, die aufs Geld aus ist«, ergänzte die Frau. »Als wir heirateten, nahm Marlene mich während des

Hochzeitsempfangs beiseite. Ich glaube, sie wollte es bei mir machen wie bei Edith Piaf – nach *ihrer* Affäre wurde sie Ediths Trauzeugin. Sie war zwar nicht *meine* Trauzeugin, aber sie sagte voller Wärme und Zuneigung zu mir: ›Ich habe gewußt, was gut für dich ist.‹ Und sie meinte es auch.«

Sam Taylor sah wie der Schwarm aller Frauen aus und hätte Marlene vielleicht interessieren können, wenn sie ihre Freizeit nicht mit einer jungen Französin verbracht hätte. »Eine mit einem dieser berühmten alten französischen Namen«, bemerkte Taylor. »Das Mädchen war Marlene von einer Hollywood-Schauspielerin ans Herz gelegt worden, deren Ehemann ein einflußreicher Agent war und zum Kreis um [Jack und] Ann Warner gehörte, die ebenfalls eine Freundin Marlenes war. Ich hatte mich selbst für dieses Mädchen interessiert, als ich es in der Bar des ›Hôtel de Paris‹ kennenlernte, wo wir alle abgestiegen waren. Suzanne [Mrs. Taylor] war nicht da, und so lud ich dieses hübsche Mädchen ein, am darauffolgenden Abend mit mir zum Essen zu gehen. Am nächsten Morgen rief mich Marlene an und bat mich, zu ihr aufs Zimmer zu kommen, um das Skript zu besprechen. Als ich kam, hatte sie gerade geduscht; sie trug einen großen weißen Frotteebademantel und hatte ihre Haare mit einem Handtuch zum Turban gewickelt. Sie war völlig ungeschminkt, sah aber trotzdem wunderbar aus – Eitelkeit war ihr völlig fremd. Dann sprachen wir kurz über das Drehbuch. Die ganze Zeit über saß dieses zauberhafte französische Geschöpf auf dem Sofa und sagte kein Wort. Marlene hat uns nicht bekannt gemacht; das Mädchen hätte genausogut unsichtbar sein können. Sie sagte nichts; ich sagte nichts; Marlene sagte nichts. Eine bessere Lubitsch-Szene hätte ich nicht schreiben können: Wortlos steckte Marlene ihr Revier ab.

Wegen der Kleiderordnung, die Frauen in Hosen den Zutritt verweigerte, durfte Marlene nicht ins Casino gehen, und deswegen waren wir oft im ›Sporting Club‹, wo Onassis und die Callas sich in aller Öffentlichkeit ihrem Liebesleben hingaben. Dort war auch ein berühmter Transsexueller, der Marlene faszinierte. Er – oder sie – war genau in der Phase zwischen Spritzen und Operation und drückte immer wieder Marlenes Gesicht zwischen den nagelneuen Busen. Marlene wollte wissen, was diese Person so alles tat, im Bett. Sie wollte unbedingt sämtliche Details erfahren, klinische, sexologische Einzelheiten, und die erfuhr sie auch! Ihr Wissen war wirklich einzyklopädisch, und sie liebte es,

aus dem Nähkästchen zu plaudern. So erzählte sie uns, daß die Garbo
›da unten unheimlich groß‹ sei und ›schmutzige Wäsche‹ trage. Keine
Ahnung, woher sie das wußte, aber sie beschrieb alles so bildhaft, daß es
glaubhaft wirkte.

Sie war von Sex einfach fasziniert. Und von Marlene. Ihr Interesse an
sich selbst war einmalig. Sie wandelte in ihrer eigenen Aura, wie in einem Kokon. Dabei war sie nicht egoistisch – sie konnte ungeheuer
großzügig sein –, aber sie war der Inbegriff von Egozentrik; sie hielt sich
für den Nabel der Welt, und manchmal fühlte sich dieser Nabel einsam.

Später stiegen Marlene und ich zufällig einmal beide im Beverly Hills
Hotel ab«, erinnert sich Taylor. »Um zwei Uhr morgens rief sie mich an.
Das Klingeln holte mich aus dem Schlaf. Ich nahm den Hörer ab, und sie
sagte mit ihrer typischen Stimme: ›Sam ... Frankie möchte, daß ich zu
ihm fahre und ihm ein paar Plätzchen bringe. Was soll ich tun?‹ Ich
schrie sie an: ›Himmelherrgott, Marlene! Es ist zwei Uhr morgens!
Wenn du Frankie Plätzchen bringen willst, dann bring sie ihm doch!‹
und knallte den Hörer auf die Gabel. Erst Wochen später kam mir der
Gedanke, daß sie sich einsam gefühlt haben mußte. Vielleicht wollte sie
mir ein paar Plätzchen bringen, aber es war zwei Uhr morgens, und was
Sexualität betrifft, da reagiere ich eher langsam.

Sie wollte, daß man sie braucht. Bei den Dreharbeiten bekam ich
einen Hexenschuß und mußte von einem Gestell aus, das die Schreiner
eigens für mich zimmerten, Regie führen. Jeden Tag kam Marlene mit
ihrer ›Marlene Nightingale-Nummer‹ zu mir und sagte: ›Geht's dir
schon besser, Schätzchen?‹ Dann erst durften wir mit der Arbeit anfangen. Sie konnte sich wunderbar um Leute kümmern.«

»Und sie war *großzügig*«, fügt Taylos Frau Suzanne hinzu. »Eines
Tages bewunderte ich einen Hut, den Marlene bei den Dreharbeiten
trug, und am nächsten Tag lieferte ein Geschäft drei Hüte für mich an,
einen in jeder erhältlichen Farbe. Sie war freigebig mit allem, aber
manchmal hatte ich den Eindruck, daß sie meinen Namen von einem
Tag auf den anderen vergaß.

Später besuchten wir Marlene und Maria und die Enkel in New York.
Sie hatten sehr viel Familiensinn. Marlene, die Matriarchin, die einen
richtigen deutschen Weihnachtsbaum herrichtete, und wunderschön
verpackte Geschenke, so daß man sie von unten öffnen und die Verpak-
kung dann wieder schließen konnte; so lagen sie die ganzen Weih-

nachtstage unter dem Baum. Es sah wunderschön aus, und Marlene betete ihre Enkel förmlich an. Ihre Egozentrik schmolz dahin wie Schnee an der Sonne, wenn die Jungen da waren.«

Zum Schluß hatte Sam Taylor das Gefühl, daß »*The Monte Carlo Story* für Marlene nicht wichtig war, genauso wenig wie für die anderen. Ich war zu langsam, beim Schreiben und beim Drehen. Die *Familie*«, betonte er, »die Familie war das Rückgrat in ihrem Leben; das Band, das alles zusammenhielt. Marlene war wie ein Mann; sie war ehrgeizig und ging hinaus, um die Welt zu erobern und sie ihrer Familie zu Hause mitzubringen, wie Odysseus.«

»Rebecca West sagte einmal, sie sei Helena«, warf ein Zuhörer ein.

Taylor hielt inne. »Ja, das stimmt. *Marlene* war Helena, aber die *Dietrich* war Odysseus.«

The Monte Carlo Story war nicht die *Odyssee* und wurde auch nicht dafür gehalten. Niemandem gefiel der Film richtig, und die United Artists brachten ihn nur hier und dort in die Kinos, in manchen Gegenden überhaupt nicht, bis Marlenes nächster Film anlief. Heute kommt *Monte Carlo* einem besser vor als 1957 – der zeitliche Abstand verleiht dem Film einen gewissen Reiz, während er damals eher altmodisch wirkte. *Time* meinte, daß »die Sirene [Marlene] etwas eingerostet wirkt; doch … ihre Schönheit überwältigt nach wie vor«, während *Newsweek* den Film nur für »eine Vergeudung von Talent« hielt.

Die meisten konnten sich kaum darüber beruhigen, daß Marlene immer noch mit »dem Dietrich-Gang« über die Breitwand schwebte und genauso wenig wie sechsundfünfzig aussah wie auf der Bühne. Jetzt begann sie, ihre Filmkarriere ebenso entschlossen in die Hand zu nehmen, wie sie es bereits bei ihrer Nachtclub-Laufbahn getan hatte. Zum erstenmal in ihrer gesamten Zeit beim Film setzte sie sich offensiv dafür ein, eine Rolle zu bekommen.

Dabei handelte es sich um ein Gerichtsdrama, das die United Artists durch den langjährigen Produzenten von B-Filmen, Edward Small, erworben hatten. Es beruhte auf einer Kurzgeschichte von Agatha Christie, die in England und Amerika mit enormem Erfolg dramatisiert worden war. Niemand bot Marlene die Rolle an, doch die kam zu dem Schluß, sie sei genau die Richtige für die Titelfigur in *Witness for the Prosecution* (Zeugin der Anklage).

Billy Wilder führte Regie, obwohl die United Artists Joshua Logan vorgezogen hätten. Doch Logan lehnte ab. Das war für Marlene nur von Vorteil, denn eingedenk seiner Erfahrungen mit ihr in *The Garden of Allah* hätte er sie für dieses Agatha-Christie-Projekt vermutlich nicht in Betracht gezogen. Wilder behauptete später steif und fest, er habe den Film ausschließlich wegen Marlene übernommen, doch diese Aussage muß man mit Vorsicht genießen. Wilder wußte, daß keine Hauptdarstellerin engagiert werden konnte, bevor der Hauptdarsteller verpflichtet war, und dieser würde ein Wörtchen dabei mitzureden haben – zusammen mit Edward Small und dessen Partner Arthur Hornblow jr. (dem eigentlichen Produzenten) sowie der United Artists.

Auch Hornblow sprach sich für Marlene aus, aber Produzent Small, der astronomische 430 000 Dollar für die Filmrechte bezahlt hatte, wollte die Hauptrollen mit einem Mann und einer Frau besetzen, die beide vom Gerichtssaal in *Witness* direkt zum Alten Testament und *Solomon and Sheba* (Salomon und die Königin von Saba) überwechseln würden. Seine erste Wahl war William Holden gewesen, doch der stand nicht zur Verfügung; deswegen verfielen Wilder und Hornblow auf Tyrone Power. Dieser las das Drehbuch (von Larry Marcus) und sagte nein.

In der Tat wäre Power töricht gewesen, hätte er nicht erkannt, daß seine Rolle als angeklagter Mörder Leonard Vole nur als Stichwortgeber für seine Gattin und seinen Anwalt diente, die sich vor Gericht ein Duell liefern, während er schwitzend auf der Anklagebank sitzt und die Stirn runzelt.

Auf Powers Absage hin begannen Wilder und Hornblow eine hektische Suche nach Schauspielern, die sowohl den United Artists als auch dem Tempel Salomons genehm waren. Wenn Marlene Wilders »Jawort« nicht in der Tasche hatte (und das hatte sie nicht), so hatte sie ihn doch in die Enge getrieben; denn seine Suche nach einem Darsteller konzentrierte sich auf jemanden, der sie als Ehefrau akzeptieren würde – eine Ehefrau, die aus reiner Perversität darauf versessen scheint, ihren Gatten an den Galgen zu liefern. Wilder und Hornblow fragten bei Gene Kelly nach (der sich ausgetanzt hatte und eine Karriere als Schauspieler anstrebte). Kelly zeigte Interesse und akzeptierte Marlene. Small verhandelte gleichzeitig mit Ava Gardner und Rita Hayworth (ein gefährliches Spiel). Wilder war überzeugt, daß Rita Hayworth die Rolle nicht spielen konnte, denn diese verlangte einen »Trick«. Als Leonard Vole schlug er

Kirk Douglas vor. In *Ace in the Hole* hatte Douglas ihm gute Dienste erwiesen, und Wilder wußte auch, daß Douglas und Marlene einige Jahre zuvor kurz liiert gewesen waren (»Sex aus Zuneigung«, wie Douglas es nannte); schließlich hatte er sie miteinander bekannt gemacht.

Aus Loyalität gegenüber Marlene ließ Wilder verlauten: »Wenn wir die ideale Frau hätten erfinden müssen ... wäre das die Dietrich gewesen.« Da er und Harry Kurnitz das erste Drehbuch umschrieben, konnte er sie schwarz auf weiß erfinden, und das tat er dann auch mehr oder minder.

Douglas lehnte die Rolle ab oder war nicht verfügbar. Dann erhielten Glenn Ford und Jack Lemmon Kopien des Drehbuchs. Sogar der damals noch völlig unbekannte Roger Moore wurde (auf Joshua Logans Vorschlag hin) in Erwägung gezogen, doch als Small Tyrone Power *Witness* und *Solomon and Sheba* mit einer Gage von jeweils 300 000 Dollar anbot, bat Power sich Bedenkzeit aus. (Bei diesen enormen Summen für den Hauptdarsteller sollte es nicht bleiben: Power starb während der Dreharbeiten zu *Solomon and Sheba* und wurde ausgerechnet durch Yul Brynner ersetzt.)

Power stimmte dem Vertrag und Marlene zu, und Wilder machte sich daran, das Gerichtsdrama aus dem Gerichtssaal zu holen, während Marlene in die Nachtclubs von Las Vegas zurückkehrte und bessere Kritiken denn je erhielt. Wilder und Kurnitz kamen zu dem Schluß, daß Marlene und die Werbung für den Verteidiger Sir Wilfred Robarts etwas mehr als Francis L. Sullivans' pompöses Auftreten benötigten.

Wilder wollte einen »Zementblock«, um den sich die verzwickte Handlung drehen konnte. Man engagierte Charles Laughton als listigen Sir Wilfred, gab ihm Herzbeschwerden und eine unbarmherzig drauflosschwatzende Pflegerin, die er mit zitternden Hängebacken anschnauzt: Laughtons Ehefrau Elsa Lanchester. (»Wenn Sie eine Frau wären, Miss Plimsoll, würde ich Sie schlagen!«)

Als eine Art (Selbst-)Tribut an *A Foreign Affair* (Eine auswärtige Affäre) fügten Wilder und Kurnitz eine Rückblende ein, um zu zeigen, wie Leonard Vole und seine Gattin (früher »Romaine«, jetzt »Christine«) sich im Hamburg der Nachkriegszeit kennengelernt hatten. Christine ist eine zweite Erika von Schlütow und singt in einer zwielichtigen Spelunke, die mit der »Lorelei« so viel Ähnlichkeit aufweist, wie es dem Ausstatter Alexander Trauner nur möglich war.

Marlene brauchte einen Song, während sie auf dem Akkordeon spielt und unter den Besatzungssoldaten, für die sie singt, Aufruhr stiftet (noch mehr *Foreign Affair*). Aber Friedrich Hollaender war nach Deutschland zurückgekehrt, und so stöberten Wilder und Marlene in den Archiven. Dabei förderten sie den alten Schlager »Auf der Reeperbahn nachts um halb eins« von Ralph Arthur Roberts zutage, dem Schauspieler und Produktionsleiter, mit dem Marlene in den zwanziger Jahren an verschiedenen Berliner Theatern gearbeitet hatte. Auf Englisch hieß das Lied dann »I May Never Go Home Anymore«, was Marlene prompt auf Platte und in ihr Nachtclub-Repertoire aufnahm.

Der »Trick« bei der Darstellung, den Wilder der Hayworth nicht zutraute, war der Schlüssel zum überraschenden Ende des Films. Christine lebt nämlich in Bigamie mit Leonard Vole (ihre nie geschiedene erste Ehe war ihrem Gedächtnis entschlüpft), und deswegen darf sie laut Gesetz als Zeugin der Anklage gegen ihn aussagen. Dabei zerstört sie sein Alibi und bricht so scheinbar den Stab über ihn. Während dies im Gerichtssaal vor sich geht, erhält Sir Wilfred belastende »Liebesbriefe« von einer obskuren Cockney-Engländerin, die es darauf abgesehen hat, Christines Glaubwürdigkeit zu untergraben. Diese Briefe haben zur Folge, daß Vole freigesprochen wird. Der »Trick« besteht natürlich darin, daß diese Cockney-Frau Christine selbst ist, die den schlauen Sir Wilfred und das Gesetz hinters Licht führt, um ihren geliebten Ehemann zu retten.

Vor Drehbeginn wurden Probeaufnahmen von Marlenes Make-up und Kleidern als Cockney-Frau gemacht. Laugthon und Noël Coward bemühten sich beide, ihr den richtigen Akzent beizubringen. Coward bemerkte in seinem Tagebuch: »Es ist nicht leicht, einer deutschen Pussy, die kein ›r‹ aussprechen kann, Cockney beizubringen, aber sie hat sich erstaunlich gut geschlagen.« Kontaktlinsen ließen ihre Augen dunkler werden; Perücken, eine falsche Nase und Polster besorgten den Rest. Die Probeaufnahmen waren eine Katastrophe.

Marlene sah nicht aus wie eine Cockney-Frau, sondern wie George C. Scott in Frauenkleidung. Wilder und Hornblow wurden blaß, als sie die Tests sahen. Kurzzeitig erwogen sie, eine zweite Schauspielerin zu engagieren, um Marlene als Cockney zu verkörpern, aber Marlene bestand auf einem zweiten Versuch ohne die Nase, ohne den gepolsterten Rücken und ohne die General-Patton-Haltung.

Mit dieser weniger entstellenden Verkleidung schien es zu funktionieren, doch Wilder war nach wie vor besorgt. Das Problem war weniger, daß das Publikum nicht wissen sollte, daß Marlene und die Cockney-Frau ein und dieselbe Person waren, sondern daß *Sir Wilfred* es nicht wissen durfte. Wilder hatte die Qual der Wahl zwischen Überraschung und Spannung: Er konnte die Maskerade als Schockeffekt am Ende des Films aufdecken oder die Zuschauer von Anfang an einweihen und sie sich fragen lassen, warum die »Zeugin der Anklage« sich nun verkleidet und selbst belastet. Grund: Vole ist schuldig, und sie weiß es. Aber sie liebt ihn.

Wilder drehte die Telefonszene der Cockney-Frau (in der sie ein Treffen mit Sir Wilfred vorschlägt) in zwei Fassungen. In der einen Version sehen wir, daß es Christine ist, die mit Cockney-Akzent spricht. Nach dem Anruf holt sie aus ihrer Handtasche die Perücke, die sie später in ihrer Verkleidung trägt. In der anderen Version sehen wir die Cockney-Frau und halten sie für niemanden anderen.

Wilder entschied sich für den Überraschungseffekt und gegen die möglicherweise verwirrende Spannung, die entsteht, wenn man weiß, daß Christine etwas im Schilde führt. Diese Entscheidung bleibt umstritten. Da Marlenes Verkleidung erst am Schluß als solche enthüllt wird, registriert man gar nicht richtig, daß sie die Cockney-Frau ist. Fans der Dietrich behaupten, Wilders Entscheidung hätte Marlene um eine Oscar-Nominierung gebracht; andererseits wird auch heute noch die These vertreten, daß diese verrufene Frau überhaupt nicht Marlene ist. Manche finden die Verkleidung absolut übertrieben und meinen, der Text sei von jemand anderem gesprochen. Aber es *ist* die Dietrich und auch die Stimme der Dietrich.

In den meisten Szenen von *Witness for the Prosecution* sieht Marlene tatsächlich unheimlich jung aus (ironischerweise nur nicht in der Rückblende, in der ihre an Erika von Schlütow erinnernde Perücke die »Abnutzungserscheinungen«, die Coward in seinem Tagebuch vermerkte, grausam zum Vorschein bringt). Und allgemein gilt ihre Christine Vole als die beste schauspielerische Leistung ihrer ganzen Laufbahn. Dabei ist es eher die am eindeutigsten *gespielte* Rolle, denn in dieser Zeit bemühte Marlene sich, auf der Leinwand wieder zu Ruhm zu gelangen – wenn auch nur wegen der Auswirkungen, die dies auf ihre steile Nachtclub-Karriere haben würde.

Der Film »Zeugin der Anklage« von 1958 war ein durchschlagender Erfolg. Marlenes Darstellung der Christine Vole gilt als die beste schauspielerische Leistung ihrer ganzen Laufbahn.
(Foto: Cinetext Bild & Textarchiv, Frankfurt a. M.)

Witness for the Prosecution war ein durchschlagender Erfolg und erhielt sechs Oscar-Nominierungen: für den besten Film, die beste Regie, den besten Hauptdarsteller (Laughton) und die beste Nebenrolle (Lanchester) sowie für Ton und Schnitt. Viele beklagten, daß die Dietrich nicht nominiert wurde, aber vorwiegend aus dem falschen Grund. Ihre Cockney-Frau ist eine adäquate schauspielerische Leistung, die aber auch Laughton hätte erbringen können – mit all den Perücken, falschen Zähnen und Kontaktlinsen. Das Großartige, was die Dietrich hier leistet, besteht auch nicht in der Art, wie ihre Christine Vole im Gerichtssaal die Beherrschung verliert. »Verdammt! Verdammt!« tobt sie, und diese Szene erregte damals viel Bewunderung, obwohl sie furchtbar gezwungen wirkt.

Hysterie und Rachedrohungen waren die Sache der Dietrich nicht – Zwischentöne und Nuancen entsprachen ihr mehr. Am besten war sie immer, wenn sie etwas andeutete, sozusagen etwas zwischen den Zeilen Stehendes vermittelte. Doch hier geht es darum, daß Christine genau *nicht* zu erkennen geben darf, was sie im Grunde weiß – nämlich, daß ihr Mann schuldig ist –, und darin liegt die Überraschung des Films. Um diesen Effekt bis zum Ende aufzusparen, mußten Wilder und Marlene aufs Ganze gehen, und Christine Vole verwandelt sich von einem berechnenden Biest in eine aufopfernde Gattin und – als letzter Knalleffekt – in eine Frau, der furchtbares Unrecht angetan wurde. Das geschieht alles völlig übergangslos, und damit hatte Marlene Probleme.

Später sagte sie, Christine Vole sei die einzige Rolle gewesen, der sie sich wesensverwandt gefühlt habe.»Sie ist nicht nur mutig, sie liebt ihren Mann bedingungslos.« Das stand im Unterschied zu den Rollen, in denen sie bislang am überzeugendsten gewirkt hatte. Doch *Witness for the Prosecution* erinnert in anderer Hinsicht an die Filmpersönlichkeit der Dietrich. Ihre Frauengestallten standen praktisch immer außerhalb der Norm, häufig außerhalb des Gesetzes. Die Unabhänigkeit ihrer Leinwandgestalten brauchte als Gegengewicht etwas Stärkeres als »die Nebenbuhlerin« oder »widrige Umstände«. Stets war sie eine Ausgestoßene, bedroht von Prozessen, Tribunalen und Richtern aller Art vor jenem »Gerichtshof«, der jedwede Abweichung von der Norm verurteilt. Was *Witness* überzeugend macht, ist weniger Marlenes subtile schauspielerische Leistung als ihre unverfrorene Freiheit von der Konvention. Wir glauben nicht, was Christine Vole *tut*, sondern was sie *ist*.

Gleich im Anschluß an *Witness for the Prosecution* lief in den Kinos ein weiterer Film mit Marlene an. Dort ist sie in einer ihrer unvergeßlichsten Rollen zu sehen und leistet schauspielerisch Besseres als bei Wilder. Es war nur ein kleiner Part, den sie einem Freund zuliebe übernahm, und die Szene war gedreht worden, bevor die Arbeiten an *Witness* überhaupt begannen.

Orson Welles' *Touch of Evil* (Im Zeichen des Bösen) kam mit Verspätung in die Lichtspieltheater, zögernd von der Universal freigegeben, die verwirrt und vielleicht sogar verärgert war und so wenig wie die Kritiker wußte, was sie von dem Film halten sollte. Die Filme von Wilder und Welles liefen zur gleichen Zeit, wobei *Touch of Evil* von *Witness* mühelos an die Wand gespielt wurde. Im Lauf der Zeit hat sich die Gewichtung umgekehrt: *Witness for the Prosecution* liefert zwar packende Un-

»Im Zeichen des Bösen« entstand ebenfalls 1958. Heute gilt er als Kultfilm. Ihren kleinen Part übernahm die Dietrich ihrem Freund Orson Welles zuliebe.
(Foto: Cinetext Bild & Textarchiv, Frankfurt a. M.)

terhaltung, doch *Touch of Evil* ist wesentlich gewagter, wenn auch ziemlich wirr. Damals sah kaum jemand den Welles-Film, und obwohl Marlene nur eine »Gastrolle« übernahm, scheint diese heute eher den Inbegriff ihrer Karriere und ihre Präsenz als Schauspielerin darzustellen als der enorm erfolgreiche und unterhaltsame Film *Witness*.

Touch of Evil war zwar ebenfalls nur ein Melodram, doch Welles' komplexe Bilder befriedigen das Auge mehr als die kalkulierte Routine Wilders. Sowohl Marlene als auch Welles beharrten immer darauf, sie habe ohne Gage bei *Touch of Evil* mitgewirkt, doch das ist nicht wahr. Dieses Gerücht war seinem Status als Genie ebenso förderlich wie ihrem Ruf als die Großzügigkeit in Person. Außerdem schob man damit auch Forderungen von denjenigen einen Riegel vor, die tatsächlich umsonst arbeiteten (oder nach Gewerkschaftssatz bezahlt wurden), wie Mercedes McCambridge und Keenan Wynn. In Wirklichkeit erhielt Marlene den festen Satz sowie zusätzliche 7500 Dollar für ihre Nachtarbeit als Tanya, die mexikanische Puffmutter, die eine belebende Rolle in der Vergangenheit des korrupten Grenzstadt-Sheriffs Hank Quinlan (Welles) spielt.

Marlenes Szenen wurden in einer einzigen Nacht zwischen Sonnenuntergang und -aufgang gefilmt. Zwei Stunden vorher erschien sie bei der Universal. Und sie verdient jeden Cent der 7500 Dollar. Sie verleiht *Touch of Evil* dieses gewisse Etwas, wie es nur einem Star gelingt, und hält einen Film zusammen, der in hektischen Augenblicken auseinanderzufallen droht. Sie tut nicht viel als Tanya, doch sie tut alles, um den Film und ihre Rolle mit Menschlichkeit und wehmütiger Nostalgie zu erfüllen. Sie verkörpert die Grenze zwischen Mexiko und den Vereinigten Staaten, zwischen damals und heute, zwischen Gut und Böse.

21. HELENA

1959–1960

Witness for the Prosecution sah wie ein weiteres Dietrich-Comeback aus, war aber keines. Marlenes Zeit als »Filmgöttin« war vorüber. Erst ein Vierteljahrhundert später wirkte sie wieder als Star in einem Film mit, und zwar in ihrer größten Rolle: Marlene Dietrich.

In *Witness* hatte sie unter Beweis gestellt, daß sie Charakterrollen spielen konnte; doch das hatte sie bereits früher getan, ohne je für einen Oscar in Betracht gezogen zu werden. Sie wußte, daß Parts wie Christine Vole immer seltener wurden; deswegen hatte sie sich ja auch bemüht, ihn zu bekommen. Welche Rollen konnte es für eine Frau über fünfundfünfzig noch geben, die darauf bestand, in der Öffentlichkeit und häufig auch im Privatleben wie eine Legende auszusehen und als solche aufzutreten? Nur eine einzige.

Ihren Altersgenossinnen ging es keinen Deut besser. Die Garbo galt schon lange als das Phantom der Upper East Side, während Norma Shearer reich und von allen vergessen in den Hügeln von Beverly lebte. Die meisten Pin-up-Girls der vierziger Jahre hingen nur kurze Zeit an den Schranktüren (und wesentlich länger im luftleeren Raum). Einige, wie Merle Oberon und Paulette Goddard, hatten Geld geheiratet (die Goddard zum Beispiel das von Erich Maria Remarque) und ihre Juwelen behalten. Manche, zum Beispiel Joan Blondell und Myrna Loy, zogen sich bequemere Klamotten an und standen ohne sichtliches Bedauern zu ihrem Alter. Andere sahen sich gern die alten Filme an, die die Werbespots des Spätprogramms im Fernsehen unterbrachen und in denen man soviel jünger aussah.

Im gleichen Jahr, als Marlene in *Witness for the Prosecution* erschien, machte Katherine Hepburn ein Remake von *Ninotchka* mit dem Titel

The Iron Petticoat, zusammen mit Bob Hope, und *er* wurde an erster Stelle genannt. Dolores Del Rio sollte als Mutter von Elvis Presley in *Flaming Star* (Flammender Stern) auf die Leinwand zurückkehren; Claudelle Colbert bekam Troy Donahue zum Sohn (in *Parrish* [Sein Name war Parrish]); Bette Davis und Joan Crawford stand das gespenstische Grauen von *Whatever Happened to Baby Jane* (Was geschah wirklich mit Baby Jane?) erst noch bevor. Die meisten anderen ... gingen zum Brunch.

Das Fernsehen sorgte dafür, daß ältere Leute zu Hause blieben und es sich im Lehnstuhl gemütlich machten. Das junge Publikum ging nicht ins Kino, sondern hatte größeres Interesse am Flirten, steppte zu »Blue suede shoes« übers Parkett und wartete auf die Ankunft der Fab Four, die völlig neue Maßstäbe setzen sollten.

Marlene verkaufte ihre Schallplatten und lockte das Publikum in die Nachtclubs; sie trat in einem erfolgreichen Film auf und erteilte jedes Wochenende in der angesehenen NBC-Radiosendung *Monitor* unglücklichen Herzen Ratschläge. Revlon bot ihr zwei Millionen Dollar, damit sie im Fernsehen für die Firma warb; doch aus Steuergründen kam es nicht dazu. All das machte sie nicht weniger anachronistisch, sondern lediglich zu einer Ausnahmeerscheinung unter den Senioren.

Während der Dreharbeiten zu *Witness* vertraute Marlene dem Publizisten Arthur Jacobs an, daß sie »in vier Jahren nur zwei Filmangebote« erhalten habe und »die Legende« widerlegen wollte. Sie erzählte ihm, »ihr Mythos aus alten Tagen habe sie eingeholt und schränke ihre Möglichkeiten ein«; sie hoffte, ihre schauspielerische Leistung in *Witness* würde alles verändern – aber das war unmöglich. Marlene war nicht wirklich dazu bereit, »die Legende« aufzugeben, denn sie war Geschäftsfrau genug, um zu wissen, daß sie damit Eintrittskarten und Platten verkaufte. Im Frühjahr 1959, als sie zu einer Tournee durch Lateinamerika aufbrach, wurde der Mythos zur Institution.

Das New Yorker Museum of Modern Art nannte seine Filmreihe im Frühjahr »Marlene Dietrich: Image and Legend«. Das war eine Ehre sondersgleichen. Nie zuvor war das Werk irgendeines Stars mit einer solchen Retrospektive gewürdigt worden, ganz zu schweigen eine Frau, die nur widerwillig als Schauspielerin anerkannt wurde. Das deutete auf eine völlig neue Kategorie hin: der Star als *Auteur*.

Marlene zeigte sich dem Museumsangestellten Richard Griffith gegenüber sehr kooperativ (sie war stets die eifrigste Kuratorin ihrer Karriere), und Griffith verfaßte dankbar eine ehrerbietige Monographie mit Photographien aus Marlenes Privatsammlung. Die Museumsmitarbeiterin Eileen Bowser stellte eine Filmographie zusammen, in der auch die Filme vor *Der Blaue Engel* genannt werden sollten. Die meisten Titel waren korrekt, doch schließlich sah sich die Bowser dazu gezwungen, diplomatisch festzustellen: »Obwohl [einige] dieser Filme Miss Dietrich zugeschrieben werden, kann sie selbst sich nicht erinnern, bei ihnen mitgewirkt zu haben.«

Zum Programm von »Image and Legend« gehörte alles von *Morocco* bis zu *Witness for the Prosecution* (die Kopie von *The Devil is a Woman* stammte aus Marlenes Privatbesitz). Von April bis Juni gab es zweimal täglich eine Vorführung. Marlene kam zur Galaeröffnung, die am 7. April vor ausverkauftem Haus stattfand; der Erlös kam der Museumsbibliothek zugute. Damit bestimmt niemand auf den Gedanken kam, sie könnte selbst zum Museumsstück geworden sein, trug Marlene goldbedruckten Silberlamé, ein Kostüm aus *The Monte Carlo Story*. Sie wußte, nur wenige würden das Kleid wiedererkennen, denn nur wenige hatten den Film gesehen. Mit Marlenes Hilfe war ein Film zusammengestellt worden aus Szenen, die im Laufe von dreißig Jahren völlig in Vergessenheit geraten waren, und sie fügte auch den nie öffentlich gezeigten »Outtake« der Telefonszene von *Witness* ein, den sie sich von Wilder borgte.

Ironie des Schicksals: Zur gleichen Zeit machte die 20th Century-Fox ein Remake von *Der Blaue Engel* (ursprünglich war Marilyn Monroe für die Dietrich-Rolle vorgesehen, aber dann wurde sie mit der Schwedin Mai Britt besetzt). Brigitte Bardot wirkte bei einem neuen *The Devil is A Woman* mit; und zwei Wochen später sollte David Merricks *Destry Rides Again* Premiere feiern – als Broadway-Musical, in dem Frenchy ihren Mann bekommt. Merrick hatte sich erfolglos darum bemüht, Marlene dafür zu gewinnen; doch sie wollte von all den Remakes ihrer selbst nichts wissen und verteidigte ihren Titel als Legende lieber durch Filmausschnitte.

Ihre Rede zur Eröffnung der Filmreihe besaß großen Charme und zeichnete sich aus durch den Verzicht auf falsche Bescheidenheit und durch großzügigen Tribut an Josef von Sternberg, der nicht erschienen war und sich äußerst abfällig über die Veranstaltung äußerte (obwohl sie neues Interesse an seinem Werk weckte). Marlene bereitete ihre Ansprache ebenso diszipliniert vor wie alles andere, das sie in Angriff nahm, und ärgerte sich, als ihr Freund Leo Lerman ihre Worte als »eine kleine Rede« bezeichnete. Es war eine *Aufführung*, schalt sie ihn, voll bewußter »Betonungen und Pausen«. Ihre Rede, in der sie an ihrer Legende anknüpfte und sich gleichzeitig davon distanzierte, lautete folgendermaßen:

> Danke, und ich frage nicht, wem Sie Beifall gespendet haben – der Legende, der Schauspielerin, oder mir. Mir persönlich gefiel die Legende. Es war zwar nicht leicht, mit ihr zu leben …, aber mir gefiel es. Vielleicht, weil ich es als Privileg betrachtete, ihre Entstehung aus nächster Nähe mitzuerleben. Ich besaß nie den Ehrgeiz, ein Film-Star zu werden oder zu sein, doch die Faszination, die dieser Prozeß für mich hatte, gab mir die Kraft zu arbeiten, hart zu arbeiten, um Mr. von Sternberg zufriedenzustellen. Und wenn ich sage, hart zu arbeiten, dann meine ich das auch so. … Die Legende hat mir gute Dienste geleistet, und ich glaube, sie nutzte auch den anderen Regisseuren, die mich übernahmen, nachdem er beschlossen hatte, ich solle allein weitermachen. … Man hat gesagt, ich sei Trilby gewesen und er Svengali. Ich würde eher sagen, ich war Eliza und er Professor Higgins.

»Ein Abend mit Marlene Dietrich« war nach Ansicht von *Variety* hinreißend genug, um zu beweisen, daß »keine Rolle, die für sie ersonnen wurde, aufregender und glamouröser – und vor allem glücklicher – war als das Leben, das Marlene Dietrich gelebt hat.« Die Veranstaltung war so erfolgreich, daß sie zehn Tage später als »Ein Morgen mit Marlene Dietrich« für Studenten wiederholt wurde. Unter den Zuschauern saß der junge Roman- und Drehbuchautor William Goldman, bei dem die zusammengestellten Filmszenen einen bleibenden Eindruck hinterließen.

»Ich weiß nicht, wie lange dieser Film dauerte – eine Stunde, vielleicht eineinhalb –, aber allmählich dämmerte es allen Zuschauern: Zum erstenmal wurde uns bewußt, daß diese Frau eine *Schauspielerin* war. Ich hätte mir nie träumen lassen, daß sie derart vielseitig begabt war; ich hatte sie immer nur als diese Frau gesehen, die Hemingway ›the Kraut‹ nannte, und deswegen allein war sie ja schon toll; [aber] diese Szenen mit ihr überwältigten alle Filmfans, die das Haus füllten, und als es vorbei war, sprangen alle von den Sitzen auf.«

Und dann erschien Marlene selbst. »Ihre Haare glitzerten, und sie trug etwas, das ich als eine Art hellbeigefarbenen Anzug in Erinnerung habe«, berichtet Goldman. »Es glitzerte, und sie glitzerte, und das Publikum erhob sich, und allen stockte der Atem. Es war unglaublich ... ich konnte mir nicht vorstellen, daß ein Mensch tatsächlich aussehen konnte wie sie. Ich wußte nicht, daß es solche Leute wirklich gibt, [und] als sie mich ansah, da sah ich ... ich schwöre es ... es kam mir vor, als sagte sie zu mir: ›Hör zu, ruhig Blut; ich bin so extra für dich.‹«. Goldmans bewundernde Zeilen mögen vielleicht weniger bombastisch sein als die rhetorischen Höhenflüge von Cocteau oder Tynan, aber sie sind keine Spur weniger hyperbolisch. Seine Sätze fangen die atemberaubende Illusion von Intimität ein, die die Dietrich seit ihren Tagen an den Berliner Kammerspielen vor fast vierzig Jahren perfektioniert hatte. Es war das Paradox, weswegen ihre One-woman-Shows so effektvoll waren: intime Distanz, leibhaftige Legende, Künstlichkeit zum Anfassen. Wenn man sie vor sich sah, war sie, nun ja, eine *Person*, die aber gleichzeitig den Mythos verkörperte, den sie als Schauspielerin vermittelte und allein mit der umwerfenden Weiblichkeit ihrer Präsenz überhöhte. »Ich wußte nicht, daß es solche Leute wirklich gibt«, sagte Goldman, doch Marlene meinte, sie sei lediglich so, »wie Leute mich sehen *wollen*.« Aber auch, wie *sie* wollte, daß sie gesehen wurde, und wie sie sich in zunehmendem Maße selbst sah.

Im Laufe der rund sechs Jahre seit dem bejubelten Las-Vegas-Auftritt hatte Marlene ihre Bar-Nummer zu der ausgefeiltesten One-woman-Show der Welt kultiviert. Die Kleider waren nach wie vor atemberaubend, wenn auch weniger durchsichtig (die Kosten pro Stück wurden auf inflationäre 25 000 Dollar geschätzt). Als Marlene im Juli in Rio ankam, wurde sie von rund 25 000 Cariocas empfangen. Für die Columbia nahm sie ein neues Album auf, reiste weiter nach São Paolo und im August nach Buenos Aires, wo sie soviel öffentliches Aufsehen erregte, wie es damals sonst nur Marilyn Monroe und Elvis Presley zuteil wurde.

In Buenos Aires war sie »ein Volltreffer, ein Hit«, meinte *Variety*, und im fernen Paris wurde sie als »der größte Publikumserfolg seit Peron« gehandelt. Im fortschrittlicheren Kansas City erschien auf dem Titelblatt von *Star* eine Agenturaufnahme, auf der Polizisten eine bewußtlose Marlene wie eine gefallene Heldin oder eine Heilige durch die *Avenidas*

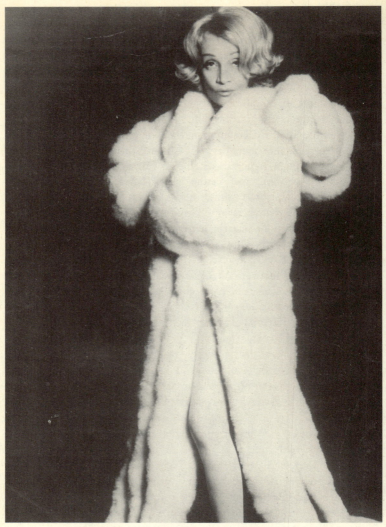

Eine von Marlenes »One-Woman-Shows« in den sechziger Jahren. Die Filmvergangenheit rückt mehr und mehr in die Ferne. Das Publikum ist gefesselt und sieht ihre sechzig Jahre nicht.
(Foto: Cinetext Bild & Textarchiv, Frankfurt a. M.)

von Buenos Aires zur Großen Oper tragen. Sie war bewußtlos geworden (behauptete sie), als sie sich in einem Aufzug versteckt hatte, um das Ende des Aufruhrs abzuwarten.

Ihr Auftritt war zu einem Ereignis geworden, zu einer Sensation, einer *Show*. Es gab kein »Hello« mehr, das sich so lange hinzog wie das Schwanenpelz-Cape hinter ihr, während das Publikum sie zum erstenmal in eigener Person bestaunen konnte. Jetzt trat sie auf die Bühne, mimte Überraschung darüber, daß sich tatsächlich Zuschauer eingefunden hatten, und stimmte einen Song mit dem Titel »Look Me Over Closely« an. Als Lied war es mittelmäßig, doch mitreißend als Befehl, und das Publikum tat, wie ihm geheißen. Damit hatte sie die Operngglas-Inspektion ihrer Person und ihres »diamantenbesetzten Gewandes« hinter sich gebracht, und die Show konnte beginnen. Marlene schwang ihren Schwanenpelz wie ein Matador sein Tuch.

Ihre Vergangenheit rückte immer mehr in die Ferne und wurde immer mehr romantisiert. »Ich war damals Schauspielschülerin«, sagte sie, wenn sie über *Der Blaue Engel* sprach, und die Zuschauer nahmen das hin, ohne nachzurechnen. Sie waren einfach zu gefesselt von der schreitenden, redenden, singenden, wirbelnden, lachenden, aufreizenden, lebendigen Legende, die Marlene ihnen präsentierte. Die Jahre (fast schon sechzig) sah man nicht, sie zählten auch nicht. Immer noch schlüpfte Marlene Dietrich für die zweite Hälfte der Show schnell in Frack und Zylinder. »Die Frauenrolle ist für die Männer, und die Männerrolle für die Frauen«, erklärte sie Art Buchwald. Es gab eine dritte Rolle für alle Geschlechter, wenn sie mit den Chormädchen à la Rockettes die Beine schwang, höher als die Mädchen, die vielleicht ein Drittel so alt waren wie sie und irgendwie – unreif wirkten. Schließlich kam »Falling in Love Again«, und das Publikum schmolz dahin, aber es gab keine Zugaben. Mit dem letzten Song war die Show vorüber, ein brillant inszenierter Theaterabend. Und obwohl Marlene dabei als Produzent, Regisseur, Thema und Star fungierte, hatte sie doch eine Hilfe.

Und zwar Burt Bacharach.

Damals, als Noël Coward sein Urteil über das Singen in Bars revidiert hatte und mit dem Gedanken spielte, seine eigene Las-Vegas-Show aufzuziehen, borgte Marlene ihm ihren ersten musikalischen Leiter, Peter Matz. Coward behielt ihn. Matz schickte ihr als Ersatz einen Freund, der

Ambitionen als Komponist hegte und bei Darius Milhaud in die Lehre gegangen war. Marlene fand Burt Bacharach hinreißend, und er warf sämtliche ihrer Arrangements über den Haufen, erweiterte ihr allzu bekanntes Repertoire und erweckte in ihr die gleiche Art leidenschaftliches Vertrauen und den Wunsch, sich neu zu verwirklichen (teilweise für ihn), wie es vor dreißig Jahren Sternberg getan hatte. Sie nannte ihn »meinen Regisseur, meinen Lehrer, meinen Maestro« und »den wichtigsten Mann in meinem Leben, seit ich beschlossen hatte, mich ganz der Bühne zu widmen«. Gemeinsam schufen sie eine neue internationale Theaterlegende, etwas, das es seit der Bernhardt oder der Duse nicht mehr gegeben hatte. Marlene nannte das »die wunderbare Frau, bei deren Entstehung er mir half«. Kaum jemand widersprach.

Mit seinen dreißig Jahren sah Bacharach aus wie der Schwarm aller Frauen. Er besaß gute Verbindungen zum Showbusineß (sein Vater war ein bekannter Journalist) und hatte einige bescheidene Melodien komponiert; vorwiegend war er als Arrangeur bekannt, der für Mel Tormé, Vic Damone und Imogene Coca gearbeitet hatte. Zu seinem Glück lernte er Marlene im Beverly Hills Hotel kennen, als er gerade an einer Erkältung litt, woraufhin »Marlene Nightingale« ihr Gepäck sofort nach Vitamin C und zärtlichen Heilmitteln durchstöberte.

Er gab Marlenes Stimme ihren Klang, ebenso wie Sternberg ihrem Gesicht und ihrem Körper mit Licht und Schatten Konturen verliehen hatte. Er kannte den kleinen, aber brauchbaren Umfang ihrer Stimme (eineinhalb Oktaven, fast in der gleichen Tonlage wie eine Bratsche). Die Stimme mußte abgestützt, nicht überdeckt werden und benötigte eine Untermalung, die der potentiellen Monotonie mit Abwechslung und Farbe entgegenwirkte. Bacharach umschmeichelte die Stimme mit Streichern, schuf mit den Bässen eine gute Grundlage für sie und ermutigte Marlene, die erstaunliche Kraft in ihrem schmalen Zwerchfell voll einzusetzen. Er verlieh ihrem Gesang das Funkelnde, machte ihren Rhythmus leichter, lockerer, gab ihr »Swing«.

An ihrem Standardrepertoire veränderte er nichts, verlieh ihm aber Schwung und Glanz und Broadway-Pep. »Lola« wurde verspielter, »Lili Marlen« weniger gewichtig, »The Boys in the Backroom« direkte, fröhlich lärmende Komik. Was die Show an Intimität einbüßte, wurde durch Vielfalt und Klangfülle wettgemacht. Neue Songs halfen dem Image, mit der Zeit zu gehen: »Your're the Cream in My Coffee« war eine spöttische Kapriole; »My Blue Heaven« wurde eine luftige Romanze; »One For My Baby« (Marlene, rittlings auf dem Stuhl sitzend, eine nachmitternächtliche Zigarette rauchend) kam entspannt, alkoholischblue; »Making Whoopee« augenzwinkernd und anzüglich; »I've Grown Accustomed to Her Face« (aus *My Fair Lady*) war gewagt, ohne Veränderung des im Text genannten Geschlechts. Bacharach baute »Frag nicht, warum ich gehe« aus, das trotz aller Richard-Tauber-Assoziationen nichts weiter als ein Lied aus einem alten Willi-Forst-Film war. Bacharachs Arrangement vertiefte den Weltschmerz über die Unbeständigkeit der Liebe; seine Streicher und Marlenes Stimme verliehen dem Lied seine atemberaubende Traurigkeit. Er ließ Marlene gurren und schmettern; er ließ sie schnurren und verführen und andeuten und spielen – und dann kam »das Unvermeidliche«, und auch das veränderte er. »Falling in Love Again« – ihre effektvolle Erkennungsmelodie – wurde schlichter, erhielt eine einfache Klavierbegleitung (natürlich seine). Nach einem ganzen Abend, an dem sie Lieder *vorgeführt* hatte, ließ er sie den Song einfach nur leichthin singen. Das Lied wurde zur vertrauten Unterschrift unter einen Liebesbrief – den, den sie mit ihrem Licht, ihrem Schatten, ihren Kleidern und Liedern den ganzen Abend über geschrieben hatte.

Wie Goldman bemerkte, hatte das die Wirkung von »ich bin so extra für dich«. Marlene nahm die Ovationen mit ihrem rätselhaften Lächeln entgegen, welches anzudeuten schien, daß Tynans »Mörderin« tatsächlich »mitfühlend« war. Die Sängerin und ihr Arrangeur boten ein erstklassiges Beispiel für eine optimale Zusammenarbeit: Bacharach sorgte für den guten Klang; die Dietrich sorgte für die stürmische Begeisterung, die er hervorrief, wo immer sie auftauchten.

Paris war eine Probe aufs Exempel; hier hatten die Legende und die Frau eine Vorgeschichte. Als Marlene Ende November eintraf, um im Théâtre de l'Etoile aufzutreten, überschlug sich die Presse, als sei Jeanne d'Arc und nicht »la Grande« dem Flugzeug entstiegen. »L'ange bleu est arrivée« oder »La grandmère chantante« prangte auf der Titelseite praktisch jeder Pariser Zeitung. Jean-Pierre Aumont und Jean Sablon empfingen sie am Flughafen Orly. Jedes Mittagessen und jedes Dinner, jeder Drink und jedes Telefongespräch wurde von Photographen festgehalten. Die Presse zählte die vierundvierzig Gepäckstücke und die eine winzige Handtasche. »Sind Ihre Juwelen da drin?« fragten die Journalisten. »Nein, mein Kostüm«, gab sie zurück.

Reporter waren zur Stelle, als sie Edith Piaf am Krankenbett besuchte; sie waren dabei, als Marlene verkündete, sie würde »La vie en rose« nicht mehr singen, bis die Piaf wieder genesen war. (Das geschah nicht, und als Jean Cocteau die Nachricht von ihrem Tod erhielt, brach er tot zusammen.) Marlenes Bild erschien auf der Titelseite von *Paris-Match*, wo sie (ganz diskret) ihre Légion d'honneur trug. Es wurde viel über Monsieur Bacharach (wer immer das sein mochte) gemunkelt (schließlich war man in Paris). Marlene lächelte nur (ganz diskret) und streichelte ihm übers Haar.

Chevalier würde sie am ersten Abend vorstellen, verkündeten die Zeitungen. Orson Welles würde da sein, Jean Cocteau und die Begum, die Witwe des Aga Khan, und, und, und ... Und alle kamen. Le Tout-Paris kam. Nur nicht Jean Gabin.

Die Premiere fand an dem Tag statt, an dem man in Amerika Thanksgiving feierte. Chevalier erwähnte zurückhaltend die Paramount. »Wir waren verliebt«, teilte er mit. Anschließend bemerkte er, daß Miss Dietrich weder in Hollywood noch im Krieg so viel Mut aufbringen mußte wie hier, um sich dem »schwierigsten Publikum der Welt ... dem gefährlichsten« zu stellen. »Ich bitte Sie nicht, Marlene so sehr zu lieben und zu bewundern, wie ich sie liebe und bewundere. Ich würde eifersüchtig auf Sie werden, und wir würden in Schwierigkeiten geraten. Doch wenn Sie ihr nur die Hälfte meiner Gefühle entgegenbringen, dann, Mesdames et Messieurs, dann wird Paris an diesem Abend, an diesem großartigen Abend, sie umarmen, sie lieben, sie – the one and only – Marlène Dietrich.«

Den Zuschauern erschien es, als wolle er sie vorwarnen. Man hüllte sein *sang froid* in *hauteur* und wartete ab. Dieser Zustand dauerte mehr als eine Minute. Der Kritiker der *International Herald Tribune*, Thomas Quinn Curtiss, saß im Publikum und spürte »eindeutig eine gewisse Feindseligkeit ... insbesondere von seiten der Damenwelt, [die] die Ausmaße einer morbiden Manie annahm«. Die Dietrich stolzierte in ihrem »diamantenbesetzten Kleid« auf und ab, als die Operngläser gezückt wurden, um sie genau in Augenschein zu nehmen. Sie sprach fast akzentfrei französisch; sie sang ihre Lieder. Schließlich vergaß das Publikum, wie übersättigt und anspruchsvoll es war. »Ihr Sieg«, schrieb Cur-

Marlene Dietrich bei ihrem Auftritt in Paris. Jean Cocteau, die Begum, Orson Welles, Maurice Chevalier – le Tout-Paris kam. Nur nicht Jean Gabin.
(Foto: Keystone Pressedienst, Hamburg)

tiss, »führte zu einer bedingungslosen Kapitulation ... Marlene hatte Paris eingenommen.«

Quer über die Titelseiten jubelten die Kritiker einstimmig: »Marlène Triomphe!« oder »Une auguste simplicité«, oder nur »Marlène ... Toujours«.

Eine einzige schlechte Rezension erhielt sie, und zwar von jemandem, von dem sie es am wenigsten erwartete. Noël Coward meinte, sie sei zu sehr »toujours Marlène«. »Marlene ist ein durchschlagender Erfolg«, berichtete er seinem Tagebuch. »Sie sieht fabelhaft aus und reißt das ganze Haus mit. Mir persönlich gefällt nichts von dem, was sie macht, außer ›One For My Baby‹. Sie hat sich eine harte, metallische Selbstsicherheit zugelegt und schmettert jedes Lied grob und ungeschlacht heraus. Ihr ganzer distanzierter, fast müder Glamour ist von einer lärmenden Hau-drauf-Mentalität überlagert, die auf mich katastrophal wirkt. Aber das Publikum war begeistert.«

Ein weiterer Augenzeuge, einer der Sorbonne-Studenten, die sich das Geld für die Eintrittskarten vom Munde absparten, hat das alles ganz anders in Erinnerung. Für ihn war es keine »Hau-drauf-Manier«; vielmehr »nahm sie den Fehdehandschuh auf und warf ihn zurück.« Ihre Selbstsicherheit klang wie der Ton, den ein mutiger Kämpfer einem Tyrannen gegenüber anschlägt. »Helena«, wie Rebecca West sie genannt hatte, hatte einfach die Rollen vertauscht: Helena entführte Paris.

Ihre Freizeit verbrachte Marlene mit Margo Lion, mit Coward, Cocteau, Jean Marais, Jean-Pierre Aumont und seiner Frau Marisa Pavan; mit Orson Welles; mit dem italienischen Filmstar Raf Vallone. »Ihr neuer Schwarm!« ereiferte sich Coward, kannte aber ihren anderen »Schwarm« nicht, nämlich Alberto Giacometti. Der Biograph des Künstlers, James Lord, berichtete, daß Giacometti »einem Idol, einem Objet d'art, einer visuellen Schöpfung und der ›leibhaftigen‹ Person« nicht widerstehen konnte. Person und »Göttin … suchte[n] sein Atelier auf und saß[en] im Staub, während er auf seiner Leiter thronte« und meißelte. Marlene hatte eine Statue von ihm bewundert, als das Kunstwerk und sie selbst im New Yorker Museum of Modern Art zu sehen waren, und in Paris nahm ihre Bewunderung zwar eindeutige Formen an, aber ihre Absichten waren »wunderbar mehrdeutig«. Marlene begann, Verabredungen zu verpassen, und schickte Körbe voller Rosen. Schließlich fand sich Giacometti in ihrem Hotel ein, hinterließ an der Rezeption eine kleine Gipsstatue und kehrte zu seiner Frau zurück. Marlene verneigte sich ein letztes Mal im Théâtre de l'Etoile und flog nach Las Vegas. Dort absolvierte sie ihre jährliche Casino-Show, bevor sie Anfang des neuen Jahres zu Raf Vallone nach Rom fuhr. Die Göttin und der »Schwarm« beteuerten gegenüber der Presse: »Siamo soltanto buoni amici.«

Während Marlene und Raf für die römischen Paparazzi »nur gute Freunde« waren, vereinbarte Burt Bacharach neue Termine für eine neue Konzertreise. Die Straße der Triumphe von Las Vegas, London, Südamerika und Paris führte dorthin, wo sie hinführen mußte: nach Hause.

Sie war Deutsche. Das war sie immer gewesen, würde es immer bleiben. Und wenn sie den Fehdehandschuh der Franzosen aufgenommen und zurückgeworfen hatte, konnte sie das gleiche bei ihren Landsleuten und auch bei den Wienern tun. Wie sich herausstellte, würde sie noch wesentlich mehr leisten müssen. Als ihre Tournee angekündigt wurde, kam es zu regelrechten Proteststürmen.

Die Flut der Haßbriefe war unvorstellbar. Es gab nicht nur einen Wald von Plakaten mit den Aufruf »Marlene Go Home!«; ungehemmt ergoß sich die Wut von Deutschen über die berühmteste Frau Deutschlands, die ihr Leben riskiert hatte, um ihre Heimat in die Knie zu zwingen. Viele hielten sie für eine »Verräterin« und scheuten nicht davor zurück, das auch lautstark zu verkünden.

»Der jüdische Snob und der intellektuelle Mob«, hieß es in einem Brief aus Berlin, »werden sich vor Begeisterung über Ihren Auftritt in Berlin kringeln! Sie und Ihre jüdischen Hintermänner haben es geschafft den Verfall des Westens und seiner Moral u. Kultur zur unabbänderlichen [!] Tatsache zu machen ... Vaterlandsverräterin!«

Das Schreiben war anonym abgefaßt und enthielt offen antisemitische Töne, stellte aber keineswegs eine Ausnahme in den Körben von Zuschriften dar, die bei Zeitungen, Zeitschriften, Rundfunksendern und im Titania-Palast eintrafen. In diesem Theater hatte Marlene nach Kriegsende für amerikanische GIs gesungen, und dort sollte im Mai 1960 ihre Deutschlandtournee beginnen, nachdem sie die deutsche Version ihrer Show in Wien »geprobt« hatte.

Die Briefe waren nicht immer anonym. Eine Berliner Elektrofirma versprühte ihr Gift in einem offenen Brief, der als bezahlte Zeitungsanzeige erschien: »Gnädige Frau«, hieß es, »Woher nehmen Sie eigentlich den Mut, in Berlin aufzutreten? Nachdem Ihr Benehmen während der Kriegszeit doch alles andere als deutschfreundlich war. Wir für unser Teil wünschen Ihnen, daß Ihnen das Berliner Publikum einen entsprechenden Empfang bereitet.« Dann folgte ein beißendes »Hochachtungsvoll ...«

Eine rheinische Hausfrau fragte: »Schämen Sie sich nicht, als gemeine und schmutzige Verräterin nochmals deutschen Boden zu betreten? ... Sie gehören gelyncht, da Sie die elendste Kriegsverbrecherin sind.« Sie behauptete, sie schreibe »im Namen aller meiner deutschen Schwestern und Brüder«.

Bild veröffentlichte seitenweise Leserbriefe. »Das ist eine Unverschämtheit! Wir werden sie gebührend empfangen«, drohte Herr Werner aus Hamburg, während Herr Ruhland aus Rüsselsheim bemerkte: »Die Deutschen haßt sie, aber die harte Deutsche Mark liebt sie. Marlene, bleib draußen!« Aus Hildesheim schrieb ein Herr Reitz: »Ich empfehle Marlene Dietrich, wenn sie deutsche Volkslieder zu singen gedenkt, die französische Uniform [!] anzuziehen, mit der sie 1944 [!] an der Spitze alliierter Truppen in Paris einzog und sich das ›Kreuz der Ehrenlegion‹ auf die Brust heften ließ.«

Die Fürsprecher der Dietrich verlangten, daß ihnen der gleiche Platz in *Bild* eingeräumt werden sollte wie ihren Gegnern; und ihrer Bitte wurde stattgegeben. Der Hamburger Pater Beyer meinte: »Wir haben nach 1933 unsere besten Geistesgrößen vertrieben und Marlene ihrer wertvollsten Freunde beraubt. Wer hat mehr Charakter gezeigt: Marlene, die allen Lockungen des sie verehrenden Hitler widerstand und kompromißlos gegen das verbrecherische Nazi-Deutschland zu Felde zog, oder wir, die wir alle davor zu Kreuze krochen?« Herr Kaynig aus Düsseldorf war ähnlicher Meinung: »Künstler wie Marlene Dietrich oder Thomas Mann wußten damals, daß ihre Heimat einer Verbrecherbande in die Hände gefallen war. Sollten sie da schön stille sein, nur weil sie Deutsche waren? War Marlene nicht vielleicht doch eine bessere Deutsche, weil sie zeigte, daß es auch andere Deutsche gab?« Und Franz Petzak erinnerte daran, daß sie »in einem Verteidigungskrieg gegen das Nazi-Deutschland und nicht gegen das deutsche Volk zu den Waffen gegriffen hat«.

Auch die Meinungen der Zeitungsverleger gingen auseinander. Das Nachrichtenblatt *Der Spiegel* forderte Deutschland auf, sie willkommen zu heißen, während ein Journalist in Baden-Baden meinte: »Es wäre für Marlene und auch für uns besser, sie bliebe dort, wo sie ist. Sie würde sich viel Ärger ersparen, und uns könnte sie es leichter machen, die glühende Feindin der Deutschen zu vergessen und nur noch die große Schauspielerin in Erinnerung zu behalten.«

Marlene fühlte sich durch den öffentlichen Tumult verletzt, ließ sich aber nicht einschüchtern. Zu Art Buchwald sagte sie: »Ich fahre, was immer auch passiert«, und fügte hinzu, sie habe nie eine französische Uniform getragen und sei 1954, nicht 1944, durch Paris marschiert, und zwar mit einem Trenchcoat und der Mütze der American Legion. »Ich verstehe es nicht«, sagte sie. »Vor dem Krieg griff Göring mich an, weil ich Amerikanerin wurde. Nach dem Krieg griff die deutsche Presse mich an, weil ich nicht nach Deutschland gehen wollte. Und *jetzt* greifen sie mich an, weil ich dorthin komme. Diese Logik … begreife ich nicht.«

Der Kartenvorverkauf begann schleppend. Marlene hatte diese Tournee ihrem amerikanischen Werbemanager Norman Granz und seinem deutschen Partner Kurt Collien übertragen – obwohl die Organisation Sol Hurok ihr eindringlich vor Augen gehalten hatte, sie könne aufgrund ihrer Konzerterfahrung die »realen und praktischen« Probleme von Marlenes Rückkehr nach Deutschland wesentlich besser handhaben. Coward gegenüber räumte Marlene ein, sie sei »die Planung für ihre Deutschland-Tournee falsch angegangen, und jetzt herrscht das reinste Chaos«. Es war noch nicht zu spät, um angesichts der Woge des Hasses die Reise abzusagen, doch war Marlene keine Frau, die einer Herausforderung ausweicht. Mit preußischer Willenskraft ging sie daran, der preußischen Provokation zu begegnen.

Wien sagte ab. Dann Essen. Aus fünf Tagen in Berlin wurden drei; aus siebzehn Städten zwölf. Der Titania-Palast sah sich gezwungen, Freikarten auszugeben, um das Haus zu füllen. Marlene war entschlossen, sich zumindest nach außen hin nicht aus der Fassung bringen zu lassen, und erzählte *Newsweek* und *Time*, das einzige, worüber sie sich Sorgen mache, sei die Drohung, mit faulen Tomaten und Eiern beworfen zu werden. Eier »hinterlassen so widerliche Flecken auf der Kleidung«, lächelte sie. »Ich habe einen Mantel aus Schwanenpelz, und wenn darauf ein Ei landet, weiß ich nicht, was ich machen soll. Unmöglich, so etwas noch zu reinigen.«

Ihre gelassene Fröhlichkeit klang nicht sehr überzeugend, doch die ausländische Presse nahm ihren Gleichmut als ein Zeichen der Courage im Angesicht der Verleumdung. Man muß sich dabei auch vor Augen halten, daß die Deutschen ein völlig anderes Bild von der Dietrich hatten als der Rest der Welt. Zu Anfang des Dritten Reichs hatte die Hetzkampagne in der Presse gegen sie begonnen und war bis 1945 mit unverminderter Schärfe fortgeführt worden. Während dieser Zeit wurde kein einziges Wort über sie gedruckt, das nicht von Dr. Goebbels und seinem Ministerium für Volksaufklärung und Propaganda genehmigt worden wäre. Die meisten ihrer Filme waren in Deutschland verboten worden, angefangen mit *Song of Songs* 1934, und selbst nach dem Krieg kannten ihre einstigen Landsleute Werke wie *The Garden of Allah, Angel* und *Destry Rides Again* nicht. *Destry Rides Again* kam übrigens gleichzeitig mit Marlenes Rückkehr in die Berliner Kinos und sollte die Werbetrommel für sie rühren.

1960 wußten die Bundesdeutschen wenig mehr über sie, als was die Nazi-Zeitungen geschrieben hatten, und sie waren zu sehr damit beschäftigt, mit Hilfe des Marshall-Plans ihr Wirtschaftswunder aufzubauen, um zuzugeben, daß »eine Verräterin« ihre Neugier erwecken konnte.

Doch Neugier war vorhanden. Schließlich war Marlene Deutsche, die berühmteste Deutsche des Jahrhunderts, der einzige Star von Weltrang, den Deutschland hervorgebracht hatte, ein Kultursymbol, ob sie es nun wollte oder nicht. Sie war ein Sinnbild der Weimarer Republik und verkörperte die Ideale von Pflichterfüllung und Disziplin, die dem Kaiserreich eingeimpft worden waren. Sie war ein Teil der deutschen Zeitgeschichte – und nicht nur der deutschen. Bei der Weltausstellung in Brüssel im Jahre 1958 wurden Besucher des US-amerikanischen Pavillons gebeten, den »bedeutendsten Immigranten der Vereinigten Staaten« zu nennen: Einstein stand an erster, Marlene an vierter Stelle.

Der Blaue Engel war nach wie vor einer der berühmtesten deutschen Filme, die je gemacht worden waren. Als Marlenes Filme aus der Nachkriegszeit in Deutschland in die Kinos kamen, wurde *Stage Fright* in *Die rote Lola* umbenannt, *Rancho Notorious* in *Engel der Gejagten* – die Erinnerungen an ihren ersten großen, in Deutschland produzierten Film waren unauslöschlich.

Wäre Marlene Jüdin gewesen, hätte man ihr vielleicht vergeben (die Deutschen können ihren Opfern immer leicht vergeben); aber es hätte auch viel schlimmer kommen können. Hätte man in Deutschland gewußt, daß Marlene »ihren Krieg« gegen ihre ehemaligen Landsleute selbst finanziert hatte, indem sie praktisch alles verkaufte, weswegen sie nach Meinung der Deutschen ihre Heimat verlassen hatte, wäre der Haß vielleicht noch größer gewesen.

Doch bei weitem nicht alle ihrer Landsleute stimmten in den Haßgesang ein. Willi Fritsch, der sich im Dritten Reich als Herzensbrecher immenser Beliebtheit erfreute und vierzig Jahre zuvor mit Marlene für Reinhardt gearbeitet hatte, sprach sich gegen die Anti-Dietrich-Kampagne aus: »Der Grund kann nur der sein, daß das damals von der Reichsfilmkammer angezettelte Kesseltreiben gegen die Dietrich so wirksam war, daß es heute noch im Unterbewußtsein schlummert.«

Die bundesdeutsche Presse, die dank der demokratischen Pressefreiheit nun schreiben konnte, was sie wollte, druckte weiterhin Lügengeschichten: Marlene weigere sich, deutsch zu sprechen oder habe ihr Deutsch verlernt; sie »hasse« Deutschland und die Deutschen.

Es verlangte Mut, sich 1960 gegen all die Gemeinheiten zur Wehr zu setzen, aber Marlene erhielt auch Schützenhilfe: unter anderem vom Berliner Oberbürgermeister Willy Brandt, dem Vorstand des Empfangskomitees, das sie am Berliner Flughafen erwartete. Brandt fuhr mit ihr zum Rathaus Schöneberg, das sich ganz in der Nähe des Gebäudes in der Sedanstraße befindet, wo sie zur Welt gekommen war. Dort trug sie sich in das Goldene Buch der Stadt ein. Vom Balkon eben dieses Gebäudes sollte sich wenig später John F. Kennedy als »ein Berliner« ausgeben – und da hörte man keine Hetzparolen, sondern Jubelrufe.

Auch Hildegard Knef fand sich am Flughafen ein. Ihre Karriere war nach Auftritten in Hollywood und am Broadway ins Stocken geraten, wo sie als Hildegard »Neff« in Cole Porters *Ninotchka*-Musical *Silk Stockings* mitwirkte. Überhaupt war sie in den USA nie so recht erfolgreich gewesen (trotzdem prangt ihr Fußabdruck, im Gegensatz zu dem Marlenes, im Vorhof des Chinese Theater in Hollywood). Marlene hatte Hildegard Knef eigens aufgefordert, sich dem Emfpangskomitee anzuschließen, denn Freunde hatten ihr angedeutet, die Knef könne den werbewirksamen Presserummel gebrauchen.

Bei der Besichtigung der Ufa-Studios (im damaligen Ost-Berlin), wo sie *Der Blaue Engel* gedreht hatte, begrüßte Marlene jeden einzelnen, vom Studioleiter bis zum Schornsteinfeger. Zwei deutschstämmige amerikanische Staatsbürger, die nach Berlin zurückgekehrt waren, schlossen sie in die Arme: Curtis (Kurt) Bernhardt, Regisseur von *Gefahren der Brautzeit*, und William (Wilhelm) Dieterle, Regisseur von *Der Mensch am Wege* und *Kismet*.

Doch auch Willy Brandt und die Scharen von Journalisten konnten nicht von den »Marlene-Go-Home!«-Postern am Titania-Palast ablenken, als Marlene am 3. Mai zum erstenmal dort auftrat. Sie waren nicht gerade hilfreich, um das Haus zu füllen. Der Titania-Palast hat 1800 Plätze; vierhundert davon waren leer und viele andere mit Freikarten besetzt. Spekulanten hatten versucht, Karten doppelt so teuer wie diejenigen für Maria Callas loszuschlagen, mußten aber schließlich auf ein Viertel des Kassenpreises heruntergehen. Am zweiten Abend sang die

Marlene 1960 zu Besuch in Deutschland. Es verlangte Mut, sich gegen alle in Deutschland kursierenden Gerüchte und Lügen über sie zur Wehr zu setzen. Schützenhilfe erhielt sie von Willi Brandt.
(Foto: Keystone Pressedienst, Hamburg)

Dietrich für ein verlorenes Häuflein von ganzen fünfhundert Menschen. Die letzte Vorstellung wurde gefüllt, indem man massenweise Freikarten ausgab und den offiziellen Wechselkurs für Ostberliner außer Kraft setzte: Sie konnten nun Karten mit ihrer Ostmark im Verhältnis eins zu eins kaufen – das sollte erst dreißig Jahre später nach dem Fall der Mauer wieder möglich sein. Finanziell war das Berliner Engagement eine einzige Katastrophe – doch es war auch ein Triumph: als künstlerische Leistung, bei den Kritikern und vielleicht sogar in ideologischer Hinsicht.

Bacharach hatte neue Arrangements für fast ein Dutzend deutscher Lieder geschrieben, die Marlene nie im Konzert gesungen hatte (und alle in München und Köln aufnahm). Sie stellte die Abfolge des Konzerts auf den Kopf und begann mit »Ich bin von Kopf bis Fuß« – spielte also ihre deutsche Trumpfkarte gleich zu Anfang, wie einen Präventivschlag. Darauf folgte »Ich bin die freche Lola«, ebenfalls aus *Der Blaue Engel*, und dann kam das Lied, das sie bei der Probeaufnahme für Josef von Sternberg gesungen hatte: »Wer wird denn weinen«, eine deutsche Version von »You're the Cream in my Coffee«. Viele Friedrich-Hollaender-Songs aus dem Berlin der Weimarer Zeit tauchten auf, und bevor sie das wunderbare »Allein in einer großen Stadt« vortrug, verkündete sie, daß es von Franz Wachsmann und Max Kolpe geschrieben war. Bis zu dem Zeitpunkt, als Marlene die Namen auf der Bühne aussprach, waren die beiden in Deutschland nur unter Decknamen bekannt gewesen – wegen der Rassengesetze der Nazis, dank derer vielen immer noch nicht die Ehre zuteil wurde, die ihnen gebührte. Dann ging Marlene mutig aufs Ganze und sang »Lili Marlen« auf deutsch; ihre Lieder der Kriegsjahre standen also am Anfang und in der Mitte des Programms. Vielleicht erinnerte sie die Deutschen damit auch daran, daß Goebbels dieses Lied – ihr ureigenstes Lied – verboten hatte, als das Tausendjährige Reich seinem Ende entgegenging.

Wenn Marlene den Fehdehandschuh in Paris aufgenommen hatte, parierte sie in Berlin. Es war eine geballte Faust oder ein Samthandschuh, den sie über die Jahre der Feindseligkeit hinweg ausstreckte – Deutschland hatte die Wahl. Marlene legte eine Würde an den Tag, mit der sie sich über den Aufruhr erhaben zeigte, ohne ihn je zu leugnen. Ihre Darbietung war romantisch, voller Show-Biz-Tricks, doch absolut kompromißlos. Sie bat nicht um Nachsicht und übte auch selbst keine – bis zum Ende der Schow. Es war ein genialer Streich, Hollaenders ergreifendes »Ich weiß nicht, zu wem ich gehöre« zu singen, das mit den Zeilen endet: »Die Sonne, die Sterne, die gehören doch allen – ich glaub', ich gehör' nur mir ganz allein.« Darauf folgte als Schlußnummer »Ich habe noch einen Koffer in Berlin«, ein nostalgischer Song, in dem – vielleicht, möglicherweise – eine Spur Heimweh nach dem, was gewesen war, mitschwang.

Willy Brandt sprang auf, und 1400 andere folgten seinem Beispiel und jubelten Marlene zu. Zum erstenmal in ihrer gesamten Laufbahn gab sie Zugaben und wurde mit achtzehn Vorhängen belohnt. Es war ein Waffenstillstand.

Die endgültige Aussöhnung erfolgte am Ende der Tournee in München, Hitlers »Hauptstadt der Bewegung«, und zwar dank ihrer überwältigenden künstlerischen Leistung. Selbst die Stehplätze waren ausverkauft. Sie betrat die Bühne unter »stürmischem Applaus« und sang am Ende Zugaben, bis ihr Repertoire erschöpft war. Dann verbeugte sie sich tief für die unglaublichen zweiundsechzig Vorhänge.

Jede bedeutende deutsche Kritik war eine Liebeserklärung. »Majestät im Schwanenpelz«, jubelten die Schlagzeilen. »Sie ist eine Legende – wie die Manager es befahlen –, aber sie bleibt trotzdem eine Faszination, die Faszination einer Frau von Welt, von Geist, von Seele«, wurde erklärt. Einer hielt ihre Stimme für den »Klang einer Epoche«, während andere meinten, sie sei »halb Bildnis des Dorian Gray, halb Amerikaner in Paris. Andere mögen mehr Stimme haben und sogar mehr Kunstfertigkeit – sie ist mehr Person.«

Die *Süddeutsche Zeitung* ließ die Skeptiker wissen: »Also, wie sieht sie wirklich aus? … Nun, sie sieht gewiß berückend aus, aber das Wunder der Erscheinung tritt fast zurück hinter dem Wunder der Leistung und dieses hinter dem Wunder der Persönlichkeit. Und alles zusammen ergibt das Wunder der Dietrich … Sie verweilt dann zu den Zugaben über Zugaben, die das Publikum mit unerbittlicher Begeisterung von ihr fordert. Siegreich und hilflos zugleich steht sie im Tumult dieses Jubels. Dutzende von Malen hebt sich der Vorhang … und noch immer stehen die Leute wie eine Mauer. Die Jugend strebt von der Galerie nach unten und vorn und ruft: ›Wiederkommen!‹ Die Schlagzeile zum Ende der Tournee war eine würdige Zusammenfassung: »Marlene Dietrichs schöne Kunst.«

Es war ein harter Kampf gewesen, und trotz aller Kritiken und trotz des Beifalls und trotz Marlenes Mut endete die Tournee so häßlich, wie sie begonnen hatte. Der Zwischenfall ereignete sich in Düsseldorf, als Marlene das Park-Hotel verließ, um zum Theater zu gehen. Zweitausend Fans drängten sich vor dem Hotel in der Hoffnung, einen Blick auf sie zu ergattern. Als Marlene das Foyer durchquerte, rannte ein achtzehnjähriges Mädchen auf sie zu und streckte die Hand aus, um den Ärmel von Marlenes Nerz anzufassen. Marlene wandte sich um, und in diesem Augenblick begann das Mädchen, an dem Mantel zu zerren, um ihn Marlene zu entreißen. Dann schrie es »Verräterin!« und spuckte Marlene ins Gesicht.

Die Umstehenden waren entsetzt, und die Polizei verhaftete das Mädchen. Wie sich herausstellte, war es 1942 geboren – zu einer Zeit, als Marlene bereits vierzig war, in Amerika lebte, im Krieg kämpfte. Marlene ging zum Theater, gab ihre Vorstellung und wurde umjubelt. Doch als das Konzert vorbei war, sagte sie zu einem Freund: »Das Lied ist aus« – der zweite Titel von »Frag nicht, warum ich gehe«.

»Es war furchtbar«, meinte Bernard Hall, zu dem Marlene diese Worte sagte. Er hatte gesehen, wie das Mädchen Marlene ins Gesicht spuckte, und noch drei Jahrzehnte später schauderte ihn bei dem Gedanken daran. »Ich persönlich glaube, daß Marlene vor allem nach Deutschland zurückgekehrt war, um auszuloten, ob sie ihren Lebensabend möglicherweise in ihrer Heimat verbringen könnte. Als wir eines Abends noch spät im Hotel etwas tranken, sagte sie: ›Vielleicht – wer weiß …‹. Es mag sein, daß sie betrunken war, obwohl ich das eigentlich nicht glaube. Aber nachdem man ihr ins Gesicht gespuckt hatte, kam das wohl nicht mehr in Frage. Dadurch wurde klar, daß sie nie nach Hause gehen könnte, weil Deutschland sie nicht haben wollte.«

Die Deutschlandtournee ging ohne weitere Zwischenfälle zu Ende. Doch in Wiesbaden glitt Marlene aus und stürzte von der Bühne. Sie richtete sich in ihrem Frack wieder auf, klopfte die Hose ab, winkte dem Publikum zu und lachte über sich selbst und ihren wenig eleganten Sturz.

Der Arzt, der sie untersuchte, erklärte, es handle sich um eine »typische Fallschirmspringer-Verletzung«, und da besann sie sich an ihre Tage mit dem Fallschirmspringer General Gavin und versuchte, den Schmerz mit soldatischer Tapferkeit zu überspielen. Mit dem Gürtel ihres Regenmantels band sie den Arm am Körper fest und beendete die Tournee mit einer gebrochenen Schulter, von der das Publikum nichts wissen sollte.

Der Vorfall war eine Warnung. Ihre Gewohnheit, sich zwischen den Auftritten hinter den Kulissen mit Whisky und Champagner Mut anzutrinken, um sich der Menge stellen und mit Anfang Sechzig die Strapazen eines solchen Auftritts durchhalten zu können, betäubte zwar den Schmerz, verhalf ihr aber nicht zu Standfestigkeit auf fremden Bühnen.

Im nachhinein könnte man sagen, daß die Deutschlandtournee schlimmer hätte ausfallen können. Marlenes geliebter Rilke schrieb einmal: »Wunden brauchen Zeit und heilen nicht dadurch, daß man Fahnen in sie einpflanzt.« Sie vergehen auch nicht, wenn man sie übersieht.

Marlenes deutsches Publikum wußte nicht, daß sie sich für einen weiteren Film verpflichtet hatte, die letzte große Rolle, die sie je spielen würde, und die Anlage dieser Rolle würde durch ihre Erfahrungen bei der Heimkehr geprägt werden. Marlene sollte eine deutsche Adlige spielen, ein Mitglied der obersten, kultivierten, willfährigen Klasse, die nicht verhindert hatte, daß ihr Land mit offenen Augen in die Katastrophe marschierte. Marlene wollte ihre Mitwirkung als Versöhnung betrachtet wissen; die Unbelehrbaren würden es als Rache verstehen. Es war ein Film, der an die schmerzlichste, die häßlichste aller deutschen Wunden rühren sollte: Nürnberg.

22. ODYSSEE
1960–1967

Gegen Ende seines Lebens schrieb Rilke, er wisse nicht, wie es gekommen sei, daß sein Körper und er sich fremd geworden seien.

Vielleicht dachte die Dietrich Ähnliches, als sie die Bühne in Wiesbaden wieder betrat. Ihr Sturz hätte einen Fallschirmjäger zu Boden gestreckt, doch Marlene zwang sich zu lachen, zu winken und ihre Show fortzusetzen, ohne sich den Schmerz anmerken zu lassen. Nur die Menschen in ihrer engsten Umgebung wußten um die schlimmen Folgen des Unfalls, und selbst diesen war nicht ganz klar, wie er eigentlich hatte geschehen können. Bernard Hall, ihr Sekretär, Choreograph und Begleiter, der sich um sie kümmerte, seitdem er 1956 in Monte Carlo mitbekommen hatte, wie Marlene »grün im Gesicht« wurde, glaubte, sie habe zuviel »Mut« genossen, bevor sie die Bühne betrat. Aber er wußte ebensogut wie Maria und ein paar andere, daß der effektvolle »Gang der Dietrich« auf der Bühne – selbst ohne gebrochene Schulter – nur noch dank der Hilfe von Tabletten und Alkohol so schwebend wirkte.

Als Marlene sich den Sechzigern näherte, steckte sie sich vom Hals bis zu den Knöcheln in eine Art Bodystocking, um die Illusion eines vollkommenen Körpers aufrechtzuerhalten. Das, zusammen mit den Zigaretten von vier Jahrzehnten, behinderte die Durchblutung der berühmten Beine. Sie verkrampften sich und schwollen an, weshalb die eleganten handgefertigten Schuhe schmerzhaft in die Fesseln einschnitten. Die maßgeschneiderten Jeans und hochschaftigen Stiefel, die Marlene im Privatleben trug, waren kein Zugeständnis an die Mode: Sie verbargen Schwellungen, und Marlene verbarg den Schmerz.

Sie hatte ein Raucherbein, eine Durchblutungsstörung, die bei Rauchern häufig vorkommt. Vielfach verschwinden die Beschwerden, wenn die Nikotinzufuhr ausbleibt. Bei der Krankheit verengen sich die Blutgefäße, das But fließt langsamer, und die Folgen sind ein Gefühl von Taubheit, plötzliche Krämpfe und andere ähnlich unangenehme Erscheinungen. Der Schmerz kann höllisch sein. Doch ein Glas Scotch, mit Champagner heruntergespült, linderte die Qualen nicht, genausowenig wie Darvon, Cortison und die rezeptpflichtigen oder auch frei erhältlichen Drogen, die Marlene einnahm, um Nerven und Stimmbänder zu beruhigen (die trockene Luft in Las Vegas setzt allen zu, die dort singen). Nach ihren Auftritten nahm sie Fußbäder und schob alles auf die Schuhe, die sie trug, um auf der Bühne größer zu wirken – wegen »der Linie«, wie sie sagte –; doch die Kneippkur hatte den Zweck, die Beine mit mehr Blut zu versorgen, da sie sonst brandig werden konnten. Eine Amputation war der Preis, den der britische König George VI. für sein Laster bezahlt hatte; vielleicht würde auch sie ihn entrichten müssen.

Es war eine grausame Ironie des Schicksals. Kein anderer Star hatte Zigaretten wirkungsvoller eingesetzt, auf Photographien, auf der Leinwand und sogar auf der Bühne (etwa, wenn sie »One For My Baby« sang). Mit Noël Coward schloß sie eine berühmte »Wette« ab, daß sie das Rauchen aufgeben könnte, er aber nicht. Beide betrachteten das Ganze als Witz, aber mit Hilfe der Dietrich-Disziplin machte Marlene das Rennen. Allerdings ließ sich der Schaden, den das Rauchen ihrem Kreislauf zugefügt hatte, nicht mehr ganz rückgängig machen. Schmerzen, Schwellungen und das Gefühl, daß ihre Beine sie »verraten« und sich gegen sie verschworen hatten, waren eine heimliche Last, die sorgfältig unter Flitter versteckt wurde, während Marlene weiterhin in aller Welt als Verkörperung unglaublicher Jugend, Schönheit und Gesundheit erschien. Doch dafür benötigte sie unendliche Disziplin und litt qualvolle Schmerzen.

Nichts durfte die Illusion zerstören. Mit ihr verdiente Marlene sich schließlich ihren Lebensunterhalt; sie war die Herrin der Illusion, und die Illusion beherrschte sie. Die kurzzeitigen »Facelifts«, über die Elsa Lanchester geklatscht hatte, wurden durch sterile Nadeln ersetzt, die in das Haar geknüpft und dann schmerzhaft in die Kopfhaut eingelassen wurden, um Marlenes Gesichtshaut zu straffen. Zum Schluß mußten die Einstichstellen mit Antibiotika betupft werden, um eine Entzündung durch die Perücken zu verhindern, die sie zur Tarnung trug. Der Nikotin-Entzug (und die Aufputschmittel, die sie vor Auftritten zu sich nahm) führten zu Schlafstörungen, die sie mit Tabletten, Scotch und Champagner zu beheben versuchte. Alkohol war »Mut«: Er ermöglichte ihr, den Krieg gegen das Älterwerden zu führen, genauso wie Calvados ihr einmal geholfen hatte, einen anderen Krieg durchzustehen.

Nach der Deutschland-Tournee fuhr Marlene trotz ihrer gebrochenen Schulter nach Kopenhagen und erzählte den begeisterten Zuschauern, sie und die Deutschen würden »nicht mehr die gleiche Sprache sprechen«. Daß sie diese Bemerkung metaphorisch gemeint hatte, zeigte sich in Tel Aviv, wo sie das in Israel geltende Verbot deutschsprachiger Aufführungen brach und auf der Bühne in ihrer Muttersprache sang. Sie fragte, welcher der Anwesenden im größten (ausverkauften) Konzertsaal Israels Einwände hätte, wenn sie »Lili Marlen« im Original vortrage. Keine Hand hob sich; für viele der Zuschauer war es schließlich die eigene Muttersprache, und sie applaudierten Marlene fünfunddreißig Minuten lang. »Es ist schlimm genug, sein Vaterland zu verlieren«, sagte sie. »Ich könnte nicht auch noch die Sprache aufgeben.«

Sie bat, noch einen Tag länger in Israel bleiben zu dürfen, um ein Benefizkonzert zugunsten israelischer Waisenkinder zu geben. Das Management erklärte sich einverstanden, und um elf Uhr morgens waren die Karten bereits ausverkauft, lediglich durch Mundpropaganda. »Nur in Israel ist so etwas möglich«, sagte die Dietrich und erklärte dem Publikum: »All die Jahre habe ich mit Ihnen gelitten. Aber es hat sich gelohnt – wegen heute abend.«

Als deutsche Generalswitwe »Frau Bertholt« konnte Marlene ihre Identifikation mit dem »guten Deutschland« voll einbringen – in Stanley Kramers Film *Judgment at Nuremberg* (Das Urteil von Nürnberg), in dem es um Nazi-Verbrechen geht. »Wer kommt denn sonst schon in Frage?« fragte Kramer einmal erstaunt. Daß es eine Dietrich gab, die den Part übernehmen konnte, machte ihn erst richtig interessant.

Abby Mann hatte sein Drama fürs Fernsehen verfaßt, wo es 1959 unter der Regie von George Roy Hill für *Playhouse 90* verfilmt worden war. Der einzige Schauspieler, der auch in der Kinoversion mitwirkte, war der gebürtige Österreicher (mittlerweile Schweizer) Maximilian Schell als Verteidiger der deutschen Richter, die wegen Beteiligung an den Verbrechen des Dritten Reichs angeklagt waren. Der Prozeß war

Marlene in dem Film »Das Urteil von Nürnberg« von 1961. Auch in den sechziger Jahren präsentierte sie sich weiterhin als Star von unglaublicher Jugend, Schönheit und Gesundheit. Doch es kostete sie unendliche Disziplin, denn sie hatte qualvolle Schmerzen.
(Foto: Cinetext Bild & Textarchiv, Frankfurt a. M.)

eine fiktionale Vermengung zahlreicher Verhandlungen und stellte letztlich die Frage: »Wer urteilt über die Richter?«, um sie – letztlich – mit »Spencer Tracy« zu beantworten.

»Die United Artists hielten den Verleih von diesem thematisch bedrückenden und kommerziell wenig aussichtsreichen Projekt für derart problematisch«, sagte Kramer später, »daß wir es nur mit einem Star-Ensemble verwirklichen konnten.« Die großen Namen setzten durch, daß der Film gedreht wurde, gaben aber auch zu spitzen Bemerkungen Anlaß. Am häufigsten wurde Gavin Lambert zitiert: »ein Star-bestücktes KZ-Drama mit Gastrollenopfern.« Tracy spielt einen amerikanischen Richter, in Anlehnung an den Supreme-Court-Richter Robert Jackson, der bei den eigentlichen Nürnberger Prozessen Recht gesprochen hatte; Burt Lancaster stellt einen angeklagten deutschen Richter dar (Olivier stand nicht zur Verfügung); Richard Widmark ist ein amerikanischer Offizier, der als Zeuge der Anklage auftritt; Judy Garland und Montgomery Clift spielen Opfer von Naziverbrechen, die von deutschen Gerichten begangen wurden.

Die Rolle der Dietrich war die einzige, die im ursprünglichen Fernsehspiel nicht vorkam, und erweiterte den kulturellen Kontext eines Films, der ohne sie auf Gerichtsszenen beschränkt gewesen wäre. Manchen erschien dies als opportunistischer Gag, der lediglich für Glamour in der Werbung sorgen sollte. Marlenes Auftritt war kurz, und Rezensenten hielten ihn für »starr« und bemerkten: »Miss Dietrich wird in einer sehr hölzernen Darbietung sehr sorgfältig photographiert.«

Die Kritik ist nicht ungerecht (Marlenes Gesichtshaut ist so gestrafft, daß man sich wundert, wie sie überhaupt sprechen konnte), geht aber am Wesentlichen vorbei. Die Rolle wurde von ihrer eigenen »Star-Legende« (wie Richard Schickel es nannte) überlagert. Kramer war besorgt, weil »der fiktive Prozeß ganz Deutschland eine Rolle zuwies, die nicht ganz fair war. Die Dietrich-Rolle diente dazu, das ›andere‹ Deutschland zu verkörpern, die Menschen, die entweder nichts von dem Grauen gewußt oder sogar Widerstand gegen Hitler geleistet hatten. Als Gestalt des öffentlichen Lebens war die Dietrich über alle Zweifel erhaben und das Symbol eines aristokratischen Deutschlands vor Hitler. Trotzdem, [Frau Bertholt] leugnet, Bescheid gewußt zu haben – doch sie *muß etwas* geahnt haben.«

Frau Bertholt vermittelt dem Gerichtssaal Einblicke in das kulturelle Leben Deutschlands, des Landes von Bach, Beethoven und Brahms, aber auch in den Gehorsam und die Disziplin, die leicht mit Ehre verwechselt werden. Eine kleine Romanze der reiferen Jahrgänge entspinnt sich zwischen Spencer Tracys Richter (im Fernsehspiel hat er eine Frau, die mit ihm nach Deutschland kommt; im Film ist er Witwer). Frau Bertholts früheres Haus wird mitsamt den Bediensteten für seinen Gebrauch beschlagnahmt, und dort lebt er die ganzen acht Monate der Gerichtsverhandlung, während sie in einem zerbombten Zimmer haust, mit einer Elektroplatte und einem Photo ihres toten Mannes, der nach einem früheren Prozeß als Kriegsverbrecher gehängt wurde. Frau Bertholt und der Richter gehen in das Konzert eines jüdischen Pianisten, der durch die Nürnberger Rassengesetze gezwungen war, das Land zu verlassen; das Paar nippt Moselwein und hört Tanztee-Musik wie in alten Zeiten; die Witwe bietet dem Richter Ersatz-Kaffee und Sympathie an; sie findet sich mit ihrer Lebenslage ab. »Ich bin eine Tochter des Militärs«, erklärt sie, die häusliche Spartanerin und kulturelle Athenerin. Gemeinsam spazieren sie durch die Trümmer und besichtigen (in einer frühen Fassung des Drehbuchs) Hitlers Urlaubsdomizil bei Berchtesgaden.

Nachdem die Dietrich das erste Skript gelesen hatte, willigte sie sofort ein, den Part zu übernehmen. Neben Spencer Tracy zu spielen war ein überzeugendes Argument, auch wenn sie für diese Nebenrolle nur an vierter Stelle genannt wurde. Sie bewunderte Tracy (»ein zauberhafter Mann«, meinte sie), und er mochte sie. Wenn man sie zusammen im Film betrachtet, fragt man sich, wie sie wohl in jüngeren Tagen gewirkt hätten; wie sich seine neuenglische Eckigkeit an ihrer geschliffenen europäischen Art gerieben hätte (trotzdem hätte man sich die beiden nie als Capras George Sand und Chopin vorstellen können). »Du bist gar nicht mein Typ«, witzelte Tracy auf dem Set und warf ihr dabei unmißverständliche Blicke zu. »Du bist eine Europäerin; ich bin nur ein alter Trottel.« Marlene brachte ihm Apfelstrudel und Kekse, die er aß, wobei er jedem erzählte: »Kate [Hepburn] sagt, sie stammen aus einer Fabrik im Valley, die Marlene gehört!«

Vor Drehbeginn Anfang 1961 probte Kramer zwei Wochen lang mit den Schauspielern, vorwiegend auf einem abgelegenen Teil des Geländes der Revue Studios in Hollywood. Häufig brachten die Darsteller Vorschläge ein, die Kramer oder Abby Mann auch aufgriffen.

»Die Dietrich war mir eine große Hilfe«, erinnerte sich Kramer, »und ihre Beiträge waren sehr wichtig. Sie diente uns allen als Vorbild. Sie kannte Deutschland und begriff die Implikationen des Drehbuchs und die Verhaltensweisen der Deutschen besser als irgendeiner von uns. Auf jeden Fall wußte sie besser darüber Bescheid als Schell, der ja eigentlich kein Deutscher war, wie er allen Leuten tagein, tagaus versicherte. Wenn Frau Bertholt sagt, sie sei ›eine Tochter des Militärs‹ und habe Disziplin mit der Muttermilch eingesogen, dann kommt das direkt aus der Vergangenheit der Dietrich, und das spürt man auch.«

Den ganzen Film hindurch fühlt man, daß die Dietrich ihre Autobiographie einbringt, auch wenn Frau Bertholt ein Monument des Kaiserreichs darstellt, das unter seiner bronzenen Oberfläche völlig hohl ist. Ihre »Mission«, so berichtet sie dem Richter, bestehe darin, »Sie zu überzeugen, daß wir nicht alle Ungeheuer waren«. Sie beschreibt die Haltung des Adels gegenüber Hitler und klingt dabei sehr wie die Dietrich selbst (oder wie ihre Mutter, die bei Kriegsende in einem ähnlichen Zimmer lebte wie Frau Bertholt). »Wir haben Hitler gehaßt. Ich möchte, daß Sie das wissen«, beteuerte sie. »Und er hat uns gehaßt. Er hat meinen Gatten gehaßt, weil er ein echter Kriegsheld war, und das konnte der kleine Gefreite nicht akzeptieren. Und er hat ihn gehaßt, weil er in Adelskreise eingeheiratet hat, nämlich in meine Familie. Hitler empfand Ehrfurcht vor dem Adel, aber er hat ihn gehaßt.«

Die Dietrich gehörte nicht zum Adel (und Schwester Elisabeth – die nach wie vor als gute Hausfrau in der Nähe von Belsen lebte – existierte für Marlene mittlerweile nicht mehr), doch die Rede bringt ihre Einstellung zum Ausdruck, auch wenn Frau Bertholt der Sinn der Prozesse und die Bedeutung der deutschen Tragödie völlig entgeht. »Wir müssen vergessen, wenn wir weiterleben wollen«, sagt sie, doch was in ihrer Erinnerung weiterlebt, ist nichts als hohles Pathos. Sie zitiert Lancasters Richter, wie er Hitler einst in die Schranken verwiesen hat: »Ich habe weniger gegen Ihre schlechten Manieren einzuwenden … Was mich stört, ist, daß Sie so bourgeois sind.« Als wäre das die entscheidende Frage!

Frau Bertholt trauert, weil ihr Ehemann gehängt und ihm ein würdevolles Erschießungskommando versagt wurde. Sie spielt mit derart stilvoller Aufrichtigkeit, daß es einem schwerfällt, nicht mit ihr und den Feinheiten der Hinrichtungsetikette zu sympathisieren. Diese Frau verkörpert Kultur und Bildung, aber damit auch den Stolz auf eine Disziplin, die die von gehorsamen Befehlsempfängern ausgeführten Verbrechen des Dritten Reichs erst möglich machte. Der Film stellt dies eindeutig klar, und Tracy, der amerikanische Fels in der Brandung, bringt das in jeder Gesichtsregung zum Ausdruck. Zum Schluß zieht Frau Bertholt sich zurück; sie kann nicht begreifen, daß die Tugenden von Disziplin und aristokratischer Kultur nicht über »Gerechtigkeit, Wahrheit und dem Wert eines einzigen Menschenleben« (das ist Tracy) stehen. Am Ende sehen wir Frau Bertholt vor dem Porträt des toten Generals; neben ihr steht eine Flasche. Als das Telefon klingelt (Tracy will sich von ihr verabschieden), verharrt sie regungslos, ohne den Hörer abzuheben. Sie ist verloren.

Ebenso verloren sind die Zuschauer, wenn sie über diese Gestalt nachdenken. Möglicherweise wird die Rolle von der Präsenz der Dietrich beeinträchtigt. In der Filmmusik von Ernest Gold wird »Lili Marlen« zitiert, und Marlene darf sogar einige Takte daraus summen, während sie und Tracy durch die Ruinen von Nürnberg spazieren. Die beschwörende Kraft des Liedes ist so groß und so sehr mit dem Bild der Dietrich in Kriegstagen verschmolzen, daß ein irreführendes romantisches Bild von Frau Bertholt entsteht; und die abgeklärte, patrizierhafte Darstellung verstärkt diesen Eindruck noch.

Die Dietrich wußte, was sie spielte, und recherchierte für ihre Rolle. Damit strafte sie ihr ewiges »Ich tauche nur auf und spreche meinen Text« Lügen. Die Gerüchteküche wußte zu berichten, daß Billy Wilder insgeheim ihren Dialog umschrieb; Abby Mann schenkte dem Gerede Glauben, Kramer nicht. Es ist gut möglich, daß Wilder den Part mit Marlene durchging, doch sie hatte ein konkretes Vorbild für die Rolle: die Witwe des Feldmarschall Wilhelm Keitel, der bei den ersten Nürnberger Prozessen zum Tode verurteilt und gehängt worden war. Marlene traf damit eine kluge Wahl. Keitel, den die Nazis selbst hatten hinrichten wollen, als das Reich zusammenbrach, bat bei seinem Prozeß darum, nicht gehängt, sondern erschossen zu werden: »Ich habe geglaubt, doch ich habe mich geirrt«, erklärte er. »Ich habe nicht erkannt, daß auch die soldatische Pflichterfüllung Grenzen hat.« Dennoch waren seine letzten Worte, als sich der Strick um seinen Hals zusammenzog: »Alles für Deutschland! Deutschland über alles!«

Weder Kramer noch Mann erfuhren jemals, daß die Dietrich ihre Rolle auf dieser Geschichte aufbaute. Ihre Frau Bertholt verleiht dem Bild Deutschlands in dem Film größere Komplexität. Ohne diese Differenziertheit würde Tracys Schlußrede als Richter viel von ihrer Überzeugungskraft einbüßen: »Die Partei, die in diesem Gerichtssaal wirklich Anklage erhebt, ist die Zivilisation«, sagt er, doch die Zivilisation stehe auch selbst unter Anklage. Während die Schuldsprüche verkündet werden, sehen wir im Gerichtssaal Frau Bertholts Gesicht. Voll Bestürzung folgt sie den Worten Tracys, unfähig, ihre eigene Mitschuld zu begreifen. Dies war die letzte bedeutende Filmrolle der Dietrich, und möglicherweise war sie sich dessen bewußt. Außerdem war es auch die letzte Botschaft an ihre Heimat.

Die Botschaft verhallte ungehört. Die Premiere von *Judgment at Nuremberg* fand in Berlin statt (ein großer Fehler), und zwar in der Gegenwart von Willy Brandt, der eine sehr besonnene Rede hielt. Spencer Tracy und Katherine Hepburn waren anwesend, außerdem Stanley Kramer und Montgomery Clift, der betrunken war und die Zuschauer, denen das Thema des Films schon genügend Unbehagen bereitete, vor den Kopf stieß. Kramer erinnerte sich an eine Schlagzeile, die verkündete: »Der Jude Kramer kehrt zurück, um unsere Erinnerung wachzurütteln.« Ihm entging auch nicht die absolute Stille, als das Publikum die Zeilen las, mit denen der Film endet: »... von den 99 Schuldigen, die, am Ende der Nürnberger Prozesse am 14. Juli 1949, zu Gefängnisstrafen verurteilt worden waren, ist nicht ein einziger mehr in Haft.«

Die *New York Times* berichtete aus Berlin, daß »viele wie gebannt dasaßen«, doch es war Entsetzen und Wut, die sie lähmten. »Anschließend fand ein Empfang im Kongreß-Zentrum statt – einem modernen muschelförmigen Bau, dem die Berliner den Spitznamen ›die schwangere Auster‹ verliehen haben«, erinnert sich Kramer. »Wir hatten uns auf tausend Leute eingestellt. Es waren vielleicht hundert, die erschienen, und das auch nur, weil sie kommen mußten oder etwas mit dem Film zu tun gehabt hatten. Marlene und ich hatten überlegt, ob sie zur Premiere nach Berlin kommen sollte. Sie war zwar dazu bereit, befürchtete aber, ihre Anwesenheit könnte dem Film (wegen der Einstellung der Deutschen ihr gegenüber) mehr schaden als nützen. Dabei hätte dem Film nichts mehr schaden können als das, was er *war*, und genau darum ging es ja. Die Deutschen waren wie Frau Bertholt; sie wollten vergessen. Sie wollten nicht daran erinnert werden und wollten auch nichts verstehen, weder damals noch heute. Der Film wurde an diesem Abend zum ersten- und zum letztenmal in Deutschland aufgeführt und kam erst zwanzig Jahre später in die deutschen Kinos, nachdem *Holocaust* im deutschen Fernsehen ein Renner gewesen war; und selbst da war es ein Desaster.«

Außerhalb Deutschlands wurde der Film eher respektvoll als begeistert aufgenommen. Die New Yorker Premiere fand am 19. Dezember 1961 statt und wurde mit einer Gala gefeiert, an der Marlene zusammen mit Adlai E. Stevenson teilnahm, dem damaligen amerikanischen Botschafter bei den Vereinten Nationen. Bosley Crowther von der New York Times hielt den Film für »eine subtile, dramatische Aussage von hoher moralischer Integrität ... die eine klare, erschütternde und ernüchternde Botschaft an die Welt formuliert«.

Hollywood reagierte ehrerbietig. Die Academy nominierte den Film für elf Oscars, unter anderem für den besten Regisseur, das beste Drehbuch, die besten Hauptdarsteller (Tracy und Schell) und die besten Nebenrollen (Clift und die Garland). Bei der Preisverleihung erklärte Abby Mann, er nehme seinen Oscar nicht nur für sich selbst, sondern im Namen »aller Intellektuellen« entgegen – eine Bemerkung, die immer wieder zitiert wird, um ihn und den Film lächerlich zu machen.

Judgment at Nuremberg gehört zu der Sorte Film, die sich leicht belächeln, aber sehr schwer finanzieren läßt. Er war einer der letzten seiner Art, bevor die Filmindustrie vor dem Fernsehen kapitulierte und solche Themen unmöglich wurden – außer auf dem Bildschirm, wo sie, verpackt in fragmentierte Happen einer »Handlung«, zur Unterbrechung der Werbung dienen. Kramer war kein großer Regisseur und auch nicht arrogant genug, sich als solcher aufzuspielen, doch es verlangte Mut, ein Projekt in Angriff zu nehmen, das selbst er auf dem Höhepunkt seines nicht unbeträchtlichen Prestiges in Hollywood nur mit Schwierigkeiten durchsetzen konnte. Trotz aller Ehrungen der Academy spielte der Film nur knapp seine Herstellungskosten ein. Es war kein ästhetischer oder kommerzieller Triumph; sein Erfolg bestand darin, daß er überhaupt entstanden war.

In der Woche nach der New Yorker Premiere von *Jugdment at Nuremberg* wurde Marlene sechzig. Ein junger Mann, mit dem sie einst an der Riviera getanzt hatte, saß im Weißen Haus; ein anderer, für den sie in *Morocco* barfuß durch die Wüste gelaufen war, war tot. Ernest Hemingway schoß sich eine Kugel durch den Kopf. Über Nacht wurde eine häßliche Mauer errichtet, die Berlin scheinbar für immer teilen sollte.

Maria war mit ihrer Familie von New York nach London gezogen. Sie hatte ihre Karriere 1957 nach einer Tournee mit *Tea and Sympathy* und der Geburt ihres dritten Sohnes John Paul aufgegeben. Die Eltern nannten ihn »Pauli« und fanden sich tapfer damit ab, daß er aufgrund von Contergan mißgebildet war. Drei Jahre später sollte John David das Riva-Quartett vervollständigen.

1962 begab sich Marlene in die Schweizer Niehans-Klinik, um sich Frischzellen ungeborener Lämmer spritzen zu lassen. Zur Erholung verbrachte sie dann Weihnachten, ihren einundsechzigsten Geburtstag und Silvester mit Noël Coward und »dem blonden Biest« Marti Stevens in Cowards Schweizer Haus.

Die Zeiten, in denen Marlene mit Filmen das große Geld verdienen konnte, waren vorbei, doch als Alleinunterhalterin auf der Bühne war sie konkurrenzlos; und das ermöglichte ihr, auch ohne Gage bei Filmen mitzuwirken, wenn die Projekte sie überzeugten. So sprach sie den Kommentar zu einem 50 000 Dollar teuren Dokumentarfilm namens *The Black Fox*, dem die alte Fabel *Reineke Fuchs* von Marlenes geliebtem Goethe zugrunde lag. Darin wurde Hitlers Aufstieg zur Macht allegorisch aufgearbeitet und mit Archivmaterial bebildert, aber auch mit Zeichnungen aus dem 19. Jahrhundert, die Wilhelm von Kaulbach zu Goethes Geschichte gemalt hatte, außerdem mit Werken von Doré, Picasso (»Guernica«) und Grosz. Sogar die Photographie einer jungen Frau war zu sehen, die mit wunderschönen seidenbestrumpften Beinen und Zylinderhut in einem Kabarett auf einem Faß sitzt, entnommen einem berühmten Film, der vor Hitlers Machtübernahme in Berlin entstanden war.

The Black Fox gewann den Oscar für den besten Dokumentarfilm in Spielfilmlänge. Bosley Crowther bemerkte, daß »Miss Dietrichs Erzählung, kraftvoll und fein phrasiert und besonders wirkungsvoll wegen ihrer deutschen Herkunft ..., dem Film etwas Besonderes – eine persönliche Aufrichtigkeit – verleiht, das die Aufmerksamkeit des Zuhörers fesselt und sehr überzeugend wirkt«.

In Deutschland überzeugte er niemanden, denn er wurde überhaupt nie gezeigt. Auch in England machte er wenig Eindruck; kein großer Verleih wollte den Film herausbringen – trotz des Oscars. Schließlich erschien Marlene zu einer Sondervorführung im Londoner West End und blieb die ganzen eineinhalb Stunden reglos stehen; dann erzählte sie dem Publikum, der Film solle die Erinnerung »an das, was Hitler der Welt angetan hat«, wachhalten. Ein kleiner britischer Verleih nahm sich des Films an, berührt von Marlenes stockender Stimme, wenn sie berichtet: »Nicht einmal die kleinen Kinder blieben verschont.« *The Guardian* urteilte: »Unser feuchtes Klima kann solch einmalige, alterslose Stars nicht hervorbringen. Die Beatles sind nichts im Vergleich zu ihr.«

Doch im November 1963 standen sie mit Marlene auf der Bühne: bei einer »Royal Command Performance« in London. »Sie war hingerissen von ihnen, einfach *hingerissen*!« sagte Bernard Hall. »The Four« waren noch nicht ganz »Fab«, sondern »Newcomer« (wie *Variety* sie nannte), die man eingeladen hatte, zusammen mit »der Sensation« Marlene, Erroll Garner, Harry Secombe und seiner *Pickwick*-Crew sowie Tommy

Steele und seinem Ensemble von *Half a Sixpence* aufzutreten. Die Command Performance fand als Wohltätigkeitsveranstaltung für Varieté-Künstler im Prince of Wales Theatre in Anwesenheit der Königinmutter statt. Der Königin selbst entgingen Marlene und die Beatles wegen der Geburt von Prinz Edward, wenngleich sie die Show einige Tage später im Fernsehen hätte erleben können und es vielleicht auch tat.

Kurz zuvor war Marlene bei einem Konzert für die Veteranen von El Alamein in der Albert Hall aufgetreten, und bald darauf sah man sie – falls jemand sich die Mühe machte, dieses Fiasko der Paramount anzuschauen – in *Paris When It Sizzles* (Zusammen in Paris) mit Audrey Hepburn und William Holden in den Hauptrollen. Zwei Dinge zeichnen diesen Film aus: Marlene als Marlene, die aus einem Rolls-Royce steigt (wie in *Desire*); und Hubert de Givenchy, der – wie der Zuschauer im Abspann erfährt – Audrey Hepburns Parfüm zur Verfügung gestellt hat. Die Erwähnung des sonst klugen und geistreichen George Axelrod als Autor und Produzent war vielleicht ebenfalls ein Witz, auf jeden Fall erheiternder (und ironischer) als alles, was der Film sonst zu bieten hat.

Die leibhaftige Marlene – erfrischt von Dr. Niehans' Zellen – tauchte überall auf. Im Triumph endeten ihre Auftritte in San Francisco, Dallas, Colorado Springs und Toronto; und dann ging es wieder nach Las Vegas an der Riviera, wo sie mit Louis Armstrong »C'est si bon« vortrug. Danach folgten Paris, Amsterdam, Rotterdam und John F. Kennedys Washington D.C., nachdem sie sich bereits im Palais de Chaillot tief vor Präsident de Gaulle verneigt hatte.

Marlenes Auftritte riefen derartige Tumulte der Begeisterung hervor, daß Goddard Lieberson von der Columbia eigens für Marlene eine Aufnahme machte, auf der nichts als Applaus zu hören ist: zweiundsechzig Vorhänge in München, dreißig in San Francisco, und so weiter. Immer wieder spielte die Dietrich diese Platte ihren Freunden vor, die verdutzt dem endlosen Beifall lauschten. »Das war Rio«, pflegte sie zu erklären. »Das war Köln … Das war Chicago.«

Berühmtheit erlangte die Ovationsplatte, als Judy Garland in der NBC-Show *Tonight* sich darüber ausließ. »Stundenlang saßen wir da und hörten zu«, erzählte die Garland. »Ich drehte mich zu Noël um und flüsterte: ›Hoffentlich gibt es keine zweite Seite‹, aber Noël sah mich nur vielsagend an. Es gab tatsächlich eine zweite Seite!!«

Weitere Engagements führten Marlene in abgelegenere Regionen, nämlich nach Warschau und Moskau. Sie fuhr in der Absicht, Ende Januar 1964 drei Konzerte im Warschauer Kulturpalast zu geben, und blieb, um sechsmal aufzutreten, wobei sämtliche Aufführungen ausverkauft waren. Marlene legte Blumen am Mahnmal für die Helden des Warschauer Aufstands nieder; sie fühlte sich deutsch und schuldig, als sie durch die zerstörte Stadt ging. Ihre Aufnahme von »Jonny« aus dem Jahr 1931 wurde zu dieser Zeit wiederaufgelegt und kam in die Warschauer Hitparade.

Kritiker berichteten von »einer Verschmelzung aller Elemente, die einer Sängerin und Schauspielerin zur Verfügung stehen. Jedes Lied, das sie interpretiert, ist ein Gedicht für Auge und Ohr zugleich«.

Die Polen wollten Zugaben und bekamen sie. Marlene beschwor die Zuschauer, ihr Repertoire sei erschöpft, also gaben sie sich mit fünf Wiederholungen von »Falling in Love Again« und »Lili Marlen« zufrieden. Der Verein der polnischen Theater- und Filmkünstler richtete einen Empfang für Marlene aus, und sie erschien vor dem Debattierclub polnischer Studenten, um über den Krieg zu sprechen.

Nach ihrem letzten Konzert wurde sie um Mitternacht ins Café Oczki gebeten, wo Mitglieder des Filmclubs polnischer Medizinstudenten sie erwarteten. Sie beantwortete Fragen über Berlin und Hollywood auf französisch, deutsch und englisch und wechselte von einer Sprache zur anderen, um ihrem Dolmetscher die Arbeit zu erleichtern; sie hatte ihn kennengelernt, als sein Vater polnischer Militärattaché im Berlin der Weimarer Republik und er noch ein kleiner Junge gewesen war. Das Café Oczki verfügte zwar nur über ein verstimmtes Klavier, aber ein Student kannte Marlenes Platten und konnte ihre Arrangements spielen. Sie sang die ganze Nacht hindurch für ihre winzige Zuhörerschaft und hatte mindestens ebensoviel Spaß wie mit den 20 000, die den Kulturpalast gefüllt hatten. Polnischer Kaffee und Wodka flossen in Strömen.

Im nahe dem Kreml gelegenen Moskauer Varieté-Theater flossen die Tränen. Dann in Leningrad. Dann wieder in Moskau. Ihr Ruf als Antifaschistin eilte Marlene voraus, und auf Reporterfragen, wie sie gegen den Faschismus gekämpft habe, antwortete sie: »Allein.«

Da die meisten Russen in ihr eine Deutsche sahen, sang sie auf Englisch und lehnte einen Russisch-Übersetzer ab; ihre Lieder sollten für sie sprechen. Überrascht mußten sie und Bacharach feststellen, daß die Moskauer Musiker, die engagiert worden waren, um sie zu begleiten,

Kopien der Arrangements aufgestöbert und sich jede Note ins Gedächtnis eingeprägt hatten.

Elftausend Plätze waren im Nu verkauft. Die sowjetische Kulturministerin Jekatarina Furtsewa und der Dichter Jewgeni Jewtuschenko machten Marlene ihre Aufwartung. Immer wieder verbeugte sie sich in ihrem Schwanenpelz, aber nach elf Vorhängen zog sie sich endgültig in ihre Garderobe zurück. Daraufhin fingen die Russen an, zum Zeichen größter Anerkennung rhythmisch zu klatschen, und Marlene erschien ein zwölftesmal, lediglich mit ihrem blauen Baumwollmorgenmantel bekleidet.

Barfuß hielt sie eine kleine Rede auf Englisch: »Ich liebe Ihr Volk seit langem. Ich liebe Ihre Schriftsteller, Ihre Komponisten und Ihre Seele ... Ich glaube, ich habe selbst eine russische Seele.« Sie entschwand mit dem Nachtzug wieder nach Leningrad, wo sie unter stürmischem Applaus auf der Bühne dem russischen Schriftsteller Konstantin Paustowski zu Füßen sank: die »Scharlachrote Kaiserin«, die einem Dichter demütig Tribut zollte.

Weder Warschau noch Moskau oder Leningrad hatten sich dem Glamour der Dietrich entziehen können, dem »diamantenbesetzten Gewand«, dem Schwanenpelz oder dem Glanz von Bacharachs Orchestrierungen. Doch nun wurde eine neue Dimension eingefügt im ewigen Streben, die Illusion auf der Höhe der Zeit zu halten. Es war ein neues Lied, und Marlene wehrte sich anfangs dagegen, genauso wie sie sich gegen »The Laziest Gal in Town« gewehrt hatte. Maria hatte es entdeckt, hatte es vielleicht mit einem ihrer Söhne gehört: Pete Seegers »Where Have All the Flowers Gone«, das Lied der damals gerade entstehenden Friedensbewegung. Marlene meinte, es sei völlig verkehrt für sie. Sie sei eine Kriegerin, keine Kriegsgegnerin. Maria und Bacharach drängten sie, es zu versuchen. Als Marlene feststellte, daß das Lied sich leicht ins Französische und Deutsche übertragen ließ, ohne an Ausdruckskraft einzubüßen, probierte sie es zuerst in Paris, dann in Deutschland und in Israel aus. Schließlich nahm sie es als festen Bestandteil in ihr Repertoire auf und fügte Bob Dylans »Blowing in the Wind« hinzu. Ihre Versionen der beiden Lieder wurden Hits in ganz Europa.

Im Dezember 1964 kehrte sie nach London zurück, zum Queen's Theatre in der Shaftesbury Avenue. Die Kabarettnummer, die einst das Piccadilly bis auf den letzten Platz gefüllt hatte, war nun ein Theaterereignis mit weitaus größerer Anziehungskraft und Variationsbreite. Kein rascher Kostümwechsel mehr, und auch keine »Rockettes«-Nummer mit Tänzerinnen. Ebenfalls verschwunden waren die einleitenden Varieté-Auftritte, die nicht zu einer gediegenen Theateratmosphäre paßten. Marlene Dietrich, der internationale Showstar, brauchte keine solchen Hilfsmittel, und das rasche Umkleiden hinter den Kulissen war mit dreiundsechzig zu anstrengend.

Das Arbeiten fiel Marlene jetzt immer schwerer, und Champagner und Tabletten halfen immer weniger, doch das wußte niemand, ebensowenig wie von ihrer Krankheit; sie selbst wollte es sich nicht eingestehen. Auch die Kritiker merkten nichts. Zehn Jahre, nachdem er der »mitfühlenden Mörderin« seinen Tribut gezollt hatte, schrieb Kenneth Tynan:

> Sie steht da, als wisse sie nicht, wie sie hierher gekommen ist, wie eine Statue, die jeden Abend zu ihrer eigenen unendlichen Überraschung enthüllt wird. ... Sie *weiß*, wo all die Blumen sind – vergraben im Schlamm von Passchendaele, in Schutt und Asche gelegt in Hiroshima, mit Napalm verbrannt in Vietnam –, und dieses Wissen liegt in ihrer Stimme. Einmal versicherte sie mir, sie könnte gut Bertolt Brechts *Mutter Courage* spielen, und vermutlich hatte sie recht. Ich kann mir genau vorstellen, wie sie ihren Karren über die Schlachtfelder zieht, die dunklen, stoischen Lieder Brechts singt und überall dort ihre Zelte aufschlägt, wo etwas los ist, wie sie es in Frankreich während der Ardennenoffensive tat – diese Königin der Soldatenlager, die Kaiserin Lili Marlen.

Sexualität spielte jetzt praktisch keine Rolle mehr. Nun war die Liebe das Thema und Marlene ihre Inkarnation. Die Show in London diente als Modell für alle künftigen Konzerte. Nicht Tynan, sondern Harold Hobson in *The Times* fiel die Verletzlichkeit auf, die Marlenes Aufführungen jetzt auszeichnete und die »Hau-drauf-Mentalität« ersetzte, die Coward fünf Jahre zuvor kritisiert hatte. Hobson fand das, was Marlene auf der Bühne bot, »genial«, doch er bemerkte: »Mir fehlen die Worte«, als er auf »Where Have All the Flowers Gone?« zu sprechen kam. Trotzdem fand er welche: »Auch alle Sirenen Homers könnten das Lied nicht so singen, wie Miss Dietrich es vorträgt. [Sie] ist ernst und nachdenklich, und unter dem heiseren Klang ihrer tiefen, leisen Stimme vibriert gezügelte Leidenschaft, ein Sturm stets kontrollierter Gefühle. Ihre bleiche Schönheit ist außergewöhnlich und erscheint einzigartig, weil sie wirkt, als habe sie diese Schönheit aus dem Vorhof der Hölle zurückgebracht. Es ist eine Schönheit, der das Entsetzen nicht fremd ist … Es ist das Gesicht einer Person, die unaussprechliche Greuel gesehen hat, hingemetzelte Kinder … Das ist natürlich nur ein Eindruck, der uns nichts sagt über die wahren Erfahrungen der Miss Dietrich. Doch auf der Bühne ist es ein unglaubliches, ein unvergeßliches Erlebnis … Es begeistert, es macht Mut, und wir verlassen das Theater mit neuer Hoffnung … Die Welt scheint uns besser, zuversichtlicher und glücklicher.«

Für Marlene war die Welt nicht glücklicher. Das Gefühl von Verletzlichkeit hinter der Perfektion war real, obwohl sie es zu verbergen suchte und mit niemandem darüber sprach, nicht einmal mit Bernard Hall, der die Wahrheit erst später herausfand.

Sie hatte Gebärmutterkrebs. Im Januar 1965, nach ihrem triumphalen Auftritt in London, wurde diese Diagnose von einem Schweizer Gynäkologen bestätigt. Marlenes Freundin Gertrude Lawrence war an der gleichen Krankheit gestorben (und nicht an Leberkrebs, wie in den Zeitungen berichtet wurde), während am Broadway *The King and I* spielte. Vielleicht wußte Marlene dies; auf jeden Fall überwand sie ihr Mißtrauen gegenüber Ärzten und ließ sich in der Schweiz mit Radium-Implantaten behandeln. Doch selbst nach dieser Mahnung an ihre eigene Sterblichkeit verringerte sie den Alkohol- und Tablettenkonsum nicht, und ihre Lebenseinstellung wurde auch nicht optimistischer.

Es gab noch einen anderen Grund, warum sie angstvoll in die Zukunft blickte. Beim Edinburgh Festival, wo das Publikum Marlene so frenetisch wie immer umjubelte, erfuhr sie, daß der Mann, mit dem sie eine tiefe »amitié amoureuse« verband, wie sie es gerne nannte (während sie ihm vor den Photographen über das Haar strich), sie verlassen wollte.

Von jeher war es Burt Bacharachs Ziel gewesen, Komponist zu werden. Marlene hatte das gewußt, doch bei ihrer Jagd um die Welt hatte sie außer acht gelassen, wie sehnlich er sich wünschte, sich häuslich niederzulassen, zu heiraten und Kinder zu haben. Nun hatte er eine

Frau gefunden, mit der das möglich war: die Filmschauspielerin Angie Dickinson.

Marlene hatte gewußt, daß dieser Tag kommen würde, doch ihr Schock und ihre Wut waren darum nicht geringer, als er schließlich kam. Die Dickinson war nach London gereist, um sich mit Bacharach zu treffen und mit ihm nach Edinburgh zu fahren. Böse Vorahnungen veranlaßten Marlene dazu, Clive Donner aufzusuchen, den Regisseur von *What's New Pussycat?* (Was gibt's Neues, Pussy?), zu dem Bacharach einen Hit beigesteuert hatte. Sie bat Donner, er möge sie doch begleiten, damit sie nicht so allein war, während Bacharach dirigierte, »doch im Grunde wollte sie mich zur moralischen Unterstützung dabeihaben«, erkannte Donner hellsichtig.

»Marlene tobte«, sagte er, »vielleicht mehr aus Trauer als aus Wut, obwohl es sehr nach Wut klang und aussah.« Ein Zeuge dieses Gesprächs schauderte noch später beim Gedanken an das, was dann folgte – »kein schöner Anblick«, wie er sich erinnerte. Donner war überrascht, als die Dietrich ihm gestand, daß sie »ohne Bacharach hilflos war, und das stand völlig im Gegensatz zu ihrem herrischen Zorn. Sie warf ihm vor, er würde *seine* Karriere ruinieren. Nicht, weil er sie verließ, um zu komponieren und Filmmusik zu dirigieren, sondern weil er eine Frau heiratete, die kein Star war. Sie tat, als habe das alles gar nichts mit ihr persönlich zu tun, als sei sie eine Beraterin oder Agentin, die entsetzt darüber war, daß er einen Niemand der Dietrich vorgezogen hatte! Ich frage mich, wie sie reagiert hätte, wenn er gesagt hätte: ›Marlene, ich verlasse dich, um die Garbo zu heiraten.‹ Möglicherweise wäre sie dann nicht so wütend gewesen.«

Nichts – keine versteckte Krankheit, kein körperlicher Schmerz bei den Auftritten, kein herrischer Zorn und auch nicht die Angst davor, ohne ihren musikalischen Mentor weitermachen zu müssen – hielt sie davon ab, ihre Rolle als Star zu spielen. Donner erinnerte sich, daß sie »den Abend irgendwie überstanden. Wir verließen das Theater und stiegen in eine Limousine, die am Bühnenausgang wartete, wo sich Hunderte von Fans drängten. Die Dietrich hatte einen großen Stapel von signierten Postkarten mit einem Photo in dem berühmten Kleid bei sich, und sie steckte eine nach der anderen durch das halb geöffnete Wagenfenster. Ständig sagte sie dem Fahrer, ›Langsamer, langsamer‹, und dann, gerade als wir um die Ecke biegen mußten, rief sie: ›Schnell!‹; und als der

Wagen um die Ecke bog, warf sie im hohen Bogen Hunderte von diesen Postkarten hinaus. Wie Konfetti wirbelten sie durch die Luft. Die Fans stürzten sich auf die Karten, und Marlene Dietrich lehnte sich zurück und lächelte. Es war ein überzeugender theatralischer Auftritt. So etwas konnte Angie Dickinson nicht.«

Bacharach vermittelte Marlene zwei angesehene Dirigenten, den Amerikaner Stan Freeman und den englischen Komponisten und Dirigenten William Blezard, aber keiner der beiden konnte seinen Platz in Marlenes Herz ersetzen. Nach seinem Weggang wurde Marlenes Repertoire nur noch geringfügig verändert; gelegentlich wurden neue Arrangements aufgenommen, aber im großen und ganzen blieb die Konzertshow so, wie Bacharach sie konzipiert und ausgefeilt hatte. Ihr ganzes Leben lang war Marlene eine gute Schülerin gewesen, und (wie bei ihrem früheren Mentor) wußte sie, wie das, was sie von Bacharach gelernt hatte, umzusetzen war.

Auch weiterhin sprach sie von Bacharach mit einer Wärme, in der sich mehr als berufliche Dankbarkeit ausdrückte. Seine Ehe sollte nicht von Dauer sein. Über die Jahre mit der Dietrich äußerte er lediglich, es sei eine »sehr wertvolle und liebevolle« Freundschaft gewesen. Genausogut hätte er in Abwandlung von Sternbergs Worten sagen können: »Alles, was ich über Miss Dietrich zu sagen habe, habe ich mit der Musik gesagt.« Die Schallplattenalben, auf denen diese Musik festgehalten wurde, sind ein wunderbares Vermächtnis ihrer Zusammenarbeit, ihrer »amitié amoureuse«.

Jahre später sprach eine Reporterin mit Bacharach und versuchte, Anekdoten aus ihm herauszulocken, die er lieber für sich behalten wollte. Dabei ließ er durchblicken, daß er die Memoiren der Dietrich mit ihren überschäumenden Bekundungen der Zuneigung und das Lob für ihn nicht gelesen habe. Die Journalistin las ihm die einschlägigen Stellen vor, und Bacharach weinte.

Rudi weinte ebenfalls, und zwar um Tamara. Sie starb am 26. März 1965, ermordet von einem Mitpatienten in Camarillo, der staatlichen Nervenklinik Kaliforniens. Marlene bezahlte das Begräbnis, wie sie den Großteil von Tamaras Leben finanziert hatte.

Tamara wurde im russisch-orthodoxen Teil des Hollywood Memorial Park Cemetery beigesetzt. Auf ihrem Grabstein steht ihr wirklicher Name, Tamara Nikolaevna, und Rudi ließ die Worte »Meine Geliebte« einmeißeln. Als ihr Geburtsjahr wird »1930« angegeben. Es war tatsächlich eine Art »Geburtsjahr« gewesen – 1930 war Marlene nach Hollywood gegangen und hatte Rudi und Tamara verlassen, um bei der Paramount zu arbeiten, deren Gelände (diese Ironie des Schicksals wirkt zu schön, um wahr zu sein) an den Friedhof grenzt, so daß man dort hinter den Grabsteinen und Bäumen die riesigen Tonbühnen aufragen sieht.

Marlene und ihr »guter Geist« Bernard Hall flogen ins San Fernando Valley, um zwei Wochen bei Rudi und seinen Hühnern und Kakteen zu verbringen. Marlene – »Granny«, wie Hall sie nannte – wusch Wäsche und bügelte und kochte und schrubbte die Böden, während sie sich selbst von den Strapazen der Krebsbehandlung erholte. Hall fütterte die Hühner und Ziegen, jätete Erdbeerbeete und fand Gefallen an dem Mann, den Marlene geheiratet hatte. »Er war der netteste, liebenswürdigste Mann, der mir je begegnet ist«, erinnerte sich Hall. »Es ging ihm nicht gut, und er machte jeden Tag einen kleinen Nachmittagsschlaf. Eines Tages drängte Marlene mich, ich solle zu ihm ins Bett steigen, ›um zu sehen, was passiert‹. Ich ließ mich nicht lange bitten; selbst mit seinen gut sechzig Jahren war Rudi attraktiv, und er war ein *Mann*, und auf der Farm gab es nicht viel zu tun. Also kroch ich unter seine Bettdecke – und er schlief ein. Er war absolut nicht vom anderen Ufer, und ich weiß nicht, was Marlene im Sinn gehabt hat. Vielleicht dachte sie, ich könnte etwas bei ihm in Bewegung setzen, wenn es ihr schon nicht gelang.

Als wir abfuhren, weinte sie den ganzen Weg zum Flughafen. ›Er liebt mich nicht‹, schluchzte sie. ›Natürlich tut er das‹, sagte ich, aber sie vergoß nur noch mehr Tränen: ›Wie kann er mich lieben, wenn er solche bitteren Dinge sagt?‹ Ich meinte: ›Aber er trauert doch!‹ Und dann wollte ich einen kleinen Scherz machen und fügte hinzu: ›Außerdem ist er eine Katastrophe im Bett.‹ Da ging sie in die Luft, sie explodierte wie ein Knallfrosch. ›Du bist die Katastrophe!‹ sagte sie. ›Rudi ist göttlich! Rudi ist göttlich!‹ Sie hat ihn immer noch geliebt. Dann faßte sie sich wieder und sagte: ›Er war immer schon ein großer Schläfer vor dem Herrn.‹«

Die Tourneen gingen weiter. Bei einer weiteren Tournee in Warschau warf schließlich doch jemand mit den gefürchteten Eiern auf sie. Wie sich herausstellte, war es ein verärgerter Photograph, der ihre Reaktion sehen wollte. Er bekam die Reaktion eines Richters zu spüren, der den Eierattentäter zu drei Monaten Gefängnis verdonnerte. Marlene sang vor einem ausschließlich weißen Publikum in Südafrika, und um dem Rassismus des Civic Theater in Johannesburg etwas entgegenzusetzen, trug sie persönlich ihrem schwarzen Fahrer das Essen hinaus, weil dieser nicht das Restaurant mit ihr betreten durfte.

Als sie im Oktober nach Australien fuhr, gerieten die Fans völlig außer Rand und Band, und in dem Tumult brach sich Marlene zwei Rippen. Doch die Ovationen waren laut *Variety* »enorm, vielleicht noch frenetischer als jene, die Joan Sutherland vor kurzem bei ihren Auftritten in Melbourne erhielt«. Wie meistens »galt der Beifall nicht mehr einer Legende – er galt einer der großen Künstlerinnen der Welt«.

In Sydney trat Marlene als letzter großer Star im mittlerweile abgerissenen Theater Royal auf, das Sarah Bernhardt eingeweiht hatte. Der letzte stürmische Applaus dauerte fünfzig Minuten, bis Marlene das Publikum zu guter Letzt anflehte: »Bitte gehen Sie nach Hause, ich bin *müde*!«

Allerdings war sie nicht zu müde, eine ganze Nacht an den Stränden von Sydney auf und ab zu laufen und für das Magazin einer Sonntagszeitung zu posieren. Den Text dazu sollte ein besonders hartnäckiger Journalist schreiben. Er hatte ihr geschrieben und sie inständig um ein Interview gebeten, das er angeblich machen müsse, damit seine Kinder nicht verhungerten. Er wurde erhört.

Der Journalist hieß Hugh Curnow, und ein Mitarbeiter beschrieb ihn als »fünfundzwanzig, breitschultrig, rotbackig, in einem Tweed-Jackett, ein junger Hemingway … mit seinem derben sexuellen Selbstvertrauen [und] einer scheinbar unkomplizierten Männlichkeit.« Curnow war verheiratet und hatte drei Kinder, galt aber als Stammgast in den diversen bisexuellen Bars von Sydney.

»Curnow war der geborene Opportunist. Ich konnte ihn nicht leiden«, erklärte William Blezard, Marlenes damaliger (und späterer) australischer Dirigent. »Für ihn war Marlene nur ein journalistischer ›Knüller‹.«

Curnow bekam sogar mehr als das, worum er gebeten hatte, während Marlene kaum auf ihre Kosten kam. »Ihre Gefühle gingen mit ihr durch«, erklärte Blezard. »Sie ging immer aufs Ganze. Sie war sehr intelligent, sehr einfühlsam, aber sie ließ keine Vorsicht walten, wenn es um ihre Gefühle ging, selbst, wenn es zu ihrem Nachteil war. In gewisser

Hinsicht hat ihr das Leben übel mitgespielt, denn sie empfand alles so tief. Davon hatte niemand eine Ahnung – und wenn jemand es merkte, dann nutzte er es aus.«

Das tat auch Curnow. Marlenes Gefühle für ihn waren so heftig, daß sie eine offizielle Beurlaubung von der Zeitung für ihn bewirkte, damit er als Ghostwriter ihre Memoiren verfassen konnte, die immer noch ungeschrieben waren und mittlerweile nicht mehr bei Doubleday, sondern bei Macmillan erscheinen sollten. Curnows Aufgabe war, ihr in der Avenue Montaigne in Paris die Hand zu führen.

Ein künftiger Biograph der Dietrich mag unwillentlich als Kuppler bei der Dietrich-Curnow-Romanze fungiert haben. Charles Higham hatte selbst eine Affäre mit Marlene in Erwägung gezogen, als sie in Australien war (vielleicht aus Gründen der Recherche), doch er glaubte, sie halte ihn für zu unabhängig. Als sein Kollege Curnow in Paris diese Rolle übernahm, war es Higham, der sich seine Beschwerden anhören mußte.

»Sie ist aus feinstem Stahl gemacht«, vertraute Curnow ihm an, aber »völlig schamlos in ihrer Eitelkeit.« Er schrieb, sie sei in »Bandagen« verpackt, um sich ihre Figur zu erhalten, und mußte von ihrem Mädchen »ausgewickelt werden – wie eine Mumie!« Dann habe sie jede Nacht die Alben mit ihren Kritiken unter dem Bett hervorgezogen und sich darin vertieft.

»Glück zu zweit? Nein. Nein. Das war es nie … Ich wollte ausgehen, mit ihr schlafen«, schrieb Curnow. »Sie liebte auf die französische Art … sie haßte es, wenn ich oben lag … Sie ließ mich einfach nicht ficken. Ich ficke gerne … egal ob einen Mann, eine Frau – alles.«

Der Journalist wußte nichts von Marlenes gerade überwundener Krankheit, und es schien ihn auch nicht zu kümmern, daß er eigentlich nach Paris gekommen war, um ihr beim Schreiben ihrer Lebensgeschichte zur Hand zu gehen. Er war vierzig Jahre jünger als sie, und er beschwerte sich.

»Es machte sich nie bezahlt, wenn man sich bei Marlene beklagte«, sagt Blezard. Marlene deponierte die Alben wieder unter dem Bett und schickte Curnow in die Wüste, zurück zu Frau und Kindern. Vielleicht spielte der junge Mann Szenen aus *Sunset Boulevard* nach: Er selbst als Joe Gillis, der Marlene in eine Norma Desmond verwandeln will. Wenn dem so war, dann unterschätzte er die Kraft des »feinsten Stahls«, denn Marlene wußte, wann sie einen Schlußstrich ziehen mußte, egal, wieviel

»Gefühl« im Spiel sein mochte. Curnow (und Higham, der diese Briefe zur großen Verwunderung der Forscher in einer Universität hinterlegte) vergaß auch, daß Joe Gillis im Film schließlich doch Anstand besaß und sich schämte.

Etwas später kehrte Marlene nach Australien zurück, um beim Adelaide Festival aufzutreten. In Sydney sah sie Curnow wieder, weigerte sich aber, ihren Terminplan seinetwegen umzukrempeln. Am gleichen Tag kam er beim Recherchieren auf einer Bohrinsel ums Leben: Ein Hubschrauberrotor schnitt ihm den Kopf ab.

Als Marlene davon erfuhr, war sie zutiefst erschüttert und sagte zu Blezard: »Wenn ich nicht nach Adelaide gekommen wäre, dann wäre das nicht passiert.« Am Abend mußte sie auftreten und ein Lied über ewig Verlorenes singen, das sie einst in Sydney zum erstenmal gehört hatte: »Everyone's Gone to the Moon«. Blezard meinte später, sie habe das Lied nie so tief empfunden wie an dem Abend, und es auch nie so stoisch vorgetragen.

Sie machte weiter. Skandinavien, Südafrika, Australien, Japan und wieder Las Vegas. Zurück nach Israel, wo sie unter anderem einen feuchtfröhlichen Abend mit Teddy Kollek, dem Bürgermeister von Jerusalem, verbrachte. Dänemark, England, Schottland, Wales. Ausverkaufte Häuser, wo immer sie auftauchte. In Liverpool gab es hinter den Kulissen ein Wiedersehen mit ihrem Cousin Hasso. Zum letztenmal hatten sie sich in Berlin gesehen, und ihre Wege hatten sich nicht mehr gekreuzt, seitdem Marlene ihn 1945 in Salzburg für die amerikanische Armee identifizierte, nachdem er in russische Kriegsgefangenschaft geraten war. Hasso Felsing besaß mittlerweile einen britischen Paß und hatte eine bezaubernde, warmherzige britische Frau geheiratet. Shirley Felsing kannte ihre Schwiegermutter Jolly, die jetzt wieder verheiratet war und in der Schweiz lebte. In Marlene erkannte sie Jolly wieder.

»Die langen Fingernägel, die Art, wie sie ihren Schmuck trug, wie sie sich bewegte, die Aura, der Glamour – es war genau gleich. Die beiden hätten Schwestern sein können.« Es überraschte sie nicht, Marlene sagen zu hören, Hassos Mutter sei »die schönste Frau, der ich je begegnet bin.« Birmingham, Bristol, Brighton, Glasgow, Oxford, wieder London. Warschau, Danzig, Breslau. Ottawa und Montreal. Die Sammmlung von Garderobenschildern aus Messing und Gold wuchs; die Alben voller Huldigungen wurden immer dicker. Nur der Olymp des Showbusineß fehlte noch, und 1967 willigte sie ein, sich auch dieses Garderobenschild zu holen.

Fast fünfzehn Jahre lang hatte Marlene New York und seine Kritiker und Produzenten gemieden; je größere Erfolge sie in aller Welt feierte, desto mehr würde man sie auch am Broadway schätzen, und das wußte sie. Aber plötzlich geschah etwas, das all ihre Pläne zunichte machte.

Im Mai 1967 erlitt Rudi eine fast tödliche Herzattacke, auf die ein Schlaganfall folgte. Von Paris aus flog Marlene an sein Krankenbett und sagte dafür einen geplanten Urlaub in der Schweiz ab. Als sie ankam, lag Rudi im Koma; sein Zustand war kritisch. Marlene mietete sich ein Zimmer im Krankenhaus, damit sie rund um die Uhr bei ihm sein konnte, und sie blieb in der Klinik, bis die Gefahr gebannt war. Mit siebzig war Rudi nun plötzlich ein gebrechlicher Mann, der nur noch einen halben Magen und ein schwaches Herz hatte und allein mit einer Haushälterin lebte, sich ein paar Hühner hielt und ein Photo von Tamara nie aus den Augen ließ.

Rudi sollte nie wieder arbeiten können. Maria war mit ihrer Familie in London, wo William Riva mit seinen Entwürfen von Kinderspielzeug nicht gerade das große Geld machte. Für ihre vier Söhne, die in England oder im Schweizer La Rosay zur Schule gingen, brauchten die Rivas eine Menge Geld, und Marlene gab unumwunden zu, daß sie auf ihren Verdienst angewiesen waren – mehr denn je.

»Meinen Sie, das ist glamourös?« fragte sie einen Reporter. »Glauben Sie, es ist Vergnügen, und ich tu's nur zum Zeitvertreib? Ganz bestimmt nicht. Es ist harte Arbeit. Und wer würde schon arbeiten, wenn er's nicht nötig hätte?« 88 Cents von jedem verdienten Dollar, behauptete sie, führe sie an das amerikanische Finanzamt ab. »Und deswegen«, erklärte sie, »arbeite ich. Und solange die Leute mich wollen und mir aus der Hand essen, mache ich weiter.«

Vielleicht würde es nicht ewig so bleiben, dessen war sich Marlene bewußt; womöglich würde ihre Gesundheit auch nicht ewig mitspielen. Mit fünfundsechzig war es an der Zeit, die Legende an den Broadway zu bringen und auf den großen Triumph zu setzen.

23. »KÖNIGIN DER WELT«
1967–1975

Marlene erlag dem Broadway und der Überredungskunst von Alexander H. Cohen. Dieser produzierte Stücke, Musicals und die jährliche Fernsehübertragung der »Tony Awards« – Broadways etwas geschmackvolleres Gegenstück zum Oscar-Zirkus. Auch Cohens Stil war anspruchsvoll. Er hatte Hits und Flops wie jeder andere auch (seine Londoner Importe, wie zum Beispiel Richard Burton als *Hamlet*, fanden große Beachtung). Seinen Sinn für Stil behielt er auch bei, als sich »The Great White Way«, der Theaterbezirk am Broadway, in eine Art buntgemischten Slum verwandelte. Cohen hatte einmal erklärt, zu seinen Premieren werde niemand ohne Abendkleid oder Smoking zugelassen, und bei diesem Grundsatz blieb er. Krawatten trugen zwar nicht viel zur Qualität der Kunst bei, aber immerhin demonstrierten sie einen gewissen Respekt vor dem Theater, und das zu einer Zeit, als auf der Bühne Nacktheit die Parole war und sich in der Umgebung des Broadway Gott weiß was abspielte.

Cohen wußte, wie man mit Stars umgehen muß (er präsentierte Chevaliers One-man-Show am Broadway), und Marlene erklärte sich bereit, mit ihm zu speisen, als sie im Juni von Paris zu Konzertterminen bei der Expo 67 in Montreal reiste, kurz nachdem sich Rudis Gesundheitszustand wieder stabilisiert hatte. Cohen schickte seine Assistentin Davina Crawford, um die Dietrich am Flughafen abzuholen und in die Innenstadt zu bringen, wo Marlene dann in ihrer Park-Avenue-Wohnung übernachten konnte, ehe sie am nächsten Morgen nach Montreal weiterflog. Davina Crawford, eine elegante Engländerin, die sich im Showbusineß bestens auskannte, erzählte später: »Es war sehr wichtig, daß wir sie festnagelten, und mein Akzent sollte jenes gewisse Etwas beisteuern.« Als Dutzende von Gepäckstücken auf die Straße rollten, ohne vom amerikanischen Zoll überprüft zu werden, war die Crawford hell entsetzt. Sie schlug vor, Marlene solle die Taschen und Koffer doch bei der Flughafenaufsicht zurücklassen, statt sie in die Stadt und wieder zurück zu schleppen. Doch Marlene traute dem JFK-Sicherheitssystem nicht und hielt es für ratsamer, im Flughafenhotel ein Zimmer zu mieten und das Gepäck dort abzustellen. Die Crawford konnte dann am nächsten Morgen alles dort abholen und zum Check-in bringen, während Marlene eine Limousine zum Flughafen nahm.

Beim Abendessen wurde Marlene auf sechs Wochen Broadway »festgenagelt«, aber nur unter der »absolut unerläßlichen Bedingung«, daß Cohen Bacharach als Dirigent engagierte. Cohen war einverstanden. Er akzeptierte auch Joe Davis für die Beleuchtung und versprach, das Lunt-Fontanne Theatre anzumieten.

»*Jeder* wollte die Dietrich«, berichtet Davina Crawford. »Es war ein unglaublicher *Coup*. Ich war begeistert, daß wir sie bekommen hatten. In dieser Stimmung fuhr ich dann am nächsten Morgen los, um das Gepäck zum Flughafen zu bringen. Und da erwartete mich der Alptraum meines Lebens.« Das Hotelzimmer war »ein einziges Durcheinander, alles durchwühlt – überall offene Koffer – es sah aus wie ein besserer Flohmarkt«. Die Crawford hatte Angst, Marlene Dietrich anzurufen, die noch in der City war. »Ich dachte, sie würde bestimmt einen Herzschlag bekommen und tot umfallen, und damit wären Alex' Gewinne beim Teufel. Aber sie war phantastisch. Sie sagte nur: ›Ganz ruhig, Davina. Sehen Sie nach, ob Sie einen kleinen, schmalen braunen Karton finden können, der mit Gummibändern zusammengehalten wird. Er ist ein bißchen zerbeult.‹« Der Karton war da. »Gut«, sagte die Dietrich. »Das ist das *einzige*, was wirklich wichtig ist. Das *Kleid*!«

Die Diebe hatten billigen Modeschmuck und Pelzmäntel mitgenommen und überall Perücken verstreut, aber das Konzertkleid von Jean Louis hatten sie übersehen, weil es sich in einem Karton befand, der aussah, als würde er schmutzige Wäsche enthalten. »Vor Erleichterung hätte ich fast geweint«, erzählte Davina Crawford. »Ich packte alles wieder ein. Nach den ganzen Gerüchten hatte ich erwartet, daß ich lauter Masken und Bruchbänder und womöglich sogar ein Holzbein entdekken würde! Aber nichts dergleichen, nur ein paar Perücken für die Auftritte – und das Geheimnis der Dietrich! Sechs große Dosen mit Cold Cream von Boot's! Dafür hatte sie mindestens zwei Pfund hingelegt!«

Marlene Dietrich hatte als »Nine O'Clock Theater Production« am 9. Oktober 1967 am Lunt-Fontanne Theatre Premiere. Burt Bacharach dirigierte von seinem Flügel auf der Bühne aus. Joe Davis saß am Beleuchtungspult, und Marlene ließ ihren ganzen Zauber wirken, zwei Monate vor ihrem sechsundsechzigsten Geburtstag. Die Veranstaltungen waren sofort nach ihrer Ankündigung so gut wie ausverkauft, und es mußte zusätzlich Polizei bereitgestellt werden, um die Menschenmenge, die sich in der 46th Street drängte, unter Kontrolle zu behalten.

Als wäre Marlene schon über jede Kritik erhaben, wurde die Premiere eher für die Nachwelt bewahrt als rezensiert. Vincent Canby schrieb in der *New York Times*, Marlene Dietrich feßle ihre Zuhörer mit einer »Mischung aus Nostalgie, eiserner Willenskraft, Technik und vielleicht ein bißchen Hypnose«. Und er fuhr fort: »Miss Dietrich ist weniger eine Darstellerin als ein ›One-woman-environment‹, das die Sinne mit allen Mitteln ergreift. Sie sehe unwirklich aus, meinte eine Dame im Publikum, wie eine lebensgroße Marlene-Dietrich-Puppe. Aber sie hat sich und das Publikum so vollständig in der Hand, daß wir nicht anders können, als zu staunen und uns zu freuen ... Dieser Star ist kühl und selbstbewußt, und jeder, der lernen möchte, was Selbstkontrolle ist, sollte irgendwann in den nächsten sechs Wochen ins Lunt-Fontanne gehen.«

Time bezeichnete Marlene etwas ungalant als »altes Mädchen« und entdeckte die »Illusion von Jugend«, sowie die »Illusion von Sex«, mußte aber zugeben, daß diese Illusion ihre Wirkung noch nicht verloren hatte. Jack Kroll von *Newsweek* beschrieb Marlene als »leuchtende Erscheinung, ein Traum, der zurückgekommen ist und seine alten Träumer nicht losläßt ... eine Art Mutter Courage der entschwundenen Glamourwelt ... das makellose Gesicht einer Vergangenheit, die nur noch in Träumen lebt.«

Canbys Kritik in der *Times* erschien neben einem Bericht über die Party, die nach der Premiere im »Rainbow Room« gegeben wurde. Die Gäste standen dicht an dicht gedrängt, während Marlene in ihrer Garderobe saß und ihre geschwollen Füße in einer Wanne mit Salzwasser badete. Mr. und Mrs. Goddard Lieberson (Vera Zorina) kamen zu ihr hinter die Bühne, und die Zorina fragte Marlene, warum um Himmels willen sie hohe Absätze trage, wenn ihre Füße dadurch so anschwellen würden. Marlene antwortete wie immer: »Ich bin zu klein. Absätze erhalten die *Linie*.«

Als sie wieder Schuhe anziehen konnte, hievte die Polizei sie über die Menge hinweg auf das Dach einer Limousine, von wo sie Autogramme gab und für die Photographen posierte. In der Zwischenzeit gaben sich im »Rainbow Room« die berühmten Freunde ein Stelldichein, unter ihnen die blonde Sängerin Dionne Warwick, der griechische Filmregisseur Michael Kakoyannis mit der Schauspielerin Irene Pappas, die unverwüstliche Tallulah Bankhead, die elegante Sybil Burton und Jordan Christopher, die Liebersons, der photogene Burt Bacharach und Angie Dickinson. Um Mitternacht erschien Marlene, und die Band spielte »See What the Boys in the Backroom Will Have«. Marlene kroch unter einen Tisch, um sich den Photographen zu entziehen, wobei sie natürlich genau wußte, daß sie dadurch die Aufmerksamkeit erst recht auf sich lenkte.

Währenddessen bemühte sich die Prominenz, zu sehen und gesehen zu werden. Davina Crawford gehörte zu den wenigen, die den »zerbrechlichen Kobold« (wie sie ihn nannte) aus Kalifornien bemerkten. »Da war die Dietrich, diese triumphale Erscheinung, die so tat, als würde sie sich unter dem Tisch verstecken, und dann Rudi Sieber, verschrumpelt und klein und alt, aber sehr liebenswert, und man konnte sich vorstellen, daß er früher einmal amüsant und attraktiv gewesen sein mußte – aber nur ein bißchen.«

Rudi blieb nur kurz in New York, und nach seiner Abreise fühlte sich Marlene sehr einsam. Die Crawford erinnerte sich, daß Marlene während ihres Engagements immer wieder »Alex' Sekretärin oder mich anrief, um uns zum Abendessen einzuladen. Nichts Aufwendiges – sie wollte nur einfach jemanden haben, mit dem sie essen gehen konnte. Ganz New York gehörte ihr, sie war das größte Ereignis am Broadway seit der Erfindung der Elektrizität, und sie hatte niemanden, der mit ihr essen ging. Ich hatte den Eindruck, daß sie sich langweilte und das Ganze nur für Maria und die Enkel machte. Und wahrscheinlich auch für Rudi, aber nach der Premiere ist er nie wieder aufgetaucht. Es hieß immer nur ›Maria und die Kinder‹, ›Maria und die Kinder‹.«

In einem langen Artikel in der Sonntagsausgabe der *New York Times* porträtierte Rex Reed die »Arbeiterin« unter der Überschrift »Dietrich: ›I'm Queen of Ajax‹«. Die Überschrift spielte darauf an, daß Marlene während des Interviews hinter der Bühne mit Haushaltsreiniger geputzt hatte. Der Artikel war sehr respektlos, und viele dachten vielleicht, Reed habe sich einen Scherz erlaubt – aber was das Ajax betraf, war es blutiger Ernst. Die Dietrich hatte kurz davor der Crawford einen selbst getippten Brief bringen lassen, der buchstäblich nach diesem Putzmittel *stank*. Höchstpersönlich hatte sie sämtliche Garderoben im Theater inspiziert, ohne sich von den Sicherheitsbeamten einschüchtern zu lassen, denn es waren, wie sie betonte, gar keine da. Jeden Telefonanschluß überprüfte sie, jede Glühbirne, jeden Filter in der Klimaanlange (die meisten waren schmutzig), den Zustand der Bühne, den Blick vom Balkon auf die Bühne, die Teppichböden in den öffentlichen und privaten Räumen (schmutzig), die Tapete (blätterte ab) – und verkündete dann, das Theater sei nicht besser als eine Provinzbühne in Rumänien.

»Sie stellte Forderungen, aber keine übertriebenen«, meinte die Crawford. »Diese Überschrift mit der ›Ajax-Königin‹ traf natürlich den Nagel auf den Kopf, aber sie brachte Alex vielleicht auf die Idee, wie er ihre Show nennen sollte, als er Marlene 1968 wieder zum Broadway brachte.«

»Queen of the World« – Königin der Welt.

»Königin der Welt« zu bleiben war nicht einfacher als »Königin der Welt« zu werden. Die *New York Times* fand, der Titel deute in die richtige Richtung, aber nicht jeder teilte diese Ansicht. Nicht lange vor Marlenes »Krönung« veröffentlichte der Mann, der mehr als alle anderen dazu beigetragen hatte, daß sie diesen Titel verdiente, ein Buch. Josef von Sternberg nannte seine Memoiren *Fun in a Chinese Laundry* (nach einem frühen Edison-Film; auf deutsch heißt das Buch schlicht »Ich, Josef von Sternberg«), und bis heute ist diese Autobiographie die kunstvollste aller Lebensbeichten aus Hollywood. Kultiviert, bissig und so schwer faßbar und vielschichtig wie seine Filme. Als seine Ansichten, die er in der Einsamkeit des Elfenbeinturms verfaßt hatte, publiziert wurden, wiesen sämtliche Kritiker darauf hin, wie wenig großzügig er sich über die Frau äußerte, die von ihm sagte, er sei der Mann, den sie am meisten zufriedenstellen wollte.

Er hatte, wie sich zeigte, doch mehr zu sagen als das, was er schon mit der Kamera gesagt hatte. Vieles klang unwirsch, nichts liebenswürdig. Er stellte Marlene als ungewöhnlich gehorsames Requisit dar und nahm im voraus jeder möglichen Reaktion von ihrer Seite den Wind aus den Segeln: »Und sollte sie wiederum zornig werden, wenn sie dies liest, dann möge sie sich erinnern, wie zornig sie mir gegenüber schon so oft war – und ohne Grund.«

Das Buch war Selbstbeweihräucherung, kraftvoll und kleinlich zugleich. Jeder Journalist, der des Lesens mächtig war, versuchte eine Stellungnahme von Marlene zu bekommen. Sie äußerte sich nie. Sie erwähnte auch nie, daß sie ihn jahrelang finanziell unterstützt hatte, daß sie auf eine große Geldsumme verzichtet hatte, um ihm das glücklose *I-Claudius*-Projekt zu verschaffen; sie sprach nie darüber, daß er sie gebeten hatte, ihn für ihre Konzertreisen als eine Art Conférencier einzustellen. Wenn sie Freunden von diesem Ansinnen erzählte, dann bemerkte sie dazu immer lediglich: »Das muß man sich mal vorstellen!«

Kurz nachdem Sternbergs Buch erschienen war, erhielt Marlene als Anerkennung für ihren Einsatz im Krieg einen weiteren Orden, das »Medaillon of Valor« der israelischen Regierung. Die Auszeichnung wurde ihr in Los Angeles überreicht, und Sternberg hielt sich gerade mit einem seiner Studenten in seiner zum Arbeitsraum umgebauten Garage auf, als die Nachricht im Radio kam. »Meldet sie sich je bei Ihnen?« wollte der Student wissen. »Nur wenn sie etwas *braucht*«, lautete die bittere Antwort. Der Student betrachtete die riesigen Photos an der Wand, die Marlene für ihn signiert hatte, (»You God, You!« und »Without you I am nothing:« stand da) und fragte sich, was sie wohl noch von ihm brauchen mochte, das sie nicht schon längst bekommen hatte.

Als Sternberg im Dezember 1969 starb, war das nur eine kleine Meldung aus dem Land der Dinosaurier. Bei dem bescheidenen Begräbnis bemerkte kein Reporter die Frau mit dem großen Kopftuch, die da im Schatten stand, ein zurückhaltender Trauergast, eine stumme Marionette. Der Drehbuchautor und Freund Walter Reisch erkannte Marlene, aber sie bedeutete ihm durch ein Zeichen, er solle nichts sagen. Dies war Jos Augenblick, nicht ihrer. Was sie von ihm *brauchte* – die Anerkennung des »Schöpfers« für sein »Geschöpf« –, das würde ihr nie zuteil werden.

1968 mußte wieder ein Broadway-Theater inspiziert und geschrubbt werden (das Mark Hellinger Theater), ein etwas abgewandeltes Programm mußte perfektioniert werden, und Hunderte von Briefen mußten mit zwei Fingern getippt und dann Alexander Cohen per Boten überbracht werden. »Sie sitzt hinter ihrer Schreibmaschine und hämmert los«, brummte er. »Wenn sie nichts zu nörgeln hat, dann erfindet sie etwas, um mich auf Trab zu halten.« Aber es war nicht ganz so schlimm wie in Paris, denn von dort »schickt sie mir sechs- oder siebenseitige

Telegramme. Sie bedient sich der internationalen Telefonverbindungen, so wie ich die Theaterkantine anrufe.«

Auf den Plakaten nannte Cohen Marlene »Königin der Welt«. Aber privat bezeichnete er sie als »anstaltsreif« oder »die singende Hunnin«. Das lag vielleicht auch daran, daß er ihr ganze vierzig Prozent der Einspielergebnisse bezahlen mußte (garantiertes Minimum: 25 000 Dollar); und er selbst verdiente – gar nichts. Schließlich kosteten ja auch die neuen Klimaanlagenfilter und die von Marlene geforderten Instandsetzungsarbeiten für »Rumänien« Geld.

Cohen wollte dafür eine Entschädigung. Für ihre One-woman-Show erhielt Marlene einen besonderen Tony Award, den sie bei der von Cohen produzierten Fernseh-Gala in Empfang nehmen sollte. Beim Betreten der Bühne stolperte sie, aber sie lachte charmant darüber, als wäre die Aufregung schuld, daß sie nicht ganz sicher auf den Beinen war: Schließlich war der Tony die einzige Auszeichnung, die sie je für ihre künstlerischen Leistungen erhalten hatte.

Cohen wußte, was er tat, als er Marlene vor die Kameras holte. »Bitten Sie mich *nie*, im Fernsehen aufzutreten«, hatte Marlene zu ihm gesagt. Und er reagierte mit der unwiderlegbaren Logik des Showbusineß: Er sah in dieser Bemerkung den »Beginn ihrer Bemühungen, im Fernsehen aufzutreten«.

Marlene hatte das Fernsehen gemieden, während Maria dort arbeitete, aber sobald Maria aufhörte, dachte Marlene sehr ernsthaft über das Angebot von Revlon nach: Zwei Millionen Dollar bot man ihr, wenn sie für das Unternehmen eine Reihe von Sonderprogrammen moderierte. Aus diesem Plan und aus verschiedenen anderen (erwähnenswert ist vor allem ein »Special« über ihre Pariser Show von 1959, unter der Regie von Orson Welles) wurde nichts – wegen der Steuer. »Man hat mir die Sterne vom Himmel versprochen«, erzählte sie Rex Reed, »aber ich bin auf diesem Gebiet noch immer Jungfrau. Wer braucht auch so was?« Zumal wenn der Staat achtundachtzig Cents von jedem Dollar einbehielt!

Aber Cohen ließ sich nicht entmutigen. Als er Marlene am Telefon wegen eines Fernsehauftritts ansprach, legte sie einfach auf. Sie war zweifellos reif! Er suchte nach einem Sender und einem Sponsor. CBS wäre nicht schlecht. Kraft Cheese wäre nicht schlecht. Und England … hatte England nicht andere Steuergesetze?

Inzwischen versuchte Marlene nach Kräften, ohne Burt Bacharach Königin der Welt zu bleiben. Nach dem ersten Konzert mit ihrem neuen amerikanischen Dirigenten Stan Freeman rief sie Bacharach an (von einer Bar aus!) und verkündete in Freemans Anwesenheit: »Er ist entsetzlich! Er ist entsetzlich! Komm zurück!« Bacharach überredete die beiden, es noch einmal zu versuchen, und Marlene nannte Freeman schließlich ihren »Fels von Gibraltar«, wie er sich später mit grimmigem Lachen erinnerte.

Um dieser »Fels« zu werden, brauchte Freeman die gleiche Sturheit wie sein Gegenüber. »Man durfte sich von ihr nicht herumschubsen lassen«, sagte er. Eines Abends war der Beifall besonders lang gewesen, was sich Freemans Meinung nach in einem besonders großen Scotch niedergeschlagen hatte, und zu seinem Ärger wurde er nach dem Konzert zu Marlene zitiert.

»Das Orchester hat heute abend wie eine Tanzkapelle geklungen!« warf sie ihm vor.

»So wie Sie gesungen haben, hätten selbst die New Yorker Philharmoniker wie eine Tanzkapelle geklungen!« gab er zurück.

»Verschwinden Sie!« rief sie.

»Das werde ich auch tun!« erklärte er. »Auf Wiedersehen und viel Glück!«

»Ach, Schätzchen«, lenkte sie ein, als sie merkte, daß sie ihn nicht einschüchtern konnte. »Haben Sie gestern abend die *grauenhafte* Show im Fernsehen gesehen? Haben Sie die *grauenhafte* Musik gehört?«

Er blieb.

»Sie konnte eine Tyrannin sein, aber ich glaube, sie mochte mich. Sie war entweder unmöglich oder sehr großzügig. Als wir bei der Expo auftraten, bekam ich Durchfall, und sie ließ extra aus Paris Tabletten für mich einfliegen. Sie lud mich oft zum Essen ein. Auf dem Weg nach Schweden lud sie das ganze *Schiff* zum Essen ein. Fässer mit Dom Perignon. Bottiche voller Garnelen. Fünfzigtausend Kellner. Sie richtete meine New Yorker Garderobe her, hängte einen Vorhang auf, den sie selbst genäht hatte, und brachte einen Bettüberwurf mit. Aber sie mußte alles unter Kontrolle haben. Unter absoluter Kontrolle.

Genauso auf der Bühne. Sie hatte alles unter Kontrolle, sie hatte alles im Griff, sie *war* die ›Königin der Welt‹. Das Publikum machte, was sie wollte. Wenn sie am Anfang einer Show die Bühne betrat – das war einer der aufregendsten Momente im Showbusineß. Ich habe jedesmal eine Gänsehaut bekommen. Sie hatte alles fest im Griff – bis zu *I Wish You Love*, die Fernsehshow. *Die* war grotesk.«

I Wish You Love wurde im Herbst 1972 in London aufgenommen, um am Neujahrstag von der BBC und am 13. Januar von CBS ausgestrahlt zu werden. Marlene war nervös, weil ihre wenigen bisherigen Erfahrungen mit dem Fernsehen fast alle von Chaos und Dilettantismus begleitet gewesen waren. Bei einer kanadischen Talk-Show war sie einfach aufgestanden und gegangen, weil der Moderator mit ihr über deutsche Politik reden wollte statt über das Konzert, für das sie Werbung machen wollte; daß sie bei der Verleihung des Tony fast hingefallen wäre, berührte sie immer noch peinlich; sie hatte für die UNICEF im deutschen Fernsehen »Where Have All the Flowers Gone« gesungen, worauf es zwischen den Managern zu Handgreiflichkeiten gekommen war, als ein anderer Sänger, der zum Normaltarif bezahlt wurde, herausfand, daß Marlene noch 6000 Dollar zusätzlich erhielt. In Stockholm und in Paris waren ein paar Clips fürs Fernsehen gemacht worden, außerdem waren Ausschnitte in den Nachrichten gekommen, aber die einzige unproblematische Erfahrung mit dem neuen Medium war die Royal Command Performance mit den Beatles gewesen, die nun schon fast zehn Jahre zurücklag, also im Steinzeitalter der BBC.

I Wish You Love verfolgte zwei Ziele: die Dokumentation eines Dietrich-Konzerts und finanzielle Reserven für Maria. Marlene sollte 250000 Dollar erhalten (die höchste Fernsehgage, die je für einen solchen Auftritt bezahlt wurde), und die Rechte für die Show sollten an Maria übergehen.

Der Plan war gut, die Show nicht. Das Fernsehen ist ein Medium der Techniker, nicht der Darsteller. Marlene konnte dort nicht die Art von Kontrolle ausüben, die ihre Konzerte so professionell machte – so geistreich, majestätisch, beeindruckend. Marlene und Alexander Cohen beschlossen, die Aufnahme im New London Theatre in der Drury Lane zu machen, weil dieses über die modernsten technischen Einrichtungen verfügte, um ein Konzert zu filmen. Das New London Theatre war allerdings so *neu*, daß es noch gar nicht fertig war, und als die Termine für die Aufnahme festgelegt wurden, wimmelte es noch von Bauarbeitern. Aber beim Fernsehen zählt nur eins: Termine. Vielleicht besteht Fernsehen ja überhaupt *nur* aus Terminen.

Die Kulissen von Rouben Ter-Arutunian sahen aus wie »rote Segel bei Sonnenuntergang«, meinte Marlene – wenn nicht sogar orange. »Soll ich etwa ›La Vie en orange‹ singen?« polterte sie. Der Hintergrund wurde durch einen rosafarbenen Leinenstoff ersetzt, auf dem René Bouchés Zeichnung von Marlenes Gesicht abgebildet war, die inzwischen als ihr Werbe-Logo verwendet wurde. Die TV-Beleuchtung löschte all die subtilen Effekte aus, die Joe Davis einsetzte; riesige Kameras rollten wie Kolosse auf Gummirädern die Theatergänge hinauf und hinunter.

Marlene und Alexander Cohen hatten nie ein besonders herzliches Verhältnis gehabt, aber jetzt kühlte es noch mehr ab, wie Stan Freeman beobachtete. »Alex wollte sie wegen irgend etwas sprechen, und sie hatte keine Lust, ihn zu sehen. Er wartete sechs Stunden hinter der Bühne. Es war ein Duell, wer kann wen aussitzen, und Alex hatte vergessen, daß Marlene Hitler ausgesessen hatte.

Sie behandelte Bühnenarbeiter oft wie Dienstboten, und vermutlich sah sie in Alex nichts anderes als einen gutbezahlten Bühnenarbeiter. Aber nicht *er* war es, der niederkniete und die Bühne schrubbte, sondern *sie*; ich habe sie mit eigenen Augen dabei beobachtet. Sie kletterte über Zementmixer, während man versuchte, das Theater herzurichten. Sie wußte genau, wie alles sein sollte: die Beleuchtung, der Ton, alles – und sie wußte, was sie tun mußte, um es so hinzukriegen. Aber nicht beim Fernsehen. Sie blieb in der Welt des Theaters, während alle anderen mit elektronischen Geräten und Videos arbeiteten, und Alex versuchte dauernd, sie dazu zu bringen, daß sie sich inmitten all des Chaos mit den Sponsoren traf.«

»*Kraft Cheese?*« explodierte sie. »Er möchte, daß ich mich mit *Kraft Cheese* treffe, während ich mich auf eine Show vorbereite?!« Nicht einmal aus Höflichkeit traf sie sich mit ihren Sponsoren. Kraft zahlte ihr die höchste Gage der Geschichte, aber für Marlene waren das nur Reklamefritzen. Cohen sollte sich um die Sponsoren kümmern und um die Finanzierung und die Produktion. »Aber«, erinnert sich Freeman, »die Show managte ein in London arbeitender Ungar, der Marlene anbetete. Sie konnte ihre Frustration nicht an Alex oder an den Kraft-Cheese-Leuten auslassen, also nahm sie sich den Ungarn vor. Danach saß er hinter der Bühne und schluchzte wie ein Baby.

Nichts klappte. Die Sitze waren noch nicht festgeschraubt für die geschniegelten Zuschauer, die Alex eingeladen hatte und die keinen Cent bezahlen mußten. Die Zuschauer kamen, weil sie im Fernsehen sein wollten, nicht um Marlene zu sehen. Sie brauchte ihr Publikum – für wen sollte sie spielen? Für *mich*? Ich war hinter dieser Stoffwand versteckt, die übrigens auf dem Bildschirm *sehr* rosarot aussah. Die Zeichen für den Rhythmus, die sie uns immer gab, konnte ich gar nicht wahrnehmen, und unser Sound erreichte sie den Bruchteil einer Sekunde später über Lautsprecher, die sie nicht richtig *hören* konnte. Zwischen Sänger und Orchester gibt es eine Interaktion, aber die klappt nicht mit den ganzen technischen Zwischenschaltungen.

Diese Frau wollte proben, bis alle draufgingen – sie selbst eingeschlossen –, um alles richtig hinzukriegen, aber Kraft Cheese interessierte sich nicht für Proben, und das einzige, was dabei draufging, war die *Show*.«

Die Aufnahme wurde ganz mechanisch gemacht, aber später entschloß man sich zu Retakes, und das bißchen Konzertatmosphäre, das Marlene bei einem Publikum, welches ihr ohnehin nicht behagte, herbeizaubern konnte, ging dadurch auch noch verloren. Sie zog sich mit Videogeräten ins Hotel Savoy zurück, um den Schnitt für die Endfassung zu machen. Das Ganze erschien ihr immer absurder – die Zuschauer mußten keinen Eintritt bezahlen, das Spannungsmoment einer Live-Veranstaltung fehlte, man brauchte nur auf einen Knopf zu drücken, und Marlene erschien auf dem Bildschirm – oder verschwand wieder. »Ich habe in meinem Leben nie etwas umsonst bekommen«, knurrte sie.

Die schreckliche Wahrheit – die ihr gedämmert haben muß, als sie sich stundenlang die Aufnahme anschaute – war, daß diese Show zu spät kam. Jahrelang hatte sie die Frage nach ihrem Alter beiseite gefegt, indem sie den Reportern erklärte, sie sei einundsiebzig, aber nun *war* sie einundsiebzig. Zwar sah sie nicht so aus, aber auf dem kleinen, flimmernden Bildschirm wirkte sie auch nicht wie die ferne Traumgöttin, die einem Liebe wünschte. Unsicher sah sie aus, wütend. Man hört, daß sie aus dem Rhythmus ist, weil die Musik durch die Lautsprecher verzögert an ihr Ohr dringt. Man sieht, daß sie auf den Takt horcht. Die Kameras enthüllen erbarmungslos die Kunstgriffe, die man eigentlich von der siebten Reihe, Mitte, aus sehen sollte. Der rechte Mundwinkel hängt nach unten; die Perücke paßt zu keiner menschlichen Kopfhaut. Marlene wirkt deplaziert, sie ist die Verliererin bei dieser Attacke auf ihren Perfektionismus, obwohl sie mit ihrer ganzen Willenskraft und ihren Starqualitäten würdig dagegen ankämpft.

Fast schafft sie es auch. Sie singt ihre üblichen Lieder, und ganz gelegentlich besiegt ihre ungeheure Autorität die Unbarmherzigkeit der Kameras. Sie singt »La vie en rose« voll zärtlicher Nostalgie, und in »Where Have All the Flowers Gone« (während des Höhepunkts des Vietnamkriegs) liegt unendliche Trauer. Ihr Anblick im Fernsehen läßt die Weisheit des Alters ahnen – ein zweifelhaftes Verdienst bei einer Show, die nebenbei (mit einem katastrophal verzwungenen »I Get a Kick Out of You«) auch noch versucht, flott und fetzig zu sein. Man hat den Eindruck, daß Marlene attackiert wird von einer Technik, die gegen sie arbeitet, nicht für sie. Seit *Der kleine Napoleon* hatte sie nicht mehr so befangen gewirkt – und das lag fünfzig Jahre zurück. Mit ihren einundsiebzig Jahren war sie plötzlich wieder eine blutige Anfängerin.

Sie hielt das Ganze für eine Katastrophe und sagte es auch. »Es ist eine Katastrophe«, meinte sie zu dem Journalisten Rex Reed, und sie wußte, daß er das nicht für sich behalten würde. »Sie sind allesamt Roboter, diese Leute beim Fernsehen«, fügte sie hinzu, wobei sie offenbar Alexander Cohen und die Leute von Kraft Cheese einschloß. »Aber ich habe mir alles selbst zuzuschreiben«, räumte sie ein, ohne daß man den Eindruck hatte, sie mache sich große Vorwürfe. »Man landet immer wieder bei der gleichen Frage: Warum habe ich es gemacht? Fragen Sie mich, warum ich es gemacht habe.«

»Warum haben Sie es gemacht?« erkundigte sich Rex Reed folgsam. »Wegen des Geldes, mein Lieber.«

Unverblümt, aber wahr. Und sie hatte viel aufs Spiel gesetzt. Sie hatte noch Konzerttermine auf der ganzen Welt, einschließlich der New Yorker Carnegie Hall, und die potentiellen Konzertbesucher dachten nun vielleicht, ihr Bühnenprogramm sei genauso steif und leblos wie diese Fernsehshow. CBS und die Cheese-Leute hatten nicht vor, Marlene weiterhin hemmungslos von einer Katastrophe sprechen zu lassen. Sie ließen 150 Fernsehreporter zu einer Pressekonferenz im New Yorker Waldorf-Astoria einfliegen. Marlene kam und erzählte allen, wie grauenhaft die Sendung sei. Sie warb nicht für die Fernsehshow von CBS oder Alexander Cohen, sie verteidigte ihre künstlerische Laufbahn vor der Fernsehshow. Selbst die *New York Times* zuckte zusammen angesichts ihrer »nur mühsam unterdrückten Wut«.

»Lieber Gott, wo haben sie denn all diese Idioten her?« fragte sie den Reporter von *Time*, und Alexander H. Cohen bat einen Richter, Marlene zum Schweigen zu bringen. Cohen weigerte sich, die restlichen 100 000 Dollar zu bezahlen, die bei der Ausstrahlung der Sendung fällig waren, weil Marlene dem Programm enorm schade. Außerdem reichte er eine Verleumdungsklage ein, da sie ihn in ihrem Interview mit Rex Reed als »unprofessionell« und als »Roboter« bezeichnet hatte. Die gleiche Klage hatte er bereits in London eingereicht (wo Reeds Artikel und die Show zwei Wochen früher erschienen), und in London hatte er gewonnen.

Es ist sehr unwahrscheinlich, daß Marlene die Öffentlichkeit zu manipulieren versuchte (wie manche dachten), um auf die Show aufmerksam zu machen. Bisher hatte sie die Zuschauer kein einziges Mal gebeten wegzubleiben, und diejenigen, die sie noch nicht auf der Bühne gesehen und keinen Vergleichsmaßstab hatten, waren völlig verblüfft darüber, daß sie den Fernsehauftritt so heruntermachte. Aber selbst Leute, die Marlene auf dem Höhepunkt ihres Schaffens erlebt hatten, meinten, es gebe an dem, was sie auf dem Bildschirm sahen, wenig auszusetzen.

So zum Beispiel Cecil Beaton. »Ich saß da, völlig hingerissen und nicht das kleinste bißchen kritisch, wie ich es eigentlich erwartet hatte. Die alte Kämpferin ändert ihre Tricks nie, weil sie weiß, sie funktionieren, und weil sie sie erfunden hat ... Irgendwie schafft sie es, alterslos zu wirken. Selbst für einen gewieften Experten wie mich war es unmöglich, einen Schwachpunkt zu entdecken ... Marlene hat sich eine neue Karriere geschaffen, und sie ist zweifellos ein großer Star ... mit einem genialen Glauben an ihre selbstgeschaffene Schönheit ... Sie verzaubert ihre Zuschauer und hält sie (und sich selbst) in Bann, damit sie an sie glauben.«

Die Einschaltquoten wurden durch den Wirbel nach unten gedrückt; die Kritiken fielen größtenteils freundlich aus, aber leider bleibt *I Wish You Love* das wichtigste visuelle Zeugnis der Dietrich-Konzerte. Sie hatte recht, als sie sagte: »Es ist nicht so gut.« Es war nicht annähernd »so gut«, und eine Schlagzeile stellte die tödliche Frage. Sie kam von einem bewundernden Kritiker in Deutschland: »Sind Götter doch sterblich?«

Marlene hätte nicht mit Rex Reed sprechen sollen. Reed war ein populärer Journalist, der viel Geld damit verdiente, daß er berühmte Leute dazu brachte, Dinge zu sagen, die er den Nicht-Berühmten ausplaudern konnte. 1967 hatte Marlene in dem Interview, das unter der Überschrift »The Queen of Ajax« erschien, auf eine Frage Reeds zu Vietnam geäußert: »Was sollen wir tun ... Johnson umbringen?« Der politisch rechts stehende französische Schriftsteller Roger Peyrefitte griff diese Bemerkung auf, verarbeitete sie in einem Roman und handelte sich damit eine Klage ein. Marlene war allerdings weniger deswegen empört, weil Peyrefitte andeutete, sie habe ein Attentat auf den amerikanischen Präsidenten vorgeschlagen, sondern weil er sie als »ehemalige Mitbürgerin von Hitler« bezeichnete. Ohne zu überlegen, daß sie das bis 1939 durchaus gewesen war, explodierte sie: »Den Teufel war ich!« Vor einem französischen Gericht gewann Marlene diese Runde, aber bei der öffentlichen Meinung war sie trotzdem in Ungnade, und zwar wegen einer anderen Bemerkung, die sie Reed gegenüber gemacht hatte: »Alle meine Freunde sind tot.«

Unter den noch lebenden Freunden reagierten einige sehr gekränkt, aber Marlenes Broadway-Triumphe ließen sie vergessen, daß sie 1967 und 1968 wütend auf Marlene gewesen waren. Das »Roboter«-Interview von 1972 führte dazu, daß Cohen auch in den Staaten ein Verfahren gegen Marlene anstrengte, das sich mehr als vier Jahre hinziehen sollte. Außerdem hatte Reed sie lange genug weiterreden lassen, bis sie noch zwei eher beiläufige Bemerkungen machte, die darauf schließen ließen, daß in der Garderobe mehr Champagner floß als Ajax.

Das Interview, das kurz vor *I Wish You Love* erschien, fand wenige Tage vor Marlenes Geburtstag und vor Weihnachten statt. Auf die Frage, wie sie die Feiertage verbringen werde, antwortete Marlene: »Oh, ich bin immer allein. Meine Tochter Maria ist mit meinem Geld zum Skifahren in die Schweiz gefahren und hat mich allein gelassen.« In den Ohren derer, die keine Ahnung hatten, wie großzügig Marlene Marias Rechnungen bezahlte, klang das sehr knausrig.

»Warum sind Sie nicht auch [in die Schweiz] gefahren?« fragte Reed. »Sie könnten doch Noël Coward besuchen.«

»Ach, der ist womöglich tot, bevor ich dort ankomme«, meinte sie. »Alle meine Freunde sind schon tot, Hemingway, Jean Cocteau, Erich Maria Remarque, Edith Piaf«. Judy Garland »wollte sterben, also hab' ich mich für sie gefreut. Wenn man sterben will, dann soll man sterben. Aber man soll nicht anderen Leuten damit auf die Nerven fallen.«

Viele (Reed eingeschlossen) fanden, daß es Marlene war, die den Leuten auf die Nerven fiel, und nur Noël Coward, dessen Freunde sich an seiner Statt schrecklich über Marlenes Bemerkung aufregten, fand die Sache äußerst amüsant. Er wußte, daß Marlene auf einen alten Witz von ihm anspielte. Er hatte nämlich einmal gesagt, es sei sehr unwahrscheinlich, daß er »vor dem Mittagessen sterbe«. »Warum vor dem Mittagessen, Schätzchen?« hatte Marlene in gespielter Naivität gefragt. Doch nun hielt sich *Sir* Noël (wozu er spät genug ernannt worden war) in New York auf und war ernsthaft krank, darum war die Bemerkung Marlenes, die von einem Fettnäpfchen ins nächste stolperte, noch taktloser.

»The Master« war in New York, um eine Smoking-Gala für geladene Gäste zu geben: *Oh! Coward*, eine Revue seines Lebenswerks in Songs. Die Veranstaltung fand einen Abend nach der CBS-Ausstrahlung von *I Wish You Love* statt. Coward hatte die pfiffige Idee, bei seiner Show ausgerechnet am Arm der Quasselstrippe Marlene zu erscheinen. Damit demonstrierte er der Öffentlichkeit, daß er ihr die Bemerkungen gegenüber Reed großherzig verzieh, und stellte noch einmal seine Zuneigung zu ihr unter Beweis, die die beiden seit den dreißiger Jahren viele kleine Auseinandersetzungen hatte überstehen lassen. Coward ermahnte Marlene spitzbübisch, sie solle ihre Zunge hüten, Rex Reed könnte im Publikum sein. »Wenn ich ihn entdecke«, knurrte sie, »dann trete ich ihn in die Eier. Falls er überhaupt welche hat.«

Marlene und Coward zeigten Courage. Coward wirkte gebeugt und zerbrechlich, und auf dem Weg ins Theater stützte ihn Marlene (in einem eleganten Hosenanzug), obwohl sie selbst nicht allzu sicher auf den Beinen schien. Myrna Loy meinte, man hätte nicht sagen können, wer wen führte, als die beiden an den Photographen und den Auserwählten des New Yorker Showbusineß vorbeidefilierten.

Es war galant und rührend. Coward machte tapfer Witze (»Ich habe die Songs eigentlich nur gesummt!« meinte er gegenüber der Presse), Marlene umklammerte seine Hand und tätschelte sie, und er ließ sie gewähren, um zu zeigen, daß Freundschaft alles verzeihen kann. Es sollte Cowards letzter öffentlicher Auftritt sein; er starb zwei Monate später. Daß er diesen letzten Auftritt gemeinsam mit Marlene hatte, paßte in das Gesamtbild: Die beiden galten seit vielen Jahrzehnten als Inbegriff des Star-Mythos, und sie verkörperten die seltenste aller Tugenden: Loyalität.

»Sie mochte einen lieber, wenn man tot war«, sagte Bernard Hall. Marlenes Freundeskreis wurde rasch immer kleiner, und ihre schroffen Äußerungen über den Tod waren nach Halls Ansicht ihre Art zu verdrängen. Ständig klagte sie darüber, daß sie arbeiten mußte, um Geld zu verdienen, aber sie schien gar nicht daran zu denken, aufzuhören oder die Kontrolle über die Legende abzugeben. Oder besser: die Kontrolle über die *Legenden*. Sie hatte nun zwanzig Jahre damit verbracht, eine neue aufzubauen, und äußerte sich zunehmend abfällig über die alte. »Ich habe es gehaßt, ein Filmstar zu sein«, meinte sie, um hinzuzufügen, die »schwulen« Filmfans, die immer nur über *Shanghai Express* reden wollten, würden ihr zum Hals heraushängen. Sie sei kein Museumsstück und auch kein Relikt für die Retrospektiven, sondern ein lebendiges Wesen, das noch immer etwas *tun* konnte, wie es ihre Mutter ihr vor fast einem Dreivierteljahrhundert eingebleut hatte. Pflichtbewußtsein – sich selbst und der Familie gegenüber – steckte ihr in den Knochen und ließ sie nicht im Stich, bis die Knochen versagten (und selbst dann nicht).

Aber die Unruhe wuchs. Tabletten und Alkohol und Schmerzen machten sich zusehends bemerkbar. Die Toleranzschwelle gegenüber Menschen und Dingen, die ihre Vollkommenheit gefährden konnten, wurde immer niedriger. Marlene war noch nie zurückhaltend gewesen mit ihren Forderungen, aber als sie die Siebzig überschritten hatte, wirkte ihr Verhalten selbst für eine Königin ausgesprochen herrisch. Tourneen sind eine besondere Tortur für jeden Showstar, und man braucht einen gewissen Luxus, um sie zu überstehen. Marlenes Weigerung, in einem Hotel bei Brüssel abzusteigen, weil es dort keinen Aufzug gab (sie bangte um ihre Beine), bestürzte die Besitzer, die ein Kloster aus dem 17. Jahrhundert mit viel Liebe in ein Luxushotel verwandelt hatten. »Dieses Gebäude mag ja aus dem 17. Jahrhundert stammen«, bellte Marlene, »aber *ich* nicht!« Als sie erfuhr, daß sich ihr Zimmer im Erdgeschoß (und zwar in der ehemaligen Kapelle) befand, blieb sie, wandte aber ein, sie könnte mitten in der Nacht über die Stufen stolpern, die zu ihrem Bett führten (das sich an der Stelle des früheren Altars befand). Handwerker verlegten einen völlig neuen Fußboden in der Kapellen-Suite, wobei Marlene ihnen die entsprechenden Anweisungen gab.

In Japan stieg sie im Imperial Hotel ab und bombardierte den Zimmerservice sogleich mit ihren Forderungen:

1. zwölf Papierkörbe
2. siebenunddreißig Kofferständer
3. ein Bügelbrett
4. eine elektrische Schreibmaschine (amerikanische Tastatur)
5. vierundzwanzig Telefonblöcke mit Bleistiften
6. eine elektrische Kochplatte

7. ein Kochtopf
8. doppelt starke Ersatzglühbirnen
9. abgefülltes Quellwasser zum Kochen
10. Name eines guten japanischen Restaurants.

(Man hatte ihr nämlich erzählt, das Küchenpersonal des Imperial könne nur amerikanische Gerichte zubereiten, und die konnte sie sich selbst auf der elektrischen Platte kochen.)

Das Hotelpersonal durfte ihre Räume nur in ihrer Anwesenheit betreten, und das Zimmer, in dem ihre Kostüme, ihre Miederwäsche und ihre Bodystockings auslagen, war absolut *tabu*. In den Badezimmern wurde eine spezielle Beleuchtung installiert, damit sie nie ohne ihr volles Bühnen-Make-up sein mußte. Verdächtig aussehende Flaschen mit Etiketten wie »Gesichtsreiniger«, »Adstringens« oder »Liniment« wurden strategisch geschickt verstaut, denn auch hier benötigte man gelegentlich ein Schlückchen »Mut«. Im übrigen wartete sie auf den Dom Perignon von den Veranstaltern.

Vor dem Auftritt – mit den eingeflochtenen, steril in der Kopfhaut festgesteckten Liftstreifen, mit antibiotischen Tinkturen eingesalbt, mit Bändern umwickelt, mit Perücken gekrönt, geschminkt, mit Klunkern und Bergkristallen behängt – putzte sie die Zimmer selbst, desinfizierte das Badezimmer, das nur sie selbst benutzte, stellte alle zwölf Papierkörbe auf den Flur; und wenn sie die Handtücher und die Bettwäsche nicht selbst wechselte, dann beaufsichtigte sie die Zimmermädchen dabei.

Daß sie die Hotelmöbel umstellte, gehörte zur Routine, schon weil sie Platz für die Kofferständer brauchte. Wenn das Hotelpersonal in Tokio, Brüssel oder Stockholm bei ihrer Ankunft gerade frei hatte, machte sie sich selbst ans Umräumen, mit Hilfe des jeweiligen Veranstalters, des Hotelmanagers oder der Reporter. Die Suiten *mußten* jeweils zwei Badezimmer mit Wanne haben; eine Wanne war zum Baden da, die andere für die Tonnen von Blumensträußen, die sie bekam, die sie haßte und in die zweite Wanne warf, ohne die Karten zu lesen.

Die Begegnungen mit der Prominenz vor Ort ödeten sie zunehmend an. Sie hatte die Leute von »Kraft Cheese« und »Suntory Liquors« gemieden und sah nicht ein, warum irgend jemand Anspruch auf ihr Privatleben haben sollte. An ihrem letzten Abend in Tokio wurde im Imperial Hotel ein riesiger Empfang gegeben. Man wollte ihr zwei kostbare alte Kimonos überreichen. »Ich habe *genug* Kleider!« dröhnte sie.

Ihre Garderobiere (Jean, verheiratet mit Chick, dem Gitarristen) wies sie vorsichtig darauf hin, die Karten für ihr Konzert in Tokio hätten 350 Dollar gekostet, die Veranstaltung sei total ausverkauft gewesen, sämtliche Zuschauer inklusive Platzanweiser seien am Schluß zur Bühne geeilt, und in dem Ballsaal, wo die alten Kimonos auf sie warteten, fehle lediglich der alter Kaiser. Marlene geruhte also doch zu erscheinen (in Hosen), trank einen großen Scotch, packte die Kimonos unter den Arm und verschwand wieder. In Framingham, Massachusetts, wartete ihr Veranstalter nach der Show geschlagene zwei Stunden auf sie, bis er schließlich merkte, daß sie aus ihrem Garderobenfenster geklettert und ins Bett gegangen war.

Als sie im Juni 1973 wieder nach Paris kam, um in »L'Espace Pierre Cardin« aufzutreten, jenem eleganten Theater, das der elegante Modeschöpfer eröffnet hatte, ließ Cardin nicht nur neue Samtvorhänge im Zuschauerraum aufhängen, sondern auch zwei Garderoben samt Badezimmer herrichten, die Wände mit Stoff tapezieren, neue Armaturen installieren und außerdem Teppiche, einen Kühlschrank und antike Spiegel aus seiner Pariser Privatwohnung herbeischaffen. Die Dietrich inspizierte ihre Wirkungsstätte und gab Cardin den Rat: »Sie sollten lieber beim Hosenbügeln bleiben; vom Theater verstehen Sie offensichtlich gar nichts.«

Bei der Premiere floh sie von der Bühne, als Photographen die Vorstellung stürmten. Über ein Mikrophon hinter der Bühne gab sie bekannt: »Ich singe nur weiter, wenn die Photographen das Theater verlassen.« Als sie glaubte, sie seien weg, betrat sie wieder die Bühne. Eine Kamera blitzte, im Publikum kam es zu Rangeleien (trotz der Smokings), ein Photograph wurde blutig geschlagen, während Cardin ohnmächtig in die Arme von Ginette Spaniers Ehemann sank, der sein Arzt war. Marlene verkündete, sie werde nie wieder in Frankreich auftreten, zumindest nicht, bis Cardin den Boden auf der Bühne neu ausgelegt habe. Was er am nächsten Tag machte. Sie marschierte »im Dietrich-Gang« auf und ab und meinte: »Er knarzt immer noch.«

Die Pariser Zeitschrift *Vogue* sorgte für eine Ablenkung: Man bat sie, die Redaktion der letzten Ausgabe des Jahres zu übernehmen, die ein elegantes schwarzes Titelblatt haben sollte, auf dem lediglich stand (in goldenen Lettern): *VOGUE par Marlène Diétrich*. Marlene versuchte, Karl Lagerfeld als Helfer zu gewinnen, der aber demonstrativ anderweitig beschäftigt war. Sie lieferte dreiundachtzig Seiten mit Dietrich-Photos und Huldigungen von Hemingway, Cocteau, Coward, Tynan, Malraux und all den anderen und unterteilte das Heft in drei Abschnitte: »Moi, vue par les grands photographes«, »Moi, vue par les grands poètes« und »Moi, vue par moi-même«.

Das war mehr »moi«, als *Vogue* erwartet hatte. Man fragte, wo die aktuellen Modeseiten seien, und Marlene erklärte, sie hielte die *Haute Couture* von heute für »abstoßend« und die Models für »unmöglich«. Bei *Vogue* sagte man *merci*, reduzierte das »Moi« auf dreißig Seiten und übergab die Redaktion an Art-director Jocelyn Kargère, die eigentlich Charlie Chaplin bevorzugt hätte und der Presse mitteilte, Marlene könne »nichts machen, was sich nicht um sie selbst dreht«. *Vogue* war trotzdem ausverkauft.

Zum Teil war ihr Benehmen verzeihlich, zum Teil nicht. Bernard Hall meinte, das meiste sei auf ihren Gesundheitszustand und ihren Alkoholkonsum zurückzuführen – und darauf, daß sie zehn Jahre zuvor das Rauchen aufgegeben hatte. »Die Dramen, die sich danach abspielten, überboten alles bisher Dagewesene«, erinnert er sich. »Sie wurde Dr. Jekyll und Madame Hyde. Ich bin fest davon überzeugt, daß sie eine Weile verrückt war; sie träumte nur noch von Zigaretten, litt unter Depressionen und bekam furchtbare Wutanfälle. Ohne ihre Zigaretten war sie unerträglich. Sie war praktisch ein *Symbol* der Tabakindustrie gewesen, angesichts der Millionen von Photos, auf denen sie mit Zigarette zu sehen war. Aber als ihr klar wurde, wieviel Kraft es sie kostete, von einem Tag zum andern aufzuhören – und es war schrecklich, egal, was sie selbst sagte –, rührte sie keine mehr an. Sie war ausgesprochen gern mit Rauchern zusammen, um passiv mitrauchen zu können, und sie forderte alle Leute auf, sich zu Tode zu paffen. Rauchen habe auch keine schlimmeren Folgen als Trinken, pflegte sie zu sagen. Und sie wußte, wovon sie sprach, denn Granny konnte einiges hinter die Binde kippen. Ich kann das beurteilen, denn was sie nicht gekippt hat, das habe *ich* gekippt.

Dauernd brach sie sich irgend etwas. In Deutschland war es die Schulter. Dann stieß sie sich den Fuß am Flügel an und brach sich die Zehen. Als nächstes brach sie sich den Daumen, als sie einen Koffer aus dem Regal holte. In Australien waren es die Rippen. Sie ging auf die Bühne, trotz der wahnsinnigen Schmerzen, und ich fragte sie: ›Wie kannst du überhaupt atmen auf der Bühne, wenn alles gebrochen ist?‹, und sie sagte nur: ›Ich atme durch die Schulter, die ich mir noch nicht gebrochen habe.‹

Sie neigte zu Unfällen. Jedesmal, wenn sie stolperte, meinte sie lachend: ›Wieder mal betrunken!‹, selbst wenn es gar nicht stimmte. Hinter der Bühne ist es dunkel, und sie sah nicht besonders gut, aber in der Öffentlichkeit setzte sie nie eine Brille auf. Der Jim Beam und der Champagner zwischen den einzelnen Nummern verbesserten ihr Sehvermögen auch nicht gerade. Aber an dem berühmten Alptraumabend hatte sie meiner Meinung nach nicht einen Tropfen intus. Wir sagten immer, das war ›Die Nacht, in der Stan Freeman Marlene ermorden wollte‹.«

Es passierte bei der Shady Grove Music Fair am Rand von Washington, D. C., Ende 1973. Stan Freeman kann immer noch nicht über die Ereignisse reden, ohne nachträglich mitzuleiden: »Es war der zweite Abend dort: Der Saal hatte einen tiefen Orchestergraben, und die Bühne war ziemlich hoch über uns. Am Ende jeder Vorstellung dankte Marlene dem Orchester und schüttelte mir die Hand oder küßte mich auf die Wange, wenn wir alle auf der Bühne waren, aber es war schwierig für sie, sich so weit vorzubeugen, daß sie mich im Orchestergraben erreichen konnte. Am zweiten Abend beschloß ich, es ihr zu erleichtern, und stellte mich auf die Klavierbank. Sie ergriff meine Hand, und auf einmal merkte ich, daß die Klavierbank unter mir nachgab. Ich rief noch: ›Marlene, laß los!‹, aber sie konnte mich nicht hören, wegen der Musik und weil die Leute klatschten. Ich fiel nach hinten, Marlene ließ nicht los, und da kam sie angeflogen, an herausstehenden Nägeln und Instrumenten und weiß der Teufel was vorbeischrammend. Da lag sie im Orchestergraben auf dem Boden, zsuammengekrümmt und blutend, und das Orchester dudelt unbekümmert weiter [er singt] ›Falling in Love Again‹, und das Publikum klatscht und ruft: ›Tolle Show!‹, und sie schreit: ›Geht nach Hause! Geht nach Hause!‹, aber die Leute wußten ja nicht, was passiert war, und klatschten immer weiter. Schließlich murmelte sie: ›Was wollen die denn? Daß ich das noch mal mache?‹«

Sie war ziemlich schwer verletzt, weil sie in einen herausstehenden Nagel gefallen war, der nicht nur ihr Kleid zerfetzt, sondern auch ein großes Stück Haut aufgerissen hatte, den halben linken Schenkel. Sie blutete stark, und als man sie hinter die Bühne trug, bestand sie darauf, daß Edward Kennedy gerufen würde, der damals Vorsitzender des Senatsunterausschusses für Gesundheit war – sein Arzt sollte in ihr Hotelzimmer kommen und die Wunde nähen. Kennedys Arzt war damit beschäftigt, das Bein von Kennedys Sohn zu amputieren, doch die Dietrich wollte sich, wie Hall und Freeman berichten, von keinem anderen Arzt behandeln lassen. Sie wickelte Hotelhandtücher um ihr Bein, um die Blutung zu stoppen, und erst am nächsten Morgen, als das Bein viel schlimmer war, gestattete sie dem Hotelarzt, sie zu untersuchen. Er schickte sie mit einem Krankenwagen ins George Washington University Hospital. Marlene schob Ärzte und Krankenschwestern beiseite und verkündete, sie habe nicht die Absicht, sich ins Bett zu legen. »Ich habe zwei Weltkriege überlebt«, erklärte sie, »da muß schon mehr passieren als ein Sturz von der Bühne, damit ich eine Vorstellung absage.«

Genäht und verbunden, hielt sie ihre Termine ein. In der darauffolgenden Woche flog sie, entgegen dem Rat der Ärzte, nach Toronto, wo sie sich im Royal York Hotel einquartierte. Inzwischen hatte sich ihre Wunde sehr verschlimmert, ihr Bein verfärbte sich schwarz, und die Schmerzen waren so stark, daß sie einen Rollstuhl brauchte, um von ihrer Suite in die Garderobe zu gelangen. Irgendwie schaffte sie es, elegant die Bühne zu betreten und vor einem ausverkauften Saal fünfundsiebzig Minuten zu singen, vier Abende nacheinander. Man merkte ihr die quälenden Schmerzen nicht an, lediglich der berühmte Dietrich-Gang wirkte vielleicht ein bißchen zaghafter als sonst.

Marlene war seit dem Berliner *Broadway* 1928 immer wieder mit gebrochenen Knochen aufgetreten, aber mit fast zweiundsiebzig Jahren heilten die Brüche nicht mehr allein durch Willenskraft. Nach ihrem letzten Vorhang in Toronto flog sie nach Houston, um sich dort von Dr. Michael De Bakey, einem Pionier auf dem Gebiet der Herztransplantation, behandeln zu lassen. Er teilte ihr mit, nur eine Hautverpflanzung könne die Wunde schließen und nur eine Bypass-Operation am Bein könne die Durchblutung wieder so regeln, daß das verpflanzte Gewebe heilte. Zwar hatte Marlene schon zehn Jahre zuvor aufgehört zu rauchen, aber der Schaden, der nun unter Umständen eine Amputation erforderlich machte, war bereits geschehen.

Es war erscheckend – eine bittere Medizin. Bypass-Operation und Hautverpflanzung zwangen Marlene, ihre Auftritte in der Carnegie Hall Anfang Januar 1974 abzusagen. Sie verbrachte Weihnachten und ihren Geburtstag im Streckverband in einem Houstoner Krankenhausbett, meinte aber stur, sie werde am 10. Januar in Dallas auftreten. Doch das tat sie nicht. Auch im Februar hatte sich ihr Zustand noch nicht so weit verbessert, daß sie nach Los Angeles zurückkehren konnte.

Dann geschah etwas, das alles noch schlimmer machte. Ein indiskreter Beamter in Ost-Berlin entdeckte ihre Geburtsurkunde mit der Unterschrift von Marlenes Vater. Und so stellte sich heraus, daß sie nicht – wie die meisten Leute geglaubt hatten – neunundsechzig war, sondern zweiundsiebzig. Böse Zungen dichteten Marlenes Lied um in »Falling Off Stage Again«. Ein berühmter Filmregisseur erntete beifälliges Gelächter, als er sagte: »Der Besuch eines Dietrich-Konzerts ist ein nekrophiler Akt.«

Die Rückkehr in den Ring war für Marlene unerläßlich. Sie plante einen Auftritt im Londoner Grosvenor House für den Veranstalter Robin Courage. Im Juli kündigte dieser an, Marlene werde im September sechs Konzerte geben. Richard Burton erklärte sich bereit, den Premierenabend zu eröffnen; teure Plakate mit der Zeichnung von René Bouché wurden auf silbernem Papier gedruckt und aufgehängt; und während die Neugier wuchs und die Erwartungen stiegen, stürzte Marlene im August in ihrer Pariser Wohnung und brach sich die rechte Hüfte.

Mit einer Boeing 747 der Pan Am wurde sie nach New York transportiert, wobei sie acht heruntergeklappte, durch einen Vorhang geschützte Sitze belegte. Operiert wurde sie im Columbia-Presbyterian Medical Center: Um den Bruch zu richten, mußte ein Stahlstift eingesetzt werden. Die stets hellhörigen New Yorker Medien informierten die Öffentlichkeit, und das satirische Londoner Magazin *Private Eye* brachte eine »Anzeige«, die genauso gestaltet war wie das glitzernde Silberplakat, das ihren Auftritt im Grosvenor House ankündigte: Datum, Telefonnummer für Vorbestellungen, Schriftbild, Namen der Künstler, alles – nur daß statt der eleganten Zeichnung von René Bouché ein Totenkopf abgebildet war. Mit Perücke. Das war keine Satire; das war widerlich.

Angesichts dieser Art von »Reklame« und eines Beins, an dem die Bypass-Operation und die Hauttransplantationen noch nicht verheilt waren, sowie einer Hüfte, die erst Wochen zuvor mit einem Stahlstift zusammengeflickt worden war, hätte niemand Marlene Vorwürfe gemacht, wenn sie abgesagt oder sich in den Ruhestand zurückgezogen hätte. Aber Marlene eröffnete ihre Konzertreihe am 11. September. Richard Burton, der die einleitenden Worte sprach, wirkte etwas »befangen«, wie Sheridan Morley berichtete, der den heiklen Abend für die Londoner *Times* rezensierte.

Marlene hatte sich bis kurz vor ihrem Auftritt in ihrem Hotel verborgen. Dann wurde sie in einem Rollstuhl durch die Service-Räume und die Küche gerollt, bis direkt hinter die Bühne. Sie erhob sich unsicher, doch dann, mit einer Willenskraft, die keine Wissenschaft erklären kann, zwang sie sich, auf die Bühne zu gehen und das Publikum zu verzaubern (einschließlich Prinzessin Margaret).

»Sie war eine alte, trotzige deutsche Dame, die leicht humpelte und ein ganzes Jahrhundert überlebt zu haben schien«, schrieb Morley. Das war ein recht ambivalenter Anfang für eine Kritik, aber Morley ließ keinen Zweifel daran, welch hohe und disziplinierte Kunst die Dietrich noch immer auf der Bühne darbieten konnte.

»Am Schluß dankte ihr das Publikum mit einer ›standing ovation‹, doch irgendwie schien selbst das nicht genug; sie war die erste ihrer Art – und mit großer Wahrscheinlichkeit die letzte«, schloß er; sie sei »eine lebende Freiheitsstatue [und] bietet die größte Soloshow, die ich je erlebt habe.«

Morley schrieb dies nicht aus Gefälligkeit. Man kann sich kaum vorstellen, daß irgend jemand, der die Dietrich auf der Bühne sah, dieses Erlebnis je vergaß – oder je vergessen wird –, weil sie alle Erwartungen übertraf. Stets vermittelte sie die Legende, aber da war *mehr*. »Oh, sie ist *besser* geworden!« sagte ihr Dirigent William Blezard bei den Auftritten in Australien, Japan und England. Selbst Noël Coward staunte über ihre künstlerische Perfektion, als er sie zum letzten Mal auf der Bühne erlebte. »Sie hat so viel gelernt, so viel«, sagte der »Master« als letzten Segensspruch.

Niemand konnte mit ihr konkurrieren – sie war einmalig, eine Troubadour-Schauspielerin, die ihre Lieder *spielte*, so wie die Bernhardt und die Duse ihre Rollen spielten. Sie sagte oft, sie kenne ihre Grenzen, aber das hieß nicht, daß sie diese Grenzen auch akzeptierte. Alles, was sie tat, wirkte mühelos. Das täuschte über die fast übermenschliche Disziplin hinweg, die sie aufbringen mußte. Die eiserne Härte gegen sich selbst sorgte dafür, daß die Gefühle nicht sentimental wurden, und die schöne Maske war ihr Mittel, um die Weisheit des Herzens zum Ausdruck zu bringen. Sie war großzügig *und* streng mit ihrer Weisheit; sie respektierte *und* belehrte ihr Publikum. Nur bei einem Soldaten konnten Antikriegslieder so klagend und wahr klingen; nur eine Liebende konnte uns die traurigen Wahrheiten auch von dieser Front erzählen. Nur eine große Schönheit konnte Liebeslieder als Schlaflieder singen, und nur eine Überlebenskünstlerin konnte es wagen, überhaupt *da* zu sein und sich, ohne mit der Wimper zu zucken, mit sechzig, siebzig Jahren und darüber hinaus der Öffentlichkeit zu stellen.

Überleben – das war ihr letztes großes Thema. Ihre zähe Ausdauer bekam eine moralische Dimension, aufgrund ihres Durchhaltevermögens, ihres Charmes und ihres Muts – dessen, was Remarque als »die Flucht nach vorne« bezeichnete. Manches davon manifestierte sich in ihren Liedern; manches in ihrer Geschichte; das meiste jedoch in ihrer Präsenz und in der Würde, mit der sie sich ihrem Publikum zeigte. Sie ertrug ihr Schicksal kompromißlos und ohne uns je damit zu belasten, ohne mitleidheischende Bekenntnisse oder Bitten um Nachsicht. Sie brachte uns nie in Verlegenheit, weil sie sich nie in eine peinliche Lage brachte. Sie bettelte nicht um Anerkennung – sie verdiente sie.

Daß sie im Grosvenor House auftrat, zeigte ihren heroischen Stolz. Und sie brauchte diesen Auftritt. Mit fast dreiundsiebzig Jahren, krank, an Verletzungen leidend, die nie wieder richtig verheilen sollten, beleidigt von einer niederträchtigen Presse – allein schon die Tatsache, *daß* sie auftrat, hätte eine stehende Ovation verdient. Aber es war mehr als das; es war Kunst, reiner denn je. Sheridan Morley stand mit seiner Bewunderung nicht allein. *Variety* war da und schwärmte: »Sie gibt noch immer eine der ausgefeiltesten und charismatischsten Soloshows im ganzen Busineß.« Wer sie nie auf der Bühne erlebt hat, kann sich nicht vorstellen, was sie dort bewirkte, aber Harold Hobson hat versucht, es für uns zu beschreiben: »Sie wird ganz plötzlich so schön, daß es fast unheimlich ist und uns erschüttert; sie berührt uns, [und] die Welt erscheint besser und mutiger und glücklicher.«

Die Presse sorgte wie immer für Wirbel. Prinzessin Margaret bat nach der Show zu einer Party, bei der alles erschien, was Rang und Namen hatte, darunter Richard Burton, Franco Zeffirelli sowie Kenneth und Kathleen Tynan. Miss Dietrich sagte mit der Begründung ab, sie habe »nichts anzuziehen«. Zu Stanley Freeman meinte sie brummig: »Ich bin eine *Königin*; weshalb sollte ich wegen einer *Prinzessin* bis spät in die Nacht aufbleiben?« Sie mußte nach den Auftritten wieder Kraft schöpfen. Überdies wurde sie von einer Art »Groupie« begleitet, einer gut zwanzigjährigen reichen Kanadierin namens Ginette Vachon, die Marlene mit der gleichen Hartnäckigkeit von Stadt zu Stadt folgte, mit der sie sich vorher einen Platz in der olympischen Tennismannschaft erobert hatte.

Von London fuhr Marlene nach Miami, Atlanta, Dallas, dann wieder zurück nach London (Wimbledon) und weiter nach Los Angeles. Dort trat sie in dem riesigen »Dorothy Chandler Pavilion« auf, wo die Oscars verliehen werden. Der Filmkritiker Kevin Thomas sah sie dort und meinte: »Sie behandelte ihr Talent wie einen seltenen, teuren Wein, den sie nur tropfenweise eingoß, und er war der beste, feinste – bis zum letzten Tropfen.« Thomas lernte auch Rudi kennen, den Marlene einmal aus seinem Refugium im San Fernando Valley nach Las Vegas geholt hatte. Er sah in Rudi einen »gepflegten kleinen Mann mit Toupée, der übers ganze Gesicht strahlte angesichts dieser atemberaubend schönen Vision, mit der er verheiratet war. Er war ein bißchen untersetzt, ein alter Mann [damals war er siebenundsiebzig], aber Marlene führte ihn vor wie ein kostbares Juwel, das sie sich fürs Alter aufbewahrt hatte, und machte ihn stolz mit allen Leuten bekannt – als wäre er der Oscar, den sie gar nicht zu gewinnen brauchte, weil sie ja *ihn* hatte.«

Die Termine rissen nicht ab, doch nach zwanzig Jahren war die Ausbeute geringer, und die Kosten waren nicht weniger hoch. Marlene zahlte noch immer für alles: Orchester, Dirigent, Werbung, Versicherung, Transport, Unterkunft, Essen. Sie entschloß sich zu Sparmaßnahmen, die vor ihren zahlreichen Operationen undenkbar gewesen wären. In Los Angeles wohnte sie zwar im feinen Beverly Wilshire Hotel, aber sie nahm jetzt ein normales Doppelzimmer und bestand darauf, daß Bernard Hall es mit ihr teilte, um die Kosten zu senken.

Der Filmhistoriker Charles Silver hatte sie am Broadway gesehen und sagt bis heute: »Ich habe noch nie etwas Vergleichbares erlebt.« 1974 sah er sie wieder im Nanuet Star Theater im Staat New York. Ein Kritiker sprach von Marlenes »Zauber«, aber Silver fand sie »unkonzentriert, außer Kontrolle. Sie sprach die Wörter undeutlich aus, wirkte verwirrt. Das runde Theater war voller Leute in Nylonkleidung – Biertrinker, blauhaarige Damen, die jünger waren als sie. Kein Dietrich-Publikum; keine Dietrich-Vorstellung. Ein Dietrich-Fehler.«

Dann kündigte sie das Unvorstellbare an: eine Rückkehr nach Deutschland. Und sie versuchte das Unratsame: eine Rückkehr nach

Australien. Es war ihre dritte Tournee dort, innerhalb von zehn Jahren, und Bernard Hall und William Blezard begleiteten sie. Der Kartenverkauf lief schlecht, und Hall fand Marlene ungewöhnlich müde. Seiner Meinung nach hatte diese Erschöpfung nichts mit dem langen Flug zu tun oder mit den ständigen Schmerzen, sondern mit den enttäuschenden Besucherzahlen und mit der enormen Anstrengung, die es sie kostete, jeden Abend von neuem aufzutreten.

Melbourne reagierte enthusiastisch, aber keine der Vorstellungen war ausverkauft. Bei der Premiere am 22. September in Her Majesty's Theater in Sydney war kräftig mit Freikarten nachgeholfen worden, aber der Zuschauerraum war trotzdem nicht voll besetzt. Marlenes australischer Veranstalter Cyril Smith teilte der Presse mit, er rechne bei dieser Tournee mit einem Defizit von einer viertel Million Dollar.

Als die Show in Sydney eine Woche lang lief (vor halbleerem Haus), trat William Blezard eines Abends vor das Orchester auf die Bühne, wie immer mit dem Rücken zum Publikum, und hob den Taktstock. »Falling in Love Again« ertönte und ging dann über in Bacharachs Ouvertüre, während der Marlene immer auf die Bühne erschien. Blezard beobachtete seine Musiker, um an ihrem Nicken zu erkennen, daß Marlene die Bühne betreten hatte. »Ich hörte einen seltsam dissonanten, gedehnten Bluesakkord«, erzählte er später, »und ich dachte noch: ›Lieber Gott, das ist aber ein komischer Akkord, so sollte das ja eigentlich nicht klingen!‹, und dann war alles nur noch ein einziges Getöse, und ich begriff später, daß das der Moment war, in dem die Musiker sie fallen sahen.«

Sie hatte die rechte Hüfte mit dem Stahlstift seit über einem Jahr geschont, und als sie an diesem Abend die Bühne betrat – mit etwas zuviel »Mut«, um die Sache wieder einmal durchzustehen –, machte sich beim anderen Bein die zusätzliche Belastung bemerkbar. Das Bein, an dem (nach dem Sturz in den Orchestergraben) bereits eine Bypass-Operation und eine Hautverpflanzung vorgenommen worden war, knickte einfach unter ihr zusammen.

Sie wollte sich am Vorhang festhalten, als der linke Oberschenkelknochen brach und sich durch die Haut bohrte. Aber sie stürzte rückwärts zu Boden. Vielleicht hörte sie den sarkastischen Applaus des Publikums, als das Orchester vor Schreck völlig aus dem Konzept kam. Blezard drehte sich um und sah Marlene auf dem Boden liegen. Sie schrie verzweifelt: »Vorhang runter! *Runter!*«

»Der Vorhang kam krachend herunter«, erzählte Blezard. »Ich eilte mit dem Schlagzeuger nach hinten. Er war stärker als ich, und für Marlene war es bestimmt nicht angenehm, mit diesem schweren Bruch hochgehoben zu werden. Der Veranstalter, ein großer, robuster Mann mit Bart, kam angerannt, nahm sie auf seine Schultern und schleppte sie den ganzen Korridor hinunter zu ihrer Garderobe. Wir konnten an nichts anderes denken als an ihr Bein, und wir konnten nichts anderes hören als das Publikum, das hinter dem Vorhang die merkwürdigsten Geräusche von sich gab. Wut? Schock? Mitleid? Ich weiß es nicht. Ich weiß nur, daß es einer der schlimmsten Abende meines Lebens war.«

Marlene wurde ins St. Vincent's Hospital gebracht, in Schaffell gewickelt, um das Rütteln während der Fahrt einigermaßen erträglich zu machen. Im Krankenwagen wiegte ihre »Kammerzofe« Ginette Vachon sie in den Armen.

Es gab Neuigkeiten: gute, schlechte und sehr schlechte. Die gute Nachricht war, daß Lloyd's in London eine Versicherungspolice über die Beine der Dietrich entdeckt hatte, die noch galt – vier Tage später wäre sie abgelaufen gewesen. Die schlechte Nachricht war, daß alle Termine abgesagt werden mußten und die Ärzte Marlene mitteilten, ihre Bühnenlaufbahn sei unwiderruflich zu Ende. Die sehr schlechte Nachricht war, daß Rudi einen Schlaganfall erlitten hatte.

Mit einem Hubstapler wurde Marlene in ein Flugzeug nach New York gehievt. Sie bestand darauf, gleich weiter nach Los Angeles transportiert zu werden, um im Medical Center der University of California in Los Angeles ein Zimmer neben Rudi zu bekommen. Maria setzte jedoch durch, daß man sie wieder ins New Yorker Columbia-Presbyterian Medical Center brachte, wo sie als »Mrs. Rudolf Sieber« eingeliefert wurde.

Marlene hatte Rudi am Medical Center der UCLA nicht sehen können: Die Patientin lag bewegungsunfähig im Gips, der Patient lag nach einem Schlaganfall im Koma.

Sie sollte ihn nie wiedersehen.

24. MONSTRE SACRÉ

1976–1982

Sie war ein gebrochener Mensch, aber ihren Lebensmut hatte sie noch nicht verloren. Daß sie vom Krankenhaus der University of California direkt nach New York gebracht wurde, ohne Rudi ein letztes Mal zu sehen, bezeichnete sie später als »der größte Fehler meines Lebens«. Doch die Entscheidung hatte Maria getroffen, und vom medizinischen Standpunkt aus war sie vernünftig. Das Columbia-Presbyterian Hospital hatte ein Jahr zuvor Marlenes gebrochene Hüfte »repariert«. Ärzte und Krankenschwestern fanden es diesmal schwierig, sich an den hippokratischen Eid zu halten – als Langzeitpatientin stellte Marlene Dietrich sie auf eine harte Probe. Von der Taille bis zum Knöchel im Gipsverband, war sie stark behindert, und sie fand die Hilflosigkeit entwürdigend und unerträglich. Das Krankenhaus fand *sie* unerträglich.

Alte Freunde wie Katherine Hepburn und Joshua Logan wollten sie aufheitern, aber sie wurden weggeschickt: An Marlenes Tür hing ein Schild »Keine Besucher! Keine Information!« Blumen und Geschenke ließ sie sofort zurückgehen; sie warf Gegenstände nach den Schwestern und verlangte, sie sollten entlassen werden; Mahlzeiten lehnte sie ab, nachdem sie nur einen kurzen Blick darauf geworfen und sie für ungenießbar befunden hatte; sie bestand (vergeblich) darauf, man solle ihr das Essen aus ihrem Lieblingsrestaurant servieren. Der Presse gegenüber nannte das Krankenhauspersonal sie (milde) »die ungeduldige Patientin«.

Im Mai wurden Gips und Streckverband entfernt, und Marlene flog nach Paris, um sich dort zu erholen. Immer noch erschienen allenthalben Nachrufe auf ihre Karriere. Und dann, nur wenige Wochen nach ihrer Entlassung aus dem Krankenhaus, trat etwas ein, was sie schon lange befürchtet hatte.

Rudi war neunundsiebzig, als er am 24. Juni 1976 starb – in dem Haus im San Fernando Valley, das er mit Tamara geteilt hatte. Marlenes Ärzte verboten ihr, zu dem Begräbnis zu gehen – doch wie immer erhielt sie die Rechnungen.

Sie ließ Rudi im Hollywood Memorial Park Cemetery bestatten, rund hundert Meter von Tamaras Grab entfernt, aber immer noch im Schatten der Paramount, die sich auf der anderen Seite der Mauer befand. Auf dem Grabstein steht einfach nur »RUDI« und darunter »1897–1976«. Der berühmteste Star in diesem Teil des Friedhofs ist Mel Blanc, die Stimme von Bugs Bunny, und auf seinem Grabstein ist der Spruch zu lesen, mit dem die Sendung immer endete: »That's All Folks!« Nichts weist darauf hin, daß »RUDI« dreiundfünfzig Jahre lang »Mr. Dietrich« war oder wenigstens »Mr. Sieber«. Die Inschrift bleibt anonym, genau wie er selbst.

»Marlenes Karriere ist mit Rudi gestorben«, sagte Bernard Hall. »Alle dachten, die Knochenbrüche seien schuld, aber nicht bei *ihr*! Sie glaubte, sie könnte sich in dem New Yorker Krankenhaus danebenbenehmen und dann nach Paris zurückgehen, um sich zu kurieren, und danach würde sie wieder auf die Bühne gehen. Es war nicht ihr Gesundheitszustand, der sie dazu brachte aufzuhören; es war Rudi.«

Ihre beiden Dirigenten sahen es ähnlich. Marlene hatte Stan Freeman und William Blezard angerufen, um über ihre Pläne zu reden. Gutgelaunt, trotz Gipsverband, meinte sie zu Freeman: »Machen wir weiter!«, als wäre alles nur Spaß gewesen. Und von Blezard wollte sie wissen: »Wo fangen wir an?«, als wäre dies das einzige Problem. Diese Männer hatten ihre Knochen splittern hören und sie blutend im Orchestergraben liegen sehen, und beide wußten, daß man ihre Willenskraft nicht unterschätzen durfte.

Als Rudi starb, mischte sich in die Trauer auch eine gewisse Erleichterung. Keine Gastspiele mehr, keine Wutanfälle, keine selbstquälerische Disziplin; aber auch keine Ovationen mehr, kein Zauber.

»Sie war am Boden zerstört, als Rudi starb«, sagte Blezard. »Zwar behauptete sie immer, sie arbeite für Maria und die Kinder und würde weitermachen bis zum Umfallen, aber nach Rudis Tod sagte sie: ›Ich kann nicht mehr‹, und ich wußte, das ist das Ende.«

»Rudi war die große Liebe ihres Lebens«, glaubt Hall, »der einzige Mann, den sie wirklich geliebt hat.« Blezard meint: »Da bin ich nicht so sicher, aber auf jeden Fall hatte sie großen Respekt vor ihm. Er ging einmal in Los Angeles mit uns essen. Marlenes Freund Marti Stevens war mit dabei, und Marlene ordnete sich Rudi völlig unter wie eine altmodische Ehefrau einem altmodischen Ehemann. Er war der Mann; er hatte zu bestimmen; sie akzeptierte das; sie wollte das. Beim Essen.«

Während sie um Rudi trauerte, überlegte sie sich, welche Möglichkeiten es nun gab, ihre Devise »Tu was!« umzusetzen. Immer noch brauchte sie Geld für ihre Familie. Maria war inzwischen über fünfzig, die Söhne waren so gut wie erwachsen. Das New Yorker Haus in der East 95th Street, für das ihre Mutter immer noch zahlte, hatte Maria nicht aufgegeben, obwohl sie in den fünfziger Jahren bereits nach London gezogen war und von dort dann in den siebziger Jahren nach Spanien. In dem Brownstone-Haus wohnten jetzt Marlenes Enkelsöhne; und Maria ließ sich mit ihrem Ehemann (der bald darauf schwer erkrankte) in der Schweiz nieder.

Die Versicherungssumme von Lloyd's – laut *Daily News* ein Betrag von mehreren Millionen – lag weit unter dem, was Marlene mit ihren Auftritten verdient hatte und für ihren Lebensstandard benötigte, aber es gab noch andere Aktivposten – dank der Legende. Die Schallplatten verkauften sich weiterhin gut. Marlene hatte Anfang der sechziger Jahre zwei Alben mit deutschen Liedern und mehrere mit französischen Texten aufgenommen, außerdem gab es die Konzertmitschnitte. Ein paar Schmuckstücke waren noch da, vor allem Rubine, aber sie wurden in einem Genfer Safe aufbewahrt. Für Maria. Marlene selbst besaß nicht mehr viel: Notizbücher, Glitzerschmuck und den Schwanenpelz. Souvenirs. Sie hatte Millionen verdient, aber immer ihrem Einkommen entsprechend gelebt und andere daran teilhaben lassen, ohne darauf zu hoffen oder zu erwarten, daß sie das Geld je zurückbekommen würde. Steuern lehnte sie mehr denn je ab – sie empfand sie als »unamerikanisch«. Ob behindert oder nicht – Marlene war fest entschlossen, ihre Rolle als Ernährerin auch weiterhin zu erfüllen. Sie hatte keine andere Wahl.

Rudis Tod gab ihr die Freiheit, über sich selbst zu schreiben, und es gab wenige Menschen, auf deren Lebensbeschreibung die Verlage so erpicht waren wie auf die ihre. Doubleday hatte 1960 aus dem unvollständigen Manuskript *Beauty is an Illusion* ein Buch mit dem Titel *Marlene Dietrich's ABC* zusammengeschustert: Ansichten über das Leben,

Aphorismen über die Liebe, Rezepte für *pot au feu* und die Verwertung von Resten, aufgeschrieben mit sehr viel Sinn fürs Praktische. Das Buch, das Marlene gemeinsam mit Hugh Curnow zu schreiben gehofft hatte, war längst gestorben, das Geld an Macmillan zurückgegangen.

Nun bot ihr Simon & Schuster 300 000 Dollar an und verkündete, sie hätten sich mit Marlene geeinigt. Einen Monat später gab – zur großen Überraschung von Simon & Schuster – G. P. Putnam's bekannt, *sie* hätten sich mit Marlene geeinigt, und zwar für 100 000 Dollar weniger. Putnam's hatte sich einverstanden erklärt, auf Provisionen für Lesereisen zu verzichten, und so den Zuschlag für ein Buch erhalten, das die Konkurrenz schon in der Tasche zu haben glaubte – nicht ahnend, daß Marlene noch anderweitig verhandelte. Und keiner der beiden Verlage wußte, daß sie überhaupt nicht mehr auf Tournee gehen konnte!

Marlene saß in Paris hinter der Schreibmaschine, während Simon & Schuster 3,5 Millionen Dollar Schadenersatz einklagte. Robert Lantz, Marlenes Agent, machte in England ein Geschäft mit Putnam's und Collins. Ihr Londoner Lektor war der Biograph Philip (*Mountbatten*) Ziegler, der ihre Eigenwilligkeit auf Papier genauso anstrengend fand wie die Veranstalter ihre Temperamentsausbrüche auf der Bühne. Als er die ersten Seiten des »Bloody Book« (des »blöden Buches«, wie sie es nannte) erhielt, bemerkte er zwar »eine gewisse poetische Sensibilität«, registrierte aber auch, daß bedauerlicherweise kaum Daten und Fakten erwähnt wurden. Miss Dietrich antwortete aus Paris, sie schreibe ihre Memoiren, kein *Tagebuch*, und wen interessierten schon Daten?

Verschiedene Ghostwriter wurden vorgeschlagen und abgelehnt. Marlene gab das, was sie getippt hatte, Irwin Shaw und Kenneth Tynan zu lesen. Shaw gefiel es, sagte sie. Tynan gab ihr einen nüchternen Ratschlag:

»Liebe Marlene«, schrieb er ihr, »du sagst zu mir: ›Kein Mensch von Format hat je offengelegt, mit wem er geschlafen hat.‹ Nun, Stendhal hat es getan, außerdem Boswell und Samuel Pepys und Jean-Jacques Rousseau ... Du hilfst uns, dich besser zu verstehen, wenn wir wissen, welche Art von Männern dich körperlich und intellektuell angezogen hat. Und du hilfst uns, dich zu *mögen*.«

Das war genau der falsche Ansatz, obwohl Tynan Marlene doch sonst so gut kannte. In ihrem ganzen Leben und während ihrer gesamten beruflichen Laufbahn hatte sie das Publikum nie gebeten, sie zu *mögen*, und sie würde auch jetzt nicht damit anfangen. Sie schrieb, so meinte sie, literaturkritische Betrachtungen über Hemingway und Remarque, nicht die intimeren Bekenntnisse, die ihre Verleger sich erhofften. Natürlich besaß sie Briefe, aber schon als junge Frau hatte Marlene gelernt, diskret mit ihrer Vergangenheit umzugehen, und sie hatte nicht die geringste Absicht, nun als alte Dame alles auszuplaudern.

All diese Gerüchte, fand sie, seien ohnehin recht mysteriös. Sie fragte Freunde am Telefon, wo diese Geschichten überhaupt herstammten, und leugnete Affären, über die in Zeitungen und Illustrierten seit Jahrzehnten berichtet worden war. Ein Leser ihres ersten Entwurfs fand die Enthüllungen unglaublich keusch: »Wenn man Marlene Glauben schenkt, ist sie nie von einem Mann, einer Frau oder sonst jemandem berührt worden. Nach dem, was sie schreibt, wäre Maria Riva der zweite uns bekannte Fall unbefleckter Empfängnis!«

Marlene verlor die Geduld mit dem Gekrittel der Lektoren – und plötzlich verkündete der Bertelsmann-Konzern, er werde das Buch auf deutsch herausbringen (Marlene schrieb englisch). Der *Stern* wollte etwa sechzig Prozent des Inhalts als Serie veröffentlichen, und *Esquire* plante, ein Kapitel über ihre Kindheit zu bringen und Marlene auf dem Titel abzubilden.

Das war allen neu (sagten jedenfalls alle). Die ursprünglichen Verleger hatten also Vorschüsse für ein Manuskript bezahlt, das sie für nicht veröffentlichbar hielten und das nun in einer Übersetzung erscheinen sollte, und zwar in einem Verlag, der gar keine Ahnung hatte, wie schwierig es gewesen war, das Manuskript überhaupt zu bekommen. Außerdem sollte die Übersetzung (von Max Colpet) nicht als solche kenntlich gemacht werden, so daß bei den deutschen Käufern der Eindruck entstehen mußte, Marlene habe die Memoiren in ihrer Muttersprache verfaßt.

Der englische Verleger stand nun vor der Entscheidung, ob er eine alte, bettlägerige Frau verklagen wollte, der mit Sicherheit die Sympathien der Öffentlichkeit gehören würden. Er konnte sie um Rückzahlung des bereits ausgezahlten (und ausgegebenen) Vorschusses bitten und den Vertrag kündigen. Oder er konnte die ganze Sache einfach vergessen. Den kürzeren zog er allemal. Niemand stand gut da, außer Marlene, denn sie hatte immerhin *etwas* geschrieben. Der Verlag ließ die Sache einfach auf sich beruhen – man vergaß die Angelegenheit zwar nicht, strengte aber auch keine Klage an. Der Vertrag verstaubte in einer

Schublade und blockierte so für sämtliche potentiellen Interessenten die Veröffentlichung des Manuskripts. Als sich zehn Jahre später der juristische Dschungel lichtete, wurden die Memoiren schließlich auf englisch veröffentlicht (von einem anderen Verlag), und zwar in einer Fassung, die auf der deutschen Übersetzung einer französischen Übersetzung des englischen Originaltexts beruhte, nun also rückübersetzt in eine Sprache, die der ursprünglichen nur sehr entfernt ähnelte. Vieles ging verloren. »Autumn Leaves«, das wunderbare Chanson, das während ihrer Zeit mit Gabin für sie geschrieben worden war, hieß nun »Dead Leaves« – eine wörtliche Übersetzung des französischen Titels »Les feuilles mortes«. Bekannte Zitate von Hemingway und Coward wurden durch die Übersetzungsmühle gedreht: vom Englischen ins Französische ins Deutsche und wieder zurück ins Englische – und heraus kam nahezu unverständliches Gebrabbel. Die beiden Väter Marlenes verschmelzen zu einer sehr schattenhaften Gestalt, ihre Schwester Elisabeth existiert gar nicht. Marlenes Familie wird einer quasi-aristokratischen städtischen Oberschicht zugeordnet, wobei die zahlreichen Umzüge und sonstigen Veränderungen in ihrer Kindheit unter den Tisch fallen. Der mühsame, ehrgeizige Weg aus dem Orchestergraben in die Tonstudios der Ufa und zu Josef von Sternberg wird kurz und bündig mit dem altbekannten Satz »Ich war Schauspielschülerin ...« abgehandelt.

Stephen Harvey vom Museum of Modern Art meinte in seiner Besprechung für die *New York Times*: »Bescheidenheit hat ihre Grenzen.« Marlene teilte ihm mit, sie habe keine *Ahnung* gehabt, daß das Buch überhaupt auf englisch veröffentlicht wurde, bis sie eine Kritik gelesen habe, sie habe es auf deutsch verfaßt, und seine Einwände seien ohnehin völlig unangemessen.

Autobiographien von Filmstars sind nicht unbedingt tiefschürfend, aber bei einer Freundin von Hemingway und einer Geliebten von Remarque hatten die Kritiker mehr erwartet, ob nun mit oder ohne Briefe. Das ursprüngliche Manuskript enthielt tatsächlich sehr liebenswerte Passagen über ihre Kindheit und eindrucksvolle Berichte über den Krieg, aber diese erste Fassung wurde nie veröffentlicht. Das Buch verkaufte sich schlecht. Zwei wichtige Folgen hatte die Veröffentlichung jedoch: Der Verlag Simon & Schuster, der seine Klage längst zurückgezogen hatte, warb einen anderen Autor an, der die gleiche Geschichte aus einem anderen Blickwinkel erzählen sollte. Vertraglich wurde allerdings festgelegt, daß das Werk erst nach Marlenes Tod veröffentlicht werden könne. Der Name des Autors – beziehungsweise der Autorin – lautete: Maria Riva.

Die zweite Konsequenz betraf sie noch unmittelbarer und war nicht weniger verblüffend: Entgegen allen Voraussagen von Kollegen und Ärzten kehrte Marlene zum Film zurück.

Nach ihrem Krankenhausaufenthalt hatte sie ein Angebot bekommen, und zwar von Billy Wilder. Er schickte ihr ein Drehbuch nach Tom Tytons Roman *Fedora*: die Geschichte eines legendären und »alterslosen« Stars. Diese Alterslosigkeit aber verdankt die Schauspielerin, wie sich herausstellt, ihrer Tochter, die gezwungen ist, ihre im Rollstuhl sitzende verschleierte Mutter zu verkörpern. Wilder wollte Marlene als Mutter und Faye Dunaway als Tochter, und William Holdens Mitwirkung sollte aus dem Film eine Art Gegenstück zu *Sunset Boulevard* machen. Empört schickte Marlene das Drehbuch an Wilder zurück. Auf das Deckblatt hatte sie gekritzelt: »Wie konntest du auch nur annehmen ...«

Wilder vermutete, daß Marlene das Buch als eine versteckte Anspielung auf ihr Verhältnis zu Maria gelesen hatte. Doch es ist äußerst unwahrscheinlich, daß ihr die Vorstellung behagte, eine verschleierte Legende im Rollstuhl darzustellen, die letztlich eine Betrügerin ist. Doch Marlene schätzte Wilder, und *Fedora* hätte ihr vielleicht die Möglichkeit eröffnet, eine Reihe von Rollen à la Ethel Barrymore zu spielen, nicht mobil, aber nobel. Statt dessen wählte sie die Legende, an der sie ein Leben lang gearbeitet hatte, und übernahm eine Rolle in einem Film, der leider nur deswegen erwähnenswert ist, weil sie darin mitspielt.

Just a Gigolo (Schöner Gigolo, armer Gigolo) war einer von mehreren vergeblichen Versuchen, David Bowie zum Filmstar zu machen. Der englische Rockmusiker lebte seit einiger Zeit in Berlin (wo er unbedingt das Leben des Malers Egon Schiele spielen wollte). Bowies feine, dekadente Gesichtszüge schienen ideal für das Berlin der zwanziger Jahre und für ein Drehbuch, das all die Laster der Weimarer Republik, die *Cabaret* noch nicht ausgeschlachtet hatte, zugleich beklagte und glorifizierte.

Der Film wurde teilweise vom Berliner Senat finanziert, und die Investitionen des Verleihs basierten auf einer »internationalen« Besetzung.

Abgesehen von dem Engländer Bowie waren vorgesehen: Sydne Rome (Amerikanerin, aber in Italien beliebt), Kim Novak (Amerikanerin), Maria Schell (Österreicherin), Curd Jürgens (Bayer) und als Zuhälter, der vom berühmten Berliner Hotel Eden aus einen Gigolo-Service anbietet, Trevor Howard (Engländer).

Howard war so auf die Rolle des Wollüstlings festgelegt, daß er sie nicht mehr spielen konnte, und Drehbuchautor Joshua Sinclair kam auf die glorreiche Idee, die Rolle Marlene Dietrich anzubieten. Regisseur David Hemmings und Produzent Rolf Thiele waren einverstanden, da sie wußten, daß ein Zuhälter ohne weiteres in eine Madame umfunktioniert werden kann und daß ein Film über Berlin, gedreht in Berlin, teilweise finanziert von Berlin, durch die Mitwirkung einer Berlinerin etwas mehr Authentizität gewinnen würde. Außerdem konnte Marlene den Titelsong besser singen als Trevor Howard.

Maria handelte den Vertrag aus. Ihre Mutter sollte nicht mehr als zwei Tage drehen, Paris nicht verlassen, keine Treppen steigen und auch nicht das Titellied singen. Marlene fand das Lied gräßlich und hatte es schon gehaßt, als es in Berlin ein Hit und sie selbst noch »das Girl vom Kurfürstendamm« war.

Es wurde angekündigt, daß Marlene 250000 Dollar für zwei Tage Arbeit erhalten sollte. Sie bekam – laut Hemmings – nur ein Zehntel dieser Summe. Wenn man allerdings das Honorar hinzurechnete, das Maria für sich selbst beanspruchte, plus die Summe, die es kostete, in Paris das Berliner Set nachzubauen, und die Flugkosten für das deutsche Ensemble und die Crew, dann ergab das einen wesentlich höheren Betrag. Marlenes kurze Szenen sollten mit denen von David Bowie zwischengeschnitten werden. Bowie selbst war mit den Dreharbeiten schon lange fertig und auf Konzerttournee in den USA.

David Hemmings, der selbst Schauspieler war *(Blow-Up)*, übernahm es, Marlene dazu zu überreden, doch den Titelsong zu singen. Aber das hatte Zeit. Entscheidender war, daß niemand Marlene *gesehen* hatte, außer Drehbuchautor Sinclair, der diese Ode auf die Dekadenz zusammengepfriemelt hatte. Er führte die Verhandlungen mit Maria, traf sich dann mit Marlene in Paris und gewann ihr Vertrauen, indem er ihr sagte, wie gut ihm ihre Biographie gefalle.

Die Stimmung sei unglaublich gespannt gewesen, als man im Studio auf Marlene wartete, erinnerte sich Hemmings. »Wir hatten natürlich

Für den Film »Schöner Gigolo, Armer Gigolo« 1976 handelte Maria Riva den Vertrag aus. Bedingungen: Ihre Mutter sollte nicht mehr als zwei Tage drehen, Paris nicht verlassen, keine Treppen steigen und nicht das Titellied singen, das Marlene gräßlich fand.
(Foto: Cinetext Bild & Textarchiv, Frankfurt a. M.)

die Gerüchte über ihren Gesundheitszustand gehört und wußten nicht, *was* wir zu erwarten hatten, *wie* sie wohl aussah. Endlich fuhr der Wagen vor, und eine etwas korpulente, mittelalterliche Dame stieg aus. ›Mein Gott‹, stöhnte jemand, aber dann begriffen wir, es war *Maria*. Die Dietrich selbst stieg sehr langsam aus und kam sehr langsam die Rampe zum Studio herauf. Mit der einen Hand stützte sie sich auf einen Stock, mit der anderen auf Maria. Sie sah nicht im entferntesten aus wie ›Marlene Dietrich‹ – sie sah aus wie meine Oma, wie deine Oma, wie jedermanns Oma, nur eben in einem Hosenanzug aus Jeansstoff, mit einer Pagenkopfperücke, einer Mütze und einer großen dunklen Brille. Sie wirkte zerbrechlich und ging sehr unsicher, als sie in den Raum geschlurft kam. Plötzlich herrschte Stille. Und da begriff ich: Sie hatte sich zu Hause zurechtgemacht und sich eine Maske aufgemalt, so wie die Dietrich vor vierzig oder fünfzig Jahren ausgesehen hatte, ein eingefrorenes Image, von dem sie sich entweder nicht trennen konnte oder das sie einfach nicht *wahrnahm*.

Alle waren sehr höflich und leise, und wir führten sie in ihre Garderobe, die wir für sie auf der Bühne eingerichtet und durch einen Vorhang abgetrennt hatten. Dort rettete der Make-up-Mann Anthony Clavet sie *und* uns. Er bewunderte Marlene unheimlich, und irgendwie war er fähig, sie davon zu überzeugen, daß sie schön sei – so wie sie jetzt war – und daß er *diese* Schönheit herausbringen konnte und sie die aufgemalte Maske gar nicht brauchte. Später kursierten alle möglichen Gerüchte über ›Gesichtsmasken aus Seide‹ und so weiter, aber es war alles nur Anthonys Geschick zu verdanken, er konnte einfach mit ihrem Gesicht umgehen, so wie es damals war – diese *Knochen* –, und er hat ihr Selbstvertrauen gegeben. Und der Schleier war auch wichtig.

Es dauerte seine Zeit, bis sie für ihre Rolle als ›Baroneß-Madame‹ geschminkt und angekleidet war, mit hohen Stiefeln und einem bis zum Schenkel geschlitzten Rock und dem großen Hut. Dann ging der Vorhang auf. Die Frau, die heraustrat, war nicht die klägliche Oma, die vorhin mit ihrem Stock hereingeschluft war. Das war die Große Dietrich, ein Star in seinem Element. Eine atemberaubende Verwandlung – und als erstes überprüfte sie die Beleuchtung. Sie hatte *nichts* vergessen. Sie war sichtlich nervös. Seit *Judgement of Nuremberg* vor sechzehn Jahren hatte sie nicht mehr vor der Kamera gstanden. Ich weiß nicht, woher ich auf einmal die Eingebung hatte, aber ich sagte zu meinem Assistenten (es war morgens, das darf man nicht vergessen): ›Weißt du, was ich jetzt gerne hätte? Einen großen Scotch mit Wasser!‹ Plötzlich wurde ich wie ein kleiner Junge an der Hand genommen und in ihre Garderobe gezerrt.

Jeder wußte, daß Maria alles, was sie bei ihrer Mutter entdeckte, stark verdünnte, aber die Dietrich hatte noch eine unscheinbar aussehende kleine Tasche von einer Fluggesellschaft, und als sie den Reißverschluß öffnete, wurden Dutzende von kleinen Fläschchen sichtbar, wie man sie im Flugzeug bekommt, alle Scotch, glaube ich. Da saßen wir nun, die Dietrich und ich, und nippten ein paar Schlückchen. Es war – ich weiß auch nicht – richtig *kameradschaftlich*, und das erleichterte alles enorm. So wie wenn zwei Schauspieler sich zusammensetzen, um ihre Nerven zu beruhigen, und das Publikum ahnt von nichts. Hinterher hatten wir das Gefühl: ›So, jetzt kennen wir uns besser‹, sie entspannte sich, ich entspannte mich, und dann machten wir uns an die Arbeit.

Sie erklärte sich sogar einverstanden, das Titellied zu singen; schließlich hat es viel mit dem Film zu tun. Sie begriff, daß wir das Lied brauchten, auch wenn sie es haßte. Ich habe ihr die Sache erheblich erschwert, indem ich sie bat, durch den Torbogen zu kommen und ohne Stock zum Flügel zu gehen und das Lied im Stehen in einer einzigen langen Einstellung zu singen. Ich wußte, sie hat Schmerzen, aber ich wollte, daß die Leute sehen, daß sie gehen kann, und sie wollte das auch. Sie hatte ihren eigenen Pianisten mitgebracht, einen Mann namens Raymond, und wir filmten die Szenen zweimal auf englisch, dann zweimal auf deutsch, damit wir die Takes auf jeden Fall im Kasten hatten. Alle waren einwandfrei. Marlene ging zum Flügel, ohne mit der Wimper zu zucken, sang ein Lied, das sie nicht ausstehen konnte, und sie sang es absolut perfekt und mit majestätischer Nostalgie. Die Crew und der Drehbuchautor und der Produzent waren alle da, und als sie fertig war, sollte ich ›Cut!‹ sagen, aber ich konnte es nicht. Es war ein so gefühlsgeladener Augenblick, und sie hatte uns alle so in ihren Bann gezogen, daß die Taktschläge weitergingen, eins-zwei-drei-vier, bis ich wieder zu mir kam und ›Cut!‹ rief. Kein Auge war trocken geblieben, buchstäblich. Wir hatten das Privileg gehabt, einen Moment höchster professioneller Vollkommenheit zu erleben.

»Sie war unglaublich *selbstverwirklichend* als Schauspielerin«, meinte Hemmings später. »Vielleicht war das ihr Geheimnis. Sie war ausgesprochen einfühlsam und viel großzügiger, als ihre Kollegen meinen – oder *sind*. Sie ließ andere an ihrer Professionalität teilhaben, und sie erwartete das gleiche von ihnen. Sie war einfach eine Schauspielerin, die nicht anders konnte, als ein Star zu sein.

Wenn die Leute heute hören, wie Marlene das Titellied singt, denken sie, das Lied beziehe sich auf *Marlene*, vor allem die letzte Zeile, daß das Leben ohne sie weitergeht. Aber darum ging es ihr überhaupt nicht. Wenn sie auf etwas ansprach, dann war es der deutsche Text, der mit den Worten endet: ›man zahlt, und du mußt tanzen‹. Das war es, was sie tat: Sie tanzte noch immer, nach all den Jahren. Aber mit welch majestätischer Würde!«

Nach den Dreharbeiten wollten Mitglieder der Crew Photos mit Autogrammen, und erst nachdem sie die Bilder deutsch signiert hatte, redete sie auch in ihrer Muttersprache. Es wurden mehrere Aufnahmen von der »Baroneß und ihren Jungs« gemacht, und ohne Vorwarnung begann Marlene eine Rede zu halten:

»Es gibt eine Menge Leute«, sagte sie auf deutsch, »die bilden sich ein, ich hätte Deutschland während des Krieges verraten, und das macht es für mich schwierig zurückzukommen. Aber diese Leute vergessen, daß ich nie – *nie* – gegen Deutschland war. Ich war gegen die Nazis. Doch die Presse scheint den Unterschied nicht wahrzunehmen. Sie können nicht wissen, wie mir zumute ist. Sie fahren morgen nach Hause. Aber ich habe ein Land und ich habe eine Sprache verloren. Keiner, der das nicht durchgemacht hat, kann wissen, was ich fühle.«

»Das kam aus heiterem Himmel«, erzählte Hemmings. »Marlene trug noch ihr Kostüm und war geschminkt, und es wirkte ein bißchen theatralisch, aber ihre Worte kamen von Herzen. Jeder wußte, daß dies vielleicht ihr letzter Auftritt in einem Filmstudio war. Im Grunde war sie deswegen für die Rolle ausgewählt worden, und da stand sie nun und sagte etwas, das sie unbedingt sagen wollte, und sie beendete ihre große Filmkarriere in einem künstlichen Berlin in einem künstlichen Film. Sie beschämte uns, ohne es zu wollen; sie war echt, was der Film selbst leider nicht war.«

Just a Gigolo, der teuerste in Deutschland produzierte Film seit dem Zweiten Weltkrieg, wurde vom Produzenten so stark geschnitten, bis er schließlich in seiner aufgebauschten Dekadenz so unerträglich war, daß die Kritiker meist nur von den paar Minuten sprachen, in denen das Symbol der Weimarer Republik zu sehen war. Sie glaubten, die Gage der Dietrich (die ja nur ein Zehntel dessen betrug, was angegeben wurde) habe fast den gesamten Zuschuß des Berliner Senats verschlungen, und die Feindseligkeit, die dem Film entgegenschlug, konzentrierte sich auf Deutschlands größten Star.

Der Spiegel war erbarmungslos: »[Marlene Dietrich] spielt die Chefin des Gigolo-Service, eine mumienhafte Erscheinung, die nichts als die grenzenlosen Möglichkeiten der Maskenbildnerei offenbart. Über ihre Darbietung des Titelsongs sei besser geschwiegen. Nach siebzehn Jahren Leinwand-Abwesenheit hat sie es jedenfalls nicht verdient, in einem solchen Machwerk noch einmal zu erscheinen.« *Die Welt* war etwas milder, aber nicht viel. Sie bezeichnete den Film als »Seiden-Sodom und Glitzer-Gomorrha« und fuhr fort: »Marlene hat ihren Auftritt. Sie kommandiert die Gigolos der Stadt, spricht hier mit synchronisierter Stimme, das immer noch schöne, alte Gesicht im gnädigen Schatten eines gewaltigen Hutes. Dann hört man ihre Stimme, original, auf englisch, das Gigolo-Lied singen. Sie weht uns an wie die Parodie ihrer selbst.«

Sie war weniger eine Parodie als ein Geist, ein gehauchtes Flüstern, eine schattenhafte Andeutung dessen, was einmal gewesen war. Die Tonspur enthielt »Ich küsse Ihre Hand, Madame« und »Jonny«, um alte Erinnerungen an die Dietrich wachzurufen, aber allein ihre Präsenz erinnerte an so vieles, was der Film nicht einlöste, so daß die wenigen, die ihn sahen, sich betrogen fühlten – von ihr. Der Glanz ewiger Jugend und Schönheit war nun doch unübersehbar verblaßt, worüber all jene enttäuscht waren, die daran geglaubt hatten – dank Marlenes Überzeugungskraft. Doch nicht die Zuschauer waren betrogen worden, sondern Marlene. *Just a Gigolo* war eine Parodie, die sie skrupellos ausbeutete, um einem verlogenen Faksimile eine gewisse Authentizität zu verleihen.

»Wenn man sich prostituiert, dann muß man dafür bezahlt werden«, sagte sie, als wäre sie die Figur, die sie im Film spielte. Die Gage war sehr viel geringer ausgefallen, als alle glaubten, und der Preis für die Legende sehr viel schmerzlicher, als Marlene sich vorgestellt hatte. Sie zog den Schleier enger um sich und ließ sich nie wieder bewußt und willentlich photographieren.

Nicht, daß Leute mit Kameras es nicht versucht hätten. Nachdem *Just a Gigolo* in die Kinos gekommen und die Memoiren veröffentlicht worden waren, zog sich die Dietrich immer mehr zurück. Erfindungsreiche Photographen versuchten, ihre Concierge in Paris zu bestechen, und mieteten Kräne, um wenigstens einen Blick in den vierten Stock des Gebäudes in der Avenue Montaigne werfen zu können. Der Ruhm, den sie ihr ganzes Leben lang gesucht und gepflegt hatte, verfolgte sie jetzt und wurde zu einer Art »Hölle«, wie sie sagte. Sie wollte ihre Ruhe haben, ungestört sein, aber sie brauchte Geld, und nur die Legende – die längst ein Eigenleben führte – konnte ihr welches verschaffen. Die Legende, die sie so gewissenhaft und unerschütterlich aufgebaut hatte, mußte sie nun genauso unerschütterlich ertragen. Sie war zugleich Broterwerb, Vermächtnis und Last.

1977 und 1978 wurde bei den Berliner Filmfestspielen eine zweiteilige Retrospektive ihrer Filme gezeigt. Aus verstaubten Gewölben in Prag und Moskau wurden Filmrollen geholt, Negative aus Berlin und Wien wurden ausgegraben, um neue Kopien von Filmen herzustellen, von denen Marlene noch immer behauptete, sie habe sie nie gemacht. Zusammen mit der Retrospektive, die – in Filmen aus einem halben Jahrhundert – Marlene zurück zum Kurfürstendamm brachte, wurde ein sehr sorgfältig recherchiertes zweibändiges Werk veröffentlicht. Die Stadt Berlin bot ihr die höchste Auszeichnung an, die sie zu vergeben hatte, nämlich die Ehrenbürgerschaft – wenn sie an ihren Geburtsort zurückkehren und die Urkunde persönlich in Empfang nehmen würde. Marlene blieb im Bett und in der Avenue Montaigne.

Ein deutscher Filmemacher versuchte ein Werk mit dem Titel *Adolf und Marlene* herauszubringen, in dem eine fiktive »Marlene« das Liebesobjekt eines nicht so fiktiven »Führers« ist und ihn in Berchtesgaden besucht, um seine romantischen Anträge zurückzuweisen. »Ich brauchte einen Kontrast zu der Horrorfigur Hitler«, erklärte der Filmemacher, »eine Schöne für das Biest.« Marlene bemühte die Gerichte und sorgte dafür, daß nicht *sie* diese Kontrastfigur war.

Es ging das Gerücht, daß Marlene selbst eine Fiktion sei. Niemand bekam sie je zu Gesicht. Billy und Audry Wilder, Douglas Fairbanks jr. und auch andere Freunde und Bekannte berichteten, sie hätten Marlene in Paris angerufen, aber nur ein Dienstmädchen am Apparat gehabt, dessen Stimme eine verdächtige Ähnlichkeit mit der Marlenes besaß. »Miss

Dietrich ist gerade in Versailles zum Mittagessen«, hatte sie erklärt. Oder: »Miss Dietrich ist unterwegs nach Zürich«. Oder: »Miss Dietrich ist im Flugzeug nach Tokio«.

Sie hatte eine portugiesische Putzfrau, die einmal am Tag kam und ihr einfache Mahlzeiten vor die Schlafzimmertür stellte, und ein- bis zweimal in der Woche kam eine Sekretärin, die ihr bei der Erledigung der enormen Postflut half, welche die Legende noch immer hervorrief. Marlene schickte Gedichtbände aus ihrer Privatbibliothek an Bekannte, die sich vielleicht darüber freuten, und sie wurde ständig von völlig Unbekannten um Geld gebeten. »Natürlich werfe ich solche Briefe weg«, erzählte sie, »es sei denn, die Leute stecken wirklich in Schwierigkeiten.« Die meiste Zeit über saß sie im Bett, las, sah fern, telefonierte und trank Scotch.

Mitte 1979 wurde bekannt, sie sei im Januar wieder gestürzt und habe sich erneut den linken Schenkel gebrochen. Diesmal heilte der Bruch nicht, doch sie gestand sich ihre körperliche Gebrechlichkeit auch jetzt nie richtig ein – aus Angst vor Mitleid und weil sie die Legende erhalten mußte, denn diese mußte noch immer ihre Pflichten erfüllen.

»Pflichten machen das Leben lebenswert«, hatte sie ihr ganzes Leben über gesagt. »Wenn man keine Pflichten mehr hat, *dann braucht einen keiner mehr.* Und das wäre so, als lebte man in einem Vakuum. Oder überhaupt nicht mehr.«

Sie *wurde* gebraucht. Von sich selbst und von einer wachsenden Familie. John Michael Riva, ihr ältester Enkelsohn, hatte geheiratet und das Kind seiner Frau adoptiert; die Ehe klappte nicht, aber die Adoption. Ihr zweiter Enkel John Peter hatte einen Sohn namens Sean, der 1979 in London zur Welt kam. Marlene war also zweifache Urgroßmutter.

Sie las mehr (ihre Dichter halfen ihr über vieles hinweg) und sah mehr fern. Alte Filme mochte sie nicht besonders, aber sie hatte eine Leidenschaft für Nachrichten und Tennisturniere; es machte ihr Spaß, die Beine der Tennisstars anzuschauen, die ihr gefielen.

Aber auch das Fernsehen wurde zum Problem. Ihr Sehvermögen ließ nach. Da sie keine Ärzte aufsuchen konnte, mußten die Ärzte zu ihr kommen. Die Geräte für eine Augenuntersuchung sind jedoch nicht leicht zu transportieren, also schickte sie ihre alte Brille an Freunde im fernen Tarzana in Kalifornien und bat sie um neue Standardgläser, damit sie wieder lesen und den Bildschirm sehen konnte.

Fernsehen.

Das Medium, für das sie so ungern gearbeitet hatte und in dem die Legende nun allgegenwärtig zu sein schien – was der Paramount oder Universal oder United Artists oder MGM oder Warner Brothers oder Columbia jede Menge Geld einbrachte, während Marlene keinen Pfennig erhielt. Und auch die Filmwelt schlachtete sie hemmungslos aus. »The Man's in the Navy« aus *Seven Sinners* wurde in einen Horrorfilm mit dem Titel *Myra Breckinridge* eingeschnitten. Die »Hot-Voodoo«-Nummer aus *Blonde Venus* war die Titelsequenz in einem Filmverschnitt mit dem Titel *The Love Goddesses*. »Frenchy« aus *Destry Rides Again* wurde in *Blazing Saddles* (Is' was, Sheriff?) als »Lily von Schtupp« veräppelt. Marlene war überall, und alle verdienten an ihr, nur nicht sie selbst.

Das brachte sie auf eine Idee. *Marlene: A Television Show.* Die Legende tritt aus den alten Filmspulen heraus und begibt sich in die häusliche Flimmerkiste, jung und schön wie eh und je, und Marlenes Stimme – »ihre dritte Dimension« – spricht über die Legende, ihr letztes Kapital.

Es brauchte zwei Jahre, um den Plan zu konkretisieren. Am liebsten hätte Marlene Orson Welles als Regisseur gehabt, aber er war nicht verfügbar. Peter Bogdanovich hatte eine steile Karriere gemacht, die dann einen Knick bekommen hatte; und Marlene wollte ohnehin nicht unbedingt einen Regisseur mit hochkarätigem Hintergrund. Sie wußte, welche Filmsequenzen sie wollte, und sie kannte die Hunderttausende von Filmmetern mit Wochenschaumaterial, angefangen von ihrer Ankunft in Amerika 1930 über Kriegsberichte bis hin zu ihren Auftritten in den Metropolen der Welt. Sie brauchte nur jemanden, der das Material nach ihren Anweisungen zusammenstellte. Und einen Promoter, der das Geld auftrieb, um sie dafür zu bezahlen, daß sie ihre Karriere erzählte; und um Schnitt und Endfertigung zu finanzieren und mit den Verleihfirmen in Amerika und dem Rest der Welt zu verhandeln.

Maximilian Schell, den sie von *Judgment at Nuremberg* flüchtig kannte, schien eine akzeptable, vielleicht sogar glückliche Wahl. Er war nicht nur Schauspieler, sondern hatte auch schon als Produzent und Regisseur gearbeitet, und er besaß einen großen Vorzug, den weder Welles noch Bogdanovich zu bieten hatten: Er sprach sowohl Englisch als auch

Deutsch, so daß sich zwischen Subjekt und Regisseur ein Dialog in *beiden* Sprachen entspinnen konnte, der dann als Filmtext dienen sollte, ohne daß für die deutsche Fassung eine Synchronisation oder eine zweite Tonspur hergestellt werden mußte.

Marlene hatte nicht vor, diese Fernsehdokumentation zu einem letzten Höhepunkt ihrer Karriere zu machen. Es lag ihr fern, widerspenstig, herrisch und mißgelaunt wirken zu wollen; sie ahnte auch nicht, daß sie den Film hassen würde, daß sie versuchen würde, ihn zu blockieren und sich von ihm zu distanzieren; oder daß er wichtige Auszeichnungen gewinnen und für den Oscar des besten Dokumentarfilms nominiert würde. Am allerwenigsten vermutete sie – nachdem sie den Film einmal gesehen hatte –, daß sie sich schließlich widerwillig dazu durchringen würde, ihn zu akzeptieren.

Es war ein ungewöhnlich warmer Herbsttag im Jahr 1982, als Maximilian Schell das luxuriöse Apartmenthaus in der Avenue Montaigne betrat, in den Lift stieg und den Knopf für den vierten Stock drückte. Ihn begleitete ein Mann namens Terry Miller, der noch unter der Zeitumstellung litt. Die beiden unterhielten sich höflich über die Hitze, und Schell machte Scherze über die geplanten Aufnahmen. »Wie sie sich verhält, hängt davon ab, ob sie Vertrauen faßt«, meinte er dann ernst.

Vertrauen – das war der Schlüssel. Schell und Miller hatten ein Geheimnis, von dem Marlene nichts ahnte. Ihre Fernsehdokumentation – neunzig Minuten über Marlenes Karriere, nichts Besonderes –, für die sie und Schell nun Small-Talk-Tonaufnahmen machen wollten, war gar nicht fürs Fernsehen gedacht.

»Beim Fernsehen brauchen sie nicht ausgerechnet *mich*«, murmelte Schell, während der Aufzug surrend nach oben fuhr.

»Das ist auch nichts fürs Fernsehen«, bestätigte Miller.

Terry Miller gab sich überzeugter, als er war. Er war Marlenes Agent seit ihren ersten Auftritten in Las Vegas. Inzwischen hatte er sich mehr oder weniger aus dem Showbusineß zurückgezogen und gehörte ohnehin zu den Leuten, die sich der Öffentlichkeit lieber entziehen. Er war von Florida nach Paris geflogen, um Marlenes Interessen zu vertreten, auch wenn das bedeuten mochte, diese Interessen *ihr selbst* gegenüber zu vertreten. Schell, der begabte und gutaussehende Schauspieler, der bereits einen Oscar gewonnen hatte, war ebenfalls fest entschlossen,

Marlene vor Marlene zu schützen, vor der starren Einengung ihres Lebens auf die Legende, die alle kannten. Angesichts des historischen Ereignisses, das ihm bevorstand, empfand er die gleiche gespannte Erwartung wie David Hemmings, als dieser bei Marlenes letztem Auftritt Regie führte. Und er hatte auch Angst. Er wollte *Marlene: A Feature* (Marlene) – »Ein Film von Maximilian Schell« – drehen und damit in den gleichen Rang aufsteigen wie von Sternberg, Lubitsch, Wilder, Lang, Hitchcock, Clair, Welles und all diejenigen, die Schönheit im Film unsterblich gemacht hatten. Nur ein Narr oder ein Scharlatan hätten dieser Situation nicht entgegengefiebert, und Schell war keines von beidem. Aber er wußte auch, daß es nicht ungefährlich war, sich mit einem Geheimplan in die Höhle der Löwin zu wagen.

Es gab ein Problem: Marlene hatte zwar Schell als Regisseur akzeptiert und sich einverstanden erklärt, Gespräche auf Tonband aufzunehmen – sechs Tage mit jeweils zweistündigen Sitzungen, halb englisch, halb deutsch –, aber sie hatte noch keinen Vertrag unterzeichnet. Bis sie ein Stück Papier unterschrieben hatte, konnte sie alles rückgängig machen. Aber Schell hatte *seinen* Vertrag auch noch nicht unterzeichnet, weil er noch keine klare Vorstellung hatte, wie *Marlene: A Feature* aussehen sollte, außer daß es *sein* Film werden sollte. Er war gekommen, um sie zu *ent*waffnen. Mit einer Geheimwaffe – einem Glas Marmelade.

Der Aufzug hielt im vierten Stock. Schell drückte einen Knopf, über dem stand: »Nicht klingeln«. Es klingelte. Die Wohnungstür wurde (mit vorwufsvoll gerunzelter Stirn wegen des störenden Klingelns) von Bernard Hall geöffnet, der aus seinem Londoner »Ruhestand« hierher beordert worden war. Marlene hatte ihn für die Aufnahmen nach Paris eingeflogen, damit er als Gastgeber, Faktotum und Laufbursche fungieren konnte – was er seit Monte Carlo, während all der großen Konzertjahre, getan hatte, also bis es (nach Sydney) nichts mehr gab, womit und wofür er bezahlt werden konnte.

Hall teilte »S&M« (wie er Schell und Miller später nennen sollte) mit, »Granny« werde gleich kommen. Sie habe sich am Vortag eine Zehe gebrochen, erklärte er umständlich, weil sie gegen einen Klavierfuß gestoßen sei, als sie zum klingelnden Telefon gehastet sei. Diese kleine Verletzung sei der Grund, weshalb sie im Rollstuhl sitzen müsse. Schell und Miller zeigten sich besorgt und taten, als glaubten sie die Geschichte.

544

Im Salon, der von zwei Blüthner-Flügeln beherrscht wurde, war alles vorbereitet. Die Flügel hatte Marlene von den Ostdeutschen bekommen – anstelle von Tantiemen in harter Währung, die man hinter der Mauer für die Raubkopien ihrer Schallplatten nicht bezahlen konnte. Beide Instrumente waren auf Hochglanz poliert und völlig verstimmt. Auf einem stand ein Photo von zwei kleinen Mädchen – Schwestern –, das etwa um die Jahrhundertwende aufgenommen worden war. Die Fenster zu der sonnigen Südterrasse waren verdunkelt; die Fenster zu der Avenue und dem Hotel Plaza-Athénée hin standen weit offen und ließen durch die weißen Musselinvorhänge die warme Luft herein.

Marlene Dietrich ließ nicht lange auf sich warten. Als Hall sie hereinrollte, rief sie fröhlich: »Hello, Stranger!« und erklärte, sie müsse im Rollstuhl sitzen, weil sie sich eine Zehe gebrochen habe – sie sei auf dem Weg zum Photokopierer über den Klavierstuhl gestolpert. Hall zuckte zusammen. Marlene meinte, er solle nicht so ein besorgtes Gesicht machen, sie habe keine Schmerzen, und außerdem habe sie sich ja ohnehin schon jeden Knochen im Körper gebrochen. Voller Stolz führte sie ihre blaugeschwollene Zehe vor. Sie benahm sich keineswegs wie eine Legende.

Hall zog die Bremsen am Rollstuhl an. »Damit du nicht *wegrollst*«, murmelte er düster. Er deutete auf den Tisch und auf die Klingel, mit der sie ihn jederzeit rufen konnte, wenn sie ihn brauchte. Und zog sich zurück.

»Ja nicht ›fraternisieren‹, Bernard«, rief sie ihm übermütig nach und lachte das wissende Lachen eines alten Kumpels.

Techniker wimmelten herum, verlegten Kabel und überprüften Schallpegel. Schell gab die Anweisung, Geräte und Toningenieure sollten in der Eingangshalle bleiben, damit er und Marlene sich nicht beobachtet fühlten und (was er nicht sagte) die Bänder ungehindert laufen konnten. Ständig.

Die Gerüchte, die später über jene sommerlich warmen Tage in der Avenue Montaigne an die Öffentlichkeit drangen, und das Bild, das die kunstvolle Bearbeitung der unsichtbar laufenden Bänder hervorrief, erweckten den Eindruck, als wäre Marlene derart menschenscheu, daß sich nur *Schell* in ihrer Gegenwart aufhalten durfte. Manchmal hieß es sogar, nicht einmal *ihn* hätte sie zu sich gelassen, sondern ihn an ein Mischpult im Flur neben dem Lift verbannt. Die Wirklichkeit sah sehr viel gastfreundlicher aus. Marlene war allen zugänglich. Zu den Besuchern gehörten der Produktionsmanager Peter Genee, der Produzent Karel Dirka, die Techniker und die Crew, darunter auch der Tontechniker Norbert Lill, der in South Carolina Englisch gelernt hatte und von der Gastgeberin deswegen »Carolina« genannt wurde. Sie konnten allesamt nach Belieben im Salon ein und aus gehen. Marlene respektierte und mochte solche Leute: Sie waren Arbeiter, *Profis.*

Schell überbrachte Grüße von »Maria«. Zuerst dachte Marlene, er meine *ihre* Maria, aber dann merkte sie, daß er von seiner Schwester redete, der Schauspielerin Maria Schell, von der Marlene nicht sonderlich angetan war. Schell schwieg kurz, dann bestellte er Grüße von Elisabeth Bergner aus London. Darauf erklärte Marlene vorwurfsvoll, es sei nicht gut gewesen, daß die Bergner während des Krieges von England nach Amerika übersiedelt sei, bloß weil sie sich dort sicherer gefühlt habe. »Die Engländer haben ihr das nie verziehen«, sagte sie, streng wie ein alter Soldat. Schell schwieg wieder, dann präsentierte er sein *Pièce de résistance,* das Glas mit Marmelade, die er nicht nur selbst gekocht, sondern für die er auch höchstpersönlich die Beeren gepflückt hatte.

Pause.

Marlene war sprachlos, vielleicht vor Dankbarkeit. Sie schlug vor, mit der Arbeit anzufangen. Schell begann mit Erinnerungen, die bei ihr Reminiszenzen evozieren sollten. Er redete davon, daß er in Wien geboren wurde und in der Schweiz aufwuchs und in Deutschland und den Staaten arbeitete und lebte. Sie lauschte höflich, bis er schließlich bei der Frage landete, ob sie denn auch – wie er – unter dem Gefühl der Heimatlosigkeit leide?

»*Quatsch!*« donnerte sie los, ganz Berliner Schnauze. »*Heimatlosigkeit? Quatsch. Gibt's bei uns nicht. Kitsch gibts's bei uns nicht. Ich habe Sentiment. Das ist wieder was anderes. Auf englisch heißt das ›sentiment‹. Ich habe Gefühle für Menschen, aber ich habe nicht Gefühle für Städte, oder, nein … das ist so Courts-Mahler! Ich lebe hier ab und zu. Ich reise viel … Ich bin meistens in Koffern*«, behauptete sie von ihrem Rollstuhl aus. Außerdem, was hatte dieser »*Quatsch*« mit dem Dokumentarfilm zu tun?

Pause.

Vielleicht war Schell nervös. Sie wurde milder, zeigte mehr Entgegenkommen, forderte ihn auf, seinen Mantel abzulegen – bei der Hitze! Sie bot ihm Evian und Leckerbissen an, die sie selbst zubereitet habe. (Bernard, der draußen lauscht und vom Einkaufen erschöpft war, verdrehte die Augen.) Marlene rief nach »Carolina«, weil sie wissen wollte, ob ihre Stimme über das kleine Mikro am Revers deutlich zu hören war. Sie traute diesem Mikrophon nicht, weil es ihr wie »dilettantisches Zeug« vorkam. Nachdem man ihr versichert hatte, jedes Dezibel komme wunderbar rüber, wandte sie sich wieder Schell zu. »Was sehen wir auf dem Bildschirm? ... Der Bildschirm kann ja schließlich nicht schwarz bleiben, mein Lieber ... Ich möchte erstmal wissen, was dann auf dem Bildschirm ist – was *sehen* wir? Es muß sich was *bewegen*, mein Lieber!«

Sie wußte genau, was *sie* auf der Leinwand sehen wollte: jede Szene, auf die Sekunde genau. Seit zwei Jahren hatte sie sich darauf vorbereitet. Sie hatte Schell und seinem Produzenten schon vor Monaten eine Liste mit den Filmclips geschickt, die aus Hollywood beschafft werden sollten. Außerdem hatte sie (wie sie beiläufig erwähnte) persönlich mit den Besitzern dieses Materials Verbindung aufgenommen und herausgefunden, daß noch niemand einen einzigen Meter Film gekauft oder auch nur darum ersucht hatte. Bis dahin, so erklärte sie, machten sie und Schell ja wohl nichts anderes als Aufnahmen für ein Radioprogramm. Sie flüsterte Schell ins Ohr, der Produzent sei ihr nicht geheuer, er könnte sehr gut ein »*Ganove*« sein.

Schell, der sich insgeheim längst sein eigenes Filmmaterial zurechtgelegt hatte, erklärte, die Filmgesellschaften verkauften das Material zu so horrenden Preisen pro Meter und Sekunde, daß es keinen Sinn habe, etwas zu kaufen, bevor er, der Regisseur, nicht genau wisse, was er in der endgültigen Version des Films verwenden wolle. Aber er habe Videos von ihren Filmen mitgebracht. Das war Marlenes Meinung nach wieder »dilettantisches Zeug«. Videokassetten waren »*Quatsch*«. Dilettantisches Zeug war »*Quatsch*«.

Pause.

Schell setzte wieder an. Sein Tonfall lud zum Austausch von Vertraulichkeiten ein. Fragen, die sie schon Tausende von Malen beantwortet hatte (oder auch nicht), wehrte Marlene immer wieder mit der Begründung ab: »Das steht unter Copyright!«, als ob ihr das verbiete, sich selbst zu zitieren. Copyright war kein »Quatsch«. Und hatte nichts mit ihrer Fernsehdokumentation zu tun.

Vorsichtig führte Schell den Begriff »Feature« ein.

»*Feature!?*« fragte sie verblüfft. »Was soll das denn? Wir machen hier eine Fernsehdokumentation, neunzig Minuten lang, und damit hat sich's ... Es geht nur um die Karriere. Das steht im Vertrag. Die Karriere ... Die Dokumentation soll die Lebensgeschichte einer *Schauspielerin* zeigen, nicht die einer Privatperson ... Deshalb müssen wir immer überlegen, was wir auf dem Bildschirm zeigen.«

Schell sagte, er denke, er sei hier, um ein Feature zu machen.

»Dann hat man Sie falsch informiert«, stellte sie klar.

Pause.

Themenwechsel: ihre Biographie, die beiden kleinen Mädchen, die da in dem Silberrahmen auf einem der Flügel standen.

»*Haben Sie Geschwister gehabt?*« fragte er.

»*Nein*«, erklärte sie, und damit war das Kapitel erledigt.

Und außerdem – mit so etwas konnte man nicht den Bildschirm füllen. »Wir machen einen Do-ku-men-tar-film fürs Fern-se-hen, mein Lieber.« Alles andere stand in ihrem Buch oder unter Copyright oder hatte nichts mit dem zu tun, was das Fernsehpublikum auf dem Bildschirm sehen wollte.

Schell erwähnte Proust und die Madeleines und die Vergangenheit.

»*Ich denke überhaupt nicht an die Vergangenheit. Proust?! So was von langweilig. Hat gar nichts mit mir zu tun. Der Hitler hat das alles weggenommen, mein Land, alles!*«

»*War das schwierig?*« hakte Schell nach.

»*Gott sei Dank ist es vorbei, oder ich hoffe, es kommt nie wieder. Es war zu furchtbar. Ich habe so viele Leute ... aber mit den Familien, das ist nicht in meinem Kontrakt. Auch hier in Frankreich ... Millionen. Davon will ich nicht sprechen. Von Hitler, nein, nein.*«

Pause.

Schell preschte wieder vor. Er wußte, wenn er nicht nur ein harmloses Fernsehfilmchen à la »Und dann habe ich dies und jenes gemacht« drehen wollte, dann brauchte er Erinnerungen und Gedanken, Vertaulichkeiten und Offenheit, und dafür mußte er mehr sein als ein »Interviewer«. Er *war* mehr. Er war Regisseur: ein Sternberg oder ein Lubitsch oder ein Wilder. Das sagte er auch. Er sei jetzt, sagte er, »wie Josef von Sternberg«.

»Im Moment sind Sie kein Filmregisseur, mein Lieber«, wies sie ihn zurecht. (Und vielen Dank für die Marmelade! dachte Bernard Hall.)

Am zweiten Tag kamen sie nicht weiter als am ersten. Schell wurde nicht müde, von sich selbst zu sprechen, er erzählte Marlene von seinen Überlegungen über das Leben und von den Augenblicken, in denen man nicht weiß, welche Richtung man einschlagen soll und warum und überhaupt – was das Ganze soll. Sie starrte ihn schweigend an, dann brummte sie: »*Sie sind viel zu klug für mich.*« Das wiederholte sie ein paarmal.

Schell sah sich wieder in seine solipsistische Angst verbannt und versuchte verzweifelt, einen Zugang zu ihrer Weltsicht zu finden. Schließlich gab er auf, gereizt durch ihr ständiges »*Sie sind viel zu klug für mich.*« Zu Josef von Sternberg hätte sie das vermutlich nicht gesagt.

Am dritten Tag sprach er dieses Thema wieder an. Was hatte sie damit gemeint?

Sie hatte gemeint, was sie sagte. »Ich wüßte gern, worauf Sie hinauswollen«, meinte sie besorgt. »Ich wollte, ich wüßte es.« Sie wußte es nicht, weil niemand, auch nicht der stets anwesende und meist stumme Terry Miller, sich die Mühe machte, das eigentliche Ziel des Unternehmens zu nennen, den geheimen Plan darzulegen. Sie »begriff« nichts, weil keiner den Mut hatte, ihr gegenüber offen zu sein, und sie sagte »*Quatsch*«, wenn Schell mit seinen nicht entschlüsselbaren Intentionen ziellos im Nebel zu rudern schien. Daß er für sie auf einem der verstimmten Blüthner-Flügeln spielte, bewies auch nicht mehr *Auteur*-Entschiedenheit als das Glas Marmelade.

»Was sollen wir denn in der Glotze sehen?« fragte Marlene. »Wir müssen verhindern, daß die Leute in die Küche gehen und sich was zu essen machen.«

Was Schell auf dem Bildschirm zeigen wollte – nun, das war *Marlene*: die letzte Nahaufnahme. Hier war eines der größten Kamera-Objekte des Jahrhunderts, nach vier Jahren völliger Zurückgezogenheit, und Schell war im gleichen Zimmer mit ihr, und sie sagte dauernd: »Also, fragen Sie mich etwas.«

Er fragte sie etwas: Ob er sie photographieren dürfe?

»Ich bin oft genug photographiert worden«, antwortete sie bestimmt und schlicht. Außerdem hat die Marlene von heute nichts mit einem Dokumentarfilm über ihre Karriere zu tun. »Ich bin zu Tode photographiert worden, und ich will nicht mehr!«

Schell schwieg. Er wußte, er bewegte sich auf gefährlichem Terrain,

549

das ihm durch den noch immer nicht unterschriebenen Vertrag verboten war; er wußte aber auch, daß er genau das wollte und daß die Marlene von heute *Teil* der Karriere war. Er strebte einen zweiten Oscar an: »Hier sitzen Sie vor mir, Marlene, meiner Meinung nach schöner denn je ... Ich habe oft gedacht, wenn ich Ihre Filme gesehen habe, daß da ein bestimmtes Image von Marlene Dietrich gezeigt wird. Und nun habe ich das große Privileg, nicht dieses Image zu sehen, sondern Sie selbst. Sie sitzen in Ihrer Wohnung in Paris. Sie sitzen an einem Tisch, der von Bernard, Ihrem Assistenten ...«

»Er ist ein *Freund*«, donnerte sie los, die Kategorien von Beziehungen überdeutlich klarstellend.

Das *war* gefährlich. Ihr Tonfall ließ keinen Zweifel daran. Und plötzlich begriff Schell, das war sein Film: Max begegnet dem *Monstre Sacré*; Protagonist gegen Antagonist; Konflikt, Drama! Wenn sie nicht bereit war, bei einem Konzept mitzumachen, von dem sie so gut wie nichts wußte, dann würde er ihr helfen, sich *un*kooperativ zu verhalten, und *das* war dann der Film. Die Löwin, die die Stöcke anknurrte, die man ihr durch die Stäbe ihres selbsterrichteten Käfigs steckte! Es war besser als nichts. Von dem, was in den bislang verstrichenen drei (von sechs vereinbarten) Tagen auf Band aufgenommen worden war, eignete sich nichts für irgendeine Art von Huldigung oder Tribut, für eine letzte Nahaufnahme von Marlene Dietrich, der Frau. In Wirklichkeit konnte er nicht einmal *ihre* Version eines Dokumentarfilms machen, wenn er nicht mehr auf der Tonspur hatte als »Das steht in meinem Buch« oder »Das steht unter Copyright«.

Es gab aber durchaus Material. Wenn sie am Ende des Tages dachte, die Arbeit sei beendet (und die Aufnahmegeräte seien abgestellt), und sich bei einer Tasse »Tee« (von Bernard mit »Mut« verstärkt) entspannte, dann hörte sie auf, die Legende zu bewachen. Sie wurde eine gesprächige Gastgeberin in einer freundlichen baumgesäumten Pariser Avenue, und wer wußte, daß die Bänder liefen? Sie dachte, sie unterhalte sich privat mit Terry Miller, mit Schell, mit Bernard Hall; sie unterhielt die Ton-Crew mit amüsanten Anekdoten aus der guten alten Zeit. Wenn sie glaubte, sie sei nun Marlene, die Privatperson, die sich mit Profis unterhielt, welche die Bekenntnisse eines Profis verstanden und respektierten – dann taute sie auf, trank noch ein Schlückchen »Tee«, wurde mitteilsam und indiskret. Wenn sie *zu* indiskret wurde, eilte Terry

Miller zu den Bandgeräten (er wußte, daß sie immer noch liefen) und stellte sie ab. Sie sagte nichts Ehrenrühriges über andere, aber sie hatte einen bissigen Humor, der vor nichts zurückschreckte und der ihre Freunde in Verlegenheit bringen konnte, falls jemand Kopien der Bänder anfertigte. Und Kopien mußten auf alle Fälle gemacht werden. Schon aus Sicherheitsgründen.

Das war die Marlene, über die Schell einen Film machen wollte: fix, witzig, respektlos, eine Frau, die ihre Überlebensweisheit mit bösartigem Humor pfefferte, mit blauer Zehe, im Rollstuhl, mit Perücke und Brille. Das überschäumende Temperament, das so *cool* wirken konnte, war noch immer lebendig. Aber diese Marlene gab sie ihm nicht absichtlich. Und die hatte auch nicht vor, das zu tun. Terry Miller unterstützte zwar Schells Ambitionen, erwies sich aber als wenig hilfreich, weil er jedesmal aufsprang, um die unsichtbaren Bänder abzustellen, wenn Marlene etwas sagte, das zu weit ging, um es für die Nachwelt zu bewahren – oder für Maximilian Schell, den Regisseur.

Der Regisseur war nicht ohne Geschick. Er war eingeschüchtert, frustriert und fest entschlossen, mehr zu bekommen, als sie zu geben bereit war. Er hatte etwas auf Band, das sich knurrig und schlechtgelaunt anhörte, und wenn *sie* sich nicht photographieren lassen wollte, dann würde *er* sich photographieren lassen. Er konnte sich in München in einem Studio filmen lassen, der kreative Regisseur, der darunter leidet, daß er *sie* nicht aufnehmen konnte. Wenn er ihre Wohnung nicht filmen durfte (»Wir unterhalten uns nicht über das, was an der Wand hängt oder über sonst etwas, weil Sie davon auch nichts auf dem Bildschirm haben werden. Es soll ein *Dokumentarfilm* sein, und da heißt es ›und dann hat sie das und das gemacht‹ oder so, und ›im nächsten Film hat sie das gemacht‹ – ein, zwei, drei – also können wir nicht über Klaviere reden!«), dann würde er eine Kulisse bauen, die aussah wie ihr Apartment, und dort drehen. Sein Scheitern sollte das eigentliche Thema des Films werden, und er konnte diesem Film noch immer den Titel *Marlene: A Feature* geben!

Er und Miller sprachen darüber, von Mann zu Mann. Miller konnte Marlenes Interessen nicht schützen, wenn es gar keinen Film gab. Außerdem würde sie keine Gage und keine Tantiemen erhalten – und er keine Agentenprovision. Und von einem Projekt, das wegen ihrer Sturheit nicht zustande gekommen war, würde ihr Ruf nicht gerade profitieren.

Die Verschwörer beschlossen, guter Bulle (Miller) und böser Bulle (Schell) zu spielen, in der Hoffnung, Marlene durch diese Schocktherapie dazu zu bringen, bei der Verwirklichung eines Plans zu kooperieren, von dem sie immer noch nichts erfahren hatte – außer dem Begriff »Feature«, den Schell zaghaft in die Debatte geworfen hatte und der seither nie mehr zur Sprache gekommen war. Miller würde den guten Bullen markieren, einfach durch seine Anwesenheit, und Schell den bösen, indem er sie daran erinnerte, daß er *seinen* Vertrag auch noch nicht unterschrieben habe und daß er möglicherweise gar keinen Film machen würde, wenn sie nicht aufhörte, von ihrem Buch und von »Copyright« zu reden; und in diesem Fall würde sie auch kein Geld bekommen, das sie doch dringend brauchte, um die Rechnungen zu bezahlen, einschließlich der Miete für die Wohnung, in der sie alle Tag für Tag herumsaßen, ohne irgendwie weiterzukommen.

Am fünften Tag war Schell schließlich soweit, daß er verdrossen und vorwurfsvoll schwieg. »*Falls* ich den Film mache« wiederholte er wie einen Refrain und schlug immer wieder vor, gemeinsam mit Marlene ihre alten Filme auf Video anzusehen. »Sie müssen mir gar nichts zeigen«, protestierte sie. »Ich kenne das ganze Zeug! Ich habe es GEMACHT! Sie verschwenden Ihre Zeit, Sie verschwenden das Bandmaterial, Sie verschwenden … Für einen Dokumentarfilm müssen Sie sich kurz fassen!« zeterte sie. »Wir machen einen Dokumentarfilm, eine Do-ku-men-ta-tion fürs Fern-se-hen-, mein Lieber!«

Schließlich blickte sich Schell verzweifelt um und verkündete: »Ich kann so nicht arbeiten.« Und ging. Das unsichtbare Band drehte sich weiter. Entgegen allen Erwartungen schwieg Marlene. Terry Miller saß da; Bernard Hall »fraternisierte« nicht; »Carolina« lauschte der Stille in seinen Kopfhörern; Maximilian Schell hatte sein Ego zusammengerafft und den Raum verlassen.

Marlenes Schweigen war nicht von Dauer. Als Schell nicht zurückkam und keiner wußte, was er sagen oder tun sollte, wurden die Tontechniker aufgefordert, nach Hause zu gehen, und zwischen Marlene und ihrem Agenten entspann sich ein »schrecklicher Streit«, wie Miller später sagte. Marlene meinte, das sei alles Zeitverschwendung, der unprofessionellste *Quatsch*, den sie je erlebt habe, und Miller führte die entscheidenden Wahrheiten an: daß die Verträge noch nicht unterzeichnet seien und die Gage nicht bezahlt würde und die Miete ausstehe und daß sie drauf und dran sei, Schell mitsamt seinen Videos und dem ihrer Meinung nach »dilettantischen Zeug« zu vergraulen.

Marlene rollte wie der geölte Blitz aus dem Zimmer. Miller setzte sich hin und schrieb einen Brief, in dem er ihr mitteilte, falls sie den Vertrag nicht sofort unterzeichne, übernehme er keinerlei Verantwortung mehr. Danach knallte er die Tür hinter sich zu, Marlene las den Brief, setzte ihre Unterschrift unter den Vertrag und ließ ihn auf dem Tisch liegen, damit man ihn am nächsten Morgen dort finden konnte – falls es einen nächsten Morgen geben sollte.

Es gab einen. Maximilian Schell war pünktlich. Er und Terry Miller warteten auf Marlene, die verdächtig unpünktlich war. Miller erzählte von ihrer Auseinandersetzung vom Vortag. Die beiden Männer waren sich einig, daß ihre »guter Bulle/böser Bulle«-Nummer kläglich gescheitert war. Marlene hatte einen Wutanfall bekommen, aber nicht auf Band. Und sie hatte charmante Würde an den Tag gelegt, als sie die Tontechniker nach Hause schickte. Daß sie ihren Vertrag unterschrieben hatte, war ein kleiner Sieg. Schell konnte die Bänder jetzt verwenden, aber viel war auf diesen Bändern nicht drauf, und außerdem hatte er nur eine sehr widerwillige Zustimmung von Marlene, ein paar alte Filme auf Video anzusehen. Er kam auf die Idee, daß »es doch ganz schön wäre, eine Reihe von Szenen zu haben, über die sie sagt: ›Nein, diese Szene spricht für sich.‹« Aber er gestand Miller, daß er eigentlich erwartete, Marlene würde jeden Augenblick wie eine Furie ins Zimmer gerollt kommen und ihn arbeitslos machen.

Das wäre vielleicht für die Tonbandaufnahmen ganz wirkungsvoll gewesen, aber Marlene tat nichts dergleichen. Ihr Rollstuhlauftritt war zuckersüß. Mit samtweicher Stimme flötete sie »Hello«, als wollte sie zu verstehen geben, daß sie sich sehr, sehr gut benehmen konnte, auch wenn sich andere Leute völlig danebenbenahmen.

Ein Videogerät war hereingebracht worden, damit Schell endlich seine Kassetten abspielen konnte. Höflich unterhielt man sich über ihre Rolle als mexikanische Puffmutter in Orson Welles' *Touch of Evil* (Im Zeichen des Bösen), womit Schell anfangen wollte. Marlene machte die etwas kryptische Bemerkung, sie fände es bezeichnend, daß er mit dem Ende ihrer Karriere beginnen wolle statt mit dem Anfang, aber ihr sei das auch recht. Schell meinte, ihre Tanya sei eine »Schlüsselfigur in [Welles'] Film«, aber damit war Marlene nicht einverstanden: »Nein, das finde ich

nicht. Nein, nein, nein, nein, nein.« Schell wußte, daß die Rolle im Drehbuch gar nicht vorgesehen gewesen war, und fragte, ob sie improvisiert
habe. Da Improvisation typisch für Schells verschlungene Vorgehens-
weise schien, reagierte Marlene betont ruhig – die Ruhe vor dem Sturm.

»Nun, mein Lieber«, sagte sie, als erklärte sie einem Einfaltspinsel den
Unterschied zwischen rechts und links: »Sie scheinen nicht zu wissen,
wie das läuft! Wir bekommen ein Drehbuch. Macht man das bei Ihnen
zu Hause nicht so?«

Schell murmelte etwas von den positiven Seiten der Improvisation.
Marlene entgegnete, Welles sei das Paradebeispiel eines perfektionisti-
schen Regisseurs. »Er ist ein Profi, und alle Profis wissen, daß Schauspieler ein Drehbuch brauchen und wissen müssen, was sie tun sollen. Man
läßt nichts offen … Das ist dilettantisches Zeug!«

Selbst eine Kuckucksuhr hätte begriffen, was sie damit sagen wollte.
Schell begann mit seinen Videos.

Marlene brummelte: »Kein Mensch will dieses Zeug sehen, das ist
lächerlich!«

Aber sie schauten sich die Kassetten an. Sie knurrte immer wieder
mißbilligend, während die Bilder vor ihnen abliefen, und am Schluß
donnerte sie los, dieses Vorgehen sei eine »Verschwendung von Zeit
und Mühe, Verschwendung, Verschwendung. Wenn ich etwas hasse,
dann ist es Verschwendung!«

Schell: Könnten Sie zu dieser Szene etwas sagen?

Dietrich: Nein!

Es war eine klare, kurze Antwort – so warm wie die Temperaturen
auf dem Mont Blanc. Aber das erhoffte Thema zeichnete sich ab: Diva
versus Regisseur; Regisseur in der Höhle der Löwin. Dann:

Dietrich: Was soll ich groß sagen? Ich habe Ihnen bereits gesagt,
Orson Welles ist ein Genie, wir haben alle ohne Bezahlung für ihn gearbeitet, weil das Studio ihm nicht genug Geld geben wollte. Was soll
ich groß sagen? Ich bin keine ›schauspielerische‹ Schauspielerin. Ich bin
keine Primadonna wie Sie!

Schell: [pikiert] Ich bin keine Primadonna.

Dietrich: Doch, das sind Sie. Wir machen unsere Arbeit.

Schell: Ich mache auch meine Arbeit.

Dietrich: Nein. Gestern nicht. Nein, nein!

Schell: Ich will Ihnen etwas sagen, Marlene. Ich bin nicht hier als Interviewer. Ich bin hier als Gesprächspartner. Wenn Sie das nicht begreifen, dann weiß ich nicht mehr, was ich tun soll. Dann weiß ich nicht mehr weiter. Es ist nicht meine Aufgabe, Fragen vorzubereiten wie ein Interviewer. Wir haben klar und deutlich vereinbart, daß wir uns unterhalten und gemeinsam *Ihren* Dokumentarfilm zu entwickeln versuchen. Das versuche ich schon die ganze Zeit[!]. Wenn Sie das nicht begreifen, dann tut es mir schrecklich leid, aber Sie müssen kooperativ sein, Sie müssen mir helfen. Wenn ich Ihnen diese Szenen zeige, dann ist das ein Mittel, um Sie zum Reden zu bringen, damit Sie etwas über Orson Welles sagen. Nicht nur, daß er ein *Genie* ist – das wissen wir alle. Etwas – was Sie fühlen. Sonst kann ich einfach aus Ihrem Buch zitieren. Aber dieser Dokumentarfilm wird in Amerika gezeigt werden und in …«

Dietrich: Ach, sind Sie da sicher?! Daß sie das Zeug kaufen? So wie Sie daherreden, kaufen die den Film niemals!

Schell: Na ja, ich kann es nicht mit Sicherheit sagen. Ich kann nur sagen, daß ich mein Bestes versuche, um von Ihnen irgendeine persönliche Meinung zu erfahren, nicht immer nur »ja« oder »nein« oder »Das können Sie in meinem Buch nachlesen.«

Dietrich: Ich habe nicht »ja« oder »nein« gesagt.

Schell: Sie sagen das ständig, Marlene. Sie sagen es ständig. Sie sagen ständig: »Das steht alles in meinem Buch.« Sie sagen dauernd: »Nein, dazu will ich nichts sagen.«

Dietrich: Weil mein Buch unter Copyright steht!

Schell: Dann sagen Sie es eben mit anderen Worten!

Dietrich: Ich habe gesagt, was ich von ihm [Orson Welles] halte. Was wollten Sie denn sonst noch? Ich habe Ihnen gesagt, Sie sollten sich bekreuzigen, ehe Sie seinen Namen nennen!

Schell: Das tue ich auch. Ich bewundere ihn sehr.

Dietrich: Das sollten Sie auch.

Schell: Ich weiß, was ich sollte! Sie brauchen mir das nicht zu sagen!

Dietrich: Ach, ich könnte Ihnen schon noch einiges beibringen. Man steht zum Beispiel nicht einfach auf und läßt eine Dame sitzen! Sie sollten wieder heimgehen zu Mama Schell und erst mal lernen, was sich gehört! Man steht nicht einfach auf und läßt eine Dame und Mr. Miller und diese jungen Männer hier einfach sitzen. Wir wußten gar nicht, was wir tun sollten! Sie sind davongerauscht wie eine Primadonna! Schrecklich schlechte Manieren!

Schell: Das finde ich nicht. Ich glaube, ich bin entweder sehr geduldig oder …

Dietrich: Das sollen gute Manieren sein, wenn man einfach aufsteht und geht?

Schell: Na ja – es kommt darauf an, was vorher passiert ist!

So ging es noch eine Weile hin und her, bis Schell schließlich die Katze aus dem Sack ließ. Er bereite keine Fragen vor, denn: »Ich mache kein Interview! Sie haben gesagt, daß Sie sich zu den verschiedenen Szenen äußern würden. Das ist vertraglich festgelegt. Wir haben Ihre Liste genommen und wir haben für Sie vorbereitet, was auf der Liste steht …

Dietrich [triumphierend]: Vor einem Jahr!

Schell: Ich bin viel später dazugestoßen, und der Dokumentarfilm, den ich gerne machen möchte – falls ich ihn mache –, [ist] eine andere Art von Dokumentarfilm.

Dietrich [ruhig]: In dieses Geheimnis hätten Sie uns schon früher einweihen sollen.

Trotz ihrer Wut hatte sie immer noch alles unter Kontrolle. Sie lehnte seinen dreisten Vorschlag einer »Partnerschaft« entschieden ab, und seine Anrufungen von Sternberg, Wilder und den anderen Namen, als wäre er Teil dieses Pantheons, ließ sie nicht gelten. Aber der Stolz des Regisseurs war erwacht, und wieder nannte er Orson Welles. *Ihren* Freund! Das war (endlich!) doch zuviel.

Dietrich: Sie KENNEN ihn? Tatsächlich? Oh, wie WUNDERBAR!

Der schneidende Ton ihrer Antwort erschreckte Schell und holte ihn wieder auf den Boden der Tatsachen zurück. Mit mühsamer Ruhe begann er davon zu erzählen, wie er mit Welles eine Verfilmung von *Schuld und Sühne* erörtert habe. Marlene war zu empört, um richtig zuzuhören. Sie dachte an Sternbergs Film über den Roman von Dostojewski und schob Schells Anekdote mit der Bemerkung beiseite: »Mr. von Sternberg hat den Film gedreht. Das ist altes Zeug. Das ist alles längst Vergangenheit, mein Lieber, längst Vergangenheit!«

»Gut«, erwiderte Schell gelassen, die mangelhafte Logik ihrer Bemerkung aufgreifend. »In einem Dokumentarfilm geht es um altes Zeug.«

»Na und?!« explodierte sie.

Die Bänder liefen. Schell hatte Material für einen Film. *Seinen* Film.

Marlene ist vielleicht der exzentrischste und faszinierendste Dokumentarfilm über ein Star, der je gedreht wurde. Dieser Meinung waren die meisten Kritiker. Er erhielt den Preis der New Yorker Filmkritiker als bester Dokumentarfilm, den Preis des National Board of Review und wurde für den Oscar nominiert (gewann ihn aber nicht).

Beim Schnitt stellte Schell fest, daß er mit den Ausschnitten aus ihren großen Filmerfolgen und aus Fernsehauftritten, mit den seltenen Outtakes und Photos eine Kollage über die Legende gestalten konnte – um kontrapunktisch die Weigerung der Legende, sich durchleuchten zu lassen, dagegenzusetzen. Schell brachte sich selbst sehr stark ein (er ist der Subtext: Dieser Film ist ein Duell, kein Duett). Wir sehen, wie er bis zum Hals in Filmmaterial steckt und sich darüber grämt, daß er Marlenes Wirklichkeit nicht ergründen konnte. Er photographierte das im Studio aufgebaute »Apartment«, die Schneideräume und holte sogar Anni Albers, die Witwe des Bauhauskünstlers Josef Albers (Schell ist ein Albers-Sammler) vor die Kamera, damit sie an seiner Stelle die verwirrte Frage stellte, was denn nun eigentlich *Wirklichkeit* sei – der Faden, der all die Filmclips und zusammenhanglosen Tonfetzen zusammenhält.

Für Schell war es kein ungetrübter Triumph. Die meisten Kritiker meinten ähnlich wie Jack Mathews in der *Los Angeles Times*: »Ob intuitiv oder geplant – die Dietrich zwang Schell dazu, einen besseren Film zu drehen, als er es getan hätte, wenn sie bereit gewesen wäre, vor die Kamera zu treten.« Schell stimmte zu: »Es war eindeutig die große Stärke des Films. Sie gab sich selbst eine stärkere Präsenz, indem sie sich nicht zeigte.«

Für Marlene war es ein letztes Porträt, geprägt von ihrer trotzigen Entschlossenheit, die Kontrolle zu behalten. Doch dieses Porträt entstand durch die kunstvollen Nebeneinanderstellungen, denen man nur selten, wenn überhaupt je, anmerkt, daß bei den Aufnahmen nicht ganz ehrlich gearbeitet wurde. »Es zählt nur das, was auf der Leinwand zu sehen ist!« hatte sie immer wieder zu Schell gesagt, und sie war Profi genug, um letztlich zu akzeptieren, daß er ein Porträt geschaffen hatte, das nicht so war, wie sie es sich vorgestellt hatte; das vielleicht auch nicht unbedingt der Wahrheit entsprach; das aber doch eindrucksvoll war und sich verkaufte.

Vincent Canby von der *New York Times*, der Marlene einmal als »One woman environment« bezeichnet hatte, sah in dem Film das »Porträt einer willensstarken Frau, die ihre Karriere bis zum bitteren Ende inspiziert. Und außerdem eine Untersuchung über das sehr spezifische, möglicherweise bittere Vermächtnis des Ruhms eines Filmstars.«

Wenn man von »bitter« sprechen möchte, dann deswegen, weil dieses Vermächtnis einen nicht losläßt. Diese wunderschönen Bilder verschwinden nicht, sie altern nicht, haben keine Schmerzen und müssen keine unbezahlten Rechnungen begleichen. Sie leben immer weiter, wie eine Anklage gegen die menschliche Gebrechlichkeit. Der Film, den Marlene Dietrich machen wollte, wäre nicht so interessant gewesen. Er wäre nicht aufschlußreicher gewesen als ihre Memoiren oder die Phantasiebiographie, die sie immer bei ihren Konzertauftritten bemühte, um ihre Lieder einzuleiten. Sicherlich wird in Schells Film manches manipuliert und verzerrt, aber letzten Endes ist er das Werk eines Bewunderers, eines zögernden und nicht erhörten Liebhabers. Er suchte und fand (egal mit welchen Mitteln) Einblicke in die Gefühle, von denen William Blezard glaubte, daß sie für Marlene entscheidend waren. Gefühle für Menschen, wie sie gleich am Anfang zu ihm gesagt hatte, für diejenigen, die bei ihrer Entwicklung zum Star eine Rolle gespielt hatten: Rudi, Maria, ihre Enkel – und vor allem ihre Mutter.

Teil IV
Abgangsmusik

25. »ALLEIN IN EINER GROSSEN STADT«
1983–1992

Es dauerte fast vier Jahre, bis Schells Film unter den Titel *Marlene: A Feature* über den Atlantik gelangte. Das Porträt war der absolute Hit des New Yorker Filmfestivals im September 1986 und lief im November weltweit in den Kinos an. Die Flut der Besprechungen, Nominierungen und Preise kam gerade rechtzeitig zu Marlenes fünfundachtzigstem Geburtstag im Dezember.

Sie fand den Film abscheulich, aber Maria war sehr angetan (und bat Schell, es nicht weiterzusagen). Auch Bernard Hall gefiel das Porträt. Er ließ Schell ein kurzes Interview in den Film hineinschneiden, bei dem er über die alte Weggefährtin sagte, er glaube, sie sei einsam. »Kann nicht allein lachen!« hatte sie ihm in seine eigene Londoner Einsamkeit geschrieben. Sie quittierte seinen Auftritt in dem Film jedoch keineswegs mit Schmunzeln, sondern mit Zorn: »Du bist eine Schande für alle Homosexuellen!« polterte sie, so, als hätte Hall sie vor jenem großen Teil ihres Publikums und ihres Bekanntenkreises bloßgestellt, von dem sie sagte, er sei »freundlicher, netter als ›normale‹ Männer«. Noël Coward, Jean Cocteau, Hubsie von Meyerinck oder Clifton Webb hätten niemals etwas Derartiges über sie gesagt – jedenfalls nicht laut.

Hall wußte wohl, daß es eine Projektion sein konnte, wenn er glaubte, daß sie einsam war. Er hatte fast dreißig Jahre mit ihr gearbeitet, die Welt bereist und mit ihr gelebt, was kaum je ohne Reibereien abgegangen war. »Das Leben ist unerträglich einsam ohne ihre Freundschaft und Liebe«, gestand er jetzt, und alle Jahre wieder sehnte er Weihnachten und das unausbleibliche Flugticket nach Paris herbei. Er kümmerte sich um die Weihnachts- und Geburtstagspost, leitete Geschenke und Blumen an Krankenhäuser weiter, die Marlene bereits mit grüner Tinte in Druckbuchstaben aufgelistet hatte, noch ehe das Défilé der Boten begann. Sie tranken und lachten zusammen und machten sich über das Fernsehen lustig. Sie tauschten Klatsch und Tratsch aus, stritten und versöhnten sich wieder und versprachen einander, das Ritual im nächsten Jahr zu wiederholen.

Marlene verzieh Hall, und sie verzieh auch Schells Film. Sie erbot sich sogar, ihr Deutsch selbst auf Englisch oder Französisch zu synchronisieren, wenn es dem Verkauf an die Fernsehsender dienlich sei. Und was die Behauptung anging, sie sei einsam ... »*Quatsch!*«

Mit der Miete für die Wohnung in der Avenue Montaigne hatte es schon vor den Aufzeichnungen der Tonbänder Probleme gegeben; und die Situation spitzte sich jetzt weiter zu, während Marlene vergeblich auf Einkünfte aus dem Film wartete. (»Keinen Pfennig!« schimpfte sie). Schließlich stellten ihre belgischen Vermieter Emmanuel, Eric und Daniel Janssen ihre Mahnungen ein. Statt dessen kam die Räumungsklage. Vor Gericht erklärte Marc van Beneden als Vertreter der *Frères* Janssen: »Madame Dietrich meint, sie steht über dem Gesetz.« Marlenes Anwalt, der renommierte *Maître* Jacques Kam, entgegnete, Madame weise keineswegs die Mietforderungen von sich, sondern lediglich unverschämte Rechnungen für Photokopiergeräte in der Concierge-Loge und neue Portiersuniformen. Die Räumungsklage wurde vom Gericht abgewiesen, aber die Presse verbreitete das Gerücht, Madame könne täglich auf die Straße gesetzt werden. Und das aus einem Haus, in dem auch der Bruder des einstigen Schah von Persien wohnte, der sich mit Exil-Problemen und Uniformkosten auskannte.

Es gab in Paris ohnehin eine kaum bekannte humanitäre Verordnung, die eine Räumung im Fall von Bettlägerigkeit untersagte. Und die Stadt des Lichts hatte ein Herz für die Mitglieder der *Légion d'honneur.* Man beförderte Marlene vom *Chevalier* zum *Commandeur* und übernahm in aller Stille ihre Rente. Die Franzosen haben ja bekanntlich einen Sinn für Denkmäler.

Marlene hängte die dritthöchste Auszeichnung Frankreichs an ihre sogenannte »Trophäen-Wand«. Diese Galerie von Würdigungen, Orden und Ehrenzeichen (darunter auch ein Photo von Henry Kissinger mit persönlicher Widmung) war das Gegenstück zu ihrer »Totenwand« mit den Photos der verstorbenen Freunde. Die Bücher quollen längst aus den Regalen und türmten sich auf sämtlichen horizontalen Flächen,

ausgenommen der Tischplatte mit den gravierten Garderobenschild-
chen, diesen kleinen gold- und messingfarbenen Wegmarkierungen einer Weltkarriere.

Sie hielt sich meist in der Nähe des Telefons auf, von dem aus das
Hausmädchen mit der so verblüffend nach Marlene klingenden Stimme
Anrufern mitzuteilen pflegte, Miss Dietrich sei weder einsam noch pleite
und momentan gerade »zum Essen aus«, »mit dem Auto unterwegs«
oder »im Flugzeug«. In einem Moment der Langeweile äußerte sie die
Vielbeschäftigte zu einem Bekannten über ihre »Ausflüge«: »Ich habe
meinen Wagen unten in der Garage stehen«, sagte sie, völlig außer acht
lassend, daß sie nicht Auto fuhr. »Der Fahrstuhl bringt mich direkt runter, und ich steig ein und fahre mit Sonnenbrille und Kopftuch zum
Flughafen. Deshalb sehen mich die Photographen nie, die ums Haus
herumlungern. Denken Sie vielleicht, ich gehe zur *Vordertür* raus und
rein? Wenn ich doch weiß, daß sie *warten*? Ich bin doch nicht *me-
schugge*!«

Die Langeweile wuchs. Sie hatte etwas »Mut« zu sich genommen und
stürzte wieder, im Oktober 1986, wobei sie sich abermals eine Beinver-
letzung zuzog. Der sofort herbeigeeilte Arzt bestand angesichts des großen Blutverlusts darauf, sie müsse sofort in die Klinik. Marlene weigerte
sich. Lieber sollte ihr Blut fließen als die Druckerschwärze – sie erinnerte
sich noch mit Schaudern an den Presserummel nach ihrer Einlieferung
ins New Yorker Columbia-Presbyterian Hospital im Jahre 1976. Zwar
war von ihrer Radium-Behandlung in Genf und ihrer Bypass-Operation
in Houston nichts an die Öffentlichkeit gedrungen, aber sie hatte vielleicht auch einfach Angst, wenn sie erst einmal in einer Klinik wäre,
dann würde sie nicht mehr herauskommen. Der Arzt nähte selbst ihr
Bein und erlaubte ihr, daheim zu bleiben.

Sie besaß noch immer Immobilien, an die sie jedoch, von der Beglei-
chung der Steuern und Hypothekenraten abgesehen, nicht rührte – so,
als betrachte sie diesen Besitz nicht mehr als ihren eigenen. Das Haus in
der East 95th Street bewohnten jetzt John Paul (»Powlie«) und seine
junge französische Frau sowie der unverheiratete jüngste Enkel John David. »Powlie« studierte Medizin, und David arbeitete kurzzeitig für Marlenes früheren Agenten Robert Lantz, dessen Vater Adolf das Drehbuch
zu *Tragödie der Liebe* geschrieben hatte, dem Film, der Marlene mit
Rudi zusammengeführt hatte. In der Wohnung an der oberen Park Ave-

nue residierte meistens (John) Peter, der jetzt als Presseagent in New York tätig war. Marie lebte in der Schweiz, wo ihrem Mann ein Gehirntumor entfernt wurde. Die Kosten dafür trug Marlene.

John Michael Riva, ihr ältester Enkel und besonderer Liebling, war inzwischen in den Vierzigern und zimmerte in Hollywood an einer Karriere als Artdirector; er wirkte an Filmen wie *Brubaker, Ordinary People* (Eine ganz normale Familie) und *The Color Purple* (Die Farbe Lila) mit. Marlene war ungeheuer stolz auf seinen Erfolg und seine Eigenständigkeit: Kaum jemand in Hollywood wußte, daß er ihr Enkel war. Sie erkor Robert Redford, den Regisseur von *Ordinary People*, zu ihrem Lieblingsfilmstar und Steven Spielberg wegen *The Color Purple* zu ihrem neuen Lieblingsregisseur. Spielberg schickte ihr ein *E.T.*-Poster mit der handschriftlichen Widmung »In Liebe und Bewunderung«. Marlene fand es »süß« und schickte es sofort an Maria weiter, damit diese es für die Versteigerung nach ihrem Tod aufbewahrte.

Sie wollte immer alles aufheben, bis sie einmal nicht mehr da wäre. »Tot bin ich mehr wert als lebendig«, pflegte sie zu sagen, um dann ganz unsentimental hinzuzusetzen: »Weint nicht um mich, wenn ich nicht mehr da bin; weint *jetzt* um mich.« Sie hatte die Versteigerung der Juwelen der verstorbenen Herzogin von Windsor (Relikte einer Ehe, die sie selbst einst zu verhindern versucht hatte) mit unverhohlenem Neid verfolgt und ermächtigte nun im November 1987 das Auktionshaus Christie's, den Genfer Banktresor zu öffnen und zur Deckung der laufenden Kosten einige Kleinigkeiten zu veräußern: ein Paar mit Diamanten und Saphiren besetzte Manschettenknöpfe, mehrere diamantfunkelnde goldene Zigarettenetuis, ein Diadem aus siebzig Diamanten abgestufter Größe von Van Cleefs & Arpels, eine goldene, diamantenbesetzte Puderdose mit der Inschrift »Für Marlene, Vittorio«. Jeder Käufer erhielt ein von ihr unterzeichnetes Begleitschreiben als Nachweis für die Herkunft des Stückes.

Die Bühnenkostüme (von der Diva eigenhändig geflickt) waren noch immer Kostbarkeiten von einmaliger Schönheit. Pariser Travestiekünstler wollten sie (für ein Spottgeld) erwerben, um ihre Marlene-Dietrich-Nummern im Originalkostüm präsentieren zu können. Jemand mit einem realistischeren Sinn für den Wert dieser Stücke nahm sich 1987 der Verkaufsaktion an und fand tatsächlich einen Interessenten für die Diamantenrobe und den berühmten Schwanenpelz – in Berlin. Die Stiftung

Deutsche Kinemathek zahlte für die Museumsstücke ziemlich genau das, was sie einst gekostet hatten. Das Geld ging auf ein New Yorker Bankkonto von »M. Sieber und M. Riva«.

Als das neue Jahrzehnt näherrückte, gab es wieder Arbeit. Marlene entdeckte, daß Interviews, denen sie jahrelang ausgewichen war, eine nicht zu verachtende Einkommensquelle darstellten. *Die Welt* bot ihr 1987 ein Honorar für ein telefonisches Interview, versprach ihr fünfzig Prozent vom Verkauf der Auslandsrechte und verblüffte sie durch die prompte Einhaltung dieser Vereinbarung, als nach und nach Teile des Gesprächs in aller Welt erschienen. *Der Spiegel* zog bald nach und zahlte ihr angeblich zwanzigtausend Dollar für die briefliche Beantwortung einer Liste von hundert Fragen. Sie beantwortete, was sie beantworten wollte (oft nur mit »ja« oder »nein«), und ignorierte, was sie für »*Quatsch*« befand.

Sie machte wieder Bandaufnahmen. Sie sprach den Text von »Illusions«, dem berühmten Friedrich-Hollaender-Song aus *A Foreign Affair*, und das unvergeßliche »Wenn ich mir was wünschen dürfte«, das sie ein halbes Jahrhundert zuvor in Berlin gesungen hatte. Ihre Worte dienten der Untermalung eines Nostalgie-Albums des Pop-Sängers Udo Lindenberg. Die »dritte Dimension« war inzwischen brüchig und dünn, wirkte aber noch immer unglaublich beschwingt – die alte Kämpferin der Liebe wieder in Aktion.

Sie machte gern Tonaufnahmen, weil sie dabei ins Mikrophon sprechen konnte, ohne ihr Bett zu verlassen. Katherine Hepburn hatte ihr von einer Neuheit namens »sprechende Bücher« erzählt, und sie wollte unbedingt selbst ein paar aufnehmen. Sie hatte zwei Lieblingsprojekte. Das eine waren Verse von Rilke, Goethe und anderen deutschen Dichtern, die sie noch immer auswendig konnte. Das andere, von dem sie glaubte, daß es der eigentliche Knüller werden würde, war eine Kassette »Marlene Dietrich liest jüdische Witze«.

»Ich habe den jüdischen Ton drauf«, erkärte sie einem Bekannten, als sie gerade Leo Rosten, den Autor von *Joys of Yiddish*, aufzuspüren versuchte, um ihm neues Material zu entlocken. Es folgte eine ganze Salve von Witzen in dem Gestus, den sie für den »jüdischen Ton« hielt. Sie konnte noch immer kein *r* sprechen, aber ihr Humor war lebendig wie eh und je, vor allem, wenn es darum ging, eine jüdische Mutter zu verkörpern, die letztlich verblüffend nach Marlene Dietrich klang. Oder auch wie Marlene Dietrichs »Mädchen«. Sie trug ihre Witze so vor, wie sie ihre Lieder vorgetragen hatte: gekonnt, mit spürbarer Freude am Auftritt, glücklich, ein Publikum zu haben, und wenn es nur am Telefon war.

Der Sender Freies Berlin interessierte sich jedoch mehr für die Gedichte als für die jüdischen Witze, und es kam zu einer Absprache, daß sie Rilke lesen sollte und die Rechte an den Aufnahmen nach zwei Sendeterminen wieder an sie zurückfallen würden. Man bot ihr ein Lesehonorar von 10 000 Dollar, aber entweder erschien ihr das zu knauserig, oder sie fühlte sich nicht wohl, oder aber sie verlor einfach das Interesse – jedenfalls kamen die Aufnahmen nie zustande.

Statt dessen meldete sie sich per Transatlantik-Gespräch öffentlich zu Wort, vor allem dann, wenn politische Ereignisse sie empörten. Als der Nazi-Kriegsverbrecher Klaus Barbie, der »Schlächter von Lyon«, in Frankreich vor Gericht stand, erboste es sie, daß der Prozeß die Franzosen, wie sie meinte, nicht interessierte. Es machte sie wütend, daß ihre Sekretärin, eine Chicagoer Jüdin namens Norma, nichts davon wissen wollte. Sie schimpfte, während sie gleichzeitig wünschte, sie könnte vergessen. »Ich dürfte mich davon nicht so auffressen lassen«, seufzte sie, aber das fiel ihr schwer. »Ich bin in Belsen gewesen«, erinnerte sich laut (wobei sie natürlich die Begegnung mit ihrer Schwester unter den Tisch fallen ließ), »und ich habe es alles gesehen. Der Rauch stieg noch aus den Schornsteinen. Die Franzosen scheren sich einen Dreck darum«, klagte sie. »Sie wollen weiter nichts, als essen, schlafen und im ›Deux Magots‹ herumsitzen und so tun, als wären sie Schriftsteller. Ich will ihnen ja ihr Vergnügen nicht nehmen, aber wie können sie Auschwitz vergessen?«

Sie rief die Nazi-Jägerin Beate Klarsfeld an, um mit ihr über den Barbie-Prozeß zu diskutieren, und beklagte sich bei ihr über die Chicagoer Jüdin Norma, die es mit solchen Phlegma hinnahm, daß Führer-Stellvertreter Rudolf Heß offenbar kerngesund als einziger Gefangener in Spandau saß. »Ich bin ihm einmal begegnet«, sagte sie. »Er war von allen am wenigsten – wie sagt man? – coupable, weil er der Verrückteste war.« Abrupt kam sie zu dem Schluß, in Spandau mußten sie offenbar »das beste Essen und die beste medizinische Betreuung der Welt« haben, und fragte Beate Klarsfeld im Scherz, was man wohl tun müsse, um dort ein Zimmer zu kriegen. »Einen Juden umbringen«, sagte Beate Klarsfeld. »Oh, Norma!« rief Marlene aus.

Galgenhumor lag ihr näher als Wehmut, als ihr Freundeskreis immer weiter schrumpfte und zu befürchten stand, daß ihre Trauerfeier in der Notre Dame vor einem sehr kleinen Kreis stattfinden würde. Sie hatte seit Jahren nicht mehr mit der einstigen Mode-Directrice Ginette Spanier gesprochen, aber als diese in London starb, benachrichtigte Marlene telefonisch alle, die es erfahren mußten. Dann starb Margo Lion, ihre »beste-Freundin« aus *Es liegt in der Luft*. Sie rief einen anderen Kollegen aus ihrer Berliner Zeit an: Curt Bois, mit dem sie 1926 in *Von Mund zu Mund* auf der Bühne gestanden hatte. »Curt, ich bin's, Marlene«, sagte sie. »*Welche* Marlene?« knurrte er, da ihm sechzig Jahre zwischen zwei Telefonaten eine lange Zeit erschienen. Bois gab sich ohnehin gern »böse«, aber er war doch nicht so böse, daß er hätte vergessen können, wie schön Marlene gewesen war, als sie sich mit fünfundzwanzig gekannt hatten. Und er konnte es auch Margo Lion nicht verzeihen, daß sie vor ihrem Tod Marlenes Anrufe nicht entgegengenommen hatte, aus Angst, sie könnte sie anpumpen wollen. Bald war auch Curt Bois tot. Marlene überlebte selbst die Garbo, die vier Jahre jünger war und zudem *reich*. Prompt verkündete die Dietrich, sie habe beschlossen, hundert zu werden.

Ein in Paris lebender Amerikaner, ein Hansdampf in allen Gassen namens Jim Haynes, kam auf die Idee, Marlenes sämtliche Song-Szenen zu einem Film zusammenzustellen und diesen schlicht *The Dietrich Songs* zu betiteln. Von »Falling in Love again« bis zu »Just a Gigolo« verdichtete Marlene in ihren Liedern ein halbes Jahrhundert Frausein, in jedem erdenklichen Kostüm, von Zylinder und Seidenstrümpfen bis hin zu Schleier und hohen Stiefeln. Dieser Film demostrierte ihr Können als Sängerin ebenso eindrucksvoll, wie dreißig Jahre zuvor der Zusammenschnitt der Filmszenen im Museum of Modern Art das Spektrum ihrer darstellerischen Fähigkeiten dokumentiert hatte. Es scheint keinen Gestus, keine Nuance von Weltklugheit oder Ironie zu geben, die sie nicht vollendet beherrscht, wenn nicht gar erfunden hat. Marlene versprach, falls die komplizierten Rechtsfragen je geklärt werden könnten, ein Vorwort zu *The Dietrich Songs* zu sprechen.

Die »Totenwand« wurde immer voller und die Trophäenwand ebenso. 1989 erhielt Marlene den Europäischen Filmpreis für ihr Gesamtwerk, was sie veranlaßte, eine kleine Dankesrede auf Band zu sprechen. Auch die Vereinigung der amerikanischen Modeschöpfer würdigte ihr Gesamtwerk mit einem Preis. Katherine Hepburn verfaßte zur Verleihung ein Prosagedicht, und der Modemacher Calvin Klein nahm den Preis in Marlenes Namen entgegen. Leo Lerman von *Vogue* fügte eine auf fünfzig Jahre Freundschaft gegründete Huldigung hinzu. Die Filmakademie in Hollywood hüllte sich in Schweigen, sei es aus Vergeßlichkeit oder aus Ärger, weil Marlene sich in ihrem Buch und in Schells Film über einen möglichen »Totenbett-Oscar« mokiert hatte. Ein Oscar hätte sich ohnehin nur schwer an ihrer »Trophäenwand« aufhängen lassen.

Als Marlene im Dezember 1991 neunzig wurde, war die Berliner Mauer gefallen und Deutschland wiedervereinigt. Zum erstenmal wurde sie in ihrer Heimat, mit der sie eine so lange und problematische Beziehung verband, wirklich gefeiert. Fast alle deutschen Zeitungen, Zeitschriften, Radio- und Fernsehsender zollten ihr in irgendeiner Weise Tribut. Über Tage hinweg wurden ihre Filme (einschließlich *Marlene: A Feature*), Lieder und gesprochene Texte gesendet. Die Medien suchten einander zu übertrumpfen. Minister Rudolf Seiters schickte ein offizielles Glückwunschtelegramm, und der Direktor des Frankfurter Filmmuseums, Walter Schobert, erklärte, es sei höchste Zeit zu begreifen, daß ihr Einsatz während des Krieges ihre Form der Loyalität und Liebe zu ihrer alten Heimat gewesen sei. Zudem sei sie der einzige Weltstar, den Deutschland hervorgebracht habe.

Eine Tonbühne in den legendären Ufa-Studios sollte nach Fritz Langs Meisterwerk »*Metropolis*«-Halle genannt werden. In letzter Minute stellte sich allerdings heraus, daß sie erst einige Wochen *nach* Fertigstellung des Films erbaut worden war. Aus den Archivunterlagen ging jedoch hervor, daß auf eben dieser kellergewölbeartigen Bühne Marlene zum erstenmal »Falling in Love Again« gesungen hatte. Die Tonbühne wurde Marlene-Dietrich-Halle getauft.

Während all dieser Hommagen an ihr Leben und Werk leugnete sie beharrlich, daß sie neunzig war und nicht bei bester Gesundheit. Nichts trübte die Feierlichkeiten, bis zwei Wochen später die Londoner *Sunday Times* in einer Schlagzeile auf der ersten Seite verkündete: »Dietrich-Tochter verrät Geheimnisse des Stars«.

Der amerikanische Verlag Simon & Schuster, dem vor Jahren Marlenes Autobiographie durch die Lappen gegangen war, hatte inzwischen aus unerfindlichen Gründen die Veröffentlichung des Buches abgelehnt, das er sich damals ersatzweise gesichert hatte. Maria Rivas Bericht über das Leben mit ihrer Mutter ging jetzt an Alfred A. Knopf. Zwei Wochen nach Marlenes neunzigstem Geburtstag hatte offenbar irgend jemand befunden, das Buch, das nicht vor ihrem Tod hatte erscheinen sollen, könne jetzt nicht mehr länger warten. Vielleicht waren es auch Marias Gläubiger, die nicht mehr warten wollten. Knopf versteigerte munter die Auslandsrechte, während Marlenes Freunde schockiert vernahmen, daß nunmehr ein Haufen schmutziger Wäsche gewaschen würde, und die Kolumnisten schon von *Marlene, Dearest* (in Anlehnung an *Mommy, Dearest*, die Skandal-Biographie über Joan Crawford, verfaßt von ihrer Adoptivtochter) sprachen. Die Rechte für Deutschland hatte Knopf bereits diskret verkauft, und es hieß, die Publicity gehe gar nicht vom Verlag oder von Maria aus, sondern von einem großspurigen britischen Verleger, der sich Hoffnungen auf »Exklusivrechte« gemacht hatte, die er nicht bekam.

Marlene drohte mit gerichtlichen Maßnahmen gegen ihre eigene Tochter, um die Veröffentlichung zu ihren Lebzeiten zu unterbinden, doch die Rechte gingen dank des ganzen Wirbels für eine Menge Geld weg, und anschließend stellte sich heraus, daß Maria und die Gläubiger – gegen großzügige Vorschüsse auf die Lizenzen – doch noch bis zu Marlenes Begräbnis warten konnten.

Zwei Wochen später erschien *Bild* mit der fetten Schlagzeile: »Marlene Dietrich: *Das Foto.*« Die Titelseite füllte ein Bild von einer Greisin in einem Rollstuhl auf einer Straße in Paris. Die alte Frau trug einen Nerzmantel, einen Turban und Pantoffeln. Einer der Enkel bestritt, daß es Marlene war. Mit Recht. Selbst wenn sie es war.

Die Frau auf dem Bild konnte gut die alte Dame sein, die völlig abgeschieden zwischen Büchern und Photos in der Avenue Montaigne lebte (und auch der Turban auf dem Bild sah ganz nach Jolly Felsing aus), aber darum ging es nicht. Diese alte Dame war, wie sie Maximilian Schell nachdrücklich erklärte, eine »Privatperson« und hatte nichts mit »der Dietrich« zu tun, die eine Legende war, ein Mythos, vielleicht sogar ein Hirngespinst der Marie Magdalene Dietrich, eines willensstarken Mädchens aus Schöneberg, das eine Phantasie in ein Phänomen verwandelte.

»Ich persönlich mochte die Legende«, erklärte sie ihrem Publikum im Museum of Modern Art, und man merkte es jedem ihrer Auftritte an. Es ist erstaunlich, wie viele sonst so sensible Beobachter zeitgenössischer

Phänomene Marlenes Beteuerungen schluckten, daß ihr ihre Karriere nie wichtig war. Diese Behauptung gehört zur Legende, denn sie machte die Dietrich zu einer Art Naturerscheinung wie den Wechsel der Jahreszeiten oder die Gezeiten. (»Ich bin extra für *dich* so«, schien ihr Blick dem jungen William Goldman zu sagen.) Wenn so viele Menschen glauben, daß ihr alles mühelos gelungen sei, so bezeugt das nur, wie gut es ihr gelang, die Mühe mühelos wirken zu lassen. Ihre Lebensgeschichte belegt, wie entschlossen – ja, sogar verbissen – sie an ihrer Karriere gearbeitet hat.

Von dem Moment an, als sie zum erstenmal das Verlangen nach »Bühnenruhm« verspürte oder, um mit der feministischen Professorin Carolyn Heilbrun zu sprechen, die »großen Möglichkeiten, großen Sehnsüchte« in sich erahnte, setzte sie alles daran, diese Strebungen zu verwirklichen, als Frau und im Beruf. Sie schuf sich ein Phantasiebild, was aus Marlene Dietrich werden könnte, und sie wurde es. Und als sie es war, wurde sie noch mehr. Sie hatte Glück, und sie fand die Unterstützung und Liebe von Männern und Frauen, die ihr erkennen halfen, was es da alles zu realisieren gab; und bis ihr Körper sie im Stich ließ, gab sie nicht einen Augenblick weniger als ihr Bestes.

Natürlich tat sie es nicht nur für uns. Sonst hätte sie sicher schon sehr viel früher ihre Juwelen und ihre Besitztümer verkauft und einfach aufgehört. John Lahr hat einmal bemerkt: »Das Bühnenselbst ist das vervollkommenste Selbst.« Dieser Drang mag das spezifische Moment sein, das Schauspieler zu Schauspielern macht und sie von den übrigen Menschen unterscheidet, auch von den Dichtern und Malern. Das Rohmaterial und das Werkzeug – der Stift und die Palette – ist beim Schauspieler das *eigene Selbst*, und aus diesem Selbst gestaltet er seine Kunst. Das Kunstwerk ist nicht die Person, sondern die vervollkommnete Person, »umstrahlt von Licht und Glanz«, wie es Lahr formuliert, »eigen-mächtig und unverwundbar«. Wir Zuschauer verwechseln das Licht und den Glanz mit ihrer Quelle, aber die wenigen, die davon umstrahlt sind, kennen den täglichen Preis. Doch selbst die können das Mysterium letztlich nicht ganz erklären. Max Beerbohm hat das in Worte gefaßt. »In jeder Kunst«, schrieb er, »ist die Persönlichkeit das wichtigste, und ohne sie kommt bei allem handwerklichen Können wenig heraus.«

»Ich bin ein praktischer Mensch«, sagte Marlene gern, und so beschloß sie, sich zurückzuziehen, als es Zeit war, und dafür zu sorgen, daß kein Bild und kein Gerücht die Legende zerstörte, die sie über so viele Jahre hinweg erschaffen und verkörpert hatte. Diese Legende war, wie Noël Coward sagte, »die Substanz der Träume«, die Fleisch gewordene Phantasie, ein perfektes Phantasie-Selbst. Ihre vollkommenste Form erreichte diese Legende wohl in der Phase ihrer größten künsterlischen Leistung, bei ihrer Konzertlaufbahn – ironischerweise zugleich diejenige ihrer Inkarnationen, die mit technischen Mitteln kaum zu vergegenwärtigen ist und nur in der Erinnerung fortlebt. Der Zauber – jenes »Gedicht für Auge und Ohr zugleich«, wie es der Warschauer Kritiker ausdrückte – ist mit ihr von der Bühne abgegangen. Ein Nachhall bleibt. Die Lichter und Schatten und Töne ihrer ersten Karriere sind unvermindert lebendig. Solange es Projektoren gibt und Menschen, die sich ins Dunkel setzen, wird diese Schönheit weiterhin die Herzen stokken lassen, wird diese Stimme sie brechen und dann wieder heil machen.

Marlene erklärte Maxmilian Schell in einer vielzitierten Äußerung während ihrer Gespräche, man sollte »vor dem Leben Angst haben, nicht vor dem Tod«, und selbst ihre Kritiker würden ihr wohl jederzeit bescheinigen, daß sie sich dem Leben mit außergewöhnlicher Courage und Würde gestellt hat. Im Angesicht des Todes sinnierte sie im Gespräch mit dem Chronisten, ob sie nicht vielleicht »einfach nur neidisch« sei, weil sie »nicht an ein Leben nach dem Tod glauben« könne. Sie sagte: »Mir ist mein Glaube während des Krieges abhanden gekomnen, und ich kann mir nicht vorstellen, daß sie alle dort oben sind und herumfliegen oder an Tischen sitzen, all die Menschen, die ich verloren habe. Alle, alle, alle«, seufzte sie. »Ich nehme an, ich bin neidisch, weil ich nicht glauben kann, aber ich kann's nicht. Wenn es so wäre«, setzte sie mit eherner Gewißheit hinzu, »wäre Rudi auch dort, und er würde mir eine Botschaft zukommen lassen.«

Die Trauerfeier fand schließlich doch nicht in einer kerzenerleuchteten Notre Dame statt, sondern in der Eglise de la Madeleine, im Herzen der Stadt der Lichter. Ihr Sarg war mit der Trikolore bedeckt, und darauf lagen die Tapferkeitsauszeichnungen dankbarer Nationen.

Marlene war am 6. Mai 1992 sanft entschlafen, umgeben von ihren Büchern und Erinnerungen und den Photos ihrer Freunde. Menschen hatten sich drunten auf der Avenue Montaigne versammelt, wo unter den zartgrünen Frühlingsbäumen Plakate den Beginn des Filmfestivals in

Cannes am nächsten Tag ankündigten. Es war in diesem Jahr ihr gewidmet. Jede Plakatwand trug ihr Bild als Shanghai-Lily: *all diese Schönheit* – unzerstörbar und zeitlos.

Die Menschen hatten irgendwie erfahren, daß sie seit ein paar Tagen nicht mehr aß. Zeit zu gehen; Zeit, sich zur Ruhe zu legen. Die Muskelatrophie und die Erschöpfung nach fast einem Jahrhundert Leben brachten das Ende, mit dem sich – zum Erstaunen vieler – ein Kreis schloß, denn auf den Trauergottesdienst in der Madeleine folgte noch ein zweiter.

Ihr Sarg wurde, mit der amerikanischen Fahne verhängt, nach Berlin geflogen. Dort deckte Marlene die schwarz-rot-goldene Fahne des wiedervereinigten Deutschland, als sie in die vielleicht einzige Erde hinabgelassen wurde, in der sie wirklich Ruhe finden konnte, neben ihrer Mutter, diesem anderen guten General.

Die alte Kämpferin der Liebe war schließlich heimgekehrt. Doch dem Imperativ »*Tu* was!« würde weiter Folge geleistet werden. Die Bilder, die Lichter und Schatten und Töne würden es für sie tun – *werden* es für sie tun – und es ihr zuletzt doch gestatten, dem Tod ein Schnippchen zu schlagen. Und der Zeit. Das ist es, was Künstler tun. Das ist es, *wofür* sie es tun.

HIER STEH ICH AN DEN MARKEN MEINER TAGE. MARLENE. 1901–1992

Sie ist einzigartig: Niemals hat eine Frau so direkt und mit derart durchschlagendem Erfolg in den Gang der Geschichte eingegriffen, und in keinem Fall hat der Auftritt eines Menschen auf der politischen Bühne so viele Rätsel aufgegeben. Ihr Werdegang ist atemberaubend: Eben noch Hütemädchen am äußersten Rand Frankreichs, geht sie zu dem jungen schwachen König und bringt als politisches Genie in einem schon fast hundert Jahre dauernden Krieg die entscheidende Wendung. Mit 19 ist sie tot, verbrannt als Hexe. Und sie bleibteine Heldin.

Leo Linder

»Ah, mein kleiner Herzog, du hast Angst?«
Jeanne d'Arc

20 Abbildungen

Originalausgabe

Econ | ULLSTEIN | List

Mit starken Schultern, Hüften und Backen, den Pelzstolas und den glitzernden Juwelen hatte Mae West etwas von der lüsternen Kaiserin, als die sie sich selbst immer am liebsten sah. Die »Empress of Sex«, ein Proletenkind aus Brooklyn, das auch in Hollywood noch gern blutige Boxkämpfe anschaute, hatte ihr Leben lang ein Faible für die Rolle der Prostituierten mit dem goldenen Herzen. Sie blieb dabei, als ihr die Hollywood-Zensoren auf den Fersen waren, aber auch dann noch, als die Sittenlockerung dem Ganzen schon längst die Aura des Skandalösen genommen hatte.

Mariam Niroumand beschreibt Mae Wests Weg vom Vamp der zwanziger Jahre bis zur Camp-Figur der Sixties in einem lebendigen Sittengemälde, das bei den fahrenden Vaudeville-Trupps der Jahrhundertwende beginnt und in den Schwulenbars von New York endet.

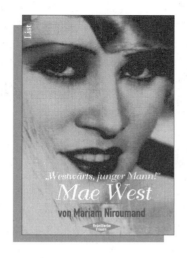

Miriam Niroumand

»Westwärts, junger Mann!« Mae West

25 Abbildungen

Originalausgabe

Econ | ULLSTEIN | List